T0161669

# CLASSIQUES EN POCHE

*Collection*
*dirigée*
*par*
*Hélène Monsacré*

## Dans la même collection

1. Aristophane, *Lysistrata*
2. Aristote, *Constitution d'Athènes*
3. Cicéron, *L'Amitié*
4. Platon, *Alcibiade*
5. Suétone, *Vies des douze Césars, Claude ~ Néron*
6. Plotin, *Première Ennéade*
7. Eschyle, *Les Sept contre Thèbes*
8. Platon, *Critias*
9. Aristote, *La Poétique*
10. Horace, *Odes*
11. Pline l'Ancien, *Histoire Naturelle, XXXV, la peinture*
12. Virgile, *Bucoliques*
13. Platon, *Ménexène*
14. Tacite, *Vie d'Agricola ~ La Germanie*
15. Platon, *Protagoras*
16. Sophocle, *Antigone*
17. Sénèque, *La Vie heureuse ~ La Providence*
18. Cicéron, *Le Bien et le Mal, De finibus, III*
19. Platon, *Gorgias*
20. Hérodote, *L'Égypte, Histoires, II*
21. César, *Guerre des Gaules, I-II*
22. Ovide, *Les Amours*
23. Plotin, *Deuxième Ennéade*
24. Sophocle, *Œdipe Roi*
25. Tite-Live, *Histoire romaine, I, La Fondation de Rome*
26. Virgile, *Géorgiques*
27. Pseudo-Sénèque, *Octavie.*
28. Catulle, *Poésies*
29. Aristote, *Politique II*
30. Aristophane, *Les Guêpes*
31. Homère, *Iliade, chants I à VIII*
32. Euripide, *Les Bacchantes*
33. Plaute, *Pseudolus*
34. Tertullien, *Apologétique*
35. Homère, *Iliade, chants IX à XVI*
36. Platon, *Phèdre*
37. Homère, *Iliade, chants XVII à XXIV*
38. Salluste, *La Conjuration de Catilina*
39. Cicéron, *Pro Milone*
40. Platon, *Lysis*
41. Plotin, *Troisième Ennéade*
42. Diogène Laërce, *Vie de Platon*
43. Pline l'Ancien, *Histoire naturelle, XXXIII, Nature des métaux*
44. Pétrone, *Satiricon*
45. Apulée, *Apologie*
46. Lucien, *Alexandre ou le faux prophète*
47. Plutarque, *Les Vies parallèles. Alcibiade ~ Coriolan*
48. Démosthène, *Sur la Couronne*
49. Euripide, *Hécube*
50. Mamertin, *Panégyriques de Maximien (289 et 291)*
51. Platon, *Hippias mineur*
52. Xénophon, *Anabase, I-II*
53. Suétone, *Vies des douze Césars, Tibère ~ Caligula*
54. Salluste, *La Guerre de Jugurtha*
55. Eschyle, *Les Perses*
56. Sophocle, *Ajax*
57. Horace, *Satires*
58. Homère, *Odyssée, chants I à VII*
59. Homère, *Odyssée, chants VIII à XV*
60. Homère, *Odyssée, chants XVI à XXIV*
61. Juvénal, *Satires*
62. Cicéron, *De la vieillesse (Caton l'Ancien)*
63. Julien, *Misopogon*
64. Aristote, *Économique*
65. Pline l'Ancien, *Histoire naturelle, XXX, Magie et pharmacopée*
66. Platon, *Apologie de Socrate*
67. Eschyle, *Les Suppliantes*
68. Christopher Marlowe, *La Tragique Histoire du Docteur Faust*
69. *La Bhagavad-Gîtâ*
70. Ben Jonson, *Volpone ou le Renard*
71. William Shakespeare, *Richard II*
72. William Shakespeare, *Les Joyeuses Commères de Windsor*
73. Pierre Gassendi, *Vie et mœurs d'Épicure, vol. I*
74. Pierre Gassendi, *Vie et mœurs d'Épicure, vol. II*
75. John Marston, *La Tragédie de*

# THUCYDIDE

# LA GUERRE DU PÉLOPONNÈSE

Tome II

Livres III, IV, V

*Texte établi et traduit*
*par*
*Jacqueline de Romilly et Raymond Weil*

*Introduction et notes*
*par*
*Claude Mossé*

LES BELLES LETTRES

2009

Sophonisbe.
76. John Webster, *La uchesse d'Amalfi.*
77. Jean Second, *Les Baisers* - Michel Marulle, *Épigrammes*
78. Plutarque, *Sur les oracles de la Pythie*
79. Euripide, *Hélène*
80. Hérodote, *Marathon, Histoires, VI*
81. Sénèque, *Lettres à Lucilius, livres III et IV*
82. Apulée, *Les Métamorphoses ou L'Âne d'or*
83. Suétone, *Vies des douze Césars, César ~ Auguste*
84. Aristophane, *Ploutos*

85. Plutarque, *Érotikos. Dialogue sur l'amour*
86. Xénophon, *Économique*
87. Julien, *Lettres*
88. Hésiode, *Théogonie*
89. Lucien, *Portraits de philosophes*
90. Lucien, *Voyages extraordinaires*
91. Aristophane, *Nuées*
92. Théocrite, *Idylles*
93. Ovide, *Les Métamorphoses*
94. Mullâ Sadrâ Shîrâzî, *Le verset de la lumière. Commentaire*
95. Thucydide, *La Guerre du Péloponnèse*, livres I, II
97. Thucydide, *La Guerre du Péloponnèse*, livres VI, VII, VIII

*Le texte et la traduction*
*sont repris des volumes correspondants*
*dans la Collection des Universités de France (C.U.F.),*
*toujours disponibles avec apparat critique et scientifique.*
*(Thucydide,* La Guerre du Péloponnèse, *t. II, 2ᵉ partie, t. III)*

© 2009, *Société d'édition Les Belles Lettres,*
*95 bd Raspail 75006 Paris.*
*www.lesbelleslettres.com*

ISBN : 978-2-251-80006-6

# INTRODUCTION

### *par Claude Mossé*

Les livres III, IV et V de l'*Histoire de la guerre du Péloponnèse* couvrent les années 427-416. Ces années voient le conflit s'étendre, les crises internes se développer, mais aussi se manifester de plus en plus le désir d'aboutir à une cessation des hostilités chez les deux principales cités, Athènes et Sparte, qui parviennent à conclure une paix partielle en 421. S'ouvre alors (V, 25-116) une période confuse dominée par les intrigues d'Alcibiade dans le Péloponnèse et la rébellion de la petite île de Mélos qui fournit à Thucydide le prétexte d'un des plus célèbres développements de son récit : le dialogue entre Athéniens et Méliens.

La troisième année de la guerre n'avait pas été marquée comme les deux précédentes par une invasion de l'Attique par les armées péloponnésiennes. Il en alla autrement durant l'été 427, où le territoire d'Athènes subit une invasion particulièrement dévastatrice. Mais cette année 427 est surtout marquée, dans le récit de Thucydide, par l'affaire de Mitylène, la principale cité de l'île de Lesbos. Les gens de Lesbos étaient comme ceux de Chios des membres un peu à part au sein de l'alliance athénienne, dans la mesure où, disposant d'une flotte importante, ils n'étaient pas astreints au paiement du tribut : c'est avec leurs navi-

res qu'ils contribuaient à la défense commune. Il semble cependant que la plupart des Lesbiens, à l'exception des gens de Méthymna, aient souhaité, déjà avant le début de la guerre, se détacher de l'alliance. Mais ils n'avaient alors pas reçu l'encouragement des Péloponnésiens. Le déclenchement de la guerre allait modifier la situation. Les Mityléniens réclamèrent l'aide de Sparte et de ses alliés. Thucydide a reconstitué le discours que leurs ambassadeurs auraient prononcé à Olympie lors des fêtes de l'été 428 pour justifier leur position nouvelle. Ils étaient entrés dans l'alliance athénienne au lendemain des guerres médiques pour poursuivre la guerre contre le Barbare. Avec les gens de Chios, ils étaient les seuls à jouir d'une réelle autonomie au sein de l'alliance. Mais au fur et à mesure que les autres alliés devenaient des sujets, cette autonomie était de plus en plus menacée. « À vivre avec nous sur un pied d'égalité, tandis qu'ils avaient assujetti la plupart, ils devaient vraisemblablement ressentir plus d'amertume, notre pays tenant seul cette position d'égal en face de l'abandon que la majorité acceptait déjà, et cela quand leur puissance s'accroissait en même temps que notre isolement » (III, 11, 1). D'où la crainte des Mityléniens, qui concluaient leur plaidoyer par cette affirmation : « du moment qu'ils ont, eux, à chaque instant, le pouvoir d'attaquer, nous avons, nous, celui de nous prémunir » (III, 12, 3). Dès lors, la défection des Mityléniens est justifiée, « à l'égard des Grecs, pour contribuer non plus à les maltraiter avec Athènes, mais à les libérer ; à l'égard des Athéniens, pour prendre l'initiative au lieu d'attendre qu'ils nous écrasent » (III, 13, 1).

Ce discours convainquit les Lacédémoniens et leurs alliés qui se déclarèrent prêts à les soutenir. Du côté athénien, alors qu'une partie de la flotte était toujours retenue

devant Potidée, on décida de renforcer le nombre des navires. Et c'est pour faire face aux dépenses qu'exigeait l'entretien et la solde des rameurs que fut pour la première fois levée une *eisphora*, un impôt pesant sur les citoyens les plus riches[1]. Cette mesure exceptionnelle serait renouvelée plusieurs fois par la suite, ce qui indique que les ressources financières sur lesquelles Périclès avait fondé la certitude de la supériorité d'Athènes sur ses adversaires commençaient à s'épuiser.

Le siège de Mitylène fut plus long et plus difficile que les Athéniens ne l'avaient escompté, même si l'aide lacédémonienne tardait à se manifester. Au début de l'été 427, la situation s'aggrava à Mitylène. Par crainte du mécontentement populaire, les autorités entamèrent des pourparlers avec le stratège athénien Pachès. Une convention fut conclue, qui prévoyait l'envoi d'une ambassade à Athènes. Comme les Lacédémoniens étaient passés à l'attaque en Ionie, Pachès, après avoir écarté cette menace, envoya à Athènes les prisonniers mityléniens qui avaient pris l'initiative de la révolte.

À Athènes, une assemblée fut réunie pour décider du sort des prisonniers, et « la colère fit décider de mettre à mort non seulement les présents, mais la totalité des Mityléniens adultes et d'asservir femmes et enfants » (III, 36, 2). Une trière fut envoyée à Pachès avec ordre de procéder aux mesures décidées. C'est alors que se place un épisode particulièrement révélateur du fonctionnement du régime athénien : le lendemain, des regrets se manifestèrent, et les stratèges décidèrent la tenue d'une nouvelle

---

1. Sur l'*eisphora* et les autres prélèvements, voir P. BRUN, *Eisphora, Syntaxis, Stratiôtika*, Annales littéraires de l'Université de Besançon, 1983.

assemblée[2]. Thucydide ne dissimule pas le fait que des pressions avaient été exercées sur les magistrats, sans doute de la part d'Athéniens soucieux de ménager les Mityléniens. Mais cette remise en cause d'une décision arrêtée fut pour Thucydide l'occasion de faire entrer en scène Cléon, « qui déjà avait emporté la précédente décision de mise à mort, car il était à tous égards le plus violent des citoyens, et de beaucoup le plus écouté du peuple à ce moment » (III, 36, 6).

Le débat Cléon/Diodote est un des morceaux de rhétorique politique les plus célèbres de l'histoire d'Athènes. On retrouve dans le discours de Cléon des arguments proches de ceux par lesquels Périclès justifiait l'empire exercé par Athènes sur ses alliés, n'hésitant pas à l'appeler une « tyrannie ». Mais, en même temps, il met en garde ses auditeurs contre les « beaux parleurs » qui les invitent à revenir sur une décision votée conformément à la loi. Les Mityléniens sont coupables, car ils jouissaient au sein de l'alliance d'une position privilégiée. Ils ont attaqué sans que leurs droits aient été lésés. Et que les Athéniens n'aillent pas réserver leur colère aux seuls dirigeants de la cité : ils ont tous contribué à la défection. Faire preuve d'indulgence à leur égard serait favoriser d'autres défections. Et Cléon concluait : « Châtiez-les comme ils le méritent et montrez en même temps aux autres alliés, par un exemple indiscutable, que toute défection sera punie de mort. S'ils le comprennent, vous

---

2. Dans la description que donne des institutions athéniennes l'auteur de la *Constitution d'Athènes*, les réunions de l'assemblée ont lieu quatre fois par prytanie, c'est-à-dire quarante fois par an, avec un ordre du jour précis. Cette périodicité correspond vraisemblablement à la mise en ordre qui a suivi la seconde restauration démocratique en 403. Il est plus douteux qu'une telle périodicité ait existé au ve siècle. D'où la possibilité de réunions très proches à l'initiative des stratèges.

aurez moins à négliger vos ennemis pour combattre vos propres alliés » (III, 40, 8).

À ce discours de Cléon, Thucydide oppose alors celui d'un certain Diodote, méconnu par ailleurs. D'où la tentation d'y voir l'expression de l'opinion personnelle de l'historien. Contre les arguments avancés par Cléon, Diodote développe successivement trois problèmes.

En premier lieu, celui du rôle des orateurs, dont les discours, aux yeux de Cléon, relevaient de la sophistique. Pour Diodote, les orateurs sont indispensables pour éclairer la masse des citoyens, et c'est leur liberté autorisée de parole qui assure le bon fonctionnement de la cité : « Ce qu'il faut, c'est qu'on voie un bon citoyen donner un meilleur avis à armes égales, sans effrayer d'avance ses contradicteurs : c'est qu'une cité raisonnable ne confie à celui qui, entre tous, la conseille bien, aucun surcroît d'honneur, sans non plus réduire l'honneur dont il jouit, et qu'elle épargne à l'auteur d'un avis malheureux, non seulement les pénalités, mais le déshonneur » (III, 42, 5).

Deuxième problème évoqué par Diodote, celui de l'efficacité de la peine de mort. Tout démontre que ceux qui sont convaincus de la légitimité de leur action n'hésitent pas à l'affronter : « Par conséquent, ou bien il faut trouver une menace plus redoutable encore, ou bien celle-ci en tout cas n'arrête rien » (III, 45, 4).

Troisième argument enfin : puisqu'il ne faut pas se fier aux garanties qu'offrirait la peine de mort, il est plus raisonnable d'offrir aux rebelles l'espoir de pouvoir effacer leur faute. Athènes n'a aucun intérêt à réduire à merci une cité qui sera désormais incapable de lui apporter la moindre aide. Et surtout il importe de tenir compte du fait que le petit peuple de Mitylène n'a suivi que contraint et forcé les dirigeants de la cité : « Si vous anéantissez le peuple

de Mitylène qui n'a pas participé à la défection et qui
même, quand il a disposé d'armes, vous a remis la ville
spontanément, d'abord vous commettrez le crime de tuer
vos bienfaiteurs, et ensuite vous réaliserez le désir le plus
cher des notables : dans les défections qu'ils provoqueront,
ils auront aussitôt l'alliance du peuple, puisque vous aurez
d'avance montré que le même châtiment attend semblablement les coupables et les autres » (III, 47, 3). Cette
dernière affirmation implique que l'Athènes démocratique
avait l'appui du peuple des cités alliées. Mais non moins
intéressante est l'issue du débat : car le vote fut acquis en
faveur de la proposition de Diodote à une très faible majorité, ce qui est particulièrement éclairant quant au fonctionnement de la démocratie athénienne, et à la validité
du principe majoritaire, cette majorité fût-elle seulement
de quelques voix[3].

Un navire fut aussitôt envoyé vers Mitylène pour
avertir Pachès de la décision nouvelle, qui réussit à
atteindre Lesbos alors que le stratège venait tout juste
de prendre connaissance du premier décret. La masse
des Mityléniens fut donc épargnée, seuls les principaux
coupables de la défection étant exécutés. Les murs de
Mitylène furent abattus, ses navires saisis, et le territoire de Lesbos, à l'exception de Méthymna, divisé en
trois mille lots sur lesquels furent installés des clérouques athéniens.

---

3. Le principe majoritaire était le fondement du système démocratique. Il supposait qu'une fois adoptée, fût-ce à une faible majorité, une
décision devienne le fait de tous. D'où l'expression *edoxe tôi demôi* (il
a plu au *dêmos*) en tête de l'intitulé des décrets. Demeure cependant
le problème de savoir comment on pouvait compter les voix dans une
assemblée qui pouvait réunir plusieurs milliers de citoyens et où les votes
se faisaient à mains levées.

La même année fut marquée par la fin du siège de Platée, ce qui fournit à Thucydide une nouvelle occasion de présenter un débat, celui qui opposa les Platéens vaincus aux Béotiens vainqueurs devant les Lacédémoniens placés en position de juges. Débat dont on retiendra l'évocation par les deux adversaires de leur rôle durant les guerres médiques, et le plaidoyer des Thébains pour justifier leur « médisme » en le mettant sur le compte d'une petite minorité qui dominait tyranniquement la cité[4].

Mais c'est un autre théâtre d'opérations qui va retenir Thucydide après le récit de la chute de Platée : Corcyre, alors en proie à la guerre civile. Le conflit entre Corcyre et sa métropole Corinthe avait été à l'origine du déclenchement de la guerre. Mais la guerre civile, sur le point d'éclater dans la cité, allait prendre un tour qui donne désormais au conflit entre Athéniens et Péloponnésiens une dimension politique et idéologique. Au départ, alors que les Corcyréens face aux ambassadeurs venus d'Athènes et de Corinthe s'étaient engagés à rester les alliés d'Athènes en même temps que les amis des Péloponnésiens, des gens qui avaient été, semble-t-il, endoctrinés par les Corinthiens s'en prirent à un certain Peithias, proxène d'Athènes et à la tête du « parti » populaire, l'accusant de vouloir livrer la cité aux Athéniens. Ce fut le début du conflit opposant le peuple aux « riches ». Un conflit qui allait faire intervenir Athéniens et Péloponnésiens, les premiers soutenant le peuple et les seconds les *oligoi*. Bien que plusieurs tentatives de médiation aient été entreprises en particulier par le stratège athénien Nicostratos, le conflit

---

4. III, 56, 4 : « en ce temps où le barbare voulait imposer à tous la servitude, les Thébains étaient avec lui » ; voir HÉRODOTE, VII, 205 ; 220.

ne fit que s'aggraver et, à l'occasion de l'arrivée d'une nouvelle escadre athénienne, « les Corcyréens firent un carnage de leurs concitoyens qui passaient pour opposants : ils en rejetaient la responsabilité sur les adversaires de la démocratie, mais certains moururent aussi victimes de haines privées, et d'autres, qui avaient prêté de l'argent, sous les coups de leurs débiteurs » (III, 81, 4).

La *stasis* présentait ainsi un double caractère, qui se généraliserait dans tout le monde grec : d'une part, elle devenait la manifestation de l'opposition entre la masse et le petit nombre des riches et des bien-nés, les premiers s'appuyant sur Athènes, les seconds sur Sparte ; d'autre part, elle attaquait les fondements mêmes de la vie civilisée, les relations de parenté, les lois divines et humaines. Et Thucydide de montrer, dans un développement particulièrement vigoureux, comment la guerre contribuait à attiser ces passions, et de quelle façon les luttes intestines influaient sur les valeurs de la société :

« On changea jusqu'au sens usuel des mots par rapport aux actes dans les justifications qu'on donnait. Une audace irréfléchie passa pour dévouement courageux à son parti, une prudence réservée pour lâcheté déguisée, la sagesse pour la marque de la couardise, l'intelligence en tout pour une inertie totale ; les impulsions précipitées furent comptées comme qualités viriles et les délibérations circonspectes comme un beau prétexte de dérobade » (III, 82, 4).

Et dans ce jugement Thucydide ne ménage pas un parti plus que l'autre :

« Les chefs des cités, pourvus dans chaque camp d'un vocabulaire spécieux, qui leur faisait exalter davantage l'égalité de tous les citoyens devant la loi ou bien la sagesse de l'aristocratie, traitaient les intérêts de l'état

qu'ils servaient en parole, comme un prix à remporter et dans cette joute où tous les moyens leur étaient bons pour triompher les uns des autres, ils osèrent le pire et poussèrent plus loin encore leurs vengeances, car ils ne les exerçaient pas dans les limites de la justice et de l'utilité publique, mais ils les fixaient selon le plaisir qu'elles pouvaient comporter en l'occurrence pour chaque camp ; et que ce fut par une condamnation issue d'un vote injuste ou en se saisissant par la force du pouvoir, ils étaient prêts à satisfaire leurs rivalités immédiates » (III, 82, 8).

On est loin évidemment de l'image d'une cité unie que présentait Périclès dans l'Oraison funèbre. Et Athènes, jusque-là préservée, ne tarderait pas à connaître les mêmes méfaits[5].

Après ces réflexions suscitées par l'exemple de Corcyre, Thucydide reprend le récit des événements de cette guerre qui va désormais s'étendre aussi bien vers l'Ouest que vers l'Est. Envoi d'une expédition athénienne en Sicile, sous prétexte de renforcer l'alliance avec les gens de Leontinoi, « en réalité, parce qu'ils voulaient que le Péloponnèse ne reçût pas de blé de là-bas, et parce qu'ils faisaient un essai préalable pour voir s'il leur était possible de soumettre la situation en Sicile » (III, 86, 4) ; envoi d'une escadre commandée par Démosthène autour du Péloponnèse, alors que les Péloponnésiens commandés par le roi spartiate Agis devaient renoncer à envahir l'Attique du fait des tremblements de terre qui secouèrent l'Eubée : tentative des Athéniens de s'emparer de l'île de Mélos ; campagne menées par Démosthène contre Leucade et en Étolie, etc.

À la fin de la sixième année de guerre, aucune bataille

---

5. Voir l'analyse de ce passage du récit de Thucydide dans N. LORAUX, *La Tragédie d'Athènes*, Paris, Seuil, 2005, p. 51-107.

décisive n'annonçait la fin des hostilités. De fait, les trois années suivantes, qui aboutiront en 421 à la paix de Nicias, après près d'une année de délibérations, sont marquées par une extension du conflit. Cependant, à travers les discours prêtés aux principaux protagonistes s'affirme de plus en plus le caractère impérialiste de l'hégémonie athénienne.

Les Athéniens n'avaient cessé de s'assurer le contrôle de positions menant vers la côte occidentale du Péloponnèse. Avec Démosthène, l'affaire allait prendre une tournure décisive. Il réussit à détourner les navires, qu'Athènes envoyait en Sicile pour répondre à l'appel des Léontins, vers Pylos. Il voyait là une position particulièrement favorable, à cause de la présence d'un port, et de la faible distance qui séparait Pylos de Sparte. Il se heurta d'abord à la résistance des autres stratèges, mais réussit à convaincre les soldats de commencer les travaux de fortification. L'occupation de Pylos eut un effet immédiat : les Péloponnésiens qui avaient envahi l'Attique sous la conduite d'Agis firent rapidement retraite, d'autant que le printemps cette année-là fut particulièrement tardif et qu'ils redoutaient de manquer de vivres. Pour venir au secours de Pylos, les Spartiates mobilisèrent les périèques et rappelèrent la flotte qui avait été envoyée à Corcyre. En outre, pour interdire l'arrivée de renforts athéniens, ils occupèrent face à Pylos l'îlot de Sphactérie. Face à ce déploiement de force, Démosthène entreprit des travaux de défense. En même temps, il incitait ses soldats à passer à l'attaque, malgré leur infériorité numérique, contre la flotte lacédémonienne commandée par Brasidas. Thucydide souligne le caractère paradoxal de la situation : les Athéniens combattant sur une terre laconienne contre les Lacédémoniens les attaquant par mer. Démosthène sut tirer habilement

parti de la situation et, au terme d'une bataille où les Lacédémoniens eurent le dessous, les soldats qu'ils avaient envoyés à Sphactérie se trouvèrent isolés dans l'île. Devant la gravité de la situation, ils demandèrent une trêve aux stratèges athéniens cependant qu'une ambassade était envoyée à Athènes dans l'intention de conclure un accord : les Lacédémoniens livreraient leurs navires aux Athéniens, lesquels en contrepartie s'engageraient à permettre le ravitaillement des soldats enfermés dans Sphactérie dont ils ne chercheraient pas à s'emparer (IV, 16, 1-2). Thucydide reconstitue le discours que tinrent les ambassadeurs spartiates à Athènes : reconnaissant la supériorité qu'Athènes s'était assurée, ils mettaient néanmoins en garde les Athéniens contre l'excès de confiance qui s'était emparé d'eux. Car il fallait prendre en compte la Fortune qui peut toujours changer :

« Vous éviterez ainsi plus tard, si jamais, faute de nous écouter, vous voyez vos calculs déjoués (ce qui peut arriver en bien des cas), de laisser croire que déjà dans vos succès actuels votre supériorité était due au sort, vous qui êtes à même, sans rien risquer, de laisser derrière vous un renom de puissance et de jugement dans les temps futurs » (IV, 18, 5).

Et les ambassadeurs invitaient les Athéniens à conclure une paix modérée qui ne serait pas celle que le vainqueur impose au vaincu, mais qui préparerait l'union de tous les Grecs et mettrait un terme aux maux qu'ils subissaient du fait de cette longue guerre.

Ces paroles que Thucydide prête aux ambassadeurs lacédémoniens traduisent ce que devait être sa propre opinion : Athènes s'honorerait de faire preuve de cette modération. Et l'historien, qui connaissait la fin de la guerre et le désastre que ce serait pour Athènes, pouvait

d'autant mieux poursuivre son récit en désignant le grand responsable de l'échec de cette négociation, à savoir le démagogue Cléon. Persuadés par lui, les Athéniens réclamèrent la reddition de Sphactérie et la restitution d'un certain nombre de places dont les Lacédémoniens leur avaient autrefois reconnu la possession. Les ambassadeurs ne pouvaient donc accepter ces conditions. Ils revinrent à Pylos où les opérations reprirent.

Cependant, la situation s'avérait de plus en plus difficile pour les Athéniens qui avaient imaginé un siège plus rapide. À l'approche de l'hiver, ils craignaient de ne pouvoir se ravitailler et certains commençaient à regretter l'échec des négociations. À Athènes aussi, les nouvelles qui parvenaient de Pylos suscitaient l'inquiétude. Cléon, qui se sentait visé, prétendait, contre Nicias qui était alors stratège, que l'assaut contre Sphactérie serait chose facile si on s'en donnait les moyens. Nicias le prit au mot et lui proposa de prendre le commandement de l'opération. Un vote de l'assemblée lui confirma le soin de mener à bien cette campagne. On sait ce qu'il advint : vingt jours après l'arrivée de Cléon, les Athéniens étaient maîtres de Sphactérie et de ce qui restait de la garnison lacédémonienne – 292 hommes dont 120 Spartiates. Thucydide dans son récit insiste sur l'action de Démosthène et sur des conditions favorables à l'assaut, liées à un incendie qui avait détruit une partie de la végétation. Il n'en reste pas moins que Cléon en retira un bénéfice immédiat qui consolida sa position dans la direction des affaires de la cité[6].

Dans l'année qui suivit Sphactérie, des opérations diverses furent menées par les Athéniens face à des Lacédémoniens encore sous le coup de la défaite. Du côté

---

6. Voir en particulier ARISTOPHANE, *Cavaliers*, v. 573 ; 702.

de leurs adversaires, l'impérialisme athénien était de plus en plus présenté comme une menace pour la liberté des Grecs. Deux discours reconstitués par Thucydide permettent d'en rendre compte. Le premier de ces discours est prononcé par le Syracusain Hermocrate. Athènes en effet n'avait pas cessé de s'intéresser à la Sicile, même lorsqu'une partie de sa flotte était retenue devant Pylos. Aussi les cités inquiètes, conclurent-elles une trêve. Leurs représentants se réunirent à Gela, et c'est là qu'Hermocrate prit la parole pour démontrer la nécessité de faire taire les querelles qui les divisaient face à la menace que représentaient les ambitions athéniennes. Il fallait en particulier oublier l'opposition entre Doriens et Ioniens : « Ce n'est pas l'opposition des deux races qui les amène ici, hostiles à l'une des deux : c'est l'attrait des richesses de la Sicile qui sont notre propriété commune » (IV, 61, 3)[7].

Le second discours est prononcé par le stratège lacédémonien Brasidas devant les citoyens d'Acanthe, une colonie d'Andros située en Chalcidique. Sa présence dans cette région répondait à la demande des peuples de la côte thrace, inquiets des succès remportés par les Athéniens dans le nord de l'Égée. L'armée de Brasidas comprenait des hilotes libérés et des mercenaires levés dans le Péloponnèse. On était loin des armées civiques du temps des guerres médiques, et cela explique sans doute la liber-

---

7. Les Athéniens tenaient Ion, l'ancêtre éponyme des Ioniens, pour un de leurs rois et justifiaient de ce fait l'empire qu'ils exerçaient sur la côte occidentale de l'Asie Mineure et les îles de l'Égée où se seraient installés les Ioniens après l'arrivée des Doriens sur le continent hellénique. Mais ces liens prétendument « ethniques » servaient davantage la propagande athénienne qu'ils ne traduisaient la réalité. Sur cette question, voir le livre toujours actuel d'Éd. WILL, *Doriens et Ioniens. Essai sur la valeur du critère ethnique appliqué à l'étude de l'histoire et de la civilisation grecque*, Strasbourg, 1956.

té dont jouissait le Spartiate pour mener une politique personnelle, propre à multiplier les défections chez les alliés d'Athènes. Dès le début du discours que lui prête Thucydide, le ton est donné :

« En m'envoyant avec cette armée, citoyens d'Acanthe, Sparte a apporté une confirmation au motif indiqué au début de la guerre, quand nous avons déclaré que nous luttions contre Athènes en tant que libérateurs de la Grèce » (IV, 85, 1).

Il ne s'agit plus du conflit entre deux cités puissantes qui représenteraient en même temps deux systèmes politiques opposés, mais d'un combat pour assurer la liberté de tous. Et Brasidas de proclamer :

« Je ne viens pas me joindre aux luttes de partis et je tiens que je n'apporterais pas une liberté bien franche si, au mépris de nos traditions, j'asservissais la majorité au petit nombre ou la minorité à l'ensemble » (IV, 86, 4).

Si les gens d'Acanthe ne sont pas convaincus, Brasidas sera contraint de recourir à la force, et cette force sera justifiée car il s'agit d'empêcher que le tribut que les gens d'Acanthe versent à Athènes serve non seulement à faire du tort à Sparte, mais aussi interdise aux autres Grecs de sortir de l'esclavage. Mais il espère qu'ils sauront comprendre et être les premiers à donner le signal de la liberté. Brasidas réussit à convaincre ses auditeurs qui décidèrent à la majorité de se détacher d'Athènes.

De fait, ce fut pour Athènes le début d'une période de difficultés. En Béotie, où les conflits n'avaient jamais cessé, ce fut la défaite de Délion[8]. Mais c'est surtout sur la côte thrace, autour d'Amphipolis, qu'allaient se dérou-

---

8. Sur la bataille de Délion, voir IV, 93-101 ; voir également sur la présence d'Alcibiade à Délion, PLATON, *Banquet*, 220 d-221 e.

ler les principales opérations. Cette cité avait été fondée à proximité de l'embouchure du Strymon par l'Athénien Hagnon. Parmi les stratèges envoyés par Athènes pour contrôler la région se trouvait Thucydide, fils d'Oloros « l'auteur de cette histoire », qui possédait des mines d'or à proximité et « jouissait d'un certain crédit auprès des principaux personnages sur le continent » (IV, 104, 4). Thucydide consacre aux opérations autour d'Amphipolis un long développement, nourri de ses souvenirs personnels. On n'entrera pas dans le détail des opérations militaires qui furent marquées par de nombreux ralliements à Brasidas, dont celui d'Amphipolis que Thucydide ne put empêcher, ce qui lui valut de prendre le chemin de l'exil. Puis, avec l'arrivée de Cléon, la situation s'améliora pour les Athéniens. Mais, un dernier combat devant Amphipolis donna la victoire aux Spartiates. Cléon et Brasidas y trouvèrent la mort, et leur disparition permit la réouverture des négociations et la conclusion de la paix de Nicias en 421. Nicias avait, à titre de stratège, conduit un certain nombre d'opérations lors de ces années qui précédèrent la conclusion de la paix, dont il allait être le principal négociateur. Spartiates et Athéniens étaient las de cette guerre qui devait être courte et n'en finissait pas. Les défaites subies par les Athéniens à Délion puis à Amphipolis avaient atteint leur moral. Ils craignaient que ces revers militaires n'entraînent de nouvelles défections de leurs alliés. Les Spartiates de leur côté voulaient récupérer leurs soldats qui étaient prisonniers à Athènes. Ils redoutaient les incursions athéniennes sur leur territoire et qu'à la faveur de ces incursions des hilotes désertent ou se révoltent, comme cela s'était déjà produit dans le passé[9].

---

9. Voir I, 102, 3 : Athènes, sollicitée par les Spartiates décida l'envoi d'une expédition commandée par Cimon. Mais si l'on en croit le récit de

Nicias entama donc des négociations avec le roi spartiate Pleistoanax, récemment revenu d'exil après l'accusation qui avait pesé sur lui de s'être laissé « acheter » pour évacuer l'Attique, et qui comptait sur la paix et sur le retour des prisonniers de Sphactérie pour faire taire ses adversaires[10]. Les négociations aboutirent à un accord. Mais les alliés de Sparte refusèrent de s'y associer.

De ce traité, Thucydide donne les principales dispositions. La paix serait jurée pour cinquante ans. Chacun des deux belligérants rendrait à l'autre les cités dont il s'était emparé au cours de la guerre et restituerait les prisonniers. Un serment serait prêté par les deux adversaires qui serait renouvelé chaque année et des stèles seraient élevées à Olympie, à l'Isthme, à Athènes et à l'Amycleion en territoire lacédémonien. Il entrerait en vigueur au début du printemps, mettant fin à une guerre qui avait duré dix ans.

Sparte n'avait pas réussi à convaincre ses alliés récalcitrants d'adhérer au traité. Parmi les Lacédémoniens eux-mêmes des résistances se manifestaient. Ainsi, le commandant de la place d'Amphipolis refusa-t-il de restituer la ville aux Athéniens. Ceux qui à Sparte tenaient à maintenir la paix conclurent alors avec Athènes une alliance qui concernait les seuls Athéniens et Lacédémoniens. Ils s'engageaient à ne pas se livrer à des attaques et à apporter à l'autre une aide en cas d'invasion de son territoire. Bien plus, les Athéniens prenaient l'engagement de

---

Thucydide, les Spartiates renvoyèrent les Athéniens dont ils redoutaient la complicité avec les rebelles ; voir également ARISTOPHANE, *Lysistrata*, v. 1139-1141, 1145-1146, et PLUTARQUE, *Cimon*, XVI, 4-9.

10. Sur Pleistoanax, voir PLUTARQUE, *Périclès*, XXII, 2-3 : le roi spartiate aurait été « acheté » par Périclès pour évacuer l'Attique, ce qui lui aurait valu une condamnation à l'exil.

soutenir les Lacédémoniens en cas de révolte des hilotes. C'est alors qu'ils rendirent aux Lacédémoniens les prisonniers de Sphactérie. Thucydide, après avoir ainsi précisé les clauses du traité et de l'alliance, conclut : « Ici s'achève le récit de la première guerre qui avait occupé de façon continue les dix ans précédents (V, 24, 2).

S'ouvre alors une période que couvre la fin du livre V, période confuse qui va de la conclusion de la paix de 421 à la prise de Mélos par les Athéniens au début de l'hiver 416/415. Si on laisse de côté l'affaire de Mélos, sur laquelle on reviendra plus longuement, on peut tenter de résumer les événements comme une sorte de guerre larvée, où Athéniens et Lacédémoniens, sans rompre la paix et l'alliance, s'affrontent par cités interposées, à la faveur du refus de certains alliés de Sparte d'adhérer à la paix ou d'exécuter les clauses du traité. Ce sont également de nombreuses intrigues auxquelles se livre dans le Péloponnèse un personnage qui va occuper une place de plus en plus importante dans le récit de Thucydide, Alcibiade, fils de Clinias, parent de Périclès qui lui avait servi de tuteur.

C'est au début de ce développement que se place ce que l'on appelle « la seconde Préface ». Thucydide revient sur l'ensemble de son projet. La guerre, en dépit de cette paix qu'il qualifie « d'illusoire », forme bien un tout. Pendant ces cinq années, les deux principales cités ne tiendront pas parole et ne procéderont pas aux restitutions prévues. Des conflits se dérouleront dans le Péloponnèse et sur la côte thrace. Thucydide rappelle à ses lecteurs que cette guerre « de trois fois neuf ans », il l'a vécue d'un bout à l'autre. Son exil, à la suite de l'affaire d'Amphipolis, et qui dura vingt ans, lui permit d'assister aux affaires dans les deux camps. Il rapporterait le détail des événements « jusqu'au moment où les Lacédémoniens et leurs alliés

mirent fin à la domination athénienne et s'emparèrent des Longs Murs ainsi que du Pirée » (V, 26, 1).

Or, on sait que le texte qui nous a été transmis s'achève brusquement par le récit de l'établissement à Athènes du régime des cinq Mille, après la chute des Quatre Cents en 411/410. Et c'est à Xénophon que nous devons le récit des dernières années de la guerre et de la défaite d'Aigos Potamoi, qui marqua la fin de l'hégémonie athénienne. D'où un problème qui n'a pas manqué de susciter de nombreux débats parmi les commentateurs modernes[11]. Il est certain que le texte de Thucydide, si admirablement élaboré dans certains de ces développements, présente, et c'est le cas pour cette fin du livre V comme pour l'ensemble du livre VIII, des passages parfois confus qui s'expliquent peut-être par une première rédaction qui n'aurait pas été revue. Mais notre ignorance est si grande de la fin de la vie de Thucydide, dont on sait seulement, selon son propre témoignage, qu'il revint à Athènes après son long exil, qu'il est vain de se lancer dans ce type de spéculations.

Un autre fait mérite de retenir l'attention concernant le texte. Alors que Thucydide cite les clauses d'un certain nombre de traités, il n'y a plus dans son récit de discours reconstitués. Tout au plus résume-t-il les arguments avancés par les uns et les autres. Et cela est d'autant plus étonnant que c'est alors qu'Alcibiade fait son apparition sur la scène politique, Alcibiade auquel il donnera au contraire longuement la parole dans la suite du récit. Cette pre-

---

11. Sur les problèmes posés par cette interruption brutale, voir l'hypothèse défendue par L. CANFORA, *Le Mystère Thucydide. Enquête à partir d'Aristote*, Paris, 1997 : les deux premiers livres des *Helléniques* de Xénophon seraient en réalité l'œuvre de Thucydide.

mière évocation du fils de Clinias fait apparaître un jeune ambitieux qui n'avait pas supporté d'être tenu à l'écart des négociations de paix menées par Nicias. D'où les intrigues auxquelles il se livra pour modifier la situation dans le Péloponnèse, politique qui aboutit à la fameuse bataille de Mantinée, qui opposa les Lacédémoniens aux Argiens et à leurs alliés, parmi lesquels figurait un contingent athénien. Thucydide décrit longuement cette bataille, dont il dit que « c'était la plus importante que, depuis les temps anciens, se fussent livrés les Grecs, et elle groupait des peuples parmi les plus considérables » (V, 74). L'avantage demeura aux Lacédémoniens. Peu après était conclue une alliance avec Argos, où s'établit un régime oligarchique. Cette oligarchie fut de courte durée et le *dêmos* reprit le pouvoir durant l'été 418. Les Spartiates tentèrent alors de s'emparer des ouvrages défensifs élevés par les Argiens, mais en furent empêchés par l'intervention d'Alcibiade à la tête de vingt navires.

Ainsi, au début de l'année 416, la situation dans le Péloponnèse semblait rétablie en faveur des Athéniens. C'est vraisemblablement ce qui les incita à envoyer une expédition contre l'île de Mélos, une île peuplée de colons de Sparte qui avait jusque-là refusé d'adhérer à l'alliance athénienne et conservé une certaine neutralité. La campagne contre Mélos ne serait que l'une des nombreuses expéditions destinées à maintenir l'hégémonie athénienne dans l'Égée si Thucydide ne lui avait donné un relief particulier en imaginant un dialogue entre les délégués envoyés par les stratèges athéniens commandant l'expédition et les notables de l'île.

Ce texte, unique dans l'œuvre de Thucydide, a suscité de nombreux commentaires. Il s'agit en effet d'un dialogue et non, comme à l'accoutumée, de deux discours antagonis-

tes. Athéniens et Méliens prennent la parole à tour de rôle, opposant argument contre argument. La raison de ce recours au dialogue était d'éviter « l'effet d'un discours suivi par lequel la multitude, entendant au passage des propos captieux présentés sans contrepartie, se laisserait tromper » (V, 75, 1). Bien que sachant le jeu faussé dès le départ, puisqu'ils n'avaient le choix qu'entre la guerre ou la servitude, les Méliens en acceptèrent néanmoins le principe.

Pour les Athéniens, le choix était simple : leur maîtrise de la mer impliquait que tous les insulaires se soumettent à eux. Point n'était besoin d'évoquer les mérites hérités du passé. Les Méliens les mettent cependant en garde contre cette soumission imposée : tous les peuples jusque-là demeurés neutres comme eux se tourneront vers les Lacédémoniens. Ils rappellent aussi aux Athéniens que les succès dont ils se vantent pour justifier leur autorité peuvent être remis en question par la Fortune. Quant à eux, ils espèrent que la divinité ne les abandonnera pas, eux qui furent toujours des hommes pieux. La réponse des Athéniens est particulièrement révélatrice : tout en affirmant que eux aussi pourraient bénéficier de la bienveillance des dieux, ils n'en sont pas moins persuadés que, « du côté divin comme aussi du côté humain (pour le premier c'est une opinion, pour le second une certitude), une loi de nature fait que toujours, si l'on est le plus fort, on commande » (V, 105, 2). On retrouve là, dans les propos que Thucydide prête aux Athéniens l'écho de l'enseignement de certains sophistes que Platon au siècle suivant dénoncera dans le *Gorgias* et dans la *République*[12]. Quant à l'aide

---

12. Dans le *Gorgias*, Platon donne la parole à un certain Calliclès, présenté comme « amoureux du *dêmos* » et qui proclame dès le début de son entretien avec Socrate que « la marque du juste c'est la domi-

que les Méliens attendent des Lacédémoniens, elle est d'avance compromise, étant donnée leur infériorité dans la guerre navale. Les Méliens ayant opposé à cette démonstration de force le sentiment de l'honneur qui leur impose de ne pas céder, les Athéniens répliquèrent que l'honneur n'était pas en jeu quand on se trouvait face à une puissance inégalée, qui se montrait modérée à leur égard, et leur offrait le choix entre la guerre et la sécurité. Mais pour les Méliens, cette sécurité n'était qu'illusoire, parce que la puissance athénienne pourrait vaciller un jour, et que, dans l'immédiat, elle impliquait la servitude. Aussi, après avoir délibéré, ils répondirent aux Athéniens qu'ils demeuraient sur leur position initiale.

« Plaçant notre confiance à la fois dans le sort octroyé par la divinité, qui a jusqu'à présent assuré notre salut, et dans le secours des hommes représenté par Sparte, nous tenterons de nous en tirer » (V, 112, 2).

Les Athéniens, constatant cette attitude, mirent fin aux négociations et regagnèrent l'armée qui entreprit alors le siège de Mélos. Malgré quelques succès des Méliens, qui réussirent à plusieurs reprises à s'emparer d'une partie de la circonvallation, les Athéniens, qui avaient renforcé leur armée et mis à profit certaines complicités à l'intérieur de l'île, obtinrent la reddition de Mélos. Tous les Méliens en âge de porter les armes furent mis à mort et les femmes et les enfants réduits en esclavage.

---

nation du puissant sur le faible » (483d), et ce n'est pas un hasard si dans sa réfutation Socrate cite les dirigeants de l'Athènes impérialiste, Thémistocle, Cimon, Périclès qui « sans se préoccuper de la sagesse ni de la justice, ont gorgé la ville de ports, d'arsenaux, de murs, de tributs et autres niaiseries » (519a) ; cf. également les propos de Thrasymaque dans la *République*, 341a : « la justice consiste à faire ce qui est à l'avantage du plus fort ».

## XXVIII LA GUERRE DU PÉLOPONNÈSE

Ainsi prenait fin cette période confuse, dont Athènes sortait renforcée. Quel rôle avait joué Alcibiade dans le déroulement de ces événements, Thucydide ne le dit pas, mais c'est bien évidemment la politique qu'il préconisait qui l'avait emporté. On comprend mieux dès lors qu'il ait été l'instigateur de ce qui allait devenir le tournant décisif de la guerre, l'expédition de Sicile.

# THUCYDIDE

# LA GUERRE DU PÉLOPONNÈSE

## TOME II

### (Livres III, IV, V)

# ΘΟΥΚΥΔΙΔΟΥ ΙΣΤΟΡΙΩΝ Γ

I. Τοῦ δ' ἐπιγιγνομένου θέρους Πελοποννήσιοι καὶ οἱ ξύμμαχοι ἅμα τῷ σίτῳ ἀκμάζοντι ἐστράτευσαν ἐς τὴν Ἀττικήν · ἡγεῖτο δὲ αὐτῶν Ἀρχίδαμος ὁ Ζευξιδάμου Λακεδαιμονίων βασιλεύς. Καὶ ἐγκαθεζόμενοι ἐδῄουν τὴν γῆν · καὶ προσβολαί, ὥσπερ εἰώθεσαν, ἐγίγνοντο τῶν Ἀθηναίων ἱππέων ὅπῃ παρείκοι, καὶ τὸν πλεῖστον ὅμιλον τῶν ψιλῶν εἶργον τὸ μὴ προεξιόντας τῶν ὅπλων τὰ ἐγγὺς τῆς πόλεως κακουργεῖν. 2 Ἐμμείναντες δὲ χρόνον οὗ εἶχον τὰ σιτία ἀνεχώρησαν καὶ διελύθησαν κατὰ πόλεις.

II. Μετὰ δὲ τὴν ἐσβολὴν τῶν Πελοποννησίων εὐθὺς Λέσβος πλὴν Μηθύμνης ἀπέστη ἀπ' Ἀθηναίων, βουληθέντες μὲν καὶ πρὸ τοῦ πολέμου, ἀλλ' οἱ Λακεδαιμόνιοι οὐ προσεδέξαντο, ἀναγκασθέντες δὲ καὶ ταύτην τὴν ἀπόστασιν πρότερον ἢ διενοοῦντο ποιήσασθαι. 2 Τῶν τε γὰρ λιμένων τὴν χῶσιν καὶ τειχῶν οἰκοδόμησιν καὶ νεῶν ποίησιν ἐπέμενον τελεσθῆναι, καὶ ὅσα ἐκ τοῦ Πόντου ἔδει ἀφικέσθαι, τοξότας τε καὶ σῖτον, καὶ ἃ μεταπεμπόμενοι ἦσαν. 3 Τενέδιοι γὰρ ὄντες αὐτοῖς διάφοροι καὶ Μηθυμναῖοι καὶ

# LIVRE III

## Invasion de l'Attique

I. L'été suivant, les Péloponnésiens et leurs alliés marchèrent contre l'Attique, au moment où le blé est à matu-
rité ; Archidamos, fils de Zeuxidamos, roi de Lacédémone,
les commandait. Prenant position, ils se mirent à ravager le
pays ; la cavalerie athénienne, à son habitude, lançait des
escarmouches où l'occasion s'en présentait et empêchait
les troupes légères de s'éloigner en force de leur base pour
dévaster les environs de la ville. 2 Les Péloponnésiens restèrent autant qu'ils avaient de vivres, puis ils se retirèrent
et les contingents des cités se séparèrent.

## Révolte de Lesbos

II. Aussitôt après cette invasion péloponnésienne,
Lesbos, sauf Méthymna, se détacha d'Athènes, comme
les Lesbiens l'auraient voulu dès avant la guerre : mais
Lacédémone ne les avait pas accueillis. Encore furent-ils
obligés de faire cette défection plus tôt qu'ils ne le proje-
taient. 2 Ils attendaient en effet d'avoir complètement obs-
trué leurs ports, bâti leurs murs, construit leur flotte, et de
recevoir tout ce qui devait leur arriver du Pont, archers, blé,
diverses ressources qu'ils étaient en train de faire venir.
3 Mais les gens de Ténédos, en différend avec eux, ceux

αὐτῶν Μυτιληναίων ἰδίᾳ ἄνδρες κατὰ στάσιν, πρόξενοι
'Αθηναίων, μηνυταὶ γίγνονται τοῖς 'Αθηναίοις ὅτι ξυνοι-
κίζουσί τε τὴν Λέσβον ἐς τὴν Μυτιλήνην βίᾳ καὶ τὴν παρασκευὴν ἅπασαν μετὰ Λακεδαιμονίων καὶ Βοιωτῶν ξυγ-
γενῶν ὄντων ἐπὶ ἀποστάσει ἐπείγονται · καὶ εἰ μή τις προ-
καταλήψεται ἤδη, στερήσεσθαι αὐτοὺς Λέσβου. III. Οἱ
δ' 'Αθηναῖοι (ἦσαν γὰρ τεταλαιπωρημένοι ὑπό τε τῆς νόσου καὶ τοῦ πολέμου ἄρτι καθισταμένου καὶ ἀκμάζοντος)
μέγα μὲν ἔργον ἡγοῦντο εἶναι Λέσβον προσπολεμώσασθαι
ναυτικὸν ἔχουσαν καὶ δύναμιν ἀκέραιον, καὶ οὐκ ἀπεδέχοντο
τὸ πρῶτον τὰς κατηγορίας, μεῖζον μέρος νέμοντες τῷ μὴ
βούλεσθαι ἀληθῆ εἶναι· ἐπειδὴ μέντοι καὶ πέμψαντες πρέσβεις οὐκ ἔπειθον τοὺς Μυτιληναίους τήν τε ξυνοίκισιν καὶ τὴν
παρασκευὴν διαλύειν, δείσαντες προκαταλαβεῖν ἐβούλοντο.
2 Καὶ πέμπουσιν ἐξαπιναίως τεσσαράκοντα ναῦς αἳ ἔτυχον περὶ Πελοπόννησον παρεσκευασμέναι πλεῖν · Κλεϊππί-
δης δὲ ὁ Δεινίου τρίτος αὐτὸς ἐστρατήγει. 3 Ἐσηγγέλθη
γὰρ αὐτοῖς ὡς εἴη 'Απόλλωνος Μαλόεντος ἔξω τῆς πόλεως
ἑορτή, ἐν ᾗ πανδημεὶ Μυτιληναῖοι ἑορτάζουσι, καὶ ἐλπίδα
εἶναι ἐπειχθέντας ἐπιπεσεῖν ἄφνω, καὶ ἢν μὲν ξυμβῇ ἡ
πεῖρα · εἰ δὲ μή, Μυτιληναίοις εἰπεῖν ναῦς τε παραδοῦναι
καὶ τείχη καθελεῖν, μὴ πειθομένων δὲ πολεμεῖν. 4 Καὶ
αἱ μὲν νῆες ᾤχοντο · τὰς δὲ τῶν Μυτιληναίων δέκα τριήρεις, αἳ ἔτυχον βοηθοὶ παρὰ σφᾶς κατὰ τὸ ξυμμαχικὸν
παροῦσαι, κατέσχον οἱ 'Αθηναῖοι καὶ τοὺς ἄνδρας ἐξ αὐτῶν ἐς φυλακὴν ἐποιήσαντο. 5 Τοῖς δὲ Μυτιληναίοις

---

1. Le proxène est un citoyen qui a noué des liens d'hospitalité avec
les citoyens d'une autre cité et dont il défend les intérêts.
2. On a déjà vu à plusieurs reprises ces liens de « race » évoqués pour
justifier une alliance. En l'occurrence, Béotiens et Mytiléniens se réclamaient d'une même origine éolienne (nord de la côte anatolienne).

de Méthymna et, à Mytilène même, agissant pour leur propre compte, les hommes d'une faction qui étaient proxènes[1] d'Athènes allèrent dénoncer aux Athéniens qu'on imposait aux Lesbiens de s'unir à Mytilène et qu'on poussait tous les préparatifs d'une défection, d'accord avec les Lacédémoniens et, en vertu des liens de race[2], avec les Béotiens : faute de prendre dès lors les devants, les Athéniens perdraient Lesbos. III. Mais ils étaient éprouvés par la peste et par la guerre qui, venant de s'engager, était à son comble ; c'était à leur avis une grande affaire que d'étendre la guerre à Lesbos, qui avait une marine et des forces intactes [3]; ils commencèrent donc par rejeter ces accusations, donnant le pas à leur volonté que ce ne fût pas vrai. Pourtant, lorsqu'ils eurent malgré tout envoyé des ambassadeurs qui n'obtinrent pas des Mytiléniens la fin de l'union et des préparatifs, ils s'inquiétèrent et voulurent prendre les devants : 2 brusquement, ils envoyèrent quarante vaisseaux qui se trouvaient prêts à partir autour du Péloponnèse[4] ; Cleippidès, fils de Deinias, les commandait avec deux autres stratèges. 3 Les Athéniens avaient appris en effet que se tenait hors ville une fête d'Apollon Maloeis, célébrée en masse par les Mytiléniens, et qu'en se hâtant, on pouvait espérer les surprendre. La tentative avait des chances ; sinon, on devait ordonner aux Mytiléniens de livrer leurs vaisseaux et d'abattre leurs murs : en cas de refus, c'était la guerre. 4 Tandis que ces navires faisaient route, les dix trières de Mytilène qui se trouvaient à Athènes en renfort, conformément à l'alliance, furent saisies et leurs équipages internés. 5 Mais

---

3. Les gens de Lesbos avaient conservé leur flotte au sein de l'alliance athénienne, et de ce fait n'étaient pas astreints au paiement du tribut.
4. Comme ils l'avaient fait en 431 et 430.

ἀνὴρ ἐκ τῶν 'Αθηνῶν διαβὰς ἐς Εὔβοιαν καὶ πεζῇ ἐπὶ Γε-
ραιστὸν ἐλθών, ὁλκάδος ἀναγομένης ἐπιτυχών, πλῷ χρη
σάμενος καὶ τριταῖος ἐκ τῶν 'Αθηνῶν ἐς Μυτιλήνην ἀφικόμενος ἀγγέλλει τὸν ἐπίπλουν. 6 Οἱ δὲ οὔτε ἐς τὸν
Μαλόεντα ἐξῆλθον, τά τε ἄλλα τῶν τειχῶν καὶ λιμένων
περὶ τὰ ἡμιτέλεστα φαρξάμενοι ἐφύλασσον. IV. Καὶ οἱ
'Αθηναῖοι οὐ πολλῷ ὕστερον καταπλεύσαντες ὡς ἑώρων,
ἀπήγγειλαν μὲν οἱ στρατηγοὶ τὰ ἐπεσταλμένα, οὐκ ἐσα-
κουόντων δὲ τῶν Μυτιληναίων ἐς πόλεμον καθίσταντο.
2 'Απαράσκευοι δὲ οἱ Μυτιληναῖοι καὶ ἐξαίφνης ἀναγκασθέντες πολεμεῖν ἔκπλουν μέν τινα ἐποιήσαντο τῶν νεῶν
ὡς ἐπὶ ναυμαχίᾳ ὀλίγον πρὸ τοῦ λιμένος, ἔπειτα κατα-
διωχθέντες ὑπὸ τῶν 'Αττικῶν νεῶν λόγους ἤδη προσέφε-
ρον τοῖς στρατηγοῖς, βουλόμενοι τὰς ναῦς τὸ παραυτίκα,
εἰ δύναιντο, ὁμολογίᾳ τινὶ ἐπιεικεῖ ἀποπέμψασθαι. 3 Καὶ
οἱ στρατηγοὶ τῶν 'Αθηναίων ἀπεδέξαντο καὶ αὐτοὶ φοβούμενοι μὴ οὐχ ἱκανοὶ ὦσι Λέσβῳ πάσῃ πολεμεῖν. 4 Καὶ
ἀνοκωχὴν ποιησάμενοι πέμπουσιν ἐς τὰς 'Αθήνας οἱ Μυτιληναῖοι τῶν τε διαβαλλόντων ἕνα, ᾧ μετέμελεν ἤδη, καὶ
ἄλλους, εἴ πως πείσειαν τὰς ναῦς ἀπελθεῖν ὡς σφῶν οὐδὲν
νεωτεριούντων. 5 'Εν τούτῳ δὲ ἀποστέλλουσι καὶ ἐς τὴν
Λακεδαίμονα πρέσβεις τριήρει, λαθόντες τὸ τῶν 'Αθηναίων
ναυτικόν, οἳ ὥρμουν ἐν τῇ Μαλέᾳ πρὸς βορέαν τῆς πό-
λεως· οὐ γὰρ ἐπίστευον τοῖς ἀπὸ τῶν 'Αθηναίων προχω-
ρήσειν. 6 Καὶ οἱ μὲν ἐς τὴν Λακεδαίμονα ταλαιπώρως
διὰ τοῦ πελάγους κομισθέντες αὐτοῖς ἔπρασσον ὅπως τις
βοήθεια ἥξει· V. οἱ δ' ἐκ τῶν 'Αθηνῶν πρέσβεις ὡς οὐδὲν
ἦλθον πράξαντες, ἐς πόλεμον καθίσταντο οἱ Μυτιληναῖοι
καὶ ἡ ἄλλη Λέσβος πλὴν Μηθύμνης· οὗτοι δὲ τοῖς 'Αθη-

les Mytiléniens apprirent l'expédition par un homme qui
passa d'Athènes en Eubée, gagna Géraistos par terre, trouva
un cargo qui partait et, grâce à une bonne traversée, arriva
d'Athènes à Mytilène en deux jours. 6 Les Mytiléniens
ne sortirent donc pas vers le sanctuaire du Maloeis : mais
partout ailleurs sur leurs murs et leurs ports, dont ils renforcèrent les parties à moitié achevées, ils montèrent la
garde. IV. Quand l'escadre athénienne le constata en arrivant peu après, les stratèges transmirent leur message aux
Mytiléniens, puis, devant leur refus, ils entrèrent en opérations. 2 Les Mytiléniens, contraints sans préparation
et sans délai à la guerre, firent bien sortir leur flotte pour
combattre un peu en avant du port, mais ensuite, poursuivis par les vaisseaux athéniens, ils ouvrirent aussitôt des
pourparlers avec les stratèges, pour éloigner ces vaisseaux
dans l'immédiat, si possible, à des conditions honorables.
3 Les stratèges athéniens leur firent bon accueil, redoutant
eux-mêmes de ne pas suffire à une guerre contre Lesbos
tout entière. 4 Un armistice ainsi conclu, les Mytiléniens
envoyèrent à Athènes un de leurs accusateurs, qui éprou-
vait déjà des regrets, avec d'autres négociateurs, pour
essayer d'obtenir le retrait des vaisseaux en promettant
d'observer le statu quo. 5 En même temps, ils adressè-
rent à Lacédémone aussi une délégation, sur une trière, à
l'insu de la flotte athénienne qui mouillait au cap Maléa,
au nord de la ville ; car ils ne comptaient pas sur un succès du côté d'Athènes. 6 Tandis que ces délégués, arrivés
à Lacédémone après une traversée pénible en haute mer,
agissaient en faveur de Mytilène pour faire parvenir du
secours, V. et comme la première délégation était revenue
d'Athènes sans aucun résultat, les Mytiléniens entrèrent en
opérations, aidés de Lesbos tout entière sauf Méthymna ;
les forces de cette ville étaient aux côtés des Athéniens avec

ναίοις ἐβεβοηθήκεσαν, καὶ Ἴμβριοι καὶ Λήμνιοι καὶ τῶν ἄλλων ὀλίγοι τινὲς ξυμμάχων. 2 Καὶ ἔξοδον μέν τινα πανδημεὶ ἐποιήσαντο οἱ Μυτιληναῖοι ἐπὶ τὸ τῶν Ἀθηναίων στρατόπεδον, καὶ μάχη ἐγένετο, ἐν ᾗ οὐκ ἔλασσον ἔχοντες οἱ Μυτιληναῖοι οὔτε ἐπηυλίσαντο οὔτε ἐπίστευσαν σφίσιν αὐτοῖς, ἀλλ' ἀνεχώρησαν· 3 ἔπειτα οἱ μὲν ἡσύχαζον, ἐκ Πελοποννήσου καὶ μετ' ἄλλης παρασκευῆς βουλόμενοι εἰ προσγένοιτό τι κινδυνεύειν· 4 καὶ γὰρ αὐτοῖς Μελέας Λάκων ἀφικνεῖται καὶ Ἑρμαιώνδας Θηβαῖος, οἳ προαπεστάλησαν μὲν τῆς ἀποστάσεως, φθάσαι δὲ οὐ δυνάμενοι τὸν τῶν Ἀθηναίων ἐπίπλουν κρύφα μετὰ τὴν μάχην ὕστερον ἐσπλέουσι τριήρει, καὶ παρῄνουν πέμπειν τριήρη ἄλλην καὶ πρέσβεις μεθ' ἑαυτῶν· καὶ ἐκπέμπουσιν. VI. Οἱ δὲ Ἀθηναῖοι πολὺ ἐπιρρωσθέντες διὰ τὴν τῶν Μυτιληναίων ἡσυχίαν ξυμμάχους τε προσεκάλουν, οἳ πολὺ θᾶσσον παρῆσαν ὁρῶντες οὐδὲν ἰσχυρὸν ἀπὸ τῶν Λεσβίων, καὶ περιορμισάμενοι τὸ πρὸς νότον τῆς πόλεως ἐτείχισαν στρατόπεδα δύο ἑκατέρωθεν τῆς πόλεως, καὶ τοὺς ἐφόρμους ἐπ' ἀμφοτέροις τοῖς λιμέσιν ἐποιοῦντο. 2 Καὶ τῆς μὲν θαλάσσης εἶργον μὴ χρῆσθαι τοὺς Μυτιληναίους, τῆς δὲ γῆς τῆς μὲν ἄλλης ἐκράτουν οἱ Μυτιληναῖοι καὶ οἱ ἄλλοι Λέσβιοι προσβεβοηθηκότες ἤδη, τὸ δὲ περὶ τὰ στρατόπεδα οὐ πολὺ κατεῖχον οἱ Ἀθηναῖοι, ναύσταθμον δὲ μᾶλλον ἦν αὐτοῖς πλοίων καὶ ἀγορᾶς ἡ Μαλέα. Καὶ τὰ μὲν περὶ Μυτιλήνην οὕτως ἐπολεμεῖτο.

VII. Κατὰ δὲ τὸν αὐτὸν χρόνον τοῦ θέρους τούτου Ἀθηναῖοι καὶ περὶ Πελοπόννησον ναῦς ἀπέστειλαν τριάκοντα καὶ Ἀσώπιον τὸν Φορμίωνος στρατηγόν, κελευσάντων Ἀκαρνάνων τῶν Φορμίωνός τινα σφίσι πέμψαι ἢ υἱὸν ἢ ξυγγενῆ ἄρχοντα. 2 Καὶ παραπλέουσαι αἱ νῆες τῆς Λα-

5. Il y a là une indication intéressante à double titre : d'une part, elle révèle que le recrutement des stratèges se faisait au sein d'un milieu relativement limité ; d'autre part, que ces stratèges pouvaient jouir d'une sorte de « clientèle » parmi certains peuples périphériques, comme ici

celles d'Imbros, de Lemnos et d'autres alliés peu nombreux. 2 Les Mytiléniens firent bien une sortie en masse contre le camp athénien, et il y eut un combat, où ils ne se montrèrent pas inférieurs ; mais au lieu de bivouaquer sur place et d'avoir confiance en eux-mêmes, ils se replièrent. 3 Ensuite, ils ne bougèrent plus, ne voulant se risquer que soutenus par le Péloponnèse et avec d'autres moyens, si quelque renfort pouvait leur arriver. 4 De fait, ils virent survenir le Laconien Méléas et le Thébain Hermaiondas, qui avaient été envoyés avant la défection et qui, n'ayant pu devancer l'expédition athénienne, arrivèrent en secret sur une trière, après coup, le combat fini ; ceux-ci conseillèrent d'envoyer une autre trière et des députés avec eux ; ce qui fut fait. VI. De leur côté les Athéniens, très affermis par l'inaction des Mytiléniens, convoquaient des alliés qui mirent plus d'empressement à se présenter puisqu'ils ne voyaient aucune vigueur chez les Lesbiens ; ayant fait le tour et mouillé au sud de la ville, les Athéniens fortifièrent deux camps, de part et d'autre de la ville, et mirent le blocus devant les deux ports. 2 S'ils interdisaient aux Mytiléniens l'usage de la mer, en revanche, sur terre, ceux-ci et les autres Lesbiens qui s'étaient déjà rangés à leurs côtés dominaient presque partout ; les Athéniens tenaient une zone restreinte autour des camps, leur station pour les vaisseaux de transport et le ravitaillement se trouvant plutôt au cap Maléa. Tel était donc le déroulement des opérations à Mytilène.

VII. Vers la même époque de cet été, les Athéniens envoyèrent aussi, autour du Péloponnèse, trente vaisseaux que commandait le stratège Asopios, fils de Phormion : les Acarnaniens avaient réclamé pour chef un fils ou un autre parent de Phormion[5].

les Acarnaniens, parmi lesquels Asopos put lever des hommes un peu plus tard.

κωνικῆς τὰ ἐπιθαλάσσια χωρία ἐπόρθησαν. 3 Ἔπειτα τὰς μὲν πλείους ἀποπέμπει τῶν νεῶν πάλιν ἐπ' οἴκου ὁ Ἀσώπιος, αὐτὸς δ' ἔχων δώδεκα ἀφικνεῖται ἐς Ναύπακτον, 4 καὶ ὕστερον Ἀκαρνᾶνας ἀναστήσας πανδημεὶ στρατεύει ἐπ' Οἰνιάδας, καὶ ταῖς τε ναυσὶ κατὰ τὸν Ἀχελῷον ἔπλευσε καὶ ὁ κατὰ γῆν στρατὸς ἐδῄου τὴν χώραν. 5 Ὡς δ' οὐ προσεχώρουν, τὸν μὲν πεζὸν ἀφίησιν, αὐτὸς δὲ πλεύσας ἐς Λευκάδα καὶ ἀπόβασιν ἐς Νήρικον ποιησάμενος ἀναχωρῶν διαφθείρεται αὐτός τε καὶ τῆς στρατιᾶς τι μέρος ὑπὸ τῶν αὐτόθεν τε ξυμβοηθησάντων καὶ φρουρῶν τινων ὀλίγων. 6 Καὶ ὕστερον ὑποσπόνδους τοὺς νεκροὺς ἀποπλεύσαντες οἱ Ἀθηναῖοι παρὰ τῶν Λευκαδίων ἐκομίσαντο.

VIII. Οἱ δὲ ἐπὶ τῆς πρώτης νεὼς ἐκπεμφθέντες Μυτιληναίων πρέσβεις, ὡς αὐτοῖς οἱ Λακεδαιμόνιοι εἶπον Ὀλυμπίαζε παρεῖναι, ὅπως καὶ οἱ ἄλλοι ξύμμαχοι ἀκούσαντες βουλεύσωνται, ἀφικνοῦνται ἐς τὴν Ὀλυμπίαν· ἦν δὲ Ὀλυμπιὰς ᾗ Δωριεὺς Ῥόδιος τὸ δεύτερον ἐνίκα. 2 Καὶ ἐπειδὴ μετὰ τὴν ἑορτὴν κατέστησαν ἐς λόγους, εἶπον τοιάδε.

IX. « Τὸ μὲν καθεστὸς τοῖς Ἕλλησι νόμιμον, ὦ Λακεδαιμόνιοι καὶ ξύμμαχοι, ἴσμεν· τοὺς γὰρ ἀφισταμένους ἐν τοῖς πολέμοις καὶ ξυμμαχίαν τὴν πρὶν ἀπολείποντας οἱ δεξάμενοι, καθ' ὅσον μὲν ὠφελοῦνται, ἐν ἡδονῇ ἔχουσι, νομίζοντες δὲ εἶναι προδότας τῶν πρὸ τοῦ φίλων χείρους ἡγοῦνται. 2 Καὶ οὐκ ἄδικος αὕτη ἡ ἀξίωσίς ἐστιν, εἰ τύχοιεν πρὸς ἀλλήλους οἵ τε ἀφιστάμενοι καὶ ἀφ' ὧν διακρίνοιντο ἴσοι μὲν τῇ γνώμῃ ὄντες καὶ εὐνοίᾳ, ἀντίπαλοι δὲ τῇ παρασκευῇ καὶ δυνάμει, πρόφασίς τε ἐπιεικὴς μηδεμία ὑπάρχοι τῆς ἀποστάσεως· ὃ καὶ ἡμῖν καὶ Ἀθηναίοις οὐκ ἦν,

---

6. L'Achélôos est un fleuve qui sépare l'Acarnanie de l'Étolie.

7. On voit ici comment un stratège athénien pouvait agir avec des troupes recrutées sur place et dont il se débarrassait ensuite.

2 Ces vaisseaux ravagèrent dans leur croisière les régions côtières de Laconie. 3 Ensuite Asopios renvoya la plupart de ses vaisseaux à leur base, sauf douze avec lesquels il gagna lui-même Naupacte. 4 Plus tard, avec une levée en masse d'Acarnaniens, il attaqua Oiniadai et mena ses vaisseaux sur l'Achélôos[6] tandis que l'armée de terre ravageait le pays. 5 Comme on ne lui cédait pas, il licencia ses troupes de terre, mit lui-même le cap sur Leucade, débarqua à Néricos et périt avec une partie de ses hommes en repartant, sous les coups de gens du pays venus à la rescousse et de quelques soldats de garnison[7]. 6 Plus tard les Athéniens, qui avaient repris la mer, se firent rendre leurs morts sous convention par les gens de Leucade.

VIII. Les ambassadeurs que Mytilène avait envoyés sur le premier vaisseau, invités par les Lacédémoniens à se présenter à Olympie pour que tous les alliés pussent les entendre et en délibérer, arrivèrent à Olympie ; c'était l'Olympiade où Dôrieus de Rhodes remporta sa seconde victoire. 2 Après la fête, quand on en vint aux discussions[8], ils tinrent en substance le discours suivant :

IX. « L'usage établi en Grèce, Lacédémoniens et alliés, nous est connu : ceux qui font défection à la guerre et abandonnent une alliance antérieure inspirent au camp qui les accueille de la satisfaction dans la mesure où ils le servent, mais une opinion défavorable parce qu'ils passent pour traîtres à leurs précédents amis. 2 De fait, cette appréciation n'est pas injuste, dans l'hypothèse où les rapports des dissidents et du camp dont ils se séparent comporteraient l'égalité des conceptions et du dévouement, l'équilibre des moyens et de la puissance, s'il n'y avait enfin aucun motif honorable à cette défection. Mais précisément, pour Athènes et nous, ce n'était pas le cas, et nul ne doit avoir de nous une opinion moins favorable si, en dépit des

μηδέ τῳ χείρους δόξωμεν εἶναι εἰ ἐν τῇ εἰρήνῃ τιμώμενοι ὑπ' αὐτῶν ἐν τοῖς δεινοῖς ἀφιστάμεθα.

X. « Περὶ γὰρ τοῦ δικαίου καὶ ἀρετῆς πρῶτον ἄλλως τε καὶ ξυμμαχίας δεόμενοι τοὺς λόγους ποιησόμεθα, εἰδότες οὔτε φιλίαν ἰδιώταις βέβαιον γιγνομένην οὔτε κοινωνίαν πόλεσιν ἐς οὐδέν, εἰ μὴ μετ' ἀρετῆς δοκούσης ἐς ἀλλήλους γίγνοιντο καὶ τἄλλα ὁμοιότροποι εἶεν· ἐν γὰρ τῷ διαλλάσσοντι τῆς γνώμης καὶ αἱ διαφοραὶ τῶν ἔργων καθίστανται. 2 Ἡμῖν δὲ καὶ Ἀθηναίοις ξυμμαχία ἐγένετο πρῶτον ἀπολιπόντων μὲν ὑμῶν ἐκ τοῦ Μηδικοῦ πολέμου, παραμεινάντων δὲ ἐκείνων πρὸς τὰ ὑπόλοιπα τῶν ἔργων. 3 Ξύμμαχοι μέντοι ἐγενόμεθα οὐκ ἐπὶ καταδουλώσει τῶν Ἑλλήνων Ἀθηναίοις, ἀλλ' ἐπ' ἐλευθερώσει ἀπὸ τοῦ Μήδου τοῖς Ἕλλησιν. 4 Καὶ μέχρι μὲν ἀπὸ τοῦ ἴσου ἡγοῦντο, προθύμως εἰπόμεθα· ἐπειδὴ δὲ ἑωρῶμεν αὐτοὺς τὴν μὲν τοῦ Μήδου ἔχθραν ἀνιέντας, τὴν δὲ τῶν ξυμμάχων δούλωσιν ἐπειγομένους, οὐκ ἀδεεῖς ἔτι ἦμεν. 5 Ἀδύνατοι δὲ ὄντες καθ' ἓν γενόμενοι διὰ πολυψηφίαν ἀμύνασθαι οἱ ξύμμαχοι ἐδουλώθησαν πλὴν ἡμῶν καὶ Χίων· 6 ἡμεῖς δὲ αὐτόνομοι δὴ ὄντες καὶ ἐλεύθεροι τῷ ὀνόματι ξυνεστρατεύσαμεν. Καὶ πιστοὺς οὐκέτι εἴχομεν ἡγεμόνας Ἀθηναίους, παραδείγμασι τοῖς προγιγνομένοις χρώμενοι· οὐ γὰρ εἰκὸς ἦν αὐτοὺς οὓς μὲν μεθ' ἡμῶν ἐνσπόνδους ἐποιήσαντο καταστρέψασθαι, τοὺς δὲ ὑπολοίπους, εἴ ποτε ἄρα ἐδυνήθησαν, μὴ δρᾶσαι τοῦτο. XI. Καὶ εἰ μὲν αὐτόνομοι ἔτι ἦμεν ἅπαντες, βεβαιότεροι ἂν ἡμῖν ἦσαν μηδὲν νεωτεριεῖν·

8. Les fêtes d'Olympie n'étaient pas seulement l'occasion de concours athlétiques, mais aussi de débats politiques. Il s'agit ici des Olympiades de 428.

égards qu'ils nous accordaient en temps de paix, nous faisons défection au milieu des dangers.

X. « Nous parlerons d'abord justice et probité, d'autant que nous sollicitons une alliance, et nous savons que ni l'amitié entre particuliers ni l'union entre cités n'ont rien de solide sans une impression de probité dans les rapports qui s'établissent et, en général, sans façons d'agir similaires : avec l'écart des conceptions s'instaurent des différences dans l'action. 2 Entre les Athéniens et nous, l'alliance s'est nouée quand vous vous êtes retirés de la guerre contre le Mède tandis qu'eux demeuraient à leur poste pour faire le reste. 3 Cependant, nous ne sommes pas entrés dans l'alliance pour Athènes afin de lui asservir les Grecs, mais pour les Grecs afin de les libérer du Mède. 4 Et tant que les Athéniens commandaient en respectant l'égalité, nous les avons suivis de grand cœur ; mais du moment où nous les voyions relâcher leur haine du Mède tout en hâtant l'asservissement de leurs alliés, nous n'étions plus sans inquiétude[9]. 5 Incapables de s'unir pour se défendre parce que trop nombreux à voter, les alliés furent asservis, sauf les gens de Chios et nous ; 6 nous, autonomes sans doute et libres de nom, nous avons marché avec Athènes. Mais nous ne trouvions plus de garantie dans le commandement des Athéniens, instruits que nous étions par les exemples qui précédaient ; car une chose n'était pas vraisemblable : ils avaient soumis les peuples qu'ils avaient inclus dans la même convention que nous, et ils n'auraient pas traité ainsi ceux qui restaient, si jamais ils l'avaient pu ? XI. Si nous étions tous demeurés autonomes, nous aurions été

9. Depuis la conclusion en 449 de la paix dite de Callias, du nom de son principal négociateur du côté athénien, la fin de la guerre contre l'empire perse, qui avait été à l'origine de l'alliance, transformait celle-ci en une « servitude » aux yeux des Mytiléniens.

ὑποχειρίους δὲ ἔχοντες τοὺς πλείους, ἡμῖν δὲ ἀπὸ τοῦ
ἴσου ὁμιλοῦντες, χαλεπώτερον εἰκότως ἔμελλον οἴσειν καὶ
πρὸς τὸ πλέον ἤδη εἶκον τοῦ ἡμετέρου ἔτι μόνου ἀντισου-
μένου, ἄλλως τε καὶ ὅσῳ δυνατώτεροι αὐτοὶ αὐτῶν ἐγίγνοντο καὶ ἡμεῖς ἐρημότεροι. Τὸ δὲ ἀντίπαλον δέος μόνον
πιστὸν ἐς ξυμμαχίαν· ὁ γὰρ παραβαίνειν τι βουλόμενος
τῷ μὴ προύχων ἂν ἐπελθεῖν ἀποτρέπεται. 2 Αὐτόνομοί
τε ἐλείφθημεν οὐ δι' ἄλλο τι ἢ ὅσον αὐτοῖς ἐς τὴν ἀρχὴν
εὐπρεπείᾳ τε λόγου καὶ γνώμης μᾶλλον ἐφόδῳ ἢ ἰσχύος
τὰ πράγματα ἐφαίνετο καταληπτά. 3 Ἅμα μὲν γὰρ
μαρτυρίῳ ἐχρῶντο μὴ ἂν τούς γε ἰσοψήφους ἄκοντας, εἰ
μή τι ἠδίκουν οἷς ἐπῆσαν, ξυστρατεύειν· ἐν τῷ αὐτῷ δὲ καὶ
τὰ κράτιστα ἐπί τε τοὺς ὑποδεεστέρους πρώτους ξυνεπῆγον καὶ τὰ τελευταῖα λιπόντες τοῦ ἄλλου περιῃρημένου
ἀσθενέστερα ἔμελλον ἕξειν. Εἰ δὲ ἀφ' ἡμῶν ἤρξαντο, ἐχόντων ἔτι τῶν πάντων αὐτῶν τε ἰσχὺν καὶ πρὸς ὅ τι χρὴ στῆναι, οὐκ ἂν ὁμοίως ἐχειρώσαντο. 4 Τό τε ναυτικὸν ἡμῶν
παρεῖχέ τινα φόβον μή ποτε καθ' ἓν γενόμενον ἢ ὑμῖν ἢ
ἄλλῳ τῳ προσθέμενον κίνδυνον σφίσι παράσχῃ. 5 Τὰ δὲ
καὶ ἀπὸ θεραπείας τοῦ τε κοινοῦ αὐτῶν καὶ τῶν αἰεὶ προε-
στώτων περιεγιγνόμεθα. 6 Οὐ μέντοι ἐπὶ πολὺ γ' ἂν ἐδο-
κοῦμεν δυνηθῆναι, εἰ μὴ ὁ πόλεμος ὅδε κατέστη, παραδείγμασι χρώμενοι τοῖς ἐς τοὺς ἄλλους. XII. Τίς οὖν
αὕτη ἢ φιλία ἐγίγνετο ἢ ἐλευθερία πιστή, ἐν ᾗ παρὰ γνώμην ἀλλήλους ὑπεδεχόμεθα, καὶ οἱ μὲν ἡμᾶς ἐν τῷ πολέμῳ
δεδιότες ἐθεράπευον, ἡμεῖς δὲ ἐκείνους ἐν τῇ ἡσυχίᾳ τὸ
αὐτὸ ἐποιοῦμεν; ὅ τε τοῖς ἄλλοις μάλιστα εὔνοια πίστιν

plus sûrs qu'ils observeraient le *statu quo*. Mais à vivre
avec nous sur un pied d'égalité tandis qu'ils avaient assujetti la plupart, ils devaient vraisemblablement ressentir plus d'amertume, notre pays tenant seul cette position
d'égal en face de l'abandon que la majorité acceptait déjà,
et cela quand leur puissance s'accroissait, en même temps
que notre isolement. L'équilibre de la crainte est la seule
garantie d'une alliance ; celui qui veut violer une disposition y renonce faute de pouvoir attaquer avec supériorité. 2 Si enfin ils nous ont laissé notre autonomie, c'est
tout simplement dans la mesure où, visant à l'empire, ils
croyaient tout maîtriser grâce à de belles paroles et par le
recours à l'intelligence plutôt qu'à la force. 3 Par un double procédé, en effet, ils arguaient que des alliés, leurs
égaux dans les votes, auraient refusé de marcher avec eux
si les peuples attaqués n'avaient eu quelque responsabilité,
et en même temps aussi, ils menaient d'abord contre les
moins forts les plus grandes puissances, les laissant subsister les dernières pour les trouver affaiblies après disparition des autres. S'ils avaient commencé par nous, quand
tous avaient encore et leurs forces propres et un recours,
ils n'auraient pas imposé ainsi leur domination. 4 Notre
flotte, enfin, les inquiétait, puisqu'en se joignant d'un seul
bloc à vous ou à quelque autre, elle pouvait les mettre en
danger. 5 En partie aussi, nous devions notre salut à nos
ménagements pour leur gouvernement et ses dirigeants
successifs. 6 Mais que cela pût durer longtemps, sans cette
guerre, nous n'y comptions pas, à prendre pour exemple le
sort des autres. XII. Quelle garantie pouvait donc présenter une amitié, une liberté, où nous entretenions des relations à contrecœur, où ils nous ménageaient par crainte en
temps de guerre, et où nous les traitions de même en temps
de paix ? La certitude d'une garantie, que le dévouement

βεβαιοῖ, ἡμῖν τοῦτο ὁ φόβος ἐχυρὸν παρεῖχε, δέει τε τὸ πλέον ἢ φιλίᾳ κατεχόμενοι ξύμμαχοι ἦμεν· καὶ ὁποτέροις θᾶσσον παράσχοι ἀσφάλεια θάρσος, οὗτοι πρότεροί τι καὶ παραβήσεσθαι ἔμελλον. 2 Ὥστε εἴ τῳ δοκοῦμεν ἀδικεῖν προαποστάντες διὰ τὴν ἐκείνων μέλλησιν τῶν ἐς ἡμᾶς δεινῶν, αὐτοὶ οὐκ ἀνταναμείναντες σαφῶς εἰδέναι εἴ τι αὐτῶν ἔσται, οὐκ ὀρθῶς σκοπεῖ. 3 Εἰ γὰρ δυνατοὶ ἦμεν ἐκ τοῦ ἴσου καὶ ἀντεπιβουλεῦσαι καὶ ἀντιμελλῆσαι, τί ἔδει ἡμᾶς ἐκ τοῦ ὁμοίου ἐπ' ἐκείνοις εἶναι; ἐπ' ἐκείνοις δὲ ὄντος αἰεὶ τοῦ ἐπιχειρεῖν καὶ ἐφ' ἡμῖν εἶναι δεῖ τὸ προαμύνασθαι.

XIII. « Τοιαύτας ἔχοντες προφάσεις καὶ αἰτίας, ὦ Λακεδαιμόνιοι καὶ ξύμμαχοι, ἀπέστημεν, σαφεῖς μὲν τοῖς ἀκούουσι γνῶναι ὡς εἰκότως ἐδράσαμεν, ἱκανὰς δὲ ἡμᾶς ἐκφοβῆσαι καὶ πρὸς ἀσφάλειάν τινα τρέψαι, βουλομένους μὲν καὶ πάλαι, ὅτε ἔτι ἐν τῇ εἰρήνῃ ἐπέμψαμεν ὡς ὑμᾶς περὶ ἀποστάσεως, ὑμῶν δὲ οὐ προσδεξαμένων κωλυθέντας· νῦν δὲ ἐπειδὴ Βοιωτοὶ προυκαλέσαντο εὐθὺς ὑπηκούσαμεν, καὶ ἐνομίζομεν ἀποστήσεσθαι διπλῆν ἀπόστασιν, ἀπό τε τῶν Ἑλλήνων μὴ ξὺν κακῶς ποιεῖν αὐτοὺς μετ' Ἀθηναίων ἀλλὰ ξυνελευθεροῦν, ἀπό τε Ἀθηναίων μὴ αὐτοὶ διαφθαρῆναι ὑπ' ἐκείνων ἐν ὑστέρῳ ἀλλὰ προποιῆσαι. 2 Ἡ μέντοι ἀπόστασις ἡμῶν θᾶσσον γεγένηται καὶ ἀπαράσκευος· ᾗ καὶ μᾶλλον χρὴ ξυμμάχους δεξαμένους ἡμᾶς διὰ ταχέων βοήθειαν ἀποστέλλειν, ἵνα φαίνησθε ἀμύνοντές τε οἷς δεῖ καὶ ἐν τῷ αὐτῷ τοὺς πολεμίους βλάπτοντες. 3 Καιρὸς δὲ ὡς οὔπω πρότερον· νόσῳ τε γὰρ ἐφθάραται Ἀθηναῖοι

surtout donne aux autres, c'était la peur qui nous l'assurait ; bien plus que l'amitié, la crainte nous maintenait dans
cette alliance ; et celui des deux partenaires que sa sécurité enhardirait le plus vite, celui-là devait aussi le premier
commettre une violation. 2 Si d'aucuns par conséquent,
voyant les Athéniens tarder à nous appliquer des mesures
brutales, nous trouvent coupables de défection prématurée
pour n'avoir pas de notre côté attendu de bien savoir par
nous-mêmes si elles devaient se réaliser, ceux-là jugent
mal. 3 Si nous pouvions répondre sur un pied d'égalité et
aux menées et aux délais des Athéniens, quelle raison y
aurait-il pour que, placés de façon équivalente, nous fus-
sions en leur pouvoir ? Non : du moment qu'ils ont, eux,
à chaque instant le pouvoir d'attaquer, nous devons avoir,
nous, celui de nous prémunir.

XIII. « Tels sont les causes et les motifs, Lacédémoniens
et alliés, de notre défection : ils prouvent clairement à nos
auditeurs la légitimité de notre conduite et expliquent
assez, quant à nous, notre effroi et notre mouvement pour
trouver quelque sécurité ; nous le voulions dès longtemps,
lorsque, durant la paix encore, nous vous avons parlé de
défection. Votre refus de nous accueillir nous avait arrêtés ; mais aujourd'hui, à l'appel des Béotiens, nous avons
répondu sur-le-champ, et nous envisagions de faire doublement défection : à l'égard des Grecs pour contribuer,
non plus à les maltraiter avec Athènes, mais à les libérer ;
à l'égard des Athéniens, pour prendre l'initiative au lieu
d'attendre qu'ils nous écrasent. 2 Mais notre défection a
été un peu rapide et improvisée. C'est une raison de plus
pour nous accueillir dans votre alliance et nous envoyer
un prompt secours ; on verra ainsi que vous défendez qui
doit l'être et que du même coup vous nuisez à vos ennemis. 3 L'occasion est incomparable : entre la peste et leurs

καὶ χρημάτων δαπάνῃ, νῆές τε αὐτοῖς αἱ μὲν περὶ τὴν
ὑμετέραν εἰσίν, αἱ δ' ἐφ' ἡμῖν τετάχαται. 4 Ὥστε οὐκ
εἰκὸς αὐτοὺς περιουσίαν νεῶν ἔχειν, ἢν ὑμεῖς ἐν τῷ θέρει
τῷδε ναυσί τε καὶ πεζῷ ἅμα ἐπεσβάλητε τὸ δεύτερον, ἀλλ'
ἢ ὑμᾶς οὐκ ἀμυνοῦνται ἐπιπλέοντας ἢ ἀπ' ἀμφοτέρων ἀπο-
χωρήσονται. 5 Νομίσῃ τε μηδεὶς ἀλλοτρίας γῆς πέρι
οἰκεῖον κίνδυνον ἕξειν. Ὧι γὰρ δοκεῖ μακρὰν ἀπεῖναι ἡ
Λέσβος, τὴν ὠφελίαν αὐτῷ ἐγγύθεν παρέξει. Οὐ γὰρ ἐν
τῇ Ἀττικῇ ἔσται ὁ πόλεμος, ὥς τις οἴεται, ἀλλὰ δι' ἣν ἡ
Ἀττικὴ ὠφελεῖται. 6 Ἔστι δὲ τῶν χρημάτων ἀπὸ τῶν
ξυμμάχων ἡ πρόσοδος, καὶ ἔτι μείζων ἔσται, εἰ ἡμᾶς κα-
ταστρέψονται· οὔτε γὰρ ἀποστήσεται ἄλλος τά τε ἡμέτερα
προσγενήσεται, πάθοιμέν τ' ἂν δεινότερα ἢ οἱ πρὶν δουλεύοντες. 7 Βοηθησάντων δὲ ὑμῶν προθύμως πόλιν τε
προσλήψεσθε ναυτικὸν ἔχουσαν μέγα, οὗπερ ὑμῖν μάλιστα
προσδεῖ, καὶ Ἀθηναίους ῥᾷον καθαιρήσετε ὑφαιροῦντες
αὐτῶν τοὺς ξυμμάχους (θρασύτερον γὰρ πᾶς τις προσχω-
ρήσεται), τήν τε αἰτίαν ἀποφεύξεσθε ἣν εἴχετε μὴ βοηθεῖν
τοῖς ἀφισταμένοις. Ἢν δ' ἐλευθεροῦντες φαίνησθε, τὸ κράτος τοῦ πολέμου βεβαιότερον ἕξετε.

XIV. « Αἰσχυνθέντες οὖν τάς τε τῶν Ἑλλήνων ἐς ὑμᾶς
ἐλπίδας καὶ Δία τὸν Ὀλύμπιον, ἐν οὗ τῷ ἱερῷ ἴσα καὶ
ἱκέται ἐσμέν, ἐπαμύνατε Μυτιληναίοις ξύμμαχοι γενόμενοι,
καὶ μὴ προῆσθε ἡμᾶς ἴδιον μὲν τὸν κίνδυνον τῶν σωμάτων
παραβαλλομένους, κοινὴν δὲ τὴν ἐκ τοῦ κατορθῶσαι ὠφελίαν ἅπασι δώσοντας, ἔτι δὲ κοινοτέραν τὴν βλάβην, εἰ μὴ
πεισθέντων ὑμῶν σφαλησόμεθα. 2 Γίγνεσθε δὲ ἄνδρες
οἷούσπερ ὑμᾶς οἵ τε Ἕλληνες ἀξιοῦσι καὶ τὸ ἡμέτερον
δέος βούλεται. »

dépenses en argent, les Athéniens sont épuisés ; leur flotte est en partie dans vos eaux, le reste menace nos côtes. 4 Il n'est donc pas probable qu'ils aient des vaisseaux disponibles si vous faites au cours de cet été-ci, par mer aussi bien que par terre, une seconde invasion : ou bien ils ne repousseront pas vos navires, ou bien ils évacueront nos deux pays. 5 Et nul ne doit se dire qu'il va courir un risque personnel pour une terre qui, elle, est à autrui. Si Lesbos peut vous sembler loin, l'avantage qu'elle procurera va vous toucher de près. Car la guerre ne se jouera pas en Attique, comme d'aucuns l'imaginent, mais là où l'Attique puise ses avantages. 6 Il s'agit de l'argent, qui lui rentre de chez ses alliés, et rentrera plus encore si elle nous soumet : nul alors ne fera plus défection, et ses ressources se grossiront des nôtres, à nous qui serions plus mal traités que les sujets déjà asservis. 7 Par une aide énergique, au contraire, vous vous adjoindrez une alliée pourvue d'une forte marine – ce qui vous manque surtout – et vous abattrez plus facilement Athènes, en lui soustrayant ses alliés (car chacun sera encouragé à passer chez vous) ; enfin, vous échapperez à l'accusation qu'on vous faisait, de ne pas secourir les dissidents. Si l'on vous voit les libérer, la suprématie dans cette guerre vous appartiendra plus sûrement.

XIV. « Respectant donc et les espoirs que les Grecs mettent en vous et Zeus Olympien dont le sanctuaire nous reçoit au même titre que des suppliants, alliez-vous à Mytilène et défendez-la ; ne nous abandonnez pas, nous qui, nous réservant le risque auquel nous exposons notre vie, partagerons avec tous l'avantage né du succès, et partagerons plus encore les dommages si, faute de vous convaincre, nous allons à l'échec. 2 Conduisezvous comme les Grecs l'attendent de vous et comme notre angoisse le veut. »

XV. Τοιαῦτα μὲν οἱ Μυτιληναῖοι εἶπον. Οἱ δὲ Λακεδαιμόνιοι καὶ οἱ ξύμμαχοι ἐπειδὴ ἤκουσαν, προσδεξάμενοι
τοὺς λόγους ξυμμάχους τε τοὺς Λεσβίους ἐποιήσαντο καὶ
τὴν ἐς τὴν Ἀττικὴν ἐσβολὴν τοῖς τε ξυμμάχοις παροῦσι
κατὰ τάχος ἔφραζον ἰέναι ἐς τὸν ἰσθμὸν τοῖς δύο μέρεσιν
ὡς ποιησόμενοι, καὶ αὐτοὶ πρῶτοι ἀφίκοντο, καὶ ὁλκοὺς
παρεσκεύαζον τῶν νεῶν ἐν τῷ ἰσθμῷ ὡς ὑπεροίσοντες ἐκ
τῆς Κορίνθου ἐς τὴν πρὸς Ἀθήνας θάλασσαν καὶ ναυσὶ
καὶ πεζῷ ἅμα ἐπιόντες. 2 Καὶ οἱ μὲν προθύμως ταῦτα
ἔπρασσον, οἱ δὲ ἄλλοι ξύμμαχοι βραδέως τε ξυνελέγοντο
καὶ ἐν καρποῦ ξυγκομιδῇ ἦσαν καὶ ἀρρωστίᾳ τοῦ στρατεύειν. XVI. Αἰσθόμενοι δὲ αὐτοὺς οἱ Ἀθηναῖοι διὰ κα-
τάγνωσιν ἀσθενείας σφῶν παρασκευαζομένους, δηλῶσαι
βουλόμενοι ὅτι οὐκ ὀρθῶς ἐγνώκασιν ἀλλ' οἷοί τέ εἰσι μὴ
κινοῦντες τὸ ἐπὶ Λέσβῳ ναυτικὸν καὶ τὸ ἀπὸ Πελοποννήσου ἐπιὸν ῥαδίως ἀμύνεσθαι, ἐπλήρωσαν ναῦς ἑκατὸν ἐσ-
βάντες αὐτοί τε πλὴν ἱππέων καὶ πεντακοσιομεδίμνων καὶ
οἱ μέτοικοι, καὶ παρὰ τὸν ἰσθμὸν ἀναγαγόντες ἐπίδειξίν τε
ἐποιοῦντο καὶ ἀποβάσεις τῆς Πελοποννήσου ᾗ δοκοίη
αὐτοῖς. 2 Οἱ δὲ Λακεδαιμόνιοι ὁρῶντες πολὺν τὸν παρά-
λογον τά τε ὑπὸ τῶν Λεσβίων ῥηθέντα ἡγοῦντο οὐκ ἀληθῆ
καὶ ἄπορα νομίζοντες, ὡς αὐτοῖς καὶ οἱ ξύμμαχοι ἅμα οὐ
παρῆσαν καὶ ἠγγέλλοντο καὶ αἱ περὶ τὴν Πελοπόννησον
τριάκοντα νῆες τῶν Ἀθηναίων τὴν περιοικίδα αὐτῶν πορ-
θοῦσαι, ἀνεχώρησαν ἐπ' οἴκου. 3 Ὕστερον δὲ ναυτικὸν
παρεσκεύαζον ὅ τι πέμψουσιν ἐς τὴν Λέσβον, καὶ κατὰ πόλεις ἐπήγγελλον τεσσαράκοντα νεῶν πλῆθος καὶ ναύαρ-
χον προσέταξαν Ἀλκίδαν, ὃς ἔμελλεν ἐπιπλεύσεσθαι.
4 Ἀνεχώρησαν δὲ καὶ οἱ Ἀθηναῖοι ταῖς ἑκατὸν ναυσίν,
ἐπειδὴ καὶ ἐκείνους εἶδον.

---

10. Les citoyens des deux premières classes censitaires qui ne servaient pas dans la flotte.

XV. Tel fut en substance le discours des Mytiléniens. Après l'avoir entendu, les Lacédémoniens et leurs alliés, acceptant ces arguments, s'allièrent aux Lesbiens et, pour faire l'invasion de l'Attique, les alliés furent invités, tant qu'ils étaient là, à gagner l'isthme en toute hâte avec les deux tiers de leurs forces ; les Lacédémoniens y arrivèrent eux-mêmes les premiers et préparèrent à l'isthme des engins pour faire passer leurs vaisseaux de Corinthe dans les eaux du côté d'Athènes, en vue d'une double offensive, maritime aussi bien que terrestre. 2 Tandis qu'ils s'y employaient avec énergie, les alliés pour leur part se rassemblaient lentement, tout à leurs récoltes, et sans entrain pour faire campagne. XVI. Mais les Athéniens, qui sentaient sous ces préparatifs une imputation de faiblesse, voulurent montrer que c'était mal les juger et qu'ils pouvaient, sans toucher à leur flotte de Lesbos, repousser facilement celle qui venait du Péloponnèse ; ils équipèrent cent vaisseaux où ils montèrent eux-mêmes – sauf les cavaliers et les pentacosiomédimnes[10] – avec les métèques, puis, prenant la mer, ils firent une démonstration le long de l'isthme et des descentes à leur gré dans le Péloponnèse. 2 Devant l'importance de ce mécompte, les Lacédémoniens pensèrent que les affirmations des Lesbiens étaient fausses et trouvèrent la situation désespérée, puisque avec cela, il y avait aussi leurs alliés qui ne se présentaient pas et la nouvelle d'autres ravages effectués en territoire périèque par les trente vaisseaux athéniens croisant autour du Péloponnèse ; ils rentrèrent donc chez eux. 3 Plus tard, on les vit préparer une escadre qu'ils enverraient à Lesbos, réquisitionnant dans les cités un effectif de quarante vaisseaux ; ils nommèrent navarque Alcidas, qui allait s'y embarquer. 4 Les Athéniens à leur tour ramenèrent leurs cent vaisseaux, quand ils eurent vu le retrait des autres.

XVII. Καὶ κατὰ τὸν χρόνον τοῦτον ὃν αἱ νῆες ἔπλεον ἐν τοῖς πλεῖσται δὴ νῆες ἅμ' αὐτοῖς ἐνεργοὶ καὶ ἄλλῃ ἐγένοντο, παραπλήσιαι δὲ καὶ ἔτι πλείους ἀρχομένου τοῦ πολέμου. 2 Τήν τε γὰρ Ἀττικὴν καὶ Εὔβοιαν καὶ Σαλαμῖνα ἑκατὸν ἐφύλασσον, καὶ περὶ Πελοπόννησον ἕτεραι ἑκατὸν ἦσαν, χωρὶς δὲ αἱ περὶ Ποτείδαιαν καὶ ἐν τοῖς ἄλλοις χωρίοις, ὥστε αἱ πᾶσαι ἅμα ἐγίγνοντο ἐν ἑνὶ θέρει διακόσιαι καὶ πεντήκοντα. 3 Καὶ τὰ χρήματα τοῦτο μάλιστα ὑπανήλωσε μετὰ Ποτειδαίας. Τήν τε γὰρ Ποτείδαιαν δίδραχμοι ὁπλῖται ἐφρούρουν (αὐτῷ γὰρ καὶ ὑπηρέτῃ δραχμὴν ἐλάμβανε τῆς ἡμέρας), τρισχίλιοι μὲν οἱ πρῶτοι, ὧν οὐκ ἐλάσσους διεπολιόρκησαν, ἑξακόσιοι δὲ καὶ χίλιοι μετὰ Φορμίωνος, οἳ προαπῆλθον· νῆές τε αἱ πᾶσαι τὸν αὐτὸν μισθὸν ἔφερον. 4 Τὰ μὲν οὖν χρήματα οὕτως ὑπανηλώθη τὸ πρῶτον, καὶ νῆες τοσαῦται δὴ πλεῖσται ἐπληρώθησαν·

XVIII. Μυτιληναῖοι δὲ κατὰ τὸν αὐτὸν χρόνον ὃν οἱ Λακεδαιμόνιοι περὶ τὸν ἰσθμὸν ἦσαν ἐπὶ Μήθυμναν ὡς προδιδομένην ἐστράτευσαν κατὰ γῆν αὐτοί τε καὶ οἱ ἐπίκουροι· καὶ προσβαλόντες τῇ πόλει, ἐπειδὴ οὐ προυχώρει ᾗ προσεδέχοντο, ἀπῆλθον ἐπ' Ἀντίσσης καὶ Πύρρας καὶ Ἐρέσου, καὶ καταστησάμενοι τὰ ἐν ταῖς πόλεσι ταύταις βεβαιότερα καὶ τείχη κρατύναντες διὰ τάχους ἀπῆλθον ἐπ' οἴκου. 2 Ἐστράτευσαν δὲ καὶ οἱ Μηθυμναῖοι ἀναχωρησάντων αὐτῶν ἐπ' Ἄντισσαν· καὶ ἐκβοηθείας τινὸς γενομένης πληγέντες ὑπό τε τῶν Ἀντισσαίων καὶ τῶν ἐπικούρων ἀπέθανόν τε πολλοὶ καὶ ἀνεχώρησαν οἱ λοιποὶ κατὰ τάχος. 3 Οἱ δὲ Ἀθηναῖοι πυνθανόμενοι ταῦτα, τούς τε Μυτιληναίους τῆς γῆς κρατοῦντας καὶ τοὺς σφετέρους στρατιώτας οὐχ ἱκανοὺς ὄντας εἴργειν, πέμπουσι περὶ τὸ φθινόπωρον ἤδη ἀρχόμενον Πάχητα τὸν Ἐπικούρου στρα-

11. Cette parenthèse est destinée à expliquer les difficultés financières qu'Athènes va connaître à partir de cette quatrième année de guerre.

XVII. Au temps de ces opérations navales, leurs vaisseaux en service tant dans cette région qu'ailleurs atteignirent un nombre des plus élevés, mais il était comparable et même supérieur au début de la guerre. 2 L'Attique, l'Eubée et Salamine étaient gardées <alors> par cent navires, cent autres étaient autour du Péloponnèse ; il s'y ajoutait ceux de la région de Potidée et des autres places, de sorte que le total général atteignait, pour un seul été, deux cent cinquante. 3 Ce fut l'effort le plus épuisant pour le trésor, avec l'affaire de Potidée[11]. Les hoplites en position devant Potidée touchaient une solde de deux drachmes (une drachme par jour chacun et une pour son valet), avec un effectif initial de trois mille, qui ne fut pas réduit jusqu'au terme du siège, et un renfort de seize cents hommes amenés par Phormion, qui partirent avant la fin ; l'ensemble des vaisseaux touchait la même solde. 4 Le trésor commença donc à s'épuiser ainsi, et ce fut là le nombre le plus élevé des navires équipés.

XVIII. Vers la même époque où les Lacédémoniens étaient à l'isthme, les Mytiléniens renforcés de leurs auxiliaires attaquèrent Méthymna par voie de terre, escomptant une trahison ; après l'assaut, comme l'événement ne répondait pas à leur attente, ils repartirent par Antissa, Pyrrha et Érésos, affermirent la situation dans ces villes, renforcèrent les murs, puis rentrèrent promptement chez eux. 2 Après ce repli, les gens de Méthymna à leur tour attaquèrent Antissa ; mais les gens d'Antissa et leurs auxiliaires, sortis à la rescousse, les battirent, leur tuant beaucoup de monde et forçant les autres à un prompt repli. 3 À cette nouvelle, que les Mytiléniens étaient maîtres du pays et que leurs propres soldats ne suffisaient pas au blocus, les Athéniens envoyèrent, vers le début de l'arrière-saison, Pachès, fils d'Épicouros, comme stratège avec mille

τηγὸν καὶ χιλίους ὁπλίτας ἑαυτῶν. 4 Οἱ δὲ αὐτερέται πλεύσαντες τῶν νεῶν ἀφικνοῦνται καὶ περιτειχίζουσι Μυτιλήνην ἐν κύκλῳ ἁπλῷ τείχει· φρούρια δ' ἔστιν ᾗ ἐπὶ τῶν καρτερῶν ἐγκατῳκοδόμητο. 5 Καὶ ἡ μὲν Μυτιλήνη κατὰ κράτος ἤδη ἀμφοτέρωθεν καὶ ἐκ γῆς καὶ ἐκ θαλάσσης εἴργετο, καὶ ὁ χειμὼν ἤρχετο γίγνεσθαι.

ΧΙΧ. Προσδεόμενοι δὲ οἱ Ἀθηναῖοι χρημάτων ἐς τὴν πολιορκίαν, καὶ αὐτοὶ ἐσενεγκόντες τότε πρῶτον ἐσφορὰν διακόσια τάλαντα, ἐξέπεμψαν καὶ ἐπὶ τοὺς ξυμμάχους ἀργυρολόγους ναῦς δώδεκα καὶ Λυσικλέα πέμπτον αὐτὸν στρατηγόν. 2 Ὁ δὲ ἄλλα τε ἠργυρολόγει καὶ περιέπλει, καὶ τῆς Καρίας ἐκ Μυοῦντος ἀναβὰς διὰ τοῦ Μαιάνδρου πεδίου μέχρι τοῦ Σανδίου λόφου, ἐπιθεμένων τῶν Καρῶν καὶ Ἀναιιτῶν αὐτός τε διαφθείρεται καὶ τῆς ἄλλης στρατιᾶς πολλοί.

ΧΧ. Τοῦ δ' αὐτοῦ χειμῶνος οἱ Πλαταιῆς (ἔτι γὰρ ἐπολιορκοῦντο ὑπὸ τῶν Πελοποννησίων καὶ Βοιωτῶν) ἐπειδὴ τῷ τε σίτῳ ἐπιλιπόντι ἐπιέζοντο καὶ ἀπὸ τῶν Ἀθηνῶν οὐδεμία ἐλπὶς ἦν τιμωρίας οὐδὲ ἄλλη σωτηρία ἐφαίνετο, ἐπιβουλεύουσιν αὐτοί τε καὶ Ἀθηναίων οἱ ξυμπολιορκούμενοι πρῶτον μὲν πάντες ἐξελθεῖν καὶ ὑπερβῆναι τὰ τείχη τῶν πολεμίων, ἢν δύνωνται βιάσασθαι, ἐσηγησαμένων τὴν πεῖραν αὐτοῖς Θεαινέτου τε τοῦ Τολμίδου ἀνδρὸς μάντεως καὶ Εὐπομπίδου τοῦ Δαϊμάχου, ὃς καὶ ἐστρατήγει· 2 ἔπειτα οἱ μὲν ἡμίσεις ἀπώκνησάν πως τὸν κίνδυνον μέγαν ἡγησάμενοι, ἐς δὲ ἄνδρας διακοσίους καὶ εἴκοσι μάλιστα ἐνέμειναν τῇ ἐξόδῳ ἐθελονταὶ τρόπῳ τοιῷδε. 3 Κλίμακας

---

12. Normalement, en effet, les Athéniens n'étaient pas tenus au paiement d'un impôt annuel, les revenus de la cité étant constitués essentiellement par les taxes portant sur différentes opérations et par le tribut levé sur les alliés. Sur cet impôt, voir P. BRUN, *Eisphora, Suntaxis, Stratiotika*, Paris, Les Belles Lettres, 1983.

hoplites citoyens. 4 Ayant pris les rames eux-mêmes, ils arrivèrent à Mytilène et l'encerclèrent complètement d'un mur simple ; ils avaient installé des postes par endroits, aux points forts. 5 Ainsi Mytilène se trouvait dès lors soumise à un blocus sévère de part et d'autre, sur terre et sur mer, quand l'hiver commença.

XIX. Le siège exigeant des fonds supplémentaires, les Athéniens versèrent eux-mêmes, pour la première fois alors, une contribution extraordinaire[12], de deux cents talents, et aussi ils envoyèrent chez leurs alliés douze vaisseaux de perception, sous Lysiclès et quatre autres stratèges. 2 Lysiclès croisa en divers lieux où il perçut de l'argent, puis, en Carie, étant monté de Myonte à travers la plaine du Méandre jusqu'à la colline Sandios, il fut attaqué par les Cariens et les gens d'Anaia, et il périt avec beaucoup de ses hommes.

### L'évasion des Platéens

XX. Le même hiver, à Platée, toujours assiégée par les Péloponnésiens et les Béotiens, comme la disette était accablante, qu'aucun secours n'était espéré d'Athènes et qu'aucun autre moyen de salut n'était en vue, les habitants et les Athéniens assiégés avec eux formèrent un projet : d'abord, il s'agissait d'une sortie générale qui franchirait les retranchements ennemis si l'on pouvait forcer le passage ; les instigateurs de cette tentative étaient le devin Théainétos, fils de Tolmidas, et Eupompidas, fils de Daimachos, qui précisément était stratège. 2 Puis la moitié, d'une façon ou d'une autre, reculèrent devant le risque, le trouvant grand, et deux cent vingt hommes, autant qu'on puisse dire, restèrent volontaires pour cette sortie, qui s'effectua ainsi : 3 les Platéens fabriquèrent des

ἐποιήσαντο ἴσας τῷ τείχει τῶν πολεμίων· ξυνεμετρήσαντο
δὲ ταῖς ἐπιβολαῖς τῶν πλίνθων, ᾗ ἔτυχε πρός σφᾶς οὐκ
ἐξαληλιμμένον τὸ τεῖχος αὐτῶν. Ἠριθμοῦντο δὲ πολλοὶ
ἅμα τὰς ἐπιβολάς, καὶ ἔμελλον οἱ μέν τινες ἁμαρτήσεσθαι,
οἱ δὲ πλείους τεύξεσθαι τοῦ ἀληθοῦς λογισμοῦ, ἄλλως τε
καὶ πολλάκις ἀριθμοῦντες καὶ ἅμα οὐ πολὺ ἀπέχοντες,
ἀλλὰ ῥᾳδίως καθορωμένου ἐς ὃ ἐβούλοντο τοῦ τείχους.
4 Τὴν μὲν οὖν ξυμμέτρησιν τῶν κλιμάκων οὕτως ἔλαβον,
ἐκ τοῦ πάχους τῆς πλίνθου εἰκάσαντες τὸ μέτρον.

XXI. Τὸ δὲ τεῖχος ἦν τῶν Πελοποννησίων τοιόνδε τῇ
οἰκοδομήσει. Εἶχε μὲν δύο τοὺς περιβόλους, πρός τε Πλαταιῶν καὶ εἴ τις ἔξωθεν ἀπ' Ἀθηνῶν ἐπίοι, διεῖχον δὲ οἱ
περίβολοι ἑκκαίδεκα πόδας μάλιστα ἀπ' ἀλλήλων. 2 Τὸ
οὖν μεταξὺ τοῦτο [οἱ ἑκκαίδεκα πόδες] τοῖς φύλαξιν οἰκήματα διανενεμημένα ᾠκοδόμητο, καὶ ἦν ξυνεχῆ ὥστε ἓν
φαίνεσθαι τεῖχος παχὺ ἐπάλξεις ἔχον ἀμφοτέρωθεν. 3 Διὰ
δέκα δὲ ἐπάλξεων πύργοι ἦσαν μεγάλοι καὶ ἰσοπλατεῖς
τῷ τείχει, διήκοντες ἔς τε τὸ ἔσω μέτωπον αὐτοῦ καὶ οἱ
αὐτοὶ καὶ ἐς τὸ ἔξω, ὥστε πάροδον μὴ εἶναι παρὰ πύργον,
ἀλλὰ δι' αὐτῶν μέσων διῇσαν. 4 Τὰς οὖν νύκτας, ὁπότε
χειμὼν εἴη νοτερός, τὰς μὲν ἐπάλξεις ἀπέλειπον, ἐκ δὲ τῶν
πύργων ὄντων δι' ὀλίγου καὶ ἄνωθεν στεγανῶν τὴν φυλακὴν ἐποιοῦντο. Τὸ μὲν οὖν τεῖχος ᾧ περιεφρουροῦντο οἱ
Πλαταιῆς τοιοῦτον ἦν.

XXII. Οἱ δ', ἐπειδὴ παρεσκεύαστο αὐτοῖς, τηρήσαντες νύκτα χειμέριον ὕδατι καὶ ἀνέμῳ καὶ ἅμ' ἀσέληνον
ἐξῇσαν· ἡγοῦντο δὲ οἵπερ καὶ τῆς πείρας αἴτιοι ἦσαν.
Καὶ πρῶτον μὲν τὴν τάφρον διέβησαν ἣ περιεῖχεν αὐτούς, ἔπειτα προσέμειξαν τῷ τείχει τῶν πολεμίων λαθόντες τοὺς φύλακας, ἀνὰ τὸ σκοτεινὸν μὲν οὐ προϊδόν-
των αὐτῶν, ψόφῳ δὲ τῷ ἐκ τοῦ προσιέναι αὐτοὺς ἀντι-

échelles d'une hauteur correspondant au retranchement
ennemi ; ils prirent la mesure d'après les rangées de briques, sur une partie du mur située en face d'eux qui était
restée sans enduit. Beaucoup comptèrent les rangées en
même temps et, si quelques-uns pouvaient se tromper, la
majorité devait trouver le résultat exact, d'autant plus que
le calcul fut répété fréquemment et que la distance n'était
pas grande : la partie intéressante du mur était facile à examiner. 4 La dimension des échelles fut ainsi obtenue par
conjecture, d'après l'épaisseur des briques.

XXI. La structure du retranchement péloponnésien
était la suivante : il comportait un double mur, du côté des
Platéens et face à une attaque possible venant d'Athènes ;
ces murs, autant qu'on puisse dire, étaient distants de seize
pieds. 2 Cet intervalle était aménagé en abris attribués aux
troupes de garde, et il y avait continuité, de sorte qu'on
voyait un seul rempart, épais, muni de créneaux de chaque
côté. 3 Tous les dix créneaux se trouvait une haute tour de
même largeur que le rempart, joignant sans interruption la
face interne et la face externe, de façon à supprimer tout
passage le long de la tour : on les traversait par le milieu.
4 La nuit, quand le temps était pluvieux, on abandonnait
les créneaux pour veiller dans les tours, qui étaient rap-
prochées et couvertes au sommet. Tel était le rempart qui
tenait les Platéens sous bonne garde.

XXII. Eux, une fois leurs préparatifs achevés, guettè-
rent une nuit de mauvais temps, avec de la pluie, du vent,
et en outre sans lune ; ils sortirent alors, sous la conduite
des initiateurs mêmes de la tentative. D'abord ils traversèrent le fossé qui les entourait, puis ils atteignirent le
mur ennemi à l'insu des sentinelles : dans l'obscurité ils
n'avaient pas été vus et, le bruit de leur approche étant couvert par le vacarme du vent, ils n'avaient pas été entendus

παταγοῦντος τοῦ ἀνέμου οὐ κατακουσάντων· 2 ἅμα δὲ
καὶ διέχοντες πολὺ ἦσαν, ὅπως τὰ ὅπλα μὴ κρουόμενα
πρὸς ἄλληλα αἴσθησιν παρέχοι. Ἦσαν δὲ εὐσταλεῖς τε τῇ
ὁπλίσει καὶ τὸν ἀριστερὸν μόνον πόδα ὑποδεδεμένοι ἀσφαλείας ἕνεκα τῆς πρὸς τὸν πηλόν. 3 Κατὰ οὖν μεταπύρ-
γιον προσέμισγον πρὸς τὰς ἐπάλξεις, εἰδότες ὅτι ἐρῆμοί
εἰσι, πρῶτον μὲν οἱ τὰς κλίμακας φέροντες, καὶ προσέθε-
σαν· ἔπειτα ψιλοὶ δώδεκα ξὺν ξιφιδίῳ καὶ θώρακι ἀνέβαινον,
ὧν ἡγεῖτο Ἀμμέας ὁ Κοροίβου καὶ πρῶτος ἀνέβη· μετὰ δὲ
αὐτὸν οἱ ἑπόμενοι, ἓξ ἐφ' ἑκάτερον τῶν πύργων, ἀνέβαινον.
Ἔπειτα ψιλοὶ ἄλλοι μετὰ τούτους ξὺν δορατίοις ἐχώρουν,
οἷς ἕτεροι κατόπιν τὰς ἀσπίδας ἔφερον, ὅπως ἐκεῖνοι ῥᾷον
προσβαίνοιεν, καὶ ἔμελλον δώσειν ὁπότε πρὸς τοῖς πολεμίοις εἶεν. 4 Ὡς δὲ ἄνω πλείους ἐγένοντο, ᾔσθοντο οἱ ἐκ
τῶν πύργων φύλακες· κατέβαλε γάρ τις τῶν Πλαταιῶν
ἀντιλαμβανόμενος ἀπὸ τῶν ἐπάλξεων κεραμίδα, ἣ πεσοῦσα
δοῦπον ἐποίησεν. 5 Καὶ αὐτίκα βοὴ ἦν, τὸ δὲ στρατόπεδον ἐπὶ τὸ τεῖχος ὥρμησεν· οὐ γὰρ ᾔδει ὅ τι ἦν τὸ δεινὸν
σκοτεινῆς νυκτὸς καὶ χειμῶνος ὄντος, καὶ ἅμα οἱ ἐν τῇ
πόλει τῶν Πλαταιῶν ὑπολελειμμένοι ἐξελθόντες προσέβαλλον τῷ τείχει τῶν Πελοποννησίων ἐκ τοὔμπαλιν ἢ οἱ ἄνδρες
αὐτῶν ὑπερέβαινον, ὅπως ἥκιστα πρὸς αὐτοὺς τὸν νοῦν
ἔχοιεν. 6 Ἐθορυβοῦντο μὲν οὖν κατὰ χώραν μένοντες,
βοηθεῖν δὲ οὐδεὶς ἐτόλμα ἐκ τῆς ἑαυτῶν φυλακῆς, ἀλλ' ἐν
ἀπόρῳ ἦσαν εἰκάσαι τὸ γιγνόμενον. 7 Καὶ οἱ τριακόσιοι
αὐτῶν, οἷς ἐτέτακτο παραβοηθεῖν εἴ τι δέοι, ἐχώρουν ἔξω
τοῦ τείχους πρὸς τὴν βοήν· φρυκτοί τε ᾔροντο ἐς τὰς Θήβας πολέμιοι· 8 παρανῖσχον δὲ καὶ οἱ ἐκ τῆς πόλεως
Πλαταιῆς ἀπὸ τοῦ τείχους φρυκτοὺς πολλοὺς πρότερον
παρεσκευασμένους ἐς αὐτὸ τοῦτο, ὅπως ἀσαφῆ τὰ σημεῖα
τῆς φρυκτωρίας τοῖς πολεμίοις ἦ καὶ μὴ βοηθοῖεν, ἄλλο
τι νομίσαντες τὸ γιγνόμενον εἶναι ἢ τὸ ὄν, πρὶν σφῶν οἱ

non plus ; 2 en outre, ils marchaient à de larges intervalles pour éviter qu'un choc des armes ne donnât l'éveil. Enfin, ils avaient un équipement allégé, et le seul pied gauche chaussé, pour être plus sûrs dans la boue. 3 Ils atteignirent donc le mur entre deux tours, devant les créneaux, qu'ils savaient dégarnis avec en tête les porteurs d'échelles, qui purent les placer ; puis douze soldats armés à la légère, d'un poignard et d'une cuirasse, entreprirent de monter, sous le commandement d'Amméas, fils de Coroibos, qui fut le premier à monter, tandis qu'après lui montaient ses compagnons, six pour chaque tour. Puis venaient après eux d'autres soldats armés à la légère, avec des javelines, à qui d'autres, derrière, portaient leur bouclier pour leur faciliter l'escalade, prêts à les leur donner au contact de l'ennemi. 4 Quand un bon nombre fut en haut, les gardes des tours s'en aperçurent : un Platéen avait fait tomber d'un créneau, en s'accrochant, une tuile dont la chute avait retenti. 5 Aussitôt un cri d'alarme s'éleva, la garnison bondit au rempart : elle ne savait où était le danger, dans cette nuit obscure et ce mauvais temps, d'autant qu'au même moment les Platéens restés dans la ville sortaient et s'élançaient contre le mur péloponnésien à l'opposé du point que leurs hommes voulaient franchir, pour détourner l'attention de leur mieux. 6 Les ennemis s'affolaient sur place, mais personne n'osait quitter la garde pour intervenir ; ils n'arrivaient pas à concevoir ce qui se passait. 7 Trois cents d'entre eux, qui avaient la consigne d'intervenir au besoin, s'avancèrent hors du rempart, guidés par les cris, pendant que des torches étaient hissées pour signaler l'ennemi à Thèbes ; 8 mais les Platéens de la ville, eux aussi, agitaient sur leur rempart une quantité de torches qu'ils avaient préparées précisément à cette fin, pour brouiller les signaux de feu ennemis et empêcher une

ἄνδρες οἱ ἐξιόντες διαφύγοιεν καὶ τοῦ ἀσφαλοῦς ἀντιλά-
βοιντο. XXIII. Οἱ δ' ὑπερβαίνοντες τῶν Πλαταιῶν ἐν
τούτῳ, ὡς οἱ πρῶτοι αὐτῶν ἀνεβεβήκεσαν καὶ τοῦ πύργου
ἑκατέρου τοὺς φύλακας διαφθείραντες ἐκεκρατήκεσαν, τάς
τε διόδους τῶν πύργων ἐνστάντες αὐτοὶ ἐφύλασσον μηδένα
δι' αὐτῶν ἐπιβοηθεῖν, καὶ κλίμακας προσθέντες ἀπὸ τοῦ
τείχους τοῖς πύργοις καὶ ἐπαναβιβάσαντες ἄνδρας πλείους,
οἱ μὲν ἀπὸ τῶν πύργων τοὺς ἐπιβοηθοῦντας καὶ κάτωθεν
καὶ ἄνωθεν εἶργον βάλλοντες, οἱ δ' ἐν τούτῳ οἱ πλείους
πολλὰς προσθέντες κλίμακας ἅμα καὶ τὰς ἐπάλξεις ἀπώ-
σαντες διὰ τοῦ μεταπυργίου ὑπερέβαινον. 2 Ὁ δὲ δια-
κομιζόμενος αἰεὶ ἵστατο ἐπὶ τοῦ χείλους τῆς τάφρου καὶ
ἐντεῦθεν ἐτόξευόν τε καὶ ἠκόντιζον, εἴ τις παραβοηθῶν παρὰ
τὸ τεῖχος κωλυτὴς γίγνοιτο τῆς διαβάσεως. 3 Ἐπεὶ δὲ
πάντες διεπεπεραίωντο, οἱ ἀπὸ τῶν πύργων χαλεπῶς οἱ
τελευταῖοι καταβαίνοντες ἐχώρουν ἐπὶ τὴν τάφρον, καὶ ἐν
τούτῳ οἱ τριακόσιοι αὐτοῖς ἐπεφέροντο λαμπάδας ἔχοντες.
4 Οἱ μὲν οὖν Πλαταιῆς ἐκείνους ἑώρων μᾶλλον ἐκ τοῦ
σκότους ἑστῶτες ἐπὶ τοῦ χείλους τῆς τάφρου, καὶ ἐτόξευόν
τε καὶ ἐσηκόντιζον ἐς τὰ γυμνά, αὐτοὶ δὲ ἐν τῷ ἀφανεῖ
ὄντες ἧσσον διὰ τὰς λαμπάδας καθεωρῶντο, ὥστε φθάνουσι
τῶν Πλαταιῶν καὶ οἱ ὕστατοι διαβάντες τὴν τάφρον, χαλεπῶς δὲ καὶ βιαίως· 5 κρύσταλλός τε γὰρ ἐπεπήγει οὐ
βέβαιος ἐν αὐτῇ ὥστ' ἐπελθεῖν, ἀλλ' οἷος ἀπηλιώτου ἢ
βορέου ὑδατώδης μᾶλλον, καὶ ἡ νὺξ τοιούτῳ ἀνέμῳ ὑπο-
νειφομένη πολὺ τὸ ὕδωρ ἐν αὐτῇ ἐπεποιήκει, ὃ μόλις ὑπερ-
έχοντες ἐπεραιώθησαν. Ἐγένετο δὲ καὶ ἡ διάφευξις αὐτοῖς
μᾶλλον διὰ τοῦ χειμῶνος τὸ μέγεθος. XXIV. Ὁρμή-
σαντες δὲ ἀπὸ τῆς τάφρου οἱ Πλαταιῆς ἐχώρουν ἀθρόοι

intervention en donnant le change, jusqu'à ce que leurs hommes qui sortaient fussent passés et en sûreté. XXIII. Cependant, ces Platéens franchissaient le mur ; les premiers, une fois en haut et maîtres des deux tours après en avoir massacré les gardes, prirent position aux accès des tours, empêchant toute intervention par cette voie, et placèrent contre ces tours, au sommet du mur, des échelles par où ils firent monter un bon nombre d'hommes ; ceux-là refoulaient depuis les tours, à la fois d'en bas et d'en haut, les secours ennemis par leur tir, tandis que d'autres, qui formaient le gros, plaçant quantité d'échelles, arrachant les créneaux, franchissaient le mur entre les deux tours. 2 Tout homme qui passait s'arrêtait au bord du fossé et, de là, ils criblaient de flèches et de javelines quiconque s'avançait le long du mur pour s'opposer au franchissement. 3 Lorsque ceux-là eurent tous traversé <le fossé>, ceux des tours, non sans mal, descendirent les derniers pour gagner le fossé, quand, sur ces entrefaites, les trois cents les chargèrent à la lueur de torches. 4 Les Platéens, qui se tenaient au bord du fossé, distinguaient mieux l'adversaire, de l'obscurité où ils étaient ; leurs flèches et leurs javelines frappaient les parties du corps qui étaient à découvert, tandis qu'ils étaient eux-mêmes moins visibles dans le noir à cause des torches ; ainsi, les Platéens, jusqu'aux tout derniers, eurent le temps de passer le fossé, mais non sans mal ni sans lutte ; 5 en effet, il s'y était formé une couche de glace trop mince pour supporter la marche : comme d'ordinaire par un vent d'est ou de nord-est, elle fondait plutôt, et la nuit, où ce vent avait provoqué des chutes de neige, avait accumulé dans le fossé beaucoup d'eau, où ils eurent à peine pied pour passer. Mais, au total, la violence du mauvais temps facilita l'évasion. XXIV. Au-delà du fossé, à vive allure, les Platéens s'avançaient tous ensemble sur

τὴν ἐς Θήβας φέρουσαν ὁδόν, ἐν δεξιᾷ ἔχοντες τὸ τοῦ
Ἀνδροκράτους ἡρῷον, νομίζοντες ἥκιστα σφᾶς ταύτην
αὐτοὺς ὑποτοπῆσαι τραπέσθαι τὴν ἐς τοὺς πολεμίους· καὶ
ἅμα ἑώρων τοὺς Πελοποννησίους τὴν πρὸς Κιθαιρῶνα καὶ
Δρυὸς κεφαλὰς τὴν ἐπ' Ἀθηνῶν φέρουσαν μετὰ λαμπάδων
διώκοντας. 2 Καὶ ἐπὶ μὲν ἓξ ἢ ἑπτὰ σταδίους οἱ Πλαταιῆς τὴν ἐπὶ τῶν Θηβῶν ἐχώρησαν, ἔπειθ' ὑποστρέψαντες
ᾖσαν τὴν πρὸς τὸ ὄρος φέρουσαν ὁδὸν ἐς Ἐρύθρας καὶ
Ὑσιάς, καὶ λαβόμενοι τῶν ὁρῶν διαφεύγουσιν ἐς τὰς Ἀθήνας, ἄνδρες δώδεκα καὶ διακόσιοι ἀπὸ πλειόνων· εἰσὶ γάρ
τινες αὐτῶν οἳ ἀπετράποντο ἐς τὴν πόλιν πρὶν ὑπερβαίνειν, εἷς δ' ἐπὶ τῇ ἔξω τάφρῳ τοξότης ἐλήφθη. 3 Οἱ μὲν
οὖν Πελοποννήσιοι κατὰ χώραν ἐγένοντο τῆς βοηθείας
παυσάμενοι· οἱ δ' ἐκ τῆς πόλεως Πλαταιῆς τῶν μὲν γεγενημένων εἰδότες οὐδέν, τῶν δὲ ἀποτραπομένων σφίσιν ἀπαγγειλάντων ὡς οὐδεὶς περίεστι, κήρυκα ἐκπέμψαντες, ἐπεὶ
ἡμέρα ἐγένετο, ἐσπένδοντο ἀναίρεσιν τοῖς νεκροῖς, μαθόντες
δὲ τὸ ἀληθὲς ἐπαύσαντο. Οἱ μὲν δὴ τῶν Πλαταιῶν ἄνδρες
οὕτως ὑπερβάντες ἐσώθησαν.

XXV. Ἐκ δὲ τῆς Λακεδαίμονος τοῦ αὐτοῦ χειμῶνος
τελευτῶντος ἐκπέμπεται Σάλαιθος ὁ Λακεδαιμόνιος ἐς Μυτιλήνην τριήρει. Καὶ πλεύσας ἐς Πύρραν καὶ ἐξ αὐτῆς πεζῇ
κατὰ χαράδραν τινά, ᾗ ὑπερβατὸν ἦν τὸ περιτείχισμα, δια-
λαθὼν ἐσέρχεται ἐς τὴν Μυτιλήνην, καὶ ἔλεγε τοῖς προέ-
δροις ὅτι ἐσβολή τε ἅμα ἐς τὴν Ἀττικὴν ἔσται καὶ αἱ τεσσαράκοντα νῆες παρέσονται ἃς ἔδει βοηθῆσαι αὐτοῖς,
προαποπεμφθῆναί τε αὐτὸς τούτων ἕνεκα καὶ ἅμα τῶν ἄλλων ἐπιμελησόμενος. 2 Καὶ οἱ μὲν Μυτιληναῖοι ἐθάρσουν

la route de Thèbes, ayant à droite le sanctuaire du héros Androcrate, avec l'idée que jamais on n'irait les soupçonner d'avoir pris cette direction, vers l'ennemi ; en même temps, ils voyaient les Péloponnésiens les poursuivre avec des torches sur la route du Cithéron et des Têtes de Chêne, qui mène en territoire athénien. 2 Les Platéens parcoururent six ou sept stades sur la route de Thèbes, puis, faisant demi-tour, marchèrent sur la route de la montagne, vers Érythrée et Hysies ; s'engageant dans les montagnes, ils purent se réfugier à Athènes, réduits à deux cent douze hommes ; quelques-uns étaient retournés dans la ville avant de franchir l'enceinte ; un seul homme – un archer – avait été pris sur le fossé extérieur. 3 Les Péloponnésiens regagnèrent leurs positions, renonçant à intervenir. Quant aux Platéens restés dans la ville, ils ignoraient tout des événements, et ceux qui étaient retournés leur avaient rapporté qu'il n'y avait aucun survivant ; ils envoyèrent donc, lorsqu'il fit jour, un héraut demander une trêve pour enlever les morts, puis, instruits de la vérité, ils y renoncèrent. C'est ainsi que les hommes de Platée se sauvèrent en franchissant l'enceinte.

### Résistance et chute de Mytilène

XXV. De son côté, Lacédémone, à la fin de ce même hiver, envoya à Mytilène sur une trière le Lacédémonien Salaithos ; il débarqua à Pyrrha, en partit à pied et, par un ravin qui permettait de franchir le mur des assiégeants, il pénétra dans Mytilène sans avoir été vu ; il annonça ainsi aux proèdres qu'une invasion de l'Attique allait coïncider avec l'arrivée des quarante vaisseaux qui devaient les appuyer : il était, lui, envoyé à l'avance pour cela et aussi pour s'occuper du reste. 2 Les Mytiléniens reprirent

τε καὶ πρὸς τοὺς Ἀθηναίους ἧσσον εἶχον τὴν γνώμην
ὥστε ξυμβαίνειν. Ὅ τε χειμὼν ἐτελεύτα οὗτος, καὶ τέταρτον ἔτος τῷ πολέμῳ ἐτελεύτα τῷδε ὃν Θουκυδίδης ξυνέγραψεν.

ΧΧVΙ. Τοῦ δ' ἐπιγιγνομένου θέρους οἱ Πελοποννήσιοι
ἐπειδὴ τὰς ἐς τὴν Μυτιλήνην [δύο καὶ] τεσσαράκοντα ναῦς
ἀπέστειλαν ἄρχοντα Ἀλκίδαν, ὃς ἦν αὐτοῖς ναύαρχος,
προστάξαντες, αὐτοὶ ἐς τὴν Ἀττικὴν καὶ οἱ ξύμμαχοι ἐσέβαλον, ὅπως οἱ Ἀθηναῖοι ἀμφοτέρωθεν θορυβούμενοι ἧσσον ταῖς ναυσὶν ἐς τὴν Μυτιλήνην καταπλεούσαις ἐπιβοηθήσωσιν. 2 Ἡγεῖτο δὲ τῆς ἐσβολῆς ταύτης Κλεομένης
ὑπὲρ Παυσανίου τοῦ Πλειστοάνακτος υἱέος βασιλέως ὄντος
καὶ νεωτέρου ἔτι, πατρὸς δὲ ἀδελφὸς ὤν. 3 Ἐδήωσαν δὲ
τῆς Ἀττικῆς τά τε πρότερον τετμημένα [καὶ] εἴ τι ἐβε-
βλαστήκει καὶ ὅσα ἐν ταῖς πρὶν ἐσβολαῖς παρελέλειπτο·
καὶ ἡ ἐσβολὴ αὕτη χαλεπωτάτη ἐγένετο τοῖς Ἀθηναίοις
μετὰ τὴν δευτέραν. 4 Ἐπιμένοντες γὰρ αἰεὶ ἀπὸ τῆς Λέσβου τι πεύσεσθαι τῶν νεῶν ἔργον ὡς ἤδη πεπεραιωμένων
ἐπεξῆλθον τὰ πολλὰ τέμνοντες. Ὡς δ' οὐδὲν ἀπέβαινεν
αὐτοῖς ὧν προσεδέχοντο καὶ ἐπελελοίπει ὁ σῖτος, ἀνεχώρησαν καὶ διελύθησαν κατὰ πόλεις.

ΧΧVΙΙ. Οἱ δὲ Μυτιληναῖοι ἐν τούτῳ, ὡς αἵ τε νῆες αὐτοῖς οὐχ ἧκον ἀπὸ τῆς Πελοποννήσου ἀλλὰ ἐνεχρόνιζον
καὶ ὁ σῖτος ἐπελελοίπει, ἀναγκάζονται ξυμβαίνειν πρὸς
τοὺς Ἀθηναίους διὰ τάδε. 2 Ὁ Σάλαιθος καὶ αὐτὸς οὐ
προσδεχόμενος ἔτι τὰς ναῦς ὁπλίζει τὸν δῆμον πρότερον
ψιλὸν ὄντα ὡς ἐπεξιὼν τοῖς Ἀθηναίοις· 3 οἱ δὲ ἐπειδὴ
ἔλαβον ὅπλα, οὔτε ἠκροῶντο ἔτι τῶν ἀρχόντων, κατὰ ξυλ-
λόγους τε γιγνόμενοι ἢ τὸν σῖτον ἐκέλευον τοὺς δυνατοὺς
φέρειν ἐς τὸ φανερὸν καὶ διανέμειν ἅπασιν, ἢ αὐτοὶ ξυγ-

---

13. Il était en exil depuis l'échec de l'invasion de l'Attique en 445
(II, 21, 1) et accusé d'avoir été acheté par Périclès.
14. Celle de 430. En 429, il n'y en avait pas eu : c'était donc la quatrième invasion.

confiance et songèrent moins à traiter avec Athènes. Ainsi finit cet hiver, et avec lui la quatrième année de cette guerre racontée par Thucydide.

XXVI. L'été suivant, les Péloponnésiens, après avoir fait partir les quarante[-deux] vaisseaux destinés à Mytilène, sous les ordres d'Alcidas leur navarque, envahirent l'Attique avec leurs alliés pour que les Athéniens, inquiétés des deux côtés, fussent moins libres d'intervenir contre ces navires durant leur route vers Mytilène. 2 Cette invasion était dirigée par Cléomène, à la place de Pausanias, fils de Pleistoanax[13], qui était roi, mais trop jeune encore ; Cléomène était le frère de son père. 3 En Attique, ils ravagèrent tout ce qui avait repoussé dans les régions précédemment dévastées et tout ce qu'avaient épargné les invasions antérieures ; celle-ci fut, après la seconde invasion[14], la plus pénible pour les Athéniens. 4 Car les Péloponnésiens, s'attendant à chaque instant à apprendre de Lesbos un exploit de leur flotte, qu'ils croyaient déjà arrivée, allèrent de l'avant en ravageant presque tout. Mais comme rien ne survenait de ce qu'ils escomptaient et que leurs vivres étaient épuisés, ils se retirèrent et les contingents des cités se séparèrent.

XXVII. Cependant les Mytiléniens, comme les vaisseaux du Péloponnèse, au lieu d'arriver, se faisaient toujours attendre et que les vivres étaient épuisés, se trouvèrent contraints de traiter avec les Athéniens par les circonstances suivantes. 2 Salaithos, ne comptant plus lui-même sur ces vaisseaux, fournit des armements d'hoplites au peuple, jusque-là équipé à la légère, pour marcher contre les Athéniens ; 3 mais le peuple, quand il eut des armes, cessa d'obéir aux magistrats et forma des rassemblements, exigeant des notables que leurs vivres fussent produits et distribués à tous : sans quoi, il s'entendrait directement avec

χωρήσαντες πρὸς Ἀθηναίους ἔφασαν παραδώσειν τὴν πόλιν. XXVIII. Γνόντες δὲ οἱ ἐν τοῖς πράγμασιν οὔτ' ἀποκωλύσειν δυνατοὶ ὄντες, εἴ τ' ἀπομονωθήσονται τῆς ξυμβάσεως κινδυνεύσοντες, ποιοῦνται κοινῇ ὁμολογίαν πρός τε Πάχητα καὶ τὸ στρατόπεδον, ὥστε Ἀθηναίοις μὲν ἐξεῖναι βουλεῦσαι περὶ Μυτιληναίων ὁποῖον ἄν τι βούλωνται καὶ τὴν στρατιὰν ἐς τὴν πόλιν δέχεσθαι αὐτούς, πρεσβείαν δὲ ἀποστέλλειν ἐς τὰς Ἀθήνας Μυτιληναίους περὶ ἑαυτῶν· ἐν ὅσῳ δ' ἂν πάλιν ἔλθωσι, Πάχητα μήτε δῆσαι Μυτιληναίων μηδένα μήτε ἀνδραποδίσαι μήτε ἀποκτεῖναι. 2 Ἡ μὲν ξύμβασις αὕτη ἐγένετο, οἱ δὲ πράξαντες πρὸς τοὺς Λακεδαιμονίους μάλιστα τῶν Μυτιληναίων περιδεεῖς ὄντες, ὡς ἡ στρατιὰ ἐσῆλθεν, οὐκ ἠνέσχοντο, ἀλλ' ἐπὶ τοὺς βωμοὺς ὅμως καθίζουσιν· Πάχης δ' ἀναστήσας αὐτοὺς ὥστε μὴ ἀδικῆσαι, κατατίθεται ἐς Τένεδον μέχρι οὗ τοῖς Ἀθηναίοις τι δόξῃ. 3 Πέμψας δὲ καὶ ἐς τὴν Ἄντισσαν τριήρεις προσεκτήσατο καὶ τἆλλα τὰ περὶ τὸ στρατόπεδον καθίστατο ᾗ αὐτῷ ἐδόκει.

XXIX. Οἱ δ' ἐν ταῖς τεσσαράκοντα ναυσὶ Πελοποννήσιοι, οὓς ἔδει ἐν τάχει παραγενέσθαι, πλέοντες περί τε αὐτὴν τὴν Πελοπόννησον ἐνδιέτριψαν καὶ κατὰ τὸν ἄλλον πλοῦν σχολαῖοι κομισθέντες τοὺς μὲν ἐκ τῆς πόλεως Ἀθηναίους λανθάνουσι, πρὶν δὴ τῇ Δήλῳ ἔσχον, προσμείξαντες δ' ἀπ' αὐτῆς τῇ Ἰκάρῳ καὶ Μυκόνῳ πυνθάνονται πρῶτον ὅτι ἡ Μυτιλήνη ἑάλωκεν. 2 Βουλόμενοι δὲ τὸ σαφὲς εἰδέναι κατέπλευσαν ἐς Ἔμβατον τῆς Ἐρυθραίας· ἡμέραι δὲ μάλιστα ἦσαν τῇ Μυτιλήνῃ ἑαλωκυίᾳ ἑπτὰ ὅτε ἐς τὸ Ἔμβατον κατέπλευσαν. Πυθόμενοι δὲ τὸ σαφὲς ἐβουλεύοντο ἐκ τῶν παρόντων, καὶ ἔλεξεν αὐτοῖς Τευτίαπλος ἀνὴρ Ἠλεῖος τάδε.

---

15. Thucydide laisse entendre qu'à Mytilène, comme dans d'autres cités, le peuple était favorable à Athènes. Ce sera également l'argument de Diodote (47, 2).

les Athéniens pour leur livrer la ville[15]. XXVIII. Les autorités, qui se voyaient aussi impuissantes à le contenir que menacées par un accord conclu sans elles,
firent une convention officielle avec Pachès et ses
troupes : les Mytiléniens se rendraient à la discrétion
des Athéniens et ouvriraient leur ville à l'armée ; une
ambassade irait traiter de leur sort à Athènes ; jusqu'à
son retour, Pachès ne devrait ni emprisonner ni asservir ni mettre à mort aucun Mytilénien. 2 Tel fut l'accord ; mais parmi les Mytiléniens, ceux qui avaient
spécialement intrigué avec Lacédémone furent terro-
risés quand l'armée entra et, n'y tenant plus, se réfugièrent malgré tout au pied des autels ; Pachès les fit
relever avec la promesse de ne pas les molester et les
transféra à Ténédos jusqu'à décision d'Athènes. 3 Il
s'assura encore d'Antissa en envoyant des trières et
il prit toutes les mesures qu'il jugea bonnes en ce qui
concernait ses troupes.

XXIX. Les Péloponnésiens des quarante vaisseaux,
qui auraient dû se présenter sans délai, avaient perdu
déjà du temps dans les eaux du Péloponnèse, puis avaient
continué leur traversée lentement ; ils trompèrent l'attention des Athéniens dans leur ville, jusqu'au moment
où ils atteignirent enfin Délos ; de là, ils abordèrent à
Icaros et Myconos, et ils reçurent la première nouvelle
de la chute de Mytilène. 2 Voulant des renseignements
exacts, ils débarquèrent à Embaton sur le territoire
d'Érythres ; sept jours étaient juste passés depuis la
chute de Mytilène quand ils débarquèrent à Embaton.
Informés exactement, ils délibérèrent en fonction de
cette situation, et Teutiaplos d'Élis prit la parole en
ces termes :

XXX. « Ἀλκίδα καὶ Πελοποννησίων ὅσοι πάρεσμεν ἄρχοντες τῆς στρατιᾶς, ἐμοὶ δοκεῖ πλεῖν ἡμᾶς ἐπὶ Μυτιλήνην
πρὶν ἐκπύστους γενέσθαι, ὥσπερ ἔχομεν. 2 Κατὰ γὰρ τὸ
εἰκὸς ἀνδρῶν νεωστὶ πόλιν ἐχόντων πολὺ τὸ ἀφύλακτον
εὑρήσομεν, κατὰ μὲν θάλασσαν καὶ πάνυ, ᾗ ἐκεῖνοί τε
ἀνέλπιστοι ἐπιγενέσθαι ἄν τινα σφίσι πολέμιον καὶ ἡμῶν
ἡ ἀλκὴ τυγχάνει μάλιστα οὖσα· εἰκὸς δὲ καὶ τὸ πεζὸν
αὐτῶν κατ᾽ οἰκίας ἀμελέστερον ὡς κεκρατηκότων διεσπάρ-
θαι. 3 Εἰ οὖν προσπέσοιμεν ἄφνω τε καὶ νυκτός, ἐλπίζω
μετὰ τῶν ἔνδον, εἴ τις ἄρα ἡμῖν ἐστιν ὑπόλοιπος εὔνους,
καταληφθῆναι ἂν τὰ πράγματα. 4 Καὶ μὴ ἀποκνήσωμεν
τὸν κίνδυνον, νομίσαντες οὐκ ἄλλο τι εἶναι τὸ καινὸν τοῦ
πολέμου ἢ τὸ τοιοῦτον, ὃ εἴ τις στρατηγὸς ἔν τε αὑτῷ φυ-
λάσσοιτο καὶ τοῖς πολεμίοις ἐνορῶν ἐπιχειροίη, πλεῖστ᾽
ἂν ὀρθοῖτο. »

XXXI. Ὁ μὲν τοσαῦτα εἰπὼν οὐκ ἔπειθε τὸν Ἀλκίδαν.
Ἄλλοι δέ τινες τῶν ἀπ᾽ Ἰωνίας φυγάδων καὶ οἱ Λέσβιοι
⟨οἱ⟩ ξυμπλέοντες παρῄνουν, ἐπειδὴ τοῦτον τὸν κίνδυνον
φοβεῖται, τῶν ἐν Ἰωνίᾳ πόλεων καταλαβεῖν τινα ἢ Κύμην
τὴν Αἰολίδα, ὅπως ἐκ πόλεως ὁρμώμενοι τὴν Ἰωνίαν ἀποστήσωσιν (ἐλπίδα δ᾽ εἶναι· οὐδενὶ γὰρ ἀκουσίως ἀφῖχθαι) καὶ
τὴν πρόσοδον ταύτην μεγίστην οὖσαν Ἀθηναίων [ἢν] ὑφέ-
λωσι, καὶ ἅμα, ἢν ἐφορμῶσι σφίσιν, αὐτοῖς δαπάνη γίγνη-
ται· πείσειν τε οἴεσθαι καὶ Πισσούθνην ὥστε ξυμπολεμεῖν.
2 Ὁ δὲ οὐδὲ ταῦτα ἐνεδέχετο, ἀλλὰ τὸ πλεῖστον τῆς
γνώμης εἶχεν, ἐπειδὴ τῆς Μυτιλήνης ὑστερήκει, ὅτι τάχιστα τῇ Πελοποννήσῳ πάλιν προσμεῖξαι. XXXII. Ἄρας
δὲ ἐκ τοῦ Ἐμβάτου παρέπλει, καὶ προσσχὼν Μυοννήσῳ

16. Pissouthnès était satrape de Lydie.

XXX. « Alcidas et vous autres Péloponnésiens qui commandez avec moi cette expédition, mon avis est de mettre le cap sur Mytilène avant d'être signalés, comme cela. 2 Il est vraisemblable que nous allons rencontrer beaucoup de négligence dans la garde d'une ville occupée depuis peu ; c'est une certitude sur mer, où nos adversaires ne comptent pas qu'un ennemi puisse survenir, alors que là surtout se trouve être notre force ; et à terre aussi, vraisemblablement, leurs troupes sont dispersées avec quelque insouciance dans les maisons, puisqu'ils se voient vainqueurs. 3 En nous jetant sur eux à l'improviste et de nuit, j'espère qu'avec l'aide des habitants – si jamais il en subsiste là qui nous soient favorables – nous maîtriserions la situation. 4 Ne reculons pas devant le risque, songeant bien que l'élément de surprise à la guerre ne signifie rien d'autre que cela : qu'un général sache à la fois s'en préserver de son côté et l'observer chez l'ennemi pour passer à l'action, il devrait remporter les plus grands succès. »

XXXI. Ces quelques mots ne purent convaincre Alcidas. Des émigrés d'Ionie au contraire et les Lesbiens de l'expédition lui conseillaient, puisqu'il redoutait ce risque-là, d'occuper une cité d'Ionie ou Kymè en Éolide ; avec une cité pour base, ils provoqueraient la défection de l'Ionie (on pouvait s'y attendre, à les en croire, car leur arrivée n'avait déplu à personne), ils soustrairaient ainsi à Athènes le principal de son revenu et du même coup, si elle mettait le blocus contre eux, elle aurait des frais à assumer ; enfin, ils croyaient aussi persuader Pissouthnès de faire la guerre à leurs côtés[16]. 2 Mais Alcidas n'admettait pas non plus cette solution et n'avait qu'une idée : puisqu'il avait été devancé à Mytilène, il voulait regagner le Péloponnèse au plus tôt. XXXII. Quittant Embaton, il longea la côte et aborda à Myonnésos, possession de Téôs, où il fit égorger

τῇ Τηίων τοὺς αἰχμαλώτους οὓς κατὰ πλοῦν εἰλήφει ἀπέσφαξε τοὺς πολλούς. 2 Καὶ ἐς τὴν Ἔφεσον καθορμισαμένου αὐτοῦ Σαμίων τῶν ἐξ Ἀναίων ἀφικόμενοι πρέσβεις ἔλεγον οὐ καλῶς τὴν Ἑλλάδα ἐλευθεροῦν αὐτόν, εἰ ἄνδρας διέφθειρεν οὔτε χεῖρας ἀνταιρομένους οὔτε πολεμίους, Ἀθηναίων δὲ ὑπὸ ἀνάγκης ξυμμάχους· εἴ τε μὴ παύσεται, ὀλίγους μὲν αὐτὸν τῶν ἐχθρῶν ἐς φιλίαν προσάξεσθαι, πολὺ δὲ πλείους τῶν φίλων πολεμίους ἕξειν. 3 Καὶ ὁ μὲν ἐπείσθη τε καὶ Χίων ἄνδρας ὅσους εἶχεν ἔτι ἀφῆκε καὶ τῶν ἄλλων τινάς· ὁρῶντες γὰρ τὰς ναῦς οἱ ἄνθρωποι οὐκ ἔφευγον, ἀλλὰ προσεχώρουν μᾶλλον ὡς Ἀττικαῖς καὶ ἐλπίδα οὐδὲ τὴν ἐλαχίστην εἶχον μή ποτε Ἀθηναίων τῆς θαλάσσης κρατούντων ναῦς Πελοποννησίων ἐς Ἰωνίαν παραβαλεῖν. XXXIII. Ἀπὸ δὲ τῆς Ἐφέσου ὁ Ἀλκίδας ἔπλει κατὰ τάχος καὶ φυγὴν ἐποιεῖτο· ὤφθη γὰρ ὑπὸ τῆς Σαλαμινίας καὶ Παράλου ἔτι περὶ Κλάρον ὁρμῶν (αἱ δ᾽ ἀπ᾽ Ἀθηνῶν ἔτυχον πλέουσαι), καὶ δεδιὼς τὴν δίωξιν ἔπλει διὰ τοῦ πελάγους ὡς γῇ ἑκούσιος οὐ σχήσων ἄλλῃ ἢ Πελοποννήσῳ. 2 Τῷ δὲ Πάχητι καὶ τοῖς Ἀθηναίοις ἦλθε μὲν καὶ ἀπὸ τῆς Ἐρυθραίας ἀγγελία, ἀφικνεῖτο δὲ καὶ πανταχόθεν· ἀτειχίστου γὰρ οὔσης τῆς Ἰωνίας μέγα τὸ δέος ἐγένετο μὴ παραπλέοντες οἱ Πελοποννήσιοι, εἰ καὶ ὣς μὴ διενοοῦντο μένειν, πορθῶσιν ἅμα προσπίπτοντες τὰς πόλεις. Αὐτάγγελοι δ᾽ αὐτὸν ἰδοῦσαι ἐν τῇ Κλάρῳ ἥ τε Πάραλος καὶ ἡ Σαλαμινία ἔφρασαν. 3 Ὁ δὲ ὑπὸ σπουδῆς ἐποιεῖτο τὴν δίωξιν· καὶ μέχρι μὲν Πάτμου τῆς νήσου ἐπεδίωξεν, ὡς δ᾽ οὐκέτι ἐν καταλήψει ἐφαίνετο, ἐπανεχώρει. Κέρδος δὲ ἐνόμισεν, ἐπειδὴ οὐ μετεώροις περιέτυχεν, ὅτι οὐδαμοῦ ἐγκαταληφθεῖσαι ἠναγκάσθησαν στρατόπεδόν τε ποιεῖσθαι καὶ φυλακὴν σφίσι καὶ ἐφόρμησιν παρασχεῖν. XXXIV. Παραπλέων δὲ πάλιν ἔσχε καὶ ἐς Νό-

---

17. La *Paralienne* et la *Salaminienne* étaient les deux trières sacrées chargées de transmettre les décisions de la cité aux armées en campagne.

la plupart des prisonniers pris en route. 2 Il avait mouillé devant Éphèse quand des envoyés des Samiens d'Anaia vinrent lui dire qu'il n'avait pas une belle façon de libérer la Grèce, en massacrant des gens qui ne prenaient pas les armes contre lui, qui n'étaient pas ses ennemis, et que la nécessité avait alliés à Athènes ; s'il continuait, on lui prédisait qu'il se ferait peu d'amis chez ses adversaires et beaucoup plus d'ennemis chez ses amis. 3 Alcidas les écouta et relâcha tous les gens de Chios qu'il détenait encore, avec quelques autres ; c'est que les gens, loin de s'enfuir à la vue de ses bateaux, s'en approchaient au contraire, les croyant athéniens, et ne s'attendaient pas le moins du monde à l'arrivée de vaisseaux péloponnésiens en Ionie quand les Athéniens dominaient la mer. XXXIII. D'Éphèse, Alcidas hâta sa navigation ; en fait, il fuyait. C'est qu'il avait été vu, encore au mouillage de Claros, par la Salaminienne et la Paralienne qui arrivaient justement d'Athènes[17] ; craignant d'être poursuivi, il naviguait en haute mer, décidé à n'aborder de son plein gré dans aucun pays autre que le Péloponnèse. 2 Pachès et les Athéniens avaient déjà reçu une information d'Érythres, puis il en arriva de partout : l'Ionie n'étant pas fortifiée, la crainte était grande de voir les Péloponnésiens se jeter sur les cités tout au long de la côte et les piller, si même dans ces conditions ils ne pensaient pas à rester. La Paralienne et la Salaminienne, qui avaient vu Alcidas à Claros, apportèrent des nouvelles directes. 3 Pachès le poursuivit de toute sa vitesse, poussant jusqu'à l'île de Patmos ; puis, l'ennemi n'étant évidemment plus à portée, il s'en retourna. Puisqu'il ne l'avait pas rencontré en haute mer, il trouvait avantageux de ne pas l'avoir contraint, en cernant ses vaisseaux en un point donné, à installer un camp, imposant aux Athéniens surveillance et blocus. XXXIV. En revenant

τιον τὸ Κολοφωνίων, οὗ κατῴκηντο Κολοφώνιοι τῆς ἄνω
πόλεως ἑαλωκυίας ὑπὸ Ἰταμάνους καὶ τῶν βαρβάρων κατὰ
στάσιν ἰδίᾳ ἐπαχθέντων· ἑάλω δὲ μάλιστα αὕτη ὅτε ἡ δευ-
τέρα Πελοποννησίων ἐσβολὴ ἐς τὴν Ἀττικὴν ἐγίγνετο.
2 Ἐν οὖν τῷ Νοτίῳ οἱ καταφυγόντες καὶ κατοικήσαντες
αὐτόθι αὖθις στασιάσαντες, οἱ μὲν παρὰ Πισσούθνου ἐπικούρους Ἀρκάδων τε καὶ τῶν βαρβάρων ἐπαγόμενοι ἐν
διατειχίσματι εἶχον, καὶ τῶν ἐκ τῆς ἄνω πόλεως Κολοφωνίων οἱ μηδίσαντες ξυνεσελθόντες ἐπολίτευον, οἱ δὲ ὑπ-
εξελθόντες τούτους καὶ ὄντες φυγάδες τὸν Πάχητα ἐπάγονται. 3 Ὁ δὲ προκαλεσάμενος ἐς λόγους Ἱππίαν τὸν τῶν
ἐν τῷ διατειχίσματι Ἀρκάδων ἄρχοντα, ὥστε, ἢν μηδὲν
ἀρέσκον λέγῃ, πάλιν αὐτὸν καταστήσειν ἐς τὸ τεῖχος σῶν
καὶ ὑγιᾶ, ὁ μὲν ἐξῆλθε παρ' αὐτόν, ὁ δ' ἐκεῖνον μὲν ἐν
φυλακῇ ἀδέσμῳ εἶχεν, αὐτὸς δὲ προσβαλὼν τῷ τειχίσματι
ἐξαπιναίως καὶ οὐ προσδεχομένων αἱρεῖ, τούς τε Ἀρκάδας
καὶ τῶν βαρβάρων ὅσοι ἐνῆσαν διαφθείρει· καὶ τὸν Ἱππίαν
ὕστερον ἐσαγαγὼν ὥσπερ ἐσπείσατο, ἐπειδὴ ἔνδον ἦν, ξυλλαμβάνει καὶ κατατοξεύει. 4 Κολοφωνίοις δὲ Νότιον παραδίδωσι πλὴν τῶν μηδισάντων. Καὶ ὕστερον Ἀθηναῖοι
οἰκιστὰς πέμψαντες κατὰ τοὺς ἑαυτῶν νόμους κατῴκισαν
τὸ Νότιον, ξυναγαγόντες πάντας ἐκ τῶν πόλεων, εἴ πού
τις ἦν Κολοφωνίων.

XXXV. Ὁ δὲ Πάχης ἀφικόμενος ἐς τὴν Μυτιλήνην τήν
τε Πύρραν καὶ Ἔρεσον παρεστήσατο, καὶ Σάλαιθον λαβὼν
ἐν τῇ πόλει τὸν Λακεδαιμόνιον κεκρυμμένον ἀποπέμπει ἐς
τὰς Ἀθήνας καὶ τοὺς ἐκ τῆς Τενέδου Μυτιληναίων ἄνδρας
ἅμα οὓς κατέθετο καὶ εἴ τις ἄλλος αὐτῷ αἴτιος ἐδόκει
εἶναι τῆς ἀποστάσεως· 2 ἀποπέμπει δὲ καὶ τῆς στρατιᾶς

le long de la côte, il aborda en particulier à Notion, port
de Colophon, où les gens de Colophon étaient descendus
s'installer une fois la ville haute prise par Itamanès et ses
barbares, qu'avait appelés une faction agissant pour son
propre compte ; la prise de la ville avait coïncidé, autant
qu'on puisse dire, avec la deuxième invasion péloponn-
nésienne en Attique. 2 À Notion, donc, chez les réfugiés
installés là, les troubles avaient recommencé : certains,
appelant des auxiliaires arcadiens et barbares fournis par
Pissouthnès, les avaient avec eux derrière un rempart ; là
étaient entrés aussi et avaient droit de cité les partisans des
Mèdes parmi les gens venus de la ville haute ; les autres,
qui s'étaient soustraits à eux et étaient exilés, appelèrent
Pachès. 3 Celui-ci proposa un entretien à Hippias, chef des
Arcadiens du retranchement, avec promesse de le remettre
sain et sauf derrière son rempart si les propositions faites
ne lui agréaient pas ; mais quand Hippias sortit, Pachès,
le plaçant sous surveillance sans l'enchaîner, en profita
de son côté pour lancer contre la fortification un assaut
brusque et inattendu grâce auquel il la prit, et fit massacrer les Arcadiens et tous les barbares qui s'y trouvaient ;
quant à Hippias, on l'y conduisit plus tard comme il était
convenu, mais une fois entré, il fut saisi et percé de traits.
4 Pachès remit Notion aux gens de Colophon, sauf aux
partisans de la Perse. Plus tard, les Athéniens envoyèrent
des fondateurs officiels pour coloniser Notion selon leurs
propres lois, en rassemblant tous les gens de Colophon,
dans quelque cité qu'ils fussent.

XXXV. Arrivé à Mytilène, Pachès amena à composition Pyrrha et Érésos, arrêta Salaithos de Lacédémone dans
la ville, où il se cachait, puis l'envoya à Athènes avec les
Mytiléniens qu'il avait transférés à Ténédos et quiconque
lui paraissait impliqué dans la défection ; 2 il renvoya aussi

τὸ πλέον, τοῖς δὲ λοιποῖς ὑπομένων καθίστατο τὰ περὶ
τὴν Μυτιλήνην καὶ τὴν ἄλλην Λέσβον ᾗ αὐτῷ ἐδόκει.
XXXVI. Ἀφικομένων δὲ τῶν ἀνδρῶν καὶ τοῦ Σαλαίθου οἱ
Ἀθηναῖοι τὸν μὲν Σάλαιθον εὐθὺς ἀπέκτειναν, ἔστιν ἃ
παρεχόμενον τά τ' ἄλλα καὶ ἀπὸ Πλαταιῶν (ἔτι γὰρ ἐπολιορκοῦντο) · ἀπάξειν Πελοποννησίους · 2 περὶ δὲ τῶν
ἀνδρῶν γνώμας ἐποιοῦντο, καὶ ὑπὸ ὀργῆς ἔδοξεν αὐτοῖς
οὐ τοὺς παρόντας μόνον ἀποκτεῖναι, ἀλλὰ καὶ τοὺς ἅπαντας Μυτιληναίους ὅσοι ἡβῶσι, παῖδας δὲ καὶ γυναῖκας
ἀνδραποδίσαι, ἐπικαλοῦντες τήν τε ἄλλην ἀπόστασιν ὅτι
οὐκ ἀρχόμενοι ὥσπερ οἱ ἄλλοι ἐποιήσαντο, καὶ προσξυνε-
λάβοντο οὐκ ἐλάχιστον τῆς ὁρμῆς αἱ Πελοποννησίων νῆες
ἐς Ἰωνίαν ἐκείνοις βοηθοὶ τολμήσασαι παρακινδυνεῦσαι ·
οὐ γὰρ ἀπὸ βραχείας διανοίας ἐδόκουν τὴν ἀπόστασιν
ποιήσασθαι. 3 Πέμπουσιν οὖν τριήρη ὡς Πάχητα ἄγγελον τῶν δεδογμένων, κατὰ τάχος κελεύοντες διαχρήσασθαι
Μυτιληναίους. 4 Καὶ τῇ ὑστεραίᾳ μετάνοιά τις εὐθὺς ἦν
αὐτοῖς καὶ ἀναλογισμὸς ὠμὸν τὸ βούλευμα καὶ μέγα
ἐγνῶσθαι, πόλιν ὅλην διαφθεῖραι μᾶλλον ἢ οὐ τοὺς αἰτίους. 5 Ὡς δ' ᾔσθοντο τοῦτο τῶν Μυτιληναίων οἱ παρόντες πρέσβεις καὶ οἱ αὐτοῖς τῶν Ἀθηναίων ξυμπράσσοντες, παρεσκεύασαν τοὺς ἐν τέλει ὥστε αὖθις γνώμας
προθεῖναι · καὶ ἔπεισαν ῥᾷον, διότι καὶ ἐκείνοις ἔνδηλον ἦν
βουλόμενον τὸ πλέον τῶν πολιτῶν αὖθίς τινας σφίσιν ἀποδοῦναι βουλεύσασθαι. 6 Καταστάσης δ' εὐθὺς ἐκκλησίας
ἄλλαι τε γνῶμαι ἀφ' ἑκάστων ἐλέγοντο καὶ Κλέων ὁ Κλεαινέτου, ὅσπερ καὶ τὴν προτέραν ἐνενικήκει ὥστε ἀποκτεῖναι, ὧν καὶ ἐς τὰ ἄλλα βιαιότατος τῶν πολιτῶν τῷ τε
δήμῳ παρὰ πολὺ ἐν τῷ τότε πιθανώτατος, παρελθὼν αὖθις
ἔλεγε τοιάδε.

18. C'est la première apparition dans le récit du célèbre
démagogue.

le gros de ses troupes et, demeurant là avec le reste, prit à Mytilène et partout à Lesbos les mesures qui lui paraissaient bonnes. XXXVI. À l'arrivée de ces prisonniers et de Salaithos, les Athéniens mirent à mort aussitôt Salaithos en dépit de ses offres, celle notamment de faire retirer les Péloponnésiens de Platée, toujours assiégée. 2 Sur les autres prisonniers, on délibéra, et la colère fit décider de mettre à mort non seulement les présents, mais la totalité des Mytiléniens adultes, et d'asservir femmes et enfants ; on reprochait aux Mytiléniens, d'abord d'avoir fait défection alors qu'ils n'étaient pas soumis comme les autres à l'empire ; mais ce qui s'ajoutait pour provoquer surtout la passion, c'était l'audace des vaisseaux péloponnésiens venus jusqu'en Ionie soutenir Mytilène malgré le risque : cette défection ne semblait pas avoir été faite à la légère. 3 Les Athéniens envoyèrent donc une trière annoncer leur décision à Pachès, avec ordre d'exécuter les Mytiléniens sans délai. 4 Mais, dès le lendemain, des regrets se manifestèrent, avec la réflexion que la résolution prise était cruelle et grave, d'anéantir une cité entière au lieu des seuls responsables. 5 Quand les ambassadeurs mytiléniens présents et leurs partisans athéniens s'en aperçurent, ils poussèrent les autorités à recommencer la délibération ; les magistrats furent d'autant plus faciles à convaincre qu'ils voyaient bien eux-mêmes la majorité des citoyens désirer qu'on leur donnât la possibilité de délibérer à nouveau. 6 Une assemblée se tint aussitôt, où, entre autres orateurs d'opinion diverse, Cléon, fils de Cléainétos[18], qui déjà avait emporté la précédente décision de mise à mort, car il était à tous égards le plus violent des citoyens, et de beaucoup le plus écouté du peuple à ce moment, revint à la tribune pour tenir en substance le discours suivant :

XXXVII. « Πολλάκις μὲν ἤδη ἔγωγε καὶ ἄλλοτε ἔγνων δημοκρατίαν ὅτι ἀδύνατόν ἐστιν ἑτέρων ἄρχειν, μάλιστα δ' ἐν τῇ νῦν ὑμετέρᾳ περὶ Μυτιληναίων μεταμελείᾳ. 2 Διὰ γὰρ τὸ καθ' ἡμέραν ἀδεὲς καὶ ἀνεπιβούλευτον πρὸς ἀλλήλους καὶ ἐς τοὺς ξυμμάχους τὸ αὐτὸ ἔχετε, καὶ ὅ τι ἂν ἢ λόγῳ πεισθέντες ὑπ' αὐτῶν ἁμάρτητε ἢ οἴκτῳ ἐνδῶτε, οὐκ ἐπικινδύνως ἡγεῖσθε ἐς ὑμᾶς καὶ οὐκ ἐς τὴν τῶν ξυμμάχων χάριν μαλακίζεσθαι, οὐ σκοποῦντες ὅτι τυραννίδα ἔχετε τὴν ἀρχὴν καὶ πρὸς ἐπιβουλεύοντας αὐτοὺς καὶ ἄκοντας ἀρχομένους, οἳ οὐκ ἐξ ὧν ἂν χαρίζησθε βλαπτόμενοι αὐτοὶ ἀκροῶνται ὑμῶν, ἀλλ' ἐξ ὧν ἂν ἰσχύι μᾶλλον ἢ τῇ ἐκείνων εὐνοίᾳ περιγένησθε. 3 Πάντων δὲ δεινότατον εἰ βέβαιον ἡμῖν μηδὲν καθεστήξει ὧν ἂν δόξῃ πέρι, μηδὲ γνωσόμεθα ὅτι χείροσι νόμοις ἀκινήτοις χρωμένη πόλις κρείσσων ἐστὶν ἢ καλῶς ἔχουσιν ἀκύροις, ἀμαθία τε μετὰ σωφροσύνης ὠφελιμώτερον ἢ δεξιότης μετὰ ἀκολασίας, οἵ τε φαυλότεροι τῶν ἀνθρώπων πρὸς τοὺς ξυνετωτέρους ὡς ἐπὶ τὸ πλέον ἄμεινον οἰκοῦσι τὰς πόλεις. 4 Οἱ μὲν γὰρ τῶν τε νόμων σοφώτεροι βούλονται φαίνεσθαι τῶν τε αἰεὶ λεγομένων ἐς τὸ κοινὸν περιγίγνεσθαι, ὡς ἐν ἄλλοις μείζοσιν οὐκ ἂν δηλώσαντες τὴν γνώμην, καὶ ἐκ τοῦ τοιούτου τὰ πολλὰ σφάλλουσι τὰς πόλεις· οἱ δ' ἀπιστοῦντες τῇ ἐξ αὐτῶν ξυνέσει ἀμαθέστεροι μὲν τῶν νόμων ἀξιοῦσιν εἶναι, ἀδυνατώτεροι δὲ τοῦ καλῶς εἰπόντος μέμψασθαι λόγον, κριταὶ δὲ ὄντες ἀπὸ τοῦ ἴσου μᾶλλον ἢ ἀγωνισταὶ ὀρθοῦνται τὰ πλείω. 5 Ὡς οὖν χρὴ καὶ ἡμᾶς ποιοῦντας μὴ δεινότητι καὶ ξυνέσεως ἀγῶνι ἐπαιρομένους παρὰ δόξαν τῷ ὑμετέρῳ πλήθει παραινεῖν.

19. C'était le thème déjà évoqué dans le dernier discours de Périclès (II, 63, 2).

XXXVII. « Souvent déjà, j'ai eu l'occasion de constater que la démocratie est un régime incapable d'exercer l'empire, mais jamais autant que dans votre revirement présent au sujet de Mytilène. 2 Habitués entre vous dans la vie quotidienne à ne craindre ni intriguer, vous agissez de même envers vos alliés, et quand leurs arguments vous égarent ou que vous cédez à la pitié, vous ne songez pas que c'est une faiblesse qui vous met en danger sans vous valoir leur faveur ; vous oubliez que l'empire constitue entre vos mains une tyrannie qui s'exerce sur des peuples qui, eux, intriguent et subissent cet empire de mauvais gré[19] ; leur soumission ne résulte pas des faveurs que vous pouvez leur faire à votre détriment, mais de l'ascendant que vous pouvez prendre sur eux, par la force beaucoup plus que par leur bon vouloir. 3 Or le risque le plus redoutable serait de n'avoir rien de fixe dans nos décisions, de ne pas voir que des lois imparfaites mais immuables rendent une cité plus forte que des lois bien faites mais sans autorité ; que d'ailleurs l'ignorance jointe à la réserve est plus avantageuse que l'habileté sans frein, et que les cités sont en général mieux gouvernées par les gens ordinaires que par les esprits profonds. 4 Ceux-ci veulent à la fois paraître en savoir plus que les lois et triompher de tous les arguments présentés au public, comme s'ils ne devaient pas trouver d'occasion plus importante de montrer leur jugement, et ils finissent d'ordinaire par perdre ainsi leur cité ; les autres au contraire, qui ne se fient pas à leur propre esprit, consentent à en savoir moins que les lois comme à être moins capables de critiquer le discours d'un orateur brillant, de sorte qu'étant des juges impartiaux plutôt que des jouteurs, ils réussissent le plus souvent. 5 C'est ce que nous devons faire, nous aussi, sans nous laisser entraîner, par goût de la virtuosité et des joutes d'esprit, à vous donner à vous, le peuple, des conseils contraires à notre sentiment.

XXXVIII. « Ἐγὼ μὲν οὖν ὁ αὐτός εἰμι τῇ γνώμῃ καὶ
θαυμάζω μὲν τῶν προθέντων αὖθις περὶ Μυτιληναίων λέγειν
καὶ χρόνου διατριβὴν ἐμποιησάντων, ὅ ἐστι πρὸς τῶν ἠδι-
κηκότων μᾶλλον (ὁ γὰρ παθὼν τῷ δράσαντι ἀμβλυτέρᾳ
τῇ ὀργῇ ἐπεξέρχεται, ἀμύνεσθαι δὲ τῷ παθεῖν ὅτι ἐγγυτάτω κείμενον ἀντίπαλον [ὂν] μάλιστα τὴν τιμωρίαν ἀνα-
λαμβάνει), θαυμάζω δὲ καὶ ὅστις ἔσται ὁ ἀντερῶν καὶ ἀξιώ-
σων ἀποφαίνειν τὰς μὲν Μυτιληναίων ἀδικίας ἡμῖν ὠφελίμους οὔσας, τὰς δ' ἡμετέρας ξυμφορὰς τοῖς ξυμμάχοις
βλάβας καθισταμένας. 2 Καὶ δῆλον ὅτι ἢ τῷ λέγειν πιστεύσας τὸ πάνυ δοκοῦν ἀνταποφῆναι ὡς οὐκ ἔγνωσται
ἀγωνίσαιτ' ἄν, ἢ κέρδει ἐπαιρόμενος τὸ εὐπρεπὲς τοῦ λόγου
ἐκπονήσας παράγειν πειράσεται. 3 Ἡ δὲ πόλις ἐκ τῶν
τοιῶνδε ἀγώνων τὰ μὲν ἆθλα ἑτέροις δίδωσιν, αὐτὴ δὲ τοὺς
κινδύνους ἀναφέρει. 4 Αἴτιοι δ' ὑμεῖς κακῶς ἀγωνοθε-
τοῦντες, οἵτινες εἰώθατε θεαταὶ μὲν τῶν λόγων γίγνεσθαι,
ἀκροαταὶ δὲ τῶν ἔργων, τὰ μὲν μέλλοντα ἔργα ἀπὸ τῶν
εὖ εἰπόντων σκοποῦντες ὡς δυνατὰ γίγνεσθαι, τὰ δὲ πεπραγμένα ἤδη, οὐ τὸ δρασθὲν πιστότερον ὄψει λαβόντες
ἢ τὸ ἀκουσθέν, ἀπὸ τῶν λόγῳ καλῶς ἐπιτιμησάντων· 5 καὶ
μετὰ καινότητος μὲν λόγου ἀπατᾶσθαι ἄριστοι, μετὰ δεδο-
κιμασμένου δὲ μὴ ξυνέπεσθαι ἐθέλειν, δοῦλοι ὄντες τῶν
αἰεὶ ἀτόπων, ὑπερόπται δὲ τῶν εἰωθότων, 6 καὶ μάλιστα
μὲν αὐτὸς εἰπεῖν ἕκαστος βουλόμενος δύνασθαι, εἰ δὲ μή,
ἀνταγωνιζόμενοι τοῖς τοιαῦτα λέγουσι μὴ ὕστεροι ἀκο-
λουθῆσαι δοκεῖν τῇ γνώμῃ, ὀξέως δέ τι λέγοντος προ-
επαινέσαι, καὶ προαισθέσθαι τε πρόθυμοι εἶναι τὰ λεγόμενα
καὶ προνοῆσαι βραδεῖς τὰ ἐξ αὐτῶν ἀποβησόμενα, 7 ζη-
τοῦντές τε ἄλλο τι ὡς εἰπεῖν ἢ ἐν οἷς ζῶμεν, φρονοῦντες

XXXVIII. « Pour moi, donc, je suis le même dans mon avis ; j'admire qu'on ait remis en discussion l'affaire de Mytilène et qu'on ait provoqué un retard, ce qui avantage plutôt les coupables (la victime <alors> poursuit le responsable d'une colère moins vive, tandis qu'une riposte aussi proche que possible de l'offense a toutes chances d'obtenir une satisfaction proportionnée) ; j'admire aussi qui me contredira et prétendra montrer que les crimes des Mytiléniens nous avantagent et que nos revers se soldent en dommages pour nos alliés. 2 Celui-là évidemment, ou bien se fiant à son éloquence viendra s'efforcer d'opposer à une décision formelle, qu'elle n'a pas été arrêtée, ou bien, entraîné par l'appât du gain, s'appliquera à trouver des paroles spécieuses pour tenter de vous duper. 3 La cité, dans de pareilles joutes, donne à d'autres les prix et ne recueille elle-même que les risques. 4 La faute en est à vous, mauvais organisateurs de ces joutes ; vous qui vous faites toujours spectateurs des paroles et auditeurs des faits, qui voyez les faits à venir d'après les beaux parleurs qui les donnent pour possibles et les faits déjà passés d'après les critiques brillamment formulées, attachant ainsi plus de crédit au récit qu'à l'événement vu de vos propres yeux ; 5 vous qui, pour être trompés par un argument neuf, n'avez pas vos pareils, ni pour renâcler s'il est déjà éprouvé ; esclaves que vous êtes de toute originalité, pleins de mépris pour la banalité ; 6 désireux surtout chacun de pouvoir prendre lui-même la parole ou, sinon, vous mesurant avec les orateurs du même style pour paraître, non point des retardataires dont l'intelligence est à la traîne, mais des gens capables d'applaudir avant les autres un trait de subtilité, et aussi ardents à comprendre d'avance ce qu'on vous dit que lents à en voir à l'avance les conséquences ; 7 à la recherche, pour ainsi dire, d'un monde autre que le nôtre,

δὲ οὐδὲ περὶ τῶν παρόντων ἱκανῶς· ἁπλῶς τε ἀκοῆς ἡδονῇ
ἡσσώμενοι καὶ σοφιστῶν θεαταῖς ἐοικότες καθημένοις μᾶλλον ἢ περὶ πόλεως βουλευομένοις.

XXXIX. « Ὧν ἐγὼ πειρώμενος ἀποτρέπειν ὑμᾶς ἀπο-
φαίνω Μυτιληναίους μάλιστα δὴ μίαν πόλιν ἠδικηκότας
ὑμᾶς. 2 Ἐγὼ γάρ, οἵτινες μὲν μὴ δυνατοὶ φέρειν τὴν
ὑμετέραν ἀρχὴν ἢ οἵτινες ὑπὸ τῶν πολεμίων ἀναγκασθέντες
ἀπέστησαν, ξυγγνώμην ἔχω· νῆσον δὲ οἵτινες ἔχοντες μετὰ
τειχῶν καὶ κατὰ θάλασσαν μόνον φοβούμενοι τοὺς ἡμε-
τέρους πολεμίους, ἐν ᾧ καὶ αὐτοὶ τριήρων παρασκευῇ οὐκ
ἄφαρκτοι ἦσαν πρὸς αὐτούς, αὐτόνομοί τε οἰκοῦντες καὶ
τιμώμενοι ἐς τὰ πρῶτα ὑπὸ ἡμῶν τοιαῦτα εἰργάσαντο, τί
ἄλλο οὗτοι ἢ ἐπεβούλευσάν τε καὶ ἐπανέστησαν μᾶλλον
ἢ ἀπέστησαν (ἀπόστασις μέν γε τῶν βίαιόν τι πασχόντων
ἐστίν), ἐζήτησάν τε μετὰ τῶν πολεμιωτάτων ἡμᾶς στάντες
διαφθεῖραι; καίτοι δεινότερόν ἐστιν ἢ εἰ καθ' αὑτοὺς δύναμιν κτώμενοι ἀντεπολέμησαν. 3 Παράδειγμα δὲ αὐτοῖς
οὔτε αἱ τῶν πέλας ξυμφοραὶ ἐγένοντο, ὅσοι ἀποστάντες
ἤδη ἡμῶν ἐχειρώθησαν, οὔτε ἡ παροῦσα εὐδαιμονία παρέσχεν ὄκνον μὴ ἐλθεῖν ἐς τὰ δεινά· γενόμενοι δὲ πρὸς τὸ
μέλλον θρασεῖς καὶ ἐλπίσαντες μακρότερα μὲν τῆς δυνάμεως, ἐλάσσω δὲ τῆς βουλήσεως, πόλεμον ἤραντο, ἰσχὺν
ἀξιώσαντες τοῦ δικαίου προθεῖναι· ἐν ᾧ γὰρ ᾠήθησαν περιέσεσθαι, ἐπέθεντο ἡμῖν οὐκ ἀδικούμενοι. 4 Εἴωθε δὲ
τῶν πόλεων αἷς ἂν μάλιστα καὶ δι' ἐλαχίστου ἀπροσδόκητος εὐπραγία ἔλθῃ, ἐς ὕβριν τρέπειν· τὰ δὲ πολλὰ κατὰ
λόγον τοῖς ἀνθρώποις εὐτυχοῦντα ἀσφαλέστερα ἢ παρὰ
δόξαν, καὶ κακοπραγίαν ὡς εἰπεῖν ῥᾷον ἀπωθοῦνται ἢ
εὐδαιμονίαν διασώζονται. 5 Χρῆν δὲ Μυτιληναίους καὶ

20. Cléon, habile orateur lui-même, dénonce le plaisir que prennent
les Athéniens réunis en assemblée aux joutes oratoires de la tribune, en
quoi il voit une faiblesse de la démocratie.

mais incapables seulement de songer aux réalités ; bref, des gens dominés par le plaisir d'écouter, semblables à un public installé là pour des sophistes plutôt qu'à des citoyens qui délibèrent de leur cité[20].

XXXIX. « Voilà ce dont je veux, moi, vous détourner, en vous montrant qu'entre toutes les cités, Mytilène est coupable envers vous d'un crime exceptionnel. 2 Pour ma part, si des gens ont fait défection parce qu'incapables de supporter votre empire ou sous la contrainte de l'ennemi, je leur donne de l'indulgence ; mais les occupants d'une île, à l'abri de remparts, menacés par nos ennemis du côté de la mer seulement, dans un domaine encore où leur propre équipement en trières ne les laissait pas déjà sans protection, un peuple en outre autonome et comblé par nous des plus grands égards, s'il a commis un acte pareil, n'est-ce pas intrigue et insurrection plutôt que défection (la défection, elle, suppose qu'on subissait quelque violence), tentative, en outre, de se mettre avec nos pires ennemis pour nous anéantir ? Or cela est plus grave que s'ils nous avaient fait la guerre par eux-mêmes pour accroître leur puissance. 3 Les malheurs d'autrui ne les ont pas instruits – tant de gens déjà dont la défection avait fini en soumission – pas plus que leur bonheur présent ne les a fait reculer devant le danger ; enhardis pour l'avenir et pleins d'un espoir qui dépassait leur puissance sans égaler leurs désirs, ils ont entrepris la guerre, prétendant mettre la force au-dessus du droit : quand ils ont cru qu'ils l'emporteraient, ils nous ont attaqués, sans que leurs droits fussent lésés. 4 Or à l'ordinaire, les cités où survient la réussite la plus inattendue et la plus soudaine inclinent à l'orgueil : en général, le calcul plus que l'imprévu donne de la solidité aux succès et, pour tout dire, on écarte le malheur plus facilement qu'on ne préserve le bonheur. 5 Il aurait fallu, et depuis·

πάλαι μηδὲν διαφερόντως τῶν ἄλλων ὑφ' ἡμῶν τετιμῆσθαι,
καὶ οὐκ ἂν ἐς τόδε ἐξύβρισαν· πέφυκε γὰρ καὶ ἄλλως ἄν-
θρωπος τὸ μὲν θεραπεῦον ὑπερφρονεῖν, τὸ δὲ μὴ ὑπεῖκον
θαυμάζειν. 6 Κολασθέντων δὲ καὶ νῦν ἀξίως τῆς ἀδικίας,
καὶ μὴ τοῖς μὲν ὀλίγοις ἡ αἰτία προστεθῇ, τὸν δὲ δῆμον
ἀπολύσητε. Πάντες γὰρ ὑμῖν γε ὁμοίως ἐπέθεντο, οἷς γ'
ἐξῆν ὡς ἡμᾶς τραπομένοις νῦν πάλιν ἐν τῇ πόλει εἶναι·
ἀλλὰ τὸν μετὰ τῶν ὀλίγων κίνδυνον ἡγησάμενοι βεβαιότερον ξυναπέστησαν. 7 Τῶν τε ξυμμάχων σκέψασθε, εἰ
τοῖς τε ἀναγκασθεῖσιν ὑπὸ τῶν πολεμίων καὶ τοῖς ἑκοῦσιν
ἀποστᾶσι τὰς αὐτὰς ζημίας προσθήσετε, τίνα οἴεσθε ὅντινα
οὐ βραχείᾳ προφάσει ἀποστήσεσθαι, ὅταν ἢ κατορθώσαντι
ἐλευθέρωσις ᾗ ἢ σφαλέντι μηδὲν παθεῖν ἀνήκεστον;
8 Ἡμῖν δὲ πρὸς ἑκάστην πόλιν ἀποκεκινδυνεύσεται τά
τε χρήματα καὶ αἱ ψυχαί, καὶ τυχόντες μὲν πόλιν ἐφθαρμένην παραλαβόντες τῆς ἔπειτα προσόδου, δι' ἢν ἰσχύομεν, τὸ λοιπὸν στερήσεσθε, σφαλέντες δὲ πολεμίους πρὸς
τοῖς ὑπάρχουσιν ἕξομεν, καὶ ὃν χρόνον τοῖς νῦν καθεστη-
κόσι δεῖ ἐχθροῖς ἀνθίστασθαι, τοῖς οἰκείοις ξυμμάχοις πολεμήσομεν.

XL. « Οὔκουν δεῖ προθεῖναι ἐλπίδα οὔτε λόγῳ πιστὴν
οὔτε χρήμασιν ὠνητήν, ὡς ξυγγνώμην ἁμαρτεῖν ἀνθρωπί-
νως λήψονται. Ἄκοντες μὲν γὰρ οὐκ ἔβλαψαν, εἰδότες δὲ
ἐπεβούλευσαν· ξύγγνωμον δ' ἐστὶ τὸ ἀκούσιον. 2 Ἐγὼ
μὲν οὖν καὶ τότε πρῶτον καὶ νῦν διαμάχομαι μὴ μεταγνῶναι ὑμᾶς τὰ προδεδογμένα, μηδὲ τρισὶ τοῖς ἀξυμφορωτά-
τοις τῇ ἀρχῇ, οἴκτῳ καὶ ἡδονῇ λόγων καὶ ἐπιεικείᾳ, ἁμαρ-

longtemps, n'accorder aux Mytiléniens aucun égard pri-
vilégié : ils n'en seraient pas venus à ce degré d'orgueil ;
car, dans tous les cas, la nature humaine méprise la flat-
terie et révère la fermeté. 6 Infligez-leur, il en est temps
encore, le châtiment que mérite leur crime, et n'allez pas
rejeter la responsabilité sur l'aristocratie en absolvant le
peuple. Car pour vous attaquer, ils ont tous agi de même,
alors qu'ils pouvaient se tourner vers nous et se retrouver aujourd'hui dans leur cité. Non ! jugeant plus sûr un
risque couru avec les aristocrates, ils ont contribué à la
défection. 7 Songez en outre à vos alliés : si les cas de
contrainte imposée par l'ennemi et les défections volontaires sont frappés de la même peine, qui ne saisira, dites-
moi, le moindre prétexte de défection, du moment que la
sanction du succès sera la libération et celle de l'échec un
malheur nullement irréparable ? 8 Nous, cependant, nous
aurons dû risquer contre chaque cité notre argent et nos
vies ; en cas de réussite, vous récupérerez une ville anéantie, pour être désormais privés du revenu futur, qui fait
notre force ; en cas d'échec, nous aurons accru le nombre
de nos ennemis, et le temps qu'il faudrait consacrer à la
lutte contre nos adversaires actuels se passera en guerres
contre nos propres alliés.

XL. « Nous ne devons donc pas leur offrir l'espoir,
confiant dans l'éloquence ou escompté à prix d'argent,
que leur erreur, bien humaine, obtiendra de l'indulgence.
Si sans le vouloir ils n'ont pas causé de dommage, leurs
intrigues ont été conscientes ; or l'indulgence s'attache à
l'acte involontaire. 2 Pour moi donc, aujourd'hui comme
je le fis pour la première fois, je mène la bataille afin que
vous ne reveniez pas sur des décisions prises, et que vous
évitiez l'erreur d'écouter les trois sentiments les plus nui-
sibles à l'empire – la compassion, le plaisir de l'éloquence,

τάνειν. 3 Ἔλεός τε γὰρ πρὸς τοὺς ὁμοίους δίκαιος ἀντι-
δίδοσθαι, καὶ μὴ πρὸς τοὺς οὔτ᾽ ἀντοικτιοῦντας ἐξ ἀνάγκης
τε καθεστῶτας αἰεὶ πολεμίους· οἵ τε τέρποντες λόγῳ ῥή-
τορες ἕξουσι καὶ ἐν ἄλλοις ἐλάσσοσιν ἀγῶνα, καὶ μὴ ἐν ᾧ
ἡ μὲν πόλις βραχέα ἡσθεῖσα μεγάλα ζημιώσεται, αὐτοὶ δὲ
ἐκ τοῦ εὖ εἰπεῖν τὸ παθεῖν εὖ ἀντιλήψονται· καὶ ἡ ἐπιείκεια
πρὸς τοὺς μέλλοντας ἐπιτηδείους καὶ τὸ λοιπὸν ἔσεσθαι
μᾶλλον δίδοται ἢ πρὸς τοὺς ὁμοίως τε καὶ οὐδὲν ἧσσον
πολεμίους ὑπολειπομένους. 4 Ἔν τε ξυνελὼν λέγω· πειθόμενοι μὲν ἐμοὶ τά τε δίκαια ἐς Μυτιληναίους καὶ τὰ ξύμφορα ἅμα ποιήσετε, ἄλλως δὲ γνόντες τοῖς μὲν οὐ χα-
ριεῖσθε, ὑμᾶς δὲ αὐτοὺς μᾶλλον δικαιώσεσθε. Εἰ γὰρ οὗτοι
ὀρθῶς ἀπέστησαν, ὑμεῖς ἂν οὐ χρεὼν ἄρχοιτε. Εἰ δὲ δὴ
καὶ οὐ προσῆκον ὅμως ἀξιοῦτε τοῦτο δρᾶν, παρὰ τὸ εἰκός
τοι καὶ τούσδε ξυμφόρως δεῖ κολάζεσθαι, ἢ παύεσθαι τῆς
ἀρχῆς καὶ ἐκ τοῦ ἀκινδύνου ἀνδραγαθίζεσθαι. 5 Τῇ τε
αὐτῇ ζημίᾳ ἀξιώσατε ἀμύνασθαι καὶ μὴ ἀναλγητότεροι οἱ
διαφυγόντες τῶν ἐπιβουλευσάντων φανῆναι, ἐνθυμηθέντες
ἃ εἰκὸς ἦν αὐτοὺς ποιῆσαι κρατήσαντας ὑμῶν, ἄλλως τε
καὶ προϋπάρξαντας ἀδικίας. 6 Μάλιστα δὲ οἱ μὴ ξὺν
προφάσει τινὰ κακῶς ποιοῦντες ἐπεξέρχονται καὶ διολλύ-
ναι, τὸν κίνδυνον ὑφορώμενοι τοῦ ὑπολειπομένου ἐχθροῦ·
ὁ γὰρ μὴ ξὺν ἀνάγκῃ τι παθὼν χαλεπώτερος διαφυγὼν
τοῦ ἀπὸ τῆς ἴσης ἐχθροῦ.

7 « Μὴ οὖν προδόται γένησθε ὑμῶν αὐτῶν, γενόμενοι
δ᾽ ὅτι ἐγγύτατα τῇ γνώμῃ τοῦ πάσχειν καὶ ὡς πρὸ παντὸς

la clémence. 3 La pitié, il est juste qu'on en paie ses semblables, non des gens qui ne rendront pas cette compassion
et dont l'hostilité nous est en tout temps nécessairement
acquise ; pour le charme de la parole, les orateurs auront
d'autres joutes, sur des sujets moins graves : que ce ne soit
pas là où la cité paiera cher un moment de plaisir, tandis
qu'eux-mêmes, pour prix de leur belle éloquence, retire-
ront de beaux avantages ; la clémence enfin s'applique à
ceux sur qui on peut compter dans l'avenir, plutôt qu'à
ceux qui restent, semblablement et sans rien céder, des
ennemis. 4 Je me résume d'un mot : si vous m'écoutez,
vous prendrez des mesures justes envers les Mytiléniens et
utiles en même temps, tandis qu'une autre décision, sans
vous gagner leur faveur, sera plutôt votre condamnation.
S'ils ont bien agi en faisant défection, vous ne devriez pas
exercer l'empire. Et si en revanche vous prétendez, fût-
ce sans aucun titre, l'exercer quand même, il vous faut
aussi châtier Mytilène par intérêt, sans souci des normes,
ou sinon, renoncer à l'empire et, loin du risque, vivre en
hommes vertueux. 5 Trouvez bon enfin de riposter sans
rien changer à la peine et, quand vous avez échappé aux
intrigues, de ne pas montrer moins de réaction que leurs
auteurs, songeant à ce qu'ils devaient faire normalement
s'ils vous avaient vaincus, d'autant qu'ils avaient violé le
droit les premiers. 6 Plus que jamais quand on maltraite
quelqu'un sans raison à alléguer, on pousse jusqu'à sa
destruction, soupçonnant un danger dans ce qui reste de
l'ennemi : car la victime d'une offense que rien n'imposait est plus intraitable, si elle en réchappe, qu'un ennemi
sur le même pied.

7 « Ne soyez donc pas traîtres à vous-mêmes ; vous
reportant par la pensée aussi près que possible de l'offense et du sentiment qui vous aurait fait donner tout pour

ἂν ἐτιμήσασθε αὐτοὺς χειρώσασθαι, νῦν ἀνταπόδοτε μὴ
μαλακισθέντες πρὸς τὸ παρὸν αὐτίκα μηδὲ τοῦ ἐπικρεμασ-
θέντος ποτὲ δεινοῦ ἀμνημονοῦντες. 8 Κολάσατε δὲ ἀξίως
τούτους τε καὶ τοῖς ἄλλοις ξυμμάχοις παράδειγμα σαφὲς
καταστήσατε, ὃς ἂν ἀφιστῆται, θανάτῳ ζημιωσόμενον.
Τόδε γὰρ ἦν γνῶσιν, ἧσσον τῶν πολεμίων ἀμελήσαντες
τοῖς ὑμετέροις αὐτῶν μαχεῖσθε ξυμμάχοις. »

XLI. Τοιαῦτα μὲν ὁ Κλέων εἶπεν· μετὰ δ' αὐτὸν Διόδοτος ὁ Εὐκράτους, ὅσπερ καὶ ἐν τῇ προτέρᾳ ἐκκλησίᾳ
ἀντέλεγε μάλιστα μὴ ἀποκτεῖναι Μυτιληναίους, παρελθὼν
καὶ τότε ἔλεγε τοιάδε.

XLII. « Οὔτε τοὺς προθέντας τὴν διαγνώμην αὖθις περὶ
Μυτιληναίων αἰτιῶμαι, οὔτε τοὺς μεμφομένους μὴ πολλάκις περὶ τῶν μεγίστων βουλεύεσθαι ἐπαινῶ, νομίζω δὲ δύο
τὰ ἐναντιώτατα εὐβουλίᾳ εἶναι, τάχος τε καὶ ὀργήν, ὧν
τὸ μὲν μετὰ ἀνοίας φιλεῖ γίγνεσθαι, τὸ δὲ μετὰ ἀπαιδευ-
σίας καὶ βραχύτητος γνώμης. 2 Τούς τε λόγους ὅστις
διαμάχεται μὴ διδασκάλους τῶν πραγμάτων γίγνεσθαι, ἢ
ἀξύνετός ἐστιν ἢ ἰδίᾳ τι αὑτῷ διαφέρει· ἀξύνετος μέν, εἰ
ἄλλῳ τινὶ ἡγεῖται περὶ τοῦ μέλλοντος δυνατὸν εἶναι καὶ
μὴ ἐμφανοῦς φράσαι, διαφέρει δ' αὐτῷ, εἰ βουλόμενός τι
αἰσχρὸν πεῖσαι εὖ μὲν εἰπεῖν οὐκ ἂν ἡγεῖται περὶ τοῦ μὴ
καλοῦ δύνασθαι, εὖ δὲ διαβαλὼν ἐκπλῆξαι ἂν τούς τε ἀντεροῦντας καὶ τοὺς ἀκουσομένους. 3 Χαλεπώτατοι δὲ καὶ
οἱ ἐπὶ χρήμασι προκατηγοροῦντες ἐπίδειξίν τινα. Εἰ μὲν
γὰρ ἀμαθίαν κατῃτιῶντο, ὁ μὴ πείσας ἀξυνετώτερος ἂν
δόξας εἶναι ἢ ἀδικώτερος ἀπεχώρει· ἀδικίας δ' ἐπιφερο-
μένης πείσας τε ὕποπτος γίγνεται καὶ μὴ τυχὼν μετὰ ἀξυ-

maîtriser la révolte, payez-les aujourd'hui de retour sans faiblir au vu du présent immédiat ni oublier le péril qui vient de nous menacer. 8 Châtiez-les comme ils le méritent et montrez en même temps à vos autres alliés, par un exemple indiscutable, que toute défection sera punie de mort. S'ils le comprennent, vous aurez moins à négliger vos ennemis pour combattre vos propres alliés. »

XLI. Tel fut en substance le discours de Cléon ; après lui, Diodote, fils d'Eucrate, qui déjà à l'assemblée précédente avait parlé plus que tout autre contre la mise à mort des Mytiléniens, vint encore à la tribune pour tenir en substance le discours suivant :

XLII. « Je ne veux ni m'en prendre à ceux qui ont remis en question l'affaire de Mytilène ni approuver ceux qui critiquent les débats répétés sur les problèmes capitaux ; mais à mon sens, les deux obstacles les plus contraires à la prudence sont la hâte et la colère, l'une qui va d'ordinaire avec la déraison, l'autre avec la grossièreté d'esprit et les vues courtes. 2 Quant à mener la bataille contre la parole, en lui refusant d'être le moniteur de nos actes, il faut pour cela être un sot ou y trouver un intérêt personnel : c'est sottise, si l'on s'imagine qu'il est un autre moyen d'expliquer un avenir qui n'est pas évident ; intérêt si, désirant faire accepter un conseil malhonnête et craignant de ne point parler bien de ce qui n'est pas beau, on espère en calomniant bien déconcerter contradicteurs et auditeurs. 3 Mais les plus dangereux sont encore ceux qui accusent à l'avance un orateur de déployer son art pour de l'argent. S'ils ne s'en prenaient qu'à l'ignorance, l'orateur qu'on n'écouterait pas en sortirait avec la réputation d'un sot plutôt que d'un criminel ; mais sous une imputation de crime, celui qu'on écoute devient suspect et celui qui échoue reçoit, en plus du nom de sot, celui de criminel.

νεσίας καὶ ἄδικος. 4 Ἥ τε πόλις οὐκ ὠφελεῖται ἐν τῷ τοιῷδε· φόβῳ γὰρ ἀποστερεῖται τῶν ξυμβούλων. Καὶ πλεῖστ' ἂν ὀρθοῖτο ἀδυνάτους λέγειν ἔχουσα τοὺς τοιούτους τῶν πολιτῶν· ἐλάχιστα γὰρ ἂν πεισθεῖεν ἁμαρτάνειν. 5 Χρὴ δὲ τὸν μὲν ἀγαθὸν πολίτην μὴ ἐκφοβοῦντα τοὺς ἀντεροῦντας, ἀλλ' ἀπὸ τοῦ ἴσου φαίνεσθαι ἄμεινον λέγοντα, τὴν δὲ σώφρονα πόλιν τῷ τε πλεῖστα εὖ βουλεύοντι μὴ προστιθέναι τιμήν, ἀλλὰ μηδ' ἐλασσοῦν τῆς ὑπαρχούσης, καὶ τὸν μὴ τυχόντα γνώμης οὐχ ὅπως ζημιοῦν ἀλλὰ μηδ' ἀτιμάζειν. 6 Οὕτω γὰρ ὅ τε κατορθῶν ἥκιστα ἂν ἐπὶ τῷ ἔτι μειζόνων ἀξιοῦσθαι παρὰ γνώμην τι καὶ πρὸς χάριν λέγοι, ὅ τε μὴ ἐπιτυχὼν ὀρέγοιτο τῷ αὐτῷ χαριζόμενός τι καὶ αὐτὸς προσάγεσθαι τὸ πλῆθος.

XLIII. « Ὧν ἡμεῖς τἀναντία δρῶμεν, καὶ προσέτι ἤν τις καὶ ὑποπτεύηται κέρδους μὲν ἕνεκα τὰ βέλτιστα δὲ ὅμως λέγειν, φθονήσαντες τῆς οὐ βεβαίου δοκήσεως τῶν κερδῶν τὴν φανερὰν ὠφελίαν τῆς πόλεως ἀφαιρούμεθα. 2 Καθέστηκε δὲ τἀγαθὰ ἀπὸ τοῦ εὐθέος λεγόμενα μηδὲν ἀνυποπτότερα εἶναι τῶν κακῶν, ὥστε δεῖν ὁμοίως τόν τε τὰ δεινότατα βουλόμενον πεῖσαι ἀπάτῃ προσάγεσθαι τὸ πλῆθος καὶ τὸν τὰ ἀμείνω λέγοντα ψευσάμενον πιστὸν γενέσθαι. 3 Μόνην τε πόλιν διὰ τὰς περινοίας εὖ ποιῆσαι ἐκ τοῦ προφανοῦς μὴ ἐξαπατήσαντα ἀδύνατον· ὁ γὰρ διδοὺς φανερῶς τι ἀγαθὸν ἀνθυποπτεύεται ἀφανῶς πῃ πλέον ἕξειν. 4 Χρὴ δὲ πρὸς τὰ μέγιστα καὶ ἐν τῷ τοιῷδε ἀξιοῦν τι ἡμᾶς περαιτέρω προνοοῦντας λέγειν ὑμῶν τῶν δι' ὀλί-

---

21. En justifiant contre Cléon le rôle des orateurs, Diodote met en évidence ce rôle dans le fonctionnement de la démocratie.

4 Enfin, dans ces conditions la cité ne trouve pas son avantage, car la peur la prive de ses conseillers. Elle aurait les chances les plus grandes de réussir si de tels citoyens étaient chez elle incapables de parler ; car les erreurs qu'on lui persuaderait seraient le moins nombreuses. 5 Ce qu'il faut, c'est qu'on voie un bon citoyen donner un meilleur avis à armes égales sans effrayer d'avance ses contradicteurs ; c'est qu'une cité raisonnable ne confère à celui qui, entre tous, la conseille bien, aucun surcroît d'honneur, sans non plus réduire l'honneur dont il jouit, et qu'elle épargne à l'auteur d'un avis malheureux, non seulement les pénalités, mais le déshonneur. 6 C'est le meilleur moyen d'éviter qu'un orateur qui réussit, avide d'être placé encore plus haut, trahisse sa pensée pour complaire, et qu'un orateur malheureux vise par le même procédé, en usant lui aussi de complaisance, à séduire le peuple[21].

XLIII. « Notre conduite à nous est tout à l'opposé, et qui plus est, si un orateur est seulement soupçonné de chercher un gain alors même qu'il donne les meilleurs avis, la seule suggestion de ce gain nous fait, par jalousie, priver la cité d'un avantage manifeste. 2 C'est une chose établie, que les bons conseils, énoncés sans détour, n'éveillent pas moins de soupçons que les mauvais, au point qu'on doit semblablement, pour persuader les pires idées, séduire le peuple par artifice et, quand on le conseille mieux, lui inspirer confiance en mentant. 3 En somme, il n'y a que la cité, à cause de ces subtilités, qu'on ne puisse servir dans la clarté et sans artifice ; qui lui offre clairement un avantage s'attire en échange le soupçon de viser un profit à venir par quelque voie obscure. 4 Ce qu'il faut, c'est admettre, même dans ces conditions, que pour vous parler des plus grands intérêts, nos prévisions vont plus loin que vos regards limités, d'autant que nous sommes des

γου σκοπούντων, ἄλλως τε καὶ ὑπεύθυνον τὴν παραίνεσιν
ἔχοντας πρὸς ἀνεύθυνον τὴν ὑμετέραν ἀκρόασιν. 5 Εἰ γὰρ
ὅ τε πείσας καὶ ὁ ἐπισπόμενος ὁμοίως ἐβλάπτοντο, σωφρονέστερον ἂν ἐκρίνετε· νῦν δὲ πρὸς ὀργὴν ἥντινα τύχητε
ἔστιν ὅτε σφαλέντες τὴν τοῦ πείσαντος μίαν γνώμην ζη-
μιοῦτε καὶ οὐ τὰς ὑμετέρας αὐτῶν, εἰ πολλαὶ οὖσαι ξυν-
εξήμαρτον.

XLIV. « Ἐγὼ δὲ παρῆλθον οὔτε ἀντερῶν περὶ Μυτιληναίων οὔτε κατηγορήσων. Οὐ γὰρ περὶ τῆς ἐκείνων ἀδικίας
ἡμῖν ὁ ἀγών, εἰ σωφρονοῦμεν, ἀλλὰ περὶ τῆς ἡμετέρας
εὐβουλίας. 2 Ἤν τε γὰρ ἀποφήνω πάνυ ἀδικοῦντας αὐτούς, οὐ διὰ τοῦτο καὶ ἀποκτεῖναι κελεύσω, εἰ μὴ ξυμφέρον, ἤν τε καὶ ἔχοντάς τι ξυγγνώμης, εἶεν, εἰ τῇ πόλει μὴ
ἀγαθὸν φαίνοιτο. 3 Νομίζω δὲ περὶ τοῦ μέλλοντος ἡμᾶς
μᾶλλον βουλεύεσθαι ἢ τοῦ παρόντος. Καὶ τοῦτο ὃ μάλιστα
Κλέων ἰσχυρίζεται, ἐς τὸ λοιπὸν ξυμφέρον ἔσεσθαι πρὸς
τὸ ἧσσον ἀφίστασθαι θάνατον ζημίαν προθεῖσι, καὶ αὐτὸς
περὶ τοῦ ἐς τὸ μέλλον καλῶς ἔχοντος ἀντισχυριζόμενος
τἀναντία γιγνώσκω. 4 Καὶ οὐκ ἀξιῶ ὑμᾶς τῷ εὐπρεπεῖ
τοῦ ἐκείνου λόγου τὸ χρήσιμον τοῦ ἐμοῦ ἀπώσασθαι. Δι-
καιότερος γὰρ ὢν αὐτοῦ ὁ λόγος πρὸς τὴν νῦν ὑμετέραν
ὀργὴν ἐς Μυτιληναίους τάχ' ἂν ἐπισπάσαιτο· ἡμεῖς δὲ οὐ
δικαζόμεθα πρὸς αὐτούς, ὥστε τῶν δικαίων δεῖν, ἀλλὰ βου-
λευόμεθα περὶ αὐτῶν, ὅπως χρησίμως ἔξουσιν.

XLV. « Ἐν οὖν ταῖς πόλεσι πολλῶν θανάτου ζημίαι
πρόκεινται, καὶ οὐκ ἴσων τῷδε, ἀλλ' ἐλασσόνων ἁμαρτη-
μάτων· ὅμως δὲ τῇ ἐλπίδι ἐπαιρόμενοι κινδυνεύουσι, καὶ
οὐδείς πω καταγνοὺς ἑαυτοῦ μὴ περιέσεσθαι τῷ ἐπιβου-
λεύματι ἦλθεν ἐς τὸ δεινόν. 2 Πόλις τε ἀφισταμένη τίς
πω ἥσσω τῇ δοκήσει ἔχουσα τὴν παρασκευὴν ἢ οἰκείαν ἢ

___

22. Les orateurs, à la différence des magistrats, n'étaient pas tenus
de rendre des comptes. Mais ils pouvaient faire l'objet d'une procédure
judiciaire qui relevait de deux actions : l'action en illégalité (graphè para-
nomôn) et l'action pour atteinte aux intérêts de la cité (eisangelie).

conseillers responsables et vous un auditoire sans responsabilité[22]. 5 Si l'orateur qui se fait écouter et ceux qui
le suivent s'exposaient aux mêmes dommages, vos décisions seraient plus raisonnables ; mais on vous voit parfois,
cédant au premier mouvement de colère, en cas d'échec,
punir tout seul pour son avis celui que vous avez écouté,
sans vous punir vous-mêmes, qui vous êtes associés nombreux à cette erreur.

XLIV. « Pour ma part, je ne viens ni porter la contra-
diction au sujet des Mytiléniens, ni les accuser. Nous ne
discutons pas de leur culpabilité, si nous sommes raisonnables, mais de la prudence de nos résolutions. 2 Je peux
démontrer qu'ils sont pleinement coupables sans réclamer pourtant leur mort, si tel n'est pas notre intérêt ; je
peux même leur reconnaître un droit à l'indulgence : tant
pis, si tel ne paraissait pas le bien de la cité. 3 Je pense
que nous délibérons sur le futur plutôt que sur le présent.
Et contre cette idée que Cléon soutient si fort, que notre
intérêt à l'avenir sera d'avoir prévu la peine de mort pour
diminuer les défections, considérant moi aussi notre bien
futur, je soutiens l'avis contraire. 4 Et je demande que le
caractère spécieux de ses paroles ne vous fasse pas refuser
ce que les miennes ont d'utile. Plus fondées en justice, les
siennes peuvent vous attirer, dans la colère où vous êtes
contre les Mytiléniens ; mais nous ne plaidons pas contre
eux, et n'avons que faire d'arguments de droit : nous délibérons sur eux, voulant qu'ils nous soient utiles.

XLV. « Dans nos cités, la peine de mort attend bien
des fautes qui n'égalent pas celle-ci, il s'en faut ; l'espoir
pourtant entraîne à affronter ce risque, et nul n'a jamais
marché au danger, qui se jugeât condamné à ne pas l'emporter dans ce qu'il tramait. 2 S'agissant de cités, laquelle,
faisant défection, a jamais eu, à son idée, des moyens trop

ἄλλων ξυμμαχίᾳ τούτῳ ἐπεχείρησεν; 3 Πεφύκασί τε
ἅπαντες καὶ ἰδίᾳ καὶ δημοσίᾳ ἁμαρτάνειν, καὶ οὐκ ἔστι
νόμος ὅστις ἀπείρξει τούτου, ἐπεὶ διεξεληλύθασί γε διὰ
πασῶν τῶν ζημιῶν οἱ ἄνθρωποι προστιθέντες, εἴ πως ἧσσον
ἀδικοῖντο ὑπὸ τῶν κακούργων. Καὶ εἰκὸς τὸ πάλαι τῶν
μεγίστων ἀδικημάτων μαλακωτέρας κεῖσθαι αὐτάς, παρα-
βαινομένων δὲ τῷ χρόνῳ ἐς τὸν θάνατον αἱ πολλαὶ ἀνή-
κουσιν· καὶ τοῦτο ὅμως παραβαίνεται. 4 Ἥ τοίνυν δεινότερόν τι τούτου δέος εὑρετέον ἐστὶν ἢ τόδε γε οὐδὲν ἐπί-
σχει, ἀλλ' ἡ μὲν πενία ἀνάγκῃ τὴν τόλμαν παρέχουσα, ἡ
δ' ἐξουσία ὕβρει τὴν πλεονεξίαν καὶ φρονήματι, αἱ δ' ἄλλαι ξυντυχίαι ὀργῇ τῶν ἀνθρώπων ὡς ἑκάστη τις κατέχεται
ὑπ' ἀνηκέστου τινὸς κρείσσονος ἐξάγουσιν ἐς τοὺς κινδύνους. 5 Ἥ τε ἐλπὶς καὶ ὁ ἔρως ἐπὶ παντί, ὁ μὲν ἡγούμενος, ἡ δ' ἐφεπομένη, καὶ ὁ μὲν τὴν ἐπιβουλὴν ἐκφρον-
τίζων, ἡ δὲ τὴν εὐπορίαν τῆς τύχης ὑποτιθεῖσα, πλεῖστα
βλάπτουσι, καὶ ὄντα ἀφανῆ κρείσσω ἐστὶ τῶν ὁρωμένων
δεινῶν. 6 Καὶ ἡ τύχη ἐπ' αὐτοῖς οὐδὲν ἔλασσον ξυμ-
βάλλεται ἐς τὸ ἐπαίρειν· ἀδοκήτως γὰρ ἔστιν ὅτε παρι-
σταμένη καὶ ἐκ τῶν ὑποδεεστέρων κινδυνεύειν τινὰ προάγει,
καὶ οὐχ ἧσσον τὰς πόλεις, ὅσῳ περὶ τῶν μεγίστων τε,
ἐλευθερίας ἢ ἄλλων ἀρχῆς, καὶ μετὰ πάντων ἕκαστος ἀλο-
γίστως ἐπὶ πλέον τι αὐτὸν ἐδόξασεν. 7 Ἁπλῶς τε ἀδύνατον καὶ πολλῆς εὐηθείας, ὅστις οἴεται τῆς ἀνθρωπείας
φύσεως ὁρμωμένης προθύμως τι πρᾶξαι ἀποτροπήν τινα
ἔχειν ἢ νόμων ἰσχύι ἢ ἄλλῳ τῳ δεινῷ.

XLVI. « Οὔκουν χρὴ οὔτε τοῦ θανάτου τῇ ζημίᾳ ὡς
ἐχεγγύῳ πιστεύσαντας χεῖρον βουλεύσασθαι οὔτε ἀνέλπιστον καταστῆσαι τοῖς ἀποστᾶσιν ὡς οὐκ ἔσται μεταγνώ-

faibles, soit par elle-même soit grâce à ses alliances, quand elle a tenté l'entreprise ? 3 La nature veut que tous, particuliers et États, commettent des fautes, et il n'est pas de loi qui l'empêchera, puisqu'on a parcouru l'échelle des peines en les aggravant, pour avoir moins à souffrir si possible des criminels. Il est vraisemblable qu'autrefois, pour les plus grands crimes, elles étaient prévues plus douces, mais comme on les bravait, avec le temps, la plupart ont abouti à la peine de mort ; et ce risque même est bravé. 4 Par conséquent, ou bien il faut trouver une menace plus redoutable encore, ou bien celle-ci, en tout cas, n'arrête rien : la pauvreté qui, par la nécessité, inspire l'audace, la grandeur qui rend insatiable par démesure et par orgueil, les diverses conjonctures qui interviennent par l'effet des passions humaines, en étant régies chaque fois par quelque force irrépressible, tout pousse au risque. 5 Brochant sur le tout, le désir et l'espérance, l'un ouvrant la route et l'autre suivant, l'un imaginant l'affaire tandis que l'autre promet tout bas la faveur du sort, causent les plus grands dommages et, dans leur action cachée, sont plus forts que les dangers visibles. 6 Le hasard, qui s'y ajoute, ne contribue pas moins à l'entraînement : comme il donne parfois son appui contre toute attente, il incite les gens à se risquer même avec des moyens inférieurs, surtout s'il s'agit d'une cité, dans la mesure où sont alors en jeu les plus grands intérêts – la liberté et l'empire – et où, uni à la communauté, chacun se surestime follement. 7 Bref, il est impossible – et bien naïf qui se l'imagine – que la nature humaine, quand elle tend ardemment vers une action, en soit détournée par la force des lois ou quelque autre menace.

XLVI. « Il ne faut donc ni nous fier aux garanties qu'offrirait la peine de mort, pour prendre une décision néfaste, ni ôter aux rebelles tout espoir de pouvoir revenir et effacer

ναι καὶ ὅτι ἐν βραχυτάτῳ τὴν ἁμαρτίαν καταλῦσαι.
2 Σκέψασθε γὰρ ὅτι νῦν μέν, ἥν τις καὶ ἀποστᾶσα πόλις
γνῷ μὴ περιεσομένη, ἔλθοι ἂν ἐς ξύμβασιν δυνατὴ οὖσα
ἔτι τὴν δαπάνην ἀποδοῦναι καὶ τὸ λοιπὸν ὑποτελεῖν· ἐκεί-
νως δὲ τίνα οἴεσθε ἥντινα οὐκ ἄμεινον μὲν ἢ νῦν παρα-
σκευάσεσθαι, πολιορκίᾳ τε παρατενεῖσθαι ἐς τοὔσχατον, εἰ
τὸ αὐτὸ δύναται σχολῇ καὶ ταχὺ ξυμβῆναι; 3 Ἡμῖν τε
πῶς οὐ βλάβη δαπανᾶν καθημένοις διὰ τὸ ἀξύμβατον καί,
ἢν ἕλωμεν, πόλιν ἐφθαρμένην παραλαβεῖν καὶ τῆς προσόδου τὸ λοιπὸν ἀπ' αὐτῆς στέρεσθαι; ἰσχύομεν δὲ πρὸς
τοὺς πολεμίους τῷδε. 4 Ὥστε οὐ δικαστὰς ὄντας δεῖ
ἡμᾶς μᾶλλον τῶν ἐξαμαρτανόντων ἀκριβεῖς βλάπτεσθαι ἢ
ὁρᾶν ὅπως ἐς τὸν ἔπειτα χρόνον μετρίως κολάζοντες ταῖς
πόλεσιν ἕξομεν ἐς χρημάτων λόγον ἰσχυούσαις χρῆσθαι,
καὶ τὴν φυλακὴν μὴ ἀπὸ τῶν νόμων τῆς δεινότητος ἀξιοῦν
ποιεῖσθαι, ἀλλ' ἀπὸ τῶν ἔργων τῆς ἐπιμελείας. 5 Οἳ νῦν
τοὐναντίον δρῶντες, ἥν τινα ἐλεύθερον καὶ βίᾳ ἀρχόμενον
εἰκότως πρὸς αὐτονομίαν ἀποστάντα χειρωσώμεθα, χαλεπῶς οἰόμεθα χρῆναι τιμωρεῖσθαι. 6 Χρὴ δὲ τοὺς ἐλευθέρους οὐκ ἀφισταμένους σφόδρα κολάζειν, ἀλλὰ πρὶν
ἀποστῆναι σφόδρα φυλάσσειν καὶ προκαταλαμβάνειν ὅπως
μηδ' ἐς ἐπίνοιαν τούτου ἴωσι, κρατήσαντάς τε ὅτι ἐπ' ἐλάχιστον τὴν αἰτίαν ἐπιφέρειν.

XLVII. « Ὑμεῖς δὲ σκέψασθε ὅσον ἂν καὶ τοῦτο ἁμαρ-
τάνοιτε Κλέωνι πειθόμενοι. 2 Νῦν μὲν γὰρ ὑμῖν ὁ δῆμος
ἐν πάσαις ταῖς πόλεσιν εὔνους ἐστί, καὶ ἢ οὐ ξυναφίστα-
ται τοῖς ὀλίγοις ἤ, ἐὰν βιασθῇ, ὑπάρχει τοῖς ἀποστήσασι

leur faute dans le moindre délai. 2 Songez en effet qu'actuellement, une cité a beau s'être révoltée, quand elle voit qu'elle ne l'emportera pas, elle en viendra peut-être à un accord, alors qu'elle peut encore nous indemniser et verser désormais le tribut ; mais avec l'autre système, quelle cité, dites-moi, ne se préparera mieux qu'à l'heure actuelle et ne soutiendra un siège jusqu'à la dernière limite, si un accord tardif ou rapide a le même résultat ? 3 Et nous, comment n'y perdrions-nous pas, quand nous serions là à faire des frais, faute d'arriver à un accord, et qu'en cas de victoire nous récupérerions une ville ruinée, privés désormais du tribut que nous en tirions ? Or notre force vis-à-vis de nos ennemis vient de lui. 4 En conséquence, au lieu de subir des pertes en nous faisant les juges stricts des fautes que l'on commet, nous devons chercher, par un châtiment modéré, à disposer à l'avenir de cités fortes sous le rapport de l'argent, et au lieu d'assurer la garde par la rigueur des lois, nous devons le faire par la vigilance des actes. 5 Actuellement, par une conduite tout opposée, quand un pays libre, soumis de force à notre empire, a comme il est normal cherché son indépendance dans la défection, si nous le soumettons, nous croyons nécessaire de le châtier sévèrement. 6 Or ce qu'il faut, ce n'est pas frapper rigoureusement les peuples libres au moment où ils font défection, c'est, avant la défection, monter une garde rigoureuse et prendre toutes mesures pour que l'idée même ne leur en vienne pas ; sinon, il faut, après les avoir vaincus, réduire au minimum le champ des responsabilités.

XLVII. « Songez pour votre part quelle erreur ce serait, sur ce point aussi, d'écouter Cléon. 2 Actuellement, le peuple de toutes les cités vous est favorable et ne participe pas aux défections de l'aristocratie, ou bien, s'il y est contraint, s'avère aussitôt l'ennemi des auteurs de la défection, de

πολέμιος εὐθύς, καὶ τῆς ἀντικαθισταμένης πόλεως τὸ πλῆθος ξύμμαχον ἔχοντες ἐς πόλεμον ἐπέρχεσθε. 3 Εἰ δὲ διαφθερεῖτε τὸν δῆμον τὸν Μυτιληναίων, ὃς οὔτε μετέσχε τῆς ἀποστάσεως, ἐπειδή τε ὅπλων ἐκράτησεν, ἑκὼν παρέδωκε τὴν πόλιν, πρῶτον μὲν ἀδικήσετε τοὺς εὐεργέτας κτείνοντες, ἔπειτα καταστήσετε τοῖς δυνατοῖς τῶν ἀνθρώπων ὃ βούλονται μάλιστα· ἀφιστάντες γὰρ τὰς πόλεις τὸν δῆμον εὐθὺς ξύμμαχον ἕξουσι, προδειξάντων ὑμῶν τὴν αὐτὴν ζημίαν τοῖς τε ἀδικοῦσιν ὁμοίως κεῖσθαι καὶ τοῖς μή. 4 Δεῖ δέ, καὶ εἰ ἠδίκησαν, μὴ προσποιεῖσθαι, ὅπως ὃ μόνον ἡμῖν ἔτι ξύμμαχόν ἐστι μὴ πολέμιον γένηται. 5 Καὶ τοῦτο πολλῷ ξυμφορώτερον ἡγοῦμαι ἐς τὴν κάθεξιν τῆς ἀρχῆς, ἑκόντας ἡμᾶς ἀδικηθῆναι ἢ δικαίως οὓς μὴ δεῖ διαφθεῖραι· καὶ τὸ Κλέωνος τὸ αὐτὸ δίκαιον καὶ ξύμφορον τῆς τιμωρίας οὐχ εὑρίσκεται ἐν αὐτῷ δυνατὸν ὂν ἅμα γίγνεσθαι.

XLVIII. « Ὑμεῖς δὲ γνόντες ἀμείνω τάδε εἶναι καὶ μήτε οἴκτῳ πλέον νείμαντες μήτ' ἐπιεικείᾳ, οἷς οὐδὲ ἐγὼ ἐῶ προσάγεσθαι, ἀπ' αὐτῶν δὲ τῶν παραινουμένων πείθεσθέ μοι Μυτιληναίων οὓς μὲν Πάχης ἀπέπεμψεν ὡς ἀδικοῦντας κρῖναι καθ' ἡσυχίαν, τοὺς δ' ἄλλους ἐᾶν οἰκεῖν. 2 Τάδε γὰρ ἔς τε τὸ μέλλον ἀγαθὰ καὶ τοῖς πολεμίοις ἤδη φοβερά· ὅστις γὰρ εὖ βουλεύεται πρὸς τοὺς ἐναντίους κρείσσων ἐστὶν ἢ μετ' ἔργων ἰσχύος ἀνοίᾳ ἐπιών. »

XLIX. Τοιαῦτα δὲ ὁ Διόδοτος εἶπεν. Ῥηθεισῶν δὲ τῶν γνωμῶν τούτων μάλιστα ἀντιπάλων πρὸς ἀλλήλας οἱ Ἀθηναῖοι ἦλθον μὲν ἐς ἀγῶνα ὅμως τῆς δόξης καὶ ἐγένοντο ἐν τῇ χειροτονίᾳ ἀγχώμαλοι, ἐκράτησε δὲ ἡ τοῦ Διοδότου.

23. On retrouve de nouveau l'idée que partout les masses sont favorables aux démocrates athéniens, ce qui donne à la guerre une dimension politique.

24. Ce vote acquis à une faible majorité dans une assemblée qui réunissait plusieurs milliers de personnes ne laisse pas de poser un problème quant au mode de comptage des voix exprimées à mains levées.

sorte que vous entrez en guerre avec l'alliance de la masse dans la cité qui s'oppose à vous[23]. 3 Si vous anéantissez le peuple de Mytilène, qui n'a pas participé à la défection et qui même, quand il a disposé d'armes, vous a remis la ville spontanément, d'abord vous commettrez le crime de tuer vos bienfaiteurs, et ensuite vous réaliserez le désir le plus cher des notables : dans les défections qu'ils provoqueront, ils auront aussitôt l'alliance du peuple, puisque vous aurez d'avance montré que le même châtiment attend semblablement les coupables et les autres. 4 Nous devons au contraire, même s'ils sont coupables, feindre de l'ignorer, afin de ne pas encourir l'hostilité du seul élément qui reste notre allié. 5 Voilà qui est à mon sens beaucoup plus utile au maintien de notre empire : subir de plein gré l'injustice, plutôt que d'anéantir justement ceux qu'il faut épargner. Et la formule de Cléon, faisant coïncider la justice et l'utilité du châtiment, ne se révèle pas ici comme une identification possible.

XLVIII. « Comprenant pour votre part que ceci vaut mieux, et sans trop accorder à la pitié ni à la clémence dont je dénonce, moi aussi, les séductions, tenez-vous-en à mes conseils et croyez-moi : ceux des Mytiléniens que Pachès vous a envoyés comme coupables, jugez-les de sang-froid ; les autres, laissez-les chez eux. 2 Cela est aussi profitable pour l'avenir que d'ores et déjà redoutable à nos ennemis ; car des résolutions prudentes sont plus puissantes, contre un adversaire, que la force des actes dans une opération déraisonnable. »

XLIX. Tel fut en substance le discours de Diodote. Après l'exposé de ces deux avis se contrebalançant si bien l'un l'autre, les Athéniens en vinrent, au total, à un conflit d'opinions et se divisèrent presque également dans le vote, mais l'avis de Diodote l'emporta[24].

2 Καὶ τριήρη εὐθὺς ἄλλην ἀπέστελλον κατὰ σπουδήν, ὅπως μὴ φθασάσης τῆς προτέρας εὕρωσι διεφθαρμένην τὴν πόλιν· προεῖχε δὲ ἡμέρᾳ καὶ νυκτὶ μάλιστα. 3 Παρασκευασάντων δὲ τῶν Μυτιληναίων πρέσβεων τῇ νηὶ οἶνον καὶ ἄλφιτα καὶ μεγάλα ὑποσχομένων, εἰ φθάσειαν, ἐγένετο σπουδὴ τοῦ πλοῦ τοιαύτη ὥστε ἤσθιόν τε ἅμα ἐλαύνοντες οἴνῳ καὶ ἐλαίῳ ἄλφιτα πεφυρμένα, καὶ οἱ μὲν ὕπνον ᾑροῦντο κατὰ μέρος, οἱ δὲ ἤλαυνον. 4 Κατὰ τύχην δὲ πνεύματος οὐδενὸς ἐναντιωθέντος καὶ τῆς μὲν προτέρας νεὼς οὐ σπουδῇ πλεούσης ἐπὶ πρᾶγμα ἀλλόκοτον, ταύτης δὲ τοιούτῳ τρόπῳ ἐπειγομένης, ἡ μὲν ἔφθασε τοσοῦτον ὅσον Πάχητα ἀνεγνωκέναι τὸ ψήφισμα καὶ μέλλειν δράσειν τὰ δεδογμένα, ἡ δ᾽ ὑστέρα αὐτῆς ἐπικατάγεται καὶ διεκώλυσε μὴ διαφθεῖραι. Παρὰ τοσοῦτον μὲν ἡ Μυτιλήνη ἦλθε κινδύνου. L. Τοὺς δ᾽ ἄλλους ἄνδρας οὓς ὁ Πάχης ἀπέπεμψεν ὡς αἰτιωτάτους ὄντας τῆς ἀποστάσεως Κλέωνος γνώμῃ διέφθειραν οἱ Ἀθηναῖοι (ἦσαν δὲ ὀλίγῳ πλείους χιλίων), καὶ Μυτιληναίων τείχη καθεῖλον καὶ ναῦς παρέλαβον. 2 Ὕστερον δὲ φόρον μὲν οὐκ ἔταξαν Λεσβίοις, κλήρους δὲ ποιήσαντες τῆς γῆς πλὴν τῆς Μηθυμναίων τρισχιλίους τριακοσίους μὲν τοῖς θεοῖς ἱεροὺς ἐξεῖλον, ἐπὶ δὲ τοὺς ἄλλους σφῶν αὐτῶν κληρούχους τοὺς λαχόντας ἀπέπεμψαν· οἷς ἀργύριον Λέσβιοι ταξάμενοι τοῦ κλήρου ἑκάστου τοῦ ἐνιαυτοῦ δύο μνᾶς φέρειν αὐτοὶ εἰργάζοντο τὴν γῆν. 3 Παρέλαβον δὲ καὶ τὰ ἐν τῇ ἠπείρῳ πολίσματα οἱ Ἀθηναῖοι ὅσων Μυτιληναῖοι ἐκράτουν, καὶ ὑπήκουον ὕστερον Ἀθηναίων. Τὰ μὲν κατὰ Λέσβον οὕτως ἐγένετο.

25. Ce système des clérouquies, colonies de soldats chargés d'assurer le contrôle d'une cité revenue après défection au sein de l'alliance, avait déjà été expérimenté par les Athéniens. Le revenu annuel de deux cents drachmes versé à ces soldats leur assurait le cens de la troisième classe, celle des zeugites, parmi lesquels se recrutaient les hoplites.

2 Aussitôt, ils envoyèrent une autre trière, en hâte, craignant de trouver la cité anéantie si la précédente arrivait d'abord : elle avait environ un jour et une nuit d'avance. 3 Comme les députés de Mytilène avaient fait préparer pour l'équipage du vin et de la farine d'orge, promettant une forte récompense s'il arrivait d'abord, le trajet se fit en hâte, au point que les hommes mangeaient en ramant de la farine pétrie de vin et d'huile, et prenaient du sommeil à tour de rôle, tandis que les autres continuaient à ramer. 4 Comme, par chance, il n'y eut pas de vent contraire et que le premier bateau allait sans hâte vers une mission si exceptionnelle, alors que celui-ci forçait l'allure de cette façon, à l'arrivée l'avance du premier avait tout juste laissé Pachès lire le décret et s'apprêter à l'exécuter, quand l'autre ensuite aborda et empêcha la mise à mort. C'est dire combien Mytilène avait connu de près le danger. L. Mais les autres Mytiléniens que Pachès avait envoyés comme principaux coupables de la défection furent mis à mort par les Athéniens selon l'avis de Cléon (ils étaient un peu plus de mille) ; les Athéniens abattirent les murs de Mytilène et s'emparèrent de ses navires. 2 Par la suite, au lieu d'imposer un tribut à Lesbos, ils en divisèrent le territoire, sauf celui de Méthymna, en trois mille lots où, à la réserve de trois cents lots consacrés aux dieux, ils envoyèrent comme clérouques des citoyens tirés au sort ; mais en s'engageant à verser à ceux-ci une somme de deux mines par lot annuellement, les Lesbiens continuèrent à travailler eux-mêmes leur sol[25]. 3 Les Athéniens s'emparèrent aussi de toutes les positions que les Mytiléniens tenaient sur le continent ; elles furent désormais soumises à Athènes. Ainsi se passa l'affaire de Lesbos.

LI. Ἐν δὲ τῷ αὐτῷ θέρει μετὰ τὴν Λέσβου ἅλωσιν Ἀθη
ναῖοι Νικίου τοῦ Νικηράτου στρατηγοῦντος ἐστράτευσαν
ἐπὶ Μινῴαν τὴν νῆσον, ἣ κεῖται πρὸ Μεγάρων, ἐχρῶντο δὲ
αὐτῇ πύργον ἐνοικοδομήσαντες οἱ Μεγαρῆς φρουρίῳ.
2 Ἐβούλετο δὲ Νικίας τὴν φυλακὴν αὐτόθεν δι' ἐλάσσο
νος τοῖς Ἀθηναίοις καὶ μὴ ἀπὸ τοῦ Βουδόρου καὶ τῆς Σα
λαμῖνος εἶναι, τούς τε Πελοποννησίους, ὅπως μὴ ποιῶνται
ἔκπλους αὐτόθεν λανθάνοντες τριήρων τε, οἷον καὶ τὸ πρὶν
γενόμενον, καὶ λῃστῶν ἐκπομπαῖς, τοῖς τε Μεγαρεῦσιν ἅμα
μηδὲν ἐσπλεῖν. 3 Ἑλὼν οὖν ἀπὸ τῆς Νισαίας πρῶτον
δύο πύργω προύχοντε μηχαναῖς ἐκ θαλάσσης καὶ τὸν
ἔσπλουν ἐς τὸ μεταξὺ τῆς νήσου ἐλευθερώσας ἀπετείχιζε
καὶ τὸ ἐκ τῆς ἠπείρου, ᾗ κατὰ γέφυραν διὰ τενάγους ἐπι
βοήθεια ἦν τῇ νήσῳ οὐ πολὺ διεχούσῃ τῆς ἠπείρου.
4 Ὡς δὲ τοῦτο ἐξειργάσαντο ἐν ἡμέραις ὀλίγαις, ὕστερον
δὴ καὶ ἐν τῇ νήσῳ τεῖχος ἐγκαταλιπὼν καὶ φρουρὰν ἀνε
χώρησε τῷ στρατῷ.

LII. Ὑπὸ δὲ τοὺς αὐτοὺς χρόνους τοῦ θέρους τούτου
καὶ οἱ Πλαταιῆς οὐκέτι ἔχοντες σῖτον οὐδὲ δυνάμενοι πο
λιορκεῖσθαι ξυνέβησαν τοῖς Πελοποννησίοις τοιῷδε τρόπῳ.
2 Προσέβαλλον αὐτῶν τῷ τείχει, οἱ δὲ οὐκ ἐδύναντο ἀμύ
νεσθαι. Γνοὺς δὲ ὁ Λακεδαιμόνιος ἄρχων τὴν ἀσθένειαν
αὐτῶν βίᾳ μὲν οὐκ ἐβούλετο ἑλεῖν (εἰρημένον γὰρ ἦν αὐτῷ
ἐκ Λακεδαίμονος, ὅπως, εἰ σπονδαὶ γίγνοιντό ποτε πρὸς
Ἀθηναίους καὶ ξυγχωροῖεν ὅσα πολέμῳ χωρία ἔχουσιν
ἑκάτεροι ἀποδίδοσθαι, μὴ ἀνάδοτος εἴη ἡ Πλάταια ὡς αὐ
τῶν ἑκόντων προσχωρησάντων), προσπέμπει δὲ αὐτοῖς

26. C'est la première mention dans le récit de Thucydide de Nicias,
qui allait jouer un rôle de premier plan durant les années suivantes jusqu'à
sa mort en Sicile en 413.

LI. Le même été, après la prise de Lesbos, les Athéniens commandés par le stratège Nicias, fils de Nicératos[26], attaquèrent l'île de Minôa, qui est située devant Mégare, et que les Mégariens utilisaient comme poste de garde après y avoir construit une tour. 2 Nicias voulait que la surveillance athénienne s'exerçât de là, à plus courte distance, non de Boudoron et Salamine : en ce qui concerne les Péloponnésiens, cela devait les empêcher de faire de là à la dérobée des sorties en mer, en envoyant des navires de guerre, comme déjà par le passé, et des pirates ; en même temps, en ce qui concerne les Mégariens, tout arrivage leur serait supprimé. 3 Aussi, après avoir commencé par prendre avec des machines, depuis la mer, deux tours en surplomb sur la côte de Nisée, libérant ainsi le détroit, alors il isola par un mur la partie où, de la côte, un pont sur des eaux peu profondes permettait d'envoyer des secours dans l'île, peu éloignée de la côte. 4 Cela fut exécuté en quelques jours : plus tard, laissant aussi dans l'île un fort avec une garnison, il ramena ses troupes.

### La chute de Platée

LII. Vers la même époque de cet été, on vit encore les Platéens, à bout de vivres et incapables de soutenir le siège, traiter avec les Péloponnésiens de la façon que voici. 2 Leur rempart subissait des assauts qu'ils étaient incapables de repousser. Le commandant lacédémonien, bien qu'il se rendît compte de leur épuisement, ne voulait pas prendre la ville de force (c'était un ordre de Lacédémone : si jamais une trêve était conclue avec Athènes et si l'on convenait que les deux camps restitueraient les positions conquises à la guerre, Sparte n'aurait pas à rendre Platée, censée être passée librement de son côté). Il envoya un héraut

κήρυκα λέγοντα, εἰ βούλονται παραδοῦναι τὴν πόλιν
ἑκόντες τοῖς Λακεδαιμονίοις καὶ δικασταῖς ἐκείνοις χρήσασθαι, τούς τε ἀδίκους κολάζειν, παρὰ δίκην δὲ οὐδένα.
3 Τοσαῦτα μὲν ὁ κῆρυξ εἶπεν· οἱ δέ (ἦσαν γὰρ ἤδη ἐν τῷ
ἀσθενεστάτῳ) παρέδοσαν τὴν πόλιν. Καὶ τοὺς Πλαταιᾶς
ἔτρεφον οἱ Πελοποννήσιοι ἡμέρας τινάς, ἐν ὅσῳ οἱ ἐκ τῆς
Λακεδαίμονος δικασταὶ πέντε ἄνδρες ἀφίκοντο. 4 Ἐλθόντων δὲ αὐτῶν κατηγορία μὲν οὐδεμία προυτέθη, ἠρώ-
των δὲ αὐτοὺς ἐπικαλεσάμενοι τοσοῦτον μόνον, εἴ τι Λακεδαιμονίους καὶ τοὺς ξυμμάχους ἐν τῷ πολέμῳ τῷ καθεσ-
τῶτι ἀγαθόν [τι] εἰργασμένοι εἰσίν. 5 Οἱ δ᾽ ἔλεγον αἰτη-
σάμενοι μακρότερα εἰπεῖν καὶ προτάξαντες σφῶν αὐτῶν
Ἀστύμαχόν τε τὸν Ἀσωπολάου καὶ Λάκωνα τὸν Αἰει-
μνήστου πρόξενον ὄντα Λακεδαιμονίων· καὶ ἐπελθόντες
ἔλεγον τοιάδε.

LIII. « Τὴν μὲν παράδοσιν τῆς πόλεως, ὦ Λακεδαιμόνιοι, πιστεύσαντες ὑμῖν ἐποιησάμεθα, οὐ τοιάνδε δίκην οἰόμενοι ὑφέξειν, νομιμωτέραν δέ τινα ἔσεσθαι, καὶ ἐν δικασταῖς οὐκ ἂν ἄλλοις δεξάμενοι, ὥσπερ καὶ ἐσμέν, γενέσθαι
[ἢ ὑμῖν], ἡγούμενοι τὸ ἴσον μάλιστ᾽ ἂν φέρεσθαι. 2 Νῦν
δὲ φοβούμεθα μὴ ἀμφοτέρων ἅμα ἡμαρτήκαμεν· τόν τε
γὰρ ἀγῶνα περὶ τῶν δεινοτάτων εἶναι εἰκότως ὑποπτεύο-
μεν καὶ ὑμᾶς μὴ οὐ κοινοὶ ἀποβῆτε, τεκμαιρόμενοι προ-
κατηγορίας τε ἡμῶν οὐ προγεγενημένης ᾗ χρὴ ἀντειπεῖν
(ἀλλ᾽ αὐτοὶ λόγον ᾐτησάμεθα) τό τε ἐπερώτημα βραχὺ ὄν,
ᾧ τὰ μὲν ἀληθῆ ἀποκρίνασθαι ἐναντία γίγνεται, τὰ δὲ
ψευδῆ ἔλεγχον ἔχει. 3 Πανταχόθεν δὲ ἄποροι καθεστῶ-
τες ἀναγκαζόμεθα καὶ ἀσφαλέστερον δοκεῖ εἶναι εἰπόντας
τι κινδυνεύειν· καὶ γὰρ ὁ μὴ ῥηθεὶς λόγος τοῖς ὧδ᾽ ἔχουσιν

27. Les Lacédémoniens, se posant en défenseurs de la liberté, soumettent les Platéens à une parodie de procès puisque, de toute manière,
ces derniers sont vaincus et à la merci de leur vainqueur.

leur dire que, s'ils voulaient remettre librement leur ville aux Lacédémoniens et les prendre pour juges, on entendait punir les seuls coupables, et personne au mépris du droit[27]. 3 Sur ces simples mots du héraut, les Platéens, qui étaient au comble de l'épuisement, livrèrent leur ville. Les Péloponnésiens les firent subsister quelques jours, jusqu'à la venue des juges de Lacédémone, au nombre de cinq. 4 Puis, à leur arrivée, aucune accusation ne fut avancée : ayant convoqué les Platéens, ils se bornaient à leur demander s'ils avaient rendu un service à Lacédémone et à ses alliés dans la présente guerre. 5 Les autres ne répondirent qu'après avoir réclamé de s'expliquer davantage et choisi pour porte-parole Astymachos, fils d'Asopolaos, et Lacon, fils d'Aieimnestos, proxène de Lacédémone ; ceux-ci vinrent tenir en substance le discours suivant :

LIII. « Si nous vous avons livré notre ville, Lacédémoniens, c'est que nous nous sommes fiés à vous, parce que nous ne pensions pas subir un jugement pareil, mais un jugement plus régulier ; et c'est que nous n'aurions pas voulu d'autres juges que vous – devant qui nous sommes en effet – parce que nous en attendions le plus d'équité. 2 Mais à présent, nous craignons d'avoir manqué à la fois ces deux buts ; nous avons de bonnes raisons de soupçonner et que ce procès porte sur l'enjeu le plus redoutable et que nous ne vous trouverons pas impartiaux, à en croire deux indices : il n'y a pas d'abord d'accusation préalable, exigeant une réplique (c'est nous qui avons réclamé la parole), et brève est votre question, qui fait qu'une réponse sincère se tourne contre nous tandis que le mensonge prête à réfutation. 3 Privés de tout recours, nous voici contraints, et cela nous semble le plus sûr, à ne pas nous exposer sans avoir rien dit ; car au point où nous sommes, les mots qu'on ne dit pas suscitent le reproche qu'ils auraient tout sauvé si

αἰτίαν ἂν παράσχοι ὡς, εἰ ἐλέχθη, σωτήριος ἂν ἦν. 4 Χαλεπῶς δὲ ἔχει ἡμῖν πρὸς τοῖς ἄλλοις καὶ ἡ πειθώ. Ἀγνῶτες
μὲν γὰρ ὄντες ἀλλήλων ἐπεσενεγκάμενοι μαρτύρια ὧν
ἄπειροι ἦτε ὠφελούμεθ' ἄν· νῦν δὲ πρὸς εἰδότας πάντα
λελέξεται, καὶ δέδιμεν οὐχὶ μὴ προκαταγνόντες ἡμῶν τὰς
ἀρετὰς ἥσσους εἶναι τῶν ὑμετέρων ἔγκλημα αὐτὸ ποιῆτε,
ἀλλὰ μὴ ἄλλοις χάριν φέροντες ἐπὶ διεγνωσμένην κρίσιν
καθιστώμεθα. LIV. Παρεχόμενοι δὲ ὅμως ἃ ἔχομεν δίκαια πρός τε τὰ Θηβαίων διάφορα καὶ ἐς ὑμᾶς καὶ τοὺς
ἄλλους Ἕλληνας, τῶν εὖ δεδραμένων ὑπόμνησιν ποιησόμεθα καὶ πείθειν πειρασόμεθα.

2 « Φαμὲν γὰρ πρὸς τὸ ἐρώτημα τὸ βραχύ, εἴ τι Λακεδαιμονίους καὶ τοὺς ξυμμάχους ἐν τῷ πολέμῳ τῷδε ἀγαθὸν πεποιήκαμεν, εἰ μὲν ὡς πολεμίους ἐρωτᾶτε, οὐκ ἀδικεῖσθαι ὑμᾶς μὴ εὖ παθόντας, φίλους δὲ νομίζοντας αὐτοὺς
ἁμαρτάνειν μᾶλλον τοὺς ἡμῖν ἐπιστρατεύσαντας. 3 Τὰ
δ' ἐν τῇ εἰρήνῃ καὶ πρὸς τὸν Μῆδον ἀγαθοὶ γεγενήμεθα,
τὴν μὲν οὐ λύσαντες νῦν πρότεροι, τῷ δὲ ξυνεπιθέμενοι
τότε ἐς ἐλευθερίαν τῆς Ἑλλάδος μόνοι Βοιωτῶν. 4 Καὶ
γὰρ ἠπειρῶταί τε ὄντες ἐναυμαχήσαμεν ἐπ' Ἀρτεμισίῳ,
μάχῃ τε τῇ ἐν τῇ ἡμετέρᾳ γῇ γενομένῃ παρεγενόμεθα ὑμῖν
τε καὶ Παυσανίᾳ· εἴ τέ τι ἄλλο κατ' ἐκεῖνον τὸν χρόνον
ἐγένετο ἐπικίνδυνον τοῖς Ἕλλησι, πάντων παρὰ δύναμιν
μετέσχομεν. 5 Καὶ ὑμῖν, ὦ Λακεδαιμόνιοι, ἰδίᾳ, ὅτεπερ
δὴ μέγιστος φόβος περιέστη τὴν Σπάρτην μετὰ τὸν σεισμὸν τῶν ἐς Ἰθώμην Εἱλώτων ἀποστάντων, τὸ τρίτον μέ-

---

28. Sur le rôle des Platéens pendant les guerres médiques, voir
HÉRODOTE, VI, 108 ; VIII, 41, 50 ; IX, 25-85. C'est à Platée que se déroula
en 479 la bataille décisive.

on les avait dits. 4 Mais nous nous trouvons encore devant
une difficulté de plus, quand il s'agit de vous convaincre. Si en effet nous nous ignorions mutuellement, nous
pourrions accumuler des témoignages sur des faits incon-
nus de vous pour en tirer avantage ; mais vous savez tout
ce qu'on pourra dire, et ce que nous craignons, ce n'est
pas qu'ayant de parti pris jugé nos mérites inférieurs aux
vôtres, vous ne nous en fassiez grief : c'est que, pour complaire à d'autres, nous ne soyons placés devant un verdict
déjà rendu. LIV. Nous produirons pourtant les arguments
de droit que nous avons dans notre différend avec Thèbes
comme dans nos rapports avec vous et les autres Grecs ;
nous rappellerons ainsi ce qui est à notre actif et nous tenterons de vous convaincre.

2 « À votre brève question, sur les services que nous
avons rendus dans cette guerre à Lacédémone et à ses
alliés, nous répondons que, si vous nous la posez comme
à des ennemis, vous ne sauriez être lésés de n'avoir pas
reçu de bienfait, et si vous nous tenez pour amis, vous
êtes plus coupables vous-mêmes, qui avez marché contre
nous. 3 Dans la paix et contre le Mède, nous avons su
bien servir, dans cette paix qu'aujourd'hui nous n'avons
pas rompue les premiers, contre ce Mède que jadis nous
fûmes les seuls Béotiens à attaquer avec vous pour la
liberté de la Grèce. 4 On nous vit en effet et combattre
sur mer à l'Artémision – nous, peuple du continent – et
nous ranger avec Pausanias et vous dans la bataille livrée
sur notre sol, et dans tous les dangers enfin que la Grèce
courut à cette époque, toujours intervenir sans ménager
nos forces[28]. 5 Et vous en particulier, Lacédémoniens, à
l'heure même où une panique extrême avait saisi Sparte,
après le tremblement de terre, quand les hilotes révoltés s'étaient retirés sur l'Ithôme, vous avez vu le tiers

ρος ἡμῶν αὐτῶν ἐξεπέμψαμεν ἐς ἐπικουρίαν· ὧν οὐκ εἰκὸς
ἀμνημονεῖν.

LV. « Καὶ τὰ μὲν παλαιὰ καὶ μέγιστα τοιοῦτοι ἠξιώσαμεν
εἶναι, πολέμιοι δὲ ἐγενόμεθα ὕστερον. Ὑμεῖς δὲ αἴτιοι· δεομένων γὰρ ξυμμαχίας ὅτε Θηβαῖοι ἡμᾶς ἐβιάσαντο, ὑμεῖς
ἀπεώσασθε καὶ πρὸς Ἀθηναίους ἐκελεύετε τραπέσθαι ὡς
ἐγγὺς ὄντας, ὑμῶν δὲ μακρὰν ἀποικούντων. 2 Ἐν μέντοι τῷ πολέμῳ οὐδὲν ἐκπρεπέστερον ὑπὸ ἡμῶν οὔτε ἐπά-
θετε οὔτε ἐμελλήσατε. 3 Εἰ δ' ἀποστῆναι Ἀθηναίων οὐκ
ἠθελήσαμεν ὑμῶν κελευσάντων, οὐκ ἠδικοῦμεν· καὶ γὰρ
ἐκεῖνοι ἐβοήθουν ἡμῖν ἐναντία Θηβαίοις ὅτε ὑμεῖς ἀπωκ-
νεῖτε, καὶ προδοῦναι αὐτοὺς οὐκέτι ἦν καλόν, ἄλλως τε
καὶ οὓς εὖ παθών τις καὶ αὐτὸς δεόμενος προσηγάγετο
ξυμμάχους καὶ πολιτείας μετέλαβεν, ἰέναι δὲ ἐς τὰ παραγγελλόμενα εἰκὸς ἦν προθύμως. 4 Ἃ δὲ ἑκάτεροι ἐξη-
γεῖσθε τοῖς ξυμμάχοις, οὐχ οἱ ἑπόμενοι αἴτιοι εἴ τι μὴ
καλῶς ἐδρᾶτο, ἀλλ' οἱ ἄγοντες ἐπὶ τὰ μὴ ὀρθῶς ἔχοντα.

LVI. « Θηβαῖοι δὲ πολλὰ μὲν καὶ ἄλλα ἡμᾶς ἠδίκησαν,
τὸ δὲ τελευταῖον αὐτοὶ ξύνιστε, δι' ὅπερ καὶ τάδε πάσχο-
μεν. 2 Πόλιν γὰρ αὐτοὺς τὴν ἡμετέραν καταλαμβάνοντας
ἐν σπονδαῖς καὶ προσέτι ἱερομηνίᾳ ὀρθῶς τε ἐτιμωρησά-
μεθα κατὰ τὸν πᾶσι νόμον καθεστῶτα, τὸν ἐπιόντα πολέμιον ὅσιον εἶναι ἀμύνεσθαι, καὶ νῦν οὐκ ἂν εἰκότως δι' αὐτοὺς βλαπτοίμεθα. 3 Εἰ γὰρ τῷ αὐτίκα χρησίμῳ ὑμῶν
τε καὶ ἐκείνων πολεμίῳ τὸ δίκαιον λήψεσθε, τοῦ μὲν ὀρθοῦ
φανεῖσθε οὐκ ἀληθεῖς κριταὶ ὄντες, τὸ δὲ ξυμφέρον μᾶλλον
θεραπεύοντες. 4 Καίτοι εἰ νῦν ὑμῖν ὠφέλιμοι δοκοῦσιν

---

29. Thucydide ne mentionne pas les Platéens quand il relate l'aide
apportée par les Athéniens aux Spartiates (I, 101-102).

30. On ne sait exactement quand les Platéens reçurent la citoyenneté athénienne. Le texte semble suggérer que cela fut acquis au lendemain des guerres médiques.

de nos forces arriver à votre secours : tous actes qu'il ne convient pas d'oublier[29].

LV. « Telle est la conduite que nous avons cru devoir suivre aux moments cruciaux du passé ; nous sommes devenus vos ennemis plus tard. Et vous en êtes responsables : quand nous demandions votre alliance contre la violence thébaine, c'est vous qui nous avez repoussés, en nous disant de recourir à Athènes parce qu'elle était notre voisine et que vous habitiez loin. 2 Pourtant, vous n'avez jamais eu, ni été près d'avoir, dans cette guerre, aucune irrégularité extraordinaire à nous reprocher. 3 Si nous avons refusé d'abandonner les Athéniens malgré votre appel, nous n'étions pas dans notre tort : ils nous aidaient contre Thèbes au temps où vous vous dérobiez, et l'honneur ne permettait plus de les trahir, surtout s'agissant de bienfaiteurs dont on a par sa propre demande appelé l'alliance et dont on a reçu droit de cité[30] ; il fallait au contraire obéir de tout cœur à leurs consignes. 4 Quant aux entreprises où, dans chaque camp, vous engagiez vos alliés, si telle action n'était pas belle, ceux qui suivent n'en sont pas responsables, mais bien ceux qui les conduisent vers un but qui n'est pas le bon.

LVI. « Les Thébains, eux, ont eu envers nous bien des torts, dont vous connaissez vous-mêmes le dernier, qui nous a réduits à ce point. 2 Ils voulaient s'emparer de notre ville en pleine paix, et qui plus est en période de fête, quand nous les avons punis à bon droit, selon la loi partout valable qui autorise à repousser l'attaque d'un ennemi ; il ne serait point normal aujourd'hui qu'un dommage nous frappât à cause d'eux. 3 Car si vous mesurez la justice à des raisons unissant votre avantage du moment et leur hostilité, on verra qu'au lieu d'être de francs juges de ce qui est bien, vous ménagez plutôt votre intérêt. 4 Et

εἶναι, πολὺ καὶ ἡμεῖς καὶ οἱ ἄλλοι Ἕλληνες μᾶλλον τότε ὅτε ἐν μείζονι κινδύνῳ ἦτε. Νῦν μὲν γὰρ ἑτέροις ὑμεῖς ἐπέρχεσθε δεινοί, ἐν ἐκείνῳ δὲ τῷ καιρῷ, ὅτε πᾶσι δουλείαν ἐπέφερεν ὁ βάρβαρος, οἵδε μετ' αὐτοῦ ἦσαν. 5 Καὶ δίκαιον ἡμῶν τῆς νῦν ἁμαρτίας, εἰ ἄρα ἡμάρτηταί τι, ἀντιθεῖναι τὴν τότε προθυμίαν· καὶ μείζω τε πρὸς ἐλάσσω εὑρήσετε καὶ ἐν καιροῖς οἷς σπάνιον ἦν τῶν Ἑλλήνων τινὰ ἀρετὴν τῇ Ξέρξου δυνάμει ἀντιτάξασθαι, ἐπῃνοῦντό τε μᾶλλον οἱ μὴ τὰ ξύμφορα πρὸς τὴν ἔφοδον αὑτοῖς ἀσφαλείᾳ πράσσοντες, ἐθέλοντες δὲ τολμᾶν μετὰ κινδύνων τὰ βέλτιστα. 6 Ὧν ἡμεῖς γενόμενοι καὶ τιμηθέντες ἐς τὰ πρῶτα νῦν ἐπὶ τοῖς αὐτοῖς δέδιμεν μὴ διαφθαρῶμεν, Ἀθηναίους ἑλόμενοι δικαίως μᾶλλον ἢ ὑμᾶς κερδαλέως. 7 Καίτοι χρὴ ταὐτὰ περὶ τῶν αὐτῶν ὁμοίως φαίνεσθαι γιγνώσκοντας, καὶ τὸ ξυμφέρον μὴ ἄλλο τι νομίσαι ἢ τῶν ξυμμάχων τοῖς ἀγαθοῖς ὅταν αἰεὶ βέβαιον τὴν χάριν τῆς ἀρετῆς ἔχουσι καὶ τὸ παραυτίκα που ὑμῖν ὠφέλιμον καθίσταται.

LVII. « Προσκέψασθέ τε ὅτι νῦν μὲν παράδειγμα τοῖς πολλοῖς τῶν Ἑλλήνων ἀνδραγαθίας νομίζεσθε, εἰ δὲ περὶ ἡμῶν γνώσεσθε μὴ τὰ εἰκότα (οὐ γὰρ ἀφανῆ κρινεῖτε τὴν δίκην τήνδε, ἐπαινούμενοι δὲ περὶ οὐδ' ἡμῶν μεμπτῶν), ὁρᾶτε ὅπως μὴ οὐκ ἀποδέξωνται ἀνδρῶν ἀγαθῶν πέρι αὐτοὺς ἀμείνους ὄντας ἀπρεπές τι ἐπιγνῶναι, οὐδὲ πρὸς ἱεροῖς τοῖς κοινοῖς σκῦλα ἀπὸ ἡμῶν τῶν εὐεργετῶν τῆς Ἑλλάδος ἀνατεθῆναι. 2 Δεινὸν δὲ δόξει εἶναι Πλάταιαν Λακεδαιμο-

pourtant, si vous les trouvez utiles aujourd'hui, nous le fûmes beaucoup plus, nous et les autres Grecs, en ces jours où vous affrontiez un danger plus grand. Car aujourd'hui, vous attaquez et l'on vous craint, tandis qu'en ce temps-là, où le barbare voulait imposer à tous la servitude, les Thébains étaient avec lui. 5 Aussi est-il juste qu'en regard de notre erreur d'aujourd'hui – si vraiment il y a erreur – on compte notre ardeur d'alors ; or vous constaterez que celle-ci l'emporte sur celle-là, et parut en des temps où peu de Grecs opposèrent de la vaillance à la puissance de Xerxès ; c'était des louanges qu'on donnait alors, plutôt, à ceux qui, dédaignant de chercher en toute sécurité leur intérêt devant l'invasion, consentaient parmi les dangers aux plus belles audaces. 6 Nous qui fûmes de leur nombre et que les honneurs ont comblés, voici qu'aujourd'hui, pour la même conduite, nous craignons d'être anéantis, parce que nous avons choisi le parti d'Athènes, ce qui était juste, et non pas le vôtre, ce qui nous eût rapporté. 7 Il faudrait pourtant montrer qu'on porte constamment le même jugement sur les mêmes choses, et considérer que l'intérêt, c'est d'éprouver pour la valeur de vos bons alliés une reconnaissance immuable qui coïncide avec votre avantage présumé du moment.

LVII. « Considérez encore que vous êtes aujourd'hui, pour la plupart des Grecs, un modèle de vertu ; que votre décision à notre égard ne soit pas raisonnable – et votre jugement ne passera pas inaperçu dans cette affaire, alors qu'on vous estime et qu'on ne nous juge pas mal non plus – voyez si l'on admettra qu'au sujet de gens de bien, vous en veniez, vous qui valez mieux encore, à une décision indigne, et que du butin fait sur nous, bienfaiteurs de la Grèce, soit dédié dans l'enceinte de nos sanctuaires communs. 2 Il paraîtra scandaleux que des Lacédémoniens aient

νίους πορθῆσαι, καὶ τοὺς μὲν πατέρας ἀναγράψαι ἐς τὸν τρίποδα τὸν ἐν Δελφοῖς δι' ἀρετὴν τὴν πόλιν, ὑμᾶς δὲ καὶ ἐκ παντὸς τοῦ Ἑλληνικοῦ πανοικεσίᾳ διὰ Θηβαίους ἐξαλεῖψαι. 3 Ἐς τοῦτο γὰρ δὴ ξυμφορᾶς προκεχωρήκαμεν, οἵτινες Μήδων τε κρατησάντων ἀπωλλύμεθα καὶ νῦν ἐν ὑμῖν τοῖς πρὶν φιλτάτοις Θηβαίων ἡσσώμεθα καὶ δύο ἀγῶνας τοὺς μεγίστους ὑπέστημεν, τότε μέν, τὴν πόλιν εἰ μὴ παρέδομεν, λιμῷ διαφθαρῆναι, νῦν δὲ θανάτου δίκῃ κρίνεσθαι. 4 Καὶ περιεώσμεθα ἐκ πάντων Πλαταιῆς οἱ παρὰ δύναμιν πρόθυμοι ἐς τοὺς Ἕλληνας ἔρημοι καὶ ἀτιμώρητοι· καὶ οὔτε τῶν τότε ξυμμάχων ὠφελεῖ οὐδείς, ὑμεῖς τε, ὦ Λακεδαιμόνιοι, ἡ μόνη ἐλπίς, δέδιμεν μὴ οὐ βέβαιοι ἦτε.

LVIII. « Καίτοι ἀξιοῦμέν γε καὶ θεῶν ἕνεκα τῶν ξυμμαχικῶν ποτε γενομένων καὶ τῆς ἀρετῆς τῆς ἐς τοὺς Ἕλληνας καμφθῆναι ὑμᾶς καὶ μεταγνῶναι εἴ τι ὑπὸ Θηβαίων ἐπείσθητε, τήν τε δωρεὰν ἀνταπαιτῆσαι αὐτοὺς μὴ κτείνειν οὓς μὴ ὑμῖν πρέπει, σώφρονά τε ἀντὶ αἰσχρᾶς κομίσασθαι χάριν, καὶ μὴ ἡδονὴν δόντας ἄλλοις κακίαν αὐτοὺς ἀντιλαβεῖν· 2 βραχὺ γὰρ τὸ τὰ ἡμέτερα σώματα διαφθεῖραι, ἐπίπονον δὲ τὴν δύσκλειαν αὐτοῦ ἀφανίσαι. Οὐκ ἐχθροὺς γὰρ ἡμᾶς εἰκότως τιμωρήσεσθε, ἀλλ' εὔνους, κατ' ἀνάγκην πολεμήσαντας. 3 Ὥστε καὶ τῶν σωμάτων ἄδειαν ποιοῦντες ὅσια ἂν δικάζοιτε καὶ προνοοῦντες ὅτι ἑκόντας τε ἐλάβετε καὶ χεῖρας προϊσχομένους (ὁ δὲ νόμος τοῖς Ἕλησι μὴ κτείνειν τούτους), ἔτι δὲ καὶ εὐεργέτας γεγενημένους διὰ παντός. 4 Ἀποβλέψατε γὰρ ἐς πατέρων τῶν ὑμετέ-

---

31. Sur ce trépied consacré à Delphes après la victoire de Platée, voir HÉRODOTE, VIII, 82 et IX, 81.

ravagé Platée et, que vous, dont les pères ont inscrit notre cité à cause de sa valeur sur le trépied de Delphes, vous la rayiez tout entière du monde grec à cause des Thébains[31]. 3 Car voilà le degré de notre infortune : de même que la victoire des Mèdes était notre perte, de même aujourd'hui, devant vous qui fûtes nos meilleurs amis, les Thébains ont l'avantage sur nous, et nous avons eu à affronter les deux épreuves les plus redoutables : sur le moment, si nous n'avions pas livré notre ville, succomber à la famine, et, aujourd'hui, risquer notre vie en justice. 4 Et tous nous ont repoussés : nous les Platéens, empressés à servir la Grèce sans ménager nos forces, nous restons aujourd'hui seuls et privés de défenseurs ; aucun de nos alliés d'alors ne nous aide, et vous, Lacédémoniens, notre unique espoir, nous craignons que vous ne soyez pas sûrs.

LVIII. « Nous prétendons pourtant, au nom des dieux qui ont jadis garanti notre alliance, au nom de nos mérites envers les Grecs, que vous devez céder et revenir sur ce que les Thébains vous ont peut-être persuadé : par un échange de bons procédés, réclamez que la mort épargne ceux que votre honneur commande de sauver, gagnez-vous une reconnaissance honnête et non honteuse, évitez qu'une complaisance envers autrui vous vaille en retour une mauvaise renommée : 2 il serait vite fait d'anéantir nos personnes, mais laborieux d'effacer cette ignominie. Car nous ne sommes pas des ennemis que vous auriez raison de châtier, mais des amis qui furent contraints à la guerre. 3 Ainsi, vous rendriez une juste sentence en donnant la sécurité à nos personnes, en songeant dès maintenant que nous nous sommes livrés de nous-mêmes et vous avons tendu les mains (or la loi grecque interdit de tuer dans ce cas), qu'en outre nous avons été de tout temps vos bienfaiteurs. 4 Tournez en effet vos regards vers les tombeaux de

ρων θήκας, οὓς ἀποθανόντας ὑπὸ Μήδων καὶ ταφέντας ἐν
τῇ ἡμετέρᾳ ἐτιμῶμεν κατὰ ἔτος ἕκαστον δημοσίᾳ ἐσθήμασί
τε καὶ τοῖς ἄλλοις νομίμοις, ὅσα τε ἡ γῆ ἡμῶν ἀνεδίδου
ὡραῖα, πάντων ἀπαρχὰς ἐπιφέροντες, εὖνοι μὲν ἐκ φιλίας
χώρας, ξύμμαχοι δὲ ὁμαίχμοις ποτὲ γενομένοις. Ὧν ὑμεῖς
τοὐναντίον ἂν δράσαιτε μὴ ὀρθῶς γνόντες. 5 Σκέψασθε
δέ· Παυσανίας μὲν γὰρ ἔθαπτεν αὐτοὺς νομίζων ἐν γῇ τε
φιλίᾳ τιθέναι καὶ παρ' ἀνδράσι τοιούτοις· ὑμεῖς δὲ εἰ κτε-
νεῖτε ἡμᾶς καὶ χώραν τὴν Πλαταιίδα Θηβαῖδα ποιήσετε,
τί ἄλλο ἢ ἐν πολεμίᾳ τε καὶ παρὰ τοῖς αὐθένταις πατέρας
τοὺς ὑμετέρους καὶ ξυγγενεῖς ἀτίμους γερῶν ὧν νῦν ἴσχουσι
καταλείψετε; Πρὸς δὲ καὶ γῆν ἐν ᾗ ἠλευθερώθησαν οἱ Ἕλληνες δουλώσετε, ἱερά τε θεῶν οἷς εὐξάμενοι Μήδων ἐκράτησαν ἐρημοῦτε καὶ θυσίας τὰς πατρίους τῶν ἐσσαμένων
καὶ κτισάντων ἀφαιρήσεσθε. LIX. Οὐ πρὸς τῆς ὑμετέρας
δόξης, ὦ Λακεδαιμόνιοι, τάδε, οὔτε ἐς τὰ κοινὰ τῶν Ἑλλήνων νόμιμα καὶ ἐς τοὺς προγόνους ἁμαρτάνειν οὔτε ἡμᾶς
τοὺς εὐεργέτας ἀλλοτρίας ἕνεκα ἔχθρας μὴ αὐτοὺς ἀδικη-
θέντας διαφθεῖραι, φείσασθαι δὲ καὶ ἐπικλασθῆναι τῇ
γνώμῃ οἴκτῳ σώφρονι λαβόντας, μὴ ὧν πεισόμεθα μόνον
δεινότητα κατανοοῦντας, ἀλλ' οἷοί τε ἂν ὄντες πάθοιμεν
καὶ ὡς ἀστάθμητον τὸ τῆς ξυμφορᾶς ᾧτινί ποτ' ἂν καὶ
ἀναξίῳ ξυμπέσοι. 2 Ἡμεῖς τε, ὡς πρέπον ἡμῖν καὶ ὡς ἡ
χρεία προάγει, αἰτούμεθα ὑμᾶς, θεοὺς τοὺς ὁμοβωμίους
καὶ κοινοὺς τῶν Ἑλλήνων ἐπιβοώμενοι πεῖσαι τάδε· προ-
φερόμενοι ὅρκους οὓς οἱ πατέρες ὑμῶν ὤμοσαν μὴ ἀμνη-

vos pères, qui, morts sous les coups des Mèdes et enterrés
chez nous, recevaient de nous chaque année des honneurs
officiels avec les vêtements et toutes les offrandes rituelles,
avec tous les fruits de notre terre dont nous leur apportions
les prémices, prélevées par des amis sur une terre amicale,
offertes par des alliés à leurs anciens compagnons d'armes. Or vous feriez le contraire, si vous preniez une décision inique. 5 Voyez plutôt : quand Pausanias les enterrait,
il pensait les mettre dans une terre amie, chez un peuple
qui le fût aussi ; mais si vous nous tuez et faites thébain
le pays de Platée, n'est-ce pas abandonner vos pères, vos
parents en pays ennemi, chez leurs assassins, privés des
marques d'honneur qu'ils possèdent aujourd'hui ? Et avec
cela, vous allez asservir la terre où les Grecs furent libérés,
vous voulez désoler les sanctuaires de ces dieux qu'ils ont
invoqués pour vaincre les Mèdes, vous allez enlever leurs
sacrifices ancestraux à ceux qui les ont établis et fondés.
LIX. Vous ne serviriez pas là votre gloire, Lacédémoniens,
ni en vous conduisant mal envers les lois communes des
Grecs et envers vos ancêtres, ni en nous perdant, nous,
vos bienfaiteurs, pour satisfaire la haine d'autrui, quand
vos propres droits ont été respectés ; il faut nous épargner et faire fléchir votre décision en prenant les choses
avec une sage compassion, en considérant non seulement
l'horreur du sort que nous subirons, mais qui nous sommes pour le subir et combien est inconstante la fortune,
dont même un innocent peut recevoir les coups. 2 Quant
à nous, comme il se doit et comme le besoin l'exige, nous
vous le demandons en invoquant à grands cris, pour qu'ils
vous persuadent, les dieux que tous les Grecs adorent sur
les mêmes autels : au nom des serments que vos pères ont
prêtés et que vous ne devez pas oublier, nous nous tour-
nons en suppliants vers les tombeaux de vos cieux et nous

μονεῖν ἱκέται γιγνόμεθα ὑμῶν τῶν πατρῴων τάφων καὶ ἐπι-
καλούμεθα τοὺς κεκμηκότας μὴ γενέσθαι ὑπὸ Θηβαίοις
μηδὲ τοῖς ἐχθίστοις φίλτατοι ὄντες παραδοθῆναι. Ἡμέρας
τε ἀναμιμνήσκομεν ἐκείνης ᾗ τὰ λαμπρότατα μετ' αὐτῶν
πράξαντες νῦν ἐν τῇδε τὰ δεινότατα κινδυνεύομεν παθεῖν.
3 « Ὅπερ δὲ ἀναγκαῖόν τε καὶ χαλεπώτατον τοῖς ὧδε
ἔχουσι, λόγου τελευτᾶν, διότι καὶ τοῦ βίου ὁ κίνδυνος
ἐγγὺς μετ' αὐτοῦ, παυόμενοι λέγομεν ἤδη ὅτι οὐ Θηβαίοις
παρέδομεν τὴν πόλιν (εἱλόμεθα γὰρ ἂν πρό γε τούτου τῷ
αἰσχίστῳ ὀλέθρῳ λιμῷ τελευτῆσαι), ὑμῖν δὲ πιστεύσαντες
προσήλθομεν, καὶ δίκαιον, εἰ μὴ πείθομεν, ἐς τὰ αὐτὰ κα-
ταστήσαντας τὸν ξυντυχόντα κίνδυνον ἐᾶσαι ἡμᾶς αὐτοὺς
ἐλέσθαι· 4 ἐπισκήπτομέν τε ἅμα μὴ Πλαταιῆς ὄντες οἱ
προθυμότατοι περὶ τοὺς Ἕλληνας γενόμενοι Θηβαίοις τοῖς
ἡμῖν ἐχθίστοις ἐκ τῶν ὑμετέρων χειρῶν καὶ τῆς ὑμετέρας
πίστεως ἱκέται ὄντες, ὦ Λακεδαιμόνιοι, παραδοθῆναι, γενέσθαι δὲ σωτῆρας ἡμῶν καὶ μὴ τοὺς ἄλλους Ἕλληνας
ἐλευθεροῦντας ἡμᾶς διολέσαι. »

LX. Τοιαῦτα μὲν οἱ Πλαταιῆς εἶπον· οἱ δὲ Θηβαῖοι δείσαντες πρὸς τὸν λόγον αὐτῶν μὴ οἱ Λακεδαιμόνιοί τι
ἐνδῶσι, παρελθόντες ἔφασαν καὶ αὐτοὶ βούλεσθαι εἰπεῖν,
ἐπειδὴ καὶ ἐκείνοις παρὰ γνώμην τὴν αὐτῶν μακρότερος
λόγος ἐδόθη τῆς πρὸς τὸ ἐρώτημα ἀποκρίσεως. Ὡς δ'
ἐκέλευσαν, ἔλεγον τοιάδε.

LXI. « Τοὺς μὲν λόγους οὐκ ἂν ἠτησάμεθα εἰπεῖν, εἰ
καὶ αὐτοὶ βραχέως τὸ ἐρωτηθὲν ἀπεκρίναντο καὶ μὴ ἐπὶ
ἡμᾶς τραπόμενοι κατηγορίαν ἐποιήσαντο καὶ περὶ αὑτῶν

conjurons ceux qui ne sont plus ; qu'ils nous épargnent de tomber au pouvoir de Thèbes et d'être livrés, nous, leurs meilleurs amis, à leurs pires ennemis. Et nous vous rappelons la fameuse journée où nous avons accompli avec eux les exploits les plus brillants, alors qu'aujourd'hui nous risquons le sort le plus terrifiant.

3 « Mais il faut conclure, chose la plus cruelle au point où nous voilà réduits, parce qu'avec elle se rapproche le péril que court notre vie ; nous terminons donc maintenant en disant que nous n'avons pas livré notre ville aux Thébains (nous aurions préféré à cela la mort la plus abominable, la famine) ; non, c'est à vous que nous nous sommes fiés en mettant bas les armes, et il est juste, si nous ne vous persuadons pas, que, rétablissant l'ancienne situation, vous nous laissiez choisir nous-mêmes le premier péril venu ; 4 en même temps, nous vous adjurons, nous, les Platéens, qui fûmes les plus ardents serviteurs de la Grèce, de ne pas nous livrer à nos pires ennemis, les Thébains, quand votre bras et notre foi en vous devraient nous protéger, Lacédémoniens, quand nous vous supplions : soyez nos sauveurs et, vous qui libérez les autres Grecs, n'allez pas nous anéantir. »

LX. Telles furent en substance les paroles des Platéens ; alors les Thébains, craignant quèlque concession des Lacédémoniens devant ce discours, s'avancèrent en disant qu'ils voulaient eux aussi prendre la parole, puisque, contrairement à leur avis, les autres avaient pu faire plus que de répondre à la question posée. Et, sur l'invitation des juges, ils prononcèrent en substance le discours suivant :

LXI. « Nous n'aurions pas réclamé la parole, si les Platéens pour leur part avaient répondu brièvement à la question posée, au lieu de se tourner contre nous pour

ἔξω τῶν προκειμένων καὶ ἅμα οὐδὲ ἠτιαμένων πολλὴν τὴν
ἀπολογίαν καὶ ἔπαινον ὧν οὐδεὶς ἐμέμψατο. Νῦν δὲ πρὸς
μὲν τὰ ἀντειπεῖν δεῖ, τῶν δὲ ἔλεγχον ποιήσασθαι, ἵνα μήτε
ἡ ἡμετέρα αὐτοὺς κακία ὠφελῇ μήτε ἡ τούτων δόξα, τὸ δ'
ἀληθὲς περὶ ἀμφοτέρων ἀκούσαντες κρίνητε.

2 « Ἡμεῖς δὲ αὐτοῖς διάφοροι ἐγενόμεθα τὸ πρῶτον ὅτι
ἡμῶν κτισάντων Πλάταιαν ὕστερον τῆς ἄλλης Βοιωτίας καὶ
ἄλλα χωρία μετ' αὐτῆς, ἃ ξυμμείκτους ἀνθρώπους ἐξελάσαντες ἔσχομεν, οὐκ ἠξίουν οὗτοι, ὥσπερ ἐτάχθη τὸ πρῶτον, ἡγεμονεύεσθαι ὑφ' ἡμῶν, ἔξω δὲ τῶν ἄλλων Βοιωτῶν
παραβαίνοντες τὰ πάτρια, ἐπειδὴ προσηναγκάζοντο, προσεχώρησαν πρὸς Ἀθηναίους καὶ μετ' αὐτῶν πολλὰ ἡμᾶς
ἔβλαπτον, ἀνθ' ὧν καὶ ἀντέπασχον.

LXII. « Ἐπειδὴ δὲ καὶ ὁ βάρβαρος ἦλθεν ἐπὶ τὴν Ἑλλάδα, φασὶ μόνοι Βοιωτῶν οὐ μηδίσαι, καὶ τούτῳ μάλιστα
αὐτοί τε ἀγάλλονται καὶ ἡμᾶς λοιδοροῦσιν. 2 Ἡμεῖς δὲ
μηδίσαι μὲν αὐτοὺς οὔ φαμεν διότι οὐδ' Ἀθηναίους, τῇ
μέντοι αὐτῇ ἰδέᾳ ὕστερον ἰόντων Ἀθηναίων ἐπὶ τοὺς Ἕλληνας μόνους αὖ Βοιωτῶν ἀττικίσαι. 3 Καίτοι σκέψασθε
ἐν οἵῳ εἴδει ἑκάτεροι ἡμῶν τοῦτο ἔπραξαν. Ἡμῖν μὲν γὰρ
ἡ πόλις τότε ἐτύγχανεν οὔτε κατ' ὀλιγαρχίαν ἰσόνομον
πολιτεύουσα οὔτε κατὰ δημοκρατίαν, ὅπερ δέ ἐστι νόμοις
μὲν καὶ τῷ σωφρονεστάτῳ ἐναντιώτατον, ἐγγυτάτω δὲ τυ-
ράννου, δυναστεία ὀλίγων ἀνδρῶν εἶχε τὰ πράγματα.
4 Καὶ οὗτοι ἰδίας δυνάμεις ἐλπίσαντες ἔτι μᾶλλον σχή-

dresser un acte d'accusation et de présenter à leur propre sujet, sans que ce fût en question ou qu'on les eût seulement mis en cause, une longue défense et un long éloge de faits pour lesquels nul ne les avait blâmés. Mais, dans ces conditions, nous devons sur le premier point leur répliquer, sur le second les réfuter, pour qu'ils ne tirent parti ni de notre mauvais renom ni de leur gloire, et que vous jugiez en sachant la vérité sur l'un et sur l'autre.

2 « Notre différend remonte à ceci : quand nous eûmes fondé Platée – la dernière en Béotie – et d'autres places avec elle, que nous avons occupées en chassant une population mêlée, les Platéens refusèrent, malgré les règles d'abord fixées, de rester sous notre hégémonie et, à l'écart des autres Béotiens, ils transgressaient les lois traditionnelles ; comme nous voulions les y astreindre, ils passèrent aux Athéniens, et nous ont avec eux causé bien des dommages, dont nous les payions de retour.

LXII. « Puis, lorsque le barbare a marché contre la Grèce, ils prétendent aussi que, seuls des Béotiens, ils n'ont pas pris son parti ; c'est de là surtout qu'ils tirent et leur orgueil et les injures qu'ils nous lancent. 2 Mais nous prétendons, nous, que s'ils n'ont pas pris ce parti, c'est seulement parce que les Athéniens, eux, ne l'avaient pas pris, et que par le même principe, lorsque plus tard les Athéniens marchaient contre les Grecs, ils ont, eux, seuls des Béotiens, pris le parti d'Athènes. 3 Or considérez dans quelles conditions respectives nous avons, eux et nous, agi ainsi. Dans notre ville, il se trouvait alors que le régime n'était ni une oligarchie aux lois égales ni une démocratie, mais celui qui est le plus éloigné de la légalité et du système le plus sage, pour ressembler le plus à la tyrannie : une poignée d'hommes détenait tout le pouvoir. 4 Et ces gens-là, espérant accroître encore leur puissance

σειν εἰ τὰ τοῦ Μήδου κρατήσειε, κατέχοντες ἰσχύι τὸ πλῆθος ἐπηγάγοντο αὐτόν· καὶ ἡ ξύμπασα πόλις οὐκ αὐτοκράτωρ οὖσα ἑαυτῆς τοῦτ' ἔπραξεν, οὐδ' ἄξιον αὐτῇ ὀνειδίσαι ὧν μὴ μετὰ νόμων ἥμαρτεν. 5 Ἐπειδὴ γοῦν ὅ τε Μῆδος ἀπῆλθε καὶ τοὺς νόμους ἔλαβε, σκέψασθαι χρή, Ἀθηναίων ὕστερον ἐπιόντων τήν τε ἄλλην Ἑλλάδα καὶ τὴν ἡμετέραν χώραν πειρωμένων ὑφ' αὑτοῖς ποιεῖσθαι καὶ κατὰ στάσιν ἤδη ἐχόντων αὐτῆς τὰ πολλά, εἰ μαχόμενοι ἐν Κορωνείᾳ καὶ νικήσαντες αὐτοὺς ἠλευθερώσαμεν τὴν Βοιωτίαν καὶ τοὺς ἄλλους νῦν προθύμως ξυνελευθεροῦμεν, ἵππους τε παρέχοντες καὶ παρασκευὴν ὅσην οὐκ ἄλλοι τῶν ξυμμάχων.

LXIII. « Καὶ τὰ μὲν ἐς τὸν μηδισμὸν τοσαῦτα ἀπολογούμεθα· ὡς δὲ ὑμεῖς μᾶλλόν τε ἠδικήκατε τοὺς Ἕλληνας καὶ ἀξιώτεροί ἐστε πάσης ζημίας, πειρασόμεθα ἀποφαίνειν. 2 Ἐγένεσθε ἐπὶ τῇ ἡμετέρᾳ τιμωρίᾳ, ὥς φατε, Ἀθηναίων ξύμμαχοι καὶ πολῖται. Οὐκοῦν χρῆν τὰ πρὸς ἡμᾶς μόνον ὑμᾶς ἐπάγεσθαι αὐτοὺς καὶ μὴ ξυνεπιέναι μετ' αὐτῶν ἄλλοις, ὑπάρχον γε ὑμῖν, εἴ τι καὶ ἄκοντες προσήγεσθε ὑπ' Ἀθηναίων, τῆς τῶν Λακεδαιμονίων τῶνδε ἤδη ἐπὶ τῷ Μήδῳ ξυμμαχίας γεγενημένης, ἣν αὐτοὶ μάλιστα προβάλλεσθε· ἱκανὴ γὰρ ἦν ἡμᾶς τε ὑμῶν ἀποτρέπειν, καί, τὸ μέγιστον, ἀδεῶς παρέχειν βουλεύεσθαι. Ἀλλ' ἑκόντες καὶ οὐ βιαζόμενοι ἔτι εἵλεσθε μᾶλλον τὰ Ἀθηναίων. 3 Καὶ λέγετε ὡς αἰσχρὸν ἦν προδοῦναι τοὺς εὐεργέτας· πολὺ δέ γε αἴσχιον καὶ ἀδικώτερον τοὺς πάντας Ἕλληνας καταπροδοῦναι, οἷς ξυνωμόσατε, ἢ Ἀθηναίους μόνους, τοὺς μὲν καταδουλουμένους τὴν Ἑλλάδα, τοὺς δὲ ἐλευθεροῦντας. 4 Καὶ οὐκ

32. Voir I, 108, 113.
33. Voir II, 9, 13 ; 12, 5 ; 22, 2.

personnelle si le Mède l'emportait, continrent le peuple par la force et appelèrent le barbare ; notre cité dans son ensemble n'était pas sa propre maîtresse quand elle a fait cela, et elle ne mérite pas de blâme pour des fautes commises hors de l'empire des lois. 5 En tout cas, après le départ du Mède et l'institution de nos lois, voyez plutôt : lorsque les Athéniens, ensuite, attaquaient les autres Grecs, tentaient de soumettre notre pays et en détenaient déjà la plus grande partie au gré des factions, considérez si le combat livré à Coronée et notre victoire sur eux n'ont pas libéré la Béotie[32], et si, aujourd'hui, nous ne contribuons pas de bon cœur à libérer les autres, en fournissant des chevaux et des moyens que nul de vos alliés n'égale[33].

LXIII. « Voilà contre l'accusation d'avoir pris le parti du Mède ; quant à vous, Platéens, nous allons essayer de montrer que vous êtes plus coupables envers les Grecs et plus dignes de tous les châtiments. 2 Vous êtes devenus, à vous en croire, les alliés des Athéniens et leurs concitoyens pour vous défendre de nous. Mais vous auriez dû alors vous borner à les appeler contre nous, au lieu de marcher avec eux contre d'autres ; et vous en aviez bien le moyen, si les Athéniens voulaient une fois vous entraîner de force, puisqu'était conclue déjà avec les Lacédémoniens que voici cette alliance contre le Mède, dont vous vous faites un rempart : elle pouvait à la fois nous tenir en respect et, surtout, vous permettre de délibérer sans crainte. Mais c'est de votre plein gré et sans plus subir de violences que vous avez préféré le camp des Athéniens. 3 Et vous déclarez qu'il eût été honteux de trahir vos bienfaiteurs ; mais il était beaucoup plus honteux et plus injuste de trahir tout à fait l'ensemble des Grecs, à qui un serment vous liait, que les seuls Athéniens, alors que ceux-ci voulaient asservir la Grèce, et les autres la libérer. 4 Et les marques

ἴσην αὐτοῖς τὴν χάριν ἀνταπέδοτε οὐδὲ αἰσχύνης ἀπηλλαγμένην· ὑμεῖς μὲν γὰρ ἀδικούμενοι αὐτούς, ὥς φατε, ἐπηγάγεσθε, τοῖς δὲ ἀδικοῦσιν ἄλλους ξυνεργοὶ κατέστητε. Καίτοι τὰς ὁμοίας χάριτας μὴ ἀντιδιδόναι αἰσχρὸν μᾶλλον ἢ τὰς μετὰ δικαιοσύνης μὲν ὀφειληθείσας, ἐς ἀδικίαν δὲ ἀποδιδομένας. LXIV. Δῆλόν τε ἐποιήσατε οὐδὲ τότε τῶν Ἑλλήνων ἕνεκα μόνοι οὐ μηδίσαντες, ἀλλ' ὅτι οὐδ' Ἀθηναῖοι, ὑμεῖς δὲ τοῖς μὲν ταὐτὰ βουλόμενοι ποιεῖν, τοῖς δὲ τἀναντία. 2 Καὶ νῦν ἀξιοῦτε, ἀφ' ὧν δι' ἑτέρους ἐγένεσθε ἀγαθοί, ἀπὸ τούτων ὠφελεῖσθαι. Ἀλλ' οὐκ εἰκός· ὥσπερ δὲ Ἀθηναίους εἵλεσθε· τούτοις ξυναγωνίζεσθε, καὶ μὴ προφέρετε τὴν τότε γενομένην ξυνωμοσίαν ὡς χρὴ ἀπ' αὐτῆς νῦν σῴζεσθαι. 3 Ἀπελίπετε γὰρ αὐτὴν καὶ παραβάντες ξυγκατεδουλοῦσθε μᾶλλον Αἰγινήτας καὶ ἄλλους τινὰς τῶν ξυνομοσάντων ἢ διεκωλύετε, καὶ ταῦτα οὔτε ἄκοντες ἔχοντές τε τοὺς νόμους οὕσπερ μέχρι τοῦ δεῦρο καὶ οὐδενὸς ὑμᾶς βιασαμένου ὥσπερ ἡμᾶς. Τὴν τελευταίαν τε πρὶν περιτειχίζεσθαι πρόκλησιν ἐς ἡσυχίαν ἡμῶν, ὥστε μηδετέροις ἀμύνειν, οὐκ ἐδέχεσθε. 4 Τίνες ἂν οὖν ὑμῶν δικαιότερον πᾶσι τοῖς Ἕλλησι μισοῖντο, οἵτινες ἐπὶ τῷ ἐκείνων κακῷ ἀνδραγαθίαν προύθεσθε; Καὶ ἃ μέν ποτε χρηστοὶ ἐγένεσθε, ὥς φατε, οὐ προσήκοντα νῦν ἐπεδείξατε, ἃ δὲ ἡ φύσις αἰεὶ ἐβούλετο, ἐξηλέγχθη ἐς τὸ ἀληθές· μετὰ γὰρ Ἀθηναίων ἄδικον ὁδὸν ἰόντων ἐχωρήσατε.

34. Voir I, 105, 2 ; 108, 4.
35. Voir II, 79 et ss.

de reconnaissance que vous avez rendues aux Athéniens n'étaient pas proportionnées ni exemptes de honte ; car vous avez appelé les Athéniens, à vous en croire, parce que vos droits étaient violés, mais vous avez donné votre concours pour violer ceux d'autrui. Pourtant, il est honteux de ne pas rendre une reconnaissance qui soit conforme à ce qu'était l'acte : ce n'est plus le cas quand on a contracté celle-ci en toute justice et qu'on la rend sous forme d'injustice. LXIV. Ainsi, vous avez bien prouvé que, déjà alors, ce n'est pas par souci des Grecs que vous avez été les seuls à ne pas prendre le parti du Mède : c'est parce que les Athéniens ne le prenaient pas non plus ; vous, vous vouliez suivre un certain camp et vous opposer à un autre. 2 Et aujourd'hui, parce que d'autres ont fait de vous des héros, vous prétendez que cela vous serve. Mais ce n'est pas normal : vous avez choisi Athènes, demeurez donc à ses côtés, et n'arguez plus que l'alliance jurée autrefois doit vous sauver aujourd'hui. 3 Car vous l'avez abandonnée et, au mépris de ses clauses, on vous a vus aider à asservir Égine[34] ainsi que d'autres qui avaient juré aussi, au lieu d'y faire obstacle ; et cela, par une action qui n'était pas involontaire, sous des lois que vous gardez encore, quand nul ne vous a fait contrainte comme à nous. Enfin, l'ultime appel que nous avons lancé avant le siège, en vous demandant de rester neutres, s'est heurté à votre refus[35]. 4 Qui donc plus justement que vous serait haï de tous les Grecs, pour le malheur de qui vous avez déployé vos vertus ? Quant aux services qu'à vous croire, vous avez rendus jadis, vous avez maintenant fait la preuve qu'ils ne vous appartenaient pas, et la tendance constante de votre nature a été révélée dans sa vérité ; car vous avez marché avec les Athéniens quand ils prenaient la voie de l'injustice.

5 « Τὰ μὲν οὖν ἐς τὸν ἡμέτερόν τε ἀκούσιον μηδισμὸν καὶ τὸν ὑμέτερον ἑκούσιον ἀττικισμὸν τοιαῦτα ἀποφαίνομεν. LXV. Ἃ δὲ τελευταῖά φατε ἀδικηθῆναι, παρανόμως γὰρ ἐλθεῖν ἡμᾶς ἐν σπονδαῖς καὶ ἱερομηνίᾳ ἐπὶ τὴν ὑμετέραν πόλιν, οὐ νομίζομεν οὐδ' ἐν τούτοις ὑμῶν μᾶλλον ἁμαρτεῖν. 2 Εἰ μὲν γὰρ ἡμεῖς αὐτοὶ πρός τε τὴν πόλιν ἐλθόντες ἐμαχόμεθα καὶ τὴν γῆν ἐδῃοῦμεν ὡς πολέμιοι, ἀδικοῦμεν· εἰ δὲ ἄνδρες ὑμῶν οἱ πρῶτοι καὶ χρήμασι καὶ γένει, βουλόμενοι τῆς μὲν ἔξω ξυμμαχίας ὑμᾶς παῦσαι, ἐς δὲ τὰ κοινὰ τῶν πάντων Βοιωτῶν πάτρια καταστῆσαι, ἐπεκαλέσαντο ἑκόντες, τί ἀδικοῦμεν; οἱ γὰρ ἄγοντες παρανομοῦσι μᾶλλον τῶν ἑπομένων. 3 Ἀλλ' οὔτ' ἐκεῖνοι, ὡς ἡμεῖς κρίνομεν, οὔτε ἡμεῖς· πολῖται δὲ ὄντες ὥσπερ ὑμεῖς καὶ πλείω παραβαλλόμενοι, τὸ ἑαυτῶν τεῖχος ἀνοίξαντες καὶ ἐς τὴν αὑτῶν πόλιν φιλίως, οὐ πολεμίως κομίσαντες ἐβούλοντο τούς τε ὑμῶν χείρους μηκέτι μᾶλλον γενέσθαι τούς τε ἀμείνους τὰ ἄξια ἔχειν, σωφρονισταὶ ὄντες τῆς γνώμης καὶ τῶν σωμάτων τὴν πόλιν οὐκ ἀλλοτριοῦντες ἀλλ' ἐς τὴν ξυγγένειαν οἰκειοῦντες, ἐχθροὺς οὐδενὶ καθιστάντες, ἅπασι δ' ὁμοίως ἐνσπόνδους. LXVI. Τεκμήριον δὲ ὡς οὐ πολεμίως ἐπράσσομεν· οὔτε γὰρ ἠδικήσαμεν οὐδένα, προείπομέν τε τὸν βουλόμενον κατὰ τὰ τῶν πάντων Βοιωτῶν πάτρια πολιτεύειν ἰέναι πρὸς ἡμᾶς. 2 Καὶ ὑμεῖς ἄσμενοι χωρήσαντες καὶ ξύμβασιν ποιησάμενοι τὸ μὲν πρῶτον ἡσυχάζετε, ὕστερον δὲ κατανοήσαντες ἡμᾶς ὀλί-

36. Supra, 56, 2.
37. Supra, 55, 4.

5 « Voilà ce que nous avons à dire de notre collabora-
tion involontaire avec le Mède et de la vôtre, volontaire,
avec Athènes. LXV. Quant au dernier tort que vous dites
avoir subi (nous aurions violé la loi en attaquant votre
cité en pleine paix et en période de fête)[36], nous ne pensons pas, là encore, être plus fautifs que vous. 2 S'il est
vrai que nous avons de notre initiative marché sur votre
ville, livré bataille et ravagé votre pays en ennemis, nous
sommes coupables ; mais si certains parmi vous, les premiers par la fortune et par la naissance, ont désiré mettre
fin à votre alliance extérieure et vous rattacher à la communauté traditionnelle des Béotiens unis, s'ils nous ont
librement appelés pour cela, en quoi sommes-nous coupables ? car l'infraction est le fait de ceux qui conduisent
plutôt que de ceux qui suivent[37]. 3 Mais ici, il n'y en a eu,
à notre avis, ni de leur fait ni du nôtre ; citoyens comme
vous, avec plus d'intérêts en jeu, ils ont ouvert leur propre rempart, et nous ont fait entrer dans leur propre ville,
avec des intentions amicales et non hostiles, parce qu'ils
voulaient que les plus humbles d'entre vous ne le devins-
sent pas davantage encore, et que les meilleurs eussent leur
dû ; cherchant à assagir les esprits, ils n'entendaient pas
aliéner à la cité vos personnes, mais la rendre à sa parenté,
sans faire de vous les ennemis de personne, mais des gens
également en paix avec tous. LXVI. Et voici la preuve que
nous n'agissions pas en ennemis : c'est que nous n'avons
fait de tort à personne et que nous avons invité officiellement à nous rejoindre quiconque voulait vivre sous le
régime traditionnel des Béotiens unis. 2 Et vous, après être
venus à nous avec plaisir et avoir conclu une convention,
vous êtes d'abord restés tranquilles ; mais ensuite, vous
avez remarqué notre petit nombre, et en admettant même
que nous ayons semblé manquer un peu d'égards, à entrer

γους ὄντας, εἰ ἄρα καὶ ἐδοκοῦμέν τι ἀνεπιεικέστερον πρᾶξαι οὐ μετὰ τοῦ πλήθους ὑμῶν ἐσελθόντες, τὰ μὲν ὁμοῖα
οὐκ ἀνταπέδοτε ἡμῖν, μήτε νεωτερίσαι ἔργῳ λόγοις τε πείθειν ὥστε ἐξελθεῖν, ἐπιθέμενοι δὲ παρὰ τὴν ξύμβασιν, οὓς
μὲν ἐν χερσὶν ἀπεκτείνατε, οὐχ ὁμοίως ἀλγοῦμεν (κατὰ
νόμον γὰρ δή τινα ἔπασχον), οὓς δὲ χεῖρας προϊσχομένους
καὶ ζωγρήσαντες ὑποσχόμενοί τε ἡμῖν ὕστερον μὴ κτενεῖν
παρανόμως διεφθείρατε, πῶς οὐ δεινὰ εἴργασθε; 3 Καὶ
ταῦτα τρεῖς ἀδικίας ἐν ὀλίγῳ πράξαντες, τήν τε λυθεῖσαν
ὁμολογίαν καὶ τῶν ἀνδρῶν τὸν ὕστερον θάνατον καὶ τὴν
περὶ αὐτῶν ἡμῖν μὴ κτενεῖν ψευσθεῖσαν ὑπόσχεσιν, ἢν τὰ
ἐν τοῖς ἀγροῖς ὑμῖν μὴ ἀδικῶμεν, ὅμως φατὲ ἡμᾶς παρανομῆσαι καὶ αὐτοὶ ἀξιοῦτε μὴ ἀντιδοῦναι δίκην. 4 Οὐκ,
ἤν γε οὗτοι τὰ ὀρθὰ γιγνώσκωσιν· πάντων δὲ αὐτῶν ἕνεκα
κολασθήσεσθε.

LXVII. « Καὶ ταῦτα, ὦ Λακεδαιμόνιοι, τούτου ἕνεκα
ἐπεξήλθομεν καὶ ὑπὲρ ὑμῶν καὶ ἡμῶν, ἵνα ὑμεῖς μὲν εἰδῆτε
καὶ δικαίως αὐτῶν καταγνωσόμενοι, ἡμεῖς δὲ ἔτι ὁσιώτερον
τετιμωρημένοι. 2 Καὶ μὴ παλαιὰς ἀρετάς, εἴ τις ἄρα καὶ
ἐγένετο, ἀκούοντες ἐπικλασθῆτε, ἃς χρὴ τοῖς μὲν ἀδικου-
μένοις ἐπικούρους εἶναι, τοῖς δὲ αἰσχρόν τι δρῶσι διπλα-
σίας ζημίας, ὅτι οὐκ ἐκ προσηκόντων ἁμαρτάνουσιν. Μηδὲ
ὀλοφυρμῷ καὶ οἴκτῳ ὠφελείσθων, πατέρων τε τάφους τῶν
ὑμετέρων ἐπιβοώμενοι καὶ τὴν σφετέραν ἐρημίαν. 3 Καὶ
γὰρ ἡμεῖς ἀνταποφαίνομεν πολλῷ δεινότερα παθοῦσαν τὴν
ὑπὸ τούτων ἡλικίαν ἡμῶν διεφθαρμένην, ὧν πατέρες οἱ
μὲν πρὸς ὑμᾶς τὴν Βοιωτίαν ἄγοντες ἀπέθανον ἐν Κορωνείᾳ, οἱ δὲ πρεσβῦται λελειμμένοι καὶ οἰκίαι ἔρημοι πολλῷ

sans l'accord de la masse, loin de nous payer de retour en évitant dans la pratique toute mesure radicale et en cherchant par la parole à nous convaincre de partir, vous nous avez attaqués en dépit de la convention ; nous ne déplorons pas tant les morts que vous avez faits dans l'action (leur sort se justifiait par une forme de loi) ; mais ceux qui vous tendaient les mains, que vous avez faits prisonniers et que vous nous aviez promis ensuite d'épargner, vous les avez supprimés contre toute loi, et ce ne serait pas un acte abominable ? 3 Coupables ainsi en un moment de trois crimes – la convention rompue, ensuite la mort de ces hommes, et le manquement fait à la promesse de les épargner si nous ne vous causions pas de tort dans la campagne – vous soutenez pourtant que la loi a été violée par nous, et vous prétendez, vous, n'être pas punis en retour. 4 Non, si nos juges décident comme il faut : pour tous ces crimes, vous serez châtiés.

LXVII. « Nous avons discuté tous ces points, Lacédémoniens, pour vous comme pour nous, afin qu'il soit clair pour vous que vous les condamnerez en toute justice, et pour nous que notre vengeance aura été encore plus conforme aux règles sacrées. 2 N'allez pas fléchir en entendant rappeler, s'il en fut vraiment, des mérites passés qui, propres à secourir les victimes de l'injustice, doivent valoir aux auteurs d'un forfait double punition, parce que leur faute contredit ce qu'on attendrait d'eux. Qu'ils ne gagnent rien à gémir et à demander pitié, ni à invoquer à grands cris les tombeaux de vos pères et leur propre abandon. 3 Car nous voulons, nous, vous montrer à notre tour le sort bien plus terrible de nos jeunes gens qu'ils ont massacrés et dont les pères, s'ils ne sont pas morts à Coronée en vous apportant le concours de la Béotie, sont des vieillards qui survivent, avec des maisons à l'abandon,

δικαιοτέραν ὑμῶν ἱκετείαν ποιοῦνται τούσδε τιμωρήσασθαι.
4 Οἴκτου τε ἀξιώτεροι τυγχάνειν οἱ ἀπρεπές τι πάσχοντες
τῶν ἀνθρώπων, οἱ δὲ δικαίως, ὥσπερ οἵδε, τὰ ἐναντία ἐπί-
χαρτοι εἶναι. 5 Καὶ τὴν νῦν ἐρημίαν δι' ἑαυτοὺς ἔχου-
σιν· τοὺς γὰρ ἀμείνους ξυμμάχους ἑκόντες ἀπεώσαντο.
Παρενόμησάν τε οὐ προπαθόντες ὑφ' ἡμῶν, μίσει δὲ πλέον
ἢ δίκῃ κρίναντες καὶ οὐκ ἀνταποδόντες νῦν τὴν ἴσην τιμω-
ρίαν· ἔννομα γὰρ πείσονται καὶ οὐχὶ ἐκ μάχης χεῖρας
προϊσχόμενοι, ὥσπερ φασίν, ἀλλ' ἀπὸ ξυμβάσεως ἐς δίκην
σφᾶς αὐτοὺς παραδόντες. 6 Ἀμύνατε οὖν, ὦ Λακεδαιμόνιοι, καὶ τῷ τῶν Ἑλλήνων νόμῳ ὑπὸ τῶνδε παραβα-
θέντι, καὶ ἡμῖν ἄνομα παθοῦσιν ἀνταπόδοτε χάριν δικαίαν
ὧν πρόθυμοι γεγενήμεθα, καὶ μὴ τοῖς τῶνδε λόγοις πε-
ριωσθῶμεν ἐν ὑμῖν, ποιήσατε δὲ τοῖς Ἕλλησι παράδειγμα
οὐ λόγων τοὺς ἀγῶνας προθήσοντες ἀλλ' ἔργων, ὧν ἀγαθῶν μὲν ὄντων βραχεῖα ἡ ἀπαγγελία ἀρκεῖ, ἁμαρτανομέ-
νων δὲ λόγοι ἔπεσι κοσμηθέντες προκαλύμματα γίγνονται.
7 Ἀλλ' ἢν οἱ ἡγεμόνες, ὥσπερ νῦν ὑμεῖς, κεφαλαιώσαντες
πρὸς τοὺς ξύμπαντας διαγνώμας ποιήσησθε, ἧσσόν τις ἐπ'
ἀδίκοις ἔργοις λόγους καλοὺς ζητήσει. »

LXVIII. Τοιαῦτα δὲ οἱ Θηβαῖοι εἶπον. Οἱ δὲ Λακεδαιμόνιοι δικασταὶ νομίζοντες τὸ ἐπερώτημα σφίσιν ὀρθῶς
ἕξειν, εἴ τι ἐν τῷ πολέμῳ ὑπ' αὐτῶν ἀγαθὸν πεπόνθασι,
διότι τόν τε ἄλλον χρόνον ἠξίουν δῆθεν αὐτοὺς κατὰ τὰς
παλαιὰς Παυσανίου μετὰ τὸν Μῆδον σπονδὰς ἡσυχάζειν
καὶ ὅτε ὕστερον [ἃ] πρὸ τοῦ περιτειχίζεσθαι προείχοντο
αὐτοῖς, κοινοὺς εἶναι κατ' ἐκεῖνα, ὡς οὐκ ἐδέξαντο, ἡγού-

vous suppliant bien plus justement de les venger. 4 En outre, la pitié doit aller plutôt aux hommes que frappe un sort indigne, tandis qu'un malheur justifié, comme celui des Platéens, doit au contraire exciter la joie. 5 Leur abandon d'aujourd'hui n'est dû qu'à eux-mêmes : ils ont de leur plein gré écarté leurs meilleurs alliés. Ils ont violé la loi sans que nous les eussions d'abord maltraités, par haine plutôt que par un juste jugement, et sans nous laisser aujourd'hui en retour une vengeance proportionnée ; car leur sort sera conforme à la loi, eux qui ne nous tendent pas les mains après une bataille, comme ils le disent, mais qui se sont livrés au jugement par une convention. 6 Défendez donc, Lacédémoniens, la loi grecque qu'ils ont transgressée, et marquez-nous, après les illégalités dont nous avons été les victimes, une juste reconnaissance en retour de notre empressement passé ; que leurs discours devant vous ne nous fassent pas repousser ; donnez à la Grèce une preuve exemplaire que vous ne lui proposerez pas des joutes de discours, mais d'actes : quand ceux-ci sont bons, un bref rapport suffit ; et quand ils sont fautifs, des discours rehaussés de paroles brillantes ne tendent qu'à les voiler. 7 Mais si les chefs, comme vous aujourd'hui, vous prenez votre décision en ramenant les choses à l'essentiel pour tout le monde, on cherchera moins à faire de beaux discours au sujet d'actes criminels. »

LXVIII. Telles furent en substance les paroles des Thébains. Les juges lacédémoniens pensèrent pouvoir s'en tenir à la question posée, sur les services rendus dans cette guerre par les Platéens ; toujours, évidemment, ils leur avaient demandé d'observer la paix que Pausanias avait autrefois conclue après la guerre médique, et en particulier, ils leur avaient offert plus tard, avant le siège, de rester neutres selon ces conventions ; comme les Platéens

μενοι τῇ ἑαυτῶν δικαίᾳ βουλήσει ἔκσπονδοι ἤδη ὑπ' αὐτῶν κακῶς πεπονθέναι, 2 αὖθις τὸ αὐτὸ ἕνα ἕκαστον παραγαγόντες καὶ ἐρωτῶντες, εἴ τι Λακεδαιμονίους καὶ τοὺς ξυμμάχους ἀγαθὸν ἐν τῷ πολέμῳ δεδρακότες εἰσίν, ὁπότε μὴ φαῖεν, ἀπάγοντες ἀπέκτεινον καὶ ἐξαίρετον ἐποιήσαντο οὐδένα. 3 Διέφθειραν δὲ Πλαταιῶν μὲν αὐτῶν οὐκ ἐλάσσους διακοσίων, Ἀθηναίων δὲ πέντε καὶ εἴκοσιν, οἳ ξυνεπολιορκοῦντο· γυναῖκας δὲ ἠνδραπόδισαν. Τὴν δὲ πόλιν ἐνιαυτὸν μέν τινα [Θηβαῖοι] Μεγαρέων ἀνδράσι κατὰ στάσιν ἐκπεπτωκόσι καὶ ὅσοι τὰ σφέτερα φρονοῦντες Πλαταιῶν περιῆσαν ἔδοσαν ἐνοικεῖν· ὕστερον δὲ καθελόντες αὐτὴν ἐς ἔδαφος πᾶσαν ἐκ τῶν θεμελίων ᾠκοδόμησαν πρὸς τῷ Ἡραίῳ καταγώγιον διακοσίων ποδῶν πανταχῇ, κύκλῳ οἰκήματα ἔχον κάτωθεν καὶ ἄνωθεν, καὶ ὀροφαῖς καὶ θυρώμασι τοῖς τῶν Πλαταιῶν ἐχρήσαντο, καὶ τοῖς ἄλλοις ἃ ἦν ἐν τῷ τείχει ἔπιπλα, χαλκὸς καὶ σίδηρος, κλίνας κατασκευάσαντες ἀνέθεσαν τῇ Ἥρᾳ, καὶ νεὼν ἑκατόμπεδον λίθινον ᾠκοδόμησαν αὐτῇ. Τὴν δὲ γῆν δημοσιώσαντες ἀπεμίσθωσαν ἐπὶ δέκα ἔτη, καὶ ἐνέμοντο Θηβαῖοι. 4 Σχεδὸν δέ τι καὶ τὸ ξύμπαν περὶ Πλαταιῶν οἱ Λακεδαιμόνιοι οὕτως ἀποτετραμμένοι ἐγένοντο Θηβαίων ἕνεκα, νομίζοντες ἐς τὸν πόλεμον αὐτοὺς ἄρτι τότε καθισταμένων ὠφελίμους εἶναι. 5 Καὶ τὰ μὲν κατὰ Πλάταιαν ἔτει τρίτῳ καὶ ἐνενηκοστῷ ἐπειδὴ Ἀθηναίων ξύμμαχοι ἐγένοντο οὕτως ἐτελεύτησεν.

LXIX. Αἱ δὲ τεσσαράκοντα νῆες τῶν Πελοποννησίων αἱ Λεσβίοις βοηθοὶ ἐλθοῦσαι, ὡς τότε φεύγουσαι διὰ τοῦ πε-

---

38. On voit s'accentuer le caractère implacable de la guerre.
39. Hérodote (IX, 52) situe l'Héraion « en avant de la ville de Platée ».
40. L'alliance entre Athènes et Platée datait en effet de 519.

n'avaient pas accepté, les Lacédémoniens, forts de leurs justes intentions, se jugeaient victimes de traitements qui les laissaient libres de toute convention ; 2 de nouveau, donc, ils les firent comparaître, un à un : et leur demandèrent encore s'ils avaient rendu un service à Lacédémone et à ses alliés dans cette guerre ; tous ceux qui répondaient « non » étaient envoyés à la mort ; les Lacédémoniens ne firent aucune exception[38]. 3 Ils tuèrent deux cents des Platéens au moins et vingt-cinq Athéniens restés dans la ville assiégée ; pour les femmes, ce fut l'esclavage. Ils remirent la ville pendant un an environ à des exilés politiques de Mégare et aux Platéens qui avaient survécu, étant du parti péloponnésien ; ensuite, ils la rasèrent entièrement jusqu'au sol, et les pierres des fondations leur servirent à construire, près de l'Héraion[39], un bâtiment d'accueil carré de deux cents pieds, avec des chambres tout autour en bas et en haut ; ils utilisèrent le bois des toitures et des portes appartenant aux Platéens, et avec le reste du matériel, de cuivre et de fer, trouvé en ville, ils fabriquèrent des lits, qu'ils consacrèrent à Héra ; ils lui construisirent aussi un temple de cent pieds en marbre. Ils confisquèrent la terre, l'affermèrent pour dix ans, et les exploitants furent des Thébains. 4 C'est qu'à tous égards ou presque, la conduite des Lacédémoniens envers les Platéens fut ainsi infléchie par le souci des Thébains, parce que, pour la guerre qui venait de s'engager, ils les jugeaient utiles. 5 Ainsi s'acheva le sort de Platée, quatre-vingt-douze ans après qu'elle fut devenue l'alliée d'Athènes[40].

### Les événements de Corcyre

LXIX. De leur côté, les quarante navires péloponnésiens partis au secours de Lesbos, tandis qu'ils fuyaient

λάγους ἔκ τε τῶν Ἀθηναίων ἐπιδιωχθεῖσαι καὶ πρὸς τῇ Κρήτῃ χειμασθεῖσαι καὶ ἀπ' αὐτῆς σποράδες πρὸς τὴν Πελοπόννησον κατηνέχθησαν, καταλαμβάνουσιν ἐν τῇ Κυλλήνῃ τρεῖς καὶ δέκα τριήρεις Λευκαδίων καὶ Ἀμπρακιωτῶν καὶ Βρασίδαν τὸν Τέλλιδος ξύμβουλον Ἀλκίδᾳ ἐπεληλυθότα. 2 Ἐβούλοντο γὰρ οἱ Λακεδαιμόνιοι, ὡς τῆς Λέσβου ἡμαρτήκεσαν, πλέον τὸ ναυτικὸν ποιήσαντες ἐς τὴν Κέρκυραν πλεῦσαι στασιάζουσαν, δώδεκα μὲν ναυσὶ μόναις παρόντων Ἀθηναίων περὶ Ναύπακτον, πρὶν δὲ πλέον τι ἐπιβοηθῆσαι ἐκ τῶν Ἀθηνῶν ναυτικόν, ὅπως προφθάσωσι, καὶ παρεσκευάζοντο ὅ τε Βρασίδας καὶ ὁ Ἀλκίδας πρὸς ταῦτα.

LXX. Οἱ γὰρ Κερκυραῖοι ἐστασίαζον, ἐπειδὴ οἱ αἰχμάλωτοι ἦλθον αὐτοῖς οἱ ἐκ τῶν περὶ Ἐπίδαμνον ναυμαχιῶν ὑπὸ Κορινθίων ἀφεθέντες, τῷ μὲν λόγῳ ὀκτακοσίων ταλάντων τοῖς προξένοις διηγγυημένοι, ἔργῳ δὲ πεπεισμένοι Κορινθίοις Κέρκυραν προσποιῆσαι. Καὶ ἔπρασσον οὗτοι, ἕκαστον τῶν πολιτῶν μετιόντες, ὅπως ἀποστήσωσιν Ἀθηναίων τὴν πόλιν. 2 Καὶ ἀφικομένης Ἀττικῆς τε νεὼς καὶ Κορινθίας πρέσβεις ἀγουσῶν καὶ ἐς λόγους καταστάντων ἐψηφίσαντο Κερκυραῖοι Ἀθηναίοις μὲν ξύμμαχοι εἶναι κατὰ τὰ ξυγκείμενα, Πελοποννησίοις δὲ φίλοι ὥσπερ καὶ πρότερον. 3 Καὶ (ἦν γὰρ Πειθίας ἐθελοπρόξενός τε τῶν Ἀθηναίων καὶ τοῦ δήμου προειστήκει) ὑπάγουσιν αὐτὸν οὗτοι οἱ ἄνδρες ἐς δίκην, λέγοντες Ἀθηναίοις τὴν Κέρκυραν καταδουλοῦν. 4 Ὁ δὲ ἀποφυγὼν ἀνθυπάγει αὐτῶν τοὺς πλουσιωτάτους πέντε ἄνδρας, φάσκων τέμνειν χάρακας ἐκ τοῦ τε Διὸς τοῦ τεμένους καὶ τοῦ Ἀλκίνου· ζημία δὲ καθ' ἑκάστην χάρακα ἐπέκειτο στατήρ. 5 Ὀφλόντων δὲ αὐ-

---

41. Dans l'*Odyssée*, Alcinoos est le roi des Phéaciens qui accueille Ulysse dans son palais. Sur l'identification de Corcyre avec Schérie, l'île des Phéaciens, voir I, 25, 4.

alors à travers la haute mer, avaient été poursuivis par les Athéniens, malmenés par la tempête près de la Crète, et de là poussés en ordre dispersé jusqu'au Péloponnèse : à Cyllène, ils rencontrèrent treize trières de Leucade et d'Ambracie avec Brasidas, fils de Tellis, venu conseiller Alcidas. 2 Les Lacédémoniens voulaient, après leur échec de Lesbos, renforcer leur flotte pour gagner Corcyre en proie à la guerre civile, en profitant de ce qu'il y avait seulement douze navires athéniens à Naupacte, et avant que ne vînt d'Athènes un renfort naval, qu'ils entendaient devancer ; Brasidas et Alcidas prenaient donc leurs dispositions en ce sens.

LXX. Corcyre était en proie à la guerre civile, depuis le retour des prisonniers des batailles navales livrées du côté d'Épidamne, que Corinthe avait relâchés sous prétexte que leurs proxènes avaient fourni une caution de huit cents talents, mais en fait parce qu'on avait su les persuader de rallier Corcyre à Corinthe. Ils travaillaient effectivement à retirer leur cité de l'alliance athénienne, en allant trouver chacun de leurs concitoyens. 2 Et quand arrivèrent un vaisseau d'Athènes et un de Corinthe, amenant des ambassadeurs, des conversations s'engagèrent, et les Corcyréens votèrent de rester les alliés d'Athènes conformément aux accords, en même temps que les amis des Péloponnésiens comme ils l'étaient déjà auparavant. 3 Là-dessus, s'en prenant à un certain Peithias, qui était proxène volontaire d'Athènes et dirigeait le parti populaire, ces gens-là le poursuivirent en justice, disant qu'il voulait asservir Corcyre à Athènes. 4 Acquitté, il poursuivit à son tour les cinq personnalités les plus riches de ce parti, leur reprochant de couper des échalas dans le sanctuaire de Zeus et d'Alcinoos[41] ; l'amende prévue était d'un statère par échalas. 5 Les riches furent condamnés et, devant l'importance de

τῶν καὶ πρὸς τὰ ἱερὰ ἱκετῶν καθεζομένων διὰ πλῆθος τῆς ζημίας, ὅπως ταξάμενοι ἀποδῶσιν, ὁ Πειθίας (ἐτύγχανε γὰρ καὶ βουλῆς ὤν) πείθει ὥστε τῷ νόμῳ χρήσασθαι. 6 Οἱ δ᾽ ἐπειδὴ τῷ τε νόμῳ ἐξείργοντο καὶ ἅμα ἐπυνθάνοντο τὸν Πειθίαν, ἕως ἔτι βουλῆς ἐστι, μέλλειν τὸ πλῆθος ἀναπείσειν τοὺς αὐτοὺς Ἀθηναίοις φίλους τε καὶ ἐχθροὺς νομίζειν, ξυνίσταντό τε καὶ λαβόντες ἐγχειρίδια ἐξαπιναίως ἐς τὴν βουλὴν ἐσελθόντες τόν τε Πειθίαν κτείνουσι καὶ ἄλλους τῶν τε βουλευτῶν καὶ ἰδιωτῶν ἐς ἑξήκοντα· οἱ δέ τινες τῆς αὐτῆς γνώμης τῷ Πειθίᾳ ὀλίγοι ἐς τὴν Ἀττικὴν τριήρη κατέφυγον ἔτι παροῦσαν. LXXI. Δράσαντες δὲ τοῦτο καὶ ξυγκαλέσαντες Κερκυραίους εἶπον ὅτι ταῦτα καὶ βέλτιστα εἴη καὶ ἥκιστ᾽ ἂν δουλωθεῖεν ὑπ᾽ Ἀθηναίων, τό τε λοιπὸν μηδετέρους δέχεσθαι ἀλλ᾽ ἢ μιᾷ νηὶ ἡσυχάζοντας, τὸ δὲ πλέον πολέμιον ἡγεῖσθαι. Ὡς δὲ εἶπον, καὶ ἐπικυρῶσαι ἠνάγκασαν τὴν γνώμην. 2 Πέμπουσι δὲ καὶ ἐς τὰς Ἀθήνας εὐθὺς πρέσβεις περί τε τῶν πεπραγμένων διδάξοντας ὡς ξυνέφερε καὶ τοὺς ἐκεῖ καταπεφευγότας πείσοντας μηδὲν ἀνεπιτήδειον πράσσειν, ὅπως μή τις ἐπιστροφὴ γένηται. LXXII. Ἐλθόντων δὲ οἱ Ἀθηναῖοι τούς τε πρέσβεις ὡς νεωτερίζοντας ξυλλαβόντες, καὶ ὅσους ἔπεισαν, κατέθεντο ἐς Αἴγιναν.

2 Ἐν δὲ τούτῳ τῶν Κερκυραίων οἱ ἔχοντες τὰ πράγματα ἐλθούσης τριήρους Κορινθίας καὶ Λακεδαιμονίων πρέσβεων ἐπιτίθενται τῷ δήμῳ, καὶ μαχόμενοι ἐνίκησαν. 3 Ἀφικομένης δὲ νυκτὸς ὁ μὲν δῆμος ἐς τὴν ἀκρόπολιν καὶ τὰ μετέωρα τῆς πόλεως καταφεύγει καὶ αὐτοῦ ξυλλεγεὶς ἱδρύθη, καὶ τὸν Ὑλλαϊκὸν λιμένα εἶχον· οἱ δὲ τήν τε ἀγορὰν κατέλαβον, οὗπερ οἱ πολλοὶ ᾤκουν αὐτῶν, καὶ τὸν

---

42. La guerre civile à Corcyre n'oppose pas seulement partisans d'Athènes et partisans de Corinthe, mais pauvres et riches.

l'amende, ils se réfugièrent dans les sanctuaires pour obtenir de payer sur estimation consentie ; mais Peithias, qui, justement, était aussi membre du Conseil, fit décider d'appliquer la loi. 6 Puisque la loi ne laissait pas d'issue aux riches et qu'en même temps ils apprenaient que Peithias allait profiter de son temps de présence au Conseil pour persuader le peuple d'avoir mêmes amis et mêmes ennemis que les Athéniens, ils se réunirent tous, et, prenant des poignards, pénétrèrent brusquement au Conseil : ils tuèrent non seulement Peithias, mais d'autres, conseillers et particuliers, soixante environ ; des partisans de Peithias, en petit nombre, se réfugièrent sur la trière athénienne, qui était encore là[42]. LXXI. Après cette action, les autres rassemblèrent les Corcyréens et leur dirent que c'était bien la meilleure solution, le plus sûr moyen de n'être pas asservis aux Athéniens, et que dorénavant il fallait rester en paix en n'accueillant les gens de chaque camp que sur un vaisseau à la fois, tout effectif plus fort étant considéré comme ennemi. Quand ils eurent parlé, ils parvinrent à imposer qu'on sanctionnât leur avis. 2 Également, ils envoyèrent tout de suite une ambassade à Athènes présenter les événements selon leur intérêt et persuader leurs exilés de ne rien faire de fâcheux, pour éviter une réaction. LXXII. Mais une fois à Athènes, les ambassadeurs furent arrêtés comme factieux et transférés à Égine avec tous les exilés qu'ils avaient gagnés.

2 À Corcyre cependant, après l'arrivée d'une trière corinthienne et d'une ambassade de Lacédémone, le parti au pouvoir attaqua le peuple, et l'emporta au combat. 3 Mais la nuit venue, le peuple se réfugia sur l'acropole et les hauteurs de la ville, où il se rassembla et prit position ; il tenait aussi le port Hyllaïcos. Ses adversaires occupèrent l'agora, où la plupart d'entre eux habitaient précisément,

λιμένα τὸν πρὸς αὐτῇ καὶ πρὸς τὴν ἤπειρον. LXXIII. Τῇ δ' ὑστεραίᾳ ἠκροβολίσαντό τε ὀλίγα καὶ ἐς τοὺς ἀγροὺς περιέπεμπον ἀμφότεροι, τοὺς δούλους παρακαλοῦντές τε καὶ ἐλευθερίαν ὑπισχνούμενοι· καὶ τῷ μὲν δήμῳ τῶν οἰκετῶν τὸ πλῆθος παρεγένετο ξύμμαχον, τοῖς δ' ἑτέροις ἐκ τῆς ἠπείρου ἐπίκουροι ὀκτακόσιοι. LXXIV. Διαλιπούσης δ' ἡμέρας μάχη αὖθις γίγνεται καὶ νικᾷ ὁ δῆμος χωρίων τε ἰσχύι καὶ πλήθει προύχων· αἵ τε γυναῖκες αὐτοῖς τολμηρῶς ξυνεπελάβοντο βάλλουσαι ἀπὸ τῶν οἰκιῶν τῷ κεράμῳ καὶ παρὰ φύσιν ὑπομένουσαι τὸν θόρυβον. 2 Γενομένης δὲ τῆς τροπῆς περὶ δείλην ὀψίαν, δείσαντες οἱ ὀλίγοι μὴ αὐτοβοεὶ ὁ δῆμος τοῦ τε νεωρίου κρατήσειεν ἐπελθὼν καὶ σφᾶς διαφθείρειεν, ἐμπιπρᾶσι τὰς οἰκίας τὰς ἐν κύκλῳ τῆς ἀγορᾶς καὶ τὰς ξυνοικίας, ὅπως μὴ ᾖ ἔφοδος, φειδόμενοι οὔτε οἰκείας οὔτε ἀλλοτρίας, ὥστε καὶ χρήματα πολλὰ ἐμπόρων κατεκαύθη καὶ ἡ πόλις ἐκινδύνευσε πᾶσα διαφθαρῆναι, εἰ ἄνεμος ἐπεγένετο τῇ φλογὶ ἐπίφορος ἐς αὐτήν.

3 Καὶ οἱ μὲν παυσάμενοι τῆς μάχης ὡς ἑκάτεροι ἡσυχάσαντες τὴν νύκτα ἐν φυλακῇ ἦσαν· καὶ ἡ Κορινθία ναῦς τοῦ δήμου κεκρατηκότος ὑπεξανήγετο, καὶ τῶν ἐπικούρων οἱ πολλοὶ ἐς τὴν ἤπειρον λαθόντες διεκομίσθησαν. LXXV. Τῇ δὲ ἐπιγιγνομένῃ ἡμέρᾳ Νικόστρατος ὁ Διειτρέφους Ἀθηναίων στρατηγὸς παραγίνεται βοηθῶν ἐκ Ναυπάκτου δώδεκα ναυσὶ καὶ Μεσσηνίων πεντακοσίοις ὁπλίταις· ξύμβασίν τε ἔπρασσε καὶ πείθει ὥστε ξυγχωρῆσαι ἀλλήλοις δέκα μὲν ἄνδρας τοὺς αἰτιωτάτους κρῖναι, οἳ οὐκέτι ἔμειναν, τοὺς δ' ἄλλους οἰκεῖν σπονδὰς πρὸς ἀλλήλους ποιησαμένους καὶ πρὸς Ἀθηναίους, ὥστε τοὺς αὐ-

43. Il est intéressant de noter que les esclaves se rangent du côté du *dêmos*. Espéraient-ils obtenir, en plus de la liberté, l'accès à la citoyenneté ?

44. Une telle intervention des femmes et des esclaves dans les combats de rue avait déjà été évoquée par Thucydide à propos de l'assaut des Thébains sur Platée (II, 4, 2).

et le port voisin, qui regarde le continent. LXXIII. Le lendemain, il y eut quelques escarmouches, tandis que chaque parti envoyait dans la campagne recruter les esclaves en leur promettant la liberté ; la masse des serviteurs se rangea aux côtés du peuple[43], mais l'autre camp reçut huit cents auxiliaires du continent. LXXIV. Après une journée d'intervalle, le combat reprit, et le peuple l'emporta grâce à la force de ses positions et par la supériorité du nombre, d'autant que les femmes le secondaient hardiment, lançant des tuiles du haut des maisons et dominant leur naturel pour affronter le tumulte[44]. 2 Quand leur déroute fut survenue, vers le soir, les aristocrates craignirent que du premier élan le peuple, attaquant l'arsenal maritime, ne l'enlevât et ne les massacrât ; ils mirent alors le feu aux maisons autour de l'agora, y compris les immeubles de rapport, pour supprimer tout accès, sans épargner leurs biens ni ceux d'autrui, de sorte que beaucoup de marchandises brûlèrent et que la ville courut le risque d'être entièrement détruite, si un vent portant vers elle s'était mis à souffler sur l'incendie.

3 Les Corcyréens avaient donc cessé le combat : dans chaque camp, sans plus bouger, ils passèrent la nuit à veiller ; le vaisseau corinthien, lui, gagnait furtivement le large puisque le peuple était vainqueur, et la plupart des auxiliaires furent transportés en secret sur le continent. LXXV. Le jour suivant, Nicostratos, fils de Diitréphès, stratège d'Athènes, arriva de Naupacte à la rescousse avec douze navires et cinq cents hoplites messéniens ; il négocia un accord et parvint à persuader les Corcyréens de s'entendre : ils traduiraient en justice les dix principaux responsables (qui ne restèrent plus à attendre) ; les autres demeureraient là en signant un traité entre eux, et un autre avec Athènes, prévoyant qu'ils auraient mêmes

τοὺς ἐχθροὺς καὶ φίλους νομίζειν. 2 Καὶ ὁ μὲν ταῦτα πράξας ἔμελλεν ἀποπλεύσεσθαι· οἱ δὲ τοῦ δήμου προστάται πείθουσιν αὐτὸν πέντε μὲν ναῦς τῶν αὐτοῦ σφίσι καταλιπεῖν, ὅπως ἧσσόν τι ἐν κινήσει ὦσιν οἱ ἐναντίοι, ἴσας δὲ αὐτοὶ πληρώσαντες ἐκ σφῶν αὐτῶν ξυμπέμψειν. 3 Καὶ ὁ μὲν ξυνεχώρησεν, οἱ δὲ τοὺς ἐχθροὺς κατέλεγον ἐς τὰς ναῦς. Δείσαντες δὲ ἐκεῖνοι μὴ ἐς τὰς Ἀθήνας ἀποπεμφθῶσι καθίζουσιν ἐς τὸ τῶν Διοσκόρων ἱερόν. 4 Νικόστρατος δὲ αὐτοὺς ἀνίστη τε καὶ παρεμυθεῖτο. Ὡς δ' οὐκ ἔπειθεν, ὁ δῆμος ὁπλισθεὶς ἐπὶ τῇ προφάσει ταύτῃ, ὡς οὐδὲν αὐτῶν ὑγιὲς διανοουμένων τῇ τοῦ μὴ ξυμπλεῖν ἀπιστίᾳ, τά τε ὅπλα αὐτῶν ἐκ τῶν οἰκιῶν ἔλαβε καὶ αὐτῶν τινας οἷς ἐπέτυχον, εἰ μὴ Νικόστρατος ἐκώλυσε, διέφθειραν ἄν. 5 Ὁρῶντες δὲ οἱ ἄλλοι τὰ γιγνόμενα καθίζουσιν ἐς τὸ Ἥραιον ἱκέται καὶ γίγνονται οὐκ ἐλάσσους τετρακοσίων. Ὁ δὲ δῆμος δείσας μή τι νεωτερίσωσιν ἀνίστησί τε αὐτοὺς πείσας καὶ διακομίζει ἐς τὴν πρὸ τοῦ Ἡραίου νῆσον, καὶ τὰ ἐπιτήδεια ἐκεῖσε αὐτοῖς διεπέμπετο.

LXXVI. Τῆς δὲ στάσεως ἐν τούτῳ οὔσης τετάρτῃ ἢ πέμπτῃ ἡμέρᾳ μετὰ τὴν τῶν ἀνδρῶν ἐς τὴν νῆσον διακομιδὴν αἱ ἐκ τῆς Κυλλήνης Πελοποννησίων νῆες, μετὰ τὸν ἐκ τῆς Ἰωνίας πλοῦν ἔφορμοι οὖσαι, παραγίγνονται τρεῖς καὶ πεντήκοντα· ἦρχε δὲ αὐτῶν Ἀλκίδας, ὅσπερ καὶ πρότερον, καὶ Βρασίδας αὐτῷ ξύμβουλος ἐπέπλει. Ὁρμισάμενοι δὲ ἐς Σύβοτα λιμένα τῆς ἠπείρου ἅμα ἕῳ ἐπέπλεον τῇ Κερκύρᾳ. LXXVII. Οἱ δὲ πολλῷ θορύβῳ καὶ πεφοβημένοι τά τ' ἐν τῇ πόλει καὶ τὸν ἐπίπλουν παρεσκευάζοντό τε ἅμα ἑξήκοντα ναῦς καὶ τὰς αἰεὶ πληρουμένας ἐξέπεμπον πρὸς τοὺς ἐναντίους, παραινούντων Ἀθηναίων

---

45. Formule traditionnelle dans les traités d'alliance.
46. Dans tout ce passage, Thucydide met en valeur l'attitude conciliante des stratèges athéniens.

ennemis et mêmes amis qu'elle[45]. 2 Cela obtenu, il allait reprendre la mer, lorsque les chefs du parti populaire le décidèrent à leur laisser cinq de ses navires, pour contenir un peu l'agitation de l'adversaire ; eux-mêmes garniraient d'équipages corcyréens autant de navires, qui partiraient avec les Athéniens. 3 Nicostratos accepta, mais les chefs corcyréens se mirent à enrôler sur ces navires leurs adversaires. Ceux-ci eurent peur d'être envoyés à Athènes et se réfugièrent dans le sanctuaire des Dioscures. 4 Nicostratos s'employa à les relever et les réconforter, sans pouvoir les convaincre[46]. Alors, sur ce motif, le peuple prit les armes : selon lui, la défiance devant l'embarquement dénotait chez ces gens-là des intentions mauvaises. Il alla prendre leurs armes dans les maisons, et certains d'entre eux, rencontrés par hasard, auraient péri sans l'opposition de Nicostratos. 5 Voyant ce qui arrivait, les autres se réfugièrent dans l'Héraion, où leur nombre atteignit au moins quatre cents. Le peuple, qui craignit de leur part une action radicale, les persuada de se relever et les transporta dans l'île située devant l'Héraion, où on leur faisait passer le nécessaire.

LXXVI. Les troubles en étaient là, et trois ou quatre jours s'étaient écoulés depuis leur transport dans l'île, quand se présentèrent les navires péloponnésiens de Cyllène, devant laquelle ils avaient été ancrés après leur retour d'Ionie ; ils étaient cinquante-trois, commandés ainsi qu'auparavant par Alcidas, qui avait maintenant Brasidas avec lui comme conseiller. Ils mouillèrent à Sybota, port du continent, puis cinglèrent sur Corcyre à l'aube. LXXVII. Les habitants, au milieu du tumulte, dans la frayeur que provoquaient la situation intérieure de la ville et l'attaque navale conjuguées, préparèrent soixante navires, qu'ils envoyaient contre l'ennemi à mesure, dès que chacun était prêt, malgré les Athéniens qui leur conseillaient de les laisser eux-

σφᾶς τε ἐᾶσαι πρῶτον ἐκπλεῦσαι καὶ ὕστερον πάσαις ἅμα
ἐκείνους ἐπιγενέσθαι. 2 Ὡς δὲ αὐτοῖς πρὸς τοῖς πολεμίοις ἦσαν σποράδες αἱ νῆες, δύο μὲν εὐθὺς ηὐτομόλησαν,
ἐν ἑτέραις δὲ ἀλλήλοις οἱ ἐμπλέοντες ἐμάχοντο, ἦν δὲ οὐδεὶς κόσμος τῶν ποιουμένων. 3 Ἰδόντες δὲ οἱ Πελοποννήσιοι τὴν ταραχὴν εἴκοσι μὲν ναυσὶ πρὸς τοὺς Κερκυραίους ἐτάξαντο, ταῖς δὲ λοιπαῖς πρὸς τὰς δώδεκα ναῦς
τῶν Ἀθηναίων, ὧν ἦσαν αἱ δύο Σαλαμινία καὶ Πάραλος.
LXXVIII. Καὶ οἱ μὲν Κερκυραῖοι κακῶς τε καὶ κατ᾽ ὀλίγας προσπίπτοντες ἐταλαιπώρουν τὸ καθ᾽ αὑτούς· οἱ δ᾽
Ἀθηναῖοι φοβούμενοι τὸ πλῆθος καὶ τὴν περικύκλωσιν
ἀθρόαις μὲν οὐ προσέπιπτον οὐδὲ κατὰ μέσον ταῖς ἐφ᾽
ἑαυτοὺς τεταγμέναις, προσβαλόντες δὲ κατὰ κέρας κατα-
δύουσι μίαν ναῦν. Καὶ μετὰ ταῦτα κύκλον ταξαμένων αὐτῶν περιέπλεον καὶ ἐπειρῶντο θορυβεῖν. 2 Γνόντες δὲ οἱ
πρὸς τοῖς Κερκυραίοις καὶ δείσαντες μὴ ὅπερ ἐν Ναυπάκτῳ
γένοιτο, ἐπιβοηθοῦσι, καὶ γενόμεναι ἀθρόαι αἱ νῆες ἅμα
τὸν ἐπίπλουν τοῖς Ἀθηναίοις ἐποιοῦντο. 3 Οἱ δ᾽ ὑπεχώρουν ἤδη πρύμναν κρουόμενοι καὶ ἅμα τὰς τῶν Κερκυραίων
ἐβούλοντο προκαταφυγεῖν ὅτι μάλιστα, ἑαυτῶν σχολῇ τε
ὑποχωρούντων καὶ πρὸς σφᾶς τεταγμένων τῶν ἐναντίων.
4 Ἡ μὲν οὖν ναυμαχία τοιαύτη γενομένη ἐτελεύτα ἐς
ἡλίου δύσιν, LXXIX. καὶ οἱ Κερκυραῖοι δείσαντες μὴ
σφίσιν ἐπιπλεύσαντες ἐπὶ τὴν πόλιν ὡς κρατοῦντες οἱ πολέμιοι ἢ τοὺς ἐκ τῆς νήσου ἀναλάβωσιν ἢ καὶ ἄλλο τι
νεωτερίσωσι, τούς τε ἐκ τῆς νήσου πάλιν ἐς τὸ Ἥραιον
διεκόμισαν καὶ τὴν πόλιν ἐφύλασσον. 2 Οἱ δ᾽ ἐπὶ μὲν
τὴν πόλιν οὐκ ἐτόλμησαν πλεῦσαι κρατοῦντες τῇ ναυμαχίᾳ, τρεῖς δὲ καὶ δέκα ναῦς ἔχοντες τῶν Κερκυραίων ἀπέπλευσαν ἐς τὴν ἤπειρον, ὅθενπερ ἀνηγάγοντο. 3 Τῇ

47. La manœuvre avait permis à Phormion de remporter la victoire, malgré l'infériorité numérique de sa flotte (II, 84). Cette fois, les
Athéniens furent contraints de battre en retraite.

mêmes prendre la mer les premiers et de se présenter, eux,
plus tard avec leur flotte au complet. 2 Comme ces navires
étaient au contact de l'ennemi séparément, deux désertè-
rent tout de suite ; sur d'autres les troupes embarquées se
battaient entre elles ; enfin rien ne se passait en ordre. 3
Voyant cette confusion, les Péloponnésiens rangèrent vingt
de leurs navires contre les Corcyréens et le reste contre les
douze navires athéniens, dont deux étaient la Salaminienne
et la Paralienne. LXXVIII. Attaquant maladroitement et
par petits paquets, les Corcyréens étaient, de leur côté, en
difficulté ; quant aux Athéniens, qui avaient peur du nombre et d'un encerclement possible, ils n'attaquaient pas la
masse ni le centre des trières rangées contre eux ; ils se
jetèrent sur une aile et coulèrent un vaisseau. Là-dessus,
les Péloponnésiens formèrent un cercle autour duquel les
Athéniens tournaient en essayant de jeter la confusion. 2
Les hommes qui étaient près des Corcyréens s'en aperçurent, craignirent de voir se reproduire les événements
de Naupacte[47] et vinrent à la rescousse : tous rassemblés,
leurs navires s'élancèrent à la fois contre les Athéniens. 3
Ceux-ci dès lors se replièrent en marche arrière ; en même
temps, ils cherchaient à couvrir le plus possible la retraite
des unités de Corcyre, en se retirant eux-mêmes lentement
et en retenant l'adversaire contre eux.

4 Telle fut cette bataille navale, qui finit au coucher du
soleil ; LXXIX. alors les Corcyréens craignirent que l'ennemi, se sentant vainqueur, ne mît le cap sur leur ville pour
enlever les internés de l'île ou prendre une autre mesure
radicale : ils ramenèrent les internés de l'île dans l'Héraion
et veillèrent sur la ville. 2 Mais l'ennemi, sans oser attaquer la ville malgré cette victoire navale, se contenta de
regagner le continent, d'où il était parti, avec treize navires pris aux Corcyréens. 3 Le lendemain, sans davantage

δ' ὑστεραίᾳ ἐπὶ μὲν τὴν πόλιν οὐδὲν μᾶλλον ἐπέπλεον, καίπερ ἐν πολλῇ ταραχῇ καὶ φόβῳ ὄντας καὶ Βρασίδου παραινοῦντος, ὡς λέγεται, Ἀλκίδᾳ, ἰσοψήφου δὲ οὐκ ὄντος· ἐπὶ δὲ τὴν Λευκίμμην τὸ ἀκρωτήριον ἀποβάντες ἐπόρθουν τοὺς ἀγρούς. LXXX. Ὁ δὲ δῆμος τῶν Κερκυραίων ἐν τούτῳ περιδεὴς γενόμενος μὴ ἐπιπλεύσωσιν αἱ νῆες, τοῖς τε ἱκέταις ᾖσαν ἐς λόγους καὶ τοῖς ἄλλοις, ὅπως σωθήσεται ἡ πόλις, καί τινας αὐτῶν ἔπεισαν ἐς τὰς ναῦς ἐσβῆναι· ἐπλήρωσαν γὰρ ὅμως τριάκοντα προσδεχόμενοι τὸν ἐπίπλουν. 2 Οἱ δὲ Πελοποννήσιοι μέχρι μέσου ἡμέρας δῃώσαντες τὴν γῆν ἀπέπλευσαν, καὶ ὑπὸ νύκτα αὐτοῖς ἐφρυκτωρήθησαν ἑξήκοντα νῆες Ἀθηναίων προσπλέουσαι ἀπὸ Λευκάδος, ἃς οἱ Ἀθηναῖοι πυνθανόμενοι τὴν στάσιν καὶ τὰς μετ' Ἀλκίδου ναῦς ἐπὶ Κέρκυραν μελλούσας πλεῖν ἀπέστειλαν καὶ Εὐρυμέδοντα τὸν Θουκλέους στρατηγόν. LXXXI. Οἱ μὲν οὖν Πελοποννήσιοι τῆς νυκτὸς εὐθὺς κατὰ τάχος ἐκομίζοντο ἐπ' οἴκου παρὰ τὴν γῆν· καὶ ὑπερενεγκόντες τὸν Λευκαδίων ἰσθμὸν τὰς ναῦς, ὅπως μὴ περιπλέοντες ὀφθῶσιν, ἀποκομίζονται. 2 Κερκυραῖοι δὲ αἰσθόμενοι τάς τε Ἀττικὰς ναῦς προσπλεούσας τάς τε τῶν πολεμίων οἰχομένας, λαβόντες τούς τε Μεσσηνίους ἐς τὴν πόλιν ἤγαγον πρότερον ἔξω ὄντας, καὶ τὰς ναῦς περιπλεῦσαι κελεύσαντες ἃς ἐπλήρωσαν ἐς τὸν Ὑλλαϊκὸν λιμένα, ἐν ὅσῳ περιεκομίζοντο, τῶν ἐχθρῶν εἴ τινα λάβοιεν, ἀπέκτεινον· καὶ ἐκ τῶν νεῶν ὅσους ἔπεισαν ἐσβῆναι ἐκβιβάζοντες ἀπεχρῶντο, ἐς τὸ Ἥραιόν τε ἐλθόντες τῶν ἱκετῶν ὡς πεντήκοντα ἄνδρας δίκην ὑποσχεῖν ἔπεισαν καὶ κατέγνωσαν πάντων θάνατον. 3 Οἱ δὲ πολλοὶ τῶν ἱκετῶν, ὅσοι οὐκ ἐπείσθησαν, ὡς ἑώρων τὰ γιγνόμενα, διέφθειρον

---

48. C'est Alcidas qui avait reçu le commandement de la flotte. Brasidas, qui sera plus tard un des héros de la fin de la guerre d'Archidamos, n'était alors que le conseiller du navarque.

attaquer la ville, en dépit de la confusion et de la frayeur qui
y régnaient et bien que Brasidas, dit-on, y poussât Alcidas
(mais sa voix ne comptait pas autant)[48], ils débarquèrent
au promontoire de Leucimme et ravagèrent la campagne.
LXXX. Cependant, les démocrates de Corcyre, craignant
beaucoup une attaque de ces navires, ouvrirent des pourparlers avec les suppliants et leurs amis, en vue de sauver
la cité ; ils en persuadèrent quelques-uns d'embarquer ;
de fait, ils équipèrent malgré tout trente vaisseaux dans
l'attente de l'attaque. 2 Les Péloponnésiens dévastèrent le
territoire jusqu'au milieu de la journée, puis repartirent ;
à la nuit, des signaux de feu leur annoncèrent soixante
navires athéniens venant de Leucade, que les Athéniens
avaient envoyés en apprenant la guerre civile et le proche
départ pour Corcyre des navires d'Alcidas ; le stratège
Eurymédon, fils de Thouclès, les commandait. LXXXI.
Aussi les Péloponnésiens, en pleine nuit, se hâtèrent de
longer la côte pour retourner chez eux ; ils transportè-
rent leurs navires par-dessus l'isthme de Leucade afin de
n'être pas vus en faisant le tour, et s'en allèrent. 2 Quant
aux Corcyréens, dès qu'ils constatèrent tout ensemble
l'approche des vaisseaux athéniens et le départ des vaisseaux ennemis, ils prirent avec eux et introduisirent dans la
ville les Messéniens restés jusque-là au dehors, firent passer dans le port Hyllaïcos les navires qu'ils avaient équipés et, durant ce circuit, tuèrent tous les adversaires qu'ils
prenaient ; en outre, tous ceux qu'ils avaient persuadés de
s'embarquer durent descendre des navires et furent exécutés ; enfin, ils allèrent à l'Héraion, persuadèrent environ
cinquante suppliants de venir en justice et les condamnèrent tous à mort. 3 Quand la majorité des suppliants, qui
ne les avaient pas écoutés, virent ce qui arrivait, ils se tuèrent mutuellement sur place, dans le sanctuaire ; certains

αὐτοῦ ἐν τῷ ἱερῷ ἀλλήλους, καὶ ἐκ τῶν δένδρων τινὲς
ἀπήγχοντο, οἱ δ' ὡς ἕκαστοι ἐδύναντο ἀνηλοῦντο. 4 Ἡμέρας τε ἑπτά, ἃς ἀφικόμενος ὁ Εὐρυμέδων ταῖς ἑξήκοντα
ναυσὶ παρέμεινε, Κερκυραῖοι σφῶν αὐτῶν τοὺς ἐχθροὺς δοκοῦντας εἶναι ἐφόνευον, τὴν μὲν αἰτίαν ἐπιφέροντες τοῖς
τὸν δῆμον καταλύουσιν, ἀπέθανον δέ τινες καὶ ἰδίας ἔχθρας
ἕνεκα, καὶ ἄλλοι χρημάτων σφίσιν ὀφειλομένων ὑπὸ τῶν
λαβόντων· 5 πᾶσά τε ἰδέα κατέστη θανάτου, καὶ οἷον
φιλεῖ ἐν τῷ τοιούτῳ γίγνεσθαι, οὐδὲν ὅ τι οὐ ξυνέβη καὶ ἔτι
περαιτέρω. Καὶ γὰρ πατὴρ παῖδα ἀπέκτεινε καὶ ἀπὸ τῶν
ἱερῶν ἀπεσπῶντο καὶ πρὸς αὐτοῖς ἐκτείνοντο, οἱ δέ τινες
καὶ περιοικοδομηθέντες ἐν τοῦ Διονύσου τῷ ἱερῷ ἀπέθανον.

LXXXII. Οὕτως ὠμὴ ⟨ἡ⟩ στάσις προυχώρησε, καὶ
ἔδοξε μᾶλλον, διότι ἐν τοῖς πρώτη ἐγένετο, ἐπεὶ ὕστερόν
γε καὶ πᾶν ὡς εἰπεῖν τὸ Ἑλληνικὸν ἐκινήθη, διαφορῶν
οὐσῶν ἑκασταχοῦ τοῖς τε τῶν δήμων προστάταις τοὺς
Ἀθηναίους ἐπάγεσθαι καὶ τοῖς ὀλίγοις τοὺς Λακεδαιμονίους. Καὶ ἐν μὲν εἰρήνῃ οὐκ ἂν ἐχόντων πρόφασιν οὐδ'
ἐτόλμων παρακαλεῖν αὐτούς, πολεμουμένων δὲ καὶ ξυμμαχίας ἅμα ἑκατέροις τῇ τῶν ἐναντίων κακώσει καὶ σφίσιν
αὐτοῖς ἐκ τοῦ αὐτοῦ προσποιήσει ῥᾳδίως αἱ ἐπαγωγαὶ τοῖς
νεωτερίζειν τι βουλομένοις ἐπορίζοντο. 2 Καὶ ἐπέπεσε
πολλὰ καὶ χαλεπὰ κατὰ στάσιν ταῖς πόλεσι, γιγνόμενα
μὲν καὶ ἀεὶ ἐσόμενα, ἕως ἂν ἡ αὐτὴ φύσις ἀνθρώπων ᾖ,
μᾶλλον δὲ καὶ ἡσυχαίτερα καὶ τοῖς εἴδεσι διηλλαγμένα, ὡς
ἂν ἕκασται αἱ μεταβολαὶ τῶν ξυντυχιῶν ἐφιστῶνται. Ἐν
μὲν γὰρ εἰρήνῃ καὶ ἀγαθοῖς πράγμασιν αἵ τε πόλεις καὶ οἱ
ἰδιῶται ἀμείνους τὰς γνώμας ἔχουσι διὰ τὸ μὴ ἐς ἀκου-
σίους ἀνάγκας πίπτειν· ὁ δὲ πόλεμος ὑφελὼν τὴν εὐπορίαν

---

49. Les massacres sont révélateurs de cette perte de tous les signes
d'une vie civilisée fondée sur le respect des liens familiaux et des sanctuaires des dieux.

se pendirent aux arbres, les autres se supprimèrent chacun comme il put. 4 Pendant les sept jours qui suivirent l'arrivée d'Eurymédon et où il fut là avec ses soixante navires, les Corcyréens firent un carnage de leurs concitoyens qui passaient pour opposants ; ils en rejetaient la responsabilité sur les adversaires de la démocratie, mais certains moururent aussi victimes de haines privées, et d'autres, qui avaient prêté de l'argent, sous les coups de leurs débiteurs. 5 La mort revêtit toutes les formes et, comme cela se produit en pareil cas, on ne recula devant rien – et pis encore. Le père tuait son fils, les suppliants étaient arrachés des sanctuaires ou tués sur place, certains périrent même emmurés dans le sanctuaire de Dionysos[49].

LXXXII. Tel fut en effet le degré de cruauté qu'atteignit la guerre civile, et il fut plus sensible parce qu'elle était des toutes premières ; car ensuite, le mouvement gagna pour ainsi dire le monde grec tout entier, où des différends opposaient dans chaque ville les chefs du peuple, partisans d'appeler les Athéniens, et les aristocrates, qui tenaient pour les Lacédémoniens. En temps de paix, il n'y aurait pas eu de prétexte et l'on n'osait donc pas les faire venir, mais une fois en guerre, du même coup, l'appel à des alliances, tant pour nuire à l'adversaire que pour se les attacher à soi-même, devenait un procédé facile de part et d'autre pour ceux qui voulaient une action révolutionnaire. 2 À la faveur des troubles, on vit s'abattre sur les cités bien des maux, comme il s'en produit et s'en produira toujours tant que la nature humaine restera la même, mais qui s'accroissent ou s'apaisent et changent de forme selon chaque variation qui intervient dans les conjonctures. En temps de paix et de prospérité, les cités et les particuliers ont un esprit meilleur parce qu'ils ne se heurtent pas à des nécessités contraignantes ; la guerre, qui retranche

τοῦ καθ' ἡμέραν βίαιος διδάσκαλος καὶ πρὸς τὰ παρόντα
τὰς ὀργὰς τῶν πολλῶν ὁμοιοῖ. 3 Ἐστασίαζέ τε οὖν τὰ
τῶν πόλεων, καὶ τὰ ἐφυστερίζοντά που πύστει τῶν προ-
γενομένων πολὺ ἐπέφερε τὴν ὑπερβολὴν τοῦ καινοῦσθαι
τὰς διανοίας τῶν τ' ἐπιχειρήσεων περιτεχνήσει καὶ τῶν
τιμωριῶν ἀτοπίᾳ. 4 Καὶ τὴν εἰωθυῖαν ἀξίωσιν τῶν ὀνομάτων ἐς τὰ ἔργα ἀντήλλαξαν τῇ δικαιώσει. Τόλμα μὲν
γὰρ ἀλόγιστος ἀνδρεία φιλέταιρος ἐνομίσθη, μέλλησις δὲ
προμηθὴς δειλία εὐπρεπής, τὸ δὲ σῶφρον τοῦ ἀνάνδρου
πρόσχημα, καὶ τὸ πρὸς ἅπαν ξυνετὸν ἐπὶ πᾶν ἀργόν· τὸ
δ' ἐμπλήκτως ὀξὺ ἀνδρὸς μοίρᾳ προσετέθη, ἀσφαλείᾳ δὲ
τὸ ἐπιβουλεύσασθαι ἀποτροπῆς πρόφασις εὔλογος. 5 Καὶ
ὁ μὲν χαλεπαίνων πιστὸς αἰεί, ὁ δ' ἀντιλέγων αὐτῷ ὕποπτος. Ἐπιβουλεύσας δέ τις τυχὼν ξυνετὸς καὶ ὑπονοήσας
ἔτι δεινότερος· προβουλεύσας δὲ ὅπως μηδὲν αὐτῶν δεή-
σει, τῆς τε ἑταιρίας διαλυτὴς καὶ τοὺς ἐναντίους ἐκπε-
πληγμένος. Ἁπλῶς δὲ ὁ φθάσας τὸν μέλλοντα κακόν τι
δρᾶν ἐπῃνεῖτο, καὶ ὁ ἐπικελεύσας τὸν μὴ διανοούμενον.
6 Καὶ μὴν καὶ τὸ ξυγγενὲς τοῦ ἑταιρικοῦ ἀλλοτριώτερον
ἐγένετο διὰ τὸ ἑτοιμότερον εἶναι ἀπροφασίστως τολμᾶν·
οὐ γὰρ μετὰ τῶν κειμένων νόμων ὠφελίας αἱ τοιαῦται ξύν-
οδοι, ἀλλὰ παρὰ τοὺς καθεστῶτας πλεονεξίᾳ. Καὶ τὰς ἐς
σφᾶς αὐτοὺς πίστεις οὐ τῷ θείῳ νόμῳ μᾶλλον ἐκρατύνοντο
ἢ τῷ κοινῇ τι παρανομῆσαι. 7 Τά τε ἀπὸ τῶν ἐναντίων
καλῶς λεγόμενα ἐνεδέχοντο ἔργων φυλακῇ, εἰ προύχοιεν,
καὶ οὐ γενναιότητι. Ἀντιτιμωρήσασθαί τέ τινα περὶ πλείονος ἦν ἢ αὐτὸν μὴ προπαθεῖν. Καὶ ὅρκοι εἴ που ἄρα γένοιντο

---

50. Thucydide souligne ici les conséquences de la guerre qui dur-
çit les oppositions. On notera le rappel de l'aspect idéologique de cette
guerre : partout les « chefs du peuple » sont favorables à Athènes et les
aristocrates à Sparte.
51. Le développement qui suit analyse les conséquences de cette
violence dans les relations entre cités et au sein des cités sur le plan
même du sens des mots.

les facilités de la vie quotidienne, est un maître aux façons violentes[50], et elle modèle sur la situation les passions de la majorité. 3 Ainsi la guerre civile régnait dans les cités, et celles qui étaient ici ou là demeurées en arrière, à la nouvelle de ce qui s'était fait, renchérissaient largement dans l'originalité des conceptions, en recourant à des initiatives d'une ingéniosité rare et à des représailles inouïes. 4 On changea jusqu'au sens usuel des mots par rapport aux actes, dans les justifications qu'on donnait[51]. Une audace irréfléchie passa pour dévouement courageux à son parti, une prudence réservée pour lâcheté déguisée, la sagesse pour le masque de la couardise, l'intelligence en tout pour une inertie totale ; les impulsions précipitées furent comptées comme qualité virile, et les délibérations circonspectes comme un beau prétexte de dérobade. 5 Les mécontents obtenaient toujours la confiance, et leurs contradicteurs la défiance. Intelligent était celui dont l'intrigue avait réussi, plus habile encore qui avait su la pénétrer ; mais qui avait d'avance réussi, lui, à dispenser de telles menées, était un briseur de parti, épouvanté par l'adversaire. Bref, être le premier dans cette course au mal vous valait des louanges, et aussi d'y pousser qui n'y songeait pas. 6 En vérité, la parenté même devint un lien moins étroit que le parti, où l'on était prêt davantage à oser sans détour ; car ces réunions-là, au lieu de respecter les lois existantes en visant à l'utilité, violaient l'ordre établi, au gré de la cupidité. Et les engagements mutuels tiraient moins leur force de la loi divine que de l'illégalité perpétrée en commun. 7 On n'acceptait les nobles propositions de l'adversaire, quand on avait le dessus, qu'avec des précautions effectives, non avec générosité. Et l'on appréciait plus de rendre soi-même le mal que de ne point d'abord le subir. Si jamais des serments avaient marqué un accord, comme ils

ξυναλλαγῆς, ἐν τῷ αὐτίκα πρὸς τὸ ἄπορον ἑκατέρῳ διδό-
μενοι ἴσχυον οὐκ ἐχόντων ἄλλοθεν δύναμιν· ἐν δὲ τῷ παρατυχόντι ὁ φθάσας θαρσῆσαι, εἰ ἴδοι ἄφαρκτον, ἥδιον διὰ
τὴν πίστιν ἐτιμωρεῖτο ἢ ἀπὸ τοῦ προφανοῦς, καὶ τό τε
ἀσφαλὲς ἐλογίζετο καὶ ὅτι ἀπάτῃ περιγενόμενος ξυνέσεως
ἀγώνισμα προσελάμβανεν. Ῥᾷον δ' οἱ πολλοὶ κακοῦργοι
ὄντες δεξιοὶ κέκληνται ἢ ἀμαθεῖς ἀγαθοί, καὶ τῷ μὲν αἰσ-
χύνονται, ἐπὶ δὲ τῷ ἀγάλλονται. 8 Πάντων δ' αὐτῶν
αἴτιον ἀρχὴ ἡ διὰ πλεονεξίαν καὶ φιλοτιμίαν· ἐκ δ' αὐτῶν
καὶ ἐς τὸ φιλονικεῖν καθισταμένων τὸ πρόθυμον. Οἱ γὰρ ἐν
ταῖς πόλεσι προστάντες μετὰ ὀνόματος ἑκάτεροι εὐπρε-
ποῦς, πλήθους τε ἰσονομίας πολιτικῆς καὶ ἀριστοκρατίας
σώφρονος προτιμήσει, τὰ μὲν κοινὰ λόγῳ θεραπεύοντες
ἆθλα ἐποιοῦντο, παντὶ δὲ τρόπῳ ἀγωνιζόμενοι ἀλλήλων
περιγίγνεσθαι ἐτόλμησάν τε τὰ δεινότατα ἐπεξῇσάν τε τὰς
τιμωρίας ἔτι μείζους, οὐ μέχρι τοῦ δικαίου καὶ τῇ πόλει
ξυμφόρου προστιθέντες, ἐς δὲ τὸ ἑκατέροις που αἰεὶ ἡδονὴν
ἔχον ὁρίζοντες, καὶ ἢ μετὰ ψήφου ἀδίκου καταγνώσεως ἢ
χειρὶ κτώμενοι τὸ κρατεῖν ἑτοῖμοι ἦσαν τὴν αὐτίκα φιλο-
νικίαν ἐκπιμπλάναι. Ὥστε εὐσεβείᾳ μὲν οὐδέτεροι ἐνόμιζον, εὐπρεπείᾳ δὲ λόγου οἷς ξυμβαίη ἐπιφθόνως τι δια-
πράξασθαι, ἄμεινον ἤκουον. Τὰ δὲ μέσα τῶν πολιτῶν ὑπ'
ἀμφοτέρων ἢ ὅτι οὐ ξυνηγωνίζοντο ἢ φθόνῳ τοῦ περιεῖναι
διεφθείροντο.

52. On remarquera le soin de Thucydide à distinguer entre ceux qui
détenaient le pouvoir (les *prostatai*), qu'ils soient à la tête du peuple ou
du petit nombre, et la masse contrainte de les suivre et principale victime des affrontements.

étaient prêtés dans chaque camp faute d'une issue, ils ne valaient que sur le moment, parce qu'on n'avait pas d'appui ailleurs ; dès que l'occasion s'offrait, le premier à s'enhardir, quand il voyait l'adversaire sans défense, trouvait plus doux de se venger au mépris de son engagement qu'à découvert : il considérait à la fois sa sécurité et les lauriers que son intelligence lui valait de surcroît s'il triomphait par ruse. La plupart des hommes aiment mieux être appelés habiles en étant des canailles, qu'être appelés des sots en étant honnêtes : de ceci, ils rougissent, de l'autre, ils s'enorgueillissent. 8 La cause de tout cela, c'était le pouvoir voulu par cupidité et par ambition ; de ces deux sentiments provenait, quand les rivalités s'instauraient, une ardeur passionnée. En effet, les chefs des cités, pourvus dans chaque camp d'un vocabulaire spécieux, qui leur faisait exalter davantage l'égalité de tous les citoyens devant la loi ou bien la sagesse de l'aristocratie, traitaient les intérêts de l'État, qu'ils servaient en parole, comme un prix à remporter ; et dans cette joute où tous les moyens leur étaient bons pour triompher les uns des autres, ils osèrent le pire, et poussèrent plus loin encore leurs vengeances, car ils ne les exerçaient pas dans les limites de la justice et de l'utilité publique, mais ils les fixaient selon le plaisir qu'elles pouvaient comporter en l'occurrence pour chaque camp ; et que ce fût par une condamnation issue d'un vote injuste ou en se saisissant par force du pouvoir, ils étaient prêts à satisfaire leurs rivalités immédiates[52]. Ainsi, une conduite pieuse n'était en usage dans aucun des deux camps, mais, grâce à des paroles spécieuses, arrivait-on à réussir une entreprise odieuse, on y gagnait en renom. Quant aux éléments intermédiaires dans les cités, ils étaient massacrés par les deux camps, soit parce qu'ils ne les soutenaient pas, soit qu'on trouvât odieux de les voir, eux, en réchapper.

LXXXIII. Οὕτω πᾶσα ἰδέα κατέστη κακοτροπίας διὰ
τὰς στάσεις τῷ Ἑλληνικῷ, καὶ τὸ εὔηθες, οὗ τὸ γενναῖον
πλεῖστον μετέχει, καταγελασθὲν ἠφανίσθη, τὸ δὲ ἀντιτε-
τάχθαι ἀλλήλοις τῇ γνώμῃ ἀπίστως· ἐπὶ πολὺ διήνεγκεν·
2 οὐ γὰρ ἦν ὁ διαλύσων οὔτε λόγος ἐχυρὸς οὔτε ὅρκος
φοβερός, κρείσσους δὲ ὄντες ἅπαντες λογισμῷ ἐς τὸ ἀνέλπιστον τοῦ βεβαίου μὴ παθεῖν μᾶλλον προυσκόπουν ἢ
πιστεῦσαι ἐδύναντο. 3 Καὶ οἱ φαυλότεροι γνώμην ὡς τὰ
πλείω περιεγίγνοντο· τῷ γὰρ δεδιέναι τό τε αὑτῶν ἐνδεὲς
καὶ τὸ τῶν ἐναντίων ξυνετόν, μὴ λόγοις τε ἥσσους ὦσι καὶ
ἐκ τοῦ πολυτρόπου αὐτῶν τῆς γνώμης φθάσωσι προεπι-
βουλευόμενοι, τολμηρῶς πρὸς τὰ ἔργα ἐχώρουν. 4 Οἱ δὲ
καταφρονοῦντες κἂν προαισθέσθαι καὶ ἔργῳ οὐδὲν σφᾶς
δεῖν λαμβάνειν ἃ γνώμῃ ἔξεστιν, ἄφαρκτοι μᾶλλον διεφθείροντο.

LXXXIV. [Ἐν δ' οὖν τῇ Κερκύρᾳ τὰ πολλὰ αὐτῶν
προυτολμήθη, καὶ ὁπόσα ὕβρει μὲν ἀρχόμενοι τὸ πλέον ἢ
σωφροσύνῃ ὑπὸ τῶν τὴν τιμωρίαν παρασχόντων οἱ ἀντα-
μυνόμενοι δράσειαν, πενίας δὲ τῆς εἰωθυίας ἀπαλλαξείον-
τές τινες, μάλιστα δ' ἂν διὰ πάθους, ἐπιθυμοῦντες τὰ τῶν
πέλας ἔχειν, παρὰ δίκην γιγνώσκοιεν, οἵ τε μὴ ἐπὶ πλεονεξίᾳ, ἀπὸ ἴσου δὲ μάλιστα ἐπιόντες ἀπαιδευσίᾳ ὀργῆς
πλεῖστον ἐκφερόμενοι ὠμῶς καὶ ἀπαραιτήτως ἐπέλθοιεν.
2 Ξυνταραχθέντος τε τοῦ βίου ἐς τὸν καιρὸν τοῦτον τῇ
πόλει καὶ τῶν νόμων κρατήσασα ἡ ἀνθρωπεία φύσις, εἰω-
θυῖα καὶ παρὰ τοὺς νόμους ἀδικεῖν, ἀσμένη ἐδήλωσεν

LXXXIII. C'est ainsi que la dépravation revêtit toutes les formes dans le monde grec par l'action de la guerre civile, et la simplicité, où la noblesse a tant de part, disparut sous les railleries, tandis que l'affrontement d'esprits défiants passa au premier plan : 2 il n'y avait nul moyen d'apaisement, ni parole qui fût sûre ni serment qui fût terrible ; toujours les plus forts, évaluant par calcul l'incertitude des garanties, cherchaient à se prémunir plutôt qu'ils n'arrivaient à avoir confiance. 3 Et les esprits ordinaires l'emportaient le plus souvent : à force de craindre leur propre insuffisance et l'intelligence de l'adversaire, redoutant à la fois d'être inférieurs par la parole et pris de court par cette souplesse d'esprit prompte à l'intrigue, ils passaient hardiment aux actes. 4 Et les autres, comptant bien, dans leur mépris, prévoir les choses et n'avoir nul besoin de s'assurer par la pratique ce à quoi l'esprit peut suffire, restaient sans protection et se faisaient davantage massacrer.

LXXXIV. [Quoi qu'il en soit, c'est à Corcyre que la plupart de ces audaces se manifestèrent d'abord, avec tous les crimes qu'un gouvernement d'insolence plus que de sagesse, quand il avait ouvert la porte à la vengeance, pouvait s'attirer en représailles, et ceux que le désir d'écarter une pauvreté invétérée, ou surtout, par passion, l'envie d'avoir le bien du prochain pourrait inspirer contre toute justice, ceux enfin que pouvaient commettre des hommes qui marchent non pour avoir plus, mais essentiellement contre des égaux, et qu'une colère déchaînée dans sa grossièreté entraîne le plus loin, jusqu'à des attaques cruelles et inexorables. 2 La vie de la cité fut bouleversée en cette crise, et la nature humaine, victorieuse des lois, elle qui a coutume aussi de les violer pour commettre l'injustice, prit plaisir à montrer qu'elle ne domine pas sa colère, l'emporte sur la

ἀκρατὴς μὲν ὀργῆς οὖσα, κρείσσων δὲ τοῦ δικαίου, πολε-
μία δὲ τοῦ προύχοντος· οὐ γὰρ ἂν τοῦ τε ὁσίου τὸ τιμωρεῖσθαι προυτίθεσαν τοῦ τε μὴ ἀδικεῖν τὸ κερδαίνειν, ἐν ᾧ
μὴ βλάπτουσαν ἰσχὺν εἶχε τὸ φθονεῖν. 3 Ἀξιοῦσί τε
τοὺς κοινοὺς περὶ τῶν τοιούτων οἱ ἄνθρωποι νόμους, ἀφ'
ὧν ἅπασιν ἐλπὶς ὑπόκειται σφαλεῖσι κἂν αὐτοὺς διασώ-
ζεσθαι, ἐν ἄλλων τιμωρίαις προκαταλύειν καὶ μὴ ὑπολεί-
πεσθαι, εἴ ποτε ἄρα τις κινδυνεύσας τινὸς δεήσεται αὐτῶν.]

LXXXV. Οἱ μὲν οὖν κατὰ τὴν πόλιν Κερκυραῖοι τοιαύ-
ταις ὀργαῖς ταῖς πρώταις ἐς ἀλλήλους ἐχρήσαντο, καὶ ὁ
Εὐρυμέδων καὶ οἱ Ἀθηναῖοι ἀπέπλευσαν ταῖς ναυσίν·
2 ὕστερον δὲ οἱ φεύγοντες τῶν Κερκυραίων (διεσώθησαν
γὰρ αὐτῶν ἐς πεντακοσίους) τείχη τε λαβόντες, ἃ ἦν ἐν τῇ
ἠπείρῳ, ἐκράτουν τῆς πέραν οἰκείας γῆς καὶ ἐξ αὐτῆς
ὁρμώμενοι ἐλῄζοντο τοὺς ἐν τῇ νήσῳ καὶ πολλὰ ἔβλαπτον,
καὶ λιμὸς ἰσχυρὸς ἐγένετο ἐν τῇ πόλει. 3 Ἐπρεσβεύοντο
δὲ καὶ ἐς τὴν Λακεδαίμονα καὶ Κόρινθον περὶ καθόδου·
καὶ ὡς οὐδὲν αὐτοῖς ἐπράσσετο, ὕστερον χρόνῳ πλοῖα καὶ
ἐπικούρους παρασκευασάμενοι διέβησαν ἐς τὴν νῆσον ἑξακόσιοι μάλιστα οἱ πάντες, 4 καὶ τὰ πλοῖα ἐμπρήσαντες,
ὅπως ἀπόγνοια ᾖ τοῦ ἄλλο τι ἢ κρατεῖν τῆς γῆς, ἀναβάντες
ἐς τὸ ὄρος τὴν Ἰστώνην, τεῖχος ἐνοικοδομησάμενοι ἔφθειρον τοὺς ἐν τῇ πόλει καὶ τῆς γῆς ἐκράτουν.

LXXXVI. Τοῦ δ' αὐτοῦ θέρους τελευτῶντος Ἀθηναῖοι
εἴκοσι ναῦς ἔστειλαν ἐς Σικελίαν καὶ Λάχητα τὸν Μελα-

---

53. Les *nomoi*, les lois que violent les adversaires, ne sont pas
des dispositions juridiques, mais les lois immuables qui fondent la
civilisation.

justice et fait la guerre à toute supériorité : autrement, on
n'eût pas préféré la vengeance aux règles sacrées, le profit au respect de la justice, si la jalousie n'avait possédé
une force nuisible. 3 Méprisant ainsi les lois partout vala-
bles à cet égard, et sur quoi chacun fonde son espoir d'en
réchapper lui-même en cas d'échec, les hommes se permettent, afin de se venger d'autrui, de les abolir d'avance
et de n'en plus rien laisser pour le jour où tel aura peut-
être besoin, dans le danger, de telle d'entre elles[53].]

LXXXV. C'est donc ainsi que les Corcyréens de la
ville exercèrent d'abord leur fureur les uns sur les autres,
puis Eurymédon et les Athéniens repartirent avec leurs
navires ; 2 plus tard, les exilés de Corcyre (cinq cents à
peu près avaient échappé à la mort), prenant les fortifications qu'il y avait sur le continent et devenus maîtres
du territoire national en face de Corcyre, pratiquèrent le
pillage de l'île à partir de cette base, causant de grands
dommages, et une violente disette survint dans la ville.
3 Ils envoyèrent aussi des ambassadeurs discuter de leur
retour avec Lacédémone et Corinthe ; mais, comme ils
n'arrivaient à rien, ils passèrent plus tard dans l'île avec
des bateaux et des auxiliaires qu'ils se procurèrent – ils
étaient en tout six cents, autant qu'on puisse dire ; 4 brû-
lant leurs bateaux pour n'avoir d'autre issue que d'être les
maîtres du pays, ils gravirent le mont Istônè, s'y fortifièrent, puis désormais causèrent des pertes aux citadins et
furent maîtres du pays.

## La première expédition de Sicile ; divers événe-
ments en Grèce : la peste

LXXXVI. À la fin du même été, les Athéniens envoyèrent vingt navires en Sicile avec Lachès, fils de Mélanopos,

νώπου στρατηγὸν αὐτῶν καὶ Χαροιάδην τὸν Εὐφιλήτου. 2 Οἱ γὰρ Συρακόσιοι καὶ Λεοντῖνοι ἐς πόλεμον ἀλλήλοις καθέστασαν. Ξύμμαχοι δὲ τοῖς μὲν Συρακοσίοις ἦσαν πλὴν Καμαριναίων αἱ ἄλλαι Δωρίδες πόλεις, αἵπερ καὶ πρὸς τὴν τῶν Λακεδαιμονίων τὸ πρῶτον ἀρχομένου τοῦ πολέμου ξυμμαχίαν ἐτάχθησαν, οὐ μέντοι ξυνεπολέμησάν γε, τοῖς δὲ Λεοντίνοις αἱ Χαλκιδικαὶ πόλεις καὶ Καμάρινα· τῆς δὲ Ἰταλίας Λοκροὶ μὲν Συρακοσίων ἦσαν, Ῥηγῖνοι δὲ κατὰ τὸ ξυγγενὲς Λεοντίνων. 3 Ἐς οὖν τὰς Ἀθήνας πέμψαντες οἱ τῶν Λεοντίνων ξύμμαχοι κατά τε παλαιὰν ξυμμαχίαν καὶ ὅτι Ἴωνες ἦσαν πείθουσι τοὺς Ἀθηναίους πέμψαι σφίσι ναῦς· ὑπὸ γὰρ τῶν Συρακοσίων τῆς τε γῆς εἴργοντο καὶ τῆς θαλάσσης. 4 Καὶ ἔπεμψαν οἱ Ἀθηναῖοι τῆς μὲν οἰκειότητος προφάσει, βουλόμενοι δὲ μήτε σῖτον ἐς τὴν Πελοπόννησον ἄγεσθαι αὐτόθεν πρόπειράν τε ποιούμενοι εἰ σφίσι δυνατὰ εἴη τὰ ἐν τῇ Σικελίᾳ πράγματα ὑποχείρια γενέσθαι. 5 Καταστάντες οὖν ἐς Ῥήγιον τῆς Ἰταλίας τὸν πόλεμον ἐποιοῦντο μετὰ τῶν ξυμμάχων. Καὶ τὸ θέρος ἐτελεύτα.

LXXXVII. Τοῦ δ᾽ ἐπιγιγνομένου χειμῶνος ἡ νόσος τὸ δεύτερον ἐπέπεσε τοῖς Ἀθηναίοις, ἐκλιποῦσα μὲν οὐδένα χρόνον τὸ παντάπασιν, ἐγένετο δέ τις ὅμως διοκωχή. 2 Παρέμεινε δὲ τὸ μὲν ὕστερον οὐκ ἔλασσον ἐνιαυτοῦ, τὸ δὲ πρότερον καὶ δύο ἔτη, ὥστε Ἀθηναίους γε μὴ εἶναι ὅτι μᾶλλον τούτου ἐπίεσε καὶ ἐκάκωσε τὴν δύναμιν· 3 τετρακοσίων γὰρ ὁπλιτῶν καὶ τετρακισχιλίων οὐκ ἐλάσσους ἀπέθανον ἐκ τῶν τάξεων καὶ τριακοσίων ἱππέων, τοῦ δὲ ἄλλου ὄχλου ἀνεξεύρετος ἀριθμός. 4 Ἐγένοντο δὲ καὶ οἱ πολλοὶ σεισμοὶ τότε τῆς γῆς, ἔν τε Ἀθήναις καὶ ἐν Εὐβοίᾳ καὶ ἐν Βοιωτοῖς καὶ μάλιστα ἐν Ὀρχομενῷ τῷ Βοιωτίῳ.

54. On verra réapparaître à propos de la Sicile ces liens issus d'une origine commune (dorienne ou ionienne) qui seront toutefois remis en question et dont Thucydide souligne ici la relativité dans la conduite des Athéniens.

comme stratège, ainsi que Charoiadès, fils d'Euphilé-
tos. 2 Une guerre avait éclaté entre les Syracusains et les
Léontins. Leurs alliés étaient, pour Syracuse, toutes les
villes doriennes sauf Camarine : elles s'étaient initiale-
ment rangées dans l'alliance lacédémonienne au début
de la guerre, mais n'avaient pourtant pas participé à celle-
ci ; pour Léontinoi, les villes chalcidiennes et Camarine ;
en Italie, Locres était avec Syracuse, et Rhégion avec
Léontinoi en vertu de leur commune origine. 3 Léontinoi
et ses alliés envoyèrent une ambassade à Athènes pour persuader les Athéniens, en vertu de leur ancienne alliance
et puisqu'ils étaient des Ioniens[54], de leur envoyer des
navires ; car Syracuse leur interdisait et la terre et la mer.
4 De fait, les Athéniens en envoyèrent, sous couvert de
leur parenté, mais en réalité parce qu'ils voulaient que le
Péloponnèse ne reçût pas de blé de là-bas et parce qu'ils
faisaient un essai préalable pour voir s'il leur était possible de se soumettre la situation en Sicile. 5 Ils s'établirent
donc en Italie, à Rhégion, d'où ils menèrent la guerre avec
leurs alliés, tandis que l'été finissait.

LXXXVII. L'hiver suivant, la peste frappa Athènes pour la
deuxième fois : elle n'avait jamais absolument cessé, mais il y
avait eu pourtant quelque répit. 2 Cette nouvelle épidémie ne
dura pas moins d'une année, et la première avait atteint deux
ans ; pour les Athéniens, rien ne fut plus accablant que cela
et ne porta un coup plus grave à leur puissance ; 3 en effet,
il ne périt pas moins de quatre mille quatre cents hommes
dans le corps des hoplites et trois cents parmi les cavaliers, la
masse des autres pertes ne pouvant être chiffrée[55]. 4 Il y eut
aussi à cette époque tous les tremblements de terre d'Athènes,
d'Eubée, de Béotie, surtout d'Orchomène en Béotie.

---

55. Les chiffres ne sont jamais sûrs, mais il est vraisemblable que cela
représentait un tiers du total des forces combattantes citoyennes.

LXXXVIII. Καὶ οἱ μὲν ἐν Σικελίᾳ Ἀθηναῖοι καὶ Ῥηγῖνοι τοῦ αὐτοῦ χειμῶνος τριάκοντα ναυσὶ στρατεύουσιν
ἐπὶ τὰς Αἰόλου νήσους καλουμένας· θέρους γὰρ δι' ἀνυ-
δρίαν ἀδύνατα ἦν ἐπιστρατεύειν. 2 Νέμονται δὲ Λιπα-
ραῖοι αὐτάς, Κνιδίων ἄποικοι ὄντες. Οἰκοῦσι δ' ἐν μιᾷ τῶν
νήσων οὐ μεγάλῃ, καλεῖται δὲ Λιπάρα· τὰς δὲ ἄλλας ἐκ
ταύτης ὁρμώμενοι γεωργοῦσι, Διδύμην καὶ Στρογγύλην
καὶ Ἱεράν. 3 Νομίζουσι δὲ οἱ ἐκείνῃ ἄνθρωποι ἐν τῇ Ἱερᾷ
ὡς ὁ Ἥφαιστος χαλκεύει, ὅτι τὴν νύκτα φαίνεται πῦρ ἀνα-
διδοῦσα πολὺ καὶ τὴν ἡμέραν καπνόν. Κεῖνται δὲ αἱ νῆσοι
αὗται κατὰ τὴν Σικελῶν καὶ Μεσσηνίων γῆν, ξύμμαχοι δ'
ἦσαν Συρακοσίων. 4 Τεμόντες δ' οἱ Ἀθηναῖοι τὴν γῆν,
ὡς οὐ προσεχώρουν, ἀπέπλευσαν ἐς τὸ Ῥήγιον. Καὶ ὁ
χειμὼν ἐτελεύτα, καὶ πέμπτον ἔτος τῷ πολέμῳ ἐτελεύτα
τῷδε ὃν Θουκυδίδης ξυνέγραψεν.

LXXXIX. Τοῦ δ' ἐπιγιγνομένου θέρους Πελοποννήσιοι
καὶ οἱ ξύμμαχοι μέχρι μὲν τοῦ ἰσθμοῦ ἦλθον ὡς ἐς τὴν
Ἀττικὴν ἐσβαλοῦντες, Ἄγιδος τοῦ Ἀρχιδάμου ἡγουμέ-
νου Λακεδαιμονίων βασιλέως, σεισμῶν δὲ γενομένων πολλῶν ἀπετράποντο πάλιν καὶ οὐκ ἐγένετο ἐσβολή. 2 Καὶ
περὶ τούτους τοὺς χρόνους, τῶν σεισμῶν κατεχόντων, τῆς
Εὐβοίας ἐν Ὀροβίαις ἡ θάλασσα ἐπανελθοῦσα ἀπὸ τῆς
τότε οὔσης γῆς καὶ κυματωθεῖσα ἐπῆλθε τῆς πόλεως μέρος
τι, καὶ τὸ μὲν κατέκλυσε, τὸ δ' ὑπενόστησε, καὶ θάλασσα
νῦν ἐστι πρότερον οὖσα γῆ· καὶ ἀνθρώπους διέφθειρεν ὅσοι
μὴ ἐδύναντο φθῆναι πρὸς τὰ μετέωρα ἀναδραμόντες.
3 Καὶ περὶ Ἀταλάντην τὴν ἐπὶ Λοκροῖς τοῖς Ὀπουντίοις
νῆσον παραπλησία γίγνεται ἐπίκλυσις, καὶ τοῦ τε φρουρίου τῶν Ἀθηναίων παρεῖλε καὶ δύο νεῶν ἀνειλκυσμένων
τὴν ἑτέραν κατέαξεν. 4 Ἐγένετο δὲ καὶ ἐν Πεπαρήθῳ
κύματος ἐπαναχώρησίς τις, οὐ μέντοι ἐπέκλυσέ γε· καὶ
σεισμὸς τοῦ τείχους τι κατέβαλε καὶ τὸ πρυτανεῖον καὶ

56. La guerre avait commencé au printemps 431 et l'on arrivait au
printemps 426.

LXXXVIII. En Sicile le même hiver, les Athéniens et les gens de Rhégion attaquèrent avec trente navires les îles dites d'Éole : en été, l'attaque était impossible faute d'eau. 2 Les Liparéens, qui exploitent ces îles, sont des colons de Cnide. Ils vivent dans l'une d'elles, qui n'est pas grande, appelée Lipara ; ils partent de là pour cultiver les autres, Didymè, Stroggylè et Hiéra. 3 Les gens de la région s'imaginent qu'à Hiéra Héphaistos a ses forges, parce qu'on en voit monter beaucoup de flammes la nuit et de fumée le jour. Ces îles se trouvent en face du territoire des Sikèles et des Messéniens ; elles étaient alliées à Syracuse. 4 Les Athéniens ravagèrent le pays et, comme on ne leur cédait pas, regagnèrent Rhégion. Cependant, l'hiver finissait, et avec lui la cinquième année de cette guerre racontée par Thucydide[56].

LXXXIX. L'été suivant, les Péloponnésiens et leurs alliés s'avancèrent jusqu'à l'isthme pour envahir l'Attique, sous le commandement d'Agis, fils d'Archidamos, roi de Lacédémone ; mais les nombreux tremblements de terre qui survinrent les firent s'en retourner, et il n'y eut pas d'invasion. 2 Vers cette époque, où la terre tremblait, à Orobiai en Eubée la mer recula loin de ce qui était alors la terre, se souleva et revint atteindre un secteur de la ville : elle en recouvrit une partie, alors qu'elle se retira par ailleurs ; et ainsi appartient aujourd'hui à la mer ce qui était terre autrefois. L'événement fit périr tous les gens qui n'avaient pu courir à temps jusque sur les hauteurs. 3 Dans l'île d'Atalante aussi, au voisinage des Locriens d'Oponte, il y eut un raz de marée analogue, qui entama le fort athénien et fracassa l'un des deux navires qu'on avait tirés à terre. 4 Il y eut encore un reflux de vagues à Péparéthos, mais sans raz de marée cette fois ; un tremblement de terre fit tomber une portion du mur, le prytanée

ἄλλας οἰκίας ὀλίγας. 5 Αἴτιον δ' ἔγωγε νομίζω τοῦ
τοιούτου, ᾗ ἰσχυρότατος ὁ σεισμὸς ἐγένετο, κατὰ τοῦτο
ἀποστέλλειν τε τὴν θάλασσαν καὶ ἐξαπίνης πάλιν ἐπισπω-
μένην βιαιότερον τὴν ἐπίκλυσιν ποιεῖν· ἄνευ δὲ σεισμοῦ
οὐκ ἄν μοι δοκεῖ τὸ τοιοῦτο ξυμβῆναι γενέσθαι.

XC. Τοῦ δ' αὐτοῦ θέρους ἐπολέμουν μὲν καὶ ἄλλοι, ὡς
ἑκάστοις ξυνέβαινεν, ἐν τῇ Σικελίᾳ καὶ αὐτοὶ οἱ Σικελιῶται
ἐπ' ἀλλήλους στρατεύοντες καὶ οἱ Ἀθηναῖοι ξὺν τοῖς σφετέροις ξυμμάχοις· ἃ δὲ λόγου μάλιστα ἄξια ἢ μετὰ τῶν
Ἀθηναίων οἱ ξύμμαχοι ἔπραξαν ἢ πρὸς τοὺς Ἀθηναίους
οἱ ἀντιπόλεμοι, τούτων μνησθήσομαι. 2 Χαροιάδου γὰρ
ἤδη τοῦ Ἀθηναίων στρατηγοῦ τεθνηκότος ὑπὸ Συρακοσίων πολέμῳ Λάχης ἅπασαν ἔχων τῶν νεῶν τὴν ἀρχὴν
ἐστράτευσε μετὰ τῶν ξυμμάχων ἐπὶ Μυλὰς τὰς Μεσσηνίων.
Ἔτυχον δὲ δύο φυλαὶ ἐν ταῖς Μυλαῖς τῶν Μεσσηνίων φρου-
ροῦσαι καί τινα καὶ ἐνέδραν πεποιημέναι τοῖς ἀπὸ τῶν
νεῶν. 3 Οἱ δὲ Ἀθηναῖοι καὶ οἱ ξύμμαχοι τούς τε ἐκ τῆς
ἐνέδρας τρέπουσι καὶ διαφθείρουσι πολλούς, καὶ τῷ ἐρύ-
ματι προσβαλόντες ἠνάγκασαν ὁμολογίᾳ τήν τε ἀκρόπολιν παραδοῦναι καὶ ἐπὶ Μεσσήνην ξυστρατεῦσαι. 4 Καὶ
μετὰ τοῦτο ἐπελθόντων οἱ Μεσσήνιοι τῶν τε Ἀθηναίων καὶ
τῶν ξυμμάχων προσεχώρησαν καὶ αὐτοί, ὁμήρους τε δόντες
καὶ τὰ ἄλλα πιστὰ παρασχόμενοι.

XCI. Τοῦ δ' αὐτοῦ θέρους οἱ Ἀθηναῖοι τριάκοντα μὲν
ναῦς ἔστειλαν περὶ Πελοπόννησον, ὧν ἐστρατήγει Δημοσθένης τε ὁ Ἀλκισθένους καὶ Προκλῆς ὁ Θεοδώρου, ἑξήκοντα δὲ ἐς Μῆλον καὶ δισχιλίους ὁπλίτας· ἐστρατήγει δὲ
αὐτῶν Νικίας ὁ Νικηράτου. 2 Τοὺς γὰρ Μηλίους ὄντας
νησιώτας καὶ οὐκ ἐθέλοντας ὑπακούειν οὐδὲ ἐς τὸ αὐτῶν

---

57. Thucydide évoque ici un phénomène bien connu. On retrouve
dans cette description ce souci qui lui est propre de rendre compte de
façon rationnelle des phénomènes naturels.

et quelques maisons. 5 La cause de tels phénomènes est, à mon avis, qu'au point où la terre a tremblé le plus fort, la mer, de ce fait, s'éloigne, puis, sous une brusque attraction inverse, produit une montée des eaux plus brutale ; sans tremblement de terre, il me semble que ces phénomènes n'auraient pas eu lieu[57].

XC. Le même été, des combats se déroulèrent en Sicile, auxquels divers peuples participèrent selon les circonstances, notamment les Siciliens eux-mêmes qui marchaient les uns contre les autres, et les Athéniens aidés de leurs alliés ; les actions les plus importantes qu'accomplirent, aux côtés des Athéniens ou contre eux, leurs alliés ou leurs adversaires, seront seules rapportées ici. 2 Après la mort du stratège athénien Charoïadès, tué au combat par les Syracusains, Lachès, qui désormais commandait seul l'escadre, attaqua avec les alliés Mylai, ville messénienne. Il se trouva que deux tribus messéniennes gardaient Mylai et même avaient tendu une embuscade aux troupes de débarquement. 3 Mais les Athéniens aidés de leurs alliés mirent en déroute les gens de l'embuscade, dont beaucoup périrent, et, donnant l'assaut au rempart, ils forcèrent les habitants à un accord par lequel ceux-ci livraient leur acropole et marchaient avec eux contre Messine. 4 Quand ensuite les Athéniens et leurs alliés furent devant Messine, cette ville se rallia elle aussi, en donnant des otages et en fournissant toutes garanties par ailleurs.

XCI. Le même été, les Athéniens envoyèrent deux escadres : trente navires autour du Péloponnèse, commandés par Démosthène, fils d'Alkisthène, et Proclès, fils de Théodore, et soixante à Mélos avec deux mille hoplites, sous le commandement de Nicias, fils de Nicératos. 2 Les Méliens étant des insulaires qui refusaient d'être des sujets et d'entrer dans l'alliance athénienne, il s'agissait de les

ξυμμαχικὸν ἰέναι ἐβούλοντο προσαγαγέσθαι. 3 Ὡς δὲ αὐτοῖς δῃουμένης τῆς γῆς οὐ προσεχώρουν, ἄραντες ἐκ τῆς Μήλου αὐτοὶ μὲν ἔπλευσαν ἐς Ὠρωπὸν τῆς Γραϊκῆς, ὑπὸ νύκτα δὲ σχόντες εὐθὺς ἐπορεύοντο οἱ ὁπλῖται ἀπὸ τῶν νεῶν πεζῇ ἐς Τάναγραν τῆς Βοιωτίας. 4 Οἱ δὲ ἐκ τῆς πόλεως πανδημεὶ Ἀθηναῖοι, Ἱππονίκου τε τοῦ Καλλίου στρατηγοῦντος καὶ Εὐρυμέδοντος τοῦ Θουκλέους, ἀπὸ σημείου ἐς τὸ αὐτὸ κατὰ γῆν ἀπήντων. 5 Καὶ στρατοπεδευσάμενοι ταύτην τὴν ἡμέραν ἐν τῇ Τανάγρᾳ ἐδῄουν καὶ ἐνηυλίσαντο· καὶ τῇ ὑστεραίᾳ μάχῃ κρατήσαντες τοὺς ἐπεξελθόντας τῶν Ταναγραίων καὶ Θηβαίων τινὰς προσβεβοηθηκότας καὶ ὅπλα λαβόντες καὶ τροπαῖον στήσαντες ἀνεχώρησαν, οἱ μὲν ἐς τὴν πόλιν, οἱ δὲ ἐπὶ τὰς ναῦς. 6 Καὶ παραπλεύσας ὁ Νικίας ταῖς ἑξήκοντα ναυσὶ τῆς Λοκρίδος τὰ ἐπιθαλάσσια ἔτεμε καὶ ἀνεχώρησεν ἐπ᾽ οἴκου.

XCII. Ὑπὸ δὲ τὸν χρόνον τοῦτον Λακεδαιμόνιοι Ἡράκλειαν τὴν ἐν Τραχινίᾳ ἀποικίαν καθίσταντο ἀπὸ τοιᾶσδε γνώμης. 2 Μηλιῆς οἱ ξύμπαντές εἰσι μὲν τρία μέρη, Παράλιοι Ἰριῆς Τραχίνιοι· τούτων δὲ οἱ Τραχίνιοι πολέμῳ ἐφθαρμένοι ὑπὸ Οἰταίων ὁμόρων ὄντων, τὸ πρῶτον μελλήσαντες Ἀθηναίοις προσθεῖναι σφᾶς αὐτούς, δείσαντες δὲ μὴ οὐ σφίσι πιστοὶ ὦσι, πέμπουσιν ἐς Λακεδαίμονα, ἑλόμενοι πρεσβευτὴν Τεισαμενόν. 3 Ξυνεπρεσβεύοντο δὲ αὐτοῖς καὶ Δωριῆς, ἡ μητρόπολις τῶν Λακεδαιμονίων, τῶν αὐτῶν δεόμενοι· ὑπὸ γὰρ τῶν Οἰταίων καὶ αὐτοὶ ἐφθείροντο. 4 Ἀκούσαντες δὲ οἱ Λακεδαιμόνιοι γνώμην εἶχον τὴν ἀποικίαν ἐκπέμπειν, τοῖς τε Τραχινίοις βουλόμενοι καὶ τοῖς Δωριεῦσι τιμωρεῖν, καὶ ἅμα τοῦ πρὸς Ἀθηναίους πολέμου καλῶς αὐτοῖς ἐδόκει ἡ πόλις καθίστασθαι· ἐπί τε γὰρ τῇ Εὐβοίᾳ ναυτικὸν παρασκευασθῆναι ἄν, ὥστ᾽ ἐκ βραχέος

y amener. 3 Comme, malgré les ravages exercés sur leur sol, ils ne cédaient pas, les navires quittèrent Mélos : ils mirent le cap, eux, sur Oropos en Graïque, qu'ils atteignirent de nuit et d'où, sans délai, les hoplites de débarquement firent route à pied vers Tanagra en Béotie, 4 tandis qu'à un signal donné, les Athéniens de la ville, commandés par Hipponicos, fils de Callias, ainsi qu'Eurymédon, fils de Thouclès, s'avançaient en masse vers le même point par voie de terre. 5 Campés ce jour-là sur le territoire de Tanagra, ils y exercèrent des ravages et bivouaquèrent sur place ; le lendemain, ils livrèrent un combat victorieux contre les troupes sorties de Tanagra et quelques Thébains venus à la rescousse ; ils leur prirent des armes, dressèrent un trophée et se retirèrent, qui à Athènes, qui vers les navires. 6 Puis Nicias, avec ces soixante navires, longea la côte de Locride, qu'il ravagea avant de regagner ses foyers.

XCII. Cette époque vit les Lacédémoniens installer leur colonie d'Héraclée Trachinienne, dans l'idée suivante : 2 la population de la Mélide forme en tout trois groupes, Paraliens, Irieis et Trachiniens ; parmi eux, les Trachiniens, épuisés par la guerre contre leurs voisins de l'Œta, et d'abord prêts à s'adjoindre aux Athéniens, puis craignant de ne pouvoir compter sur eux, avaient envoyé un ambassadeur à Sparte, choisissant à cet effet Teisaménos. 3 À l'ambassade participaient aussi les Doriens de la Doride, métropole des Lacédémoniens, qui demandaient la même chose : ils étaient eux aussi épuisés par les gens de l'Œta. 4 Sur cette requête, les Lacédémoniens se montrèrent disposés à fonder cette colonie afin de défendre les Trachiniens et les Doriens ; en même temps, par rapport à la guerre contre Athènes, l'installation de la ville semblait bonne, pour deux raisons : on pourrait y équiper une flotte contre

τὴν διάβασιν γίγνεσθαι, τῆς τε ἐπὶ Θράκης παρόδου χρησίμως ἕξειν. Τό τε ξύμπαν ὥρμηντο τὸ χωρίον κτίζειν. 5 Πρῶτον μὲν οὖν ἐν Δελφοῖς τὸν θεὸν ἐπήροντο, κελεύοντος δὲ ἐξέπεμψαν τοὺς οἰκήτορας αὐτῶν τε καὶ τῶν περιοίκων, καὶ τῶν ἄλλων Ἑλλήνων τὸν βουλόμενον ἐκέλευον ἕπεσθαι πλὴν Ἰώνων καὶ Ἀχαιῶν καὶ ἔστιν ὧν ἄλλων ἐθνῶν. Οἰκισταὶ δὲ τρεῖς Λακεδαιμονίων ἡγήσαντο, Λέων καὶ Ἀλκίδας καὶ Δαμάγων. 6 Καταστάντες δὲ ἐτείχισαν τὴν πόλιν ἐκ καινῆς, ἣ νῦν Ἡράκλεια καλεῖται, ἀπέχουσα Θερμοπυλῶν σταδίους μάλιστα τεσσαράκοντα, τῆς δὲ θαλάσσης εἴκοσι. Νεώριά τε παρεσκευάζοντο, καὶ εἶρξαν τὸ κατὰ Θερμοπύλας κατ' αὐτὸ τὸ στενόν, ὅπως εὐφύλακτα αὐτοῖς εἴη. XCIII. Οἱ δὲ Ἀθηναῖοι τῆς πόλεως ταύτης ξυνοικιζομένης τὸ πρῶτον ἔδεισάν τε καὶ ἐνόμισαν ἐπὶ τῇ Εὐβοίᾳ μάλιστα καθίστασθαι, ὅτι βραχύς ἐστιν ὁ διάπλους πρὸς τὸ Κήναιον τῆς Εὐβοίας. Ἔπειτα μέντοι παρὰ δόξαν αὐτοῖς ἀπέβη· οὐ γὰρ ἐγένετο ἀπ' αὐτῆς δεινὸν οὐδέν. 2 Αἴτιον δὲ ἦν οἵ τε Θεσσαλοὶ ἐν δυνάμει ὄντες τῶν ταύτῃ χωρίων, καὶ ὧν ἐπὶ τῇ γῇ ἐκτίζετο, φοβούμενοι μὴ σφίσι μεγάλῃ ἰσχύι παροικῶσιν, ἔφθειρον καὶ διὰ παντὸς ἐπολέμουν ἀνθρώποις νεοκαταστάτοις, ἕως ἐξετρύχωσαν γενομένους τὸ πρῶτον καὶ πάνυ πολλούς (πᾶς γάρ τις Λακεδαιμονίων οἰκιζόντων θαρσαλέως ᾔει, βέβαιον νομίζων τὴν πόλιν)· 3 οὐ μέντοι ἥκιστα οἱ ἄρχοντες αὐτῶν τῶν Λακεδαιμονίων οἱ ἀφικνούμενοι τὰ πράγματά τε ἔφθειρον καὶ ἐς ὀλιγανθρωπίαν κατέστησαν, ἐκφοβήσαντες τοὺς πολλοὺς χαλεπῶς τε καὶ ἔστιν ἃ οὐ καλῶς ἐξηγούμενοι, ὥστε ῥᾷον ἤδη αὐτῶν οἱ πρόσοικοι ἐπεκράτουν.

58. Ce texte est intéressant par les précisions qu'il apporte sur la fondation d'une « colonie », c'est-à-dire un établissement destiné à devenir une cité autonome qui conserve néanmoins des liens avec sa métropole – ici l'organisation établie par les archontes venus de Lacédémone.

l'Eubée, de façon à n'avoir qu'une traversée courte, et la position serait utile par rapport à la route côtière de Thrace. Bref, ils aspiraient à fonder cette place. 5 D'abord, ils interrogèrent le dieu de Delphes, puis, avec son approbation, envoyèrent les colons, Spartiates et périèques, en invitant à s'y joindre tous les Grecs qui le voudraient, sauf les Ioniens, les Achéens et quelques autres peuples. Trois fondateurs lacédémoniens les dirigeaient, Léon, Alcidas et Damagon. 6 Ils s'installèrent et donnèrent des fortifications nouvelles à la ville, qu'on appelle aujourd'hui Héraclée, située à quarante stades des Thermopyles autant qu'on puisse dire, et à vingt de la mer. Ils organisèrent un arsenal maritime et barrèrent le côté des Thermopyles juste à la hauteur du défilé, pour que la garde fût facile. XCIII. Les Athéniens, lors de la fondation de cette ville, eurent d'abord peur, croyant que son installation visait principalement l'Eubée, parce que le trajet est court jusqu'au Cénaion en Eubée. Mais par la suite l'événement démentit ces prévisions : rien ne vint de là les menacer. 2 En voici la raison : les Thessaliens qui avaient la suprématie dans ces régions, et les peuples dont cette fondation menaçait le territoire, redoutant le voisinage d'une grande puissance, épuisèrent par une guerre incessante cette population nouvellement établie, qu'ils parvinrent à user, alors qu'elle avait été vraiment très nombreuse au début (chacun en effet, puisque c'était une fondation lacédémonienne, s'y rendait hardiment, croyant la ville sûre) ; 3 toutefois, les magistrats venant de Lacédémone même ne furent pas les moindres responsables de cet épuisement et de la dépopulation, en effrayant la masse par des ordres durs et quelquefois mal avisés ; et cela permettait aux peuples voisins de l'emporter dès lors plus facilement[58].

XCIV. Τοῦ δ' αὐτοῦ θέρους, καὶ περὶ τὸν αὐτὸν χρόνον
ὃν ἐν τῇ Μήλῳ οἱ Ἀθηναῖοι κατείχοντο, καὶ οἱ ἀπὸ τῶν
τριάκοντα νεῶν Ἀθηναῖοι περὶ Πελοπόννησον ὄντες πρῶτον ἐν Ἐλλομενῷ τῆς Λευκαδίας φρουρούς τινας λοχή-
σαντες διέφθειραν, ἔπειτα ὕστερον ἐπὶ Λευκάδα μείζονι
στόλῳ ἦλθον, Ἀκαρνᾶσί τε πᾶσιν, οἳ πανδημεὶ πλὴν Οἰνιαδῶν ξυνέσποντο, καὶ Ζακυνθίοις καὶ Κεφαλλῆσι καὶ
Κερκυραίων πέντε καὶ δέκα ναυσίν. 2 Καὶ οἱ μὲν Λευκά-
διοι τῆς τε ἔξω γῆς δῃουμένης καὶ τῆς ἐντὸς τοῦ ἰσθμοῦ,
ἐν ᾗ καὶ ἡ Λευκάς ἐστι καὶ τὸ ἱερὸν τοῦ Ἀπόλλωνος, πλήθει βιαζόμενοι ἡσύχαζον· οἱ δὲ Ἀκαρνᾶνες ἠξίουν Δημοσθένη τὸν στρατηγὸν τῶν Ἀθηναίων ἀποτειχίζειν αὐτούς,
νομίζοντες ῥᾳδίως γ' ἂν ἐκπολιορκῆσαι καὶ πόλεως αἰεὶ
σφίσι πολεμίας ἀπαλλαγῆναι. 3 Δημοσθένης δ' ἀναπεί-
θεται κατὰ τὸν χρόνον τοῦτον ὑπὸ Μεσσηνίων ὡς καλὸν
αὐτῷ στρατιᾶς τοσαύτης ξυνειλεγμένης Αἰτωλοῖς ἐπιθέσθαι, Ναυπάκτῳ τε πολεμίοις οὖσι καί, ἢν κρατήσῃ αὐτῶν,
ῥᾳδίως καὶ τὸ ἄλλο ἠπειρωτικὸν τὸ ταύτῃ Ἀθηναίοις
προσποιήσειν. 4 Τὸ γὰρ ἔθνος μέγα μὲν εἶναι τὸ τῶν
Αἰτωλῶν καὶ μάχιμον, οἰκοῦν δὲ κατὰ κώμας ἀτειχίστους,
καὶ ταύτας διὰ πολλοῦ, καὶ σκευῇ ψιλῇ χρώμενον οὐ χαλεπὸν ἀπέφαινον, πρὶν ξυμβοηθῆσαι, καταστραφῆναι.
5 Ἐπιχειρεῖν δ' ἐκέλευον πρῶτον μὲν Ἀποδωτοῖς, ἔπειτα
δὲ Ὀφιονεῦσι καὶ μετὰ τούτους Εὐρυτᾶσιν, ὅπερ μέγιστον
μέρος ἐστὶ τῶν Αἰτωλῶν, ἀγνωστότατοι δὲ γλῶσσαν καὶ
ὠμοφάγοι εἰσίν, ὡς λέγονται· τούτων γὰρ ληφθέντων ῥᾳ-

---

59. On ne saurait mieux dire que les Étoliens, pour les Grecs, étaient
encore en grande partie des barbares.

### Démosthène à Leucade et en Étolie

XCIV. Durant ce même été, la même période où les Athéniens étaient occupés à Mélos vit aussi les Athéniens des trente vaisseaux qui croisaient autour du Péloponnèse, d'abord anéantir à Elloménon, sur le territoire de Leucade, quelques gardes attirés dans un piège, puis ultérieurement attaquer Leucade avec des forces plus grandes, comprenant tous les Acarnaniens, qui, sauf les gens d'Oiniadai, s'étaient joints à eux en masse, les gens de Zacynthe, ceux de Céphallénie, et quinze navires de Corcyre. 2 Malgré la dévastation du territoire de Leucade, non seulement au-delà de l'isthme, mais en deçà, là où se trouvent et la cité et le sanctuaire d'Apollon, les gens de Leucade étaient contraints à l'inaction par leur infériorité numérique ; mais les Acarnaniens demandaient à Démosthène, le stratège athénien, de bloquer Leucade par un mur, comptant facilement la réduire et se débarrasser d'un perpétuel ennemi. 3 Mais Démosthène écoutait, à ce moment-là, les Messéniens, qui soutenaient que l'occasion était belle, avec tant de forces réunies, pour attaquer les Étoliens, puisque c'étaient des ennemis de Naupacte et que, ceux-là vaincus, il rallierait facilement à Athènes les autres continentaux de la région. 4 Les Étoliens étaient sans doute un peuple important et belliqueux, mais comme ils vivaient dans des bourgades non fortifiées, très isolées qui plus est, et comme leur armement était léger, les Messéniens représentaient qu'on les soumettrait sans peine avant qu'ils pussent former un secours collectif. 5 Ils le pressaient d'attaquer d'abord les Apodotes, puis les Ophionées et après eux les Eurytanes, c'est-à-dire la partie la plus importante des Étoliens, mais des hommes parlant une langue presque inintelligible et mangeant, dit-on, leurs aliments crus[59] : ceux-là

δίως καὶ τἆλλα προσχωρήσειν. XCV. Ὁ δὲ τῶν Μεσσηνίων χάριτι πεισθεὶς καὶ μάλιστα νομίσας ἄνευ τῆς τῶν
Ἀθηναίων δυνάμεως τοῖς ἠπειρώταις ξυμμάχοις μετὰ τῶν
Αἰτωλῶν δύνασθαι ἂν κατὰ γῆν ἐλθεῖν ἐπὶ Βοιωτοὺς διὰ
Λοκρῶν τῶν Ὀζολῶν ἐς Κυτίνιον τὸ Δωρικόν, ἐν δεξιᾷ
ἔχων τὸν Παρνασσόν, ἕως καταβαίη ἐς Φωκέας, οἳ προθύμως ἐδόκουν κατὰ τὴν Ἀθηναίων αἰεί ποτε φιλίαν ξυστρα-
τεύειν ἢ κἂν βίᾳ προσαχθῆναι (καὶ Φωκεῦσιν ἤδη ὅμορος
ἡ Βοιωτία ἐστίν), ἄρας οὖν ξύμπαντι τῷ στρατεύματι ἀπὸ
τῆς Λευκάδος ἀκόντων τῶν Ἀκαρνάνων παρέπλευσεν ἐς
Σόλλιον. 2 Κοινώσας δὲ τὴν ἐπίνοιαν τοῖς Ἀκαρνᾶσιν,
ὡς οὐ προσεδέξαντο διὰ τῆς Λευκάδος τὴν οὐ περιτείχισιν,
αὐτὸς τῇ λοιπῇ στρατιᾷ, Κεφαλλῆσι καὶ Μεσσηνίοις καὶ
Ζακυνθίοις καὶ Ἀθηναίων τριακοσίοις τοῖς ἐπιβάταις τῶν
σφετέρων νεῶν (αἱ γὰρ πέντε καὶ δέκα τῶν Κερκυραίων
ἀπῆλθον νῆες), ἐστράτευσεν ἐπ᾽ Αἰτωλούς. 3 Ὡρμᾶτο
δὲ ἐξ Οἰνεῶνος τῆς Λοκρίδος. Οἱ δὲ Ὀζόλαι οὗτοι Λοκροὶ
ξύμμαχοι ἦσαν, καὶ ἔδει αὐτοὺς πανστρατιᾷ ἀπαντῆσαι
τοῖς Ἀθηναίοις ἐς τὴν μεσόγειαν· ὄντες γὰρ ὅμοροι τοῖς
Αἰτωλοῖς καὶ ὁμόσκευοι μεγάλη ὠφελία ἐδόκουν εἶναι ξυ-
στρατεύοντες μάχης τε ἐμπειρίᾳ τῆς ἐκείνων καὶ χωρίων.
XCVI. Αὐλισάμενος δὲ τῷ στρατῷ ἐν τοῦ Διὸς τοῦ Νε-
μείου τῷ ἱερῷ, ἐν ᾧ Ἡσίοδος ὁ ποιητὴς λέγεται ὑπὸ τῶν
ταύτῃ ἀποθανεῖν, χρησθὲν αὐτῷ ἐν Νεμέᾳ τοῦτο παθεῖν,
ἅμα τῇ ἕῳ ἄρας ἐπορεύετο ἐς τὴν Αἰτωλίαν. 2 Καὶ αἱρεῖ
τῇ πρώτῃ ἡμέρᾳ Ποτιδανίαν καὶ τῇ δευτέρᾳ Κροκύλειον
καὶ τῇ τρίτῃ Τείχιον, ἔμενέ τε αὐτοῦ καὶ τὴν λείαν ἐς Εὐ-
πάλιον τῆς Λοκρίδος ἀπέπεμψεν· τὴν γὰρ γνώμην εἶχε τὰ

pris, on devrait obtenir facilement le ralliement du reste.
XCV. Démosthène accepta pour complaire aux Messéniens et surtout parce qu'il croyait qu'avec les alliés continentaux, aidé des Étoliens, il pourrait se passer des forces athéniennes et marcher par voie de terre contre les Béotiens, à travers les Locriens Ozoles, en direction de Kytinion de Doride, gardant le Parnasse à droite ; alors il descendrait sur le pays des Phocidiens, qui devaient apparemment contribuer avec ardeur à l'opération, en vertu de leur amitié de toujours avec Athènes ; sans quoi, la force les rallierait. Et la Phocide confine déjà à la Béotie. Il quitte donc Leucade avec toutes ses troupes contre le gré des Acarnaniens et longea la côte jusqu'à Sollion. 2 Puis il communiqua son plan aux Acarnaniens, qui n'en voulurent pas à cause de son refus d'investir Leucade, et il repartit alors seul avec le reste de l'armée, gens de Céphallénie, de Messénie, de Zacynthe et les trois cents soldats embarqués provenant des propres navires d'Athènes (les quinze vaisseaux de Corcyre s'en étaient allés) ; il marcha donc contre les Étoliens, 3 en prenant pour base Oenéôn en Locride. Ces Locriens Ozoles étaient des alliés et devaient avec toutes leurs forces rejoindre les Athéniens dans l'arrière-pays ; comme ils avaient avec les Étoliens une frontière commune et des habitudes communes d'armement, leur participation semblait d'une grande utilité, grâce à leur expérience de la tactique adverse et du terrain. XCVI. Après avoir fait bivouaquer ses troupes dans le sanctuaire de Zeus Néméen, où, dit-on, le poète Hésiode fut tué par les gens du pays – un oracle lui avait dit que cela lui arriverait à Némée –, Démosthène repartit dès l'aube en direction de l'Étolie. 2 Il prit le premier jour Potidania, le second Crokyleion, le troisième Teichion ; il y demeura et expédia le butin à Eupalion en Locride ; son plan était en effet de conquérir

ἄλλα καταστρεψάμενος οὕτως ἐπὶ Ὀφιονέας, εἰ μὴ βούλοιντο ξυγχωρεῖν, ἐς Ναύπακτον ἐπαναχωρήσας στρατεῦ-
σαι ὕστερον.

3 Τοὺς δὲ Αἰτωλοὺς οὐκ ἐλάνθανεν αὕτη ἡ παρασκευὴ
οὔτε ὅτε τὸ πρῶτον ἐπεβουλεύετο, ἐπειδή τε ὁ στρατὸς
ἐσεβεβλήκει, πολλῇ χειρὶ ἐπεβοήθουν πάντες, ὥστε καὶ οἱ
ἔσχατοι Ὀφιονέων οἱ πρὸς τὸν Μηλιακὸν κόλπον καθή-
κοντες Βωμιῆς καὶ Καλλιῆς ἐβοήθησαν. XCVII. Τῷ δὲ
Δημοσθένει τοιόνδε τι οἱ Μεσσήνιοι παρῄνουν ὅπερ καὶ τὸ
πρῶτον· ἀναδιδάσκοντες αὐτὸν τῶν Αἰτωλῶν ὡς εἴη ῥᾳδία
ἡ αἵρεσις, ἰέναι ἐκέλευον ὅτι τάχιστα ἐπὶ τὰς κώμας καὶ
μὴ μένειν ἕως ἂν ξύμπαντες ἀθροισθέντες ἀντιτάξωνται,
τὴν δ᾽ ἐν ποσὶν αἰεὶ πειρᾶσθαι αἱρεῖν. 2 Ὁ δὲ τούτοις
τε πεισθεὶς καὶ τῇ τύχῃ ἐλπίσας, ὅτι οὐδὲν αὐτῷ ἠναντιοῦτο, τοὺς Λοκροὺς οὐκ ἀναμείνας οὓς αὐτῷ ἔδει προσ-
βοηθῆσαι (ψιλῶν γὰρ ἀκοντιστῶν ἐνδεὴς ἦν μάλιστα) ἐχώρει ἐπὶ Αἰγιτίου, καὶ κατὰ κράτος αἱρεῖ ἐπιών. Ὑπέφευγον
γὰρ οἱ ἄνθρωποι καὶ ἐκάθηντο ἐπὶ τῶν λόφων τῶν ὑπὲρ
τῆς πόλεως· ἦν γὰρ ἐφ᾽ ὑψηλῶν χωρίων ἀπέχουσα τῆς
θαλάσσης ὀγδοήκοντα σταδίους μάλιστα. 3 Οἱ δὲ Αἰτω-
λοί (βεβοηθηκότες γὰρ ἤδη ἦσαν ἐπὶ τὸ Αἰγίτιον) προσέβαλλον τοῖς Ἀθηναίοις καὶ τοῖς ξυμμάχοις καταθέοντες
ἀπὸ τῶν λόφων ἄλλοι ἄλλοθεν καὶ ἐσηκόντιζον, καὶ ὅτε
μὲν ἐπίοι τὸ τῶν Ἀθηναίων στρατόπεδον, ὑπεχώρουν, ἀνα-
χωροῦσι δὲ ἐπέκειντο· καὶ ἦν ἐπὶ πολὺ τοιαύτη ἡ μάχη,
διώξεις τε καὶ ὑπαγωγαί, ἐν οἷς ἀμφοτέροις ἥσσους ἦσαν
οἱ Ἀθηναῖοι. XCVIII. Μέχρι μὲν οὖν οἱ τοξόται εἶχόν
τε τὰ βέλη αὐτοῖς καὶ οἷοί τε ἦσαν χρῆσθαι, οἱ δὲ ἀντεῖχον
(τοξευόμενοι γὰρ οἱ Αἰτωλοὶ ἄνθρωποι ψιλοὶ ἀνεστέλλοντο)·

60. On a là en effet une guerre différente de la guerre hoplitique, où
l'armée athénienne se trouve harcelée par les tirs de javelot d'une armée
beaucoup plus légère dans ses mouvements.

d'abord le reste et de n'attaquer les Ophionées qu'alors, s'ils refusaient de s'entendre avec lui, et après être lui-même rentré à Naupacte.

3 Mais les Étoliens suivaient ces préparatifs : ils le faisaient déjà quand le projet prenait naissance, et, de même, lorsque l'invasion eut commencé, tous intervinrent en force, au point que vinrent même les plus lointains des Ophionées, gens des Bômes et de Callion, qui s'étendent jusqu'au golfe Maliaque. XCVII. Cependant les Messéniens donnaient à Démosthène, en substance, le même conseil qu'au début : lui remontrant qu'il était facile de prendre l'Étolie, ils le pressaient de marcher contre ces bourgades sans laisser aux Étoliens le temps de se concentrer tous pour une résistance organisée ; ils lui disaient de tenter de prendre chaque bourgade qu'il rencontrerait. 2 Persuadé par ces arguments et espérant en sa fortune, qui ne l'avait jamais contrarié, Démosthène n'attendit pas les Locriens dont le renfort lui était nécessaire (il manquait surtout de troupes légères armées de javelots), marcha vers Aigition et prit la place au premier assaut. Les habitants, en effet, se dérobaient et s'étaient installés sur les collines qui dominaient la ville : celle-ci était dans les hautes terres, à quatre-vingts stades de la mer autant qu'on puisse dire. 3 Mais les Étoliens, alors arrivés au secours d'Aigition, assaillaient les Athéniens et leurs alliés en dévalant des collines de tous les côtés, les criblaient de javelots, se retiraient quand l'armée athénienne fonçait sur eux et la serraient de près quand elle reculait ; le combat dura longtemps ainsi, en poursuites et en replis, deux manœuvres où les Athéniens étaient inférieurs[60]. XCVIII. Tant que leurs archers eurent des traits et furent en état de les employer, alors ils tinrent bons ; car les traits refoulaient les Étoliens, avec leur équipement léger. Mais lorsque, à

ἐπειδὴ δὲ τοῦ τε τοξάρχου ἀποθανόντος οὗτοι διεσκεδάσθησαν καὶ αὐτοὶ ἐκεκμήκεσαν καὶ ἐπὶ πολὺ τῷ αὐτῷ πόνῳ ξυνεχόμενοι, οἵ τε Αἰτωλοὶ ἐνέκειντο καὶ ἐσηκόντιζον, οὕτω δὴ τραπόμενοι ἔφευγον, καὶ ἐσπίπτοντες ἔς τε χαράδρας ἀνεκβάτους καὶ χωρία ὧν οὐκ ἦσαν ἔμπειροι διεφθείροντο· καὶ γὰρ ὁ ἡγεμὼν αὐτοῖς τῶν ὁδῶν Χρόμων ὁ Μεσσήνιος ἐτύγχανε τεθνηκώς. 2 Οἱ δὲ Αἰτωλοὶ ἐσακοντίζοντες πολλοὺς μὲν αὐτοῦ ἐν τῇ τροπῇ κατὰ πόδας αἱροῦντες ἄνθρωποι ποδώκεις καὶ ψιλοὶ διέφθειρον, τοὺς δὲ πλείους τῶν ὁδῶν ἁμαρτάνοντας καὶ ἐς τὴν ὕλην ἐσφερομένους, ὅθεν διέξοδοι οὐκ ἦσαν, πῦρ κομισάμενοι περιεπίμπρασαν· 3 πᾶσά τε ἰδέα κατέστη τῆς φυγῆς καὶ τοῦ ὀλέθρου τῷ στρατοπέδῳ τῶν Ἀθηναίων, μόλις τε ἐπὶ τὴν θάλασσαν καὶ τὸν Οἰνεῶνα τῆς Λοκρίδος, ὅθενπερ καὶ ὡρμήθησαν, οἱ περιγενόμενοι κατέφυγον. 4 Ἀπέθανον δὲ τῶν τε ξυμμάχων πολλοὶ καὶ αὐτῶν Ἀθηναίων ὁπλῖται περὶ εἴκοσι μάλιστα καὶ ἑκατόν. Τοσοῦτοι μὲν τὸ πλῆθος καὶ ἡλικία ἡ αὐτὴ οὗτοι βέλτιστοι δὴ ἄνδρες ἐν τῷ πολέμῳ τῷδε ἐκ τῆς Ἀθηναίων πόλεως διεφθάρησαν· ἀπέθανε δὲ καὶ ὁ ἕτερος στρατηγὸς Προκλῆς. 5 Τοὺς δὲ νεκροὺς ὑποσπόνδους ἀνελόμενοι παρὰ τῶν Αἰτωλῶν καὶ ἀναχωρήσαντες ἐς Ναύπακτον ὕστερον ἐς τὰς Ἀθήνας ταῖς ναυσὶν ἐκομίσθησαν. Δημοσθένης δὲ περὶ Ναύπακτον καὶ τὰ χωρία ταῦτα ὑπελείφθη, τοῖς πεπραγμένοις φοβούμενος τοὺς Ἀθηναίους.

XCIX. Κατὰ δὲ τοὺς αὐτοὺς χρόνους καὶ οἱ περὶ Σικελίαν Ἀθηναῖοι πλεύσαντες ἐς τὴν Λοκρίδα ἐν ἀποβάσει τέ τινι τοὺς προσβοηθήσαντας Λοκρῶν ἐκράτησαν καὶ περιπόλιον αἱροῦσιν ὃ ἦν ἐπὶ τῷ Ἄληκι ποταμῷ.

la mort de leur chef, les archers se débandèrent et que les hommes se sentirent épuisés de soutenir depuis si long-temps le même effort, tandis que les Étoliens les pressaient et les frappaient de leurs javelots, dès lors ils s'enfuirent en déroute et, se jetant dans des ravins impraticables ou des endroits qu'ils ne connaissaient pas, ils y trouvèrent la mort ; leur guide, Chromon de Messénie, avait juste-ment été tué. 2 Les Étoliens, à coups de javelots, en tuè-rent beaucoup qu'ils prenaient sur-le-champ au cours de la déroute même, car ils étaient rapides et légère-ment armés ; la plupart se perdit et fut entraînée dans la forêt, qui n'avait pas d'issue : ceux-là furent bloqués par le feu et brûlés. 3 La déroute et le trépas revêtirent ainsi toutes les formes pour l'expédition athénienne ; et c'est avec peine que les survivants en fuite gagnèrent la mer et Oenéôn en Locride, leur base de départ. 4 Les pertes, lourdes aussi chez les alliés, furent chez les Athéniens d'environ cent vingt hoplites, autant qu'on puisse dire. Tel fut le nombre des morts, et tous du même âge, les meilleures troupes que la cité d'Athènes ait perdues dans cette guerre ; le second stratège, Proclès, était tombé aussi. 5 Les Athéniens obtinrent des Étoliens une trêve pour relever leurs morts, puis retournèrent à Naupacte et regagnèrent plus tard Athènes avec leurs navires. Ils laissaient Démosthène à Naupacte et dans la région, car il craignait les Athéniens après cette affaire.

XCIX. La même époque vit aussi les Athéniens de Sicile gagner la Locride : au cours d'un débarquement, ils battirent les Locriens venus à la rescousse et prirent un fort de surveillance au bord de l'Alex.

C. Τοῦ δ' αὐτοῦ θέρους Αἰτωλοὶ προπέμψαντες πρότερον ἔς τε Κόρινθον καὶ ἐς Λακεδαίμονα πρέσβεις, Τόλοφόν τε τὸν Ὀφιονέα καὶ Βοριάδην τὸν Εὐρυτᾶνα καὶ Τείσανδρον τὸν Ἀποδωτόν, πείθουσιν ὥστε σφίσι πέμψαι στρατιὰν ἐπὶ Ναύπακτον διὰ τὴν τῶν Ἀθηναίων ἐπαγωγήν. 2 Καὶ ἐξέπεμψαν Λακεδαιμόνιοι περὶ τὸ φθινόπωρον τρισχιλίους ὁπλίτας τῶν ξυμμάχων. Τούτων ἦσαν πεντακόσιοι ἐξ Ἡρακλείας τῆς ἐν Τραχῖνι πόλεως τότε νεοκτίστου οὔσης· Σπαρτιάτης δ' ἦρχεν Εὐρύλοχος τῆς στρατιᾶς, καὶ ξυνηκολούθουν αὐτῷ Μακάριος καὶ Μενεδάϊος οἱ Σπαρτιᾶται. CI. Ξυλλεγέντος δὲ τοῦ στρατεύματος ἐς Δελφοὺς ἐπεκηρυκεύετο Εὐρύλοχος Λοκροῖς τοῖς Ὀζόλαις· διὰ τούτων γὰρ ἡ ὁδὸς ἦν ἐς Ναύπακτον, καὶ ἅμα τῶν Ἀθηναίων ἐβούλετο ἀποστῆσαι αὐτούς. 2 Ξυνέπρασσον δὲ μάλιστα αὐτῷ τῶν Λοκρῶν Ἀμφισσῆς διὰ τὸ τῶν Φωκέων ἔχθος δεδιότες· καὶ αὐτοὶ πρῶτοι δόντες ὁμήρους καὶ τοὺς ἄλλους ἔπεισαν δοῦναι φοβουμένους τὸν ἐπιόντα στρατόν, πρῶτον μὲν οὖν τοὺς ὁμόρους αὐτοῖς Μυωνέας (ταύτῃ γὰρ δυσεσβολώτατος ἡ Λοκρίς), ἔπειτα Ὑπνιέας καὶ Μεσσαπίους καὶ Τριτέας καὶ Χαλειέας καὶ Τολοφωνίους καὶ Ἰσίους καὶ Οἰανθέας. Οὗτοι καὶ ξυνεστράτευον πάντες. Ὀλπαῖοι δὲ ὁμήρους μὲν ἔδοσαν, ἠκολούθουν δὲ οὔ· καὶ Ὑαῖοι οὐκ ἔδοσαν ὁμήρους πρὶν αὐτῶν εἷλον κώμην Πόλιν ὄνομα ἔχουσαν. CII. Ἐπειδὴ δὲ παρεσκεύαστο πάντα καὶ τοὺς ὁμήρους κατέθετο ἐς Κυτίνιον τὸ Δωρικόν, ἐχώρει τῷ στρατῷ ἐπὶ τὴν Ναύπακτον διὰ τῶν Λοκρῶν, καὶ πορευόμενος Οἰνεῶνα αἱρεῖ αὐτῶν καὶ Εὐπάλιον· οὐ γὰρ προσεχώρησαν. 2 Γενόμενοι δ' ἐν τῇ Ναυπακτίᾳ καὶ οἱ Αἰτωλοὶ

61. Fin septembre ou début octobre 426.
62. En prenant des otages dans ces différentes bourgades de Locride, les Lacédémoniens assuraient leurs arrières.

### Euryloque en Locride et à Naupacte

C. Le même été, les Étoliens, qui avaient déjà envoyé auparavant à Corinthe et à Lacédémone des ambassadeurs – l'Ophionée Tolophos, l'Eurytane Boriadès et l'Apodote Teisandros – obtinrent l'envoi d'une expédition contre Naupacte, à cause de l'intervention athénienne. 2 C'est Lacédémone qui leur envoya, vers l'arrière-saison[61], un corps de trois mille hoplites alliés. Cinq cents d'entre eux venaient d'Héraclée de Trachis, récemment fondée ; un Spartiate, Euryloque, commandait les troupes, accompagné des deux Spartiates Macarios et Ménédaios. CI. L'expédition se rassembla à Delphes, et Euryloque parlementa avec les Locriens Ozoles : la route de Naupacte traversait leur pays, et en même temps il voulait les détacher d'Athènes. 2 Son meilleur appui chez les Locriens était les gens d'Amphissa, inquiets de l'hostilité qui les opposait aux Phocidiens ; les premiers à donner des otages, ils persuadèrent les autres d'en donner aussi, sous la menace de l'avance des troupes, en commençant naturellement par leurs voisins de Myonia (c'est par là que l'invasion de la Locride est la plus difficile) ; puis ce furent les gens d'Hypnia, les Messapies, les Tritéens, les Chaléens, les gens de Tolophon, les Isiens et les gens d'Oiantheia. Tous ces peuples acceptèrent aussi de se joindre à l'expédition. Mais les Olpéens, s'ils donnèrent des otages, refusèrent leur concours, et les Hyéens ne donnèrent d'otages qu'une fois prise leur bourgade qu'on nomme « La Ville »[62]. CII. Quand les préparatifs furent terminés et les otages internés à Kytinion en Doride, Euryloque mena ses troupes contre Naupacte à travers le pays des Locriens, à qui il prit dans sa marche Oenéôn et Eupalion ; ces villes ne s'étaient pas ralliées. 2 Une fois sur le territoire de Naupacte, et renforcées

ἅμα ἤδη προσβεβοηθηκότες ἐδῄουν τὴν γῆν καὶ τὸ προάστειον ἀτείχιστον ὂν εἶλον· ἐπί τε Μολύκρειον ἐλθόντες τὴν
Κορινθίων μὲν ἀποικίαν, Ἀθηναίων δὲ ὑπήκοον, αἱροῦσιν.
3 Δημοσθένης δὲ ὁ Ἀθηναῖος (ἔτι γὰρ ἐτύγχανεν ὢν μετὰ
τὰ ἐκ τῆς Αἰτωλίας περὶ Ναύπακτον) προαισθόμενος τοῦ
στρατοῦ καὶ δείσας περὶ αὐτῆς, ἐλθὼν πείθει Ἀκαρνᾶνας,
χαλεπῶς διὰ τὴν ἐκ τῆς Λευκάδος ἀναχώρησιν, βοηθῆσαι
Ναυπάκτῳ. 4 Καὶ πέμπουσι μετ' αὐτοῦ ἐπὶ τῶν νεῶν χιλίους ὁπλίτας, οἳ ἐσελθόντες περιεποίησαν τὸ χωρίον· δεινὸν γὰρ ἦν μὴ μεγάλου ὄντος τοῦ τείχους, ὀλίγων δὲ τῶν
ἀμυνομένων, οὐκ ἀντίσχωσιν. 5 Εὐρύλοχος δὲ καὶ οἱ μετ'
αὐτοῦ ὡς ᾔσθοντο τὴν στρατιὰν ἐσεληλυθυῖαν καὶ ἀδύνατον ὂν τὴν πόλιν βίᾳ ἑλεῖν, ἀνεχώρησαν οὐκ ἐπὶ Πελοποννήσου, ἀλλ' ἐς τὴν Αἰολίδα [τὴν] νῦν καλουμένην Κα-
λυδῶνα καὶ Πλευρῶνα καὶ ἐς τὰ ταύτῃ χωρία καὶ ἐς Πρόσ-
χιον τῆς Αἰτωλίας. 6 Οἱ γὰρ Ἀμπρακιῶται ἐλθόντες
πρὸς αὐτοὺς πείθουσιν ὥστε μετὰ σφῶν Ἄργει τε τῷ Ἀμ-
φιλοχικῷ καὶ Ἀμφιλοχίᾳ τῇ ἄλλῃ ἐπιχειρῆσαι καὶ Ἀκαρ-
νανίᾳ ἅμα, λέγοντες ὅτι, ἢν τούτων κρατήσωσι, πᾶν τὸ
ἠπειρωτικὸν Λακεδαιμονίοις ξύμμαχον καθεστήξει. 7 Καὶ
ὁ μὲν Εὐρύλοχος πεισθεὶς καὶ τοὺς Αἰτωλοὺς ἀφεὶς ἡσύχαζε τῷ στρατῷ περὶ τοὺς χώρους τούτους, ἕως τοῖς Ἀμπρακιώταις ἐκστρατευσαμένοις περὶ τὸ Ἄργος δέοι βοηθεῖν. Καὶ τὸ θέρος ἐτελεύτα.

CIII.  Οἱ δ' ἐν τῇ Σικελίᾳ Ἀθηναῖοι τοῦ ἐπιγιγνομένου
χειμῶνος ἐπελθόντες μετὰ τῶν Ἑλλήνων ξυμμάχων καὶ
ὅσοι Σικελῶν κατὰ κράτος ἀρχόμενοι ὑπὸ Συρακοσίων καὶ
ξύμμαχοι ὄντες ἀποστάντες αὐτοῖς [ἀπὸ Συρακοσίων]
ξυνεπολέμουν, ἐπ' Ἴνησσαν τὸ Σικελικὸν πόλισμα, οὗ τὴν
ἀκρόπολιν Συρακόσιοι εἶχον, προσέβαλον, καὶ ὡς οὐκ ἐδύναντο ἑλεῖν, ἀπῆσαν. 2 Ἐν δὲ τῇ ἀναχωρήσει ὑστέροις
Ἀθηναίων τοῖς ξυμμάχοις ἀναχωροῦσιν ἐπιτίθενται οἱ ἐκ

désormais des Étoliens, toutes ces troupes ravagèrent le pays et prirent le faubourg, qui n'était pas fortifié ; elles s'avancèrent contre Molycreion, colonie de Corinthe, mais sujette d'Athènes, et la prirent. 3 Or Démosthène d'Athènes, qui se trouvait encore du côté de Naupacte après l'affaire d'Étolie, avait eu vent de l'expédition, et, inquiet pour la ville, il alla convaincre les Acarnaniens, non sans mal à cause de son retrait de Leucade, de secourir Naupacte. 4 Ils embarquèrent avec lui mille hoplites, dont l'arrivée sauva la place ; car on risquait que les défenseurs, trop peu nombreux sur ce grand rempart, ne pussent résister. 5 Quand Euryloque et les siens apprirent que ces troupes étaient dans la ville et qu'il était impossible de l'emporter, ils se retirèrent, mais non vers le Péloponnèse : ils gagnèrent le pays d'Éolide, comme on l'appelle aujourd'hui, Calydon et Pleuron, la région voisine et Proschion en Étolie. 6 En effet, les Ambraciotes étaient venus les convaincre d'attaquer avec eux Argos d'Amphilochie, le reste de l'Amphilochie et en même temps l'Acarnanie, leur disant que, ces positions prises, tous les continentaux se trouveraient rangés dans l'alliance de Sparte. 7 Euryloque, convaincu, renvoya les Étoliens et garda ses troupes immobiles dans cette région, en attendant que les Ambraciotes, une fois en campagne, eussent besoin de son aide à Argos. Cependant, l'été s'achevait.

CIII. L'hiver suivant[63], les Athéniens de Sicile s'avancèrent avec leurs alliés grecs et tous les Sikèles qui, soumis de force aux Syracusains et rattachés à leur alliance, les avaient abandonnés pour faire la guerre du côté athénien ; ils donnèrent l'assaut à la place sikèle d'Inessa, dont les Syracusains tenaient l'acropole, et repartirent sans avoir pu la prendre. 2 Dans cette retraite, les alliés, qui formaient l'arrière-garde des Athéniens, furent attaqués

τοῦ τειχίσματος Συρακόσιοι, καὶ προσπεσόντες τρέπουσί τε μέρος τι τοῦ στρατοῦ καὶ ἀπέκτειναν οὐκ ὀλίγους. 3 Καὶ μετὰ τοῦτο ἀπὸ τῶν νεῶν ὁ Λάχης καὶ οἱ Ἀθηναῖοι ἐς τὴν Λοκρίδα ἀποβάσεις τινὰς ποιησάμενοι κατὰ τὸν Καΐκινον ποταμὸν τοὺς προσβοηθοῦντας Λοκρῶν μετὰ Προξένου τοῦ Καπάτωνος ὡς τριακοσίους μάχῃ ἐκράτησαν καὶ ὅπλα λαβόντες ἀπεχώρησαν.

CIV. Τοῦ δ' αὐτοῦ χειμῶνος καὶ Δῆλον ἐκάθηραν Ἀθηναῖοι κατὰ χρησμὸν δή τινα. Ἐκάθηρε μὲν γὰρ καὶ Πεισίστρατος ὁ τύραννος πρότερον αὐτήν, οὐχ ἅπασαν, ἀλλ' ὅσον ἀπὸ τοῦ ἱεροῦ ἐφεωρᾶτο τῆς νήσου· τότε δὲ πᾶσα ἐκαθάρθη τοιῷδε τρόπῳ. 2 Θῆκαι ὅσαι ἦσαν τῶν τεθνεώτων ἐν Δήλῳ, πάσας ἀνεῖλον, καὶ τὸ λοιπὸν προεῖπον μήτε ἐναποθνήσκειν ἐν τῇ νήσῳ μήτε ἐντίκτειν, ἀλλ' ἐς τὴν Ῥήνειαν διακομίζεσθαι. Ἀπέχει δὲ ἡ Ῥήνεια τῆς Δήλου οὕτως ὀλίγον ὥστε Πολυκράτης ὁ Σαμίων τύραννος ἰσχύσας τινὰ χρόνον ναυτικῷ καὶ τῶν τε ἄλλων νήσων ἄρξας καὶ τὴν Ῥήνειαν ἑλὼν ἀνέθηκε τῷ Ἀπόλλωνι τῷ Δηλίῳ ἁλύσει δήσας πρὸς τὴν Δῆλον. Καὶ τὴν πεντετηρίδα τότε πρῶτον μετὰ τὴν κάθαρσιν ἐποίησαν οἱ Ἀθηναῖοι τὰ Δήλια. 3 Ἦν δέ ποτε καὶ τὸ πάλαι μεγάλη ξύνοδος ἐς τὴν Δῆλον τῶν Ἰώνων τε καὶ περικτιόνων νησιωτῶν· ξύν τε γὰρ γυναιξὶ καὶ παισὶν ἐθεώρουν, ὥσπερ νῦν ἐς τὰ Ἐφέσια Ἴωνες, καὶ ἀγὼν ἐποιεῖτο αὐτόθι καὶ γυμνικὸς καὶ μουσικός, χορούς τε ἀνῆγον αἱ πόλεις. 4 Δηλοῖ δὲ μάλιστα Ὅμηρος ὅτι τοιαῦτα ἦν ἐν τοῖς ἔπεσι τοῖσδε, ἅ ἐστιν ἐκ προοιμίου Ἀπόλλωνος·

---

64. Sur le tyran Polycrate de Samos, voir HÉRODOTE, II, 122.

par les Syracusains du fort, dont l'élan mit une partie des troupes en déroute et fit bon nombre de morts. 3 Après cela, sur mer, Lachès et ses Athéniens allèrent faire des débarquements en Locride ; au bord du Caïkinos, ils battirent les Locriens qui, au nombre d'environ trois cents, venaient à la rescousse sous les ordres de Proxène, fils de Capaton, et ils repartirent avec les armes qu'ils leur avaient prises.

## La purification de Délos

CIV. Le même hiver encore, les Athéniens purifièrent Délos, pour obéir à quelque oracle. Une purification avait déjà été faite précédemment, par le tyran Pisistrate, mais dans le seul secteur visible du sanctuaire, non dans l'île entière ; cette fois, une purification totale eut lieu, de la façon suivante : 2 les tombes qui se trouvaient à Délos furent toutes enlevées, et il fut expressément interdit de mourir dans l'île et d'y enfanter désormais ; il faudrait pour cela passer à Rhénée. La distance entre Délos et Rhénée est si courte que le tyran de Samos Polycrate, qui fut quelque temps puissant sur mer et soumit toutes les îles[64], prenant en particulier Rhénée, l'avait consacrée à Apollon Délien en la reliant à Délos par une chaîne. Et c'est alors pour la première fois, après la purification, que les Athéniens célébrèrent la fête quadriennale des Délies. 3 Dans l'ancien temps déjà, il se faisait à Délos un grand rassemblement des Ioniens et des insulaires voisins ; ils allaient assister aux fêtes avec femmes et enfants, comme les Ioniens d'aujourd'hui aux cérémonies d'Éphèse ; on pratiquait là des jeux gymniques et musicaux, et en outre les cités envoyaient des chœurs. 4 Ce qui montre le mieux qu'il en était ainsi, c'est Homère, dans les vers suivants, tirés de l'*Hymne à Apollon* :

'Αλλ' ὅτε Δήλῳ, Φοῖβε, μάλιστά γε θυμὸν ἐτέρφθης,
ἔνθα τοι ἑλκεχίτωνες Ἰάονες ἠγερέθονται
σὺν σφοῖσιν τεκέεσσι γυναιξί τε σὴν ἐς ἀγυιάν·
ἔνθα σε πυγμαχίῃ τε καὶ ὀρχηστυῖ καὶ ἀοιδῇ
μνησάμενοι τέρπουσιν, ὅταν καθέσωσιν ἀγῶνα.

5   Ὅτι δὲ καὶ μουσικῆς ἀγὼν ἦν καὶ ἀγωνιούμενοι ἐφοί-
των ἐν τοῖσδε αὖ δηλοῖ, ἅ ἐστιν ἐκ τοῦ αὐτοῦ προοιμίου·
τὸν γὰρ Δηλιακὸν χορὸν τῶν γυναικῶν ὑμνήσας ἐτελεύτα
τοῦ ἐπαίνου ἐς τάδε τὰ ἔπη, ἐν οἷς καὶ ἑαυτοῦ ἐπεμνήσθη·

'Αλλ' ἄγεθ', ἱλήκοι μὲν Ἀπόλλων Ἀρτέμιδι ξύν,
χαίρετε δ' ὑμεῖς πᾶσαι· ἐμεῖο δὲ καὶ μετόπισθε
μνήσασθ', ὁππότε κέν τις ἐπιχθονίων ἀνθρώπων
ἐνθάδ' ἀνείρηται ταλαπείριος ἄλλος ἐπελθών·
« Ὦ κοῦραι, τίς δ' ὕμμιν ἀνὴρ ἥδιστος ἀοιδῶν
ἐνθάδε πωλεῖται, καὶ τέῳ τέρπεσθε μάλιστα; »
Ὑμεῖς δ' εὖ μάλα πᾶσαι ὑποκρίνασθ' ἀμφ' ἡμέων·
« Τυφλὸς ἀνήρ, οἰκεῖ δὲ Χίῳ ἔνι παιπαλοέσσῃ. »

6   Τοσαῦτα μὲν Ὅμηρος ἐτεκμηρίωσεν ὅτι ἦν καὶ τὸ πάλαι μεγάλη ξύνοδος καὶ ἑορτὴ ἐν τῇ Δήλῳ· ὕστερον δὲ
τοὺς μὲν χοροὺς οἱ νησιῶται καὶ οἱ Ἀθηναῖοι μεθ' ἱερῶν
ἔπεμπον, τὰ δὲ περὶ τοὺς ἀγῶνας καὶ τὰ πλεῖστα κατελύθη
ὑπὸ ξυμφορῶν, ὡς εἰκός, πρὶν δὴ οἱ Ἀθηναῖοι τότε τὸν
ἀγῶνα ἐποίησαν καὶ ἱπποδρομίας, ὃ πρότερον οὐκ ἦν.

65. *Hymne à Apollon*, 146-150 ; 165-172.

« Mais quand ton cœur, Phoibos, trouve le plus de charmes à Délos, c'est lorsque les Ioniens aux tuniques traînantes s'assemblent sur tes parvis, avec leurs enfants et leurs épouses ; alors ils se livrent au pugilat, à la danse et au chant, fidèlement, pour te plaire, lorsqu'ils établissent leurs jeux[65]. »

5 Qu'il y avait aussi des jeux musicaux et qu'on s'y rendait pour concourir, il le montre cette fois avec les vers suivants, tirés du même hymne ; après avoir chanté le chœur des femmes de Délos, il terminait son éloge par ces vers, où il s'est mentionné lui-même :

« Allons ! qu'Apollon me soit favorable, ainsi qu'Artémis ! Salut à vous toutes ! Mais pensez à moi plus tard, quand un homme de la terre, un homme d'ailleurs, qui aura beaucoup souffert, viendra vous demander : Jeunes filles, quel est pour vous, parmi les poètes d'ici, l'auteur des chants les plus doux, et qui vous plaît davantage ? Alors toutes, oui, toutes ! en réponse dites-lui de nous : C'est un homme aveugle ; il demeure dans l'âpre Chios. »

6 On voit combien Homère témoigne qu'il se faisait à Délos, dès l'ancien temps, un grand rassemblement et une grande fête ; plus tard, les insulaires et les Athéniens continuèrent bien d'envoyer leurs chœurs avec des offrandes, mais les jeux et le principal de la fête furent supprimés, comme il est normal, dans le malheur des temps, jusqu'à ce moment enfin où les Athéniens organisèrent le concours avec une course de chars, ce qui n'avait pas existé auparavant.

CV. Τοῦ δ' αὐτοῦ χειμῶνος 'Αμπρακιῶται, ὥσπερ ὑποσχόμενοι Εὐρυλόχῳ τὴν στρατιὰν κατέσχον, ἐκστρατεύον-
ται ἐπὶ "Αργος τὸ 'Αμφιλοχικὸν τρισχιλίοις ὁπλίταις, καὶ
ἐσβαλόντες ἐς τὴν 'Αργείαν καταλαμβάνουσιν "Ολπας,
τεῖχος ἐπὶ λόφου ἰσχυρὸν πρὸς τῇ θαλάσσῃ, ὅ ποτε 'Ακαρνᾶνες τειχισάμενοι κοινῷ δικαστηρίῳ ἐχρῶντο· ἀπέχει δὲ
ἀπὸ τῆς 'Αργείων πόλεως ἐπιθαλασσίας οὔσης πέντε καὶ
εἴκοσι σταδίους μάλιστα. 2 Οἱ δὲ 'Ακαρνᾶνες οἱ μὲν ἐς
"Αργος ξυνεβοήθουν, οἱ δὲ τῆς 'Αμφιλοχίας ἐν τούτῳ τῷ
χωρίῳ ὃ Κρῆναι καλεῖται, φυλάσσοντες τοὺς μετὰ Εὐρυλόχου Πελοποννησίους μὴ λάθωσι πρὸς τοὺς 'Αμπρακιώτας διελθόντες, ἐστρατοπεδεύσαντο. 3 Πέμπουσι δὲ καὶ
ἐπὶ Δημοσθένη τὸν ἐς τὴν Αἰτωλίαν 'Αθηναίων στρατηγή-
σαντα, ὅπως σφίσιν ἡγεμὼν γίγνηται, καὶ ἐπὶ τὰς εἴκοσι
ναῦς 'Αθηναίων αἳ ἔτυχον περὶ Πελοπόννησον οὖσαι, ὧν
ἦρχεν 'Αριστοτέλης τε ὁ Τιμοκράτους καὶ Ἱεροφῶν ὁ 'Αν-
τιμνήστου. 4 'Απέστειλαν δὲ καὶ ἄγγελον οἱ περὶ τὰς
"Ολπας 'Αμπρακιῶται ἐς τὴν πόλιν κελεύοντες σφίσι βοηθεῖν πανδημεί, δεδιότες μὴ οἱ μετ' Εὐρυλόχου οὐ δύνωνται
διελθεῖν τοὺς 'Ακαρνᾶνας καὶ σφίσιν ἢ μονωθεῖσιν ἡ μάχη
γένηται ἢ ἀναχωρεῖν βουλομένοις οὐκ ᾖ ἀσφαλές.
CVI. Οἱ μὲν οὖν μετ' Εὐρυλόχου Πελοποννήσιοι ὡς
ᾔσθοντο τοὺς ἐν "Ολπαις 'Αμπρακιώτας ἥκοντας, ἄραντες
ἐκ τοῦ Προσχίου ἐβοήθουν κατὰ τάχος, καὶ διαβάντες τὸν
'Αχελῷον ἐχώρουν δι' 'Ακαρνανίας οὔσης ἐρήμου διὰ τὴν
ἐς "Αργος βοήθειαν, ἐν δεξιᾷ μὲν ἔχοντες τὴν Στρατίων
πόλιν καὶ τὴν φρουρὰν αὐτῶν, ἐν ἀριστερᾷ δὲ τὴν ἄλλην

### L'expédition d'Euryloque : le désastre des Ambraciotes

CV. Le même hiver, les gens d'Ambracie, exécutant la promesse qui avait retenu Euryloque et ses troupes, marchèrent contre Argos d'Amphilochie avec trois mille hoplites, envahirent son territoire et occupèrent Olpai, place solidement défendue sur une hauteur voisine de la mer ; les Acarnaniens l'avaient fortifiée jadis pour en faire un tribunal commun ; elle se trouve, autant qu'on puisse dire, à vingt-cinq stades de la ville d'Argos, qui est sur la côte. 2 Parmi les Acarnaniens, les uns allèrent soutenir Argos, les autres installèrent leur camp au pays d'Amphilochie, au lieu dit Les Sources, surveillant les Péloponnésiens d'Euryloque, pour les empêcher de percer jusqu'aux Ambraciotes sans être vus. 3 En outre, ils entrèrent en rapports avec Démosthène – qui avait été le stratège des Athéniens contre l'Étolie – pour qu'il prît leur tête, et avec les vingt navires athéniens qui croisaient justement autour du Péloponnèse, commandés par Aristote, fils de Timocrate, et Hiérophon, fils d'Antimnestos. 4 De leur côté aussi, les Ambraciotes d'Olpai envoyèrent un messager à leur cité pour réclamer une aide massive, car ils craignaient que les troupes d'Euryloque ne pussent pas percer à travers les Acarnaniens ; alors, ils devraient ou bien combattre en étant laissés à eux-mêmes ou bien, s'ils voulaient se retirer, n'avoir pas de sécurité.

CVI. Cependant, quand les Péloponnésiens d'Euryloque apprirent l'arrivée des Ambraciotes à Olpai, ils quittèrent Proschion et accoururent à la rescousse ; passant l'Achélôos, ils s'avancèrent à travers l'Acarnanie, vidée par le secours envoyé à Argos, en laissant à droite la ville de Stratos avec sa garnison, à gauche le reste de l'Acarnanie.

'Ακαρνανίαν. 2 Καὶ διελθόντες τὴν Στρατίων γῆν ἐχώρουν διὰ τῆς Φυτίας καὶ αὖθις Μεδεῶνος παρ' ἔσχατα, ἔπειτα διὰ Λιμναίας· καὶ ἐπέβησαν τῆς 'Αγραίων, οὐκέτι 'Ακαρνανίας, φιλίας δὲ σφίσιν. 3 Λαβόμενοι δὲ τοῦ Θυάμου ὄρους, ὅ ἐστιν 'Αγραϊκόν, ἐχώρουν δι' αὐτοῦ καὶ κατέβησαν ἐς τὴν 'Αργείαν νυκτὸς ἤδη, καὶ διεξελθόντες μεταξὺ τῆς τε 'Αργείων πόλεως καὶ τῆς ἐπὶ Κρήναις 'Ακαρνάνων φυλακῆς ἔλαθον καὶ προσέμειξαν τοῖς ἐν Ὄλπαις 'Αμπρακιώταις. CVII. Γενόμενοι δὲ ἀθρόοι ἅμα τῇ ἡμέρᾳ καθίζουσιν ἐπὶ τὴν Μητρόπολιν καλουμένην καὶ στρατόπεδον ἐποιήσαντο. 'Αθηναῖοι δὲ ταῖς εἴκοσι ναυσὶν οὐ πολλῷ ὕστερον παραγίγνονται ἐς τὸν 'Αμπρακικὸν κόλπον βοηθοῦντες τοῖς 'Αργείοις, καὶ Δημοσθένης Μεσσηνίων μὲν ἔχων διακοσίους ὁπλίτας, ἑξήκοντα δὲ τοξότας 'Αθηναίων. 2 Καὶ αἱ μὲν νῆες περὶ τὰς Ὄλπας τὸν λόφον ἐκ θαλάσσης ἐφώρμουν· οἱ δὲ 'Ακαρνᾶνες καὶ 'Αμφιλόχων ὀλίγοι (οἱ γὰρ πλείους ὑπὸ 'Αμπρακιωτῶν βίᾳ κατείχοντο) ἐς τὸ Ἄργος ἤδη ξυνεληλυθότες παρεσκευάζοντο ὡς μαχούμενοι τοῖς ἐναντίοις, καὶ ἡγεμόνα τοῦ παντὸς ξυμμαχικοῦ αἱροῦνται Δημοσθένη μετὰ τῶν σφετέρων στρατηγῶν. 3 Ὁ δὲ προσαγαγὼν ἐγγὺς τῆς Ὄλπης ἐστρατοπεδεύσατο, χαράδρα δ' αὐτοὺς μεγάλη διεῖργεν. Καὶ ἡμέρας μὲν πέντε ἡσύχαζον, τῇ δ' ἕκτῃ ἐτάσσοντο ἀμφότεροι ὡς ἐς μάχην. Καὶ (μεῖζον γὰρ ἐγένετο καὶ περιέσχε τὸ τῶν Πελοποννησίων στρατόπεδον) ὁ Δημοσθένης δείσας μὴ κυκλωθῇ λοχίζει ἐς ὁδόν τινα κοίλην καὶ λοχμώδη ὁπλίτας καὶ ψιλοὺς ξυναμφοτέρους ἐς τετρακοσίους, ὅπως κατὰ τὸ ὑπερέχον τῶν ἐναντίων ἐν τῇ ξυνόδῳ αὐτῇ ἐξαναστάντες οὗτοι κατὰ νώτου γίγνωνται. 4 'Επεὶ δὲ παρεσκεύαστο ἀμφοτέροις, ᾖσαν ἐς χεῖρας, Δημοσθένης μὲν τὸ δεξιὸν κέρας ἔχων μετὰ Μεσσηνίων καὶ 'Αθηναίων ὀλίγων, τὸ δὲ

2 Ils traversèrent le pays de Stratos et s'avancèrent par celui
de Phytia, puis celui de Médéôn en longeant la frontière,
puis celui de Limnaia ; et ils entrèrent dans le pays des
Agréens, qui ne sont plus des Acarnaniens, et étaient des
amis. 3 S'engageant dans le mont Thyamos, qui appartient
aux Agréens, ils le franchirent et descendirent sur le pays
d'Argos à la nuit déjà tombée ; alors, s'infiltrant entre la
ville d'Argos et les Acarnaniens postés aux Sources, ils
rejoignirent sans avoir été vus les Ambraciotes d'Olpai.
CVII. Leur jonction faite, au matin, les troupes s'installèrent au lieu dit Métropole et y mirent leur camp. Peu
après, les Athéniens des vingt navires se présentèrent dans
le golfe d'Ambracie pour soutenir Argos, et Démosthène
arriva avec deux cents hoplites messéniens et soixante
archers d'Athènes. 2 Alors, tandis que les navires blo-
quaient la colline d'Olpai du côté de la mer, les Acarnaniens
et quelques hommes d'Amphilochie (les Ambraciotes
en retenaient la plupart de force), tous rassemblés déjà à
Argos, se préparèrent à combattre l'adversaire ; ils choi-
sirent Démosthène pour chef de tout le groupement allié,
en conservent leurs propres généraux. 3 Démosthène alla
mettre son camp près d'Olpè, séparé de l'ennemi par un
grand ravin. Cinq jours passèrent dans l'inaction, mais le
sixième les deux partis se rangèrent pour combattre. Et,
comme les lignes péloponnésiennes avaient pris plus de
longueur et l'avaient débordé, Démosthène craignit de se
faire encercler ; il embusqua dans les fourrés d'un chemin creux des hoplites et des troupes légères – environ
quatre cents hommes en tout – qui surgiraient en pleine
mêlée dans le dos de l'adversaire au niveau où son dispositif dépassait. 4 Une fois les préparatifs achevés des
deux côtés, on en vint aux mains, Démosthène tenant l'aile
droite avec les Messéniens et quelques Athéniens, tandis

ἄλλο Ἀκαρνᾶνες ὡς ἕκαστοι τεταγμένοι ἐπεῖχον, καὶ Ἀμφιλόχων οἱ παρόντες ἀκοντισταί, Πελοποννήσιοι δὲ καὶ
Ἀμπρακιῶται ἀναμὶξ τεταγμένοι πλὴν Μαντινέων· οὗτοι
δὲ ἐν τῷ εὐωνύμῳ μᾶλλον καὶ οὐ τὸ κέρας ἄκρον ἔχοντες
ἀθρόοι ἦσαν, ἀλλ᾽ Εὐρύλοχος ἔσχατον εἶχε τὸ εὐώνυμον
καὶ οἱ μετ᾽ αὐτοῦ, κατὰ Μεσσηνίους καὶ Δημοσθένη.
CVIII. Ὡς δ᾽ ἐν χερσὶν ἤδη ὄντες περιέσχον τῷ κέρᾳ οἱ
Πελοποννήσιοι καὶ ἐκυκλοῦντο τὸ δεξιὸν τῶν ἐναντίων, οἱ
ἐκ τῆς ἐνέδρας Ἀκαρνᾶνες ἐπιγενόμενοι αὐτοῖς κατὰ νώτου προσπίπτουσί τε καὶ τρέπουσιν, ὥστε μήτε ἐς ἀλκὴν
ὑπομεῖναι φοβηθέντας τε ἐς φυγὴν καὶ τὸ πλέον τοῦ στρατεύματος καταστῆσαι· ἐπειδὴ γὰρ εἶδον τὸ κατ᾽ Εὐρύλο-
χον καὶ ὃ κράτιστον ἦν διαφθειρόμενον, πολλῷ μᾶλλον
ἐφοβοῦντο. Καὶ οἱ Μεσσήνιοι ὄντες ταύτῃ μετὰ τοῦ Δημοσθένους τὸ πολὺ τοῦ ἔργου ἐπεξῆλθον. 2 Οἱ δὲ Ἀμπρακιῶται καὶ οἱ κατὰ τὸ δεξιὸν κέρας ἐνίκων τὸ καθ᾽
ἑαυτοὺς καὶ πρὸς τὸ Ἄργος ἀπεδίωξαν· καὶ γὰρ μαχιμώ-
τατοι τῶν περὶ ἐκεῖνα τὰ χωρία τυγχάνουσιν ὄντες.
3 Ἐπαναχωροῦντες δὲ ὡς ἑώρων τὸ πλέον νενικημένον
καὶ οἱ ἄλλοι Ἀκαρνᾶνες σφίσι προσέκειντο, χαλεπῶς διε-
σῴζοντο ἐς τὰς Ὄλπας, καὶ πολλοὶ ἀπέθανον αὐτῶν,
ἀτάκτως καὶ οὐδενὶ κόσμῳ προσπίπτοντες πλὴν Μαντι-
νέων· οὗτοι δὲ μάλιστα ξυντεταγμένοι παντὸς τοῦ στρατοῦ
ἀνεχώρησαν.

Καὶ ἡ μὲν μάχη ἐτελεύτα ἐς ὀψέ. CIX. Μενεδάιος δὲ
τῇ ὑστεραίᾳ Εὐρυλόχου τεθνεῶτος καὶ Μακαρίου αὐτὸς
παρειληφὼς τὴν ἀρχὴν καὶ ἀπορῶν μεγάλης ἥσσης γεγενημένης ὅτῳ τρόπῳ ἢ μένων πολιορκήσεται ἔκ τε γῆς καὶ
ἐκ θαλάσσης ταῖς Ἀττικαῖς ναυσὶν ἀποκεκλῃμένος ἢ καὶ
ἀναχωρῶν διασωθήσεται, προσφέρει λόγον περὶ σπονδῶν

que le reste du front était occupé par les contingents acarnaniens rangés successivement, et par les lanceurs de javelots d'Amphilochie qui étaient là ; Péloponnésiens et Ambraciotes étaient confondus dans les rangs, excepté les Mantinéens, qui étaient rassemblés plutôt à l'aile gauche, mais n'en formaient pas l'extrémité : c'était Euryloque qui formait la pointe de gauche avec ses troupes, en face des Messéniens et de Démosthène. CVIII. Lorsqu'on en était déjà aux mains et que les Péloponnésiens, débordant par l'aile, voulaient encercler la droite de leurs adversaires, les Acarnaniens de l'embuscade, survenant à revers, les assaillirent et leur firent lâcher pied : non seulement ils ne résistèrent pas, mais, pris de peur, ils entraînèrent dans leur fuite le gros de l'armée ; ce qui accroissait beaucoup la peur, c'était d'avoir vu anéantir le groupe d'Euryloque, des éléments d'élite. Les Messéniens, qui tenaient ce secteur avec Démosthène, accomplirent le gros du travail. 2 De leur côté, les Ambraciotes et les troupes de l'aile droite avaient le dessus et refoulèrent l'adversaire vers Argos ; ce sont en effet justement les meilleurs guerriers de ces régions. 3 Mais en revenant, quand ils virent que le gros de leur armée était battu et que les autres Acarnaniens les serraient de près, ils se réfugièrent péniblement à Olpai ; les pertes furent sévères parmi ces troupes qui chargeaient sans ordre ni aucune discipline, excepté les Mantinéens ; ceux-ci au contraire se distinguèrent, dans toute l'armée par leur repli bien ordonné.

La bataille ne s'acheva que tard. CIX. Le lendemain, Ménédaios prit en personne le commandement, puisque Euryloque était mort ainsi que Macarios ; après une telle défaite, il ne voyait ni le moyen de rester pour soutenir un siège, étant bloqué du côté de la terre et aussi du côté de la mer par les vaisseaux athéniens, ni celui de trouver le

καὶ ἀναχωρήσεως Δημοσθένει καὶ τοῖς Ἀκαρνάνων στρατηγοῖς, καὶ περὶ νεκρῶν ἅμα ἀναιρέσεως. 2 Οἱ δὲ νεκροὺς
μὲν ἀπέδοσαν καὶ τροπαῖον αὐτοὶ ἔστησαν καὶ τοὺς ἑαυτῶν
τριακοσίους μάλιστα ἀποθανόντας ἀνείλοντο, ἀναχώρησιν
δὲ ἐκ μὲν τοῦ προφανοῦς οὐκ ἐσπείσαντο ἅπασι, κρύφα δὲ
Δημοσθένης μετὰ τῶν ξυστρατήγων Ἀκαρνάνων σπένδον-
ται Μαντινεῦσι καὶ Μενεδαῖῳ καὶ τοῖς ἄλλοις ἄρχουσι τῶν
Πελοποννησίων καὶ ὅσοι αὐτῶν ἦσαν ἀξιολογώτατοι ἀπο-
χωρεῖν κατὰ τάχος, βουλόμενος ψιλῶσαι τοὺς Ἀμπρακιώτας τε καὶ τὸν μισθοφόρον ὄχλον [τὸν ξενικόν], μάλιστα
δὲ Λακεδαιμονίους καὶ Πελοποννησίους διαβαλεῖν ἐς τοὺς
ἐκείνῃ χρῄζων Ἕλληνας ὡς καταπροδόντες τὸ ἑαυτῶν
προυργιαίτερον ἐποιήσαντο. 3 Καὶ οἱ μὲν τούς τε νεκροὺς
ἀνείλοντο καὶ διὰ τάχους ἔθαπτον, ὥσπερ ὑπῆρχε, καὶ τὴν
ἀποχώρησιν κρύφα οἷς ἐδέδοτο ἐπεβούλευον· CX. τῷ δὲ
Δημοσθένει καὶ τοῖς Ἀκαρνᾶσιν ἀγγέλλεται τοὺς Ἀμπρακιώτας τοὺς ἐκ τῆς πόλεως πανδημεὶ κατὰ τὴν πρώτην ἐκ
τῶν Ὀλπῶν ἀγγελίαν ἐπιβοηθεῖν διὰ τῶν Ἀμφιλόχων,
βουλομένους τοῖς ἐν Ὄλπαις ξυμμεῖξαι, εἰδότας οὐδὲν τῶν
γεγενημένων. 2 Καὶ πέμπει εὐθὺς τοῦ στρατοῦ μέρος τι
τὰς ὁδοὺς προλοχιοῦντας καὶ τὰ καρτερὰ προκαταληψο-
μένους, καὶ τῇ ἄλλῃ στρατιᾷ ἅμα παρεσκευάζετο βοηθεῖν ἐπ᾽ αὐτούς. CXI. Ἐν τούτῳ δ᾽ οἱ Μαντινῆς καὶ οἷς
ἔσπειστο πρόφασιν ἐπὶ λαχανισμὸν καὶ φρυγάνων ξυλλο-
γὴν ἐξελθόντες ὑπαπῇσαν κατ᾽ ὀλίγους, ἅμα ξυλλέγοντες
ἐφ᾽ ἃ ἐξῆλθον δῆθεν· προκεχωρηκότες δὲ ἤδη ἄπωθεν τῆς
Ὄλπης θᾶσσον ἀπεχώρουν. 2 Οἱ δ᾽ Ἀμπρακιῶται καὶ
οἱ ἄλλοι, ὅσοι μὲν ἐτύγχανον οὕτως ἀθρόοι ξυνεξελθόντες,

salut dans la retraite ; il entreprit donc de négocier trêve et retraite avec Démosthène et les généraux acarnaniens, demandant aussi à relever ses morts. 2 Les vainqueurs lui rendirent bien ses morts, dressèrent de leur côté un trophée et relevèrent leurs propres morts – trois cents avaient péri autant qu'on puisse dire ; quant à la retraite, officiellement, pour tous, ils refusèrent de l'accorder, mais en secret Démosthène avec ses collègues acarnaniens accorda aux Mantinéens, à Ménédaios, aux autres chefs des Péloponnésiens et à toutes leurs principales personnalités le droit de se retirer promptement : il voulait réduire à eux-mêmes les Ambraciotes et la masse des mercenaires, mais surtout il désirait discréditer Lacédémoniens et Péloponnésiens auprès des Grecs de ces régions, pour n'avoir écouté que leur intérêt au prix d'une trahison. 3 Or, alors que les vaincus avaient relevé leurs morts, les enterraient promptement, comme ils le pouvaient, et que le départ autorisé s'organisait en secret, CX. Démosthène et les Acarnaniens apprirent que les Ambraciotes de la ville, en masse, répondant au premier message d'Olpai, traversaient l'Amphilochie pour secourir les troupes d'Olpai, qu'elles voulaient rejoindre, sans rien savoir des événements. 2 Aussitôt, il envoya une partie de ses hommes préparer des embuscades sur les chemins et s'assurer des positions fortes, tandis qu'il s'apprêtait avec le reste de ses troupes à intervenir contre les arrivants. CXI. Entre-temps, les Mantinéens et d'autres vaincus couverts par l'accord, sortant sous couleur de ramasser des légumes et du bois, s'esquivèrent par petits groupes, tout en ramassant ce pour quoi ils étaient, en principe, sortis ; une fois à l'écart d'Olpè, ils hâtèrent le pas. 2 Les Ambraciotes et les autres qui, justement, étaient sortis comme cela tous ensemble, quand ils comprirent que ceux-là partaient,

ὡς ἔγνωσαν ἀπιόντας, ὥρμησαν καὶ αὐτοὶ καὶ ἔθεον δρόμῳ, ἐπικαταλαβεῖν βουλόμενοι. 3 Οἱ δὲ Ἀκαρνᾶνες τὸ μὲν πρῶτον καὶ πάντας ἐνόμισαν ἀπιέναι ἀσπόνδους ὁμοίως καὶ τοὺς Πελοποννησίους ἐπεδίωκον (καί τινας αὐτῶν τῶν στρατηγῶν κωλύοντας καὶ φάσκοντας ἐσπεῖσθαι αὐτοῖς ἠκόντισέ τις, νομίσας καταπροδίδοσθαι σφᾶς)· ἔπειτα μέντοι τοὺς μὲν Μαντινέας καὶ τοὺς Πελοποννησίους ἀφίεσαν, τοὺς δ' Ἀμπρακιώτας ἔκτεινον. 4 Καὶ ἦν πολλὴ ἔρις καὶ ἄγνοια εἴτε Ἀμπρακιώτης τίς ἐστιν εἴτε Πελοποννήσιος. Καὶ ἐς διακοσίους μέν τινας αὐτῶν ἀπέκτειναν· οἱ δ' ἄλλοι διέφυγον ἐς τὴν Ἀγραΐδα ὅμορον οὖσαν, καὶ Σαλύνθιος αὐτοὺς ὁ βασιλεὺς τῶν Ἀγραίων φίλος ὢν ὑπεδέξατο.

CXII. Οἱ δ' ἐκ τῆς πόλεως Ἀμπρακιῶται ἀφικνοῦνται ἐπ' Ἰδομενήν. Ἔστον δὲ δύο λόφω ἡ Ἰδομενὴ ὑψηλώ· τούτοιν τὸν μὲν μείζω νυκτὸς ἐπιγενομένης οἱ προαποσταλέντες ὑπὸ τοῦ Δημοσθένους ἀπὸ τοῦ στρατοπέδου ἔλαθόν τε καὶ ἔφθασαν προκαταλαβόντες, τὸν δ' ἐλάσσω ἔτυχον οἱ Ἀμπρακιῶται προαναβάντες καὶ ηὐλίσαντο. 2 Ὁ δὲ Δημοσθένης δειπνήσας ἐχώρει καὶ τὸ ἄλλο στράτευμα ἀπὸ ἑσπέρας εὐθύς, αὐτὸς μὲν τὸ ἥμισυ ἔχων ἐπὶ τῆς ἐσβολῆς, τὸ δ' ἄλλο διὰ τῶν Ἀμφιλοχικῶν ὁρῶν. 3 Καὶ ἅμα ὄρθρῳ ἐπιπίπτει τοῖς Ἀμπρακιώταις ἔτι ἐν ταῖς εὐναῖς καὶ οὐ προῃσθημένοις τὰ γεγενημένα, ἀλλὰ πολὺ μᾶλλον νομίσασι τοὺς ἑαυτῶν εἶναι· 4 καὶ γὰρ τοὺς Μεσσηνίους πρώτους ἐπίτηδες ὁ Δημοσθένης προύταξε καὶ προσαγορεύειν ἐκέλευε, Δωρίδα τε γλῶσσαν ἱέντας καὶ τοῖς προφύλαξι πίστιν παρεχομένους, ἅμα δὲ καὶ οὐ καθορωμένους τῇ ὄψει νυκτὸς ἔτι οὔσης. 5 Ὡς οὖν ἐπέπεσε τῷ στρατεύματι αὐτῶν, τρέπουσι, καὶ τοὺς μὲν πολλοὺς αὐτοῦ

s'élancèrent eux aussi et se mirent à courir, voulant les rattraper. 3 Les Acarnaniens crurent d'abord que tous violaient pareillement l'accord en partant, et ils poursuivirent les Péloponnésiens (on vit même des généraux acarnaniens, qui s'y opposaient et criaient qu'il y avait accord avec eux, se faire tirer dessus par un de leurs hommes qui croyait à une trahison) ; ensuite, pourtant, ils laissèrent partir les gens de Mantinée et les Péloponnésiens, mais tuèrent ceux d'Ambracie. 4 Et il y avait mille contestations et incertitudes pour distinguer entre Ambraciotes et Péloponnésiens. Ils en tuèrent bien deux cents environ ; les autres se réfugièrent chez les Agréens, peuple voisin, dont le roi Salynthios était leur ami et les accueillit.

CXII. Les Ambraciotes de la ville arrivèrent à Idoménè. On appelle Idoménè deux hautes collines ; la plus élevée fut atteinte à la nuit tombée par les soldats que Démosthène avait détachés en avant de son armée et qui, sans être vus, eurent le temps de l'occuper les premiers ; mais il se trouva que les Ambraciotes parvinrent les premiers au sommet de la plus petite, où ils bivouaquèrent. 2 Cependant, Démosthène, après avoir procédé au repas, s'était mis en marche avec le reste de l'armée dès le soir ; il menait lui-même la moitié de ses troupes vers le défilé, et les autres traversaient les monts d'Amphilochie. 3 Juste avant le jour, il fondit sur les Ambraciotes, qui étaient encore couchés et qui, loin d'avoir eu vent des événements, croyaient bien plutôt que c'étaient les leurs : 4 Démosthène, en effet, avait placé exprès les Messéniens tout en avant, avec la consigne d'adresser la parole à l'adversaire, puisqu'ils s'exprimaient en dorien et inspiraient ainsi confiance aux sentinelles, d'autant que le regard ne pouvait les distinguer dans la nuit qui régnait encore. 5 Quand donc il assaillit les troupes d'Ambracie, ce fut la déroute : la

διέφθειραν, οἱ δὲ λοιποὶ κατὰ τὰ ὄρη ἐς φυγὴν ὥρμησαν. 6 Προκατειλημμένων δὲ τῶν ὁδῶν, καὶ ἅμα τῶν μὲν Ἀμφιλόχων ἐμπείρων ὄντων τῆς ἑαυτῶν γῆς καὶ ψιλῶν πρὸς ὁπλίτας, τῶν δὲ ἀπείρων καὶ ἀνεπιστημόνων ὅπη τράπωνται, ἐσπίπτοντες ἔς τε χαράδρας καὶ τὰς προλελοχισμένας ἐνέδρας διεφθείροντο. 7 Καὶ ἐς πᾶσαν ἰδέαν χωρήσαντες τῆς φυγῆς ἐτράποντό τινες καὶ ἐς τὴν θάλασσαν οὐ πολὺ ἀπέχουσαν, καὶ ὡς εἶδον τὰς Ἀττικὰς ναῦς παραπλεούσας ἅμα τοῦ ἔργου τῇ ξυντυχίᾳ, προσένευσαν, ἡγησάμενοι ἐν τῷ αὐτίκα φόβῳ κρεῖσσον εἶναι σφίσιν ὑπὸ τῶν ἐν ταῖς ναυσίν, εἰ δεῖ, διαφθαρῆναι ἢ ὑπὸ τῶν βαρβάρων καὶ ἐχθίστων Ἀμφιλόχων. 8 Οἱ μὲν οὖν Ἀμπρακιῶται τοιούτῳ τρόπῳ κακωθέντες ὀλίγοι ἀπὸ πολλῶν ἐσώθησαν ἐς τὴν πόλιν· Ἀκαρνᾶνες δὲ σκυλεύσαντες τοὺς νεκροὺς καὶ τροπαῖα στήσαντες ἀπεχώρησαν ἐς Ἄργος. CXIII. Καὶ αὐτοῖς τῇ ὑστεραίᾳ ἦλθε κῆρυξ ἀπὸ τῶν ἐς Ἀγραίους καταφυγόντων ἐκ τῆς Ὄλπης Ἀμπρακιωτῶν, ἀναίρεσιν αἰτήσων τῶν νεκρῶν οὓς ἀπέκτειναν ὕστερον τῆς πρώτης μάχης, ὅτε μετὰ τῶν Μαντινέων καὶ τῶν ὑποσπόνδων ξυνεξῆσαν ἄσπονδοι. 2 Ἰδὼν δ' ὁ κῆρυξ τὰ ὅπλα τῶν ἀπὸ τῆς πόλεως Ἀμπρακιωτῶν ἐθαύμαζε τὸ πλῆθος· οὐ γὰρ ᾔδει τὸ πάθος, ἀλλ' ᾤετο τῶν μετὰ σφῶν εἶναι. 3 Καί τις αὐτὸν ἤρετο ὅ τι θαυμάζοι καὶ ὁπόσοι αὐτῶν τεθνᾶσιν, οἰόμενος αὖ ὁ ἐρωτῶν εἶναι τὸν κήρυκα ἀπὸ τῶν ἐν Ἰδομεναῖς. Ὁ δ' ἔφη διακοσίους μάλιστα. 4 Ὑπολαβὼν δ' ὁ ἐρωτῶν εἶπεν· «Οὔκουν τὰ ὅπλα ταυτὶ φαίνεται, ἀλλὰ πλέον ἢ χιλίων.» Αὖθις δὲ εἶπεν ἐκεῖνος· «Οὐκ ἄρα τῶν μεθ' ἡμῶν μαχομένων ἐστίν.» Ὁ δ' ἀπεκρίνατο· «Εἴπερ γε ὑμεῖς ἐν Ἰδομενῇ χθὲς ἐμάχεσθε.» «Ἀλλ' ἡμεῖς γε

plupart furent massacrés sur place, les autres voulurent fuir dans les montagnes. 6 Mais les chemins étaient déjà gardés ; avec cela les gens d'Amphilochie connaissaient bien leur pays et se battaient avec des armes légères contre des hoplites qui ne le connaissaient pas et ne savaient où se tourner : se jetant dans des ravins et dans les embuscades toutes prêtes, ils se faisaient massacrer. 7 Recourant à toutes les formes de fuite, ils se tournèrent même parfois vers la mer, qui n'est pas loin ; et quand ils virent les vaisseaux d'Athènes qui longeaient la côte juste au moment de l'action, ils les rejoignirent à la nage, acceptant dans leur effroi présent d'être tués, s'il le fallait, par ceux qui montaient ces navires, plutôt que par les gens d'Amphilochie, des barbares et leurs pires ennemis. 8 Ainsi éprouvés, il y eut peu d'Ambraciotes, sur le nombre, qui purent trouver le salut dans leur ville ; quant aux Acarnaniens, ils dépouillèrent les morts, dressèrent des trophées et partirent vers Argos. CXIII. Or le lendemain, ils reçurent un héraut des Ambraciotes réfugiés d'Olpè au pays des Agréens, qui venait demander à relever les morts tombés après le premier combat, quand ils sortaient, sans bénéficier de l'accord, avec les Mantinéens et ceux que l'accord couvrait. 2 Quand ce héraut vit les armes des Ambraciotes de la ville, leur nombre l'étonna ; car il ignorait le désastre et croyait qu'elles appartenaient à ses anciens camarades. 3 Quelqu'un lui demanda pourquoi il s'étonnait, et combien des leurs étaient morts, croyant, lui, en posant sa question, que le héraut appartenait à ceux d'Idoménè. La réponse fut : deux cents à peu près. 4 L'interlocuteur reprit : « Non, ces armes, à voir, sont celles de plus de mille hommes. » Le héraut repartit : « Alors, elles ne sont pas à ceux qui se battaient à nos côtés. » L'autre répondit : « Mais si, si c'est vous qui vous êtes battus hier à Idoménè. » – « Mais

οὐδενὶ ἐμαχόμεθα χθές, ἀλλὰ πρῴην ἐν τῇ ἀποχωρήσει. »
« Καὶ μὲν δὴ τούτοις γε ἡμεῖς χθὲς ἀπὸ τῆς πόλεως βοη
θήσασι τῆς Ἀμπρακιωτῶν ἐμαχόμεθα. » 5 Ὁ δὲ κῆρυξ
ὡς ἤκουσε καὶ ἔγνω ὅτι ἡ ἀπὸ τῆς πόλεως βοήθεια διέφθαρ
ται, ἀνοιμώξας καὶ ἐκπλαγεὶς τῷ μεγέθει τῶν παρόντων
κακῶν ἀπῆλθεν εὐθὺς ἄπρακτος καὶ οὐκέτι ἀπῄτει τοὺς
νεκρούς. 6 Πάθος γὰρ τοῦτο μιᾷ πόλει Ἑλληνίδι ἐν ἴσαις
ἡμέραις μέγιστον δὴ τῶν κατὰ τὸν πόλεμον τόνδε ἐγένετο.
Καὶ ἀριθμὸν οὐκ ἔγραψα τῶν ἀποθανόντων, διότι ἄπιστον
τὸ πλῆθος λέγεται ἀπολέσθαι ὡς πρὸς τὸ μέγεθος τῆς πό
λεως. Ἀμπρακίαν μέντοι οἶδα ὅτι, εἰ ἐβουλήθησαν Ἀκαρ
νᾶνες καὶ Ἀμφίλοχοι Ἀθηναίοις καὶ Δημοσθένει πειθόμε
νοι ἐξελεῖν, αὐτοβοεὶ ἂν εἷλον· νῦν δ' ἔδεισαν μὴ οἱ Ἀθη
ναῖοι ἔχοντες αὐτὴν χαλεπώτεροι σφίσι πάροικοι ὦσιν.

CXIV. Μετὰ δὲ ταῦτα τρίτον μέρος νείμαντες τῶν σκύ
λων τοῖς Ἀθηναίοις τὰ ἄλλα κατὰ τὰς πόλεις διείλοντο.
Καὶ τὰ μὲν τῶν Ἀθηναίων πλέοντα ἑάλω, τὰ δὲ νῦν ἀνα
κείμενα ἐν τοῖς Ἀττικοῖς ἱεροῖς Δημοσθένει ἐξῃρέθησαν
τριακόσιαι πανοπλίαι, καὶ ἄγων αὐτὰς κατέπλευσεν· καὶ
ἐγένετο ἅμα αὐτῷ μετὰ τὴν ἐκ τῆς Αἰτωλίας ξυμφορὰν ἀπὸ
ταύτης τῆς πράξεως ἀδεεστέρα ἡ κάθοδος. 2 Ἀπῆλθον
δὲ καὶ οἱ ἐν ταῖς εἴκοσι ναυσὶν Ἀθηναῖοι ἐς Ναύπακτον.
Ἀκαρνᾶνες δὲ καὶ Ἀμφίλοχοι ἀπελθόντων Ἀθηναίων καὶ
Δημοσθένους τοῖς ὡς Σαλύνθιον καὶ Ἀγραίους καταφυ
γοῦσιν Ἀμπρακιώταις καὶ Πελοποννησίοις ἀναχώρησιν
ἐσπείσαντο ἐξ Οἰνιαδῶν, οἵπερ καὶ μετανέστησαν παρὰ Σα

66. Au terme de cette bataille dont le déroulement est d'autant plus
complexe que l'attitude des différents peuples engagés est loin d'être
claire, les Athéniens étaient vainqueurs, mais devaient tenir compte de
leurs alliés dans la répartition du butin.

67. Grâce à l'importance du butin, Démosthène, en consacrant
trois cents armures complètes dans les sanctuaires de l'Attique, pouvait faire oublier les lourdes pertes subies contre les Étoliens. Il avait
alors préféré demeurer à Naupacte plutôt qu'affronter à Athènes un
éventuel procès.

nous, nous n'avons pas livré de combat hier ; c'était avant-hier, quand nous partions. » – « En tout cas, nous, c'est contre ces gens-là que nous nous sommes battus hier ; ils étaient venus de leur cité, d'Ambracie, en renfort. » 5 Quand le héraut l'entendit, quand il comprit que le renfort envoyé par leur cité était détruit, il éclata en gémissements et, épouvanté par l'immensité de leur malheur, il repartit tout de suite, comme il était venu, sans plus réclamer les morts. 6 Ce fut le désastre le pire qu'une ville grecque ait, au cours de cette guerre, subi à elle seule en ce nombre de jours. Je n'indique pas le chiffre des morts, parce que le nombre de victimes qu'on donne est incroyable par rapport à l'importance de la cité. Mais je sais bien que, si les Acarnaniens et les gens d'Amphilochie, écoutant les Athéniens et Démosthène, avaient voulu anéantir Ambracie, elle serait tombée au premier assaut ; mais ils craignirent que les Athéniens, une fois maîtres de la ville, ne fussent des voisins plus difficiles[66].

CXIV. Après cela, ils attribuèrent aux Athéniens un tiers des dépouilles et partagèrent le reste entre leurs cités. Le butin athénien fut pris en mer, et ce qu'on en voit aujourd'hui consacré dans les sanctuaires de l'Attique est la part personnelle de Démosthène, trois cents armures complètes, avec lesquelles il rentra : du même coup, ce succès, après les revers d'Étolie, lui permit de revenir avec moins d'inquiétude[67]. 2 Quant aux Athéniens des vingt navires, ils partirent, eux, pour Naupacte. Après le départ des Athéniens et de Démosthène, les gens d'Acarnanie et d'Amphilochie accordèrent aux Ambraciotes et aux Péloponnésiens qui s'étaient réfugiés chez Salynthios et les Agréens le droit de revenir d'Oiniadai, où ils étaient

λυνθίου. 3 Καὶ ἐς τὸν ἔπειτα χρόνον σπονδὰς καὶ ξυμμαχίαν ἐποιήσαντο ἑκατὸν ἔτη Ἀκαρνᾶνες καὶ Ἀμφίλοχοι πρὸς Ἀμπρακιώτας ἐπὶ τοῖσδε, ὥστε μήτε Ἀμπρακιώτας μετὰ Ἀκαρνάνων στρατεύειν ἐπὶ Πελοποννησίους μήτε Ἀκαρνᾶνας μετὰ Ἀμπρακιωτῶν ἐπ' Ἀθηναίους, βοηθεῖν δὲ τῇ ἀλλήλων, καὶ ἀποδοῦναι Ἀμπρακιώτας ὁπόσα ἢ χωρία ἢ ὁμήρους Ἀμφιλόχων ἔχουσι, καὶ ἐπὶ Ἀνακτόριον μὴ βοηθεῖν πολέμιον ὂν Ἀκαρνᾶσιν. 4 Ταῦτα ξυνθέμενοι διέλυσαν τὸν πόλεμον. Μετὰ δὲ ταῦτα Κορίνθιοι φυλακὴν ἑαυτῶν ἐς τὴν Ἀμπρακίαν ἀπέστειλαν ἐς τριακοσίους ὁπλίτας καὶ Ξενοκλείδαν τὸν Εὐθυκλέους ἄρχοντα· οἳ κομιζόμενοι χαλεπῶς διὰ τῆς ἠπείρου ἀφίκοντο. Τὰ μὲν κατ' Ἀμπρακίαν οὕτως ἐγένετο.

CXV. Οἱ δ' ἐν τῇ Σικελίᾳ Ἀθηναῖοι τοῦ αὐτοῦ χειμῶνος ἔς τε τὴν Ἱμεραίαν ἀπόβασιν ἐποιήσαντο ἐκ τῶν νεῶν μετὰ τῶν Σικελῶν τῶν ἄνωθεν ἐσβεβληκότων ἐς τὰ ἔσχατα τῆς Ἱμεραίας, καὶ ἐπὶ τὰς Αἰόλου νήσους ἔπλευσαν. 2 Ἀναχωρήσαντες δὲ ἐς Ῥήγιον Πυθόδωρον τὸν Ἰσολόχου Ἀθηναίων στρατηγὸν καταλαμβάνουσιν ἐπὶ τὰς ναῦς διάδοχον ὧν ὁ Λάχης ἦρχεν. 3 Οἱ γὰρ ἐν Σικελίᾳ ξύμμαχοι πλεύσαντες ἔπεισαν τοὺς Ἀθηναίους βοηθεῖν σφίσι πλείοσι ναυσίν· τῆς μὲν γὰρ γῆς αὐτῶν οἱ Συρακόσιοι ἐκράτουν, τῆς δὲ θαλάσσης ὀλίγαις ναυσὶν εἰργόμενοι παρεσκευάζοντο ναυτικὸν ξυναγείροντες ὡς οὐ περιοψόμενοι. 4 Καὶ ἐπλήρουν ναῦς τεσσαράκοντα οἱ Ἀθηναῖοι ὡς ἀποστελοῦντες αὐτοῖς, ἅμα μὲν ἡγούμενοι θᾶσσον τὸν ἐκεῖ πόλεμον καταλυθήσεσθαι, ἅμα δὲ βουλόμενοι μελέτην τοῦ ναυτικοῦ ποιεῖσθαι. 5 Τὸν μὲν οὖν ἕνα τῶν στρατηγῶν

68. Ce traité est intéressant dans la mesure où il montre la tentative de ces populations du nord de la Grèce de se tenir à l'écart du grand conflit entre Athènes et ses alliés, d'une part, et les Péloponnésiens, de l'autre.

69. On entrevoit déjà les préoccupations qui inciteront les Athéniens, dix ans plus tard, à préparer la grande expédition de Sicile.

maintenant passés en quittant Salynthios. 3 Pour l'avenir, les gens d'Acarnanie et d'Amphilochie conclurent avec les Ambraciotes une paix et une alliance de cent ans, aux conditions suivantes : les Ambraciotes n'aideraient pas les Acarnaniens à attaquer les Péloponnésiens, les Acarnaniens n'aideraient pas les Ambraciotes à attaquer les Athéniens, mais ils s'entraideraient pour défendre leur territoire respectif[68] ; les Ambraciotes rendraient toutes les positions et tous les otages pris sur les gens d'Amphilochie, ils n'aideraient pas Anactorion, place ennemie des Acarnaniens. 4 Ces conventions mirent fin à la guerre. Par la suite, les Corinthiens envoyèrent en garnison à Ambracie environ trois cents hoplites de chez eux, commandés par Xénocleidas, fils d'Euthyclès ; une marche difficile par voie de terre les amena dans la ville. Tels furent les événements d'Ambracie.

CXV. Le même hiver, la flotte athénienne de Sicile fit un débarquement sur le territoire d'Himère, appuyée par les Sikèles qui, de l'intérieur, avaient pénétré dans la région frontière ; elle attaqua aussi les îles d'Éole. 2 De retour à Rhégion, les Athéniens y trouvèrent le stratège Pythodore, fils d'Isolochos, nommé pour remplacer Lachès à la tête de la flotte. 3 En effet, les alliés de Sicile étaient allés convaincre Athènes d'accroître son aide navale ; car les Syracusains étaient déjà les maîtres sur terre et, si quelques navires suffisaient à leur interdire la mer, ils s'apprêtaient en réunissant une flotte à ne plus le tolérer. 4 Les Athéniens équipèrent quarante navires à envoyer là-bas, aussi bien dans l'idée d'y achever plus vite la guerre que dans l'intention d'exercer leur marine[69]. 5 Ils avaient donc

ἀπέστειλαν Πυθόδωρον ὀλίγαις ναυσί, Σοφοκλέα δὲ τὸν Σωστρατίδου καὶ Εὐρυμέδοντα τὸν Θουκλέους ἐπὶ τῶν πλειόνων νεῶν ἀποπέμψειν ἔμελλον. 6 Ὁ δὲ Πυθόδωρος ἤδη ἔχων τὴν τοῦ Λάχητος τῶν νεῶν ἀρχὴν ἔπλευσε τελευτῶντος τοῦ χειμῶνος ἐπὶ τὸ Λοκρῶν φρούριον ὃ πρότερον Λάχης εἷλε, καὶ νικηθεὶς μάχῃ ὑπὸ τῶν Λοκρῶν ἀπεχώρησεν.

CXVI. Ἐρρύη δὲ περὶ αὐτὸ τὸ ἔαρ τοῦτο ὁ ῥύαξ τοῦ πυρὸς ἐκ τῆς Αἴτνης, ὥσπερ καὶ πρότερον, καὶ γῆν τινα ἔφθειρε τῶν Καταναίων, οἳ ὑπὸ τῇ Αἴτνῃ τῷ ὄρει οἰκοῦσιν, ὅπερ μέγιστόν ἐστιν ὄρος ἐν τῇ Σικελίᾳ. 2 Λέγεται δὲ πεντηκοστῷ ἔτει ῥυῆναι τοῦτο μετὰ τὸ πρότερον ῥεῦμα, τὸ δὲ ξύμπαν τρὶς γεγενῆσθαι τὸ ῥεῦμα ἀφ' οὗ Σικελία ὑπὸ Ἑλλήνων οἰκεῖται. 3 Ταῦτα μὲν κατὰ τὸν χειμῶνα τοῦτον ἐγένετο, καὶ ἕκτον ἔτος τῷ πολέμῳ ἐτελεύτα τῷδε ὃν Θουκυδίδης ξυνέγραψεν.

envoyé l'un des stratèges, Pythodore, avec quelques navires ; le gros de l'escadre allait suivre sous Sophocle, fils de Sostratidès, et Eurymédon, fils de Thouclès. 6 Cependant Pythodore, détenant dès lors le commandement naval de Lachès, fit route à la fin de l'hiver contre le poste de Locride que Lachès avait pris précédemment ; mais les Locriens le vainquirent dans un combat, et il se retira.

CXVI. C'est justement à l'approche de ce printemps que la lave enflammée coula de l'Etna, comme cela s'était déjà produit ; elle ravagea des terres de Catane, ville située au pied du mont Etna, qui est la plus haute montagne de Sicile. 2 On dit que cette éruption eut lieu la cinquantième année après la précédente, et qu'il y en eut trois en tout depuis que les Grecs habitent la Sicile. 3 Voilà ce qui arriva durant cet hiver ; avec lui finissait la sixième année de cette guerre racontée par Thucydide.

# ΘΟΥΚΥΔΙΔΟΥ ΙΣΤΟΡΙΩΝ Δ

I. Τοῦ δ' ἐπιγιγνομένου θέρους περὶ σίτου ἐκβολὴν Συρακοσίων δέκα νῆες πλεύσασαι καὶ Λοκρίδες ἴσαι Μεσσήνην τὴν ἐν Σικελίᾳ κατέλαβον, αὐτῶν ἐπαγαγομένων,
καὶ ἀπέστη Μεσσήνη Ἀθηναίων. 2 Ἔπραξαν δὲ τοῦτο
μάλιστα οἱ μὲν Συρακόσιοι ὁρῶντες προσβολὴν ἔχον τὸ
χωρίον τῆς Σικελίας καὶ φοβούμενοι τοὺς Ἀθηναίους μὴ
ἐξ αὐτοῦ ὁρμώμενοί ποτε σφίσι μείζονι παρασκευῇ ἐπέλ-
θωσιν, οἱ δὲ Λοκροὶ κατὰ ἔχθος τὸ Ῥηγίνων, βουλόμενοι
ἀμφοτέρωθεν αὐτοὺς καταπολεμεῖν. 3 Καὶ ἐσεβεβλήκε-
σαν ἅμα ἐς τὴν Ῥηγίνων οἱ Λοκροὶ πανστρατιᾷ, ἵνα μὴ
ἐπιβοηθῶσι τοῖς Μεσσηνίοις, ἅμα δὲ καὶ ξυνεπαγόντων
Ῥηγίνων φυγάδων, οἳ ἦσαν παρ' αὐτοῖς· τὸ γὰρ Ῥήγιον
ἐπὶ πολὺν χρόνον ἐστασίαζε καὶ ἀδύνατα ἦν ἐν τῷ παρόντι
τοὺς Λοκροὺς ἀμύνεσθαι, ᾗ καὶ μᾶλλον ἐπετίθεντο.
4 Δῃώσαντες δὲ οἱ μὲν Λοκροὶ τῷ πεζῷ ἀπεχώρησαν, αἱ
δὲ νῆες Μεσσήνην ἐφρούρουν· καὶ ἄλλαι [αἱ] πληρούμεναι ἔμελλον αὐτόσε ἐγκαθορμισάμεναι τὸν πόλεμον ἐντεῦθεν ποιήσεσθαι.

# LIVRE IV

## La septième année de la guerre

I. L'été suivant, vers le temps où le blé forme ses épis, dix navires de Syracuse prirent la mer et, avec dix autres de Locres, allèrent occuper Messine en Sicile, à l'appel des habitants : Messine, alors, se détacha d'Athènes. 2 Ce qui avait surtout poussé les Syracusains était la constatation que l'endroit commandait l'accès de la Sicile, et la crainte de voir les Athéniens utiliser un jour cette base pour venir les attaquer avec des forces plus importantes ; pour les Locriens, c'était leur haine envers les gens de Rhégion qu'ils voulaient écraser par une guerre menée des deux cités à la fois. 3 Aussi les Locriens avaient-ils en même temps lancé en masse une invasion sur le territoire des Rhégiens pour les empêcher de se porter au secours de Messine et pour obéir, du même coup, aux instances des bannis de Rhégion qui se trouvaient chez eux. La ville de Rhégion, en effet, était depuis longtemps divisée, et il lui était impossible, en l'occurrence, de résister aux Locrions, ce qui était une raison de plus pour l'attaquer. 4 Après des ravages, les Locriens retirèrent leurs troupes de terre, tandis que les navires montaient la garde à Messine ; d'autres, que l'on était en train d'équiper, devaient venir mouiller au même endroit pour participer, de là, à la guerre.

II. Ὑπὸ δὲ τοὺς αὐτοὺς χρόνους τοῦ ἦρος, πρὶν τὸν σῖτον ἐν ἀκμῇ εἶναι, Πελοποννήσιοι καὶ οἱ ξύμμαχοι ἐσέβαλον ἐς τὴν Ἀττικήν (ἡγεῖτο δὲ Ἆγις ὁ Ἀρχιδάμου, Λακεδαιμονίων βασιλεύς), καὶ ἐγκαθεζόμενοι ἐδῄουν τὴν γῆν.

2 Ἀθηναῖοι δὲ τάς τε τεσσαράκοντα ναῦς ἐς Σικελίαν ἀπέστειλαν, ὥσπερ παρεσκευάζοντο, καὶ στρατηγοὺς τοὺς ὑπολοίπους Εὐρυμέδοντα καὶ Σοφοκλέα· Πυθόδωρος γὰρ ὁ τρίτος αὐτῶν ἤδη προαφῖκτο ἐς Σικελίαν. 3 Εἶπον δὲ τούτοις καὶ Κερκυραίων ἅμα παραπλέοντας τῶν ἐν τῇ πόλει ἐπιμεληθῆναι, οἳ ἐληστεύοντο ὑπὸ τῶν ἐν τῷ ὄρει φυγάδων· καὶ Πελοποννησίων αὐτόσε νῆες ἑξήκοντα παρεπεπλεύκεσαν τοῖς ἐν τῷ ὄρει τιμωροὶ καὶ λιμοῦ ὄντος μεγάλου ἐν τῇ πόλει νομίζοντες κατασχήσειν ῥᾳδίως τὰ πράγματα. 4 Δημοσθένει δὲ ὄντι ἰδιώτῃ μετὰ τὴν ἀναχώρησιν τὴν ἐξ Ἀκαρνανίας αὐτῷ δεηθέντι εἶπον χρῆσθαι ταῖς ναυσὶ ταύταις, ἢν βούληται, περὶ τὴν Πελοπόννησον.

III. Καὶ ὡς ἐγένοντο πλέοντες κατὰ τὴν Λακωνικὴν καὶ ἐπυνθάνοντο ὅτι αἱ νῆες ἐν Κερκύρᾳ ἤδη εἰσὶ τῶν Πελοποννησίων, ὁ μὲν Εὐρυμέδων καὶ Σοφοκλῆς ἠπείγοντο ἐς τὴν Κέρκυραν, ὁ δὲ Δημοσθένης ἐς τὴν Πύλον πρῶτον ἐκέλευε σχόντας αὐτοὺς καὶ πράξαντας ἃ δεῖ τὸν πλοῦν ποιεῖσθαι· ἀντιλεγόντων δὲ κατὰ τύχην χειμὼν ἐπιγενόμενος κατήνεγκε τὰς ναῦς ἐς τὴν Πύλον. 2 Καὶ ὁ Δημοσθένης εὐθὺς ἠξίου τειχίζεσθαι τὸ χωρίον (ἐπὶ τοῦτο γὰρ ξυνεκπλεῦσαι), καὶ ἀπέφαινε πολλὴν εὐπορίαν ξύλων τε καὶ λίθων καὶ φύσει καρτερὸν ὂν καὶ ἔρημον αὐτό τε καὶ

## L'affaire de Pylos

II. Vers la même époque du printemps, avant le moment où le blé est mûr, les Péloponnésiens et leurs alliés firent invasion en Attique, sous le commandement d'Agis, fils d'Archidamos, roi de Lacédémone ; et, s'y installant, ils ravageaient le pays.

2 Les Athéniens, eux, firent partir pour la Sicile les quarante navires prévus, avec les stratèges encore présents, Eurymédon et Sophocle (le troisième, Pythodore, les avait déjà précédés en Sicile). 3 Ils leur dirent de s'occuper aussi, en passant à Corcyre, du parti de la ville, soumis aux brigandages des exilés installés dans la montagne ; de fait, les Péloponnésiens avaient dirigé là soixante navires en croisière, avec l'intention d'assister ce parti de la montagne, et avec l'espoir qu'une grave famine, qui sévissait dans la ville, les rendrait facilement maîtres de la situation. 4 D'autre part, comme Démosthène, qui était sans titre depuis son retour d'Acarnanie, en avait fait lui-même la demande, ils lui dirent de disposer de ces navires, s'il le voulait, sur le pourtour du Péloponnèse.

III. Au moment, donc, où ces navires furent parvenus à la hauteur de la Laconie, comme l'on apprenait, à bord, l'arrivée à Corcyre de la flotte péloponnésienne, Eurymédon et Sophocle n'avaient, eux, qu'une hâte, qui était de gagner Corcyre, mais Démosthène les invitait à s'arrêter d'abord à Pylos et à y prendre les mesures opportunes avant de poursuivre l'expédition. Il se heurtait à leur opposition quand le hasard voulut qu'une tempête survînt et poussa la flotte dans le port de Pylos : 2 sur quoi Démosthène voulait aussitôt fortifier l'endroit (c'était, disait-il, pour cela qu'il avait pris la mer avec eux) ; et il faisait voir la facilité qu'il y aurait à se procurer bois et pierres, la

ἐπὶ πολὺ τῆς χώρας· ἀπέχει γὰρ σταδίους μάλιστα ἡ Πύλος τῆς Σπάρτης τετρακοσίους καὶ ἔστιν ἐν τῇ Μεσσηνίᾳ ποτὲ οὔσῃ γῇ, καλοῦσι δὲ αὐτὴν οἱ Λακεδαιμόνιοι Κορυφάσιον. 3 Οἱ δὲ πολλὰς ἔφασαν εἶναι ἄκρας ἐρήμους τῆς Πελοποννήσου, ἢν βούληται καταλαμβάνων τὴν πόλιν δαπανᾶν. Τῷ δὲ διάφορόν τι ἐδόκει εἶναι τοῦτο τὸ χωρίον ἑτέρου μᾶλλον, λιμένος τε προσόντος καὶ τοὺς Μεσσηνίους οἰκείους ὄντας αὐτῷ τὸ ἀρχαῖον καὶ ὁμοφώνους τοῖς Λακεδαιμονίοις πλεῖστ' ἂν βλάπτειν ἐξ αὐτοῦ ὁρμωμένους καὶ βεβαίους ἅμα τοῦ χωρίου φύλακας ἔσεσθαι.

IV. Ὡς δὲ οὐκ ἔπειθεν οὔτε τοὺς στρατηγοὺς οὔτε [τοὺς στρατιώτας] ὕστερον καὶ τοῖς ταξιάρχοις κοινώσας, ἡσύχαζον ὑπὸ ἀπλοίας, μέχρι αὐτοῖς τοῖς στρατιώταις σχολάζουσιν ὁρμὴ ἐνέπεσε περιστᾶσιν ἐκτειχίσαι τὸ χωρίον. 2 Καὶ ἐγχειρήσαντες εἰργάζοντο, σιδήρια μὲν λιθουργὰ οὐκ ἔχοντες, λογάδην δὲ φέροντες λίθους, καὶ ξυνετίθεσαν ὡς ἕκαστόν τι ξυμβαίνοι· καὶ τὸν πηλόν, εἴ που δέοι χρῆσθαι, ἀγγείων ἀπορίᾳ ἐπὶ τοῦ νώτου ἔφερον ἐγκεκυφότες τε, ὡς μάλιστα μέλλοι ἐπιμένειν, καὶ τὼ χεῖρε ἐς τοὐπίσω ξυμπλέκοντες, ὅπως μὴ ἀποπίπτοι. 3 Παντί τε τρόπῳ ἠπείγοντο φθῆναι τοὺς Λακεδαιμονίους τὰ ἐπιμαχώτατα ἐξεργασάμενοι πρὶν ἐπιβοηθῆσαι. Τὸ γὰρ πλέον τοῦ χωρίου αὐτὸ καρτερὸν ὑπῆρχε καὶ οὐδὲν ἔδει τείχους.

V. Οἱ δὲ ἑορτήν τινα ἔτυχον ἄγοντες, καὶ ἅμα πυνθα-

---

1. On peut penser que Démosthène, qui avait vu l'intérêt stratégique de la situation de Pylos, n'était pas étranger à ce « désir » des soldats.

force naturelle de la position, enfin l'absence de troupes, là et sur une large distance (il y a, autant que l'on puisse dire, quatre cents stades de Sparte à Pylos : celle-ci est située dans l'ancienne Messénie, et on l'appelle, à Lacédémone, Coryphasion) ; 3 les autres déclaraient qu'il ne manquait pas de promontoires déserts dans le Péloponnèse s'il voulait les occuper et créer des dépenses pour l'État ; mais lui trouvait à cet endroit des avantages particuliers qui le distinguaient des autres : d'abord, la présence voisine d'un port, puis le fait que les Messéniens, qui étaient familiers avec le pays de toute antiquité et parlaient le même dialecte que les Lacédémoniens, pourraient exercer de graves dommages en le prenant pour base, tout en le gardant de façon sûre.

IV. Comme il ne pouvait convaincre ni les stratèges ni les taxiarques auxquels il s'ouvrit par la suite, ils restèrent sans rien faire, faute de pouvoir naviguer, jusqu'au jour où, d'eux-mêmes, les soldats inoccupés furent pris du brusque désir d'entourer l'endroit par une fortification[1]. 2 Et, se mettant à l'œuvre, ils procédèrent aux travaux : ils ne disposaient pas d'instruments de fer pour tailler les pierres, mais choisissaient celles à apporter et les ajustaient ensuite selon que chaque bloc s'y prêtait ; fallait-il, par places, du mortier, ils le portaient, faute de récipients, sur leur dos, en se courbant pour que la charge s'y maintînt autant que possible, et en croisant les bras par-derrière pour l'empêcher de se déverser. 3 De toute manière, enfin, ils se hâtaient, voulant prévenir les Lacédémoniens, et achever, avant qu'ils n'aient envoyé des secours, les points les plus vulnérables (en effet, la majeure partie de la place se trouvait naturellement forte et ne réclamait aucun rempart).

νόμενοι ἐν ὀλιγωρίᾳ ἐποιοῦντο, ὡς, ὅταν ἐξέλθωσιν, ἢ οὐχ ὑπομενοῦντας σφᾶς ἢ ῥᾳδίως ληψόμενοι βίᾳ· καί τι καὶ αὐτοὺς ὁ στρατὸς ἔτι ἐν ταῖς Ἀθήναις ὢν ἐπέσχεν. 2 Τειχίσαντες δὲ οἱ Ἀθηναῖοι τοῦ χωρίου τὰ πρὸς ἤπειρον καὶ ἃ μάλιστα ἔδει ἐν ἡμέραις ἓξ τὸν μὲν Δημοσθένη μετὰ νεῶν πέντε αὐτοῦ φύλακα καταλείπουσι, ταῖς δὲ πλείοσι ναυσὶ τὸν ἐς τὴν Κέρκυραν πλοῦν καὶ Σικελίαν ἠπείγοντο.

VI. Οἱ δ' ἐν τῇ Ἀττικῇ ὄντες Πελοποννήσιοι ὡς ἐπύθοντο τῆς Πύλου κατειλημμένης, ἀνεχώρουν κατὰ τάχος ἐπ' οἴκου, νομίζοντες μὲν οἱ Λακεδαιμόνιοι καὶ Ἆγις ὁ βασιλεὺς οἰκεῖον σφίσι τὸ περὶ τὴν Πύλον· ἅμα δὲ πρῴ ἐσβαλόντες καὶ τοῦ σίτου ἔτι χλωροῦ ὄντος ἐσπάνιζον τροφῆς τοῖς πολλοῖς, χειμών τε ἐπιγενόμενος μείζων παρὰ τὴν καθεστηκυῖαν ὥραν ἐπίεσε τὸ στράτευμα. 2 Ὥστε πολλαχόθεν ξυνέβη ἀναχωρῆσαί τε θᾶσσον αὐτοὺς καὶ βραχυτάτην γενέσθαι τὴν ἐσβολὴν ταύτην· ἡμέρας γὰρ πέντε καὶ δέκα ἔμειναν ἐν τῇ Ἀττικῇ.

VII. Κατὰ δὲ τὸν αὐτὸν χρόνον Σιμωνίδης Ἀθηναίων στρατηγὸς Ἠιόνα τὴν ἐπὶ Θρᾴκης Μενδαίων ἀποικίαν, πολεμίαν δὲ οὖσαν, ξυλλέξας Ἀθηναίους τε ὀλίγους ἐκ τῶν φρουρίων καὶ τῶν ἐκείνῃ ξυμμάχων πλῆθος προδιδομένην κατέλαβεν. Καὶ παραχρῆμα ἐπιβοηθησάντων Χαλκιδέων καὶ Βοττιαίων ἐξεκρούσθη τε καὶ ἀπέβαλε πολλοὺς τῶν στρατιωτῶν.

VIII. Ἀναχωρησάντων δὲ τῶν ἐκ τῆς Ἀττικῆς Πελοποννησίων οἱ Σπαρτιᾶται αὐτοὶ μὲν καὶ οἱ ἐγγύτατα τῶν περιοίκων εὐθὺς ἐβοήθουν ἐπὶ τὴν Πύλον, τῶν δὲ ἄλλων Λακεδαιμονίων βραδυτέρα ἐγίγνετο ἡ ἔφοδος, ἄρτι ἀφιγ-

V. Mais ceux-ci célébraient justement une fête, et de plus les nouvelles reçues ne les frappaient guère : ils pensaient qu'à leur départ en campagne l'ennemi ou bien ne les attendrait pas, ou bien serait pour eux aisé à réduire par la force ; dans une certaine mesure, aussi, le fait que leur armée était encore autour d'Athènes les retenait. 2 Cependant les Athéniens, après avoir fortifié la place du côté de l'arrière-pays et partout où c'était le plus nécessaire, en six jours de temps, laissent Démosthène, avec cinq navires, pour la garder, tandis que la plus grande partie de la flotte poursuivait sa route pour Corcyre et la Sicile, en hâte.

VI. Quant aux Péloponnésiens qui étaient en Attique, à la nouvelle de l'occupation de Pylos, ils faisaient rapidement retraite vers leur pays : le roi Agis et les Lacédémoniens considéraient que l'affaire de Pylos les concernait de près ; en même temps, leur invasion s'étant faite tôt, au temps où les blés sont encore verts, ils manquaient de vivres pour la masse des troupes ; enfin l'apparition d'un froid exceptionnel pour la saison avait éprouvé l'armée. 2 Si bien que plusieurs motifs s'unirent pour brusquer leur retraite et faire de cette invasion la plus courte de toutes : ils ne restèrent en Attique que quinze jours.

VII. À la même époque, Simonide, un des stratèges athéniens, réunit contre la ville d'Éion sur la côte thrace, colonie de Mendè et cependant ville ennemie, quelques Athéniens des postes de garde et un gros d'alliés des environs : grâce à des trahisons il s'en empara. Puis, aussitôt, un renfort de Chalcidiens et de Bottiéens survint ; Simonide fut chassé et perdit bon nombre de ses soldats.

VIII. Après la retraite des Péloponnésiens qui étaient en Attique, les Spartiates, avec les périèques les plus proches de la place, partirent sur-le-champ au secours de Pylos, tandis que les autres Lacédémoniens apportaient plus de lenteur à se mettre en campagne, juste au retour

μένων ἀφ' ἑτέρας στρατείας. 2 Περιήγγελλον δὲ καὶ κατὰ τὴν Πελοπόννησον βοηθεῖν ὅτι τάχιστα ἐπὶ Πύλον καὶ ἐπὶ τὰς ἐν τῇ Κερκύρᾳ ναῦς σφῶν τὰς ἑξήκοντα ἔπεμψαν, αἳ ὑπερενεχθεῖσαι τὸν Λευκαδίων ἰσθμὸν καὶ λαθοῦσαι τὰς ἐν Ζακύνθῳ Ἀττικὰς ναῦς ἀφικνοῦνται ἐπὶ Πύλον· παρῆν δὲ ἤδη καὶ ὁ πεζὸς στρατός.

3 Δημοσθένης δὲ προσπλεόντων ἔτι τῶν Πελοποννησίων ὑπεκπέμπει φθάσας δύο ναῦς ἀγγεῖλαι Εὐρυμέδοντι καὶ τοῖς ἐν ταῖς ναυσὶν ἐν Ζακύνθῳ Ἀθηναίοις παρεῖναι ὡς τοῦ χωρίου κινδυνεύοντος. 4 Καὶ αἱ μὲν νῆες κατὰ τάχος ἔπλεον κατὰ τὰ ἐπεσταλμένα ὑπὸ Δημοσθένους· οἱ δὲ Λακεδαιμόνιοι παρεσκευάζοντο ὡς τῷ τειχίσματι προσβαλοῦντες κατά τε γῆν καὶ κατὰ θάλασσαν, ἐλπίζοντες ῥᾳδίως αἱρήσειν οἰκοδόμημα διὰ ταχέων εἰργασμένον καὶ ἀνθρώπων ὀλίγων ἐνόντων. 5 Προσδεχόμενοι δὲ καὶ τὴν ἀπὸ τῆς Ζακύνθου τῶν Ἀττικῶν νεῶν βοήθειαν ἐν νῷ εἶχον, ἢν ἄρα μὴ πρότερον ἕλωσι, καὶ τοὺς ἔσπλους τοῦ λιμένος ἐμφάρξαι, ὅπως μὴ ᾖ τοῖς Ἀθηναίοις ἐφορμίσασθαι ἐς αὐτόν. 6 Ἡ γὰρ νῆσος ἡ Σφακτηρία καλουμένη τόν τε λιμένα, παρατείνουσα καὶ ἐγγὺς ἐπικειμένη, ἐχυρὸν ποιεῖ καὶ τοὺς ἔσπλους στενούς, τῇ μὲν δυοῖν νεοῖν διάπλουν κατὰ τὸ τείχισμα τῶν Ἀθηναίων καὶ τὴν Πύλον, τῇ δὲ πρὸς τὴν ἄλλην ἤπειρον ὀκτὼ ἢ ἐννέα· ὑλώδης δὲ καὶ ἀτριβὴς πᾶσα ὑπ' ἐρημίας ἦν καὶ μέγεθος περὶ πέντε καὶ δέκα σταδίους μάλιστα. 7 Τοὺς μὲν οὖν ἔσπλους ταῖς ναυσὶν ἀντιπρώροις βύζην κλῄσειν ἔμελλον· τὴν δὲ νῆσον ταύτην φοβούμενοι μὴ ἐξ αὐτῆς τὸν πόλεμον σφίσι ποιῶνται, ὁπλίτας διεβίβασαν ἐς αὐτὴν καὶ παρὰ τὴν ἤπειρον ἄλλους ἔταξαν· 8 οὕτω γὰρ τοῖς Ἀθηναίοις τήν τε νῆσον πολεμίαν ἔσεσθαι τήν τε ἤπειρον ἀπόβασιν οὐκ ἔχου-

d'une autre expédition. 2 On publiait également par tout le Péloponnèse d'avoir à secourir Pylos au plus tôt, et la flotte péloponnésienne alors à Corcyre avec ses soixante navires fut mandée : ceux-ci, transportés par-dessus l'isthme de Leucade, esquivèrent la flotte athénienne alors à Zacynthe et arrivèrent devant Pylos : l'armée de terre, de son côté, était déjà là.

3 Mais Démosthène, pendant que les vaisseaux péloponnésiens étaient encore en route, eut le temps d'expédier sous main deux navires pour avertir Eurymédon et la flotte athénienne de Zacynthe de venir, la place étant en danger. 4 La flotte arrivait donc rapidement comme l'avait fait demander Démosthène, cependant que les Lacédémoniens se préparaient à attaquer le fortin par terre et par mer, espérant prendre facilement une construction faite en hâte et où la garnison était peu nombreuse ; 5 toutefois, comme ils s'attendaient bien à voir arriver la flotte athénienne de Zacynthe, ils avaient l'intention, au cas où ils n'auraient pas pris la place auparavant, d'obstruer en plus les passes du port, pour interdire aux Athéniens de venir mouiller vis-à-vis 6 (en effet, l'île de Sphactérie, qui s'allonge devant le port, à courte distance, le rend sûr et en réduit les passes : de celles-ci, l'une donne voie à deux navires du côté du fortin athénien et de Pylos ; l'autre, vers le reste du rivage, à huit ou neuf ; l'île, étant inhabitée, se trouvait entièrement boisée et sans chemins tracés ; comme dimension elle mesurait, autant que l'on puisse dire, une quinzaine de stades). 7 Les Lacédémoniens devaient donc mettre aux deux passes un barrage massif de navires, la proue vers l'extérieur. Quant à l'île, craignant qu'elle ne servît à les combattre, ils y firent passer des hoplites ; d'autres furent disposés le long de la côte. 8 De la sorte, la flotte athénienne devait avoir contre elle à la fois l'île et la

σαν (τὰ γὰρ αὐτῆς τῆς Πύλου ἔξω τοῦ ἔσπλου πρὸς τὸ
πέλαγος, ἀλίμενα ὄντα, οὐχ ἕξειν ὅθεν ὁρμώμενοι ὠφελή-
σουσι τοὺς αὑτῶν), σφεῖς δὲ ἄνευ τε ναυμαχίας καὶ κινδύνου ἐκπολιορκήσειν τὸ χωρίον κατὰ τὸ εἰκός, σίτου τε
οὐκ ἐνόντος καὶ δι' ὀλίγης παρασκευῆς κατειλημμένον.
9 Ὡς δ' ἐδόκει αὐτοῖς ταῦτα, καὶ διεβίβαζον ἐς τὴν νῆσον
τοὺς ὁπλίτας ἀποκληρώσαντες ἀπὸ πάντων τῶν λόχων.
Καὶ διέβησαν μὲν καὶ ἄλλοι πρότερον κατὰ διαδοχήν, οἱ
δὲ τελευταῖοι καὶ ἐγκαταληφθέντες εἴκοσι καὶ τετρακόσιοι
ἦσαν καὶ Εἵλωτες οἱ περὶ αὐτούς· ἦρχε δ' αὐτῶν Ἐπιτάδας
ὁ Μολόβρου.

IX. Δημοσθένης δὲ ὁρῶν τοὺς Λακεδαιμονίους μέλλοντας προσβάλλειν ναυσί τε ἅμα καὶ πεζῷ, παρεσκευάζετο
καὶ αὐτός, καὶ τὰς τριήρεις αἳ περιῆσαν αὐτῷ ἀπὸ τῶν
καταλειφθεισῶν ἀνασπάσας ὑπὸ τὸ τείχισμα προσεσταύ-
ρωσε, καὶ τοὺς ναύτας ἐξ αὐτῶν ὥπλισεν ἀσπίσι τε φαύ-
λαις καὶ οἰσυΐναις ταῖς πολλαῖς· οὐ γὰρ ἦν ὅπλα ἐν χωρίῳ ἐρήμῳ πορίσασθαι, ἀλλὰ καὶ ταῦτα ἐκ λῃστρικῆς Μεσσηνίων τριακοντέρου καὶ κέλητος ἔλαβον, οἳ ἔτυχον πα-
ραγενόμενοι. Ὁπλῖταί τε τῶν Μεσσηνίων τούτων ὡς τεσσαράκοντα ἐγένοντο, οἷς ἐχρῆτο μετὰ τῶν ἄλλων. 2 Τοὺς
μὲν οὖν πολλοὺς τῶν τε ἀόπλων καὶ ὡπλισμένων ἐπὶ τὰ
τετειχισμένα μάλιστα καὶ ἐχυρὰ τοῦ χωρίου πρὸς τὴν ἤπειρον ἔταξε, προειπὼν ἀμύνασθαι τὸν πεζόν, ἢν προσβάλῃ·
αὐτὸς δὲ ἀπολεξάμενος ἐκ πάντων ἑξήκοντα ὁπλίτας καὶ
τοξότας ὀλίγους ἐχώρει ἔξω τοῦ τείχους ἐπὶ τὴν θάλασσαν, ᾗ μάλιστα ἐκείνους προσεδέχετο πειράσειν ἀποβαίνειν, ἐς χωρία μὲν χαλεπὰ καὶ πετρώδη πρὸς τὸ πέλαγος

côte, où elle ne pourrait aborder (pour ce qui est de Pylos, les parties extérieures à la passe n'offraient, du côté de la mer, aucun port et ne lui fourniraient par suite aucune base d'où venir aider le parti athénien) ; eux-mêmes, alors, sans combat naval ni risques à courir, pourraient, selon toute vraisemblance, faire avec succès le siège de la place, où il n'y avait pas de vivres en réserve, et qui avait été occupée sans grande préparation. 9 Telle était donc leur idée, et aussitôt ils faisaient passer les hoplites dans l'île, en les tirant au sort parmi toutes les compagnies. Il en passa ainsi un certain nombre, qui se succédèrent d'abord à tour de rôle ; les derniers, qui y furent faits prisonniers, étaient au nombre de quatre cent vingt, plus leurs hilotes : à leur tête était Épitadas, fils de Molobros.

IX. Démosthène, voyant que les Lacédémoniens allaient l'attaquer à la fois par mer et par terre, faisait, lui aussi, ses préparatifs : il fit haler au pied du rempart les trières qui lui restaient de celles qu'on lui avait laissées et les rattacha par des pieux au système de défense ; leurs équipages furent armés de boucliers médiocres et, pour la plupart, en osier ; car il était impossible de se procurer des armes dans ce pays désert : celles-là mêmes étaient venues d'un navire à trente rames équipé en course et d'une chaloupe appartenant à des Messéniens qui s'étaient justement trouvés là. Ces Messéniens donnèrent encore des hoplites, au nombre d'une quarantaine, qu'il employa avec les autres. 2 Prenant alors le gros des hommes, plus ou moins complètement armés, il les posta aux points les mieux fortifiés et les plus sûrs de la place, vers l'arrière-pays, avec ordre de repousser l'armée de terre en cas d'attaque, tandis que lui-même, après avoir choisi sur l'ensemble soixante hoplites et quelques archers, se dirigeait hors du rempart, vers la mer, du côté où il s'attendait le plus à une tentative de débarquement : c'était

τετραμμένα, σφίσι δὲ τοῦ τείχους ταύτη ἀσθενεστάτου ὄντος ἐπισπάσεσθαι αὐτοὺς ἡγεῖτο [προθυμήσεσθαι]· 3 οὔτε
γὰρ αὐτοὶ ἐλπίζοντές ποτε ναυσὶ κρατήσεσθαι οὐκ ἰσχυρὸν ἐτείχιζον, ἐκείνοις τε βιαζομένοις τὴν ἀπόβασιν ἁλώ-
σιμον τὸ χωρίον γίγνεσθαι. 4 Κατὰ τοῦτο οὖν πρὸς αὐτὴν τὴν θάλασσαν χωρήσας ἔταξε τοὺς ὁπλίτας ὡς εἴρ-
ξων, ἢν δύνηται, καὶ παρεκελεύσατο τοιάδε.

Χ. « Ἄνδρες οἱ ξυναράμενοι τοῦδε τοῦ κινδύνου, μηδεὶς ὑμῶν ἐν τῇ τοιᾷδε ἀνάγκῃ ξυνετὸς βουλέσθω δοκεῖν
εἶναι, ἐκλογιζόμενος ἅπαν τὸ περιεστὸς ἡμᾶς δεινόν, μᾶλλον ἢ ἀπερισκέπτως εὔελπις ὁμόσε χωρῆσαι τοῖς ἐναντίοις ⟨ὡς⟩ καὶ ἐκ τούτων ἂν περιγενόμενος. Ὅσα γὰρ ἐς
ἀνάγκην ἀφῖκται ὥσπερ τάδε, λογισμὸν ἥκιστα ἐνδεχό-
μενα κινδύνου τοῦ ταχίστου προσδεῖται.

2 « Ἐγὼ δὲ καὶ τὰ πλείω ὁρῶ πρὸς ἡμῶν ὄντα, ἢν·ἐθέ-
λωμέν τε μεῖναι καὶ μὴ τῷ πλήθει αὐτῶν καταπλαγέντες
τὰ ὑπάρχοντα ἡμῖν κρείσσω καταπροδοῦναι. 3 Τοῦ τε
γὰρ χωρίου τὸ δυσέμβατον ἡμέτερον νομίζω, ⟨ὃ⟩ μενόν-
των μὲν ἡμῶν ξύμμαχον γίγνεται, ὑποχωρήσασι δὲ καίπερ
χαλεπὸν ὂν εὔπορον ἔσται μηδενὸς κωλύοντος, καὶ τὸν
πολέμιον δεινότερον ἕξομεν μὴ ῥᾳδίας αὐτῷ πάλιν οὔσης
τῆς ἀναχωρήσεως, ἢν καὶ ὑφ᾽ ἡμῶν βιάζηται (ἐπὶ γὰρ ταῖς
ναυσὶ ῥᾷστοί εἰσιν ἀμύνεσθαι, ἀποβάντες δ᾽ ἐν τῷ ἴσῳ

une région difficile et hérissée de rochers, qui regardait le large, mais, comme c'était par là que leur mur était le plus faible, il considérait que l'ennemi y serait attiré ; 3 eux-mêmes, ne s'attendant pas à être jamais en intériorité sur mer, n'y prévoyaient point de rempart solide, et, du coup, si l'ennemi arrivait par force à débarquer, la place était pour lui possible à prendre. 4 En conséquence, il gagna, de ce côté, le bord même de la mer, y disposa ses hoplites de manière à arrêter autant que possible toute tentative, et leur adressa, en substance, les exhortations suivantes.

X. « Soldats qui vous risquez ici avec moi, que nul d'entre vous ne veuille, dans une telle urgence, faire l'homme avisé, en analysant tout ce qui nous entoure de redoutable, au lieu de se donner, les yeux fermés, à l'espérance, et de courir d'un seul élan à l'ennemi, avec l'idée que, même dans ces circonstances, il peut l'emporter. Car tout ce qui comporte une fois urgence, comme la situation présente, ne laisse aucune place à l'analyse, et réclame qu'on risque tout au plus vite.

2 « Pour moi, je vois même que les avantages sont en majorité de notre côté, si nous sommes résolus à tenir bon et à ne pas nous laisser épouvanter par leur nombre au point de trahir la supériorité qui nous appartient. 3 D'abord, en effet, la place même, par la difficulté d'accès qu'elle présente, nous est à mon sens favorable : nous n'avons qu'à tenir bon, et c'est une alliée pour nous, mais, en cas de recul, le passage, si malaisé soit-il, sera sans encombre, personne n'y faisant obstacle ; dès lors, nous aurons devant nous un ennemi plus redoutable, car il ne lui sera plus aisé de faire retraite, en admettant même qu'il cède à nos forces (sur leurs navires, ils sont très faciles à repousser, mais, si une fois ils débarquent, c'est alors

ἤδη). 4 Τό τε πλῆθος αὐτῶν οὐκ ἄγαν δεῖ φοβεῖσθαι· κατ' ὀλίγον γὰρ μαχεῖται καίπερ πολὺ ὂν ἀπορίᾳ τῆς προσορμίσεως, καὶ οὐκ ἐν γῇ στρατός ἐστιν ἐκ τοῦ ὁμοίου μείζων, ἀλλ' ἀπὸ νεῶν, αἷς πολλὰ τὰ καίρια δεῖ ἐν τῇ θαλάσσῃ ξυμβῆναι. 5 Ὥστε τὰς τούτων ἀπορίας ἀντιπάλους ἡγοῦμαι τῷ ἡμετέρῳ πλήθει, καὶ ἅμα ἀξιῶ ὑμᾶς, Ἀθηναίους ὄντας καὶ ἐπισταμένους ἐμπειρίᾳ τὴν ναυτικὴν ἐπ' ἄλλους ἀπόβασιν ὅτι, εἴ τις ὑπομένοι καὶ μὴ φόβῳ ῥοθίου καὶ νεῶν δεινότητος κατάπλου ὑποχωροίη, οὐκ ἂν ποτε βιάζοιτο, καὶ αὐτοὺς νῦν μεῖναί τε καὶ ἀμυνομένους παρ' αὐτὴν τὴν ῥαχίαν σῴζειν ὑμᾶς τε αὐτοὺς καὶ τὸ χωρίον. »

XI. Τοσαῦτα τοῦ Δημοσθένους παρακελευσαμένου οἱ Ἀθηναῖοι ἐθάρσησάν τε μᾶλλον καὶ ἐπικαταβάντες ἐτάξαντο παρ' αὐτὴν τὴν θάλασσαν. 2 Οἱ δὲ Λακεδαιμόνιοι ἄραντες τῷ τε κατὰ γῆν στρατῷ προσέβαλλον τῷ τειχίσματι καὶ ταῖς ναυσὶν ἅμα οὔσαις τεσσαράκοντα καὶ τρισί, ναύαρχος δὲ αὐτῶν ἐπέπλει Θρασυμηλίδας ὁ Κρατησικλέους, Σπαρτιάτης. Προσέβαλλε δὲ ᾗπερ ὁ Δημοσθένης προσεδέχετο. 3 Καὶ οἱ μὲν Ἀθηναῖοι ἀμφοτέρωθεν, ἔκ τε γῆς καὶ ἐκ θαλάσσης, ἡμύνοντο· οἱ δὲ κατ' ὀλίγας ναῦς διελόμενοι, διότι οὐκ ἦν πλείοσι προσσχεῖν, καὶ ἀναπαύοντες ἐν τῷ μέρει τοὺς ἐπίπλους ἐποιοῦντο, προθυμίᾳ τε πάσῃ χρώμενοι καὶ παρακελευσμῷ, εἴ πως ὠσάμενοι ἕλοιεν τὸ τείχισμα. 4 Πάντων δὲ φανερώτατος Βρασίδας ἐγένετο.

2. On retrouve ici l'idée de la supériorité sur mer des Athéniens qui estiment par ailleurs être à égalité avec les Lacédémoniens sur terre, étant données les conditions présentes ; voir *infra*, 12, 4, sur le renversement de la situation traditionnelle.

l'égalité)[2]. 4 Ensuite leur importance numérique ne doit pas vous effrayer à l'excès, car c'est par petits groupes qu'ils combattront, en dépit de leur nombre, vu la difficulté d'aborder ; il ne s'agit pas ici d'une armée combattant sur terre, dont la supériorité numérique s'exerce à conditions égales : il s'agit d'une armée combattant sur des vaisseaux, et à qui il faut, en mer, tout un ensemble de conditions favorables. 5 Si bien que ces difficultés qui les attendent me paraissent compenser notre condition numérique. Et en même temps, vous qui êtes Athéniens, vous qui savez par expérience ce qu'est un débarquement devant l'ennemi, et comment, si l'on tient bon, si la peur causée par le ressac ou par l'approche redoutable des navires ne vous fait pas reculer, ce débarquement ne saurait être enlevé de vive force, je vous demande à votre tour aujourd'hui de tenir bon, de lutter à la limite des vagues et d'assurer votre salut en sauvant la place. »

XI. Démosthène arrête là ses exhortations et les Athéniens sentirent leur confiance grandir : descendant jusqu'au rivage, ils prirent position sur le bord même de la mer. 2 Les Lacédémoniens, de leur côté, se mettant en mouvement, commençaient l'attaque du fortin à la fois avec l'armée de terre et avec la flotte, formée de quarante-trois navires ; le Spartiate Thrasymélidas, fils de Cratésiclès, était à bord en qualité de navarque. Son attaque était dirigée contre le point même que prévoyait Démosthène. 3 Alors, tandis que les troupes athéniennes résistaient des deux côtés, sur terre et sur mer, eux répartirent leurs navires en petits groupes – puisqu'il n'était pas possible d'aborder à plus à la fois – et ceux-ci se lançaient de l'avant et se reposaient à tour de rôle ; ils n'épargnaient ni l'ardeur ni les encouragements mutuels pour s'ouvrir le passage et prendre le rempart. 4 Mais nul ne se signala autant que

Τριηραρχῶν γὰρ καὶ ὁρῶν τοῦ χωρίου χαλεποῦ ὄντος τοὺς
τριηράρχους καὶ κυβερνήτας, εἴ που καὶ δοκοίη δυνατὸν
εἶναι σχεῖν, ἀποκνοῦντας καὶ φυλασσομένους τῶν νεῶν μὴ
ξυντρίψωσιν, ἐβόα λέγων ὡς οὐκ εἰκὸς εἴη ξύλων φειδο-
μένους τοὺς πολεμίους ἐν τῇ χώρᾳ περιιδεῖν τεῖχος πε-
ποιημένους, ἀλλὰ τάς τε σφετέρας ναῦς βιαζομένους τὴν
ἀπόβασιν καταγνύναι ἐκέλευε καὶ τοὺς ξυμμάχους μὴ ἀπο-
κνῆσαι ἀντὶ μεγάλων εὐεργεσιῶν τὰς ναῦς τοῖς Λακεδαιμονίοις ἐν τῷ παρόντι ἐπιδοῦναι, ὀκείλαντας δὲ καὶ παντὶ
τρόπῳ ἀποβάντας τῶν τε ἀνδρῶν καὶ τοῦ χωρίου κρατῆσαι. XII. Καὶ ὁ μὲν τούς τε ἄλλους τοιαῦτα ἐπέσπερχε
καὶ τὸν ἑαυτοῦ κυβερνήτην ἀναγκάσας ὀκεῖλαι τὴν ναῦν
ἐχώρει ἐπὶ τὴν ἀποβάθραν· καὶ πειρώμενος ἀποβαίνειν
ἀνεκόπη ὑπὸ τῶν Ἀθηναίων, καὶ τραυματισθεὶς πολλὰ ἐλι-
ποψύχησέ τε καὶ πεσόντος αὐτοῦ ἐς τὴν παρεξειρεσίαν ἡ
ἀσπὶς περιερρύη ἐς τὴν θάλασσαν, καὶ ἐξενεχθείσης αὐτῆς
ἐς τὴν γῆν οἱ Ἀθηναῖοι ἀνελόμενοι ὕστερον πρὸς τὸ τροπαῖον ἐχρήσαντο ὃ ἔστησαν τῆς προσβολῆς ταύτης.
2 Οἱ δ' ἄλλοι προυθυμοῦντο μέν, ἀδύνατοι δ' ἦσαν ἀπο-
βῆναι τῶν τε χωρίων χαλεπότητι καὶ τῶν Ἀθηναίων με-
νόντων καὶ οὐδὲν ὑποχωρούντων.
3 Ἐς τοῦτό τε περιέστη ἡ τύχη ὥστε Ἀθηναίους μὲν
ἐκ γῆς τε καὶ ταύτης Λακωνικῆς ἀμύνεσθαι ἐκείνους ἐπιπλέοντας, Λακεδαιμονίους δὲ ἐκ νεῶν τε καὶ ἐς τὴν ἑαυτῶν
πολεμίαν οὖσαν ἐπ' Ἀθηναίους ἀποβαίνειν· ἐπὶ πολὺ γὰρ
ἐποίει τῆς δόξης ἐν τῷ τότε τοῖς μὲν ἠπειρώταις μάλιστα
εἶναι καὶ τὰ πεζὰ κρατίστοις, τοῖς δὲ θαλασσίοις τε καὶ
ταῖς ναυσὶ πλεῖστον προὔχειν.

Brasidas ; commandant une trière et voyant que, par suite des difficultés du terrain, triérarques et pilotes, là même où il pouvait sembler possible d'aborder, hésitaient à le faire et s'inquiétaient pour leurs navires qu'ils craignaient de démolir, il leur criait que « l'on ne pouvait, pour épargner des planches, tolérer sans réagir que l'ennemi eût établi dans le pays un ouvrage fortifié : ils devaient enlever de force le débarquement, quitte à briser leurs navires ; quant aux alliés, pas d'hésitations : pour prix de tant de bienfaits, qu'ils sacrifient à cette heure leurs navires aux Lacédémoniens, qu'ils s'échouent et débarquent à tout prix, pour s'emparer des hommes et de la place. » XII. Lui, cependant, tout en enflammant les autres, avait contraint son pilote à s'échouer et courait à l'échelle. Mais, comme il tentait de débarquer, il fut jeté à la renverse par les Athéniens ; criblé de coups, il perdit connaissance et tomba lui-même dans l'avant du navire, tandis que son bouclier lui glissait du bras dans la mer : porté à terre et recueilli par les Athéniens, ce bouclier servit plus tard au trophée qu'ils élevèrent à l'occasion de cette attaque. 2 Quant aux autres, ils avaient beau montrer de l'ardeur, ils étaient incapables de débarquer, et par suite de la difficulté des lieux, et parce que les Athéniens tenaient bon sans reculer d'un pas.

3 Ainsi le sort avait à ce point renversé les situations qu'on voyait les Athéniens lutter sur terre, et sur une terre laconienne, pour écarter une flotte de Lacédémone, tandis que les Lacédémoniens tentaient, avec des navires, et dans leur propre pays, alors pays ennemi, d'opérer un débarquement contre les Athéniens. Ce qui, en effet, faisait à cette date l'essentiel de leur renom était pour les uns d'être principalement des continentaux, supérieurs par leurs armées de terre, et, pour les autres, d'être un peuple maritime, l'emportant avant tout par sa flotte.

XIII.  Ταύτην μὲν οὖν τὴν ἡμέραν καὶ τῆς ὑστεραίας
μέρος τι προσβολὰς ποιησάμενοι ἐπέπαυντο· καὶ τῇ τρίτῃ
ἐπὶ ξύλα ἐς μηχανὰς παρέπεμψαν τῶν νεῶν τινας ἐς Ἀσίνην, ἐλπίζοντες τὸ κατὰ τὸν λιμένα τεῖχος ὕψος μὲν ἔχον,
ἀποβάσεως δὲ μάλιστα οὔσης ἑλεῖν μηχαναῖς. 2 Ἐν
τούτῳ δὲ αἱ ἐκ τῆς Ζακύνθου νῆες τῶν Ἀθηναίων παραγίγνονται πεντήκοντα· προσεβοήθησαν γὰρ τῶν τε φρου-
ρίδων τινὲς αὐτοῖς τῶν ἐκ Ναυπάκτου καὶ Χῖαι τέσσαρες.
3 Ὡς δὲ εἶδον τήν τε ἤπειρον ὁπλιτῶν περίπλεων τήν τε
νῆσον, ἔν τε τῷ λιμένι οὔσας τὰς ναῦς καὶ οὐκ ἐκπλεού-
σας, ἀπορήσαντες ὅπῃ καθορμίσωνται, τότε μὲν ἐς Πρωτὴν
τὴν νῆσον, ἣ οὐ πολὺ ἀπέχει ἐρῆμος οὖσα, ἔπλευσαν καὶ
ηὐλίσαντο, τῇ δ' ὑστεραίᾳ παρασκευασάμενοι ὡς ἐπὶ ναυ-
μαχίαν ἀνήγοντο, ἢν μὲν ἀντεκπλεῖν ἐθέλωσι σφίσιν ἐς τὴν
εὐρυχωρίαν, εἰ δὲ μή, ὡς αὐτοὶ ἐπεσπλευσούμενοι. 4 Καὶ
οἱ μὲν οὔτε ἀντανήγοντο οὔτε ἃ διενοήθησαν, φάρξαι τοὺς
ἔσπλους, ἔτυχον ποιήσαντες, ἡσυχάζοντες δ' ἐν τῇ γῇ τάς
τε ναῦς ἐπλήρουν καὶ παρεσκευάζοντο, ἢν ἐσπλέῃ τις, ὡς
ἐν τῷ λιμένι ὄντι οὐ σμικρῷ ναυμαχήσοντες. XIV. Οἱ δ'
Ἀθηναῖοι γνόντες καθ' ἑκάτερον τὸν ἔσπλουν ὥρμησαν
ἐπ' αὐτούς, καὶ τὰς μὲν πλείους καὶ μετεώρους ἤδη τῶν
νεῶν καὶ ἀντιπρῴρους προσπεσόντες ἐς φυγὴν κατέστησαν, καὶ ἐπιδιώκοντες ὡς διὰ βραχέος ἔτρωσαν μὲν πολ-
λάς, πέντε δὲ ἔλαβον καὶ μίαν τούτων αὐτοῖς ἀνδράσιν·
ταῖς δὲ λοιπαῖς ἐν τῇ γῇ καταπεφευγυίαις ἐνέβαλον. Αἱ
δὲ καὶ πληρούμεναι ἔτι πρὶν ἀνάγεσθαι ἐκόπτοντο· καί
τινας καὶ ἀναδούμενοι κενὰς εἷλκον τῶν ἀνδρῶν ἐς φυγὴν
ὡρμημένων. 2 Ἃ ὁρῶντες οἱ Λακεδαιμόνιοι καὶ περιαλ-
γοῦντες τῷ πάθει, ὅτιπερ αὐτῶν οἱ ἄνδρες ἀπελαμβάνοντο

XIII. Après avoir tout ce jour-là et une partie du jour suivant poursuivi leurs assauts, ils avaient cessé ; le surlendemain, ils détachèrent quelques navires vers Asinè, en quête de bois pour faire des machines ; car, si le mur face au port était haut, l'abordage y était aussi particulièrement facile, et ils espéraient pouvoir le prendre avec des machines. 2 Sur ces entrefaites les navires athéniens de Zacynthe se présentent au nombre de cinquante (il s'était joint à eux quelques-uns des bâtiments en station à Naupacte et quatre de Chios). 3 Voyant la rive du continent remplie d'hoplites ainsi que l'île, et la flotte installée dans le port sans en sortir, ils ne surent où mouiller ; sur le moment, ils gagnèrent Protè, une île inhabitée située à peu de distance, et y bivouaquèrent ; mais le lendemain ils reprenaient la mer, prêts à combattre si l'ennemi acceptait de sortir au-devant d'eux dans un champ plus large, ou, sinon, à foncer eux-mêmes à l'intérieur. 4 De fait, l'ennemi s'abstint de prendre la mer de son côté et se trouva précisément n'avoir pas non plus donné suite à son projet d'obstruer les passes : il restait sans rien faire à terre, se contentant d'embarquer les hommes et de se préparer, s'il entrait quelqu'un, à livrer combat dans le port, où la place ne manquait pas. XIV. Quand les Athéniens s'en furent rendu compte, ils foncèrent sur eux par les deux passes ; trouvant la plupart des navires déjà en mer et la proue en avant, ils les attaquèrent et les mirent en fuite ; puis, se lançant à leur poursuite sur une si courte distance, ils en endommagèrent plusieurs, en prirent cinq, dont l'un avec son équipage, et se jetèrent sur les autres, qui avaient pu se réfugier à terre ; quant à ceux dont l'embarquement n'était pas terminé, ils étaient brisés avant d'avoir pris la mer, et certains même tirés en remorque, vides, après la fuite de l'équipage. 2 Ce que voyant, les Lacédémoniens, accablés de douleur devant

γοῦντες τῷ πάθει, ὅτιπερ αὐτῶν οἱ ἄνδρες ἀπελαμβάνοντο
ἐν τῇ νήσῳ, παρεβοήθουν, καὶ ἐπεσβαίνοντες ἐς τὴν θάλασσαν ξὺν τοῖς ὅπλοις ἀνθεῖλκον ἐπιλαμβανόμενοι τῶν νεῶν·
καὶ ἐν τούτῳ κεκωλῦσθαι ἐδόκει ἕκαστος ᾧ μή τινι καὶ
αὐτὸς ἔργῳ παρῆν. 3 Ἐγένετό τε ὁ θόρυβος μέγας, καὶ
ἀντηλλαγμένου τοῦ ἑκατέρων τρόπου περὶ τὰς ναῦς· οἵ τε
γὰρ Λακεδαιμόνιοι ὑπὸ προθυμίας καὶ ἐκπλήξεως ὡς εἰπεῖν
ἄλλο οὐδὲν ἢ ἐκ γῆς ἐναυμάχουν, οἵ τε Ἀθηναῖοι κρατοῦντες καὶ βουλόμενοι τῇ παρούσῃ τύχῃ ὡς ἐπὶ πλεῖστον
ἐπεξελθεῖν ἀπὸ νεῶν ἐπεζομάχουν. 4 Πολύν τε πόνον
παρασχόντες ἀλλήλοις καὶ τραυματίσαντες διεκρίθησαν,
καὶ οἱ Λακεδαιμόνιοι τὰς κενὰς ναῦς πλὴν τῶν τὸ πρῶτον
ληφθεισῶν διέσωσαν. 5 Καταστάντες δὲ ἑκάτεροι ἐς τὸ
στρατόπεδον οἱ μὲν τροπαῖόν τε ἔστησαν καὶ νεκροὺς ἀπέδοσαν καὶ ναυαγίων ἐκράτησαν, καὶ τὴν νῆσον εὐθὺς περιέπλεον καὶ ἐν φυλακῇ εἶχον, ὡς τῶν ἀνδρῶν ἀπειλημμέ-
νων· οἱ δ' ἐν τῇ ἠπείρῳ Πελοποννήσιοι καὶ ἀπὸ πάντων
ἤδη βεβοηθηκότες ἔμενον κατὰ χώραν ἐπὶ τῇ Πύλῳ.

XV. Ἐς δὲ τὴν Σπάρτην ὡς ἠγγέλθη τὰ γεγενημένα
περὶ Πύλον, ἔδοξεν αὐτοῖς ὡς ἐπὶ ξυμφορᾷ μεγάλῃ τὰ
τέλη καταβάντας ἐς τὸ στρατόπεδον βουλεύειν παραχρῆμα
ὁρῶντας ὅ τι ἂν δοκῇ. 2 Καὶ ὡς εἶδον ἀδύνατον ὂν τιμωρεῖν τοῖς ἀνδράσι καὶ κινδυνεύειν οὐκ ἐβούλοντο ἢ ὑπὸ λιμοῦ τι παθεῖν αὐτοὺς ἢ ὑπὸ πλήθους βιασθέντας κρατηθῆ-
ναι, ἔδοξεν αὐτοῖς πρὸς τοὺς στρατηγοὺς τῶν Ἀθηναίων,
ἢν ἐθέλωσι, σπονδὰς ποιησαμένους τὰ περὶ Πύλον ἀποστεῖλαι ἐς τὰς Ἀθήνας πρέσβεις περὶ ξυμβάσεως καὶ τοὺς
ἄνδρας ὡς τάχιστα πειρᾶσθαι κομίσασθαι.

ce désastre, qui isolait leurs hommes dans l'île, venaient à la rescousse : s'avançant en armes dans la mer, ils tiraient eux aussi, en s'agrippant aux vaisseaux : chacun se sentait impuissant chaque fois qu'il n'était pas lui-même mêlé à l'action. 3 Le tumulte, enfin, devint terrible, les deux peuples ayant en particulier échangé leur manière de combattre par rapport aux navires : les Lacédémoniens, sous l'empire de l'ardeur et de l'affolement, étaient pour ainsi dire en train de livrer un véritable combat naval sur terre, tandis que les Athéniens, vainqueurs et désireux de pousser leur chance présente le plus loin possible, livraient, du haut des vaisseaux, un combat de terre. 4 Enfin, après beaucoup de mal de part et d'autre, et de blessures, ils se séparèrent ; les Lacédémoniens purent conserver leurs navires vides, sauf ceux qui avaient été saisis dès le début. 5 Chacun prit alors position dans son camp : les Athéniens élevèrent un trophée, rendirent les morts, s'assurèrent les débris de navires ; et aussitôt ils entreprirent de croiser autour de l'île et de la tenir en observation, considérant les hommes comme désormais isolés. Quant aux Péloponnésiens de la côte, avec les renforts maintenant arrivés de partout, ils demeuraient au poste à Pylos.

XV. À Sparte, quand on apprit les événements de Pylos, il fut décidé, vu la gravité du désastre, que les autorités se rendraient au camp pour examiner sans délai et de leurs yeux les décisions à prendre. 2 Voyant alors qu'il était impossible d'exercer des représailles pour libérer leurs hommes, et ne voulant pas courir le risque qu'il leur arrivât malheur par suite de la faim ou bien qu'écrasés par le nombre ils dussent finalement céder, ils décidèrent, si les généraux athéniens le voulaient, de conclure une trêve pour l'affaire de Pylos : alors, ils enverraient des ambassadeurs à Athènes pour envisager un accord, et s'efforceraient de recouvrer les hommes au plus vite.

XVI.  Δεξαμένων δὲ τῶν στρατηγῶν τὸν λόγον ἐγίγνοντο
σπονδαὶ τοιαίδε, Λακεδαιμονίους μὲν τὰς ναῦς ἐν αἷς ἐναυ-
μάχησαν καὶ τὰς ἐν τῇ Λακωνικῇ πάσας, ὅσαι ἦσαν μα-
κραί, παραδοῦναι κομίσαντας ἐς Πύλον Ἀθηναίοις, καὶ
ὅπλα μὴ ἐπιφέρειν τῷ τειχίσματι μήτε κατὰ γῆν μήτε κατὰ
θάλασσαν, Ἀθηναίους δὲ τοῖς ἐν τῇ νήσῳ ἀνδράσι σῖτον
ἐᾶν τοὺς ἐν τῇ ἠπείρῳ Λακεδαιμονίους ἐσπέμπειν τακτὸν
καὶ μεμαγμένον, δύο χοίνικας ἑκάστῳ Ἀττικὰς ἀλφίτων
καὶ δύο κοτύλας οἴνου καὶ κρέας, θεράποντι δὲ τούτων
ἡμίσεα· ταῦτα δὲ ὁρώντων τῶν Ἀθηναίων ἐσπέμπειν καὶ
πλοῖον μηδὲν ἐσπλεῖν λάθρᾳ· φυλάσσειν δὲ καὶ τὴν νῆσον
Ἀθηναίους μηδὲν ἧσσον, ὅσα μὴ ἀποβαίνοντας, καὶ ὅπλα
μὴ ἐπιφέρειν τῷ Πελοποννησίων στρατῷ μήτε κατὰ γῆν
μήτε κατὰ θάλασσαν. 2 Ὅ τι δ' ἂν τούτων παραβαίνω-
σιν ἑκάτεροι καὶ ὁτιοῦν, τότε λελύσθαι τὰς σπονδάς. Ἐσπεῖσθαι δὲ αὐτὰς μέχρι οὗ ἐπανέλθωσιν οἱ ἐκ τῶν Ἀθηνῶν
Λακεδαιμονίων πρέσβεις· ἀποστεῖλαι δὲ αὐτοὺς τριήρει
Ἀθηναίους καὶ πάλιν κομίσαι. Ἐλθόντων δὲ τάς τε σπονδὰς λελύσθαι ταύτας καὶ τὰς ναῦς ἀποδοῦναι Ἀθηναίους
ὁμοίας οἷασπερ ἂν παραλάβωσιν. 3 Αἱ μὲν σπονδαὶ ἐπὶ
τούτοις ἐγένοντο, καὶ αἱ νῆες παρεδόθησαν οὖσαι περὶ
ἑξήκοντα, καὶ οἱ πρέσβεις ἀπεστάλησαν.

Ἀφικόμενοι δὲ ἐς τὰς Ἀθήνας ἔλεξαν τοιάδε.

XVII.  « Ἔπεμψαν ἡμᾶς Λακεδαιμόνιοι, ὦ Ἀθηναῖοι,
περὶ τῶν ἐν τῇ νήσῳ ἀνδρῶν πράξοντας ὅ τι ἂν ὑμῖν τε
ὠφέλιμον ὂν τὸ αὐτὸ πείθωμεν καὶ ἡμῖν ἐς τὴν ξυμφορὰν
ὡς ἐκ τῶν παρόντων κόσμον μάλιστα μέλλῃ οἴσειν. 2 Τοὺς
δὲ λόγους μακροτέρους οὐ παρὰ τὸ εἰωθὸς μηκυνοῦμεν,

---

3. Les stratèges ont la possibilité de conclure une trêve sur le champ
de bataille, mais la décision définitive doit être prise par l'assemblée,
devant laquelle prendront la parole les ambassadeurs lacédémoniens.

XVI. Les stratèges ayant accepté ces propositions, on conclut, en substance, la trêve suivante[3]. Les Lacédémoniens rassembleraient à Pylos les navires avec lesquels ils avaient combattu et tout ce qu'ils avaient en Laconie comme vaisseaux longs, et ils les livreraient aux Athéniens ; ils ne porteraient pas les armes contre la place, par terre ni par mer. Les Athéniens laisseraient expédier aux hommes de l'île par les Lacédémoniens de la côte une ration fixe et déjà pétrie (deux chénices attiques de farine d'orge par personne, avec deux cotyles de vin et de la viande ; pour les serviteurs, ce serait moitié moins) ; ces envois se feraient sous les yeux des Athéniens et aucun transport ne passerait en cachette ; la surveillance des Athéniens continuerait aussi à s'exercer sur l'île, autant qu'avant, sous réserve de n'y pas débarquer ; ils ne porteraient pas les armes contre le camp péloponnésien, par terre ou par mer. 2 En cas d'infraction, quelle qu'elle fût, à l'un de ces points, la trêve se trouvait dès lors rompue. Elle était conclue jusqu'au retour des ambassadeurs lacédémoniens à Athènes ; ceux-ci seraient transportés sur une trière athénienne, à l'aller et au retour. À leur arrivée la trêve expirerait et les Athéniens restitueraient les navires, en l'état où ils les avaient reçus. 3 La trêve fut donc conclue selon ces termes ; les navires furent livrés, au nombre d'une soixantaine, et les ambassadeurs partirent.

Arrivés à Athènes, ils tinrent, en substance, le discours suivant.

XVII. « Lacédémone nous envoie, Athéniens, à propos des hommes de l'île, pour déterminer les mesures qui tout à la fois obtiendront votre agrément comme étant conformes à vos intérêts et seront susceptibles de sauvegarder pour nous, dans notre malheur, tout l'honneur que permettent les circonstances. 2 Et nos paroles auront une relative

ἀλλ' ἐπιχώριον ὂν ἡμῖν οὗ μὲν βραχεῖς ἀρκῶσι μὴ πολλοῖς χρῆσθαι, πλείοσι δὲ ἐν ᾧ ἂν καιρὸς ᾖ διδάσκοντάς τι τῶν προύργου λόγοις τὸ δέον πράσσειν. 3 Λάβετε δὲ αὐτοὺς μὴ πολεμίως μηδ' ὡς ἀξύνετοι διδασκόμενοι, ὑπόμνησιν δὲ τοῦ καλῶς βουλεύσασθαι πρὸς εἰδότας ἡγησάμενοι.

4 « Ὑμῖν. γὰρ εὐτυχίαν τὴν παροῦσαν ἔξεστι καλῶς θέσθαι, ἔχουσι μὲν ὧν κρατεῖτε, προσλαβοῦσι δὲ τιμὴν καὶ δόξαν, καὶ μὴ παθεῖν ὅπερ οἱ ἀήθως τι ἀγαθὸν λαμβάνοντες τῶν ἀνθρώπων· αἰεὶ γὰρ τοῦ πλέονος ἐλπίδι ὀρέγονται διὰ τὸ καὶ τὰ παρόντα ἀδοκήτως εὐτυχῆσαι. 5 Οἷς δὲ πλεῖσται μεταβολαὶ ἐπ' ἀμφότερα ξυμβεβήκασι, δίκαιοί εἰσι καὶ ἀπιστότατοι εἶναι ταῖς εὐπραγίαις· ὃ τῇ τε ὑμετέρᾳ πόλει δι' ἐμπειρίαν καὶ ἡμῖν μάλιστ' ἂν ἐκ τοῦ εἰκότος προσείη.

XVIII. « Γνῶτε δὲ καὶ ἐς τὰς ἡμετέρας νῦν ξυμφορὰς ἀπιδόντες, οἵτινες ἀξίωμα μέγιστον τῶν Ἑλλήνων ἔχοντες ἥκομεν παρ' ὑμᾶς, πρότερον αὐτοὶ κυριώτεροι νομίζοντες εἶναι δοῦναι ἐφ' ἃ νῦν ἀφιγμένοι ὑμᾶς αἰτούμεθα. 2 Καίτοι οὔτε δυνάμεως ἐνδείᾳ ἐπάθομεν αὐτὸ οὔτε μείζονος προσγενομένης ὑβρίσαντες, ἀπὸ δὲ τῶν αἰεὶ ὑπαρχόντων γνώμῃ σφαλέντες, ἐν ᾧ πᾶσι τὸ αὐτὸ ὁμοίως ὑπάρχει. 3 Ὥστε οὐκ εἰκὸς ὑμᾶς διὰ τὴν παροῦσαν νῦν ῥώμην πόλεώς τε καὶ τῶν προσγεγενημένων καὶ τὸ τῆς τύχης οἴεσθαι αἰεὶ μεθ' ὑμῶν ἔσεσθαι. 4 Σωφρόνων δὲ ἀνδρῶν οἵτινες τἀγαθὰ ἐς ἀμφίβολον ἀσφαλῶς ἔθεντο (καὶ ταῖς ξυμφο-

---

4. Allusion au célèbre « laconisme » qui s'oppose au goût des Athéniens pour la parole.

étendue sans violer nos habitudes : il est d'usage chez nous, là où la brièveté suffit, de ne pas être abondant[4], mais de l'être davantage quand s'offre une occasion de mettre en lumière un point important et d'obtenir par la parole le résultat qu'il faut. 3 N'accueillez pas ces avis en ennemis, ou comme une leçon faite à des esprits sans jugement : n'y voyez qu'un rappel des meilleures maximes, adressé à qui les connaît.

4 « Vous êtes à même de faire de votre fortune présente un bel usage, en gardant ce dont vous êtes maîtres, et en y joignant la considération et la gloire : vous éviterez ainsi le sort des hommes à qui un bonheur arrive sans qu'ils en aient l'habitude : toujours, l'espoir les fait aspirer, à plus, parce qu'une fois déjà, c'est de façon inattendue que la fortune leur a souri ; 5 mais ceux qui ont connu le plus de vicissitudes, en mal et en bien, doivent en bonne justice se défier le plus du succès. Or votre ville, de par l'expérience acquise, a, ainsi que la nôtre, toutes raisons pour être spécialement dans ce cas.

XVIII. « Pour vous en rendre compte, voyez seulement notre malheur actuel : nous, un peuple renommé entre tous parmi les Grecs, nous voici venus vous trouver, alors que nous pensions naguère être plutôt maîtres d'accorder ce qu'aujourd'hui nous sommes là pour vous demander. 2 Cependant, ce qui nous est arrivé ne vient ni d'une insuffisance de nos forces ni d'une insolence née de leur accroissement ; partant des éléments habituels, nous avons vu nos calculs déjoués – ce qui est un cas où les conditions sont les mêmes pour tous sans distinction. 3 Il n'est donc pas normal que, pour vous, la vigueur actuelle de votre cité, avec ses accroissements, vous fasse imaginer que du même coup le sort vous sera toujours favorable. 4 C'est être sage que de faire du bonheur, en se réglant sur

ραῖς οἱ αὐτοὶ εὐξυνετώτερον ἂν προσφέροιντο), τόν τε πόλεμον νομίσωσι μὴ καθ' ὅσον ἄν τις αὐτοῦ μέρος βούληται
μεταχειρίζειν, τούτῳ ξυνεῖναι, ἀλλ' ὡς ἂν αἱ τύχαι ἀυτῶν
ἡγήσωνται, καὶ ἐλάχιστ' ἂν οἱ τοιοῦτοι πταίοντες διὰ τὸ
μὴ τῷ ὀρθουμένῳ αὐτοῦ πιστεύοντες ἐπαίρεσθαι ἐν τῷ
εὐτυχεῖν ἂν μάλιστα καταλύοιντο· 5 ὃ νῦν ὑμῖν, ὦ Ἀθηναῖοι, καλῶς ἔχει πρὸς ἡμᾶς πρᾶξαι, καὶ μήποτε ὕστερον,
ἢν ἄρα μὴ πειθόμενοι σφαλῆτε, ἃ πολλὰ ἐνδέχεται, νομισθῆναι τύχῃ καὶ τὰ νῦν προχωρήσαντα κρατῆσαι, ἐξὸν
ἀκίνδυνον δόκησιν ἰσχύος καὶ ξυνέσεως ἐς τὸ ἔπειτα καταλιπεῖν.

XIX. « Λακεδαιμόνιοι δὲ ὑμᾶς προκαλοῦνται ἐς σπονδὰς καὶ διάλυσιν πολέμου, διδόντες μὲν εἰρήνην καὶ ξυμμαχίαν καὶ ἄλλην φιλίαν πολλὴν καὶ οἰκειότητα ἐς ἀλλήλους ὑπάρχειν, ἀνταιτοῦντες δὲ τοὺς ἐκ τῆς νήσου ἄνδρας,
καὶ ἄμεινον ἡγούμενοι ἀμφοτέροις μὴ διακινδυνεύεσθαι,
εἴτε βίᾳ διαφύγοιεν παρατυχούσης τινὸς σωτηρίας εἴτε καὶ
ἐκπολιορκηθέντες μᾶλλον ἂν χειρωθεῖεν. 2 Νομίζομέν τε
τὰς μεγάλας ἔχθρας μάλιστ' ἂν διαλύεσθαι βεβαίως, οὐκ
ἢν ἀνταμυνόμενός τις καὶ ἐπικρατήσας τὰ πλείω τοῦ πο-
λεμίου κατ' ἀνάγκην ὅρκοις ἐγκαταλαμβάνων μὴ ἀπὸ τοῦ
ἴσου ξυμβῇ, ἀλλ' ἤν, παρὸν τὸ αὐτὸ δρᾶσαι πρὸς τὸ ἐπιει-
κές, καὶ ἀρετῇ αὐτὸν νικήσας παρὰ ἃ προσεδέχετο μετρίως ξυναλλαγῇ. 3 Ὀφείλων γὰρ ἤδη ὁ ἐναντίος μὴ

l'incertain, un usage sûrement calculé (dans le malheur, de même, on est susceptible de se comporter avec plus de jugement) et de se dire une chose sur la guerre : c'est que le lien noué avec elle n'est pas fonction du fait que l'on désire la pratiquer dans telles ou telles limites, mais dépend du sort qui nous conduit. Les hommes de cette sorte sont moins que personne sujets à broncher, car ils ne s'exaltent pas, confiants dans ses réussites : c'est quand la fortune leur sourit qu'ils seraient le plus susceptibles de traiter. 5 Et cela, vous avez, Athéniens, une belle occasion de le faire avec nous – vous éviterez ainsi plus tard, si jamais, faute de nous écouter, vous voyez vos calculs déjoués (ce qui peut arriver en bien des cas), de laisser croire que déjà dans vos succès actuels votre supériorité était due au sort –, vous qui êtes à même, sans rien risquer, de laisser derrière vous un renom de puissance et de jugement dans les temps futurs.

XIX. « Les Lacédémoniens vous invitent à traiter et à cesser la guerre ; ils vous offrent d'établir entre nos peuples paix et alliance, ainsi que des liens d'amitié étroite et de fraternité ; en échange, ils vous demandent les hommes de l'île, et ils pensent qu'il vaut mieux de part et d'autre éviter de courir ses risques, soit que ceux-ci viennent à s'échapper de force, si le hasard leur offre un moyen de salut, soit qu'une capitulation doive achever de les livrer entre vos mains. 2 À notre avis, les grandes hostilités trouvent leur règlement le plus stable, non pas quand l'un des deux, acharné à des représailles et ayant en majeure partie dominé son ennemi, l'enferme par contrainte dans des serments et conclut un accord sur un pied d'inégalité, mais quand, pouvant arriver au même résultat de façon raisonnable, il triomphe encore de lui par sa générosité et trompe son attente par un arrangement modéré. 3 Car dès

ἀνταμύνεσθαι ὡς βιασθείς, ἀλλ' ἀνταποδοῦναι ἀρετήν, ἑτοιμότερός ἐστιν αἰσχύνῃ ἐμμένειν οἷς ξυνέθετο. 4 Καὶ μᾶλλον πρὸς τοὺς μείζονως ἐχθροὺς τοῦτο δρῶσιν οἱ ἄνθρωποι ἢ πρὸς τοὺς μέτρια διενεχθέντας· πεφύκασί τε τοῖς μὲν ἑκουσίως ἐνδοῦσιν ἀνθησσᾶσθαι μεθ' ἡδονῆς, πρὸς δὲ τὰ ὑπεραυχοῦντα καὶ παρὰ γνώμην διακινδυνεύειν.

XX. « Ἡμῖν δὲ καλῶς, εἴπερ ποτέ, ἔχει ἀμφοτέροις ἡ ξυναλλαγή, πρίν τι ἀνήκεστον διὰ μέσου γενόμενον ἡμᾶς καταλαβεῖν, ἐν ᾧ ἀνάγκη ἀίδιον ὑμῖν ἔχθραν πρὸς τῇ κοινῇ καὶ ἰδίαν ἔχειν, ὑμᾶς δὲ στερηθῆναι ὧν νῦν προκαλούμεθα. 2 Ἔτι δ' ὄντων ἀκρίτων καὶ ὑμῖν μὲν δόξης καὶ ἡμετέρας φιλίας προσγιγνομένης, ἡμῖν δὲ πρὸ αἰσχροῦ τινος ⟨τῆς⟩ ξυμφορᾶς μετρίως κατατιθεμένης διαλλαγῶμεν, καὶ αὐτοί τε ἀντὶ πολέμου εἰρήνην ἑλώμεθα καὶ τοῖς ἄλλοις Ἕλλησιν ἀνάπαυσιν κακῶν ποιήσωμεν· οἳ καὶ ἐν τούτῳ ὑμᾶς αἰτιωτέρους ἡγήσονται· πολεμοῦνται μὲν γὰρ ἀσαφῶς ὁποτέρων ἀρξάντων· καταλύσεως δὲ γενομένης, ἧς νῦν ὑμεῖς τὸ πλέον κύριοί ἐστε, τὴν χάριν ὑμῖν προσθήσουσιν. 3 Ἤν τε γνῶτε, Λακεδαιμονίοις ἔξεστιν ὑμῖν φίλους γενέσθαι βεβαίως, αὐτῶν τε προκαλεσαμένων χαρισαμένοις τε μᾶλλον ἢ βιασαμένοις. 4 Καὶ ἐν τούτῳ τὰ ἐνόντα ἀγαθὰ σκοπεῖτε ὅσα εἰκὸς εἶναι· ἡμῶν γὰρ καὶ ὑμῶν ταὐτὰ λεγόντων τό γε ἄλλο Ἑλληνικὸν ἴστε ὅτι ὑποδεέστερον ὂν τὰ μέγιστα τιμήσει. »

lors l'adversaire est obligé de lui répondre, non par des représailles pour des violences subies, mais par d'autres preuves de générosité : il est alors plus disposé à respecter, au nom de l'honneur, les termes de la convention. 4 C'est même plutôt pour les hostilités graves que les hommes agissent ainsi, non pas pour les conflits de médiocre importance ; et leur nature les pousse, si l'on cède spontanément, à faire aussi, bien volontiers, des concessions, mais, devant l'arrogance, à courir leur risque sans seulement s'arrêter aux réflexions.

XX. « Or, nous avons ici, les uns comme les autres, une belle occasion, s'il en fut, de nous réconcilier, sans attendre qu'un mal irréparable vienne entre-temps nous accabler : car alors il devient inévitable qu'à notre hostilité nationale envers vous s'en joigne une autre, personnelle, qui soit définitive, et que vous perdiez, vous, les avantages qu'aujourd'hui nous vous proposons. 2 Tant que rien n'est tranché, il nous faut : vous, en recueillant la gloire en même temps que notre alliance, nous, en évitant la honte par un règlement modéré de notre malheureuse situation, prendre d'autres sentiments, choisir nous-mêmes la paix au lieu de la guerre, et par là mettre un terme aux maux de tous les Grecs ; de cela, en plus, ils vous attribueront le principal mérite, car ils ont la guerre sans qu'on sache clairement qui des deux l'a commencée, mais si cela cesse, ce qui aujourd'hui dépend surtout de vous, c'est à vous qu'ils s'en tiendront obligés. 3 Ainsi décidez-le, et vous pouvez vous lier d'une amitié ferme avec les Lacédémoniens, sur leur propre invitation, en les obligeant au lieu de leur faire violence. 4 Et dans un tel geste, songez combien d'avantages vous devez normalement trouver : il suffit en effet que, vous et nous, nous tenions le même langage, et le reste de ce qui est grec, vous le savez, se trouvant alors en infériorité, nous portera la plus grande considération. »

XXI. Οἱ μὲν οὖν Λακεδαιμόνιοι τοσαῦτα εἶπον, νομίζοντες τοὺς Ἀθηναίους ἐν τῷ πρὶν χρόνῳ σπονδῶν μὲν
ἐπιθυμεῖν, σφῶν δὲ ἐναντιουμένων κωλύεσθαι, διδομένης δὲ
εἰρήνης ἀσμένους δέξεσθαί τε καὶ τοὺς ἄνδρας ἀποδώσειν.
2 Οἱ δὲ τὰς μὲν σπονδάς, ἔχοντες τοὺς ἄνδρας ἐν τῇ
νήσῳ, ἤδη σφίσιν ἐνόμιζον ἑτοίμους εἶναι, ὁπόταν βούλωνται ποιεῖσθαι πρὸς αὐτούς, τοῦ δὲ πλέονος ὠρέγοντο.
3 Μάλιστα δὲ αὐτοὺς ἐνῆγε Κλέων ὁ Κλεαινέτου, ἀνὴρ
δημαγωγὸς κατ' ἐκεῖνον τὸν χρόνον ὢν καὶ τῷ πλήθει
πιθανώτατος· καὶ ἔπεισεν ἀποκρίνασθαι ὡς χρὴ τὰ μὲν
ὅπλα καὶ σφᾶς αὐτοὺς τοὺς ἐν τῇ νήσῳ παραδόντας πρῶτον κομισθῆναι Ἀθήναζε, ἐλθόντων δὲ ἀποδόντας Λακεδαιμονίους Νίσαιαν καὶ Πηγὰς καὶ Τροζῆνα καὶ Ἀχαιΐαν,
ἃ οὐ πολέμῳ ἔλαβον, ἀλλ' ἀπὸ τῆς προτέρας ξυμβάσεως
Ἀθηναίων ξυγχωρησάντων κατὰ ξυμφορὰς καὶ ἐν τῷ τότε
δεομένων τι μᾶλλον σπονδῶν, κομίσασθαι τοὺς ἄνδρας καὶ
σπονδὰς ποιήσασθαι ὁπόσον ἂν δοκῇ χρόνον ἀμφοτέροις.
XXII. Οἱ δὲ πρὸς μὲν τὴν ἀπόκρισιν οὐδὲν ἀντεῖπον,
ξυνέδρους δὲ σφίσιν ἐκέλευον ἑλέσθαι οἵτινες λέγοντες καὶ
ἀκούοντες περὶ ἑκάστου ξυμβήσονται κατὰ ἡσυχίαν ὅ τι
ἂν πείθωσιν ἀλλήλους· 2 Κλέων δὲ ἐνταῦθα δὴ πολὺς
ἐνέκειτο, λέγων γιγνώσκειν μὲν καὶ πρότερον οὐδὲν ἐν νῷ
ἔχοντας δίκαιον αὐτούς, σαφὲς δ' εἶναι καὶ νῦν, οἵτινες τῷ
μὲν πλήθει οὐδὲν ἐθέλουσιν εἰπεῖν, ὀλίγοις δὲ ἀνδράσι
ξύνεδροι βούλονται γίγνεσθαι· ἀλλὰ εἴ τι ὑγιὲς διανοοῦνται, λέγειν ἐκέλευσεν ἅπασιν. 3 Ὁρῶντες δὲ οἱ Λακεδαιμόνιοι οὔτε σφίσιν οἷόν τε ὂν ἐν πλήθει εἰπεῖν, εἴ τι καὶ
ὑπὸ τῆς ξυμφορᾶς ἐδόκει αὐτοῖς ξυγχωρεῖν, μὴ ἐς τοὺς

5. Cléon est, en effet, la figure qui domine l'histoire d'Athènes
dans les années qui suivent la mort de Périclès. Thucydide le qualifie
de « démagogue », c'est-à-dire celui qui conduit le *dêmos*. Le terme n'a
peut-être pas encore le caractère négatif qu'il revêtira bientôt. Thucydide
avait déjà désigné Cléon comme « le plus écouté du peuple » à propos
de l'affaire de Mytilène (III, 36, 6).

XXI. Voilà tout ce que dirent les Lacédémoniens ; dans leur esprit, Athènes, par le passé, désirait traiter et n'en était empêchée que par leur propre opposition : si donc on lui offrait la paix, elle l'accueillerait avec joie et leur rendrait leurs hommes. 2 Mais les Athéniens, maintenant qu'ils tenaient les hommes dans l'île, pensaient que la trêve était désormais acquise, pour le moment où ils voudraient la conclure ; et ils aspiraient à plus. 3 Celui qui les poussait surtout était Cléon, fils de Cléainétos, qui était le chef populaire de l'époque, et fort écouté de la foule[5]. Sur ses avis, ils répondirent que les hommes de l'île devaient avant tout se rendre, avec leurs armes, pour être acheminés à Athènes ; à leur arrivée, les Lacédémoniens auraient à restituer Nisée, Pèges, Trézène et l'Achaïe (pays qu'ils n'avaient pas conquis à la guerre, mais acquis en vertu du traité antérieur, accepté par Athènes lors d'une situation malheureuse et à un moment où elle avait un plus grand besoin de la paix) : alors, leurs hommes leur seraient rendus et l'on conclurait un traité, pour la durée que décideraient les deux peuples.

XXII. Les autres ne firent, sur cette réponse, aucune observation : ils demandèrent que l'on désignât une commission pour procéder à un échange de vues point par point et arriver tranquillement à un accord réciproque. 2 Mais Cléon, alors, insistait de façon pressante : déjà avant, disait-il, il se rendait compte que leurs intentions n'avaient rien de juste, mais cela était clair, entre autres, dans le cas présent, avec ce refus de rien dire à la foule et ce désir de siéger dans une commission formée d'un petit nombre : s'ils avaient des vues saines, ils devaient, leur dit-il, les exposer à tous ! 3 Les Lacédémoniens virent la situation : d'une part ils ne pouvaient parler devant la foule, en supposant même que leur malheur les décidât à quelque

ξυμμάχους διαβληθῶσιν εἰπόντες καὶ οὐ τυχόντες, οὔτε
τοὺς Ἀθηναίους ἐπὶ μετρίοις ποιήσοντας ἃ προυκαλοῦντο,
ἀνεχώρησαν ἐκ τῶν Ἀθηνῶν ἄπρακτοι.

XXIII. Ἀφικομένων δὲ αὐτῶν διελύοντο εὐθὺς αἱ σπονδαὶ αἱ περὶ Πύλον, καὶ τὰς ναῦς οἱ Λακεδαιμόνιοι ἀπή-
τουν, καθάπερ ξυνέκειτο· οἱ δ' Ἀθηναῖοι ἐγκλήματα
ἔχοντες ἐπιδρομήν τε τῷ τειχίσματι παράσπονδον καὶ ἄλλα
οὐκ ἀξιόλογα δοκοῦντα εἶναι οὐκ ἀπεδίδοσαν, ἰσχυριζό-
μενοι ὅτι δὴ εἴρητο, ἐὰν καὶ ὁτιοῦν παραβαθῇ, λελύσθαι
τὰς σπονδάς. Οἱ δὲ Λακεδαιμόνιοι ἀντέλεγόν τε καὶ ἀδί-
κημα ἐπικαλέσαντες τὸ τῶν νεῶν ἀπελθόντες ἐς πόλεμον
καθίσταντο. 2 Καὶ τὰ περὶ Πύλον ὑπ' ἀμφοτέρων κατὰ
κράτος ἐπολεμεῖτο, Ἀθηναῖοι μὲν δυοῖν νεοῖν ἐναντίαιν
αἰεὶ τὴν νῆσον περιπλέοντες τῆς ἡμέρας (τῆς δὲ νυκτὸς
καὶ ἅπασαι περιώρμουν, πλὴν τὰ πρὸς τὸ πέλαγος, ὁπότε
ἄνεμος εἴη· καὶ ἐκ τῶν Ἀθηνῶν αὐτοῖς εἴκοσι νῆες ἀφίκοντο ἐς τὴν φυλακήν, ὥστε αἱ πᾶσαι ἑβδομήκοντα ἐγένοντο), Πελοποννήσιοι δὲ ἔν τε τῇ ἠπείρῳ στρατοπεδευό-
μενοι καὶ προσβολὰς ποιούμενοι τῷ τείχει, σκοποῦντες
καιρὸν εἴ τις παραπέσοι ὥστε τοὺς ἄνδρας σῶσαι.

XXIV. Ἐν τούτῳ δὲ οἱ ἐν τῇ Σικελίᾳ Συρακόσιοι καὶ
οἱ ξύμμαχοι πρὸς ταῖς ἐν Μεσσήνῃ φρουρούσαις ναυσὶ τὸ
ἄλλο ναυτικὸν ὃ παρεσκευάζοντο προσκομίσαντες τὸν πόλεμον ἐποιοῦντο ἐκ τῆς Μεσσήνης 2 (καὶ μάλιστα ἐνῆ-
γον οἱ Λοκροὶ τῶν Ῥηγίνων κατὰ ἔχθραν, καὶ αὐτοὶ δὲ

concession, car ils risquaient de se compromettre vis-à-vis de leurs alliés, en parlant sans obtenir d'effet ; d'autre part, Athènes n'accepterait pas de conditions modérées pour ce qu'ils lui proposaient ; ils quittèrent donc Athènes sans avoir abouti.

XXIII. Aussitôt après leur retour, la trêve relative à Pylos prenait fin, et les Lacédémoniens réclamaient leurs navires, comme convenu. Mais les Athéniens se plaignaient d'une incursion lancée contre leur rempart au mépris du traité ainsi que d'autres écarts ne paraissant pas mériter mention : aussi ne les rendaient-ils pas, forts de la clause disant qu'en cas d'infraction, quelle qu'elle fût, la trêve se trouvait rompue. Les Péloponnésiens, alors, protestaient et, après s'être retirés en dénonçant l'affaire des navires comme une atteinte au droit, ils reprenaient les hostilités. 2 Et des deux côtés, à propos de Pylos, celles-ci étaient menées énergiquement : les Athéniens ne cessaient, dans la journée, de faire le tour de l'île avec deux navires allant en sens contraire (la nuit, tous, cette fois, mouillaient autour, sauf du côté du large en cas de vent ; et vingt autres navires étaient arrivés d'Athènes pour garder la place, si bien qu'il y en avait en tout soixante-dix) ; quant aux Péloponnésiens, ils avaient leur camp sur la côte et donnaient des assauts au rempart, guettant le moment où une occasion pourrait se présenter de sauver leurs hommes.

### En Sicile

XXIV. En Sicile, pendant ce temps, les Syracusains et leurs alliés, ayant réuni aux navires en faction à Messine le reste de la flotte qu'ils étaient en train d'équiper, menaient la guerre depuis Messine 2 (ceux qui les poussaient le plus étaient les Locriens, par haine envers Rhégion : Locres,

έσεβεβλήκεσαν πανδημεί ές τήν γήν αύτών), 3 καί ναυμαχίας άποπειρασθαι έβούλοντο, όρώντες τοΐς 'Αθηναίοις
τάς μέν παρούσας ναύς όλίγας, ταΐς δέ πλείοσι καί μελ-
λούσαις ήξειν πυνθανόμενοι τήν νήσον πολιορκεΐσθαι.
4 Εί γάρ κρατήσειαν τω ναυτικώ, τό 'Ρήγιον ήλπιζον
πεζή τε καί ναυσίν έφορμούντες ραδίως χειρώσεσθαι, καί
ήδη σφών ίσχυρά τά πράγματα γίγνεσθαι· ξύνεγγυς γάρ
κειμένου τού τε 'Ρηγίου άκρωτηρίου τής 'Ιταλίας τής τε
Μεσσήνης τής Σικελίας, τοΐς 'Αθηναίοις [τε] ούκ άν είναι
έφορμεΐν καί τού πορθμού κρατεΐν. 5 Έστι δέ ό πορθμός
ή μεταξύ 'Ρηγίου θάλασσα καί Μεσσήνης, ήπερ βραχύ-
τατον Σικελία τής ήπείρου άπέχει· καί έστιν ή Χάρυβδις
κληθεΐσα τούτο, ή 'Οδυσσεύς λέγεται διαπλεύσαι. Διά
στενότητα δέ καί έκ μεγάλων πελαγών, τού τε Τυρσηνικού
καί τού Σικελικού, έσπίπτουσα ή θάλασσα ές αύτό καί
ροώδης ούσα εικότως χαλεπή ένομίσθη. XXV. 'Εν τούτω
ούν τώ μεταξύ οί Συρακόσιοι καί οί ξύμμαχοι ναυσίν όλίγω
πλείοσιν ή τριάκοντα ήναγκάσθησαν όψέ τής ήμέρας ναυ-
μαχήσαι περί πλοίου διαπλέοντος, άντεπαναγόμενοι πρός
τε 'Αθηναίων ναύς έκκαίδεκα καί 'Ρηγίνας όκτώ. 2 Καί
νικηθέντες ύπό τών 'Αθηναίων διά τάχους άπέπλευσαν ώς
έκαστοι έτυχον [ές τά οικεία στρατόπεδα τό τε έν τή Μεσσήνη καί έν τώ 'Ρηγίω], μίαν ναύν άπολέσαντες· καί νύξ
έπεγένετο τώ έργω.
3 Μετά δέ τούτο οί μέν Λοκροί άπήλθον έκ τής 'Ρηγί-
νων, έπί δέ τήν Πελωρίδα τής Μεσσήνης ξυλλεγεΐσαι αί
τών Συρακοσίων καί ξυμμάχων νήες ώρμουν καί ό πεζός
αύτοΐς παρήν. 4 Προσπλεύσαντες δέ οί 'Αθηναίοι καί
'Ρηγΐνοι όρώντες τάς ναύς κενάς ένέβαλον, καί χειρί σι-

d'ailleurs, avait effectué une invasion en masse sur le territoire de cette ville) ; 3 et ils voulaient faire l'essai d'un combat naval, puisque, en fait de flotte athénienne, ils voyaient les effectifs présents très réduits et apprenaient que les navires plus nombreux qui devaient arriver étaient occupés au blocus de l'île. 4 En cas de victoire sur mer, ils espéraient arriver aisément, avec leurs troupes de terre et leur flotte mouillée vis-à-vis, à réduire Rhégion ; et, dès lors, leur situation devenait forte ; car, vu la proximité entre Rhégion, pointe de l'Italie, et Messine, pointe de la Sicile, les Athéniens ne pourraient, en ce cas, venir mouiller en face et dominer le détroit. 5 Ce détroit est constitué par le bras de mer qui sépare Rhégion et Messine, au point où la distance est la moindre entre la Sicile et le continent ; c'est là ce que l'on a appelé la Charybde, que la tradition fait franchir à Ulysse : étant donné son étroitesse, étant donné que deux grandes mers, celles de Tyrrhénie et de Sicile, y précipitent leurs eaux, et qu'elle a des courants, il n'est pas étonnant que cette passe ait eu la réputation d'être redoutable. XXV. Or, c'est dans ce bras de mer que les Syracusains et leurs alliés, avec un peu plus de trente navires, furent contraints, tard dans le jour, de livrer bataille pour le passage d'un navire marchand, en faisant face à seize navires athéniens et huit de Rhégion. 2 Vaincus par les Athéniens, ils se retirèrent en hâte, comme chacun put [...], avec un navire de perte ; et la nuit vint mettre fin aux opérations.

3 À la suite de cela, les Locriens quittèrent le pays de Rhégion, et il se fit à Péloris, dans le territoire de Messine, un rassemblement des flottes de Syracuse et de ses alliés, qui s'y mirent au mouillage ; l'armée de terre se trouvait là aussi. 4 S'étant alors approchée, les Athéniens et les Rhégiens, voyant les navires vides, poussèrent une attaque :

δηρᾷ ἐπιβληθείσῃ μίαν ναῦν αὐτοὶ ἀπώλεσαν τῶν ἀνδρῶν ἀποκολυμβησάντων. 5 Καὶ μετὰ τοῦτο τῶν Συρακοσίων ἐσβάντων ἐς τὰς ναῦς καὶ παραπλεόντων ἀπὸ κάλω ἐς τὴν Μεσσήνην, αὖθις προσβαλόντες οἱ Ἀθηναῖοι, ἀποσιμωσάντων ἐκείνων καὶ προεμβαλόντων, ἑτέραν ναῦν ἀπολλύουσιν. 6 Καὶ ἐν τῷ παράπλῳ καὶ τῇ ναυμαχίᾳ τοιουτοτρόπῳ γενομένῃ οὐκ ἔλασσον ἔχοντες οἱ Συρακόσιοι παρεκομίσθησαν ἐς τὸν ἐν τῇ Μεσσήνῃ λιμένα.

7 Καὶ οἱ μὲν Ἀθηναῖοι, Καμαρίνης ἀγγελθείσης προδίδοσθαι Συρακοσίοις ὑπ᾽ Ἀρχίου καὶ τῶν μετ᾽ αὐτοῦ, ἔπλευσαν ἐκεῖσε· Μεσσήνιοι δ᾽ ἐν τούτῳ πανδημεὶ κατὰ γῆν καὶ ταῖς ναυσὶν ἅμα ἐστράτευσαν ἐπὶ Νάξον τὴν Χαλκιδικὴν ὅμορον οὖσαν. 8 Καὶ τῇ πρώτῃ ἡμέρᾳ τειχήρεις ποιήσαντες τοὺς Ναξίους ἐδῄουν τὴν γῆν, τῇ δ᾽ ὑστεραίᾳ ταῖς μὲν ναυσὶ περιπλεύσαντες κατὰ τὸν Ἀκεσίνην ποταμὸν τὴν γῆν ἐδῄουν, τῷ δὲ πεζῷ πρὸς τὴν πόλιν ἐσέβαλον. 9 Ἐν τούτῳ δὲ οἱ Σικελοὶ ⟨οἱ⟩ ὑπὲρ τῶν ἄκρων πολλοὶ κατέβαινον βοηθοῦντες ἐπὶ τοὺς Μεσσηνίους. Καὶ οἱ Νάξιοι ὡς εἶδον, θαρσήσαντες καὶ παρακελευόμενοι ἐν ἑαυτοῖς ὡς οἱ Λεοντῖνοι σφίσι καὶ οἱ ἄλλοι Ἕλληνες ξύμμαχοι ἐς τιμωρίαν ἐπέρχονται, ἐκδραμόντες ἄφνω ἐκ τῆς πόλεως προσπίπτουσι τοῖς Μεσσηνίοις, καὶ τρέψαντες ἀπέκτεινάν τε ὑπὲρ χιλίους καὶ οἱ λοιποὶ χαλεπῶς ἀπεχώρησαν ἐπ᾽ οἴκου· καὶ γὰρ οἱ βάρβαροι ἐν ταῖς ὁδοῖς ἐπιπεσόντες τοὺς πλείστους διέφθειραν. 10 Καὶ αἱ νῆες σχοῦσαι ἐς τὴν Μεσσήνην ὕστερον ἐπ᾽ οἴκου ἕκασται διεκρίθησαν.

Λεοντῖνοι δὲ εὐθὺς καὶ οἱ ξύμμαχοι μετὰ Ἀθηναίων ἐς τὴν Μεσσήνην ὡς κεκακωμένην ἐστράτευον, καὶ προσβάλ-

une « main » de fer jetée par l'ennemi leur fit perdre un navire, dont les hommes se sauvèrent à la nage. 5 Après quoi, comme les Syracusains s'étaient embarqués sur leurs navires et longeaient la côte en se faisant haler vers Messine, les Athéniens lancèrent une nouvelle attaque : l'adversaire ayant viré court et foncé lui-même à l'attaque, ils perdent alors un second navire. 6 Dans le trajet et la bataille ainsi menés, il n'y avait pas eu infériorité du côté des Syracusains, qui gagnèrent le port de Messine.

7 Alors, les Athéniens, à la nouvelle que Camarine était en voie de passer aux Syracusains par les menées d'Archias et de ses partisans, s'y rendirent ; et, pendant ce temps, les Messéniens en masse firent à la fois par terre et avec la flotte une expédition contre Naxos la Chalcidienne, qui leur est limitrophe. 8 Le premier jour, ayant poussé les Naxiens dans leurs remparts, ils ravagèrent le pays ; le lendemain, tandis que la flotte, ayant contourné la ville, ravageait le pays près du fleuve Acésinès, l'armée de terre faisait irruption contre la ville. 9 Mais, là-dessus, les Sikèles des montagnes descendirent à l'aide en grand nombre contre les Messéniens. Et les Naxiens, à cette vue, reprenant confiance et s'encourageant mutuellement de l'idée que les Léontins et leurs autres alliés grecs arrivaient pour les défendre, se précipitent subitement hors de la ville et fondent sur les Messéniens : les ayant mis en fuite, ils en tuèrent plus de mille, et les autres eurent peine à rentrer chez eux ; en effet les barbares, tombant sur eux dans les chemins, les détruisirent pour la plupart. 10 La flotte, après s'être arrêtée à Messine, se sépara dans la suite, chacun rentrant dans son pays.

Mais aussitôt les Léontins et leurs alliés, en compagnie des Athéniens, profitaient de ce que Messine avait été éprouvée pour faire contre elle une expédition : une double

λοντες οἱ μὲν Ἀθηναῖοι κατὰ τὸν λιμένα ταῖς ναυσὶν ἐπεί-
ρων, ὁ δὲ πεζὸς πρὸς τὴν πόλιν. 11 Ἐπεκδρομὴν δὲ
ποιησάμενοι οἱ Μεσσήνιοι καὶ Λοκρῶν τινες μετὰ τοῦ Δη-
μοτέλους, οἳ μετὰ τὸ πάθος ἐγκατελείφθησαν φρουροί,
ἐξαπιναίως προσπεσόντες τρέπουσι τοῦ στρατεύματος τῶν
Λεοντίνων τὸ πολὺ καὶ ἀπέκτειναν πολλούς. Ἰδόντες δὲ
οἱ Ἀθηναῖοι καὶ ἀποβάντες ἀπὸ τῶν νεῶν ἐβοήθουν, καὶ
κατεδίωξαν τοὺς Μεσσηνίους πάλιν ἐς τὴν πόλιν, τετα-
ραγμένοις ἐπιγενόμενοι· καὶ τροπαῖον στήσαντες ἀνεχώρησαν ἐς τὸ Ῥήγιον. 12 Μετὰ δὲ τοῦτο οἱ μὲν ἐν τῇ
Σικελίᾳ Ἕλληνες ἄνευ τῶν Ἀθηναίων κατὰ γῆν ἐστράτευον ἐπ' ἀλλήλους.

XXVI. Ἐν δὲ τῇ Πύλῳ ἔτι ἐπολιόρκουν τοὺς ἐν τῇ νήσῳ
Λακεδαιμονίους οἱ Ἀθηναῖοι, καὶ τὸ ἐν τῇ ἠπείρῳ στρατόπεδον τῶν Πελοποννησίων κατὰ χώραν ἔμενεν. 2 Ἐπί-
πονος δ' ἦν τοῖς Ἀθηναίοις ἡ φυλακὴ σίτου τε ἀπορίᾳ
καὶ ὕδατος· οὐ γὰρ ἦν κρήνη ὅτι μὴ μία ἐν αὐτῇ τῇ ἀκροπόλει τῆς Πύλου καὶ αὕτη οὐ μεγάλη, ἀλλὰ διαμώμενοι
τὸν κάχληκα οἱ πλεῖστοι ἐπὶ τῇ θαλάσσῃ ἔπινον οἷον εἰκὸς
ὕδωρ. 3 Στενοχωρία τε ἐν ὀλίγῳ στρατοπεδευομένοις
ἐγίγνετο, καὶ τῶν νεῶν οὐκ ἐχουσῶν ὅρμον αἱ μὲν σῖτον ἐν
τῇ γῇ ᾑροῦντο κατὰ μέρος, αἱ δὲ μετέωροι ὥρμουν.
4 Ἀθυμίαν τε πλείστην ὁ χρόνος παρεῖχε παρὰ λόγον
ἐπιγιγνόμενος, οὓς ᾤοντο ἡμερῶν ὀλίγων ἐκπολιορκήσειν,

attaque était tentée, les Athéniens agissant du côté du port avec la flotte tandis que l'armée de terre agissait contre la ville. 11 Alors les Messéniens firent une sortie, avec quelques Locriens, commandés par Démotélès et laissés dans la ville après le désastre pour la garder : ils attaquèrent inopinément et mirent en fuite le gros de l'armée des Léontins, où ils firent beaucoup de morts. À cette vue, les Athéniens quittèrent leurs navires pour venir à l'aide : ils poursuivirent à nouveau jusque dans leur ville les Messéniens, que ce nouvel assaut trouva en plein désordre. Alors ils dressèrent un trophée et rentrèrent à Rhégion. 12 Par la suite, les Grecs de Sicile devaient faire sans les Athéniens des expéditions sur terre les uns contre les autres.

### Suite de l'affaire de Pylos

XXVI. À Pylos, cependant, les Athéniens continuaient à assiéger les Lacédémoniens de l'île, et l'armée péloponnésienne du continent restait sur ses positions. 2 Mais les Athéniens éprouvaient mille difficultés dans leur surveillance, dépourvus qu'ils étaient et de vivres et d'eau ; il n'y avait en effet pas de source, si ce n'est une sur l'acropole même de Pylos, et encore peu riche : il leur fallait, en général, creuser dans les galets du bord de la mer pour boire on peut imaginer quelle eau. 3 De plus, le manque de place se faisait sentir dans leur camp à l'étroit ; et, comme les navires manquaient d'un bon mouillage, ils allaient à tour de rôle prendre leur nourriture à terre, tandis que les autres mouillaient au large. 4 Enfin ils se décourageaient surtout de voir le temps se prolonger plus que de raison ; car, dans leur esprit, le siège ne devait durer que quelques jours dans cette île inhabitée et où les

ἐν νήσῳ τε ἐρήμη καὶ ὕδατι ἁλμυρῷ χρωμένους. 5 Αἴτιον δὲ ἦν οἱ Λακεδαιμόνιοι προειπόντες ἐς τὴν νῆσον ἐσάγειν σῖτόν τε τὸν βουλόμενον ἀληλεμένον καὶ οἶνον καὶ τυρὸν καὶ εἴ τι ἄλλο βρῶμα, οἷ' ἂν ἐς πολιορκίαν ξυμφέρῃ, τάξαντες ἀργυρίου πολλοῦ καὶ τῶν Εἱλώτων τῷ ἐσαγαγόντι ἐλευθερίαν ὑπισχνούμενοι. 6 Καὶ ἐσῆγον ἄλλοι τε παρακινδυνεύοντες καὶ μάλιστα οἱ Εἵλωτες, ἀπαίροντες ἀπὸ τῆς Πελοποννήσου ὁπόθεν τύχοιεν καὶ καταπλέοντες ἔτι νυκτὸς ἐς τὰ πρὸς τὸ πέλαγος τῆς νήσου. 7 Μάλιστα δὲ ἐτήρουν ἀνέμῳ καταφέρεσθαι· ῥᾷον γὰρ τὴν φυλακὴν τῶν τριήρων ἐλάνθανον, ὁπότε πνεῦμα ἐκ πόντου εἴη· ἄπορον γὰρ ἐγίγνετο περιορμεῖν, τοῖς δὲ ἀφειδὴς ὁ κατάπλους καθειστήκει· ἐπώκελλον γὰρ τὰ πλοῖα τετιμημένα χρημάτων, καὶ οἱ ὁπλῖται περὶ τὰς κατάρσεις τῆς νήσου ἐφύλασσον. Ὅσοι δὲ γαλήνῃ κινδυνεύσειαν, ἡλίσκοντο. 8 Ἐσένεον δὲ καὶ κατὰ τὸν λιμένα κολυμβηταὶ ὕφυδροι, καλῳδίῳ ἐν ἀσκοῖς ἐφέλκοντες μήκωνα μεμελιτωμένην καὶ λίνου σπέρμα κεκομμένον· ὧν τὸ πρῶτον λανθανόντων φυλακαὶ ὕστερον ἐγένοντο. 9 Παντί τε τρόπῳ ἑκάτεροι ἐτεχνῶντο, οἱ μὲν ἐσπέμπειν τὰ σιτία, οἱ δὲ μὴ λανθάνειν σφᾶς.

XXVII. Ἐν δὲ ταῖς Ἀθήναις πυνθανόμενοι περὶ τῆς στρατιᾶς ὅτι ταλαιπωρεῖται καὶ σῖτος τοῖς ἐν τῇ νήσῳ ὅτι ἐσπλεῖ, ἠπόρουν καὶ ἐδεδοίκεσαν μὴ σφῶν χειμὼν τὴν φυλακὴν ἐπιλάβοι, ὁρῶντες τῶν τε ἐπιτηδείων τὴν περὶ τὴν Πελοπόννησον κομιδὴν ἀδύνατον ἐσομένην, ἅμα ἐν χωρίῳ ἐρήμῳ καὶ οὐδ' ἐν θέρει οἷοί τε ὄντες ἱκανὰ περιπέμπειν,

6. Il y a là une indication qui ne manque pas d'intérêt. D'une part, elle va à l'encontre de la tradition qui faisait de Sparte une cité où l'on ignorait l'usage de l'argent. D'autre part, elle révèle une certaine semi-liberté des hilotes comme l'atteste le fait qu'ils étaient nombreux à prendre la mer pour venir aborder sur l'île.

hommes n'avaient que de l'eau salée à leur disposition.
5 Mais c'est que les Lacédémoniens avaient invité par des
proclamations les volontaires à faire passer dans l'île du blé
moulu, du vin, du fromage, et tout autre aliment devant aider
à soutenir un siège ; ils avaient fixé pour cela de grosses
récompenses en argent, et promis la liberté à tout hilote
qui y parviendrait[6]. 6 Aussi les gens en faisaient-ils passer
au prix des plus grands risques, et les hilotes les premiers,
en prenant la mer en n'importe quel point du Péloponnèse,
pour venir aborder, avant la fin de la nuit, sur la côte de
l'île qui regardait le large. 7 De préférence ils guettaient
le moment où le vent les porterait ; car il leur était plus
facile d'éviter la surveillance des trières par vent de mer :
mouiller autour de l'île devenait alors impraticable, tandis
qu'eux-mêmes n'avaient pas de ménagements à prendre
pour accoster ; ils faisaient échouer leurs barques, d'avance
évaluées en argent, et les hoplites se tenaient aux points
d'accostage de l'île à les guetter. Au contraire, ceux qui se
risquaient par temps calme étaient pris. 8 À la nage, aussi,
des plongeurs passaient le port entre deux eaux, traînant
par une corde dans des outres du pavot au miel et de la
graine de lin pilée ; inaperçus au début, ils furent dans la
suite l'objet d'une surveillance. 9 Ainsi tous les moyens
étaient, de part et d'autre, mis en œuvre, ici pour expédier
les vivres, là pour éviter leur entrée clandestine.

XXVII. À Athènes, cependant, on recevait les nouvelles
de l'armée, disant qu'elle était éprouvée et que des vivres
parvenaient aux hommes de l'île : par suite, les Athéniens
étaient perplexes et redoutaient que l'hiver vînt les surprendre
dans leur surveillance ; car, ils le voyaient bien, le transport
du ravitaillement autour du Péloponnèse serait impossible,
dans un pays lui-même inhabité et où, déjà en été, ils ne
pouvaient envoyer des convois suffisants ; et, d'autre part,

τόν τε ἔφορμον χωρίων ἀλιμένων ὄντων οὐκ ἐσόμενον, ἀλλ'
ἢ σφῶν ἀνέντων τὴν φυλακὴν περιγενήσεσθαι τοὺς ἄνδρας
ἢ τοῖς πλοίοις ἃ τὸν σῖτον αὐτοῖς ἦγε χειμῶνα τηρήσαντας
ἐκπλεύσεσθαι. 2 Πάντων τε ἐφοβοῦντο μάλιστα τοὺς
Λακεδαιμονίους, ὅτι ἔχοντάς τι ἰσχυρὸν αὐτοὺς ἐνόμιζον
οὐκέτι σφίσιν ἐπικηρυκεύεσθαι· καὶ μετεμέλοντο τὰς σπονδὰς οὐ δεξάμενοι.

3 Κλέων δὲ γνοὺς αὐτῶν τὴν ἐς αὐτὸν ὑποψίαν περὶ τῆς
κωλύμης τῆς ξυμβάσεως οὐ τἀληθῆ ἔφη λέγειν τοὺς ἐξαγ-
γέλλοντας. Παραινούντων δὲ τῶν ἀφιγμένων, εἰ μὴ σφίσι
πιστεύουσι, κατασκόπους τινὰς πέμψαι, ᾑρέθη κατάσκο-
πος αὐτὸς μετὰ Θεαγένους ὑπὸ Ἀθηναίων. 4 Καὶ γνοὺς
ὅτι ἀναγκασθήσεται ἢ ταὐτὰ λέγειν οἷς διέβαλλεν ἢ τἀναντία εἰπὼν ψευδὴς φανήσεσθαι, παρῄνει τοῖς Ἀθηναίοις,
ὁρῶν αὐτοὺς καὶ ὡρμημένους τι τὸ πλέον τῇ γνώμῃ στρατεύειν, ὡς χρὴ κατασκόπους μὲν μὴ πέμπειν μηδὲ διαμέλ-
λειν καιρὸν παριέντας, εἰ δὲ δοκεῖ αὐτοῖς ἀληθῆ εἶναι τὰ
ἀγγελλόμενα, πλεῖν ἐπὶ τοὺς ἄνδρας. 5 Καὶ ἐς Νικίαν
τὸν Νικηράτου στρατηγὸν ὄντα ἀπεσήμαινεν, ἐχθρὸς ὢν
καὶ ἐπιτιμῶν, ῥᾴδιον εἶναι παρασκευῇ, εἰ ἄνδρες εἶεν οἱ
στρατηγοί, πλεύσαντας λαβεῖν τοὺς ἐν τῇ νήσῳ, καὶ αὐτός
γ' ἄν, εἰ ἦρχε, ποιῆσαι τοῦτο. XXVIII. Ὁ δὲ Νικίας
τῶν τε Ἀθηναίων τι ὑποθορυβησάντων ἐς τὸν Κλέωνα, ὅ
τι οὐ καὶ νῦν πλεῖ, εἰ ῥᾴδιόν γε αὐτῷ φαίνεται, καὶ ἅμα
ὁρῶν αὐτὸν ἐπιτιμῶντα, ἐκέλευεν ἥντινα βούλεται δύναμιν
λαβόντα τὸ ἐπὶ σφᾶς εἶναι ἐπιχειρεῖν. 2 Ὁ δὲ τὸ μὲν
πρῶτον οἰόμενος αὐτὸν λόγῳ μόνον ἀφιέναι, ἑτοῖμος ἦν,

exercer un blocus maritime, dans ce pays sans ports, serait exclu ; dès lors, ou bien le relâchement de leur surveillance permettrait aux hommes de s'en tirer, ou bien les barques qui les ravitaillaient leur serviraient, s'ils guettaient un jour de gros temps, à s'enfuir. 2 Mais, avant tout, leur crainte venait des Lacédémoniens, qui devaient, pensaient-ils, avoir de fortes assurances pour cesser de leur envoyer des hérauts. Aussi se repentaient-ils de n'avoir pas accepté la trêve.

3 Cléon, lui, comprenant qu'il leur était suspect pour avoir empêché la conclusion du traité, déclarait que les nouvelles transmises étaient fausses. Alors, ceux qui les avaient apportées conseillèrent, si l'on n'avait pas confiance en eux, d'envoyer des enquêteurs ; et il fut lui-même élu enquêteur, avec Théagénès, par les Athéniens. 4 Comprenant donc qu'il serait obligé, ou bien de tomber d'accord avec ceux qu'il tentait de compromettre, ou bien, en les contredisant, d'être ouvertement confondu, il donna un autre conseil aux Athéniens – qu'il voyait déjà plus enclins, psychologiquement, à faire une expédition : on ne devait pas envoyer d'enquêteurs, ni tarder, en laissant passer l'occasion ; si vraiment les nouvelles semblaient exactes, on devait cingler contre les assiégés. 5 Et, visant par là Nicias, fils de Nicératos, alors stratège, dont il était l'ennemi et qu'il cherchait à incriminer, il déclarait qu'avec des troupes c'était chose facile, si seulement les stratèges étaient des hommes, que d'aller par mer prendre les gens de l'île : lui, en tout cas, s'il avait le commandement, il l'aurait fait. XXVIII. Nicias, cependant, comme les Athéniens commençaient à s'agiter contre Cléon et demandaient pourquoi il n'embarquait pas sur-le-champ si cela lui semblait si facile, se voyant ainsi incriminé, lui dit de prendre les forces qu'il voulait, et, en ce qui les concernait, il pouvait tenter l'entreprise. 2 Cléon, s'imaginant d'abord que cette autorisation n'était qu'un

γνοὺς δὲ τῷ ὄντι παραδωσείοντα ἀνεχώρει καὶ οὐκ ἔφη αὐτὸς ἀλλ' ἐκεῖνον στρατηγεῖν, δεδιὼς ἤδη καὶ οὐκ ἂν οἰόμενός οἱ αὐτὸν τολμῆσαι ὑποχωρῆσαι. 3 Αὖθις δὲ ὁ Νικίας ἐκέλευε καὶ ἐξίστατο τῆς ἐπὶ Πύλῳ ἀρχῆς καὶ μάρτυρας τοὺς Ἀθηναίους ἐποιεῖτο. Οἱ δέ, οἷον ὄχλος φιλεῖ ποιεῖν, ὅσῳ μᾶλλον ὁ Κλέων ὑπέφευγε τὸν πλοῦν καὶ ἐξανεχώρει τὰ εἰρημένα, τόσῳ ἐπεκελεύοντο τῷ Νικίᾳ παραδιδόναι τὴν ἀρχὴν καὶ ἐκείνῳ ἐπεβόων πλεῖν· 4 ὥστε οὐκ ἔχων ὅπως τῶν εἰρημένων ἔτι ἐξαπαλλαγῇ, ὑφίσταται τὸν πλοῦν, καὶ παρελθὼν οὔτε φοβεῖσθαι ἔφη Λακεδαιμονίους πλεύσεσθαί τε λαβὼν ἐκ μὲν τῆς πόλεως οὐδένα, Λημνίους δὲ καὶ Ἰμβρίους τοὺς παρόντας καὶ πελταστὰς οἳ ἦσαν ἔκ τε Αἴνου βεβοηθηκότες καὶ ἄλλοθεν ⟨καὶ⟩ τοξότας τετρακοσίους· ταῦτα δὲ ἔχων ἔφη πρὸς τοῖς ἐν Πύλῳ στρατιώταις ἐντὸς ἡμερῶν εἴκοσιν ἢ ἄξειν Λακεδαιμονίους ζῶντας ἢ αὐτοῦ ἀποκτενεῖν. 5 Τοῖς δὲ Ἀθηναίοις ἐνέπεσε μέν τι καὶ γέλωτος τῇ κουφολογίᾳ αὐτοῦ, ἀσμένοις δ' ὅμως ἐγίγνετο τοῖς σώφροσι τῶν ἀνθρώπων, λογιζομένοις δυοῖν ἀγαθοῖν τοῦ ἑτέρου τεύξεσθαι, ἢ Κλέωνος ἀπαλλαγήσεσθαι, ὃ μᾶλλον ἤλπιζον, ἢ σφαλεῖσι γνώμης Λακεδαιμονίους σφίσι χειρώσεσθαι.

XXIX. Καὶ πάντα διαπραξάμενος ἐν τῇ ἐκκλησίᾳ καὶ ψηφισαμένων Ἀθηναίων αὐτῷ τὸν πλοῦν, τῶν τε ἐν Πύλῳ στρατηγῶν ἕνα προσελόμενος Δημοσθένη, τὴν ἀναγωγὴν διὰ τάχους ἐποιεῖτο. 2 Τὸν δὲ Δημοσθένη προσέλαβε

---

7. Tout ce développement dévoile le fonctionnement de la démocratie athénienne, y compris la possibilité pour Nicias, élu stratège, de se faire remplacer par Cléon, lequel fut cependant investi de la charge de stratège par l'assemblée.

mot, s'y montrait tout disposé ; puis, comprenant que l'autre voulait réellement lui passer le commandement, il reculait : ce n'était pas lui qui était stratège, disait-il, c'était Nicias ; car il avait peur, maintenant, et il ne supposait pas que celui-ci oserait lui céder sa charge. 3 Mais Nicias répétait son offre, se démettait de son commandement pour Pylos, et en prenait à témoin les Athéniens. – Pour eux, comme le fait volontiers une foule, plus Cléon se dérobait à partir et cherchait à reculer devant ce qu'il avait dit, plus ils se faisaient pressants, invitant Nicias à passer son commandement, criant à l'autre d'embarquer. 4 Si bien que, n'ayant plus la possibilité de se libérer de ce qu'il avait dit, il accepte de partir ! S'avançant, il vint déclarer qu'il n'avait pas peur des Lacédémoniens, et ferait l'expédition sans prendre personne de la cité, mais seulement les Lemniens et les Imbriens qui étaient là, avec des peltastes qui étaient arrivés à l'aide, d'Énos et d'ailleurs, ainsi que quatre cents archers ; avec cela, ajouté aux soldats de Pylos, il affirmait que, d'ici moins de vingt jours, ou bien il ramènerait les Lacédémoniens vivants, ou bien il les tuerait sur place. 5 Les Athéniens furent pris de quelque hilarité devant ces propos étourdis ; mais ceux-ci n'étaient pas sans réjouir les hommes sages, qui se disaient que, de deux biens, ils obtiendraient en tout cas l'un : ou bien d'être débarrassés de Cléon, ce qui leur paraissait l'espoir le plus probable, ou bien, s'ils étaient trompés dans leurs pronostics, de voir les Lacédémoniens tomber entre leurs mains[7].

XXIX. Lorsqu'il eut tout réglé dans l'assemblée, qu'il eut reçu des Athéniens, par un vote, la charge de cette campagne et retenu comme adjoint, parmi les stratèges de Pylos, le seul Démosthène, Cléon se hâta de procéder au départ. 2 S'il s'était attaché Démosthène, c'est qu'il

πυνθανόμενος τὴν ἀπόβασιν αὐτὸν ἐς τὴν νῆσον διανοεῖσθαι. Οἱ γὰρ στρατιῶται κακοπαθοῦντες τοῦ χωρίου τῇ ἀπορίᾳ καὶ μᾶλλον πολιορκούμενοι ἢ πολιορκοῦντες ὥρμηντο διακινδυνεῦσαι. Καὶ αὐτῷ ἔτι ῥώμην καὶ ἡ νῆσος ἐμπρησθεῖσα παρέσχεν. 3 Πρότερον μὲν γὰρ οὔσης αὐτῆς ὑλώδους ἐπὶ τὸ πολὺ καὶ ἀτριβοῦς διὰ τὴν αἰεὶ ἐρημίαν ἐφοβεῖτο καὶ πρὸς τῶν πολεμίων τοῦτο ἐνόμιζε μᾶλλον εἶναι· πολλῷ γὰρ ἂν στρατοπέδῳ ἀποβάντι ἐξ ἀφανοῦς χωρίου προσβάλλοντας αὐτοὺς βλάπτειν. Σφίσι μὲν γὰρ τὰς ἐκείνων ἁμαρτίας καὶ παρασκευὴν ὑπὸ τῆς ὕλης οὐκ ἂν ὁμοίως δῆλα εἶναι, τοῦ δὲ αὐτῶν στρατοπέδου καταφανῆ ἂν εἶναι πάντα τὰ ἁμαρτήματα, ὥστε προσπίπτειν ἂν αὐτοὺς ἀπροσδοκήτως ᾗ βούλοιντο· ἐπ' ἐκείνοις γὰρ εἶναι ἂν τὴν ἐπιχείρησιν. 4 Εἰ δ' αὖ ἐς δασὺ χωρίον βιάζοιτο ὁμόσε ἰέναι, τοὺς ἐλάσσους, ἐμπείρους δὲ τῆς χώρας, κρείσσους ἐνόμιζε τῶν πλεόνων ἀπείρων· λανθάνειν τε ἂν τὸ ἑαυτῶν στρατόπεδον πολὺ ὂν διαφθειρόμενον, οὐκ οὔσης τῆς προσόψεως ᾗ χρῆν ἀλλήλοις ἐπιβοηθεῖν. XXX. Ἀπὸ δὲ τοῦ Αἰτωλικοῦ πάθους, ὃ διὰ τὴν ὕλην μέρος τι ἐγένετο, οὐχ ἥκιστα αὐτὸν ταῦτα ἐσῄει. 2 Τῶν δὲ στρατιωτῶν ἀναγκασθέντων διὰ τὴν στενοχωρίαν τῆς νήσου τοῖς ἐσχάτοις προσίσχοντας ἀριστοποιεῖσθαι διὰ προφυλακῆς καὶ ἐμπρήσαντός τινος κατὰ μικρὸν τῆς ὕλης ἄκοντος καὶ ἀπὸ τούτου πνεύματος ἐπιγενομένου τὸ πολὺ αὐτῆς ἔλαθε κατακαυθέν. 3 Οὕτω δὴ τούς τε Λακεδαιμονίους μᾶλλον κατιδὼν πλείους ὄντας, ὑπονοῶν πρότερον ἐλάσσοσι τὸν σῖτον αὐτοὺς ἐσπέμπειν, ⟨ὥστε⟩ τότε ὡς ἐπ'

---

8. Thucydide laisse entendre qu'en fait Cléon connaissait les projets de Démosthène et que ses propos avaient pour objet de le faire bénéficier du succès escompté.

avait appris que celui-ci méditait de débarquer dans l'île[8] :
d'abord, les soldats, éprouvés par le manque de ressources
du pays, et faisant plutôt figure d'assiégés que d'assiégeants,
aspiraient à risquer la partie ; et lui-même trouvait une force
accrue dans le fait que l'île avait brûlé. 3 Auparavant, les
bois qui la couvraient en majeure partie et l'absence de
chemins, due au fait qu'elle n'avait jamais été habitée,
lui inspiraient de la crainte et lui semblaient constituer un
avantage pour l'ennemi : en supposant que des troupes
importantes aient débarqué, celui-ci pourrait les attaquer
sans qu'on l'ait repéré et leur faire du mal ; car pour eux,
Athéniens, la forêt rendrait les fautes de l'ennemi et ses
préparatifs moins distincts, mais leur propre armée révélerait
ouvertement toutes ses fautes, permettant ainsi à l'ennemi
de foncer à l'improviste où il voudrait : celui-ci disposerait
de l'initiative ; 4 et si, en revanche, lui-même arrivait à
forcer l'entrée du sous-bois pour y affronter les autres, il
pensait qu'une troupe moins nombreuse, mais connaissant
le pays, avait l'avantage sur une plus nombreuse, qui
ne le connaissait pas : et son armée à lui, si nombreuse,
pourrait bien se faire massacrer sans que l'on s'en avisât,
faute de visibilité pour juger où il aurait fallu de l'aide.
XXX. Sa défaite d'Étolie, qui avait été en partie provoquée
par la forêt, n'était pas la moindre raison expliquant ce
sentiment chez Démosthène. 2 Mais les soldats ayant
dû, faute de place, toucher aux extrémités de l'île pour
y déjeuner, sous la garde de leurs sentinelles, l'un d'eux
mit par mégarde le feu à une petite portion de forêt et le
vent se prit à souffler de cette direction, si bien que la plus
grande partie de l'île brûla sans que l'on s'en avisât. 3 Dès
lors, Démosthène voyait deux choses : il percevait mieux
la véritable supériorité numérique des Lacédémoniens
(il pensait, auparavant, que les vivres transportés étaient

ἀξιόχρεων τοὺς Ἀθηναίους μᾶλλον σπουδὴν ποιεῖσθαι,
τήν τε νῆσον εὐαποβατωτέραν οὖσαν, τὴν ἐπιχείρησιν παρεσκευάζετο, στρατιάν τε μεταπέμπων ἐκ τῶν ἐγγὺς ξυμμάχων καὶ τὰ ἄλλα ἑτοιμάζων. 4 Κλέων δὲ ἐκείνῳ τε
προπέμψας ἄγγελον ὡς ἥξων καὶ ἔχων στρατιὰν ἣν ᾐτήσατο, ἀφικνεῖται ἐς Πύλον. Καὶ ἅμα γενόμενοι πέμπουσι
πρῶτον ἐς τὸ ἐν τῇ ἠπείρῳ στρατόπεδον κήρυκα, προκα-
λούμενοι, εἰ βούλοιντο, ἄνευ κινδύνου τοὺς ἐν τῇ νήσῳ
ἄνδρας σφίσι τά τε ὅπλα καὶ σφᾶς αὐτοὺς κελεύειν παραδοῦναι, ἐφ' ᾧ φυλακῇ τῇ μετρίᾳ τηρήσονται, ἕως ἄν τι
περὶ τοῦ πλέονος ξυμβαθῇ. XXXI. Οὐ προσδεξαμένων
δὲ αὐτῶν μίαν μὲν ἡμέραν ἐπέσχον, τῇ δ' ὑστεραίᾳ ἀνηγάγοντο μὲν νυκτὸς ἐπ' ὀλίγας ναῦς τοὺς ὁπλίτας πάντας
ἐπιβιβάσαντες, πρὸ δὲ τῆς ἕω ὀλίγον ἀπέβαινον τῆς νήσου
ἑκατέρωθεν, ἔκ τε τοῦ πελάγους καὶ πρὸς τοῦ λιμένος,
ὀκτακόσιοι μάλιστα ὄντες ὁπλῖται, καὶ ἐχώρουν δρόμῳ ἐπὶ
τὸ πρῶτον φυλακτήριον τῆς νήσου.

2 Ὧδε γὰρ διετετάχατο. Ἐν ταύτῃ μὲν τῇ πρώτῃ φυλακῇ ὡς τριάκοντα ἦσαν ὁπλῖται, μέσον δὲ καὶ ὁμαλώτα-
τόν τε καὶ περὶ τὸ ὕδωρ οἱ πλεῖστοι αὐτῶν καὶ Ἐπιτάδας
ὁ ἄρχων εἶχε, μέρος δέ τι οὐ πολὺ αὐτὸ τὸ ἔσχατον ἐφύ-
λασσε τῆς νήσου τὸ πρὸς τὴν Πύλον, ὃ ἦν ἔκ τε θαλάσσης
ἀπόκρημνον καὶ ἐκ τῆς γῆς ἥκιστα ἐπίμαχον· καὶ γάρ τι
καὶ ἔρυμα αὐτόθι ἦν παλαιὸν λίθων λογάδην πεποιημένον,
ὃ ἐνόμιζον σφίσιν ὠφέλιμον ἂν εἶναι, εἰ καταλαμβάνοι
ἀναχώρησις βιαιοτέρα.

Οὕτω μὲν τεταγμένοι ἦσαν. XXXII. Οἱ δὲ Ἀθηναῖοι
τοὺς μὲν πρώτους φύλακας, οἷς ἐπέδραμον, εὐθὺς δια-

destinés à moins d'hommes) de sorte que, maintenant, un zèle plus grand était justifié de la part des Athéniens et il voyait l'île plus accessible à un débarquement : aussi préparait-il sa tentative, en demandant des renforts aux alliés du voisinage et en s'apprêtant dans tous les domaines. 4 Cependant, Cléon, après lui avoir députté un messager annonçant sa venue, arrive à Pylos, avec les troupes qu'il avait demandées. Une fois réunis, ils commencent par envoyer un héraut à l'armée du continent : selon son appel, les Lacédémoniens devaient, s'ils le voulaient, sans courir le risque du combat, inviter les hommes de l'île à se rendre avec leurs armes, pour être gardés sous surveillance dans les meilleures conditions, jusqu'à ce que les suites aient été réglées. XXXI. N'ayant pas été écoutés, ils laissèrent passer un jour et, le lendemain, ils prirent la mer, de nuit, après avoir embarqué sur quelques navires tous les hoplites ; un peu avant l'aube ils débarquaient sur les deux côtés de l'île (par la haute mer et du côté du port), au nombre approximatif de huit cents hoplites, et ils s'élançaient au pas de course vers le premier poste de l'île.

2 Voici en effet la disposition observée : ce premier poste de guide contenait quelque trente hoplites ; celui du milieu, qui était le plus en plaine et avait accès à l'eau, était occupé par le groupe le plus nombreux, avec leur chef, Épitadas ; enfin une fraction peu importante gardait l'extrémité même de l'île du côté de Pylos : celle-ci était taillée à pic sur la mer et particulièrement peu vulnérable de la terre ; en effet, il y avait même là un genre de retranchement ancien, fait de pierres empilées, qui pensaient-ils, pourrait leur servir, au cas où interviendrait une retraite forcée.

Telle était donc leur disposition. XXXII. Or les Athéniens font des hommes du premier poste, contre lesquels ils avaient foncé, un massacre immédiat : ceux-ci, encore au

φθείρουσιν, ἔν τε ταῖς εὐναῖς ἔτι ἀναλαμβάνοντας τὰ ὅπλα καὶ λαθόντες τὴν ἀπόβασιν, οἰομένων αὐτῶν τὰς ναῦς κατὰ τὸ ἔθος ἐς ἔφορμον τῆς νυκτὸς πλεῖν. 2 Ἅμα δὲ ἕῳ γιγνομένῃ καὶ ὁ ἄλλος στρατὸς ἀπέβαινεν, ἐκ μὲν νεῶν ἑβδομήκοντα καὶ ὀλίγῳ πλειόνων πάντες πλὴν θαλαμιῶν, ὡς ἕκαστοι ἐσκευασμένοι, τοξόται δὲ ὀκτακόσιοι καὶ πελτασταὶ οὐκ ἐλάσσους τούτων, Μεσσηνίων τε οἱ βεβοηθηκότες καὶ οἱ ἄλλοι ὅσοι περὶ Πύλον κατεῖχον πάντες πλὴν τῶν ἐπὶ τοῦ τείχους φυλάκων. 3 Δημοσθένους δὲ τάξαντος διέστησαν κατὰ διακοσίους καὶ πλείους, ἔστι δ' ᾗ ἐλάσσους, τῶν χωρίων τὰ μετέωρα καταλαβόντες, ὅπως ὅτι πλείστη ἀπορία ᾖ τοῖς πολεμίοις πανταχόθεν κεκυκλωμένοις καὶ μὴ ἔχουσι πρὸς ὅ τι ἀντιτάξωνται, ἀλλ' ἀμφίβολοι γίγνωνται τῷ πλήθει, εἰ μὲν τοῖς πρόσθεν ἐπίοιεν, ὑπὸ τῶν κατόπιν βαλλόμενοι, εἰ δὲ τοῖς πλαγίοις, ὑπὸ τῶν ἑκατέρωθεν παρατεταγμένων. 4 Κατὰ νώτου τε αἰεὶ ἔμελλον αὐτοῖς, ᾗ χωρήσειαν, οἱ πολέμιοι ἔσεσθαι ψιλοί, καὶ οἱ ἀπορώτατοι, τοξεύμασι καὶ ἀκοντίοις καὶ λίθοις καὶ σφενδόναις ἐκ πολλοῦ ἔχοντες ἀλκήν· οἷς μηδὲ ἐπελθεῖν οἷόν τε ἦν· φεύγοντές τε γὰρ ἐκράτουν καὶ ἀναχωροῦσιν ἐπέκειντο. Τοιαύτῃ μὲν γνώμῃ ὁ Δημοσθένης τό τε πρῶτον τὴν ἀπόβασιν ἐπενόει καὶ ἐν τῷ ἔργῳ ἔταξεν.

XXXIII. Οἱ δὲ περὶ τὸν Ἐπιτάδαν καὶ ὅπερ ἦν πλεῖστον τῶν ἐν τῇ νήσῳ, ὡς εἶδον τό τε πρῶτον φυλακτήριον διεφθαρμένον καὶ στρατὸν σφίσιν ἐπιόντα, ξυνετάξαντο καὶ τοῖς ὁπλίταις τῶν Ἀθηναίων ἐπῇσαν, βουλόμενοι ἐς χεῖρας ἐλθεῖν· ἐξ ἐναντίας γὰρ οὗτοι καθειστήκεσαν, ἐκ πλα-

---

9. C'est-à-dire les rameurs du rang inférieur de la trière qui, comme son nom l'indique, en comportait trois.

lit, cherchaient à ramasser leurs armes, et ils ne s'étaient pas aperçus du débarquement, croyant seulement que les navires allaient, comme à l'ordinaire, prendre leur mouillage de nuit. 2 Puis, avec la venue de l'aube, le reste de l'armée débarquait à son tour comprenait tout l'équipage de soixante-dix et quelques navires (sauf les thalamites)[9], le tout diversement armé, avec, en outre, huit cents archers, autant de peltastes, les Messéniens venus à l'aide et tous les occupants de Pylos, hormis ceux qui gardaient le mur. 3 Selon le plan de Démosthène, ils se divisèrent en groupes de deux cents ou plus – parfois moins – qui occupèrent les hauteurs ; cela devait causer aux ennemis les plus grandes difficultés, car ceux-ci seraient enveloppés de toutes parts et ne sauraient contre quoi faire face : à cause du nombre, ils seraient visés de divers côtés ; qu'ils attaquent en avant, ils seraient frappés par-derrière ; qu'ils attaquent de flanc, ils le seraient par les hommes placés sur leurs deux côtés ; 4 enfin ils devaient toujours avoir derrière eux, quoi qu'ils fissent, des troupes légères ennemies, c'est-à-dire les plus difficiles à combattre, puisque, avec leurs arcs, leurs javelots, leurs pierres, leurs frondes, elles pouvaient exercer leur action à distance, sans qu'il fût même possible de les attaquer : en fuyant, elles prenaient l'avantage, et, dès que l'on reculait, vous harcelaient. – Telle était l'idée selon laquelle Démosthène concevait primitivement le débarquement et prit ses dispositions tactiques le moment venu.

XXXIII. Lorsque les soldats d'Épitadas, qui formaient le gros des hommes de l'île, virent le premier poste massacré et des troupes en marche contre eux, ils se rangèrent en ordre et s'avancèrent contre les hoplites athéniens, contre qui ils voulaient se battre : ceux-ci se trouvaient en face d'eux ; sur leurs flancs, c'étaient des troupes légères, derrière eux

γίου δὲ οἱ ψιλοὶ καὶ κατὰ νώτου. 2 Τοῖς μὲν οὖν ὁπλίταις οὐκ ἐδυνήθησαν προσμεῖξαι οὐδὲ τῇ σφετέρᾳ ἐμπειρίᾳ χρήσασθαι· οἱ γὰρ ψιλοὶ ἑκατέρωθεν βάλλοντες εἶργον,
καὶ ἅμα ἐκεῖνοι οὐκ ἀντεπῇσαν, ἀλλ᾽ ἡσύχαζον. Τοὺς δὲ
ψιλούς, ᾗ μάλιστα αὐτοῖς προσθέοντες προσκέοιντο, ἔτρε-
πον, καὶ οἳ ὑποστρέφοντες ἠμύνοντο, ἄνθρωποι κούφως τε
ἐσκευασμένοι καὶ προλαμβάνοντες ῥᾳδίως τῆς φυγῆς χωρίων τε χαλεπότητι καὶ ὑπὸ τῆς πρὶν ἐρημίας τραχέων
ὄντων, ἐν οἷς οἱ Λακεδαιμόνιοι οὐκ ἐδύναντο διώκειν ὅπλα
ἔχοντες. XXXIV. Χρόνον μὲν οὖν τινα ὀλίγον οὕτω πρὸς
ἀλλήλους ἠκροβολίσαντο· τῶν δὲ Λακεδαιμονίων οὐκέτι
ὀξέως ἐπεκθεῖν ᾗ προσπίπτοιεν δυναμένων, γνόντες αὐτοὺς
οἱ ψιλοὶ βραδυτέρους ἤδη ὄντας τῷ ἀμύνασθαι, καὶ αὐτοὶ
τῇ τε ὄψει τοῦ θαρσεῖν τὸ πλεῖστον εἰληφότες πολλαπλάσιοι φαινόμενοι καὶ ξυνειθισμένοι μᾶλλον μηκέτι δεινοὺς
αὐτοὺς ὁμοίως σφίσι φαίνεσθαι, ὅτι οὐκ εὐθὺς ἄξια τῆς
προσδοκίας ἐπεπόνθεσαν, ὥσπερ ὅτε πρῶτον ἀπέβαινον τῇ
γνώμῃ δεδουλωμένοι ὡς ἐπὶ Λακεδαιμονίους, καταφρονή-
σαντες καὶ ἐμβοήσαντες ἀθρόοι ὥρμησαν ἐπ᾽ αὐτοὺς καὶ
ἔβαλλον λίθοις τε καὶ τοξεύμασι καὶ ἀκοντίοις, ὡς ἕκαστός
τι πρόχειρον εἶχεν. 2 Γενομένης δὲ τῆς βοῆς ἅμα τῇ
ἐπιδρομῇ ἔκπληξίς τε ἐνέπεσεν ἀνθρώποις ἀήθεσι τοιαύτης
μάχης καὶ ὁ κονιορτὸς τῆς ὕλης νεωστὶ κεκαυμένης ἐχώρει
πολὺς ἄνω, ἄπορόν τε ἦν ἰδεῖν τὸ πρὸ αὑτοῦ ὑπὸ τῶν τοξευ-

de même. 2 Si bien que, contre les hoplites, ils ne purent engager de mêlée ni faire usage de leur expérience : les troupes légères, dont ils subissaient les coups sur les deux côtés, les paralysaient, sans compter que les hoplites eux-mêmes, loin de répondre à leur attaque, demeuraient sans bouger. Et, quant à ces troupes légères, ils arrivaient bien, là où leurs assauts les pressaient le plus, à les refouler : alors, faisant demi-tour, elles revenaient à la charge, avec leurs hommes dont l'équipement n'avait pas de poids et qui prenaient aisément de l'avance à la fuite, sur ce terrain accidenté et que son caractère jusque-là inhabité rendait peu praticable ; aussi les Lacédémoniens ne pouvaient-ils les poursuivre avec leur armement lourd. XXXIV. Pendant un petit moment, donc, ils combattirent ainsi à distance. Puis, comme les Lacédémoniens n'étaient pas capables de charger avec vigueur là où l'on venait donner contre eux, les troupes légères se rendirent compte qu'ils étaient maintenant plus lents à la riposte ; or elles-mêmes avaient été très largement encouragées par la vue directe de la situation, où apparaissait leur grande supériorité numérique, et elles s'étaient mieux habituées à ce que l'ennemi n'apparût plus si redoutable, puisqu'il ne leur avait pas d'emblée infligé un traitement en rapport avec leur attente (car d'abord, au moment du débarquement, elles étaient subjuguées par l'idée d'affronter des Lacédémoniens) : assurés de l'avantage et poussant des cris, tous ensemble, les hommes s'élancèrent contre eux, leur lançant des pierres, des traits, des javelots, selon ce qu'ils avaient sous la main. 2 Ces cris, accompagnant cette attaque au pas de course, semèrent la panique parmi les soldats, peu habitués à ce genre de combat, cependant que la cendre du récent incendie de l'île s'élevait en masse dans l'air et que l'on n'arrivait pas à voir ce que l'on avait devant soi, à cause des traits et des

μάτων καὶ λίθων ἀπὸ πολλῶν ἀνθρώπων μετὰ τοῦ κονιορ-
τοῦ ἅμα φερομένων. 3 Τό τε ἔργον ἐνταῦθα χαλεπὸν τοῖς
Λακεδαιμονίοις καθίστατο. Οὔτε γὰρ οἱ πῖλοι ἔστεγον τὰ
τοξεύματα, δοράτιά τε ἐναπεκέκλαστο βαλλομένων, εἶχόν
τε οὐδὲν σφίσιν αὐτοῖς χρήσασθαι ἀποκεκλημένοι μὲν τῇ
ὄψει τοῦ προορᾶν, ὑπὸ δὲ τῆς μείζονος βοῆς τῶν πολεμίων
τὰ ἐν αὑτοῖς παραγγελλόμενα οὐκ ἐσακούοντες, κινδύνου
τε πανταχόθεν περιεστῶτος καὶ οὐκ ἔχοντες ἐλπίδα καθ'
ὅ τι χρὴ ἀμυνομένους σωθῆναι. XXXV. Τέλος δὲ τραυ-
ματιζομένων ἤδη πολλῶν διὰ τὸ αἰεὶ ἐν τῷ αὐτῷ ἀναστρέ-
φεσθαι, ξυγκλῄσαντες ἐχώρησαν ἐς τὸ ἔσχατον ἔρυμα τῆς
νήσου, ὃ οὐ πολὺ ἀπεῖχε, καὶ τοὺς ἑαυτῶν φύλακας.
2 Ὡς δὲ ἐνέδοσαν, ἐνταῦθα ἤδη πολλῷ ἔτι πλέονι βοῇ
τεθαρσηκότες οἱ ψιλοὶ ἐπέκειντο, καὶ τῶν Λακεδαιμονίων
ὅσοι μὲν ὑποχωροῦντες ἐγκατελαμβάνοντο, ἀπέθνησκον,
οἱ δὲ πολλοὶ διαφυγόντες ἐς τὸ ἔρυμα μετὰ τῶν ταύτῃ
φυλάκων ἐτάξαντο παρὰ πᾶν ὡς ἀμυνούμενοι ᾗπερ ἦν ἐπί-
μαχον. 3 Καὶ οἱ Ἀθηναῖοι ἐπισπόμενοι περίοδον μὲν αὐτῶν καὶ κύκλωσιν χωρίου ἰσχύι οὐκ εἶχον, προσιόντες δὲ
ἐξ ἐναντίας ὤσασθαι ἐπειρῶντο, 4 καὶ χρόνον μὲν πολὺν
καὶ τῆς ἡμέρας τὸ πλεῖστον ταλαιπωρούμενοι ἀμφότεροι
ὑπό τε τῆς μάχης καὶ δίψης καὶ ἡλίου ἀντεῖχον, πειρώμε-
νοι οἱ μὲν ἐξελάσασθαι ἐκ τοῦ μετεώρου, οἱ δὲ μὴ ἐνδοῦναι·
ῥᾷον δ' οἱ Λακεδαιμόνιοι ἡμύνοντο ἢ ἐν τῷ πρίν, οὐκ οὔσης σφῶν τῆς κυκλώσεως ἐς τὰ πλάγια.

pierres lancés par tant de mains et volant en même temps que la cendre. 3 L'affaire, alors, se présentait mal pour les Lacédémoniens : d'une part, leurs casques de feutre ne les garantissaient pas des traits, et les javelines qu'on leur lançait, se brisant, restaient accrochées à eux ; d'autre part, ils n'avaient aucun moyen d'action personnelle : si, pour la vue, toute possibilité de distinguer les choses devant eux leur était interdite, de même, les cris de l'ennemi étaient trop forts pour leur permettre d'entendre les consignes qui leur étaient données ; enfin le danger les guettait de toutes parts et ils n'avaient pas d'espoir de trouver dans le combat un moyen de salut. XXXV. Pour finir, comme ils voyaient bientôt le nombre de leurs blessés se multiplier, à force de rester entre les mêmes limites, ils serrèrent les rangs et rejoignirent le dernier retranchement de l'île, qui n'était pas très loin, et ceux des leurs qui l'occupaient. 2 Au moment où ils lâchèrent pied, ce fut, cette fois, avec encore bien plus de cris que les troupes légères, mises en confiance, les pressèrent : tous ceux d'entre les Lacédémoniens qui, dans leur retraite, se laissaient couper des autres, se faisaient tuer ; le gros des hommes, cependant, réussit à gagner le retranchement et prit position, avec les hommes du poste, pour assurer la défense de tous les points vulnérables. – 3 Or, les Athéniens qui avaient suivi ne pouvaient, étant donné la force naturelle de l'emplacement, ni les tourner ni les envelopper : ils les abordaient donc de front pour tenter de les déloger. 4 Et pendant longtemps – pendant la plus grande partie du jour –, éprouvés de part et d'autre par la lutte, la soif et le soleil, les hommes tinrent bon, s'efforçant, d'un côté, de chasser l'ennemi de la hauteur, de l'autre, de ne pas lâcher pied ; mais les Lacédémoniens avaient plus de facilité qu'auparavant pour se défendre, puisqu'on ne pouvait les envelopper sur les flancs.

XXXVI. 'Επειδὴ δὲ ἀπέραντον ἦν, προσελθὼν ὁ τῶν
Μεσσηνίων στρατηγὸς Κλέωνι καὶ Δημοσθένει ἄλλως ἔφη
πονεῖν σφᾶς· εἰ δὲ βούλονται ἑαυτῷ δοῦναι τῶν τοξοτῶν
μέρος τι καὶ τῶν ψιλῶν περιιέναι κατὰ νώτου αὐτοῖς ὁδῷ ᾗ
ἂν αὐτὸς εὕρῃ, δοκεῖν βιάσεσθαι τὴν ἔφοδον. 2 Λαβὼν
δὲ ἃ ᾐτήσατο, ἐκ τοῦ ἀφανοῦς ὁρμήσας ὥστε μὴ ἰδεῖν ἐκείνους, κατὰ τὸ αἰεὶ παρεῖκον τοῦ κρημνώδους τῆς νήσου
προσβαίνων καὶ ᾗ οἱ Λακεδαιμόνιοι χωρίου ἰσχύι πιστεύσαντες οὐκ ἐφύλασσον, χαλεπῶς τε καὶ μόλις περιελθὼν
ἔλαθε, καὶ ἐπὶ τοῦ μετεώρου ἐξαπίνης ἀναφανεὶς κατὰ νώτου αὐτῶν τοὺς μὲν τῷ ἀδοκήτῳ ἐξέπληξε, τοὺς δὲ ἃ προσεδέχοντο ἰδόντας πολλῷ μᾶλλον ἐπέρρωσεν. 3 Καὶ οἱ Λακεδαιμόνιοι βαλλόμενοί τε ἀμφοτέρωθεν ἤδη καὶ γιγνόμενοι ἐν τῷ αὐτῷ ξυμπτώματι, ὡς μικρὸν μεγάλῳ εἰκάσαι,
τῷ ἐν Θερμοπύλαις, ἐκεῖνοί τε γὰρ τῇ ἀτραπῷ περιελθόν-
των τῶν Περσῶν διεφθάρησαν, οὗτοί τε ἀμφίβολοι ἤδη ὄντες
οὐκέτι ἀντεῖχον, ἀλλὰ πολλοῖς τε ὀλίγοι μαχόμενοι καὶ
ἀσθενείᾳ σωμάτων διὰ τὴν σιτοδείαν ὑπεχώρουν· καὶ οἱ
'Αθηναῖοι ἐκράτουν ἤδη τῶν ἐφόδων.

XXXVII. Γνοὺς δὲ ὁ Κλέων καὶ ὁ Δημοσθένης, εἰ καὶ
ὁποσονοῦν μᾶλλον ἐνδώσουσι, διαφθαρησομένους αὐτοὺς
ὑπὸ τῆς σφετέρας στρατιᾶς, ἔπαυσαν τὴν μάχην καὶ τοὺς
ἑαυτῶν ἀπεῖρξαν, βουλόμενοι ἀγαγεῖν αὐτοὺς 'Αθηναίοις
ζῶντας, εἴ πως τοῦ κηρύγματος ἀκούσαντες ἐπικλασθεῖεν
τῇ γνώμῃ τὰ ὅπλα παραδοῦναι καὶ ἡσσηθεῖεν τοῦ παρόντος δεινοῦ, 2 ἐκήρυξάν τε, εἰ βούλονται, τὰ ὅπλα πα-

XXXVI. Comme cela s'éternisait, le chef des Messéniens vint trouver Cléon et Démosthène et leur dit qu'ils perdaient leur peine : s'ils voulaient lui donner un détachement d'archers et de troupes légères pour tourner l'ennemi par-derrière, par un chemin qu'il trouverait lui-même, il pensait s'ouvrir l'accès du fort. 2 Il obtint ce qu'il avait demandé et, partant d'un endroit à couvert, d'où il ne devait pas être vu de l'ennemi, il s'avança en suivant, chaque fois, les parties praticables de l'escarpement, dans une région que les Lacédémoniens, confiants dans la force naturelle de l'emplacement, ne gardaient pas : difficilement et à grand-peine, il réussit à les tourner sans attirer leur attention et apparut soudain sur la hauteur derrière eux, amenant ainsi chez les uns, pour qui c'était une surprise, la panique, et chez les autres, qui voyaient leur attente réalisée, un grand sursaut d'énergie. 3 Les Lacédémoniens, doublement exposés, désormais, aux coups de l'ennemi, se trouvaient, toutes proportions gardées, dans la même conjoncture qu'aux Thermopyles – puisque là les hommes avaient péri parce que les Perses, utilisant le sentier, les avaient tournés ; et de même alors, visés désormais de divers côtés, ils ne pouvaient plus tenir : se battant à peu contre beaucoup, physiquement affaiblis par le manque de nourriture, ils cédaient du terrain ; et les Athéniens possédaient maintenant l'accès du fort.

XXXVII. Alors, Cléon et Démosthène, se rendant compte qu'à perdre encore tant soit peu de terrain les Lacédémoniens seraient massacrés par l'armée, firent cesser la lutte et arrêtèrent leurs hommes : ils souhaitaient ramener les Lacédémoniens vivants à Athènes, si l'on pouvait obtenir, par la proclamation d'un appel, qu'ils brisent leur orgueil, en faisant remise de leurs armes, et cèdent au danger devant lequel ils se trouvaient. 2 Par une

ραδοῦναι καὶ σφᾶς αὐτοὺς Ἀθηναίοις ὥστε βουλεῦσαι ὅ
τι ἂν ἐκείνοις δοκῇ. XXXVIII. Οἱ δὲ ἀκούσαντες παρεῖ-
σαν τὰς ἀσπίδας οἱ πλεῖστοι καὶ τὰς χεῖρας ἀνέσεισαν
δηλοῦντες προσίεσθαι τὰ κεκηρυγμένα. Μετὰ δὲ ταῦτα γενομένης τῆς ἀνοκωχῆς ξυνῆλθον ἐς λόγους ὅ τε Κλέων
καὶ ὁ Δημοσθένης καὶ ἐκείνων Στύφων ὁ Φάρακος, τῶν
πρότερον ἀρχόντων τοῦ μὲν πρώτου τεθνηκότος, Ἐπιτά-
δου, τοῦ δὲ μετ' αὐτὸν Ἱππαγρέτου ἐφῃρημένου ἐν τοῖς
νεκροῖς ἔτι ζῶντος κειμένου ὡς τεθνεῶτος, αὐτὸς τρίτος
ἐφῃρημένος ἄρχειν κατὰ νόμον, εἴ τι ἐκεῖνοι πάσχοιεν.
2 Ἔλεγε δὲ ὁ Στύφων καὶ οἱ μετ' αὐτοῦ ὅτι βούλονται
διακηρυκεύσασθαι πρὸς τοὺς ἐν τῇ ἠπείρῳ Λακεδαιμονίους
ὅ τι χρὴ σφᾶς ποιεῖν. 3 Καὶ ἐκείνων μὲν οὐδένα ἀφέν-
των, αὐτῶν δὲ τῶν Ἀθηναίων καλούντων ἐκ τῆς ἠπείρου
κήρυκας καὶ γενομένων ἐπερωτήσεων δὶς ἢ τρίς, ὁ τελευταῖος διαπλεύσας αὐτοῖς ἀπὸ τῶν ἐκ τῆς ἠπείρου Λακεδαιμονίων ἀνὴρ ἀπήγγειλεν ὅτι « Λακεδαιμόνιοι κελεύου-
σιν ὑμᾶς αὐτοὺς περὶ ὑμῶν αὐτῶν βουλεύεσθαι μηδὲν αἰσχρὸν ποιοῦντας. » Οἱ δὲ καθ' ἑαυτοὺς βουλευσάμενοι τὰ
ὅπλα παρέδοσαν καὶ σφᾶς αὐτούς. 4 Καὶ ταύτην μὲν
τὴν ἡμέραν καὶ τὴν ἐπιοῦσαν νύκτα ἐν φυλακῇ εἶχον αὐτοὺς οἱ Ἀθηναῖοι· τῇ δ' ὑστεραίᾳ οἱ μὲν Ἀθηναῖοι τροπαῖον στήσαντες ἐν τῇ νήσῳ τἆλλα διεσκευάζοντο ὡς ἐς
πλοῦν καὶ τοὺς ἄνδρας τοῖς τριηράρχοις διέδοσαν ἐς φυλακήν, οἱ δὲ Λακεδαιμόνιοι κήρυκα πέμψαντες τοὺς νεκροὺς διεκομίσαντο.

proclamation, ils les invitèrent donc, s'ils le voulaient, à se rendre avec leurs armes aux Athéniens, en leur laissant prendre les décisions qu'ils voudraient. XXXVIII. À cet appel, ceux-ci, pour la plupart, laissèrent tomber leurs boucliers, et agitèrent les bras en signe d'acceptation. Après quoi, les hostilités ayant été arrêtées, il y eut des pourparlers réunissant Cléon et Démosthène, d'une part, et, pour les autres, Styphon, fils de Pharax (des chefs précédents, le premier était mort, c'était Épitadas, et son remplaçant, Hippagrétas, quoique encore vivant, gisait, tenu pour mort, au milieu des cadavres ; celui-ci avait été désigné en troisième, régulièrement, au cas où il arriverait malheur aux deux autres). 2 Or, Styphon, avec ceux qui l'entouraient, déclara vouloir consulter par voie de héraut les Lacédémoniens du continent sur la conduite à observer. 3 En fait, ils ne firent eux-mêmes sortir personne, mais les Athéniens se chargèrent pour eux de convoquer des hérauts du continent et ils consultèrent ainsi les leurs à deux ou trois reprises : le dernier qui arriva de chez les Lacédémoniens du continent transmit cette réponse : « Les Lacédémoniens vous invitent à décider vous-mêmes de votre sort, sans rien faire de déshonorant. » Après en avoir donc délibéré entre eux, ils se rendirent avec leurs armes[10]. 4 Ce jour-là et la nuit suivante les Athéniens les tinrent sous surveillance ; le lendemain, ils dressèrent un trophée dans l'île, réglèrent tout en vue du départ et remirent les hommes à la garde des triérarques ; les Lacédémoniens, eux, envoyèrent un héraut pour reprendre leurs morts.

10. Dans le récit de ce combat, les Lacédémoniens, malgré leur supériorité dans les affrontements sur terre, se trouvent dans une situation telle qu'ils sont pris en tenaille par les forces légères dont disposent les deux stratèges athéniens. D'où la comparaison (*supra*, 36, 3) avec les Thermopyles. Mais, cette fois, les hoplites lacédémoniens préférèrent rendre leurs armes.

5 Ἀπέθανον δ' ἐν τῇ νήσῳ καὶ ζῶντες ἐλήφθησαν το-
σοίδε· εἴκοσι μὲν ὁπλῖται διέβησαν καὶ τετρακόσιοι οἱ
πάντες· τούτων ζῶντες ἐκομίσθησαν ὀκτὼ ἀποδέοντες τριακόσιοι, οἱ δὲ ἄλλοι ἀπέθανον. Καὶ Σπαρτιᾶται τούτων ἦσαν
τῶν ζώντων περὶ εἴκοσι καὶ ἑκατόν. Ἀθηναίων δὲ οὐ πολλοὶ διεφθάρησαν· ἡ γὰρ μάχη οὐ σταδία ἦν. XXXIX. Χρόνος δὲ ὁ ξύμπας ἐγένετο ὅσον οἱ ἄνδρες ἐν τῇ νήσῳ ἐπο-
λιορκήθησαν, ἀπὸ τῆς ναυμαχίας μέχρι τῆς ἐν τῇ νήσῳ
μάχης, ἑβδομήκοντα ἡμέραι καὶ δύο. 2 Τούτων περὶ
εἴκοσιν ἡμέρας, ἐν αἷς οἱ πρέσβεις περὶ τῶν σπονδῶν ἀπῇσαν, ἐσιτοδοτοῦντο, τὰς δὲ ἄλλας τοῖς ἐσπλέουσι λάθρᾳ
διετρέφοντο· καὶ ἦν σῖτός τις ἐν τῇ νήσῳ καὶ ἄλλα βρώ-
ματα ἐγκατελείφθη· ὁ γὰρ ἄρχων Ἐπιτάδας ἐνδεεστέρως
ἑκάστῳ παρεῖχεν ἢ πρὸς τὴν ἐξουσίαν.
3 Οἱ μὲν δὴ Ἀθηναῖοι καὶ οἱ Πελοποννήσιοι ἀνεχώρησαν τῷ στρατῷ ἐκ τῆς Πύλου ἑκάτεροι ἐπ' οἴκου, καὶ τοῦ
Κλέωνος καίπερ μανιώδης οὖσα ἡ ὑπόσχεσις ἀπέβη· ἐντὸς
γὰρ εἴκοσιν ἡμερῶν ἤγαγε τοὺς ἄνδρας, ὥσπερ ὑπέστη.
XL. Παρὰ γνώμην τε δὴ μάλιστα τῶν κατὰ τὸν πόλεμον
τοῦτο τοῖς Ἕλλησιν ἐγένετο· τοὺς γὰρ Λακεδαιμονίους
οὔτε λιμῷ οὔτ' ἀνάγκῃ οὐδεμιᾷ ἠξίουν τὰ ὅπλα παραδοῦναι, ἀλλὰ ἔχοντας καὶ μαχομένους ὡς ἐδύναντο ἀποθνῄσ-
κειν· 2 ἀπιστούντων τε μὴ εἶναι τοὺς παραδόντας τοῖς
τεθνεῶσιν ὁμοίους, καί τινος ἐρομένου ποτὲ ὕστερον τῶν
Ἀθηναίων ξυμμάχων δι' ἀχθηδόνα ἕνα τῶν ἐκ τῆς νήσου
αἰχμαλώτων εἰ οἱ τεθνεῶτες αὐτῶν καλοὶ κἀγαθοί, ἀπεκρί-
νατο αὐτῷ πολλοῦ ἂν ἄξιον εἶναι τὸν ἄτρακτον, λέγων
τὸν οἰστόν, εἰ τοὺς ἀγαθοὺς διεγίγνωσκε, δήλωσιν ποιού-

5 Le chiffre des hommes tués dans l'île ou faits prisonniers fut le suivant : il était passé quatre cent vingt hoplites en tout ; sur ce nombre, on en ramena vivants deux cent quatre-vingt-douze : le reste avait été tué ; quelque cent vingt d'entre ces survivants étaient des Spartiates. Du côté athénien, il n'y avait pas en beaucoup de morts, car ce n'avait pas été une bataille rangée. XXXIX. Le temps pendant lequel les hommes avaient été assiégés dans l'île, depuis le combat naval jusqu'au combat dans l'île, fut au total de soixante-douze jours. 2 Sur ce nombre, il y eut environ vingt jours, durant l'absence des ambassadeurs partis négocier la paix, où ils touchèrent une ration de vivres : le reste du temps, ils étaient ravitaillés par les passeurs clandestins ; or, il y avait du blé dans l'île, et d'autres aliments qu'ils laissèrent après eux : leur chef, Épitadas, faisait des répartitions individuelles moins larges que ses disponibilités ne le permettaient.

3 Les Athéniens et les Péloponnésiens quittèrent donc Pylos avec leurs troupes, pour rentrer chez eux ; et la promesse de Cléon, toute folle qu'elle était, se trouva réalisée : en moins de vingt jours, il ramena les hommes, comme il s'y était engagé. XL. Ce fut là l'événement le plus inattendu de la guerre aux yeux des Grecs ; car l'opinion sur les Lacédémoniens était que ni la faim ni aucune extrémité ne leur ferait livrer leurs armes, mais qu'ils les garderaient et qu'en combattant comme ils pouvaient ils se feraient tuer. 2 Aussi doutait-on que ceux qui avaient livré leurs armes fussent de même qualité que les morts ; et quelqu'un des alliés d'Athènes, par la suite, demanda un jour à l'un des prisonniers de l'île, en manière de vexation, si ceux des leurs qui avaient été tués étaient des braves ; l'autre lui répondit que l'instrument serait bien précieux – il voulait dire la flèche – s'il faisait le départ des gens braves ; il

μενος ὅτι ὁ ἐντυγχάνων τοῖς τε λίθοις καὶ τοξεύμασι διεφθείρετο.

XLI. Κομισθέντων δὲ τῶν ἀνδρῶν οἱ Ἀθηναῖοι ἐβούλευσαν δεσμοῖς μὲν αὐτοὺς φυλάσσειν μέχρι οὗ τι ξυμβῶσιν, ἢν δ' οἱ Πελοποννήσιοι πρὸ τούτου ἐς τὴν γῆν ἐσβάλλωσιν, ἐξαγαγόντες ἀποκτεῖναι. 2 Τῆς δὲ Πύλου φυλακὴν κατεστήσαντο, καὶ οἱ ἐκ τῆς Ναυπάκτου Μεσσήνιοι ὡς ἐς πατρίδα ταύτην (ἔστι γὰρ ἡ Πύλος τῆς Μεσσηνίδος ποτὲ οὔσης γῆς) πέμψαντες σφῶν αὐτῶν τοὺς ἐπιτηδειοτάτους ἐλῄζοντό τε τὴν Λακωνικὴν καὶ πλεῖστα ἔβλαπτον ὁμόφωνοι ὄντες. 3 Οἱ δὲ Λακεδαιμόνιοι ἀπαθεῖς ὄντες ἐν τῷ πρὶν χρόνῳ λῃστείας καὶ τοῦ τοιούτου πολέμου, τῶν τε Εἱλώτων αὐτομολούντων καὶ φοβούμενοι μὴ καὶ ἐπὶ μακρότερον σφίσι τι νεωτερισθῇ τῶν κατὰ τὴν χώραν, οὐ ῥᾳδίως ἔφερον, ἀλλά, καίπερ οὐ βουλόμενοι ἔνδηλοι εἶναι τοῖς Ἀθηναίοις, ἐπρεσβεύοντο παρ' αὐτοὺς καὶ ἐπειρῶντο τήν τε Πύλον καὶ τοὺς ἄνδρας κομίζεσθαι. 4 Οἱ δὲ μειζόνων τε ὠρέγοντο καὶ πολλάκις φοιτώντων αὐτοὺς ἀπράκτους ἀπέπεμπον.

Ταῦτα μὲν τὰ περὶ Πύλον γενόμενα.

XLII. Τοῦ δ' αὐτοῦ θέρους μετὰ ταῦτα εὐθὺς Ἀθηναῖοι ἐς τὴν Κορινθίαν ἐστράτευσαν ναυσὶν ὀγδοήκοντα καὶ δισχιλίοις ὁπλίταις ἑαυτῶν καὶ ἐν ἱππαγωγοῖς ναυσὶ διακοσίοις ἱππεῦσιν· ἠκολούθουν δὲ καὶ τῶν ξυμμάχων Μιλήσιοι καὶ Ἄνδριοι καὶ Καρύστιοι, ἐστρατήγει δὲ Νικίας ὁ Νικηράτου τρίτος αὐτός. 2 Πλέοντες δὲ ἅμα ἕῳ ἔσχον

---

11. Allusion à la conquête de la Messénie par les Lacédémoniens à la suite de deux guerres qui se seraient déroulées, la première à la fin du VIIIᵉ siècle, la seconde durant la seconde moitié du VIIᵉ siècle. Les Messéniens, sauf ceux qui s'exilèrent, furent réduits à la condition d'hilotes.

voulait montrer par là que les pierres ou les traits tuaient quiconque se trouvait là.

XLI. Après avoir ramené les prisonniers, les Athéniens décidèrent de les garder enchaînés jusqu'à la conclusion d'un accord, et, au cas où les Péloponnésiens feraient entre-temps invasion sur leur territoire, de les tirer de prison pour les mettre à mort. 2 À Pylos, ils établirent un poste de surveillance ; les Messéniens de Naupacte, considérant qu'il s'agissait de leur patrie (puisque Pylos fait partie de l'ancienne Messénie)[11], y envoyèrent les plus indiqués d'entre eux et, mettant la Laconie au pillage, ils y exerçaient de grands dommages du fait qu'ils parlaient le même dialecte. 3 Quant aux Lacédémoniens, qui avaient jusqu'alors ignoré les pillages et ce genre de guerre, victimes maintenant de la désertion des hilotes et craignant de voir les désordres se multiplier contre eux dans le pays, ils ne le supportaient pas sans peine : bien que peu désireux de le laisser voir aux Athéniens, ils leur envoyaient des ambassades, et s'efforçaient de recouvrer Pylos et leurs hommes. 4 Mais les Athéniens aspiraient à avoir plus et, malgré des tentatives répétées, ils les renvoyaient sans résultat.

Tels furent donc les événements de Pylos.

### Les Athéniens en Corinthie

XLII. Le même été, aussitôt après ces événements, les Athéniens firent une expédition en Corinthie avec quatre-vingts navires et deux mille de leurs hoplites, ainsi que deux cents cavaliers dans des transports spéciaux ; ils avaient avec eux des alliés de Milet, d'Andrea et de Carystos ; l'expédition était commandée par Nicias, fils de Nicératos, et deux collègues. 2 Ils prirent la mer et abordèrent à l'aube

μεταξὺ Χερσονήσου τε καὶ Ῥείτου ἐς τὸν αἰγιαλὸν τοῦ
χωρίου ὑπὲρ οὗ ὁ Σολύγειος λόφος ἐστίν, ἐφ᾽ ὃν Δωριῆς
τὸ πάλαι ἱδρυθέντες τοῖς ἐν τῇ πόλει Κορινθίοις ἐπολέμουν
οὖσιν Αἰολεῦσιν· καὶ κώμη νῦν ἐπ᾽ αὐτοῦ Σολύγεια καλουμένη ἐστίν. Ἀπὸ δὲ τοῦ αἰγιαλοῦ τούτου ἔνθα αἱ νῆες κατέσχον ἡ μὲν κώμη αὕτη δώδεκα σταδίους ἀπέχει, ἡ δὲ
Κορινθίων πόλις ἑξήκοντα, ὁ δὲ ἰσθμὸς εἴκοσι. 3 Κορίνθιοι δὲ προπυθόμενοι ἐξ Ἄργους ὅτι ἡ στρατιὰ ἥξει τῶν
Ἀθηναίων, ἐκ πλείονος ἐβοήθησαν ἐς ἰσθμὸν πάντες πλὴν
τῶν ἔξω ἰσθμοῦ· καὶ ἐν Ἀμπρακίᾳ καὶ ἐν Λευκάδι ἀπῆσαν
αὐτῶν πεντακόσιοι φρουροί· οἱ δ᾽ ἄλλοι πανδημεὶ ἐπετήρουν τοὺς Ἀθηναίους οἷ κατασχήσουσιν. 4 Ὡς δὲ αὐτοὺς ἔλαθον νυκτὸς καταπλεύσαντες καὶ τὰ σημεῖα αὐτοῖς
ἤρθη, καταλιπόντες τοὺς ἡμίσεις αὐτῶν ἐν Κεγχρειᾷ, ἢν
ἄρα οἱ Ἀθηναῖοι ἐπὶ τὸν Κρομμυῶνα ἴωσιν, ἐβοήθουν κατὰ
τάχος. XLIII. Καὶ Βάττος μὲν ὁ ἕτερος τῶν στρατηγῶν
(δύο γὰρ ἦσαν ἐν τῇ μάχῃ οἱ παρόντες) λαβὼν λόχον
ἦλθεν ἐπὶ τὴν Σολύγειαν κώμην φυλάξων ἀτείχιστον οὖσαν, Λυκόφρων δὲ τοῖς ἄλλοις ξυνέβαλεν. 2 Καὶ πρῶτα
μὲν τῷ δεξιῷ κέρᾳ τῶν Ἀθηναίων εὐθὺς ἀποβεβηκότι πρὸ
τῆς Χερσονήσου οἱ Κορίνθιοι ἐπέκειντο, ἔπειτα δὲ καὶ τῷ
ἄλλῳ στρατεύματι. Καὶ ἦν ἡ μάχη καρτερὰ καὶ ἐν χερσὶ
πᾶσα. 3 Καὶ τὸ μὲν δεξιὸν κέρας τῶν Ἀθηναίων καὶ
Καρυστίων (οὗτοι γὰρ παρατεταγμένοι ἦσαν ἔσχατοι) ἐδέ-
ξαντό τε τοὺς Κορινθίους καὶ ἐώσαντο μόλις· οἱ δὲ ὑπο-
χωρήσαντες πρὸς αἱμασιάν (ἦν γὰρ τὸ χωρίον πρόσαντες
πᾶν) βάλλοντες τοῖς λίθοις καθύπερθεν ὄντες καὶ παιανίσαντες ἐπῇσαν αὖθις, δεξαμένων δὲ τῶν Ἀθηναίων ἐν χερσὶν ἦν πάλιν ἡ μάχη. 4 Λόχος δέ τις τῶν Κορινθίων

entre la Chersonèse et le Rheiton, sur la plage du pays que domine le mont Solygeios, où s'étaient jadis établis les Doriens, alors en guerre contre les Corinthiens de la ville, qui étaient Éoliens ; il s'y trouve maintenant un village appelé Solygeia. De cette plage, où la flotte avait abordé, il y a douze stades jusqu'au dit village, soixante jusqu'à la ville de Corinthe, et vingt jusqu'à l'isthme. 3 Cependant les Corinthiens, prévenus par Argos de la venue prochaine de l'expédition athénienne, s'étaient bien à l'avance portés tous jusqu'à l'isthme – sauf ceux qui habitaient au-delà (cinq cents d'entre eux, également, étaient retenus sur les territoires d'Ambracie et de Leucade, en garnison) ; les autres, en masse, guettaient donc pour voir où aborderaient les Athéniens. 4 Mais la flotte, en traversant de nuit, échappa à leur attention : quand les signaux furent levés, laissant la moitié d'entre eux à Kenchrées, pour le cas où les Athéniens marcheraient contre Crommyon, ils se hâtèrent d'aller à l'aide. XLIII. Battos, l'un des généraux (qui étaient là à deux pour la bataille), prit une compagnie et se rendit, pour le garder, au village de Solygeia, qui n'était pas fortifié, tandis que Lycophron attaquait avec le reste. 2 Ce fut d'abord contre l'aile droite athénienne, qui venait de débarquer en avant de la Chersonèse, que donnèrent les Corinthiens, puis contre toute l'armée. La lutte fut violente et le corps à corps général. 3 L'aile droite des Athéniens et des Carystiens (ces derniers se trouvant rangés à l'extrémité) soutint le choc des Corinthiens et put, avec de la peine, les repousser ; mais ceux-ci se replièrent contre un petit mur et, profitant de ce que le terrain était entièrement en pente, ils leur jetèrent des pierres depuis la position dominante qu'ils occupaient, et, après un péan, reprirent l'attaque. Les Athéniens soutinrent le choc et le corps à corps reprit. 4 Mais une compagnie corinthienne vint alors au secours

ἐπιβοηθήσας τῷ εὐωνύμῳ κέρᾳ ἑαυτῶν ἔτρεψε τῶν Ἀθηναίων τὸ δεξιὸν κέρας καὶ ἐπεδίωξεν ἐς τὴν θάλασσαν·
5 πάλιν δὲ ἀπὸ τῶν νεῶν ἀνέστρεψαν οἵ τε Ἀθηναῖοι καὶ
οἱ Καρύστιοι. Τὸ δὲ ἄλλο στρατόπεδον ἀμφοτέρωθεν ἐμά-
χετο ξυνεχῶς, μάλιστα δὲ τὸ δεξιὸν κέρας τῶν Κορινθίων,
ἐφ' ᾧ ὁ Λυκόφρων ὢν κατὰ τὸ εὐώνυμον τῶν Ἀθηναίων
ἠμύνετο· ἤλπιζον γὰρ αὐτοὺς ἐπὶ τὴν Σολύγειαν κώμην
πειράσειν. XLIV. Χρόνον μὲν οὖν πολὺν ἀντεῖχον οὐκ
ἐνδιδόντες ἀλλήλοις· ἔπειτα (ἦσαν γὰρ τοῖς Ἀθηναίοις οἱ
ἱππῆς ὠφέλιμοι ξυμμαχόμενοι, τῶν ἑτέρων οὐκ ἐχόντων
ἵππους) ἐτράποντο οἱ Κορίνθιοι καὶ ὑπεχώρησαν πρὸς τὸν
λόφον καὶ ἔθεντο τὰ ὅπλα καὶ οὐκέτι κατέβαινον, ἀλλ'
ἡσύχαζον. 2 Ἐν δὲ τῇ τροπῇ ταύτῃ κατὰ τὸ δεξιὸν κέρας οἱ πλεῖστοί τε αὐτῶν ἀπέθανον καὶ Λυκόφρων ὁ στρατηγός. Ἡ δὲ ἄλλη στρατιὰ τοιούτῳ τρόπῳ οὐ κατὰ δίωξιν
πολλὴν οὐδὲ ταχείας φυγῆς γενομένης, ἐπεὶ ἐβιάσθη, ἐπα-
ναχωρήσασα πρὸς τὰ μετέωρα ἱδρύθη. 3 Οἱ δὲ Ἀθηναῖοι, ὡς οὐκέτι αὐτοῖς ἐπῇσαν ἐς μάχην, τούς τε νεκροὺς
ἐσκύλευον καὶ τοὺς ἑαυτῶν ἀνῃροῦντο, τροπαῖόν τε εὐθέως
ἔστησαν. 4 Τοῖς δ' ἡμίσεσι τῶν Κορινθίων, οἳ ἐν τῇ Κεγχρειᾷ ἐκάθηντο φύλακες, μὴ ἐπὶ τὸν Κρομμυῶνα πλεύ-
σωσι, τούτοις οὐ κατάδηλος ἡ μάχη ἦν ὑπὸ τοῦ ὄρους
τοῦ Ὀνείου· κονιορτὸν δὲ ὡς εἶδον καὶ ὡς ἔγνωσαν, ἐβοήθουν εὐθύς. Ἐβοήθησαν δὲ καὶ οἱ ἐκ τῆς πόλεως πρεσβύ-
τεροι τῶν Κορινθίων αἰσθόμενοι τὸ γεγενημένον. 5 Ἰδόντες δὲ οἱ Ἀθηναῖοι ξύμπαντας αὐτοὺς ἐπιόντας καὶ νομίσαντες τῶν ἐγγὺς ἀστυγειτόνων Πελοποννησίων βοήθειαν
ἐπιέναι, ἀνεχώρουν κατὰ τάχος ἐπὶ τὰς ναῦς, ἔχοντες τὰ
σκυλεύματα καὶ τοὺς ἑαυτῶν νεκροὺς πλὴν δυοῖν, οὓς

de l'aile gauche, mit en fuite l'aile droite athénienne et la poursuivit jusqu'à la mer. 5 Puis, de nouveau, depuis leurs navires, les Athéniens et les Carystiens revinrent à la charge. – Cependant le reste des deux armées luttait sans relâche, surtout l'aile droite des Corinthiens, qui, sous les ordres de Lycophron, se défendait contre la gauche athénienne : on s'attendait, en effet, à une tentative des Athéniens contre le village de Solygeia. XLIV. Longtemps, ils tinrent bon, sans céder ni l'un ni l'autre. Puis, comme les Athéniens étaient efficacement soutenus par leur cavalerie, alors que l'adversaire en était dépourvu, les Corinthiens furent mis en déroute et se replièrent vers la colline ; ils y prirent leurs positions et n'en descendirent plus, restant sans bouger. 2 (C'est au cours de cette déroute sur l'aile droite que la plupart des hommes furent tués, et en particulier Lycophron, qui avait le commandement.) Le reste de l'armée agit de façon comparable : sans grande poursuite, et sans qu'il y ait eu de fuite précipitée, une fois forcée, elle se retira vers les hauteurs et s'y établit. 3 Alors les Athéniens, que personne ne venait plus affronter, dépouillèrent les morts, reprirent ceux qui étaient à eux et dressèrent aussitôt un trophée. 4 Cependant l'autre moitié des Corinthiens, ceux qui étaient restés à Kenchrées pour surveiller toute tentative navale contre Crommyon, ne pouvaient, eux, distinguer clairement la bataille : le mont Oneion les en empêchait ; mais, quand ils virent la poussière et en comprirent le sens, ils vinrent aussitôt à l'aide. C'est ce que firent également les Corinthiens plus âgés, qui arrivèrent de la ville quand ils se rendirent compte des événements. 5 Mais les Athéniens, en les voyant s'avancer tous en masse, crurent que c'était un renfort envoyé par les Péloponnésiens des proches environs et ils se retirèrent en hâte vers la flotte, avec leur butin et leurs morts, sauf deux qu'ils laissèrent sans

ἐγκατέλιπον οὐ δυνάμενοι εὑρεῖν. 6 Καὶ ἀναβάντες ἐπὶ
τὰς ναῦς ἐπεραιώθησαν ἐς τὰς ἐπικειμένας νήσους, ἐκ δ᾽
αὐτῶν ἐπικηρυκευσάμενοι τοὺς νεκροὺς οὓς ἐγκατέλιπον
ὑποσπόνδους ἀνείλοντο. Ἀπέθανον δὲ Κορινθίων μὲν ἐν
τῇ μάχῃ δώδεκα καὶ διακόσιοι, Ἀθηναίων δὲ ὀλίγῳ ἐλάσσους πεντήκοντα.

XLV. Ἄραντες δὲ ἐκ τῶν νήσων οἱ Ἀθηναῖοι ἔπλευσαν
αὐθημερὸν ἐς Κρομμυῶνα τῆς Κορινθίας· ἀπέχει δὲ τῆς
πόλεως εἴκοσι καὶ ἑκατὸν σταδίους. Καὶ καθορμισάμενοι
τήν τε γῆν ἐδῄωσαν καὶ τὴν νύκτα ηὐλίσαντο. 2 Τῇ δ᾽
ὑστεραίᾳ παραπλεύσαντες ἐς τὴν Ἐπιδαυρίαν πρῶτον καὶ
ἀπόβασίν τινα ποιησάμενοι ἀφίκοντο ἐς Μέθανα τὴν μεταξὺ Ἐπιδαύρου καὶ Τροζῆνος, καὶ ἀπολαβόντες τὸν τῆς
χερσονήσου ἰσθμὸν ἐτείχισαν ἐν ᾧ ἡ Μέθανά ἐστιν. Καὶ
φρούριον καταστησάμενοι ἐλῄστευον τὸν ἔπειτα χρόνον
τήν τε Τροζηνίαν γῆν καὶ Ἁλιάδα καὶ Ἐπιδαυρίαν. Ταῖς
δὲ ναυσίν, ἐπειδὴ ἐξετείχισαν τὸ χωρίον, ἀπέπλευσαν ἐπ᾽
οἴκου.

XLVI. Κατὰ δὲ τὸν αὐτὸν χρόνον, καθ᾽ ὃν ταῦτα ἐγίγνετο, καὶ Εὐρυμέδων καὶ Σοφοκλῆς, ἐπειδὴ ἐκ τῆς Πύλου
ἀπῆραν ἐς τὴν Σικελίαν [...] ναυσὶν Ἀθηναίων, ἀφικόμενοι ἐς Κέρκυραν ἐστράτευσαν μετὰ τῶν ἐκ τῆς πόλεως ἐπὶ
τοὺς ἐν τῷ ὄρει τῆς Ἰστώνης Κερκυραίων καθιδρυμένους,
οἳ τότε μετὰ τὴν στάσιν διαβάντες ἐκράτουν τε τῆς γῆς
καὶ πολλὰ ἔβλαπτον. 2 Προσβαλόντες δὲ τὸ μὲν τείχισμα εἷλον, οἱ δὲ ἄνδρες καταπεφευγότες ἁθρόοι πρὸς
μετέωρόν τι ξυνέβησαν ὥστε τοὺς μὲν ἐπικούρους παραδοῦναι, περὶ δὲ σφῶν τὰ ὅπλα παραδόντων τὸν Ἀθηναίων
δῆμον διαγνῶναι. 3 Καὶ αὐτοὺς ἐς τὴν νῆσον οἱ στρα-

pouvoir les trouver. 6 Ils rembarquèrent et passèrent dans les îles du voisinage ; puis, de là, ils envoyèrent un héraut et reprirent à la faveur d'une convention les morts qu'ils avaient laissés. Les Corinthiens avaient perdu dans ce combat deux cent douze hommes, les Athéniens un peu moins de cinquante.

XLV. Quittant alors les îles, les Athéniens firent voile le jour même vers Crommyon en Corinthie, à cent vingt stades de la ville. Ils y abordèrent, ravagèrent le pays et bivouaquèrent pour la nuit. 2 Le lendemain, après avoir d'abord longé la côte jusqu'au territoire d'Épidaure et fait un bref débarquement, ils arrivèrent à Méthana, entre Épidaure et Trézène ; ils interceptèrent l'isthme qui commande la presqu'île, là où se trouve Méthana, et le fortifièrent ; puis ils y établirent une garnison, qui devait, dorénavant, piller le pays de Trézène, d'Haliées et d'Épidaure. Et, avec la flotte, une fois la région fortifiée, ils rentrèrent chez eux.

### Les atrocités de Corcyre

XLVI. Vers l'époque où se produisaient ces événements, Eurymédon et Sophocle, de leur côté, après avoir quitté Pylos pour la Sicile avec des (?) navires athéniens, arrivèrent à Corcyre et marchèrent avec les gens de la ville contre les Corcyréens établis sur la montagne d'Istoné ; ceux-ci, qui étaient passés dans l'île à l'époque, à la suite des troubles, se trouvaient maîtres du pays et causaient de grands dommages. 2 Il y eut une attaque et leur retranchement fut pris ; quant aux occupants, s'étant réfugiés tous ensemble sur une hauteur, ils firent une convention par laquelle ils livraient leurs auxiliaires et acceptaient de se rendre avec leurs armes, si leur sort était remis à la décision du peuple athénien. 3 Alors les stratèges les firent passer dans l'île

τηγοὶ τὴν Πτυχίαν ἐς φυλακὴν διεκόμισαν ὑποσπόνδους,
μέχρι οὗ 'Αθήναζε πεμφθῶσιν, ὥστ' ἐάν τις ἁλῷ ἀποδι-
δράσκων, ἅπασι λελύσθαι τὰς σπονδάς. 4 Οἱ δὲ τοῦ δήμου προστάται τῶν Κερκυραίων, δεδιότες μὴ οἱ 'Αθηναῖοι
τοὺς ἐλθόντας οὐκ ἀποκτείνωσι, μηχανῶνται τοιόνδε τι·
5 τῶν ἐν τῇ νήσῳ πείθουσί τινας ὀλίγους, ὑποπέμψαντες
φίλους καὶ διδάξαντες ὡς κατ' εὔνοιαν δὴ λέγειν ὅτι κράτιστον αὐτοῖς εἴη ὡς τάχιστα ἀποδρᾶναι, πλοῖον δέ τι
αὐτοὶ ἑτοιμάσειν· μέλλειν γὰρ δὴ τοὺς στρατηγοὺς τῶν
'Αθηναίων παραδώσειν αὐτοὺς τῷ δήμῳ τῶν Κερκυραίων.
XLVII. Ὡς δὲ ἔπεισαν καὶ μηχανησαμένων τὸ πλοῖον
ἐκπλέοντες ἐλήφθησαν, ἐλέλυντό τε αἱ σπονδαὶ καὶ τοῖς
Κερκυραίοις παρεδίδοντο οἱ πάντες. 2 Ξυνελάβοντο δὲ
τοῦ τοιούτου οὐχ ἥκιστα, ὥστε ἀκριβῆ τὴν πρόφασιν γενέσθαι καὶ τοὺς τεχνησαμένους ἀδεέστερον ἐγχειρῆσαι, οἱ
στρατηγοὶ τῶν 'Αθηναίων κατάδηλοι ὄντες τοὺς ἄνδρας
μὴ ἂν βούλεσθαι ὑπ' ἄλλων κομισθέντας, διότι αὐτοὶ ἐς
Σικελίαν ἔπλεον, τὴν τιμὴν τοῖς ἄγουσι προσποιῆσαι.
3 Παραλαβόντες δὲ αὐτοὺς οἱ Κερκυραῖοι ἐς οἴκημα μέγα
κατεῖρξαν, καὶ ὕστερον ἐξάγοντες κατὰ εἴκοσιν ἄνδρας διῆ-
γον διὰ δυοῖν στοίχοιν ὁπλιτῶν ἑκατέρωθεν παρατεταγμένων, δεδεμένους τε πρὸς ἀλλήλους καὶ παιομένους καὶ
κεντουμένους ὑπὸ τῶν παρατεταγμένων, εἴ πού τίς τινα
ἴδοι ἐχθρὸν ἑαυτοῦ· μαστιγοφόροι τε παριόντες ἐπετάχυ-
νον τῆς ὁδοῦ τοὺς σχολαίτερον προϊόντας. XLVIII. Καὶ
ἐς μὲν ἄνδρας ἑξήκοντα ἔλαθον τοὺς ἐν τῷ οἰκήματι τούτῳ

de Ptychia pour les y garder sous convention jusqu'à leur transfert à Athènes : au premier qui serait pris à s'enfuir, la convention était rompue pour tous. 4 Mais les chefs du parti démocratique de Corcyre, craignant que les Athéniens ne laissent la vie sauve aux prisonniers qui leur arriveraient, combinent un stratagème : 5 ils agissent sur quelques-uns des hommes qui étaient dans l'île, en leur envoyant secrètement des amis à eux, non sans leur avoir, sous couleur de bons sentiments, bien sûr, fait la leçon ; ceux-ci devaient dire à leurs amis de l'île qu'ils auraient tout intérêt à s'enfuir au plus vite et qu'eux-mêmes tiendraient une embarcation prête : les stratèges athéniens, en effet, auraient bel et bien l'intention de les livrer au parti populaire de Corcyre ! XLVII. Ces propos furent écoutés, on combina la présence de l'embarcation et, en partant, ils furent pris : la convention était donc rompue et tous passaient du coup aux mains des Corcyréens. 2 Une circonstance facilita beaucoup l'affaire, en donnant corps au prétexte fourni et en permettant aux auteurs du plan d'agir plus librement : c'est que les stratèges athéniens, de toute évidence, n'auraient pas aimé laisser les prisonniers, ramenés à Athènes par d'autres (puisque eux-mêmes allaient en Sicile), servir la gloire de ceux qui les y conduiraient. 3 Cependant, quand ils furent entre leurs mains, les Corcyréens les enfermèrent dans un grand édifice ; et, plus tard, les faisant sortir par groupes de vingt, ils les conduisaient entre deux files d'hoplites rangés de part et d'autre, que ceux-ci parcouraient attachés entre eux, en se faisant frapper et lacérer par les hommes de chaque file, selon que tel d'entre eux apercevait un de ses ennemis ; des gens avec des fouets, à leurs côtés, pressaient la marche de ceux qui n'avançaient pas assez vite. XLVIII. Jusqu'à soixante hommes furent ainsi emmenés et massacrés à l'insu de ceux qui étaient dans l'édifice :

τῷ τρόπῳ ἐξαγαγόντες καὶ διαφθείραντες (ᾤοντο γὰρ αὐτοὺς μεταστήσαντάς ποι ἄλλοσ' ἐσάγειν)· ὡς δὲ ᾔσθοντο
καί τις αὐτοῖς ἐδήλωσε, τούς τε Ἀθηναίους ἐπεκαλοῦντο
καὶ ἐκέλευον σφᾶς, εἰ βούλονται, αὐτοὺς διαφθείρειν, ἔκ
τε τοῦ οἰκήματος οὐκέτι ἤθελον ἐξιέναι, οὐδ' ἐσιέναι ἔφασαν κατὰ δύναμιν περιόψεσθαι οὐδένα. 2 Οἱ δὲ Κερκυραῖοι κατὰ μὲν τὰς θύρας οὐδ' αὐτοὶ διενοοῦντο βιάζεσθαι,
ἀναβάντες δὲ ἐπὶ τὸ τέγος τοῦ οἰκήματος καὶ διελόντες
τὴν ὀροφὴν ἔβαλλον τῷ κεράμῳ καὶ ἐτόξευον κάτω. 3 Οἱ
δὲ ἐφυλάσσοντό τε ὡς ἐδύναντο καὶ ἅμα οἱ πολλοὶ σφᾶς
αὐτοὺς διέφθειρον, οἰστούς τε οὓς ἀφίεσαν ἐκεῖνοι ἐς τὰς
σφαγὰς καθιέντες καὶ ἐκ κλινῶν τινων, αἳ ἔτυχον αὐτοῖς
ἐνοῦσαι, τοῖς σπάρτοις καὶ ἐκ τῶν ἱματίων παραιρήματα
ποιοῦντες ἀπαγχόμενοι, παντί ⟨τε⟩ τρόπῳ τὸ πολὺ τῆς
νυκτός (ἐπεγένετο γὰρ νὺξ τῷ παθήματι) ἀναλοῦντες σφᾶς
αὐτοὺς καὶ βαλλόμενοι ὑπὸ τῶν ἄνω διεφθάρησαν.
4 Καὶ αὐτοὺς οἱ Κερκυραῖοι, ἐπειδὴ ἡμέρα ἐγένετο, φορ-
μηδὸν ἐπὶ ἁμάξας ἐπιβαλόντες ἀπήγαγον ἔξω τῆς πόλεως.
Τὰς δὲ γυναῖκας, ὅσαι ἐν τῷ τειχίσματι ἑάλωσαν, ἠνδρα-
ποδίσαντο. 5 Τοιούτῳ μὲν τρόπῳ οἱ ἐκ τοῦ ὄρους Κερκυραῖοι ὑπὸ τοῦ δήμου διεφθάρησαν, καὶ ἡ στάσις πολλὴ
γενομένη ἐτελεύτησεν ἐς τοῦτο, ὅσα γε κατὰ τὸν πόλεμον
τόνδε· οὐ γὰρ ἔτι ἦν ὑπόλοιπον τῶν ἑτέρων ὅ τι καὶ ἀξιό-
λογον.

6 Οἱ δὲ Ἀθηναῖοι ἐς τὴν Σικελίαν, ἵναπερ τὸ πρῶτον
ὥρμηντο, ἀποπλεύσαντες μετὰ τῶν ἐκεῖ ξυμμάχων ἐπολέμουν.

XLIX. Καὶ οἱ ἐν τῇ Ναυπάκτῳ Ἀθηναῖοι καὶ Ἀκαρνᾶνες ἅμα τελευτῶντος τοῦ θέρους στρατευσάμενοι
Ἀνακτόριον Κορινθίων πόλιν, ἣ κεῖται ἐπὶ τῷ στόματι τοῦ

---

12. Thucydide avait déjà décrit des scènes de massacres à Corcyre
(III, 81), mais qui n'avaient pas atteint une telle ampleur.

ceux-ci imaginaient qu'on les transférait pour les emmener ailleurs. Mais à peine eurent-ils compris et les eut-on éclairés qu'ils en appelaient aux Athéniens, leur demandant, s'ils le voulaient, de les massacrer eux-mêmes : ils se refusaient, désormais, à sortir de l'édifice et déclaraient qu'ils emploieraient toutes leurs forces à ne laisser entrer personne. 2 Mais les Corcyréens n'avaient pas non plus l'intention de forcer la porte : étant montés sur le dessus de l'édifice et ayant pratiqué une ouverture dans le toit, ils en jetaient les tuiles sur eux et leur lançaient des flèches d'en haut. 3 Eux se gardaient comme ils pouvaient et, dans le même temps, pour la plupart, ils se donnaient eux-mêmes la mort, soit en s'enfonçant dans la gorge les traits envoyés d'en haut, soit en employant les sangles prises à des lits qu'ils avaient là, ou des bandes déchirées à leurs vêtements pour s'étrangler ; de mille manières, pendant presque toute la nuit (car la nuit était survenue sur cette scène), succombant de leurs propres mains et frappés d'en haut par les autres, ils tombèrent massacrés[12]. 4 Les Corcyréens, au lever du jour, les jetèrent en piles sur des chars et les conduisirent hors de la ville. Toutes les femmes qui avaient été prises dans le retranchement devinrent leurs esclaves. 5 C'est ainsi que les Corcyréens de la montagne furent massacrés par le parti populaire, et les troubles, qui avaient eu beaucoup d'ampleur, s'arrêtèrent là, du moins pour cette guerre : en effet, de l'un des deux partis, il ne restait pratiquement rien.

6 Les Athéniens, eux, firent voile vers la Sicile, but primitif de leur expédition, pour y faire la guerre en compagnie des alliés qu'ils avaient là-bas.

XLIX. Les Athéniens de Naupacte et les Acarnaniens partirent, comme l'été finissait, en expédition contre Anactorion, ville appartenant aux Corinthiens et située

Ἀμπρακικοῦ κόλπου, ἔλαβον προδοσίᾳ· καὶ ἐκπέμψαντες
Κορινθίους αὐτοὶ Ἀκαρνᾶνες οἰκήτορες ἀπὸ πάντων ἔσχον
τὸ χωρίον. Καὶ τὸ θέρος ἐτελεύτα.

L.  Τοῦ δ' ἐπιγιγνομένου χειμῶνος Ἀριστείδης ὁ Ἀρ-
χίππου, εἷς τῶν ἀργυρολόγων νεῶν Ἀθηναίων στρατηγός,
αἳ ἐξεπέμφθησαν πρὸς τοὺς ξυμμάχους, Ἀρταφέρνη, ἄνδρα Πέρσην, παρὰ βασιλέως πορευόμενον ἐς Λακεδαίμονα
ξυλλαμβάνει ἐν Ἠιόνι τῇ ἐπὶ Στρυμόνι.  2  Καὶ αὐτοῦ κο-
μισθέντος οἱ Ἀθηναῖοι τὰς μὲν ἐπιστολὰς μεταγραψάμενοι
ἐκ τῶν Ἀσσυρίων γραμμάτων ἀνέγνωσαν, ἐν αἷς πολλῶν
ἄλλων γεγραμμένων κεφάλαιον ἦν πρὸς Λακεδαιμονίους
οὐ γιγνώσκειν ὅ τι βούλονται· πολλῶν γὰρ ἐλθόντων πρέσβεων οὐδένα ταὐτὰ λέγειν· εἰ οὖν τι βούλονται σαφὲς λέγειν, πέμψαι μετὰ τοῦ Πέρσου ἄνδρας ὡς αὐτόν.  3  Τὸν
δὲ Ἀρταφέρνη ὕστερον οἱ Ἀθηναῖοι ἀποστέλλουσι τριήρει
ἐς Ἔφεσον καὶ πρέσβεις ἅμα· οἳ πυθόμενοι αὐτόθι βασιλέα Ἀρταξέρξην τὸν Ξέρξου νεωστὶ τεθνηκότα (κατὰ γὰρ
τοῦτον τὸν χρόνον ἐτελεύτησεν) ἐπ' οἴκου ἀνεχώρησαν.

LI.  Τοῦ δ' αὐτοῦ χειμῶνος καὶ Χῖοι τὸ τεῖχος περιεῖλον
τὸ καινὸν κελευσάντων Ἀθηναίων καὶ ὑποπτευσάντων ἐς
αὑτούς τι νεωτεριεῖν, ποιησάμενοι μέντοι πρὸς Ἀθηναίους
πίστεις καὶ βεβαιότητα ἐκ τῶν δυνατῶν μηδὲν περὶ σφᾶς
νεώτερον βουλεύσειν. Καὶ ὁ χειμὼν ἐτελεύτα, καὶ ἕβδομον
ἔτος τῷ πολέμῳ ἐτελεύτα τῷδε ὃν Θουκυδίδης ξυνέγραψεν.

à l'entrée du golfe d'Ambracie ; ils s'en emparèrent en bénéficiant d'une trahison. Après en avoir chassé les Corinthiens, les Acarnaniens, grâce à de nouveaux habitants venus de tout leur pays, prirent eux-mêmes possession de la place. Et ce fut la fin de l'été.

## Opérations d'hiver

L. L'hiver suivant, Aristide, fils d'Archippos, l'un des stratèges commandant les navires de perception qui avaient été envoyés auprès des alliés, arrêta, à Éion sur le Strymon, Artaphernès, un Perse qui se rendait de la part du roi à Lacédémone. 2 Il fut conduit à Athènes, où, après avoir traduit sa lettre de l'assyrien, on en prit connaissance. Parmi de nombreuses indications, l'essentiel du message adressé aux Lacédémoniens était que le roi ne comprenait pas ce qu'ils voulaient : des divers ambassadeurs qui étaient venus, aucun ne tenait le même langage ; s'ils voulaient être clairs, ils n'avaient qu'à lui envoyer des délégués qui accompagneraient le Perse. 3 Les Athéniens firent dans la suite reconduire Artaphernès à Éphèse à bord d'une trière, avec des représentants ; mais, à leur arrivée, ceux-ci apprirent la mort récente d'Artaxerxès, fils de Xerxès, qui, en effet, eut lieu à cette époque, et ils rentrèrent chez eux.

LI. Le même hiver, encore, les habitants de Chios abattirent leur nouveau mur, sur l'ordre des Athéniens qui les soupçonnaient de préparer des actes de rébellion. Toutefois, ils prirent par rapport à Athènes toutes les assurances et garanties qu'ils purent, qu'aucune action n'interviendrait contre eux. Par là s'achevait l'hiver et, avec lui, la septième année de cette guerre, racontée par Thucydide.

LII. Τοῦ δ' ἐπιγιγνομένου θέρους εὐθὺς τοῦ τε ἡλίου ἐκλιπές τι ἐγένετο περὶ νουμηνίαν καὶ τοῦ αὐτοῦ μηνὸς ἱσταμένου ἔσεισεν.

2 Καὶ οἱ Μυτιληναίων φυγάδες καὶ τῶν ἄλλων Λεσβίων, ὁρμώμενοι οἱ πολλοὶ ἐκ τῆς ἠπείρου καὶ μισθωσάμενοι ἔκ τε Πελοποννήσου ἐπικουρικὸν καὶ αὐτόθεν ξυναγείραντες, αἱροῦσι Ῥοίτειον, καὶ λαβόντες δισχιλίους στατῆρας Φωκαΐτας ἀπέδοσαν πάλιν, οὐδὲν ἀδικήσαντες· 3 καὶ μετὰ τοῦτο ἐπὶ Ἄντανδρον στρατεύσαντες προδοσίας γενομένης λαμβάνουσι τὴν πόλιν. Καὶ ἦν αὐτῶν ἡ διάνοια τάς τε ἄλλας πόλεις τὰς Ἀκταίας καλουμένας, ἃς πρότερον Μυτιληναίων νεμομένων Ἀθηναῖοι εἶχον, ἐλευθεροῦν, καὶ πάντων μάλιστα τὴν Ἄντανδρον· καὶ κρατυνάμενοι αὐτήν (ναῦς τε γὰρ εὐπορία ἦν ποιεῖσθαι, αὐτόθεν ξύλων ὑπαρχόντων καὶ τῆς Ἴδης ἐπικειμένης, καὶ τὰ ἄλλα σκεύη) ῥᾳδίως ἀπ' αὐτῆς ὁρμώμενοι τήν τε Λέσβον ἐγγὺς οὖσαν κακώσειν καὶ τὰ ἐν τῇ ἠπείρῳ Αἰολικὰ πολίσματα χειρώσεσθαι. Καὶ οἱ μὲν ταῦτα παρασκευάζεσθαι ἔμελλον.

LIII. Ἀθηναῖοι δὲ ἐν τῷ αὐτῷ θέρει ἑξήκοντα ναυσὶ καὶ δισχιλίοις ὁπλίταις ἱππεῦσί τε ὀλίγοις καὶ τῶν ξυμμάχων Μιλησίους καὶ ἄλλους τινὰς ἄγοντες ἐστράτευσαν ἐπὶ Κύθηρα· ἐστρατήγει δὲ αὐτῶν Νικίας ὁ Νικηράτου καὶ Νικόστρατος ὁ Διειτρέφους καὶ Αὐτοκλῆς ὁ Τολμαίου. 2 Τὰ δὲ Κύθηρα νῆσός ἐστιν, ἐπίκειται δὲ τῇ Λακωνικῇ κατὰ Μαλέαν· Λακεδαιμόνιοι δ' εἰσὶ τῶν περιοίκων, καὶ κυθηροδίκης ἀρχὴ ἐκ τῆς Σπάρτης διέβαινεν αὐτόσε κατὰ

---

13. Plus vraisemblablement au début du printemps 324.

**Opérations de printemps**

LII. Tout au début de l'été suivant, il y eut une éclipse partielle de soleil à l'époque de la nouvelle lune et, dans les premiers jours du même mois, un tremblement de terre[13].

2 Les bannis de Mytilène et du reste de Lesbos entrèrent presque tous en action depuis une base du continent : avec un corps de Péloponnésiens pris à gages et une troupe rassemblée sur place, ils s'emparèrent de Rhoeteion ; puis, après avoir touché deux mille statères de Phocée, ils restituèrent la place sans y causer aucun dommage. 3 Après quoi ils marchèrent contre Antandros : grâce à une trahison, ils prirent la ville. Leur plan était de libérer les autres cités dites actéennes, ou « de la Côte », qui, auparavant aux mains des Mytiléniens, étaient alors aux mains d'Athènes, et, avant tout, Antandros. Une fois Antandros fortement tenue, avec les facilités qu'ils auraient pour se fournir soit de navires (grâce à l'abondance du bois sur place et à la proximité de l'Ida) soit de tout autre matériel, il leur serait aisé, en la prenant pour base, de causer des dégâts à Lesbos, qui était peu éloignée, et de soumettre les bourgs éoliens du continent. Tels étaient, quant à eux, les projets qu'ils avaient l'intention de poursuivre.

LIII. Le même été, les Athéniens prirent soixante navires et deux mille hoplites, ainsi qu'un peu de cavalerie, et, emmenant avec eux des Milésiens et quelques autres alliés, ils partirent en expédition contre Cythère ; ils étaient commandés par Nicias, fils de Nicératos, Nicostratos, fils de Diitréphès, et Autoclès, fils de Tolmée. 2 Cythère est une île qui se trouve située contre la Laconie, en face du cap Malée. Les habitants sont des Lacédémoniens de la classe des périèques. Un Spartiate passait chaque

ἔτος, ὁπλιτῶν τε φρουρὰν διέπεμπον· αἰεὶ καὶ πολλὴν ἐπιμέλειαν ἐποιοῦντο. 3 Ἦν γὰρ αὐτοῖς τῶν τε ἀπ' Αἰγύπτου καὶ Λιβύης ὁλκάδων προσβολή, καὶ λῃσταὶ ἅμα τὴν Λακωνικὴν ἧσσον ἐλύπουν ἐκ θαλάσσης, ᾗπερ μόνον οἷόν τε ἦν κακουργεῖσθαι· πᾶσα γὰρ ἀνέχει πρὸς τὸ Σικελικὸν καὶ Κρητικὸν πέλαγος. LIV. Κατασχόντες οὖν οἱ Ἀθηναῖοι τῷ στρατῷ δέκα μὲν ναυσὶ καὶ δισχιλίοις Μιλησίων ὁπλίταις τὴν ἐπὶ θαλάσσῃ πόλιν Σκάνδειαν καλουμένην αἱροῦσι, τῷ δὲ ἄλλῳ στρατεύματι ἀποβάντες τῆς νήσου ἐς τὰ πρὸς Μαλέαν τετραμμένα ἐχώρουν ἐπὶ τὴν ἀπὸ θαλάσσης πόλιν τῶν Κυθηρίων, καὶ ηὗρον εὐθὺς αὐτοὺς ἐστρατοπεδευμένους ἅπαντας. 2 Καὶ μάχης γενομένης ὀλίγον μέν τινα χρόνον ὑπέστησαν οἱ Κυθήριοι, ἔπειτα τραπόμενοι κατέφυγον ἐς τὴν ἄνω πόλιν, καὶ ὕστερον ξυνέβησαν πρὸς Νικίαν καὶ τοὺς ξυνάρχοντας Ἀθηναίοις ἐπιτρέψαι περὶ σφῶν αὐτῶν πλὴν θανάτου. 3 Ἦσαν δέ τινες καὶ γενόμενοι τῷ Νικίᾳ λόγοι πρότερον πρός τινας τῶν Κυθηρίων, δι' ὃ καὶ θᾶσσον καὶ ἐπιτηδειότερον τό τε παραυτίκα καὶ τὸ ἔπειτα τὰ τῆς ὁμολογίας ἐπράχθη αὐτοῖς· ἀνέστησαν γὰρ ⟨ἂν⟩ οἱ Ἀθηναῖοι Κυθηρίους, Λακεδαιμονίους τε ὄντας καὶ ἐπὶ τῇ Λακωνικῇ τῆς νήσου οὕτως ἐπικειμένης. 4 Μετὰ δὲ τὴν ξύμβασιν οἱ Ἀθηναῖοι τήν τε Σκάνδειαν τὸ ἐπὶ τῷ λιμένι πόλισμα παραλαβόντες καὶ τῶν Κυθήρων φυλακὴν ποιησάμενοι ἔπλευσαν ἔς τε Ἀσίνην καὶ Ἕλος καὶ τὰ πλεῖστα τῶν περὶ θάλασσαν, καὶ ἀποβάσεις ποιούμενοι καὶ ἐναυλιζόμενοι τῶν χωρίων οὗ καιρὸς εἴη ἐδῄουν τὴν γῆν ἡμέρας μάλιστα ἑπτά.

14. En fait, le chiffre de 2 000 hoplites est celui de la totalité des effectifs (*supra*, 53, 1) dont les Milésiens ne constituent qu'une petite partie.

année dans l'île pour y exercer la charge de « juge pour Cythère » et les Lacédémoniens y avaient en permanence un poste d'hoplites qu'ils renouvelaient, veillant sur l'île avec une attention particulière. 3 Elle constituait, en effet, un mouillage pour les navires marchands en provenance d'Égypte et de Libye, tout en protégeant la Laconie des pirates du côté de la mer, le seul par où il fût possible de l'inquiéter. Car, de partout, l'île domine les mers de Sicile et de Crète. LIV. Les Athéniens y firent donc aborder leurs troupes : avec dix navires et deux mille hoplites milésiens[14], ils s'emparèrent de la ville maritime, appelée Scandeia, tandis que le reste de leurs hommes débarquait dans la partie de l'île tournée vers le cap Malée et marchait contre la ville non maritime de Cythère. Là, ils trouvèrent la population entière aussitôt constituée en camp militaire. 2 Un combat eut lieu : les Cythériens tinrent un petit moment ; puis ils furent mis en fuite et se réfugièrent dans la ville haute. Plus tard, ils conclurent une convention avec Nicias et ses collègues et remirent leur sort à la décision d'Athènes, sous réserve d'avoir la vie sauve. 3 Il y avait d'ailleurs eu des pourparlers antérieurs entre Nicias et quelques Cythériens ; c'est ce qui rendit l'accord plus rapide et plus satisfaisant pour eux, sur le moment comme dans la suite ; car, autrement, les Athéniens auraient déporté les Cythériens, qui étaient Lacédémoniens et dont l'île est, comme on l'a vu, située contre la Laconie. 4 Après la convention, les Athéniens prirent possession de Scandeia, le bourg situé au port, organisèrent la surveillance de Cythère, et firent voile vers Asiné, Hélos et la plupart des villes en bordure de la mer : ils y faisaient des descentes et bivouaquaient dans les endroits qui s'y prêtaient, ravageant ainsi le pays pendant, semble-t-il, sept jours.

LV. Οἱ δὲ Λακεδαιμόνιοι, ἰδόντες μὲν τοὺς Ἀθηναίους τὰ Κύθηρα ἔχοντας, προσδεχόμενοι δὲ καὶ ἐς τὴν γῆν σφῶν ἀποβάσεις τοιαύτας ποιήσεσθαι, ἀθρόᾳ μὲν οὐδαμοῦ τῇ δυνάμει ἀντετάξαντο, κατὰ δὲ τὴν χώραν φρουρὰς διέπεμψαν ὁπλιτῶν πλῆθος ὡς ἑκασταχόσε ἔδει, καὶ τὰ ἄλλα ἐν φυλακῇ πολλῇ ἦσαν, φοβούμενοι μὴ σφίσι νεώτερόν τι γένηται τῶν περὶ τὴν κατάστασιν, γεγενημένου μὲν τοῦ ἐν τῇ νήσῳ πάθους ἀνελπίστου καὶ μεγάλου, Πύλου δὲ ἐχομένης καὶ Κυθήρων καὶ πανταχόθεν σφᾶς περιεστῶτος πολέμου ταχέος καὶ ἀπροφυλάκτου, 2 ὥστε παρὰ τὸ εἰωθὸς ἱππέας τετρακοσίους κατεστήσαντο καὶ τοξότας, ἔς τε τὰ πολεμικά, εἴπερ ποτέ, μάλιστα δὴ ὀκνηρότεροι ἐγένοντο ξυνεστῶτες παρὰ τὴν ὑπάρχουσαν σφῶν ἰδέαν τῆς παρασκευῆς ναυτικῷ ἀγῶνι, καὶ τούτῳ πρὸς Ἀθηναίους, οἷς τὸ μὴ ἐπιχειρούμενον αἰεὶ ἐλλιπὲς ἦν τῆς δοκήσεώς τι πράξειν· 3 καὶ ἅμα τὰ τῆς τύχης πολλὰ καὶ ἐν ὀλίγῳ ξυμβάντα παρὰ λόγον αὐτοῖς ἔκπληξιν μεγίστην παρεῖχε, καὶ ἐδέδισαν μή ποτε αὖθις ξυμφορά τις αὐτοῖς περιτύχῃ οἵα καὶ ἐν τῇ νήσῳ, 4 ἀτολμότεροί τε δι' αὐτὸ ἐς τὰς μάχας ἦσαν καὶ πᾶν ὅ τι κινήσειαν ᾤοντο ἁμαρτήσεσθαι διὰ τὸ τὴν γνώμην ἀνεχέγγυον γεγενῆσθαι ἐκ τῆς πρὶν ἀηθείας τοῦ κακοπραγεῖν. LVI. Τοῖς δὲ Ἀθηναίοις τότε τὴν παραθαλάσσιον δῃοῦσι τὰ μὲν πολλὰ ἡσύχασαν, ὡς καθ' ἑκάστην φρουρὰν γίγνοιτό τις ἀπόβασις, πλήθει τε ἐλάσσους ἕκαστοι ἡγούμενοι εἶναι καὶ ἐν τῷ τοιούτῳ· μία δὲ φρουρά, ἥπερ καὶ ἠμύνατο περὶ Κοτύρταν καὶ Ἀφροδιτίαν, τὸν μὲν ὄχλον τῶν ψιλῶν ἐσκεδασμένον ἐφόβησεν

15. Les conditions de la guerre changent pour les Lacédémoniens, obligés de recourir à de l'infanterie légère et à de la cavalerie.

LV. Les Lacédémoniens, qui voyaient Athènes maîtresse de Cythère et n'étaient pas sans s'attendre de sa part à de telles descentes sur leur territoire, ne lui opposèrent nulle part leurs forces réunies : ils envoyèrent en faction de par le pays toute une masse d'hoplites répartis selon les divers besoins, et, à tous égards, ils montraient une grande vigilance ; ils avaient peur de voir se produire des soulèvements contre l'ordre établi, étant donné le désastre, aussi grave qu'imprévu, qu'ils avaient subi dans l'île, l'occupation de Pylos et de Cythère, et la menace que dressait de toutes parts contre eux une guerre aux coups rapides et impossibles à parer ; 2 par suite, ils rompirent avec leurs habitudes en équipant quatre cents cavaliers ainsi que des archers[15] et, en matière de guerre, ils devinrent, à ce moment-là, plus timides que jamais, engagés comme ils l'étaient, à l'encontre de leurs moyens normaux, dans une lutte navale, et cela contre des Athéniens, pour qui ne pas entreprendre une chose était toujours une perte par rapport au résultat qu'ils comptaient réaliser. 3 En même temps, le hasard, qui était venu souvent en peu de temps tromper leur attente, leur inspirait une frayeur extrême et ils craignaient de lui devoir encore quelque nouveau malheur comme celui de l'île. 4 Cela leur ôtait de leur audace pour aller au combat et ils ne pouvaient bouger sans croire que cela tournerait mal : leur esprit ne savait à quoi se rattacher, parce qu'ils n'avaient pas, jusque-là, été habitués à l'échec. LVI. Vis-à-vis des Athéniens, alors en train de ravager le pays côtier, ils restèrent généralement sans rien faire : chaque fois qu'un poste de soldats voyait se produire une de ces descentes, chaque groupe à son tour se jugeait en état d'infériorité numérique et dans une situation correspondante ; le seul poste qui, en fait, résista, aux environs de Cotyrta et d'Aphroditia, réussit

ἐπιδρομῇ, τῶν δὲ ὁπλιτῶν δεξαμένων ὑπεχώρησε πάλιν,
καὶ ἄνδρες τέ τινες ἀπέθανον αὐτῶν ὀλίγοι καὶ ὅπλα
ἐλήφθη, τροπαῖόν τε στήσαντες οἱ Ἀθηναῖοι ἀπέπλευσαν
ἐς Κύθηρα. 2 Ἐκ δὲ αὐτῶν περιέπλευσαν ἐς Ἐπίδαυρον
τὴν Λιμηράν, καὶ δῃώσαντες μέρος τι τῆς γῆς ἀφικνοῦνται
ἐπὶ Θυρέαν, ἥ ἐστι μὲν τῆς Κυνουρίας γῆς καλουμένης, με-
θορία δὲ τῆς Ἀργείας καὶ Λακωνικῆς. Νεμόμενοι δὲ αὐτὴν
ἔδοσαν Λακεδαιμόνιοι Αἰγινήταις ἐκπεσοῦσιν ἐνοικεῖν διά
τε τὰς ὑπὸ τὸν σεισμὸν σφίσι γενομένας καὶ τῶν Εἱλώτων
τὴν ἐπανάστασιν εὐεργεσίας καὶ ὅτι Ἀθηναίων ὑπα-
κούοντες ὅμως πρὸς τὴν ἐκείνων γνώμην αἰεὶ ἔστασαν.
LVII. Προσπλεόντων οὖν ἔτι τῶν Ἀθηναίων οἱ Αἰγινῆται
τὸ μὲν ἐπὶ τῇ θαλάσσῃ ὃ ἔτυχον οἰκοδομοῦντες τεῖχος
ἐκλείπουσιν, ἐς δὲ τὴν ἄνω πόλιν, ἐν ᾗ ᾤκουν, ἀπεχώρησαν,
ἀπέχουσαν σταδίους μάλιστα δέκα τῆς θαλάσσης. 2 Καὶ
αὐτοῖς τῶν Λακεδαιμονίων φρουρὰ μία τῶν περὶ τὴν χώραν, ἥπερ καὶ ξυνετείχιζε, ξυνεσελθεῖν μὲν ἐς τὸ τεῖχος
οὐκ ἠθέλησαν δεομένων τῶν Αἰγινητῶν, ἀλλ' αὐτοῖς κίνδυνος ἐφαίνετο ἐς τὸ τεῖχος κατακλῄεσθαι· ἀναχωρήσαντες
δὲ ἐπὶ τὰ μετέωρα ὡς οὐκ ἐνόμιζον ἀξιόμαχοι εἶναι, ἡσύχαζον. 3 Ἐν τούτῳ δὲ οἱ Ἀθηναῖοι κατασχόντες καὶ χωρήσαντες εὐθὺς πάσῃ τῇ στρατιᾷ αἱροῦσι τὴν Θυρέαν.
Καὶ τήν τε πόλιν κατέκαυσαν καὶ τὰ ἐνόντα ἐξεπόρθη-
σαν, τούς τε Αἰγινήτας, ὅσοι μὴ ἐν χερσὶ διεφθάρησαν,
ἄγοντες ἀφίκοντο ἐς τὰς Ἀθήνας καὶ τὸν ἄρχοντα ὃς παρ'
αὐτοῖς ἦν τῶν Λακεδαιμονίων, Τάνταλον τὸν Πατροκλέους·
ἐζωγρήθη γὰρ τετρωμένος. 4 Ἦγον δέ τινας καὶ ἐκ τῶν
Κυθήρων ἄνδρας ὀλίγους, οὓς ἐδόκει ἀσφαλείας ἕνεκα μεταστῆσαι. Καὶ τούτους μὲν οἱ Ἀθηναῖοι ἐβουλεύσαντο
καταθέσθαι ἐς τὰς νήσους, καὶ τοὺς ἄλλους Κυθηρίους

bien, en fonçant, à mettre en fuite la masse des troupes légères, qui était débandée ; mais les hoplites reçurent le choc et le groupe dut reculer à son tour ; il eut un petit nombre d'hommes tués et des armes prises ; les Athéniens élevèrent un trophée et repartirent pour Cythère. 2 De là ils contournèrent le pays jusqu'à Épidaure Liméra et, après avoir ravagé une partie du pays, ils arrivèrent à Thyréa, ville de la contrée appelée Cynurie, à la limite entre l'Argolide et la Laconie. Les Lacédémoniens, qui l'occupaient, l'avaient donnée à habiter aux Éginètes, lors de leur expulsion, en récompense pour leur aide lors du tremblement de terre et du soulèvement des hilotes, et parce qu'ils avaient toujours, quoique sujets d'Athènes, adopté leur point de vue. LVII. Dès l'approche des Athéniens, les Éginètes abandonnèrent le mur qu'ils étaient en train de construire au bord de la mer et se retirèrent dans la ville haute qu'ils habitaient, à quelque dix stades de la côte. 2 Il y avait une des garnisons lacédémoniennes du pays qui, précisément, les aidait à le construire : elle refusa d'entrer dans les murs, comme le demandaient les Éginètes, et vit du danger à s'y trouver enfermée : elle se retira donc sur la hauteur et, ne se jugeant pas de force à combattre, resta en repos. 3 Sur quoi les Athéniens abordent, font aussitôt avancer toutes leurs troupes, et s'emparent de Thyréa. – La ville fut brûlée, tout ce qu'elle contenait saccagé, et ils ramenèrent à Athènes tous les Éginètes qu'ils n'avaient pas tués au cours de l'action, ainsi que le chef lacédémonien présent dans la place, Tantalos, fils de Patroclès, qui avait été blessé et fait prisonnier. 4 Ils avaient aussi avec eux des hommes de Cythère, en petit nombre, qu'il semblait bon de transférer ailleurs pour des raisons de sécurité. En ce qui les concerne, les Athéniens décidèrent de les mettre en lieu sûr dans les îles, tout en laissant les autres

οἰκοῦντας τὴν ἑαυτῶν φόρον τέσσαρα τάλαντα φέρειν, Αἰγινήτας δὲ ἀποκτεῖναι πάντας ὅσοι ἑάλωσαν διὰ τὴν προτέραν αἰεί ποτε ἔχθραν, Τάνταλον δὲ παρὰ τοὺς ἄλλους τοὺς ἐν τῇ νήσῳ Λακεδαιμονίους καταδῆσαι.

LVIII. Τοῦ δ' αὐτοῦ θέρους ἐν Σικελίᾳ Καμαριναίοις καὶ Γελῴοις ἐκεχειρία γίγνεται πρῶτον πρὸς ἀλλήλους· εἶτα καὶ οἱ ἄλλοι Σικελιῶται ξυνελθόντες ἐς Γέλαν, ἀπὸ πασῶν τῶν πόλεων πρέσβεις, ἐς λόγους κατέστησαν ἀλλήλοις, εἴ πως ξυναλλαγεῖεν. Καὶ ἄλλαι τε πολλαὶ γνῶμαι ἐλέγοντο ἐπ' ἀμφότερα, διαφερομένων καὶ ἀξιούντων, ὡς ἕκαστοί τι ἐλασσοῦσθαι ἐνόμιζον, καὶ Ἑρμοκράτης ὁ Ἕρμωνος Συρακόσιος, ὅσπερ καὶ ἔπεισε μάλιστα αὐτούς, ἐς τὸ κοινὸν τοιούτους δὴ λόγους εἶπεν.

LIX. « Οὔτε πόλεως ὢν ἐλαχίστης, ὦ Σικελιῶται, τοὺς λόγους ποιήσομαι οὔτε πονουμένης μάλιστα τῷ πολέμῳ, ἐς κοινὸν δὲ τὴν δοκοῦσάν μοι βελτίστην γνώμην εἶναι ἀποφαινόμενος τῇ Σικελίᾳ πάσῃ.

2 Καὶ περὶ μὲν τοῦ πολεμεῖν ὡς χαλεπὸν τί ἄν τις πᾶν τὸ ἐνὸν ἐκλέγων ἐν εἰδόσι μακρηγοροίη; οὐδεὶς γὰρ οὔτε ἀμαθίᾳ ἀναγκάζεται αὐτὸ δρᾶν, οὔτε φόβῳ, ἢν οἴηταί τι πλέον σχήσειν, ἀποτρέπεται. Ξυμβαίνει δὲ τοῖς μὲν τὰ κέρδη μείζω φαίνεσθαι τῶν δεινῶν, οἱ δὲ τοὺς κινδύνους ἐθέλουσιν ὑφίστασθαι πρὸ τοῦ αὐτίκα τι ἐλασσοῦσθαι·

3 αὐτὰ δὲ ταῦτα εἰ μὴ ἐν καιρῷ τύχοιεν ἑκάτεροι πράσ-

habitants de Cythère habiter leur pays moyennant un tribut de quatre talents ; mais, pour les Éginètes, ils décidèrent de tuer tous ceux qu'ils avaient pris, à cause de la vieille hostilité qui avait toujours régné entre eux, tandis que Tantalos rejoindrait les autres prisonniers lacédémoniens pris dans l'île.

### Trêve en Sicile

LVIII. Le même été, en Sicile, une trêve intervint tout d'abord entre les gens de Camarine et de Géla ; puis les autres Siciliens, à leur tour, se réunirent à Géla, où arrivèrent des ambassadeurs de toutes les cités, qui entrèrent en pourparlers, pour tenter une réconciliation. Parmi bien des avis émis pour et contre et traduisant dissentiments et réclamations pour ce que chaque peuple jugeait lui être dû, le Syracusain Hermocrate, fils d'Hermon, qui devait, en fait, être le plus suivi, s'adressa à l'assemblée commune et leur tint un discours comme celui qui suit.

LIX. « Je vais parler au nom d'une ville, Siciliens, qui n'est ni particulièrement dénuée d'importance ni particulièrement éprouvée par la guerre, et je le ferai pour exposer ici à tous en commun ce que je crois le meilleur parti pour la Sicile entière.

2 « Sur la guerre et son caractère pénible, à quoi bon relever tout ce qu'il y aurait à dire et insister par là sur ce que chacun sait ? Il n'arrive, en effet, jamais ni que l'ignorance vous force à la faire, ni que la crainte, si l'on croit en tirer profit, vous en détourne : il se trouve seulement que, dans un cas, le bénéfice semble supérieur au péril et que, dans l'autre, on accepte de courir un risque plutôt que de subir un dommage immédiat ; 3 mais, dans l'hypothèse où ces deux attitudes seraient adoptées mal à propos, alors

σοντες, αἱ παραινέσεις τῶν ξυναλλαγῶν ὠφέλιμοι.  4  Ὁ
καὶ ἡμῖν ἐν τῷ παρόντι πειθομένοις πλείστου ἂν ἄξιον
γένοιτο.

« Τὰ γὰρ ἴδια ἕκαστοι εὖ βουλόμενοι δὴ θέσθαι τό τε πρῶτον ἐπολεμήσαμεν καὶ νῦν πρὸς ἀλλήλους δι' ἀντιλογιῶν
πειρώμεθα καταλλαγῆναι καί, ἢν ἄρα μὴ προχωρήσῃ ἴσον
ἑκάστῳ ἔχοντι ἀπελθεῖν, πάλιν πολεμήσομεν. LX. Καίτοι γνῶναι χρὴ ὅτι οὐ περὶ τῶν ἰδίων μόνον, εἰ σωφρονοῦμεν, ἡ ξύνοδος ἔσται, ἀλλ' εἰ ἐπιβουλευομένην τὴν πᾶσαν
Σικελίαν, ὡς ἐγὼ κρίνω, ὑπ' Ἀθηναίων δυνησόμεθα ἔτι
διασῶσαι, καὶ διαλλακτὰς πολὺ τῶν ἐμῶν λόγων ἀναγ-
καιοτέρους περὶ τῶνδε Ἀθηναίους νομίσαι, οἳ δύναμιν
ἔχοντες μεγίστην τῶν Ἑλλήνων τάς τε ἁμαρτίας ἡμῶν
τηροῦσιν ὀλίγαις ναυσὶ παρόντες, καὶ ὀνόματι ἐννόμῳ
ξυμμαχίας τὸ φύσει πολέμιον εὐπρεπῶς ἐς τὸ ξυμφέρον
καθίστανται. 2 Πόλεμον γὰρ αἱρομένων ἡμῶν καὶ ἐπα-
γομένων αὐτούς, ἄνδρας οἳ καὶ τοῖς μὴ ἐπικαλουμένοις
αὐτοὶ ἐπιστρατεύουσι, κακῶς τε ἡμᾶς αὐτοὺς ποιούντων
τέλεσι τοῖς οἰκείοις, καὶ τῆς ἀρχῆς ἅμα προκοπτόντων
ἐκείνοις, εἰκός, ὅταν γνῶσιν ἡμᾶς τετρυχωμένους, καὶ
πλέονί ποτε στόλῳ ἐλθόντας αὐτοὺς τάδε πάντα πειρά-
σασθαι ὑπὸ σφᾶς ποιεῖσθαι. LXI. Καίτοι τῇ ἑαυτῶν
ἑκάστους, εἰ σωφρονοῦμεν, χρὴ τὰ μὴ προσήκοντα ἐπι-
κτωμένους μᾶλλον ἢ τὰ ἑτοῖμα βλάπτοντας ξυμμάχους τε
ἐπάγεσθαι καὶ τοὺς κινδύνους προσλαμβάνειν, νομίσαι τε
στάσιν μάλιστα φθείρειν τὰς πόλεις καὶ τὴν Σικελίαν, ἧς
γε οἱ ἔνοικοι ξύμπαντες μὲν ἐπιβουλευόμεθα, κατὰ πόλεις
δὲ διέσταμεν.

les conseils de réconciliation sont utiles. 4 Or c'est ce que nous, à l'heure actuelle, nous aurions grand intérêt à reconnaître.

« C'est afin de régler chacun au mieux nos affaires personnelles que nous avons commencé la guerre, et que maintenant nous tâchons, par un débat, de nous réconcilier ; et si par hasard il ne peut se faire que chacun, avant de se retirer, obtienne satisfaction, nous recommencerons la guerre. LX. Pourtant il faut bien voir que, si nous avons du jugement, ce n'est pas seulement de nos affaires personnelles que doit traiter cette assemblée : la Sicile tout entière se trouvant, à mon sens, menacée par les Athéniens, il s'agit de savoir si nous pourrons encore assurer son salut, et il faut penser que, pour pacifier nos différends, mes paroles ont une valeur bien moins décisive que ces Athéniens qui, possédant la plus grande puissance de la Grèce, guettent nos erreurs, avec quelques navires sur place, et, se couvrant en droit de leur titre d'alliés, exploitent ce qui est hostilité naturelle pour servir leur intérêt sous de beaux dehors. 2 Si, en effet, nous soulevons la guerre, si nous attirons chez nous ces hommes qui interviennent spontanément même là où nul ne les appelle, si nous nous causons du tort à nos propres frais tout en leur ouvrant les voies vers la domination, il est vraisemblable que, lorsqu'ils nous verront épuisés, ils arriveront avec une flotte plus importante cette fois, pour tâcher de tout mettre, ici, sous leur contrôle. LXI. Pourtant il faut, si nous avons du jugement, tendre à acquérir chacun pour nos pays des biens extérieurs, et non à compromettre des avantages présents, lorsque nous appelons des alliés ou bien assumons des risques ; et il faut penser que les divisions sont ce qu'il y a de plus funeste pour les villes et pour la Sicile ; nous cependant, ses habitants, bien que menacés en bloc, nous sommes divisés, ville contre ville.

2 « Ἃ χρὴ γνόντας καὶ ἰδιώτην ἰδιώτῃ καταλλαγῆναι καὶ πόλιν πόλει, καὶ πειρᾶσθαι κοινῇ σῴζειν τὴν πᾶσαν Σικελίαν, παρεστάναι δὲ μηδενὶ ὡς οἱ μὲν Δωριῆς ἡμῶν πολέμιοι τοῖς Ἀθηναίοις, τὸ δὲ Χαλκιδικὸν τῇ Ἰάδι ξυγγενείᾳ ἀσφαλές. 3 Οὐ γὰρ τοῖς ἔθνεσιν, ὅτι δίχα πέφυκε, τοῦ ἑτέρου ἔχθει ἐπίασιν, ἀλλὰ τῶν ἐν τῇ Σικελίᾳ ἀγαθῶν ἐφιέμενοι, ἃ κοινῇ κεκτήμεθα. 4 Ἐδήλωσαν δὲ νῦν ἐν τῇ τοῦ Χαλκιδικοῦ γένους παρακλήσει· τοῖς γὰρ οὐδεπώποτε σφίσι κατὰ τὸ ξυμμαχικὸν προσβοηθήσασιν αὐτοὶ τὸ δίκαιον μᾶλλον τῆς ξυνθήκης προθύμως παρέσχοντο.

5 « Καὶ τοὺς μὲν Ἀθηναίους ταῦτα πλεονεκτεῖν τε καὶ προνοεῖσθαι πολλὴ ξυγγνώμη, καὶ οὐ τοῖς ἄρχειν βουλομένοις μέμφομαι, ἀλλὰ τοῖς ὑπακούειν ἑτοιμοτέροις οὖσιν· πέφυκε γὰρ τὸ ἀνθρώπειον διὰ παντὸς ἄρχειν μὲν τοῦ εἴκοντος, φυλάσσεσθαι δὲ τὸ ἐπιόν. 6 Ὅσοι δὲ γιγνώσκοντες αὐτὰ μὴ ὀρθῶς προσκοποῦμεν, μηδὲ τοῦτό τις πρεσβύτατον ἥκει κρίνας, τὸ κοινῶς φοβερὸν ἅπαντας εὖ θέσθαι, ἁμαρτάνομεν. 7 Τάχιστα δ' ἂν ἀπαλλαγὴ αὐτοῦ γένοιτο, εἰ πρὸς ἀλλήλους ξυμβαῖμεν· οὐ γὰρ ἀπὸ τῆς αὑτῶν ὁρμῶνται Ἀθηναῖοι, ἀλλ' ἐκ τῆς τῶν ἐπικαλεσαμένων. 8 Καὶ οὕτως οὐ πόλεμος πολέμῳ, εἰρήνη δὲ διαφοραὶ ἀπραγμόνως παύονται, οἵ τ' ἐπίκλητοι εὐπρεπῶς ἄδικοι ἐλθόντες εὐλόγως ἄπρακτοι ἀπίασιν.

LXII. « Καὶ τὸ μὲν πρὸς τοὺς Ἀθηναίους τοσοῦτον ἀγαθὸν εὖ βουλευομένοις εὑρίσκεται· 2 τὴν δὲ ὑπὸ πάν-

---

16. Hermocrate évoque en particulier l'hostilité reposant sur des facteurs « ethniques », auxquels il oppose la nécessaire unité des cités siciliennes face à la menace athénienne dont les objectifs sont étrangers à ces oppositions : il s'agit pour les Athéniens de se rendre maîtres des richesses de la Sicile (61, 3).

2 « Voilà ce qu'il faut bien voir, afin de nous réconcilier, entre individus, entre villes, pour tâcher d'assurer en commun le salut de la Sicile tout entière[16]. Et qu'il ne vienne à l'esprit de personne que, parmi nous, les Doriens sont des ennemis des Athéniens et que l'élément chalcidien au contraire, grâce à ses attaches ioniennes, est à couvert. 3 Ce n'est pas l'opposition des deux races qui les amène ici, hostiles à l'une des deux : c'est l'attrait des richesses de la Sicile, qui sont notre propriété commune. 4 Ils viennent de le montrer pour l'appel des peuples d'origine chalcidienne : sans en avoir jamais reçu, en vertu du traité d'alliance, aucune aide, ils se sont eux-mêmes empressés de remplir leurs obligations au-delà des conventions.

5 « Au reste, chez les Athéniens, ces ambitions et ces calculs sont bien excusables, et je ne blâme point ceux qui désirent dominer, mais ceux qui sont trop disposés à obéir ; car telle est la nature de l'homme que toujours il domine lorsqu'on cède, et se garde lorsqu'on attaque. 6 Mais si, en voyant bien la situation, nous ne prenons pas les précautions qu'il faut, et si l'on n'arrive pas ici avec la notion que notre premier soin doit être de régler tous au mieux ce qui est une menace commune, alors nous sommes coupables. 7 Or, cette menace, nous pourrions bien vite l'écarter en nous entendant les uns avec les autres. Les Athéniens, en effet, n'ont pas pour base leur propre pays, mais celui qui les a appelés. 8 Aussi ne s'agit-il pas de cesser une guerre pour passer à une autre, mais de passer, sans plus aucun problème, des querelles à la paix ; et ceux qui, répondant à l'appel, étaient venus en masquant sous de beaux dehors leur manque de justice s'en retourneront en devant à de bonnes raisons leur manque de succès.

LXII. « Voilà donc, en ce qui concerne les Athéniens, tout l'avantage qui se révèle lié pour nous à une bonne

των ὁμολογουμένην ἄριστον εἶναι εἰρήνην πῶς οὐ χρὴ καὶ
ἐν ἡμῖν αὐτοῖς ποιήσασθαι; ἢ δοκεῖτε, εἴ τῴ τι ἔστιν ἀγαθὸν ἢ εἴ τῳ τὰ ἐναντία, οὐχ ἡσυχία μᾶλλον ἢ πόλεμος τὸ
μὲν παύσειεν ἂν ἑκατέρῳ, τὸ δὲ ξυνδιασώσειε, καὶ τὰς τιμὰς καὶ λαμπρότητας ἀκινδυνοτέρας ἔχειν τὴν εἰρήνην,
ἄλλα τε ὅσα ἐν μήκει λόγων ἄν τις διέλθοι ὥσπερ περὶ
τοῦ πολεμεῖν; ἃ χρὴ σκεψαμένους μὴ τοὺς ἐμοὺς λόγους
ὑπεριδεῖν, τὴν δὲ αὐτοῦ τινα σωτηρίαν μᾶλλον ἀπ' αὐτῶν
προϊδεῖν.

3 « Καὶ εἴ τις βεβαίως τι ἢ τῷ δικαίῳ ἢ βίᾳ πράξειν οἴεται, τῷ παρ' ἐλπίδα μὴ χαλεπῶς σφαλλέσθω, γνοὺς ὅτι
πλείους ἤδη, καὶ τιμωρίαις μετιόντες τοὺς ἀδικοῦντας καὶ
ἐλπίσαντες ἕτεροι δυνάμει τι πλεονεκτήσειν, οἱ μὲν οὐχ
ὅσον οὐκ ἠμύναντο ἀλλ' οὐδ' ἐσώθησαν, τοὺς δ' ἀντὶ τοῦ
πλέον ἔχειν προσκαταλιπεῖν τὰ αὐτῶν ξυνέβη. 4 Τιμωρία
γὰρ οὐκ εὐτυχεῖ δικαίως, ὅτι καὶ ἀδικεῖται· οὐδὲ ἰσχὺς βέβαιον, διότι καὶ εὔελπι. Τὸ δὲ ἀστάθμητον τοῦ μέλλοντος
ὡς ἐπὶ πλεῖστον κρατεῖ, πάντων τε σφαλερώτατον ὂν ὅμως
καὶ χρησιμώτατον φαίνεται· ἐξ ἴσου γὰρ δεδιότες προμη-
θίᾳ μᾶλλον ἐπ' ἀλλήλους ἐρχόμεθα.

LXIII. « Καὶ νῦν τοῦ ἀφανοῦς τε τούτου διὰ τὸ ἀτέκμαρ-
τον δέος καὶ διὰ τὸ ἤδη φοβεροὺς παρόντας Ἀθηναίους,
κατ' ἀμφότερα ἐκπλαγέντες, καὶ τὸ ἐλλιπὲς τῆς γνώμης

décision ; 2 quant à la paix en général, dont tout le monde reconnaît le prix souverain, comment ne nous faudrait-il pas l'établir parmi nous ? Ou bien refusez-vous de croire, si l'on a soit un avantage soit l'inverse, que la tranquillité est pour chacun plus propre que la guerre à préserver l'un comme à réparer l'autre ? Ou que les honneurs et les gloires sont plus à l'abri des risques dans la paix ? Ou enfin toutes ces idées sur lesquelles, ici comme à propos de la guerre, on pourrait multiplier longuement les développements ? Voilà à quoi il faut penser, afin de ne pas prendre mes paroles à la légère, mais plutôt vous en inspirer chacun et pourvoir ainsi à votre salut.

3 « Et s'il en est qui croient pouvoir compter avec certitude sur le bon droit ou sur la force, qu'ils craignent d'être durement déçus par la faillite imprévue de leurs espoirs ; ils doivent se dire qu'il y a eu bien des cas avant eux : des peuples qui partaient venger une injustice, ou d'autres qui espéraient, grâce aux forces qu'ils avaient, satisfaire une ambition, se sont vus, les premiers, incapables non seulement de faire front, mais encore de trouver le salut, les seconds, amenés, au lieu de conquérir, à y laisser même ce qu'ils possédaient. 4 Une vengeance, en effet, ne connaît pas un juste succès du seul fait qu'elle répond à l'injustice, non plus que la force ne comporte une certitude du seul fait qu'elle donne bon espoir. L'impondérable de l'avenir commande le plus souvent, et si rien n'est plus trompeur, rien aussi ne s'avère plus utile : car, égaux dans la crainte, nous apportons mutuellement plus de prudence à nous attaquer.

LXIII. « Ainsi aujourd'hui, la crainte imprécise de cet avenir inconnu et la présence dès maintenant redoutable des Athéniens doivent nous inspirer une double frayeur ; quant à l'insuccès partiel des projets que nous imaginions

ὧν ἕκαστός τι ᾠήθημεν πράξειν ταῖς κωλύμαις ταύταις
ἱκανῶς νομίσαντες εἰρχθῆναι, τοὺς ἐφεστῶτας πολεμίους
ἐκ τῆς χώρας ἀποπέμπωμεν, καὶ αὐτοὶ μάλιστα μὲν ἐς
ἀίδιον ξυμβῶμεν, εἰ δὲ μή, χρόνον ὡς πλεῖστον σπεισάμενοι τὰς ἰδίας διαφορὰς ἐς αὖθις ἀναβαλώμεθα. 2 Τὸ
ξύμπαν τε δὴ γνῶμεν πειθόμενοι μὲν ἐμοὶ πόλιν ἕξοντες
ἕκαστος ἐλευθέραν, ἀφ' ἧς αὐτοκράτορες ὄντες τὸν εὖ καὶ
κακῶς δρῶντα ἐξ ἴσου ἀρετῇ ἀμυνούμεθα, ἢν δ' ἀπιστή-
σαντες ἄλλοις ὑπακούσωμεν, οὐ περὶ τοῦ τιμωρήσασθαί
τινα, ἀλλὰ καὶ ἄγαν εἰ τύχοιμεν, φίλοι μὲν ἂν τοῖς ἐχθίστοις, διάφοροι δὲ οἷς οὐ χρὴ κατ' ἀνάγκην γιγνόμεθα.

LXIV. « Καὶ ἐγὼ μέν, ἅπερ καὶ ἀρχόμενος εἶπον, πόλιν
τε μεγίστην παρεχόμενος καὶ ἐπιὼν τῳ μᾶλλον ἢ ἀμυνού-
μενος ἀξιῶ προϊδόμενος αὐτῶν ξυγχωρεῖν, καὶ μὴ τοὺς
ἐναντίους οὕτω κακῶς δρᾶν ὥστε αὐτὸς τὰ πλείω βλάπτεσθαι, μηδὲ μωρίᾳ φιλονικῶν ἡγεῖσθαι τῆς τε οἰκείας γνώμης ὁμοίως αὐτοκράτωρ εἶναι καὶ ἧς οὐκ ἄρχω τύχης, ἀλλ'
ὅσον εἰκὸς ἡσσᾶσθαι. 2 Καὶ τοὺς ἄλλους δικαιῶ ταὐτό
μοι ποιῆσαι, ὑφ' ὑμῶν αὐτῶν καὶ μὴ ὑπὸ τῶν πολεμίων
τοῦτο παθεῖν· 3 οὐδὲν γὰρ αἰσχρὸν οἰκείους οἰκείων
ἡσσᾶσθαι, ἢ Δωριᾶ τινα Δωριῶς ἢ Χαλκιδέα τῶν ξυγγε-
νῶν, τὸ δὲ ξύμπαν γείτονας ὄντας καὶ ξυνοίκους μιᾶς χώρας καὶ περιρρύτου καὶ ὄνομα ἓν κεκλημένους Σικελιώτας·
οἳ πολεμήσομέν τε, οἶμαι, ὅταν ξυμβῇ, καὶ ξυγχωρησό-
μεθά γε πάλιν καθ' ἡμᾶς αὐτοὺς λόγοις κοινοῖς χρώμενοι·

chacun pouvoir réaliser, ces obstacles doivent suffire à expliquer un tel échec : renvoyons donc de notre pays l'ennemi qui nous menace, concluons entre nous, s'il se peut, un accord définitif, et, à tout le moins, faisons une trêve aussi longue que possible de manière à remettre à plus tard nos différends particuliers. 2 Enfin reconnaissons au total qu'en suivant mon avis, chacun de nous habitera une cité libre, où nous aurons toute indépendance pour pouvoir, de plain-pied, répondre noblement à qui nous sert ou bien nous nuit ; mais si, au contraire, faute de suivre cet avis, nous prêtons l'oreille à d'autres, il ne s'agira plus de punir : en mettant la fortune au mieux, nous serions les amis de nos pires ennemis, et nous ne pouvons alors qu'avoir pour adversaires ceux qui ne devraient pas l'être.

LXIV. « Pour moi qui, comme je le disais en débutant, représente une ville particulièrement puissante, et plus appelée à attaquer qu'à se défendre, je juge bon, pour mieux veiller à cette situation, de faire des concessions ; je n'entends pas porter à mes adversaires des coups dont j'aurais le premier à souffrir ni laisser l'esprit de querelle m'égarer au point de me croire, un pouvoir également souverain sur mes propres sentiments et sur un sort auquel je ne commande pas : j'entends céder dans la mesure où il est normal de le faire. 2 De même, j'estime juste que les autres en fassent autant, en un sacrifice imposé non par l'ennemi mais bien par vous ; 3 car il n'y a nulle honte à céder entre soi : les Doriens à des Doriens, les Chalcidiens à des peuples de leur race, et, plus généralement, entre voisins, entre gens qui, comme nous, habitent ensemble un même pays, bordé tout autour par la mer, et portent le même nom de Siciliens ! Dans un tel cas, il nous arrivera, j'imagine, et de nous faire la guerre, à l'occasion, et de nous entendre à nouveau entre nous grâce à des pourparlers

4 τοὺς δὲ ἀλλοφύλους ἐπελθόντας ἀθρόοι αἰεί, ἢν σω-
φρονῶμεν, ἀμυνούμεθα, εἴπερ καὶ καθ' ἑκάστους βλαπτόμενοι ξύμπαντες κινδυνεύομεν, ξυμμάχους δὲ οὐδέποτε τὸ
λοιπὸν ἐπαξόμεθα οὐδὲ διαλλακτάς. 5 Τάδε γὰρ ποιοῦντες ἔν τε τῷ παρόντι δυοῖν ἀγαθοῖν οὐ στερήσομεν τὴν
Σικελίαν, Ἀθηναίων τε ἀπαλλαγῆναι καὶ οἰκείου πολέμου,
καὶ ἐς τὸ ἔπειτα καθ' ἡμᾶς αὐτοὺς ἐλευθέραν νεμούμεθα
καὶ ὑπὸ ἄλλων ἧσσον ἐπιβουλευομένην. »

LXV. Τοιαῦτα τοῦ Ἑρμοκράτους εἰπόντος πειθόμενοι
οἱ Σικελιῶται αὐτοὶ μὲν κατὰ σφᾶς αὐτοὺς ξυνηνέχθησαν
γνώμῃ ὥστε ἀπαλλάσσεσθαι τοῦ πολέμου ἔχοντες ἃ ἕκαστοι ἔχουσι, τοῖς δὲ Καμαριναίοις Μοργαντίνην εἶναι ἀργύριον τακτὸν τοῖς Συρακοσίοις ἀποδοῦσιν· 2 οἱ δὲ τῶν
Ἀθηναίων ξύμμαχοι παρακαλέσαντες αὐτῶν τοὺς ἐν τέλει
ὄντας εἶπον ὅτι ξυμβήσονται καὶ αἱ σπονδαὶ ἔσονται κἀ-
κείνοις κοιναί. Ἐπαινεσάντων δὲ αὐτῶν ἐποιοῦντο τὴν ὁμολογίαν, καὶ αἱ νῆες τῶν Ἀθηναίων ἀπέπλευσαν μετὰ ταῦτα
ἐκ Σικελίας. 3 Ἐλθόντας δὲ τοὺς στρατηγοὺς οἱ ἐν τῇ
πόλει Ἀθηναῖοι τοὺς μὲν φυγῇ ἐζημίωσαν, Πυθόδωρον καὶ
Σοφοκλέα, τὸν δὲ τρίτον Εὐρυμέδοντα χρήματα ἐπράξαντο,
ὡς ἐξὸν αὐτοῖς τὰ ἐν Σικελίᾳ καταστρέψασθαι δώροις πεισθέντες ἀποχωρήσειαν. 4 Οὕτω τῇ γε παρούσῃ εὐτυχίᾳ
χρώμενοι ἠξίουν σφίσι μηδὲν ἐναντιοῦσθαι, ἀλλὰ καὶ τὰ
δυνατὰ ἐν ἴσῳ καὶ τὰ ἀπορώτερα μεγάλῃ τε ὁμοίως καὶ
ἐνδεεστέρᾳ παρασκευῇ κατεργάζεσθαι. Αἰτία δ' ἦν ἡ παρὰ
λόγον τῶν πλεόνων εὐπραγία αὐτοῖς ὑποτιθεῖσα ἰσχὺν τῆς
ἐλπίδος.

17. Thucydide ne précise pas quelle action a été intentée contre les
stratèges. Mais l'exil des deux premiers et l'amende infligée au troisième
impliquent qu'ils avaient été jugés par un tribunal populaire.

communs ; 4 mais devant l'envahisseur étranger, si nous avons du jugement, nous ferons toujours bloc pour nous défendre, s'il est vrai que le tort fait à chacun constitue un péril pour tous ; et jamais plus nous n'appellerons chez nous alliés ni pacificateurs. 5 Cette conduite nous permettra, dans l'immédiat, de ne pas priver la Sicile d'un double avantage, en la débarrassant des Athéniens ainsi que des guerres intestines et, dans l'avenir, d'habiter entre nous un pays libre, et moins exposé qu'aujourd'hui aux menaces étrangères. »

LXV. Hermocrate, en leur tenant un discours de ce genre, convainquit les Siciliens : ils commencèrent par se mettre d'accord entre eux pour en finir avec la guerre, chacun gardant les territoires qu'il occupait, et Morgantine restant aux Camarinéens, moyennant le versement d'une certaine somme d'argent à Syracuse ; 2 puis, les alliés d'Athènes firent venir les responsables athéniens pour leur annoncer leur intention de conclure un accord et de les y associer. Ceux-ci donnèrent leur approbation et l'accord fut conclu ; après quoi les navires athéniens quittèrent la Sicile. 3 Mais, à leur retour, les stratèges furent punis par les gens d'Athènes, qui en condamnèrent deux, Pythodore et Sophocle, à l'exil, et le troisième, Eurymédon, à une amende : le motif était qu'au lieu de soumettre, comme ils l'auraient pu, le monde sicilien, ils s'étaient fait payer pour repartir[17]. 4 C'est ainsi que, tout à l'heureuse fortune qui était alors la leur, les Athéniens entendaient ne plus rencontrer aucun obstacle : ils entendaient aboutir en tout état de cause – que l'entreprise fût possible ou difficile à l'excès et leurs moyens importants ou par trop réduits ; la faute en était aux succès imprévisibles qu'ils connaissaient dans tant de cas, et qui prêtaient de la force à leurs espérances.

LXVI. Τοῦ δ' αὐτοῦ θέρους Μεγαρῆς οἱ ἐν τῇ πόλει πιεζόμενοι ὑπό τε ᾿Αθηναίων τῷ πολέμῳ, αἰεὶ κατὰ ἔτος ἕκαστον δὶς ἐσβαλλόντων πανστρατιᾷ ἐς τὴν χώραν, καὶ ὑπὸ τῶν σφετέρων φυγάδων τῶν ἐκ Πηγῶν, οἳ στασιασάντων ἐκπεσόντες ὑπὸ τοῦ πλήθους χαλεποὶ ἦσαν λῃστεύοντες, ἐποιοῦντο λόγους ἐν ἀλλήλοις ὡς χρὴ δεξαμένους τοὺς φεύγοντας μὴ ἀμφοτέρωθεν τὴν πόλιν φθείρειν. 2 Οἱ δὲ φίλοι τῶν ἔξω τὸν θροῦν αἰσθόμενοι φανερῶς μᾶλλον ἢ πρότερον καὶ αὐτοὶ ἠξίουν τούτου τοῦ λόγου ἔχεσθαι. 3 Γνόντες δὲ οἱ τοῦ δήμου προστάται οὐ δυνατὸν τὸν δῆμον ἐσόμενον ὑπὸ τῶν κακῶν μετὰ σφῶν καρτερεῖν, ποιοῦνται λόγους δείσαντες πρὸς τοὺς τῶν ᾿Αθηναίων στρατηγούς, Ἱπποκράτη τε τὸν ᾿Αρίφρονος καὶ Δημοσθένη τὸν ᾿Αλκισθένους, βουλόμενοι ἐνδοῦναι τὴν πόλιν καὶ νομίζοντες ἐλάσσω σφίσι τὸν κίνδυνον ἢ τοὺς ἐκπεσόντας ὑπὸ σφῶν κατελθεῖν. Ξυνέβησάν τε πρῶτα μὲν τὰ μακρὰ τείχη ἑλεῖν ᾿Αθηναίους (ἦν δὲ σταδίων μάλιστα ὀκτὼ ἀπὸ τῆς πόλεως ἐπὶ τὴν Νίσαιαν τὸν λιμένα αὐτῶν), ὅπως μὴ ἐπιβοηθήσωσιν ἐκ τῆς Νισαίας οἱ Πελοποννήσιοι, ἐν ᾗ αὐτοὶ μόνοι ἐφρούρουν βεβαιότητος ἕνεκα τῶν Μεγάρων, ἔπειτα δὲ καὶ τὴν ἄνω πόλιν πειρᾶσθαι ἐνδοῦναι· ῥᾷον δ' ἤδη ἔμελλον προσχωρήσειν τούτου γεγενημένου.

LXVII. Οἱ οὖν ᾿Αθηναῖοι, ἐπειδὴ ἀπό τε τῶν ἔργων καὶ τῶν λόγων παρεσκεύαστο ἀμφοτέροις, ὑπὸ νύκτα πλεύσαντες ἐς Μινῴαν τὴν Μεγαρέων νῆσον ὁπλίταις ἑξακοσίοις, ὧν Ἱπποκράτης ἦρχεν, ἐν ὀρύγματι ἐκαθέζοντο, ὅθεν

### Les Athéniens à Mégare

LXVI. Le même été, les Mégariens de la ville, doublement éprouvés, à la fois par les Athéniens, du fait de la guerre (car ceux-ci faisaient régulièrement deux fois par an une invasion en masse dans le pays), et par les exilés mégariens installés à Pèges (ces derniers avaient été bannis par le peuple à la suite de troubles politiques et les soumettaient à des razzias sévères), commençaient à envisager entre eux de recevoir les exilés pour ne pas perdre ainsi la ville sous l'effet d'un double fléau. 2 Et les amis des gens du dehors, conscients de ces rumeurs, jugeaient bon de soutenir à leur tour cette idée plus ouvertement qu'avant. 3 Mais les chefs du parti démocratique, se rendant compte que le peuple, devant tant de maux, n'aurait pas la force de les suivre dans la résistance, prirent peur et firent des propositions aux stratèges athéniens, Hippocrate, fils d'Ariphron, et Démosthène, fils d'Alkisthène : ils voulaient leur remettre la ville et jugeaient pour eux le péril moindre que de voir revenir ceux qu'ils avaient bannis. Ils convinrent donc que, d'abord, les Athéniens s'empareraient des Longs Murs (qui couvraient approximativement huit stades, de la ville jusqu'à Nisée, son port) : on éviterait ainsi l'arrivée de renforts envoyés de Nisée par les Péloponnésiens, qui y montaient personnellement la garde, seuls, pour veiller sur la sécurité de Mégare. Ensuite, ils s'efforceraient de livrer à son tour la ville haute ; et celle-ci viendrait plus facilement à composition, une fois le premier résultat acquis.

LXVII. Lorsque, soit mesures pratiques soit pourparlers, tout fut prêt des deux côtés, les Athéniens passèrent à la faveur de la nuit dans l'île mégarienne de Minôa, avec six cents hoplites, commandés par Hippocrate ; et ils s'installèrent dans un fossé, d'où l'on tirait les briques des

ἐπλίνθευον τὰ τείχη καὶ ἀπεῖχεν οὐ πολύ· 2 οἱ δὲ μετὰ
τοῦ Δημοσθένους τοῦ ἑτέρου στρατηγοῦ Πλαταιῆς τε ψιλοὶ
καὶ ἕτεροι περίπολοι ἐνήδρευσαν ἐς τὸ Ἐνυάλιον, ὅ ἐστιν
ἔλασσον ἄπωθεν. Καὶ ᾔσθετο οὐδεὶς εἰ μὴ οἱ ἄνδρες οἷς
ἐπιμελὲς ἦν εἰδέναι τὴν νύκτα ταύτην. 3 Καὶ ἐπειδὴ ἕως
ἔμελλε γίγνεσθαι, οἱ προδιδόντες τῶν Μεγαρέων οὗτοι
τοιόνδε ἐποίησαν. Ἀκάτιον ἀμφηρικὸν ὡς λῃσταί, ἐκ πολλοῦ τεθεραπευκότες τὴν ἄνοιξιν τῶν πυλῶν, εἰώθεσαν ἐπὶ
ἁμάξῃ, πείθοντες τὸν ἄρχοντα, διὰ τῆς τάφρου κατακομί-
ζειν τῆς νυκτὸς ἐπὶ τὴν θάλασσαν καὶ ἐκπλεῖν· καὶ πρὶν
ἡμέραν εἶναι πάλιν αὐτὸ τῇ ἁμάξῃ κομίσαντες ἐς τὸ τεῖχος
κατὰ τὰς πύλας ἐσῆγον, ὅπως τοῖς ἐκ τῆς Μινῴας Ἀθηναίοις ἀφανὴς δὴ εἴη ἡ φυλακή, μὴ ὄντος ἐν τῷ λιμένι
πλοίου φανεροῦ μηδενός. 4 Καὶ τότε πρὸς ταῖς πύλαις
ἤδη ἦν ἡ ἅμαξα, καὶ ἀνοιχθεισῶν κατὰ τὸ εἰωθὸς ὡς τῷ
ἀκατίῳ οἱ Ἀθηναῖοι (ἐγίγνετο γὰρ ἀπὸ ξυνθήματος τὸ
τοιοῦτον) ἰδόντες ἔθεον δρόμῳ ἐκ τῆς ἐνέδρας, βουλόμενοι
φθάσαι πρὶν ξυγκλῃσθῆναι πάλιν τὰς πύλας καὶ ἕως ἔτι
ἡ ἅμαξα ἐν αὐταῖς ἦν, κώλυμα οὖσα προσθεῖναι· καὶ αὐτοῖς ἅμα καὶ οἱ ξυμπράσσοντες Μεγαρῆς τοὺς κατὰ τὰς
πύλας φύλακας κτείνουσιν. 5 Καὶ πρῶτον μὲν οἱ περὶ
τὸν Δημοσθένη Πλαταιῆς τε καὶ περίπολοι ἐσέδραμον οὗ
νῦν τὸ τροπαῖόν ἐστι, καὶ εὐθὺς ἐντὸς τῶν πυλῶν (ᾔσθοντο
γὰρ οἱ ἐγγύτατα Πελοποννήσιοι) μαχόμενοι τοὺς προσβοηθοῦντας οἱ Πλαταιῆς ἐκράτησαν καὶ τοῖς τῶν Ἀθηναίων ὁπλίταις ἐπιφερομένοις βεβαίους τὰς πύλας παρ-
έσχον. LXVIII. Ἔπειτα δὲ καὶ τῶν Ἀθηναίων ἤδη ὁ
αἰεὶ ἐντὸς γιγνόμενος χωρεῖ ἐπὶ τὸ τεῖχος. 2 Καὶ οἱ Πε-

murs et qui se trouvait à une petite distance ; 2 Démosthène, l'autre stratège, avec des troupes légères formées de Platéens et avec des péripoles, se mit en embuscade vers le temple d'Enyalios, qui est moins loin. Personne ne s'en aperçut, hormis ceux qui s'inquiétaient, cette nuit-là, d'être fixés. 3 Et au moment où l'aurore allait poindre, ces Mégariens-là – ceux qui voulaient livrer la ville – procédèrent de la façon suivante. Ils avaient une barque à rames destinée, soi-disant, à la piraterie, et s'étaient depuis longtemps arrangés pour qu'on leur ouvrît la porte : avec l'assentiment du fonctionnaire responsable, ils avaient pris l'habitude de la faire passer de nuit sur un chariot de l'autre côté du fossé et de la porter à la mer, où ils embarquaient ; avant le jour ils la retransportaient sur le chariot jusqu'au rempart et la réintroduisaient par la porte : ne fallait-il pas laisser les Athéniens de Minôa sans repère visible pour leur surveillance, en évitant qu'aucune embarcation ne se vît dans le port ? 4 Or, cette fois, le chariot était déjà près de la porte : dès qu'on l'eut ouverte, comme on le faisait d'habitude pour la barque – toute l'affaire étant combinée –, les Athéniens, à cette vue, sortirent en courant de leur cachette, voulant arriver avant que l'on n'eût refermé la porte, et profiter de ce que le chariot y était engagé, ce qui empêchait de la rabattre. En même temps, les Mégariens qui étaient de connivence avec eux massacraient les gardes préposés à la porte. 5 Tout d'abord, les Platéens et les péripoles de Démosthène pénétrèrent à la course, là où se dresse actuellement le trophée ; et, aussitôt la porte franchie, il y eut combat (les Péloponnésiens les plus proches ayant été alertés) : les Platéens dominèrent bientôt les défenseurs, garantissant ainsi l'usage de la porte aux hoplites athéniens qui suivaient. LXVIII. Ensuite ce fut aux Athéniens, au fur et à mesure qu'ils étaient à l'intérieur, de courir au rempart :

λοποννήσιοι φρουροὶ τὸ μὲν πρῶτον ἀντίσχοντες ἠμύνοντο
ὀλίγοι, καὶ ἀπέθανόν τινες αὐτῶν, οἱ δὲ πλείους ἐς φυγὴν
κατέστησαν, φοβηθέντες ἐν νυκτί τε πολεμίων προσπεπ-
τωκότων καὶ τῶν προδιδόντων Μεγαρέων ἀντιμαχομένων
νομίσαντες τοὺς ἅπαντας σφᾶς Μεγαρέας προδεδωκέναι.
3 Ξυνέπεσε γὰρ καὶ τὸν τῶν Ἀθηναίων κήρυκα ἀφ' ἑαυτοῦ γνώμης κηρύξαι τὸν βουλόμενον ἰέναι Μεγαρέων μετὰ
Ἀθηναίων θησόμενον τὰ ὅπλα. Οἱ δ' ὡς ἤκουσαν, οὐκέτι
ἀνέμενον, ἀλλὰ τῷ ὄντι νομίσαντες κοινῇ πολεμεῖσθαι κατέφυγον ἐς τὴν Νίσαιαν.

4 Ἅμα δὲ ἕῳ ἑαλωκότων ἤδη τῶν τειχῶν καὶ τῶν ἐν
τῇ πόλει Μεγαρέων θορυβουμένων οἱ πρὸς τοὺς Ἀθηναίους
πράξαντες καὶ ἄλλο μετ' αὐτῶν πλῆθος, ὃ ξυνῄδει, ἔφασαν
χρῆναι ἀνοίγειν τὰς πύλας καὶ ἐπεξιέναι ἐς μάχην. 5 Ξυνέκειτο δὲ αὐτοῖς τῶν πυλῶν ἀνοιχθεισῶν ἐσπίπτειν τοὺς
Ἀθηναίους, αὐτοὶ δὲ διάδηλοι ἔμελλον ἔσεσθαι (λίπα γὰρ
ἀλείψεσθαι), ὅπως μὴ ἀδικῶνται. Ἀσφάλεια δὲ αὐτοῖς
μᾶλλον ἐγίγνετο τῆς ἀνοίξεως· καὶ γὰρ οἱ ἀπὸ τῆς Ἐλευ-
σῖνος κατὰ τὸ ξυγκείμενον τετρακισχίλιοι ὁπλῖται τῶν
Ἀθηναίων καὶ ἱππῆς ἑξακόσιοι [οἳ] τὴν νύκτα πορευόμε-
νοι παρῆσαν. 6 Ἀληλιμμένων δὲ αὐτῶν καὶ ὄντων ἤδη
περὶ τὰς πύλας καταγορεύει τις ξυνειδὼς τοῖς ἑτέροις τὸ
ἐπιβούλευμα. Καὶ οἳ ξυστραφέντες ἁθρόοι ἦλθον καὶ οὐκ
ἔφασαν χρῆναι οὔτε ἐπεξιέναι (οὐδὲ γὰρ πρότερον πω
τοῦτο ἰσχύοντες μᾶλλον τολμῆσαι) οὔτε ἐς κίνδυνον φανερὸν τὴν πόλιν καταγαγεῖν· εἴ τε μὴ πείσεταί τις, αὐτοῦ

2 parmi les troupes péloponnésiennes en faction, quelques hommes commencèrent bien par tenir bon et tenter de les repousser, certains d'entre eux s'y faisant tuer ; mais le plus grand nombre prit la fuite, effrayé de voir l'ennemi surgir en pleine nuit et les Mégariens qui livraient la ville lutter dans les rangs adverses : cela leur fit croire que Mégare entière les avait trahis. 3 Aussi bien y eut-il une circonstance supplémentaire : le héraut athénien, de sa propre initiative, se mit à proclamer que les Mégariens qui le voudraient n'avaient qu'à venir rejoindre en armes les Athéniens ; les Péloponnésiens, en entendant cela, cessèrent la résistance et, pensant avoir affaire en fait à une attaque conjointe des uns et des autres, ils s'enfuirent à Nisée.

4 À l'aube, alors que les murs étaient pris et que l'agitation régnait en ville parmi les Mégariens, ceux qui avaient négocié avec les Athéniens, soutenus par un groupe important de gens dans le secret, déclarèrent qu'il fallait ouvrir les portes et sortir au combat : 5 les arrangements prévoyaient que, les portes une fois ouvertes, les Athéniens feraient irruption à l'intérieur, et eux-mêmes devaient être aisément reconnaissables, car ils s'enduiraient de graisse, pour éviter qu'on leur fît tort ; et il y avait pour eux une sécurité accrue à ouvrir les portes ; car les troupes envoyées d'Éleusis, conformément aux arrangements, à savoir quatre mille hoplites athéniens et six cents cavaliers qui avaient fait route de nuit, étaient là. 6 Mais, comme nos gens, bien graissés, s'affairaient déjà aux portes, un des hommes dans le secret dénonce le complot à ceux de l'autre parti : ces derniers alors se réunirent en masse et vinrent déclarer qu'il ne fallait ni faire une sortie (ce que, même avant, avec des forces plus grandes, on n'avait encore jamais osé faire) ni précipiter la cité dans un danger manifeste : et, si on refusait de les écouter, c'est ici que l'on se battrait ! Rien,

τὴν μάχην ἔσεσθαι. Ἐδήλουν δὲ οὐδὲν ὅτι ἴσασι τὰ πρασσόμενα, ἀλλὰ ὡς τὰ βέλτιστα βουλεύοντες ἰσχυρίζοντο,
καὶ ἅμα περὶ τὰς πύλας παρέμενον φυλάσσοντες, ὥστε οὐκ
ἐγένετο τοῖς ἐπιβουλεύουσι πρᾶξαι ὃ ἔμελλον.

LXIX. Γνόντες δὲ οἱ τῶν Ἀθηναίων στρατηγοὶ ὅτι
ἐναντίωμά τι ἐγένετο καὶ τὴν πόλιν βίᾳ οὐχ οἷοί τε ἔσονται
λαβεῖν, τὴν Νίσαιαν εὐθὺς περιετείχιζον, νομίζοντες, εἰ
πρὶν ἐπιβοηθῆσαί τινας ἐξέλοιεν, θᾶσσον ἂν καὶ τὰ Μέγαρα
προσχωρῆσαι 2 (παρεγένετο δὲ σίδηρός τε ἐκ τῶν Ἀθηνῶν ταχὺ καὶ λιθουργοὶ καὶ τἆλλα ἐπιτήδεια)· ἀρξάμενοι
δ' ἀπὸ τοῦ τείχους ὃ εἶχον καὶ διοικοδομήσαντες τὸ πρὸς
Μεγαρέας, ἀπ' ἐκείνου ἑκατέρωθεν ἐς θάλασσαν τῆς Νισαίας τάφρον τε καὶ τείχη διελομένη ἡ στρατιά, ἔκ τε τοῦ
προαστείου λίθοις καὶ πλίνθοις χρώμενοι, καὶ κόπτοντες
τὰ δένδρα καὶ ὕλην ἀπεσταύρουν εἴ πῃ δέοιτό τι· καὶ αἱ
οἰκίαι τοῦ προαστείου ἐπάλξεις λαμβάνουσαι αὐταὶ ὑπῆρ-
χον ἔρυμα.

3 Καὶ ταύτην μὲν τὴν ἡμέραν ὅλην εἰργάζοντο· τῇ δὲ
ὑστεραίᾳ περὶ δείλην τὸ τεῖχος ὅσον οὐκ ἀπετετέλεστο,
καὶ οἱ ἐν τῇ Νισαίᾳ δείσαντες, σίτου τε ἀπορίᾳ (ἐφ' ἡμέραν γὰρ ἐκ τῆς ἄνω πόλεως ἐχρῶντο) καὶ τοὺς Πελοποννησίους οὐ νομίζοντες ταχὺ ἐπιβοηθήσειν, τούς τε Μεγαρέας πολεμίους ἡγούμενοι, ξυνέβησαν τοῖς Ἀθηναίοις ῥη-
τοῦ μὲν ἕκαστον ἀργυρίου ἀπολυθῆναι ὅπλα παραδόντας,
τοῖς δὲ Λακεδαιμονίοις, τῷ τε ἄρχοντι καὶ εἴ τις ἄλλος
ἐνῆν, χρῆσθαι Ἀθηναίους ὅ τι ἂν βούλωνται. Ἐπὶ τούτοις
ὁμολογήσαντες ἐξῆλθον. 4 Καὶ οἱ Ἀθηναῖοι τὰ μακρὰ

cependant, ne révélait qu'ils savaient ce qui se tramait : ils ne faisaient qu'insister pour recommander le meilleur parti ; et, en même temps, ils restaient en surveillance près des portes ; tant et si bien que les conjurés ne trouvèrent pas moyen de réaliser leur projet.

LXIX. Les stratèges athéniens, comprenant qu'il y avait eu un obstacle et qu'ils ne pourraient pas s'emparer de la ville par un coup de main, se mirent aussitôt en devoir d'investir Nisée, se disant que, s'ils emportaient la place avant l'arrivée d'un secours, Mégare à son tour viendrait plus vite à composition ; 2 pour cela, il leur était vite arrivé du fer d'Athènes, ainsi que des tailleurs de pierre et tout ce qu'il fallait. Ils partirent du mur qu'ils occupaient et fermèrent le passage du côté de Mégare ; puis, des deux côtés de Nisée, jusqu'à la mer, l'armée se répartit fossé et murailles, et, employant des pierres et des briques provenant du faubourg, coupant les troncs et le bois, ils en faisaient des palissades là où besoin était ; en outre, les maisons du faubourg, auxquelles ils ajoutaient des créneaux, constituaient par elles-mêmes un retranchement.

3 Tout ce jour-là, ils y travaillèrent ; et le lendemain dans la soirée le mur était pour ainsi dire achevé. Alors, les occupants de Nisée prirent peur : ils étaient à court de vivres (car ils se ravitaillaient chaque jour à la ville haute) et ne croyaient pas à un secours rapide des Péloponnésiens ; enfin ils pensaient que Mégare était contre eux ; aussi conclurent-ils un accord avec les Athéniens : chacun pouvait, en rendant ses armes, se libérer moyennant une certaine somme d'argent ; quant aux Lacédémoniens – leur chef et, avec lui, tout autre Lacédémonien présent –, ils étaient livrés à la discrétion des Athéniens. Après s'être entendus sur ces bases, ils purent sortir de la ville ; 4 et les Athéniens, ayant pratiqué une brèche dans les Longs

τείχη ἀπορρήξαντες ἀπὸ τῆς τῶν Μεγαρέων πόλεως καὶ
τὴν Νίσαιαν παραλαβόντες τἄλλα παρεσκευάζοντο.

LXX. Βρασίδας δὲ ὁ Τέλλιδος Λακεδαιμόνιος κατὰ τοῦτον τὸν χρόνον ἐτύγχανε περὶ Σικυῶνα καὶ Κόρινθον ὤν,
ἐπὶ Θρᾴκης στρατείαν παρασκευαζόμενος. Καὶ ὡς ᾔσθετο
τῶν τειχῶν τὴν ἅλωσιν, δείσας περί τε τοῖς ἐν τῇ Νισαίᾳ
Πελοποννησίοις καὶ μὴ τὰ Μέγαρα ληφθῇ, πέμπει ἔς τε
τοὺς Βοιωτοὺς κελεύων κατὰ τάχος στρατιᾷ ἀπαντῆσαι ἐπὶ
Τριποδίσκον (ἔστι δὲ κώμη τῆς Μεγαρίδος ὄνομα τοῦτο
ἔχουσα ὑπὸ τῷ ὄρει τῇ Γερανείᾳ), καὶ αὐτὸς ἔχων ἦλθεν
ἑπτακοσίους μὲν καὶ δισχιλίους Κορινθίων ὁπλίτας, Φλειασίων δὲ τετρακοσίους, Σικυωνίων δὲ ἑξακοσίους καὶ τοὺς
μεθ' αὑτοῦ ὅσοι ἤδη ξυνειλεγμένοι ἦσαν, οἰόμενος τὴν
Νίσαιαν ἔτι καταλήψεσθαι ἀνάλωτον. 2 Ὡς δὲ ἐπύθετο,
(ἔτυχε γὰρ νυκτὸς ἐπὶ τὸν Τριποδίσκον ἐξελθών) ἀπολέξας
τριακοσίους τοῦ στρατοῦ, πρὶν ἔκπυστος γενέσθαι, προσ-
ῆλθε τῇ τῶν Μεγαρέων πόλει λαθὼν τοὺς Ἀθηναίους
ὄντας περὶ τὴν θάλασσαν, βουλόμενος μὲν τῷ λόγῳ καὶ
ἅμα εἰ δύναιτο ἔργῳ τῆς Νισαίας πειρᾶσαι, τὸ δὲ μέγιστον,
τὴν τῶν Μεγαρέων πόλιν ἐσελθὼν βεβαιώσασθαι. Καὶ ἠξίου
δέξασθαι σφᾶς λέγων ἐν ἐλπίδι εἶναι ἀναλαβεῖν Νίσαιαν.

LXXI. Αἱ δὲ τῶν Μεγαρέων στάσεις φοβούμεναι, οἱ μὲν
μὴ τοὺς φεύγοντας σφίσιν ἐσαγαγὼν αὐτοὺς ἐκβάλῃ, οἱ
δὲ μὴ αὐτὸ τοῦτο ὁ δῆμος δείσας ἐπίθηται σφίσι καὶ ἡ
πόλις ἐν μάχῃ καθ' αὑτὴν οὖσα ἐγγὺς ἐφεδρευόντων Ἀθηναίων ἀπόληται, οὐκ ἐδέξαντο, ἀλλ' ἀμφοτέροις ἐδόκει
ἡσυχάσασι τὸ μέλλον περιιδεῖν. 2 Ἤλπιζον γὰρ καὶ μάχην ἑκάτεροι ἔσεσθαι τῶν τε Ἀθηναίων καὶ τῶν προσβοη-

Murs pour couper le lien avec la ville de Mégare et ayant pris en main Nisée, poursuivirent leurs préparatifs.

LXX. Cependant le Lacédémonien Brasidas, fils de Tellis, se trouvait justement, à cette époque, dans la région de Sicyone et de Corinthe, en train de préparer une expédition pour la Thrace. Lorsqu'il sut les murs pris, il s'effraya pour les Péloponnésiens de Nisée, ainsi que de la chute possible de Mégare : il expédia alors des messagers aux Béotiens, leur demandant d'envoyer rapidement une armée le rejoindre à Tripodiscos (c'est un village de Mégaride qui porte ce nom, aux pieds des monts de Géranie) ; et il s'y rendit de son côté avec deux mille sept cents hoplites de Corinthe, quatre cents de Phlionte, six cents de Sicyone, et les hommes de ses propres troupes déjà réunis sous ses ordres : il s'imaginait trouver Nisée non encore prise. 2 Lorsqu'il apprit la nouvelle (il était justement sorti du pays de nuit, pour gagner Tripodiscos), il choisit trois cents hommes dans l'armée et, avant que ses mouvements fussent connus, il arriva aux abords de Mégare, à l'insu des Athéniens, occupés du côté de la mer. Son intention était en principe – et aussi en fait, s'il pouvait – d'essayer une tentative contre Nisée ; mais c'était essentiellement de pénétrer dans Mégare afin de raffermir la ville. Et il réclamait qu'on lui ouvrît les portes, en disant qu'il avait l'espoir de reprendre Nisée. LXXI. Mais, à Mégare, les deux partis avaient peur : pour les uns, c'était, de le voir ramener les exilés et les bannir, eux, à leur tour ; pour les autres, c'était de voir le peuple, mû précisément par cette crainte, se dresser contre eux, et la ville, ainsi livrée à la guerre civile quand les Athéniens la guettaient de tout près, courir à sa perte ; aussi ne le reçurent-ils pas : tous jugeaient préférable d'attendre la suite sans bouger. 2 Chaque groupe, en effet, escomptait qu'il y aurait bataille

θησάντων, καὶ οὕτω σφίσιν ἀσφαλεστέρως ἔχειν, οἷς τις
εἴη εὔνους, κρατήσασι προσχωρῆσαι· ὁ δὲ Βρασίδας ὡς
οὐκ ἔπειθεν, ἀνεχώρησε πάλιν ἐς τὸ ἄλλο στράτευμα.

LXXII. "Αμα δὲ τῇ ἕῳ οἱ Βοιωτοὶ παρῆσαν, διανενοη-
μένοι μὲν καὶ πρὶν Βρασίδαν πέμψαι βοηθεῖν ἐπὶ τὰ Μέγαρα, ὡς οὐκ ἀλλοτρίου ὄντος τοῦ κινδύνου, καὶ ἤδη ὄντες
πανστρατιᾷ Πλαταιᾶσιν· ἐπειδὴ δὲ καὶ ἦλθεν ὁ ἄγγελος,
πολλῷ μᾶλλον ἐρρώσθησαν, καὶ ἀποστείλαντες διακοσίους
καὶ δισχιλίους ὁπλίτας καὶ ἱππέας ἑξακοσίους τοῖς πλείοσιν ἀπῆλθον πάλιν.

2 Παρόντος δὲ ἤδη ξύμπαντος τοῦ στρατεύματος, ὁπλιτῶν οὐκ ἔλασσον ἑξακισχιλίων, καὶ τῶν Ἀθηναίων τῶν
μὲν ὁπλιτῶν περί τε τὴν Νίσαιαν ὄντων καὶ τὴν θάλασσαν
ἐν τάξει, τῶν δὲ ψιλῶν ἀνὰ τὸ πεδίον ἐσκεδασμένων, οἱ
ἱππῆς οἱ τῶν Βοιωτῶν ἀπροσδοκήτοις ἐπιπεσόντες τοῖς
ψιλοῖς ἔτρεψαν ἐπὶ τὴν θάλασσαν (ἐν γὰρ τῷ πρὸ τοῦ οὐδεμία βοήθειά πω τοῖς Μεγαρεῦσιν οὐδαμόθεν ἐπῆλθεν)·
3 ἀντεπεξελάσαντες δὲ καὶ οἱ τῶν Ἀθηναίων ἐς χεῖρας
ᾖσαν, καὶ ἐγένετο ἱππομαχία ἐπὶ πολύ, ἐν ᾗ ἀξιοῦσιν ἑκάτεροι οὐχ ἥσσους γενέσθαι.   4 Τὸν μὲν γὰρ ἵππαρχον τῶν
Βοιωτῶν καὶ ἄλλους τινὰς οὐ πολλοὺς πρὸς αὐτὴν τὴν
Νίσαιαν προσελάσαντας οἱ Ἀθηναῖοι [καὶ] ἀποκτείναντες
ἐσκύλευσαν, καὶ τῶν τε νεκρῶν τούτων κρατήσαντες ὑποσπόνδους ἀπέδοσαν καὶ τροπαῖον ἔστησαν· οὐ μέντοι ἔν γε
τῷ παντὶ ἔργῳ βεβαίως οὐδέτεροι τελευτήσαντες ἀπεκρί-
θησαν ἀλλ' οἱ μὲν Βοιωτοὶ πρὸς τοὺς ἑαυτῶν, οἱ δὲ ἐπὶ
τὴν Νίσαιαν.

LXXIII. Μετὰ δὲ τοῦτο Βρασίδας καὶ τὸ στράτευμα

entre les Athéniens et l'armée venue au secours de la ville : il était par suite plus sûr pour eux de ne se rallier à ceux qui avaient leurs sympathies qu'une fois la victoire acquise. Brasidas, donc, ne pouvant les convaincre, s'en alla retrouver le reste de l'armée.

LXXII. Mais, dès l'aube, les Béotiens étaient là : ils avaient eu tout seuls, sans attendre, le message de Brasidas, l'idée de se porter au secours de Mégare, se jugeant personnellement touchés par cette menace, et ils étaient déjà, en masse, à Platée ; sur quoi, l'arrivée du messager stimula vivement leur énergie : ils expédièrent deux mille deux cents hoplites et six cents cavaliers, tandis que le reste s'en retournait.

2 Dès lors, toute l'armée était là, soit non moins de six mille hoplites : profitant de ce que, parmi les Athéniens, les hoplites se trouvaient rangés aux abords de Nisée et de la mer, et les troupes légères répandues par la plaine, la cavalerie des Béotiens chargea à l'improviste contre ces troupes légères et les chassa en direction de la mer (jusque-là elles n'avaient encore rencontré aucune troupe venant au secours des Mégariens) ; 3 puis, prenant à son tour l'offensive, la cavalerie athénienne entra en lutte, et il y eut un combat de cavalerie prolongé, au cours duquel chacun estime qu'il n'eut pas le dessous. 4 Sans doute l'hipparque des Béotiens et un petit groupe d'hommes qui avaient poussé jusqu'à Nisée même furent tués par les Athéniens, qui les dépouillèrent, puis, s'étant assuré les corps, les rendirent sous convention et dressèrent un trophée – pourtant, à prendre l'affaire dans son ensemble, nul ne termina par un résultat bien tranché : ils se séparèrent parce que les Béotiens rejoignaient les leurs, et que les autres rentraient à Nisée.

LXXIII. Après cela, Brasidas et son armée se

ἐχώρουν ἐγγυτέρω τῆς θαλάσσης καὶ τῆς τῶν Μεγαρέων πόλεως, καὶ καταλαβόντες χωρίον ἐπιτήδειον παραταξάμενοι ἡσύχαζον, οἰόμενοι σφίσιν ἐπιέναι τοὺς Ἀθηναίους καὶ τοὺς Μεγαρέας ἐπιστάμενοι περιορωμένους ὁποτέρων ἡ νίκη ἔσται. 2 Καλῶς δὲ ἐνόμιζον σφίσιν ἀμφότερα ἔχειν, ἅμα μὲν τὸ μὴ ἐπιχειρεῖν προτέρους μηδὲ μάχης καὶ κινδύνου ἑκόντας ἄρξαι, ἐπειδή γε ἐν φανερῷ ἔδειξαν ἑτοῖμοι ὄντες ἀμύνεσθαι, καὶ αὐτοῖς ὥσπερ ἀκονιτὶ τὴν νίκην δικαίως ἂν τίθεσθαι· ἐν τῷ αὐτῷ δὲ καὶ πρὸς τοὺς Μεγαρέας ὀρθῶς ξυμβαίνειν· 3 εἰ μὲν γὰρ μὴ ὤφθησαν ἐλθόντες, οὐκ ἂν ἐν τύχῃ γίγνεσθαι σφίσιν, ἀλλὰ σαφῶς ἂν ὥσπερ ἡσσηθέντων στερηθῆναι εὐθὺς τῆς πόλεως· νῦν δὲ κἂν τυχεῖν αὐτοὺς Ἀθηναίους μὴ βουληθέντας ἀγωνίζεσθαι, ὥστε ἀμαχητὶ ἂν περιγενέσθαι αὐτοῖς ὧν ἕνεκα ἦλθον. Ὅπερ καὶ ἐγένετο. 4 Οἱ γὰρ Μεγαρῆς, ὡς οἱ Ἀθηναῖοι ἐτάξαντο μὲν παρὰ τὰ μακρὰ τείχη ἐξελθόντες, ἡσύχαζον δὲ καὶ αὐτοὶ μὴ ἐπιόντων, λογιζόμενοι καὶ οἱ ἐκείνων στρατηγοὶ μὴ ἀντίπαλον εἶναι σφίσι τὸν κίνδυνον, ἐπειδὴ καὶ τὰ πλείω αὐτοῖς προυκεχωρήκει, ἄρξασι μάχης πρὸς πλείονας αὐτῶν ἢ λαβεῖν νικήσαντας Μέγαρα ἢ σφαλέντας τῷ βελτίστῳ τοῦ ὁπλιτικοῦ βλαφθῆναι ξυμπάσης τῆς δυνάμεως, τοῖς δὲ καὶ τῶν παρόντων μέρος ἕκαστον κινδυνεύειν εἰκότως ἐθέλειν τολμᾶν, χρόνον δὲ ἐπισχόντες καὶ ὡς οὐδὲν ἀφ᾽ ἑκατέρων ἐπεχειρεῖτο, ἀπῆλθον πρότερον οἱ

18. Sur les forces athéniennes, voir *supra* 67, 1-2. Elles étaient inférieures en nombre aux six mille hoplites de l'armée de Brasidas, formée par les Lacédémoniens, les Corinthiens et les Béotiens (72, 3).

rapprochèrent de la mer et de la ville de Mégare, prirent position dans un endroit favorable, s'y déployèrent et ne bougèrent plus : ils supposaient que les Athéniens les attaqueraient et savaient que les Mégariens attendaient de voir quels seraient les vainqueurs ; 2 or, ils jugeaient leur propre situation doublement satisfaisante : d'abord, en n'engageant pas les premiers l'action et en ne prenant pas volontairement l'initiative de la bataille et de ses risques, dès l'instant qu'ils avaient clairement montré leur intention de se défendre, ils pourraient de façon légitime s'attribuer la victoire sans coup férir ; et en même temps, vis-à-vis des Mégariens, tout s'arrangeait comme il fallait : 3 car, si on ne les avait pas vus arriver, il n'y aurait pas eu pour eux la moindre chance à courir, cela aurait sans l'ombre d'un doute équivalu à une défaite, qui leur aurait fait perdre la ville aussitôt ; tandis qu'ainsi il y avait même une chance que les Athéniens, eux, ne veuillent pas les affronter, auquel cas ils pouvaient se trouver avoir atteint sans combat ce pour quoi ils étaient venus. Et c'est ce qui se produisit. 4 Les Mégariens virent les Athéniens qui, sans doute, étaient sortis et s'étaient rangés devant les Longs Murs, mais qui, à leur tour, ne bougeaient plus sans qu'on les attaquât ; leurs stratèges, en effet, se faisaient un calcul de même ordre ; les risques, jugeaient-ils, ne s'équilibraient pas, puisqu'ils devaient, après avoir déjà réussi pour le principal, prendre l'initiative d'une bataille contre des forces supérieures[18], avec la perspective, en cas de victoire, de prendre Mégare, mais, en cas de défaite, de voir mettre à mal le meilleur, en fait d'hoplites, qu'il y eût dans toutes les forces athéniennes, cela alors que, chez l'adversaire, chaque élément des troupes présentes risquait normalement de consentir à payer d'audace ; ils attendirent donc un certain temps, puis, aucune action ne s'amorçant de part ni

Ἀθηναῖοι ἐς τὴν Νίσαιαν καὶ αὖθις οἱ Πελοποννήσιοι ὅθενπερ ὡρμήθησαν· οὕτω δὴ τῷ μὲν Βρασίδᾳ αὐτῷ καὶ τοῖς
ἀπὸ τῶν πόλεων ἄρχουσιν οἱ τῶν φευγόντων φίλοι Μεγαρῆς, ὡς ἐπικρατήσαντι καὶ τῶν Ἀθηναίων οὐκέτι ἐθελη-
σάντων μάχεσθαι, θαρσοῦντες μᾶλλον ἀνοίγουσί τε τὰς
πύλας καὶ δεξάμενοι καταπεπληγμένων ἤδη τῶν πρὸς τοὺς
Ἀθηναίους πραξάντων ἐς λόγους ἔρχονται.

LXXIV. Καὶ ὕστερον ὁ μὲν διαλυθέντων τῶν ξυμμάχων
κατὰ πόλεις ἐπανελθὼν καὶ αὐτὸς ἐς τὴν Κόρινθον, τὴν
ἐπὶ Θρᾴκης στρατείαν παρεσκεύαζεν, ἵναπερ καὶ τὸ πρῶτον ὥρμητο· 2 οἱ δὲ ἐν τῇ πόλει Μεγαρῆς, ἀποχωρη-
σάντων καὶ τῶν Ἀθηναίων ἐπ᾽ οἴκου, ὅσοι μὲν τῶν πραγμάτων πρὸς τοὺς Ἀθηναίους μάλιστα μετέσχον, εἰδότες
ὅτι ὤφθησαν εὐθὺς ὑπεξῆλθον, οἱ δὲ ἄλλοι κοινολογησά-
μενοι τοῖς τῶν φευγόντων φίλοις κατάγουσι τοὺς ἐκ Πηγῶν, ὁρκώσαντες πίστεσι μεγάλαις μηδὲν μνησικακήσειν,
βουλεύσειν δὲ τῇ πόλει τὰ ἄριστα. 3 Οἱ δὲ ἐπειδὴ ἐν
ταῖς ἀρχαῖς ἐγένοντο καὶ ἐξέτασιν ὅπλων ἐποιήσαντο,
διαστήσαντες τοὺς λόχους ἐξελέξαντο τῶν τε ἐχθρῶν καὶ
οἳ ἐδόκουν μάλιστα ξυμπρᾶξαι τὰ πρὸς τοὺς Ἀθηναίους,
ἄνδρας ὡς ἑκατόν, καὶ τούτων πέρι ἀναγκάσαντες τὸν δῆμον ψῆφον φανερὰν διενεγκεῖν, ὡς κατεγνώσθησαν, ἔκτει-
ναν, καὶ ἐς ὀλιγαρχίαν τὰ μάλιστα κατέστησαν τὴν πόλιν. 4 Καὶ πλεῖστον δὴ χρόνον αὕτη ὑπ᾽ ἐλαχίστων γενομένη ἐκ στάσεως μετάστασις ξυνέμεινεν.

19. Les exilés ne sont pas fidèles au serment prêté et contraignent
les Mégariens à adopter un régime oligarchique pro-spartiate, alors que
Mégare s'était abstenue de prendre parti, tant que la décision n'était pas
intervenue entre les adversaires (*supra*, 71, 1).

d'autre, les Athéniens, les premiers, retournèrent à Nisée
et les Péloponnésiens, ensuite, là d'où ils étaient venus ;
dès lors, Brasidas et les chefs alliés qui l'accompagnent
deviennent, aux yeux des Mégariens amis des exilés, les
vainqueurs, tandis que, pour eux, les Athéniens ont renoncé
à combattre : rassurés, ils lui ouvrent les portes, l'accueillent
et profitent de l'effroi où sont maintenant plongés les
auteurs de la négociation avec les Athéniens pour entrer
en pourparlers avec lui.

LXXIV. Plus tard, les divers contingents repartirent
chacun chez eux, et lui-même retourna à son tour à Corinthe,
où il préparait son expédition pour la Thrace, but primitif
de son action. 2 Alors, parmi les habitants de Mégare, qui
avaient vu les Athéniens, eux aussi, repartir chez eux, tous
ceux qui avaient été le plus mêlés à la négociation avec
les Athéniens, sachant qu'ils s'étaient fait connaître, se
hâtèrent de disparaître, mais les autres s'abouchèrent avec
les amis des exilés pour rappeler ceux-ci de Pèges, non
sans leur faire promettre par de grands serments qu'ils ne
reviendraient en rien sur le passé et ne songeraient qu'au
bien de la cité. 3 Or ceux-ci, une fois admis aux fonctions
officielles et chargés d'une revue en armes, firent espacer
les compagnies et mirent à part une centaine d'hommes
parmi leurs ennemis et les gens qui avaient le plus l'air
d'avoir eu partie liée avec les Athéniens : ils obligèrent le
peuple à régler leur sort par un vote à découvert, et, après
condamnation, les firent exécuter ; ils établirent alors dans
la ville un régime au plus haut point oligarchique[19]. 4 Ce
fut, de tous les régimes fondés à neuf par une faction,
celui qui dut son existence au moins de gens et dura le
plus de temps.

LXXV. Τοῦ δ' αὐτοῦ θέρους τῆς Ἀντάνδρου ὑπὸ τῶν Μυτιληναίων, ὥσπερ διενοοῦντο, μελλούσης κατασκευάζεσθαι, οἱ τῶν ἀργυρολόγων νεῶν Ἀθηναίων στρατηγοί, Δημόδοκος καὶ Ἀριστείδης, ὄντες περὶ Ἑλλήσποντον (ὁ γὰρ τρίτος αὐτῶν Λάμαχος δέκα ναυσὶν ἐς τὸν Πόντον ἐσεπεπλεύκει) ὡς ᾐσθάνοντο τὴν παρασκευὴν τοῦ χωρίου καὶ ἐδόκει αὐτοῖς δεινὸν εἶναι μὴ ὥσπερ τὰ Ἄναια ἐπὶ τῇ Σάμῳ γένηται, ἔνθα οἱ φεύγοντες τῶν Σαμίων καταστάντες τούς τε Πελοποννησίους ὠφέλουν ἐς τὰ ναυτικὰ κυβερνήτας πέμποντες καὶ τοὺς ἐν τῇ πόλει Σαμίους ἐς ταραχὴν καθίστασαν καὶ τοὺς ἐξιόντας ἐδέχοντο· οὕτω δὴ ξυναγείραντες ἀπὸ τῶν ξυμμάχων στρατιὰν καὶ πλεύσαντες, μάχῃ τε νικήσαντες τοὺς ἐκ τῆς Ἀντάνδρου ἐπεξελθόντας, ἀναλαμβάνουσι τὸ χωρίον πάλιν. 2 Καὶ οὐ πολὺ ὕστερον ἐς τὸν Πόντον ἐσπλεύσας Λάμαχος, ἐν τῇ Ἡρακλεώτιδι ὁρμίσας ἐς τὸν Κάλητα ποταμὸν ἀπόλλυσι τὰς ναῦς ὕδατος ἄνωθεν γενομένου καὶ κατελθόντος αἰφνιδίου τοῦ ῥεύματος· αὐτὸς δὲ καὶ ἡ στρατιὰ πεζῇ διὰ Βιθυνῶν Θρᾳκῶν, οἵ εἰσι πέραν ἐν τῇ Ἀσίᾳ, ἀφικνεῖται ἐς Καλχηδόνα, τὴν ἐπὶ τῷ στόματι τοῦ Πόντου Μεγαρέων ἀποικίαν.

LXXVI. Ἐν δὲ τῷ αὐτῷ θέρει καὶ Δημοσθένης Ἀθηναίων στρατηγὸς τεσσαράκοντα ναυσὶν ἀφικνεῖται ἐς Ναύπακτον, εὐθὺς μετὰ τὴν ἐκ τῆς Μεγαρίδος ἀναχώρησιν. 2 Τῷ γὰρ Ἱπποκράτει καὶ ἐκείνῳ τὰ Βοιώτια πράγματα

### En Asie Mineure

LXXV. Le même été, les Mytiléniens allaient, comme ils se l'étaient proposé, organiser la place d'Antandros, lorsque deux stratèges des navires de perception d'Athènes, Démodocos et Aristide, qui se trouvaient dans l'Hellespont (le troisième, Lamachos, avait gagné le Pont avec dix navires), se rendirent compte des préparatifs qui se faisaient sur ce point et pensèrent que l'on pouvait craindre d'y voir se produire la même chose que pour Anaia, en face de Samos : les exilés de Samos, en effet, s'y étaient établis et, de là, ils facilitaient la navigation pour les Péloponnésiens en leur envoyant des pilotes, cependant qu'ils entretenaient le désordre chez les Samiens de la ville et accueillaient ceux qui en sortaient. Aussi ces stratèges réunirent-ils une armée parmi les alliés ; ils gagnèrent Antandros, triomphèrent des occupants sortis à leur rencontre et, par là, reprirent possession du pays comme par le passé. 2 Peu après, Lamachos, qui avait gagné le Pont avec sa flotte, alla mouiller, au pays d'Héraclée, dans le fleuve Kalès et perdit ainsi ses navires, car il tomba des pluies dans le haut pays et le fleuve prit soudain un cours précipité ; lui-même, toutefois, put, avec son armée, traverser par voie de terre le pays des Thraces bithyniens, qui habitent sur l'autre rive, en Asie : il arriva alors à Chalcédoine, la colonie de Mégare située à l'entrée du Pont.

### Plan d'action en Béotie

LXXVI. Toujours le même été, le stratège athénien Démosthène arrive avec quarante navires à Naupacte, aussitôt après son retour de Mégaride. 2 Hippocrate et lui avaient, en effet, dans les villes de Béotie, des gens

ἀπό τινων ἀνδρῶν ἐν ταῖς πόλεσιν ἐπράσσετο, βουλομένων μεταστῆσαι τὸν κόσμον καὶ ἐς δημοκρατίαν ὥσπερ οἱ
Ἀθηναῖοι τρέψαι· καὶ Πτοιοδώρου μάλιστ' ἀνδρὸς φυγά-
δος ἐκ Θηβῶν ἐσηγουμένου τάδε αὐτοῖς παρεσκευάσθη.
3 Σίφας μὲν ἔμελλόν τινες προδώσειν (αἱ δὲ Σῖφαί εἰσι
τῆς Θεσπικῆς γῆς ἐν τῷ Κρισαίῳ κόλπῳ ἐπιθαλασσίδιοι).
Χαιρώνειαν δέ, ἣ ἐς Ὀρχομενὸν τὸν Μινύειον πρότερον
καλούμενον, νῦν δὲ Βοιώτιον, ξυντελεῖ, ἄλλοι ἐξ Ὀρχομενοῦ ἐνεδίδοσαν, καὶ οἱ Ὀρχομενίων φυγάδες ξυνέπρασσον τὰ μάλιστα καὶ ἄνδρας ἐμισθοῦντο ἐκ Πελοποννήσου·
ἔστι δὲ ἡ Χαιρώνεια ἔσχατον τῆς Βοιωτίας πρὸς τῇ Φα-
νοτίδι τῆς Φωκίδος, καὶ Φωκέων μετεῖχόν τινες. 4 Τοὺς
δὲ Ἀθηναίους ἔδει Δήλιον καταλαβεῖν, τὸ ἐν τῇ Τανα-
γραίᾳ πρὸς Εὔβοιαν τετραμμένον Ἀπόλλωνος ἱερόν, ἅμα
δὲ ταῦτα ἐν ἡμέρᾳ ῥητῇ γίγνεσθαι, ὅπως μὴ ξυμβοηθήσω-
σιν ἐπὶ τὸ Δήλιον οἱ Βοιωτοὶ ἀθρόοι, ἀλλ' ἐπὶ τὰ σφέτερα
αὐτῶν ἕκαστοι κινούμενα. 5 Καὶ εἰ κατορθοῖτο ἡ πεῖρα
καὶ τὸ Δήλιον τειχισθείη, ῥᾳδίως ἤλπιζον, εἰ καὶ μὴ παραυτίκα νεωτερίζοιτό τι τῶν κατὰ τὰς πολιτείας τοῖς Βοιωτοῖς, ἐχομένων τούτων τῶν χωρίων καὶ λῃστευομένης τῆς
γῆς καὶ οὔσης ἑκάστοις διὰ βραχέος ἀποστροφῆς, οὐ μένειν κατὰ χώραν τὰ πράγματα, ἀλλὰ χρόνῳ τῶν Ἀθηναίων μὲν προσιόντων τοῖς ἀφεστηκόσι, τοῖς δὲ οὐκ οὔσης
ἀθρόας τῆς δυνάμεως, καταστήσειν αὐτὰ ἐς τὸ ἐπιτήδειον.
LXXVII. Ἡ μὲν οὖν ἐπιβουλὴ τοιαύτη παρεσκευάζετο·
ὁ δὲ Ἱπποκράτης αὐτὸς μὲν ἐκ τῆς πόλεως δύναμιν ἔχων,
ὁπότε καιρὸς εἴη, ἔμελλε στρατεύειν ἐς τοὺς Βοιωτούς, τὸν

---

20. Une fois encore, on mesure combien les conflits internes aux
différentes cités interfèrent avec la guerre et déterminent les interventions
des belligérants qui entretiennent des relations avec leurs partisans.

qui agissaient pour eux sur les affaires du pays, où ils voulaient, renverser l'ordre établi et installer à sa place la démocratie, comme à Athènes[20]. Selon les directives fournies principalement par un banni de Thèbes, Ptoiodoros, le plan suivant avait été dressé : 3 on devait leur livrer Siphes (une position maritime du pays de Thespies, sur le golfe de Crisa) ; Chéronée (ville tributaire d'Orchomène – autrefois Orchomène des Minyens, aujourd'hui Orchomène de Béotie) leur était également remise, par des gens, cette fois, d'Orchomène : les bannis de cette ville s'employaient tout particulièrement à servir ce projet et ils recrutaient des mercenaires dans le Péloponnèse ; d'autre part, Chéronée est à l'extrémité de la Béotie, tout contre le pays de Phanotée en Phocide, et il y avait des Phocidiens mêlés à l'affaire. 4 Les Athéniens, de leur côté, avaient pour tâche d'occuper Délion, le sanctuaire d'Apollon situé dans le pays de Tanagra et regardant l'Eubée : et tout cela devait avoir lieu simultanément, à un jour dit, afin d'empêcher les Béotiens de se grouper pour aller en masse au secours de Délion, et les retenir au contraire par les mouvements qui se produiraient dans leurs pays respectifs. 5 Si la tentative réussissait et que l'on fît de Délion un poste fortifié, en admettant même qu'il n'y eût pas de changement immédiat dans le régime des villes béotiennes, ils s'attendaient à un résultat : quand ces points seraient occupés, le pays soumis au pillage et chacun en mesure de se réfugier à peu de distance, la situation ne resterait pas stationnaire et, avec le temps, les Athéniens venant en aide aux révoltés et l'adversaire n'ayant pas ses forces groupées, on lui donnerait facilement la tournure voulue.

LXXVII. Tel était le complot qui s'organisait ; et alors qu'Hippocrate devait, lui, partir de la ville avec ses troupes pour entrer, le moment venu, en Béotie, il avait envoyé

δὲ Δημοσθένη προαπέστειλε ταῖς τεσσαράκοντα ναυσὶν ἐς
τὴν Ναύπακτον, ὅπως ἐξ ἐκείνων τῶν χωρίων στρατὸν ξυλλέξας Ἀκαρνάνων τε καὶ τῶν ἄλλων ξυμμάχων πλέοι ἐπὶ
τὰς Σίφας ὡς προδοθησομένας· ἡμέρα δ' αὐτοῖς εἴρητο ᾗ
ἔδει ἅμα ταῦτα πράσσειν. 2 Καὶ ὁ μὲν Δημοσθένης ἀφικόμενος, Οἰνιάδας δὲ ὑπό τε Ἀκαρνάνων πάντων κατη-
ναγκασμένους καταλαβὼν ἐς τὴν Ἀθηναίων ξυμμαχίαν καὶ
αὐτὸς ἀναστήσας τὸ ξυμμαχικὸν τὸ ἐκείνῃ πᾶν, ἐπὶ Σαλύνθιον καὶ Ἀγραίους στρατεύσας πρῶτον καὶ προσποιη-
σάμενος τἆλλα ἡτοιμάζετο ὡς ἐπὶ τὰς Σίφας, ὅταν δέῃ,
ἀπαντησόμενος.

LXXVIII. Βρασίδας δὲ κατὰ τὸν αὐτὸν χρόνον τοῦ θέρους πορευόμενος ἑπτακοσίοις καὶ χιλίοις ὁπλίταις ἐς τὰ
ἐπὶ Θρᾴκης ἐπειδὴ ἐγένετο ἐν Ἡρακλείᾳ τῇ ἐν Τραχῖνι
καί, προπέμψαντος αὐτοῦ ἄγγελον ἐς Φάρσαλον παρὰ
τοὺς ἐπιτηδείους ἀξιοῦντος διάγειν ἑαυτὸν καὶ τὴν στρατιάν, ἦλθον ἐς Μελίτειαν τῆς Ἀχαΐας Πάναιρός τε καὶ
Δῶρος καὶ Ἱππολοχίδας καὶ Τορύλαος καὶ Στρόφακος
πρόξενος ὢν Χαλκιδέων, τότε δὴ ἐπορεύετο. 2 Ἦγον δὲ
καὶ ἄλλοι Θεσσαλῶν αὐτὸν καὶ ἐκ Λαρίσης Νικωνίδας Περδίκκᾳ ἐπιτήδειος ὤν. Τὴν γὰρ Θεσσαλίαν ἄλλως τε οὐκ
εὔπορον ἦν διιέναι ἄνευ ἀγωγοῦ καὶ μετὰ ὅπλων γε δή,
καὶ τοῖς πᾶσί γε ὁμοίως Ἕλλησιν ὕποπτον καθειστήκει τὴν
τῶν πέλας μὴ πείσαντας διιέναι· τοῖς τε Ἀθηναίοις αἰεί
ποτε τὸ πλῆθος τῶν Θεσσαλῶν εὔνουν ὑπῆρχεν. 3 Ὥστε
εἰ μὴ δυναστείᾳ μᾶλλον ἢ ἰσονομίᾳ ἐχρῶντο τὸ ἐγχώριον

Démosthène en avance à Naupacte, avec les quarante navires mentionnés, afin de recruter une armée dans la région, parmi les Acarnaniens et les autres alliés, avant de faire voile vers Siphes, qu'on s'attendait à voir livrer : un jour avait été convenu pour l'exécution simultanée de ces projets. 2 Démosthène, donc, lorsqu'il fut arrivé, puis qu'il eut, grâce à une pression de tous les Acarnaniens, reçu les Œniades dans l'alliance athénienne et, par sa propre intervention, levé de ce côté toutes les forces alliées, commença par marcher contre Salynthios et les Agréens, qu'il s'attacha : en tout, il se mettait en mesure de se présenter, quand il faudrait, devant Siphes.

### Brasidas en Thrace

LXXVIII. Brasidas, à la même époque de l'été, était en route avec mille sept cents hoplites vers les régions bordant la Thrace et, une fois à Héraclée Trachinienne, il avait dépêché un messager à Pharsale, auprès des personnes amies, leur demandant de le conduire, lui et son armée, à travers le pays : c'est ainsi qu'arrivèrent à Méliteia, en Achaïe, Panairos, Dôros, Hippolochidas, Torylaos et Strophacos, qui était proxène des Chalcidiens ; et, à ce moment, il se mit en route. 2 Il avait aussi pour le conduire d'autres Thessaliens, comme Niconidas de Larissa, qui était en relations d'amitié avec Perdiccas. La Thessalie n'était jamais facile à traverser sans guide, et encore moins en armes : en fait, tous les Grecs indistinctement tenaient pour suspect qu'on traversât le pays d'autrui sans en avoir obtenu l'autorisation ; et, avec cela, les sympathies de la masse, en Thessalie, étaient de tout temps acquises aux Athéniens. 3 De sorte que, si l'usage du pays n'avait été, en Thessalie, un régime d'autorité plus que d'égalité, jamais

οἱ Θεσσαλοί, οὐκ ἂν ποτε προῆλθεν, ἐπεὶ καὶ τότε πο-
ρευομένῳ αὐτῷ ἀπαντήσαντες ἄλλοι τῶν τἀναντία τούτοις
βουλομένων ἐπὶ τῷ Ἐνιπεῖ ποταμῷ ἐκώλυον καὶ ἀδικεῖν
ἔφασαν ἄνευ τοῦ πάντων κοινοῦ πορευόμενον. 4 Οἱ δὲ
ἄγοντες οὔτε ἀκόντων ἔφασαν διάξειν, αἰφνίδιόν τε παραγενόμενον ξένοι ὄντες κομίζειν. Ἔλεγε δὲ καὶ αὐτὸς ὁ Βρασίδας τῇ Θεσσαλῶν γῇ καὶ αὐτοῖς φίλος ὢν ἰέναι καὶ Ἀθηναίοις πολεμίοις οὖσι καὶ οὐκ ἐκείνοις ὅπλα ἐπιφέρειν, Θεσ-
σαλοῖς τε οὐκ εἰδέναι καὶ Λακεδαιμονίοις ἔχθραν οὖσαν
ὥστε τῇ ἀλλήλων γῇ μὴ χρῆσθαι, νῦν τε ἀκόντων ἐκείνων
οὐκ ἂν προελθεῖν (οὐδὲ γὰρ ἂν δύνασθαι), οὐ μέντοι ἀξιοῦν
γε εἴργεσθαι. 5 Καὶ οἱ μὲν ἀκούσαντες ταῦτα ἀπῆλθον·
ὁ δὲ κελευόντων τῶν ἀγωγῶν, πρίν τι πλέον ξυστῆναι τὸ
κωλῦσον, ἐχώρει οὐδὲν ἐπισχὼν δρόμῳ. Καὶ ταύτῃ μὲν τῇ
ἡμέρᾳ, ᾗ ἐκ τῆς Μελιτείας ἀφώρμησεν, ἐς Φάρσαλόν τε
ἐτέλεσε καὶ ἐστρατοπεδεύσατο ἐπὶ τῷ Ἀπιδανῷ ποταμῷ,
ἐκεῖθεν δὲ ἐς Φάκιον, καὶ ἐξ αὐτοῦ ἐς Περραιβίαν. 6 Ἀπὸ
δὲ τούτου ἤδη οἱ μὲν Θεσσαλῶν ἀγωγοὶ πάλιν ἀπῆλθον,
οἱ δὲ Περραιβοὶ αὐτόν, ὑπήκοοι ὄντες Θεσσαλῶν, κατέστησαν ἐς Δῖον τῆς Περδίκκου ἀρχῆς, ὃ ὑπὸ τῷ Ὀλύμπῳ
Μακεδονίας πρὸς Θεσσαλοὺς πόλισμα κεῖται.

LXXIX. Τούτῳ τῷ τρόπῳ Βρασίδας Θεσσαλίαν φθάσας
διέδραμε πρίν τινα κωλύειν παρασκευάσασθαι, καὶ ἀφίκετο
ὡς Περδίκκαν καὶ ἐς τὴν Χαλκιδικήν. 2 Ἐκ γὰρ τῆς Πελοποννήσου, ὡς τὰ τῶν Ἀθηναίων ηὐτύχει, δείσαντες οἵ

Brasidas n'eût pu avancer : même ainsi, alors qu'il était en route, il y eut un groupe de gens d'opinion opposée à celle de ses guides qui vinrent à sa rencontre sur le fleuve Énipée, pour l'empêcher de passer, et qui déclarèrent son attitude coupable, de faire route ainsi chez eux sans un accord donné au nom de tous par les pouvoirs communs. 4 Ses guides répondirent qu'ils ne le conduiraient pas si l'on y mettait opposition et que, l'ayant vu arriver à l'improviste, ils lui faisaient seulement escorte en qualité d'hôtes. À quoi Brasidas ajouta qu'il venait dans un esprit d'amitié pour la Thessalie et pour eux-mêmes, que c'était contre Athènes, avec qui il était en guerre, et non contre eux, qu'il portait les armes, et qu'il ne connaissait point d'inimitié entre Thessaliens et Lacédémoniens qui dût fermer aux uns le pays des autres : au cas où, aujourd'hui, il rencontrerait de leur part une opposition, il n'avancerait pas (du reste, il ne le pourrait même pas) ; pourtant, il ne voyait pas pourquoi on l'arrêterait. 5 Sur ces explications, les autres se retirèrent : quant à lui, écoutant ses guides, il n'attendit pas de voir des forces plus grandes s'amasser pour l'empêcher de passer et partit sans perdre un instant, à vive allure : le jour même où il avait quitté Méliteia, il atteignit Pharsale et campa au bord de l'Apidanos ; de là, il gagna Phakion, et ensuite le pays des Perrhaebes. 6 Dès lors, les guides thessaliens le quittèrent pour rentrer chez eux, mais les Perrhaebes, sujets des Thessaliens, le firent parvenir en pays dépendant de Perdiccas, à Dion, une place de Macédoine, située au pied de l'Olympe, en face de la Thessalie.

LXXIX. C'est ainsi que Brasidas réussit à traverser en courant la Thessalie avant qu'on eût pris des mesures pour l'en empêcher, et arriva chez Perdiccas et en Chalcidique. 2 Si cette armée était venue du Péloponnèse, c'est que,

τε ἐπὶ Θράκης ἀφεστῶτες Ἀθηναίων καὶ Περδίκκας ἐξή-
γαγον τὸν στρατόν, οἱ μὲν Χαλκιδῆς νομίζοντες ἐπὶ σφᾶς
πρῶτον ὁρμήσειν τοὺς Ἀθηναίους (καὶ ἅμα αἱ πλησιόχωροι πόλεις αὐτῶν αἱ οὐκ ἀφεστηκυῖαι ξυνεπῆγον κρύφα),
Περδίκκας δὲ πολέμιος μὲν οὐκ ὢν ἐκ τοῦ φανεροῦ, φοβούμενος δὲ καὶ αὐτὸς τὰ παλαιὰ διάφορα τῶν Ἀθηναίων
καὶ μάλιστα βουλόμενος Ἀρράβαιον τὸν Λυγκηστῶν βασιλέα παραστήσασθαι. 3 Ξυνέβη δὲ αὐτοῖς, ὥστε ῥᾷον
ἐκ τῆς Πελοποννήσου στρατὸν ἐξαγαγεῖν, ἡ τῶν Λακεδαιμονίων ἐν τῷ παρόντι κακοπραγία.

LXXX. Τῶν γὰρ Ἀθηναίων ἐγκειμένων τῇ Πελοποννήσῳ καὶ οὐχ ἥκιστα τῇ ἐκείνων γῇ, ἤλπιζον ἀποτρέψειν
αὐτοὺς μάλιστα, εἰ ἀντιπαραλυποῖεν πέμψαντες ἐπὶ τοὺς
ξυμμάχους αὐτῶν στρατιάν, ἄλλως τε καὶ ἑτοίμων ὄντων
τρέφειν τε καὶ ἐπὶ ἀποστάσει σφᾶς ἐπικαλουμένων. 2 Καὶ
ἅμα τῶν Εἱλώτων βουλομένοις ἦν ἐπὶ προφάσει ἐκπέμψαι,
μή τι πρὸς τὰ παρόντα τῆς Πύλου ἐχομένης νεωτερίσω-
σιν· 3 ἐπεὶ καὶ τόδε ἔπραξαν φοβούμενοι αὐτῶν τὴν νε-
ότητα καὶ τὸ πλῆθος (αἰεὶ γὰρ τὰ πολλὰ Λακεδαιμονίοις
πρὸς τοὺς Εἵλωτας τῆς φυλακῆς πέρι μάλιστα καθειστήκει)· προεῖπον αὐτῶν ὅσοι ἀξιοῦσιν ἐν τοῖς πολεμίοις γεγενῆσθαι σφίσιν ἄριστοι, κρίνεσθαι, ὡς ἐλευθερώσοντες,
πεῖραν ποιούμενοι καὶ ἡγούμενοι τούτους σφίσιν ὑπὸ φρο-
νήματος, οἵπερ καὶ ἠξίωσαν πρῶτος ἕκαστος ἐλευθεροῦ-
σθαι, μάλιστα ἂν καὶ ἐπιθέσθαι. 4 Καὶ προκρίναντες ἐς

21. La présence des Athéniens à Pylos constituait une menace directe
sur la Laconie. D'où l'idée de faire diversion en menaçant les positions
athéniennes dans le nord de l'Égée et en incitant les alliés d'Athènes à
faire défection.

voyant les succès d'Athènes, les peuples de la côte thrace qui s'étaient soustraits à son autorité et, avec eux, Perdiccas, s'étaient effrayés et en avaient demandé l'envoi : les Chalcidiens pensaient qu'ils subiraient les premiers l'attaque athénienne ; en même temps, les villes du voisinage qui n'avaient pas fait défection les encourageaient sous main ; quant à Perdiccas, sans être ouvertement en guerre avec Athènes, il avait peur, lui aussi, de ses anciens différends avec elle, et surtout il désirait soumettre Arrhabaios, le roi des Lyncestes. 3 Or, une circonstance leur avait permis d'obtenir plus facilement l'envoi d'une armée du Péloponnèse : c'était le mauvais état où se trouvaient alors les Lacédémoniens.

LXXX. En effet, comme Athènes menaçait de près le Péloponnèse et particulièrement leur territoire propre, ceux-ci espéraient que le meilleur moyen de l'en détourner serait de l'inquiéter à son tour par l'envoi d'une armée chez ses alliés, d'autant que ceux-ci étaient prêts à en assurer l'entretien et les appelaient pour faire défection[21]. 2 En même temps, ils étaient heureux d'avoir un prétexte pour envoyer des hilotes au dehors, afin d'éviter que ceux-ci ne profitent des circonstances et de la présence de l'ennemi à Pylos pour se soulever : 3 déjà ils avaient pris une autre mesure due à la crainte de leur fougue et de leur nombre (car la grande affaire pour les Lacédémoniens, par rapport aux hilotes, avait toujours été, avant tout, de les tenir en garde) : ils avaient fait savoir que tous ceux d'entre eux qui estimaient avoir montré, devant l'ennemi, le plus de valeur en faveur de Sparte devaient faire examiner leurs titres, afin d'être affranchis ; or, c'était là une épreuve et, dans leur esprit, ceux qui auraient eu assez de fierté pour réclamer les premiers l'affranchissement étaient aussi les plus capables, éventuellement, d'une rébellion. 4 Ils

δισχιλίους, οἱ μὲν ἐστεφανώσαντό τε καὶ τὰ ἱερὰ περιῆλθον ὡς ἠλευθερωμένοι, οἱ δὲ οὐ πολλῷ ὕστερον ἠφάνισάν τε αὐτοὺς καὶ οὐδεὶς ᾔσθετο ὅτῳ τρόπῳ ἕκαστος διεφθάρη. 5 Καὶ τότε προθύμως τῷ Βρασίδᾳ αὐτῶν ξυνέπεμψαν ἑπτακοσίους ὁπλίτας, τοὺς δ' ἄλλους ἐκ τῆς Πελοποννήσου μισθῷ πείσας ἐξήγαγεν. LXXXI. Αὐτόν τε Βρασίδαν βουλόμενον μάλιστα Λακεδαιμόνιοι ἀπέστειλαν (προυθυμήθησαν δὲ καὶ οἱ Χαλκιδῆς), ἄνδρα ἔν τε τῇ Σπάρτῃ δοκοῦντα δραστήριον εἶναι ἐς τὰ πάντα καὶ ἐπειδὴ ἐξῆλθε πλείστου ἄξιον Λακεδαιμονίοις γενόμενον. 2 Τό τε γὰρ παραυτίκα ἑαυτὸν παρασχὼν δίκαιον καὶ μέτριον ἐς τὰς πόλεις ἀπέστησε τὰ πολλά, τὰ δὲ προδοσίᾳ εἷλε τῶν χωρίων, ὥστε τοῖς Λακεδαιμονίοις γίγνεσθαι ξυμβαίνειν τε βουλομένοις, ὅπερ ἐποίησαν, ἀνταπόδοσιν καὶ ἀποδοχὴν χωρίων καὶ τοῦ πολέμου ἀπὸ τῆς Πελοποννήσου λώφησιν· ἔς τε τὸν χρόνῳ ὕστερον μετὰ τὰ ἐκ Σικελίας πόλεμον ἡ τότε Βρασίδου ἀρετὴ καὶ ξύνεσις, τῶν μὲν πείρᾳ αἰσθομένων, τῶν δὲ ἀκοῇ νομισάντων, μάλιστα ἐπιθυμίαν ἐνεποίει τοῖς Ἀθηναίων ξυμμάχοις ἐς τοὺς Λακεδαιμονίους. 3 Πρῶτος γὰρ ἐξελθὼν καὶ δόξας εἶναι κατὰ πάντα ἀγαθὸς ἐλπίδα ἐγκατέλιπε βέβαιον ὡς καὶ οἱ ἄλλοι τοιοῦτοί εἰσιν.

LXXXII. Τότε δ' οὖν ἀφικομένου αὐτοῦ ἐς τὰ ἐπὶ Θρᾴκης οἱ Ἀθηναῖοι πυθόμενοι τόν τε Περδίκκαν πολέμιον ποιοῦνται, νομίσαντες αἴτιον εἶναι τῆς παρόδου, καὶ τῶν ταύτῃ ξυμμάχων φυλακὴν πλέονα κατεστήσαντο.

---

22. La peur des hilotes est constante chez les Lacédémoniens, d'autant qu'ils les emploient dans l'armée. L'épisode des deux mille affranchis qui disparurent sans laisser de traces est particulièrement éloquent à cet égard.

23. Brasidas est déjà apparu dans le récit de Thucydide à propos de l'affaire de Mégare. Il va être désormais un des principaux acteurs de la guerre.

en désignèrent ainsi jusqu'à deux mille, qui reçurent des couronnes et firent le tour des sanctuaires comme nouveaux affranchis, et eux-mêmes, peu après, les firent disparaître, sans que personne sût comment chacun avait péri[22]. 5 De même alors, ils montrèrent un grand empressement à en envoyer sept cents avec Brasidas comme hoplites : pour le reste des troupes, il les avait levées dans le Péloponnèse à titre de mercenaires. LXXXI. Brasidas lui-même était particulièrement désireux de se voir ainsi attribuer cette mission par les Lacédémoniens ; et cela répondait aussi au vœu des Chalcidiens : à Sparte, l'homme avait à tous égards une réputation d'énergie et, une fois hors de son pays, il devait faire preuve des plus grandes capacités au service de celui-ci. 2 Sur le moment même, en se montrant juste et modéré envers les cités, il entraîna la plupart d'entre elles à la défection, ou encore il s'empara des places grâce à des trahisons, ce qui permettait aux Lacédémoniens, s'ils voulaient conclure un traité, comme ce fut le cas, d'échanger certaines places pour d'autres et, quant à la guerre, de soulager d'autant le Péloponnèse. Et, pour les hostilités qui reprirent plus tard, après les affaires de Sicile, le mérite et l'intelligence dont Brasidas avait alors fait preuve, soit qu'on les eût appréciés directement soit qu'on les connût par ouï-dire, contribuèrent particulièrement à donner aux alliés d'Athènes de l'empressement pour Sparte[23]. 3 Car, comme il fut le premier que l'on vit hors de son pays et qu'il sembla pourvu de toutes les qualités, il laissa aux gens la croyance bien arrêtée que tous les autres lui ressemblaient.

LXXXII. Pour en revenir à ce moment-là, lorsqu'il arriva sur la côte thrace, les Athéniens réagirent à cette nouvelle en déclarant Perdiccas ennemi d'Athènes, car ils le tenaient pour responsable de ce voyage, et en soumettant les alliés de la région à une surveillance plus étroite.

LXXXIII. Περδίκκας δὲ Βρασίδαν καὶ τὴν στρατιὰν εὐθὺς λαβὼν μετὰ τῆς ἑαυτοῦ δυνάμεως στρατεύει ἐπὶ Ἀρράβαιον τὸν Βρομεροῦ, Λυγκηστῶν Μακεδόνων βασιλέα, ὅμορον ὄντα, διαφορᾶς τε αὐτῷ οὔσης καὶ βουλόμενος καταστρέψασθαι. 2 Ἐπεὶ δὲ ἐγένετο τῷ στρατῷ μετὰ τοῦ Βρασίδου ἐπὶ τῇ ἐσβολῇ τῆς Λύγκου, Βρασίδας λόγοις ἔφη βούλεσθαι πρῶτον ἐλθὼν πρὸ πολέμου Ἀρράβαιον ξύμμαχον Λακεδαιμονίων, ἢν δύνηται, ποιῆσαι. 3 Καὶ γάρ τι καὶ Ἀρράβαιος ἐπεκηρυκεύετο, ἕτοιμος ὢν Βρασίδᾳ μέσῳ δικαστῇ ἐπιτρέπειν· καὶ οἱ Χαλκιδέων πρέσβεις ξυμπαρόντες ἐδίδασκον αὐτὸν μὴ ὑπεξελεῖν τῷ Περδίκκᾳ τὰ δεινά, ἵνα προθυμοτέρῳ ἔχοιεν καὶ ἐς τὰ ἑαυτῶν χρῆσθαι. 4 Ἅμα δέ τι καὶ εἰρήκεσαν τοιοῦτον οἱ παρὰ τοῦ Περδίκκου ἐν τῇ Λακεδαίμονι, ὡς πολλὰ αὐτοῖς τῶν περὶ αὐτὸν χωρίων ξύμμαχα ποιήσοι, ὥστε ἐκ τοῦ τοιούτου κοινῇ μᾶλλον ὁ Βρασίδας τὰ τοῦ Ἀρραβαίου ἠξίου πράσσειν. 5 Περδίκκας δὲ οὔτε δικαστὴν ἔφη Βρασίδαν τῶν σφετέρων διαφορῶν ἀγαγεῖν, μᾶλλον δὲ καθαιρέτην ὧν ἂν αὐτὸς ἀποφαίνῃ πολεμίων, ἀδικήσειν τε εἰ αὐτοῦ τρέφοντος τὸ ἥμισυ τοῦ στρατοῦ ξυνέσται Ἀρραβαίῳ. 6 Ὁ δὲ ἄκοντος καὶ ἐκ διαφορᾶς ξυγγίγνεται, καὶ πεισθεὶς τοῖς λόγοις ἀπήγαγε τὴν στρατιὰν πρὶν ἐσβαλεῖν ἐς τὴν χώραν. Περδίκκας δὲ μετὰ τοῦτο τρίτον μέρος ἀνθ' ἡμίσεος τῆς τροφῆς ἐδίδου, νομίζων ἀδικεῖσθαι.

LXXXIII. Quant à Perdiccas, il prit aussitôt l'armée de Brasidas, qu'il joignit à ses propres forces, et partit en campagne contre Arrhabaios, fils de Broméros, qui était roi des Macédoniens Lyncestes et son voisin : ils étaient en différend et Perdiccas souhaitait le soumettre. 2 Mais quand, avec Brasidas, il se trouva, à la tête de ses troupes, au point d'accès en pays lynceste, Brasidas déclara qu'avant d'engager des hostilités il voulait d'abord aller trouver Arrhabaios pour le convaincre, s'il le pouvait, de s'allier à Sparte. 3 Le fait est qu'il y avait des offres officielles d'Arrhabaios, qui était prêt à prendre Brasidas comme juge pour trancher entre eux ; de plus, les délégués chalcidiens associés dans l'affaire avertissaient Brasidas de ne pas dissiper toutes les craintes que pouvait avoir Perdiccas, de manière à trouver en lui plus de zèle quand il s'agirait, cette fois, de leurs intérêts à eux ; 4 et, en même temps, les envoyés de Perdiccas à Sparte avaient précisément fait une déclaration en ce sens, en disant qu'il vaudrait à cette ville l'alliance de bien des pays du côté de chez lui. Si bien qu'en raison de cette situation Brasidas entendait plutôt traiter les affaires d'Arrhabaios par une entente commune. 5 Perdiccas, lui, déclara qu'il n'avait pas fait venir Brasidas pour l'ériger en juge de ses différends, mais pour abattre tels ennemis que lui-même désignerait, et que ce serait un geste coupable, quand lui-même était pour moitié dans l'entretien de l'armée, que d'aller s'entendre avec Arrhabaios. 6 Mais notre homme, en dépit de Perdiccas et en opposition avec lui, réalise cette entente : gagné par les raisons qu'on lui donnait, il retira ses troupes avant d'avoir pénétré dans le pays. Perdiccas, après cela, ne devait plus fournir que le tiers des subsistances, au lieu de la moitié, car il se jugeait victime d'un geste coupable.

LXXXIV. Ἐν δὲ τῷ αὐτῷ θέρει εὐθὺς ὁ Βρασίδας ἔχων καὶ Χαλκιδέας ἐπὶ Ἄκανθον τὴν Ἀνδρίων ἀποικίαν ὀλίγον πρὸ τρυγήτου ἐστράτευσεν. 2 Οἱ δὲ περὶ τοῦ δέχεσθαι αὐτὸν κατ᾽ ἀλλήλους ἐστασίαζον, οἵ τε μετὰ τῶν Χαλκιδέων ξυνεπάγοντες καὶ ὁ δῆμος. Ὅμως δὲ διὰ τοῦ καρποῦ τὸ δέος ἔτι ἔξω ὄντος πεισθὲν τὸ πλῆθος ὑπὸ τοῦ Βρασίδου δέξασθαί τε αὐτὸν μόνον καὶ ἀκούσαντας βουλεύσασθαι, δέχεται· καὶ καταστὰς ἐπὶ τὸ πλῆθος (ἦν δὲ οὐδὲ ἀδύνατος, ὡς Λακεδαιμόνιος, εἰπεῖν) ἔλεγε τοιάδε.

LXXXV. « Ἡ μὲν ἔκπεμψίς μου καὶ τῆς στρατιᾶς ὑπὸ Λακεδαιμονίων, ὦ Ἀκάνθιοι, γεγένηται τὴν αἰτίαν ἐπαληθεύουσα ἣν ἀρχόμενοι τοῦ πολέμου προείπομεν, Ἀθηναίοις ἐλευθεροῦντες τὴν Ἑλλάδα πολεμήσειν· 2 εἰ δὲ χρόνῳ ἐπήλθομεν, σφαλέντες τῆς ἀπὸ τοῦ ἐκεῖ πολέμου δόξης, ᾗ διὰ τάχους αὐτοὶ ἄνευ τοῦ ὑμετέρου κινδύνου ἠλπίσαμεν Ἀθηναίους καθαιρήσειν, μηδεὶς μεμφθῇ· νῦν γάρ, ὅτε παρέσχεν, ἀφιγμένοι καὶ μετὰ ὑμῶν πειρασόμεθα κατεργάζεσθαι αὐτούς. 3 Θαυμάζω δὲ τῇ τε ἀποκλήσει μου τῶν πυλῶν καὶ εἰ μὴ ἀσμένοις ὑμῖν ἀφῖγμαι. 4 Ἡμεῖς μὲν γὰρ οἱ Λακεδαιμόνιοι οἰόμενοί γε παρὰ ξυμμάχους, καὶ πρὶν ἔργῳ ἀφικέσθαι, τῇ γοῦν γνώμῃ ἥξειν καὶ βουλομένοις ἔσεσθαι, κίνδυνόν τε τοσόνδε ἀνερρίψαμεν διὰ τῆς ἀλλοτρίας πολλῶν ἡμερῶν ὁδὸν ἰόντες καὶ πᾶν τὸ πρόθυμον παρεσχόμεθα· 5 ὑμεῖς δὲ εἴ τι ἄλλο ἐν νῷ ἔχετε

24. Nouvelle allusion au « laconisme » des Lacédémoniens. Ici encore, Brasidas se distingue de ses concitoyens.

LXXXIV. Aussitôt, le même été, Brasidas fit, avec en plus des siennes des troupes chalcidiennes, une expédition contre Acanthe, colonie d'Andros ; c'était peu avant la vendange. 2 Les habitants allaient-ils le laisser entrer ? Ils formaient à ce sujet deux partis opposés : ceux qui s'étaient mis d'accord avec les Chalcidiens pour le faire venir – et le peuple. Toutefois, craignant pour la récolte, qui était encore au dehors, la masse se laissa convaincre par Brasidas de le laisser entrer seul et de l'entendre avant de décider ; et on le laissa donc entrer. Il fut introduit devant le peuple et, comme il ne manquait pas non plus de talent oratoire, pour un Lacédémonien[24], il leur dit, en substance, ceci :

LXXXV. « En m'envoyant avec cette armée, citoyens d'Acanthe, Sparte a apporté une confirmation au motif indiqué au début de la guerre, quand nous avons déclaré que nous lutterions contre Athènes en tant que libérateurs de la Grèce. 2 Si nous avons mis du temps à venir, trompés dans l'opinion que nous inspirait la lutte menée là-bas et qui nous faisait espérer pouvoir rapidement, à nous seuls et sans péril pour vous, réduire les Athéniens, il ne faut pas nous en blâmer : aujourd'hui que la possibilité s'en est présentée, nous voici arrivés et, avec votre aide cette fois, nous nous efforcerons de les écraser. 3 Ce qui m'étonne, seulement, c'est que l'on m'ait fermé les portes au lieu d'accueillir avec joie mon arrivée. 4 Car nous, les gens de Sparte, nous supposions devoir trouver des hommes qui, avant même que notre arrivée en fît une réalité, seraient par le cœur des alliés, et qui souhaitaient nous voir là : c'est avec cette idée que nous avons assumé de tels risques, en faisant tant de jours de route en terre étrangère, et que nous avons apporté à l'action une ardeur entière : 5 si vos dispositions à vous sont autres, ou si vous devez repousser

ἢ εἰ ἐναντιώσεσθε τῇ τε ὑμετέρᾳ αὐτῶν ἐλευθερίᾳ καὶ τῶν ἄλλων Ἑλλήνων, δεινὸν ἂν εἴη. 6 Καὶ γὰρ οὐχ ὅτι αὐτοὶ ἀνθίστασθε, ἀλλὰ καὶ οἷς ἂν ἐπίω, ἧσσόν τις ἐμοὶ πρόσεισι, δυσχερὲς ποιούμενοι εἰ ἐπὶ οὓς πρῶτον ἦλθον ὑμᾶς, καὶ πόλιν ἀξιόχρεων παρεχομένους καὶ ξύνεσιν δοκοῦντας ἔχειν, μὴ ἐδέξασθε. Καὶ τὴν αἰτίαν οὐχ ἕξω πιστὴν ἀποδεικνύναι ἀλλ' ἢ ἄδικον τὴν ἐλευθερίαν ἐπιφέρειν ἢ ἀσθενὴς καὶ ἀδύνατος τιμωρῆσαι τὰ πρὸς Ἀθηναίους, ἢν ἐπίωσιν, ἀφῖχθαι.

7 «Καίτοι στρατιᾷ γε τῇδ' ἢν νῦν ἔχω ἐπὶ Νίσαιαν ἐμοῦ βοηθήσαντος οὐκ ἠθέλησαν Ἀθηναῖοι πλέονες ὄντες προσμεῖξαι, ὥστε οὐκ εἰκὸς νηίτῃ γε αὐτοὺς τῷ ἐκεῖ στρατῷ ἴσον πλῆθος ἐφ' ὑμᾶς ἀποστεῖλαι. LXXXVI. Αὐτός τε οὐκ ἐπὶ κακῷ, ἐπ' ἐλευθερώσει δὲ τῶν Ἑλλήνων παρελήλυθα, ὅρκοις τε Λακεδαιμονίων καταλαβὼν τὰ τέλη τοῖς μεγίστοις ἦ μὴν οὓς ἂν ἔγωγε προσαγάγωμαι ξυμμάχους ἔσεσθαι αὐτονόμους, καὶ ἅμα οὐχ ἵνα ξυμμάχους ὑμᾶς ἔχωμεν ἢ βίᾳ ἢ ἀπάτῃ προσλαβόντες, ἀλλὰ τοὐναντίον ὑμῖν δεδουλωμένοις ὑπὸ Ἀθηναίων ξυμμαχήσοντες. 2 Οὔκουν ἀξιῶ οὔτ' αὐτὸς ὑποπτεύεσθαι, πίστεις γε διδοὺς τὰς μεγίστας, οὔτε τιμωρὸς ἀδύνατος νομισθῆναι, προσχωρεῖν δὲ ὑμᾶς θαρσήσαντας.

3 «Καὶ εἴ τις ἰδίᾳ τινὰ δεδιὼς ἄρα, μὴ ἐγώ τισι προσθῶ τὴν πόλιν, ἀπρόθυμός ἐστι, πάντων μάλιστα πιστευσάτω.

la liberté, pour vous et pour le reste des Grecs, voilà qui serait grave ! 6 Car votre opposition à vous n'est pas seule en cause : quand j'irai trouver d'autres peuples, on se ralliera moins à moi ; on estimera fâcheux que, pour ma première intervention, vous qui représentez une ville d'importance et qui passez pour avisés, vous ne m'ayez pas laissé entrer ; et je n'aurai aucun motif plausible à produire, en dehors de l'idée que j'apporte une liberté dénuée de justice ou bien que je suis venu sans être assez fort ni capable d'assurer une protection efficace contre une attaque éventuelle des Athéniens.

7 « Pourtant cette armée que j'ai là aujourd'hui m'a servi à marcher au secours de Nisée et les Athéniens, malgré leur supériorité numérique, n'ont pas voulu me combattre : aussi est-il peu vraisemblable qu'ils aillent, quand il s'agit d'un trajet par mer, expédier contre vous des forces aussi nombreuses que l'armée de là-bas. LXXXVI. Et, quant à moi, je ne suis pas venu pour faire du mal aux Grecs : je veux les libérer ; d'abord, j'ai reçu des autorités lacédémoniennes les serments les plus solennels, assurant l'autonomie des peuples dont j'aurais personnellement fait des alliés, et, en même temps, notre but n'est pas d'avoir votre alliance, en agissant sur vous soit par la violence soit par la ruse : nous voulons, au contraire, à vous qui êtes asservis par Athènes, vous apporter, la nôtre. 2 Je ne trouve donc pas légitime ni d'être personnellement soupçonné, alors que j'offre ici les garanties les plus considérables, ni d'être jugé incapable d'assurer votre protection : il faut plutôt vous joindre à moi avec confiance.

3 « Maintenant, s'il en est qui, en proie à des appréhensions dans le domaine intérieur, craignent de me voir livrer la ville à telles ou telles personnes et manquent pour cela d'empressement, ils peuvent avoir la plus parfaite

4 Οὐ γὰρ ξυστασιάσων ἥκω, οὐδὲ ἂν σαφῆ τὴν ἐλευθερίαν νομίζω ἐπιφέρειν, εἰ τὸ πάτριον παρεὶς τὸ πλέον τοῖς ὀλίγοις ἢ τὸ ἔλασσον τοῖς πᾶσι δουλώσαιμι. 5 Χαλεπωτέρα γὰρ ἂν τῆς ἀλλοφύλου ἀρχῆς εἴη, καὶ ἡμῖν τοῖς Λακεδαιμονίοις οὐκ ἂν ἀντὶ πόνων χάρις καθισταῖτο, ἀντὶ δὲ τιμῆς καὶ δόξης αἰτία μᾶλλον· οἷς τε τοὺς Ἀθηναίους ἐγκλήμασι καταπολεμοῦμεν, αὐτοὶ ἂν φαινοίμεθα ἐχθίονα ἢ ὁ μὴ ὑποδείξας ἀρετὴν κατακτώμενοι. 6 Ἀπάτη γὰρ εὐπρεπεῖ αἴσχιον τοῖς γε ἐν ἀξιώματι πλεονεκτῆσαι ἢ βίᾳ ἐμφανεῖ· τὸ μὲν γὰρ ἰσχύος δικαιώσει, ἣν ἡ τύχη ἔδωκεν, ἐπέρχεται, τὸ δὲ γνώμης ἀδίκου ἐπιβουλῇ. LXXXVII. Οὕτω πολλὴν περιωπὴν τῶν ἡμῖν ἐς τὰ μέγιστα διαφόρων ποιούμεθα, καὶ οὐκ ἂν μείζω πρὸς τοῖς ὅρκοις βεβαίωσιν λάβοιτε, ἢ οἷς τὰ ἔργα ἐκ τῶν λόγων ἀναθρούμενα δόκησιν ἀναγκαίαν παρέχεται ὡς καὶ ξυμφέρει ὁμοίως ὡς εἶπον. 2 « Εἰ δ᾿ ἐμοῦ ταῦτα προϊσχομένου ἀδύνατοι μὲν φήσετε εἶναι, εὖνοι δ᾿ ὄντες ἀξιώσετε μὴ κακούμενοι διωθεῖσθαι καὶ τὴν ἐλευθερίαν μὴ ἀκίνδυνον ὑμῖν φαίνεσθαι, δίκαιόν τε εἶναι, οἷς καὶ δυνατὸν δέχεσθαι αὐτήν, τούτοις καὶ ἐπιφέρειν, ἄκοντα δὲ μηδένα προσαναγκάζειν, μάρτυρας μὲν θεοὺς καὶ ἥρως τοὺς ἐγχωρίους ποιήσομαι ὡς ἐπ᾿ ἀγαθῷ ἥκων οὐ πείθω, γῆν δὲ τὴν ὑμετέραν δῃῶν πειράσομαι βιάζεσθαι, 3 καὶ οὐκ ἀδικεῖν ἔτι νομιῶ, προσεῖναι

25. Il est intéressant de voir ici Brasidas se présenter en défenseur de la liberté des cités grecques, mais aussi de l'autonomie, puisqu'il n'entend pas soutenir le « petit nombre » contre la majorité, autrement dit, l'oligarchie contre la démocratie.

confiance ! 4 Je ne viens pas me joindre aux luttes de partis, et je tiens que je n'apporterais pas une liberté bien franche si, au mépris de vos traditions, j'asservissais la majorité au petit nombre ou la minorité à l'ensemble[25] : 5 ce serait là une domination plus dure que celle de l'étranger et nous, les gens de Sparte, nous en tirerions non point de la reconnaissance en échange de nos peines, mais plutôt des reproches, en échange de gloire et d'honneur : on verrait les griefs au nom desquels nous menons la guerre contre Athènes se retourner contre nous, avec un degré de rancœur non atteint pour qui n'a pas prétendu au désintéressement. 6 En effet, la ruse qui agit sous de beaux dehors est, au service de l'ambition, un moyen plus déshonorant pour des gens estimés que la violence ouverte : celle-ci poursuit son but selon le droit de la force octroyée par le sort, l'autre selon les visées d'un cœur sans droiture. LXXXVII. C'est la raison pourquoi nous apportons une vigilance extrême à ce qui est pour nous d'une portée essentielle ; et, avec les serments, vous ne sauriez trouver d'assurance plus certaine que lorsque vous voyez les actes, dûment rapprochés des paroles, imposer la conclusion que l'intérêt des gens coïncide avec ce qu'ils ont dit.

2 « Peut-être, cependant, en face de ces propositions que je vous fais, allez-vous me dire que vous êtes sans forces, mais qu'au nom de vos bons sentiments vous prétendez obtenir notre départ sans subir de dommage ; que la liberté ne se présente pas à vous sans quelque péril, et que, pour être juste, quand un peuple est en état de l'accueillir, il faut alors la lui apporter, mais ne point l'imposer à personne contre son gré. S'il en est ainsi, je prendrai à témoin les dieux et les héros qui gardent ce pays, de ce que j'étais venu pour son bien et que l'on ne m'écoute pas, puis, en ravageant votre pays, j'essaierai d'agir par la force ; 3 et

δέ τί μοι καὶ κατὰ δύο ἀνάγκας τὸ εὔλογον, τῶν μὲν Λακεδαιμονίων, ὅπως μὴ τῷ ὑμετέρῳ εὔνῳ, εἰ μὴ προσαχθή-
σεσθε, τοῖς ἀπὸ ὑμῶν χρήμασι φερομένοις παρ᾽ Ἀθηναίους
βλάπτωνται, οἱ δὲ Ἕλληνες ἵνα μὴ κωλύωνται ὑφ᾽ ὑμῶν
δουλείας ἀπαλλαγῆναι. 4 Οὐ γὰρ δὴ εἰκότως γ᾽ ἂν τάδε
πράσσοιμεν, οὐδὲ ὀφείλομεν οἱ Λακεδαιμόνιοι μὴ κοινοῦ
τινος ἀγαθοῦ αἰτίᾳ τοὺς μὴ βουλομένους ἐλευθεροῦν·
5 οὐδ᾽ αὖ ἀρχῆς ἐφιέμεθα, παῦσαι δὲ μᾶλλον ἑτέρους
σπεύδοντες τοὺς πλείους ἂν ἀδικοῖμεν, εἰ ξύμπασιν αὐτονομίαν ἐπιφέροντες ὑμᾶς τοὺς ἐναντιουμένους περιίδοιμεν.
6 Πρὸς ταῦτα βουλεύεσθε εὖ, καὶ ἀγωνίσασθε τοῖς τε Ἕλλησιν ἄρξαι πρῶτοι ἐλευθερίας καὶ ἀίδιον δόξαν καταθέσθαι, καὶ αὐτοὶ τά τε ἴδια μὴ βλαφθῆναι καὶ ξυμπάσῃ τῇ
πόλει τὸ κάλλιστον ὄνομα περιθεῖναι.»

LXXXVIII. Ὁ μὲν Βρασίδας τοσαῦτα εἶπεν. Οἱ δὲ
Ἀκάνθιοι, πολλῶν λεχθέντων πρότερον ἐπ᾽ ἀμφότερα,
κρύφα διαψηφισάμενοι, διά τε τὸ ἐπαγωγὰ εἰπεῖν τὸν Βρασίδαν καὶ περὶ τοῦ καρποῦ φόβῳ ἔγνωσαν οἱ πλείους ἀφίστασθαι Ἀθηναίων, καὶ πιστώσαντες αὐτὸν τοῖς ὅρκοις οὓς
τὰ τέλη τῶν Λακεδαιμονίων ὁμόσαντα αὐτὸν ἐξέπεμψαν,
ἦ μὴν ἔσεσθαι ξυμμάχους αὐτονόμους οὓς ἂν προσαγά-
γηται, οὕτω δέχονται τὸν στρατόν. 2 Καὶ οὐ πολὺ ὕστερον καὶ Στάγιρος Ἀνδρίων ἀποικία ξυναπέστη.

Ταῦτα μὲν οὖν ἐν τῷ θέρει τούτῳ ἐγένετο.

---

26. L'autre versant du discours de Brasidas révèle une réalité bien
différente de la profession de foi précédente. Car il s'agit de défendre les
intérêts des Lacédémoniens, fût-ce en recourant à la force.

je ne me considérerai plus comme étant dans mon tort, mais comme ayant même deux motifs péremptoires qui rendent ma conduite bien fondée ; le premier concerne Sparte : il veut que l'effet de vos bons sentiments, si vous ne vous ralliez pas à nous, ne soit pas que l'argent versé par vous aux Athéniens serve à lui faire du tort ; l'autre touche les Grecs : il ne faut pas que vous les empêchiez de sortir d'esclavage. 4 Autrement, nous n'aurions pas de raison d'agir comme nous le faisons : nous n'avons pas le devoir, nous les gens de Sparte, s'il n'y a pas en cause quelque intérêt commun, de libérer ceux qui ne le souhaitent pas[26] ; 5 et nous n'aspirons pas non plus à exercer la domination ; mais, visant bien plutôt à faire cesser celle des autres, nous serions en faute envers la majorité si, dans cet effort pour apporter à tous l'indépendance, nous vous laissions, vous, y faire ainsi obstacle. 6 Voilà : prenez le bon parti et fixez-vous pour ambition de donner en Grèce, les premiers, le signal de la liberté, ce qui vous assurera une gloire éternelle, et d'obtenir, chez vous, que soient épargnés vos biens individuels, tandis que la cité entière vous devra le plus beau renom. »

LXXXVIII. Ce fut tout ce que dit Brasidas ; et les Acanthiens, après avoir au préalable entendu de nombreux orateurs dans les deux sens, rendirent un vote secret : tant parce que les paroles de Brasidas étaient séduisantes que parce qu'ils craignaient pour la récolte, ils décidèrent à la majorité de se détacher d'Athènes. Ils firent prêter à Brasidas les serments que les magistrats de Sparte avaient prêtés avant son départ, assurant l'autonomie des peuples dont il aurait fait des alliés : et, cela acquis, ils laissèrent entrer l'armée. 2 Peu après, Stagiros, colonie d'Andros, s'associa elle aussi à la défection.

Tels furent les événements pour cet été-là.

LXXXIX. Τοῦ δ' ἐπιγιγνομένου χειμῶνος εὐθὺς ἀρχομένου, ὡς τῷ Ἱπποκράτει καὶ Δημοσθένει στρατηγοῖς οὖσιν Ἀθηναίων τὰ ἐν τοῖς Βοιωτοῖς ἐνεδίδοτο καὶ ἔδει τὸν μὲν Δημοσθένη ταῖς ναυσὶν ἐς τὰς Σίφας ἀπαντῆσαι, τὸν δ' ἐπὶ τὸ Δήλιον, γενομένης διαμαρτίας τῶν ἡμερῶν ἐς ἃς ἔδει ἀμφοτέρους στρατεύειν, ὁ μὲν Δημοσθένης πρότερον πλεύσας πρὸς τὰς Σίφας καὶ ἔχων ἐν ταῖς ναυσὶν Ἀκαρνᾶνας καὶ τῶν ἐκεῖ πολλοὺς ξυμμάχων, ἄπρακτος γίγνεται μηνυθέντος τοῦ ἐπιβουλεύματος ὑπὸ Νικομάχου, ἀνδρὸς Φωκέως ἐκ Φανοτέως, ὃς Λακεδαιμονίοις εἶπεν, ἐκεῖνοι δὲ Βοιωτοῖς. 2 Καὶ βοηθείας γενομένης πάντων Βοιωτῶν (οὐ γάρ πω Ἱπποκράτης παρελύπει ἐν τῇ γῇ ὤν) προκαταλαμβάνονται αἵ τε Σῖφαι καὶ ἡ Χαιρώνεια. Ὡς δὲ ᾔσθοντο οἱ πράσσοντες τὸ ἁμάρτημα, οὐδὲν ἐκίνησαν τῶν ἐν ταῖς πόλεσιν.

XC. Ὁ δὲ Ἱπποκράτης ἀναστήσας Ἀθηναίους πανδημεί, αὐτοὺς καὶ τοὺς μετοίκους καὶ ξένων ὅσοι παρῆσαν, ὕστερος ἀφικνεῖται ἐπὶ τὸ Δήλιον, ἤδη τῶν Βοιωτῶν ἀνακεχωρηκότων ἀπὸ τῶν Σιφῶν· καὶ καθίσας τὸν στρατὸν Δήλιον ἐτείχιζε τοιῷδε τρόπῳ τὸ ἱερὸν τοῦ Ἀπόλλωνος. 2 Τάφρον μὲν κύκλῳ περὶ τὸ ἱερὸν καὶ τὸν νεὼν ἔσκαπτον, ἐκ δὲ τοῦ ὀρύγματος ἀνέβαλλον ἀντὶ τείχους τὸν χοῦν, καὶ σταυροὺς παρακαταπηγνύντες ἄμπελον κόπτοντες τὴν περὶ τὸ ἱερὸν ἐσέβαλλον καὶ λίθους ἅμα καὶ πλίνθον ἐκ τῶν οἰκοπέδων τῶν ἐγγὺς καθαιροῦντες, καὶ παντὶ τρόπῳ ἐμετεώριζον τὸ ἔρυμα. Πύργους τε ξυλίνους

**Campagne de Délion**

LXXXIX. Tout au début de l'hiver suivant, Hippocrate et Démosthène, tous deux stratèges à Athènes, étaient en passe de se voir livrer les affaires en Béotie et devaient se présenter, Démosthène à Siphes, avec sa flotte, et l'autre à Délion ; mais une erreur se produisit sur les jours prévus pour cette double expédition : Démosthène, qui, faisant voile vers Siphes, était arrivé avant son collègue, et qui avait à bord les Acarnaniens et beaucoup des alliés de la région, n'obtient nul résultat, le complot ayant été dénoncé par un Phocidien de Phanotée, Nicomaque : il en avait fait part aux Lacédémoniens, et ces derniers aux Béotiens. 2 Une armée de secours était venue, envoyée par tous les Béotiens (Hippocrate n'étant pas encore dans le pays pour les gêner) : Siphes et Chéronée sont ainsi occupées à temps. Et les partisans, lorsqu'ils s'aperçurent de la faute commise, ne déclenchèrent aucun mouvement dans les cités.

XC. Quant à Hippocrate, après avoir fait à Athènes une levée en masse, portant sur les citoyens, les métèques et les étrangers présents, il se présenta devant Délion, arrivant après son collègue, quand les Béotiens étaient déjà repartis de Siphes. Il installa alors son armée et se mit à fortifier Délion, le sanctuaire d'Apollon, de la façon suivante. 2 Les soldats creusaient un fossé circulaire autour du sanctuaire et du temple ; avec la terre qu'ils en tiraient, ils élevaient un talus, devant tenir lieu de mur, et, tout en plantant des pieux tout du long, ils coupaient la vigne autour du sanctuaire et la jetaient à l'intérieur en même temps que des pierres et des briques qu'ils enlevaient aux aires construites du voisinage : tous les moyens étaient mis en jeu pour donner de la hauteur au rempart. Ils dressèrent aussi des tours de bois aux endroits où cela était approprié et où il n'existait

κατέστησαν ᾗ καιρὸς ἦν καὶ τοῦ ἱεροῦ οἰκοδόμημα οὐδὲν ὑπῆρχεν· ἥπερ γὰρ ἦν στοὰ κατεπεπτώκει. 3 Ἡμέρᾳ δὲ ἀρξάμενοι τρίτῃ ὡς οἴκοθεν ὥρμησαν ταύτην τε εἰργάζοντο καὶ τὴν τετάρτην καὶ τῆς πέμπτης μέχρι ἀρίστου. 4 Ἔπειτα, ὡς τὰ πλεῖστα ἀπετετέλεστο, τὸ μὲν στρατόπεδον προαπεχώρησεν ἀπὸ τοῦ Δηλίου οἷον δέκα σταδίους ὡς ἐπ᾿ οἴκου πορευόμενον, καὶ οἱ μὲν ψιλοὶ οἱ πλεῖστοι εὐθὺς ἐχώρουν, οἱ δ᾿ ὁπλῖται θέμενοι τὰ ὅπλα ἡσύχαζον· Ἱπποκράτης δὲ ὑπομένων ἔτι καθίστατο φυλακάς τε καὶ τὰ περὶ τὸ προτείχισμα, ὅσα ἦν ὑπόλοιπα, ὡς χρῆν ἐπιτελέσαι.

XCI. Οἱ δὲ Βοιωτοὶ ἐν ταῖς ἡμέραις ταύταις ξυνελέγοντο ἐς τὴν Τάναγραν· καὶ ἐπειδὴ ἀπὸ πασῶν τῶν πόλεων παρῆσαν καὶ ᾐσθάνοντο τοὺς Ἀθηναίους προχωροῦντας ἐπ᾿ οἴκου, τῶν ἄλλων βοιωταρχῶν, οἵ εἰσιν ἕνδεκα, οὐ ξυνεπαινούντων μάχεσθαι, ἐπειδὴ οὐκ ἐν τῇ Βοιωτίᾳ ἔτι εἰσί (μάλιστα γὰρ ἐν μεθορίοις τῆς Ὠρωπίας οἱ Ἀθηναῖοι ἦσαν, ὅτε ἔθεντο τὰ ὅπλα), Παγώνδας ὁ Αἰολάδου βοιωταρχῶν ἐκ Θηβῶν μετ᾿ Ἀριανθίδου τοῦ Λυσιμαχίδου καὶ ἡγεμονίας οὔσης αὐτοῦ βουλόμενος τὴν μάχην ποιῆσαι καὶ νομίζων ἄμεινον εἶναι κινδυνεῦσαι, προσκαλῶν ἑκάστους κατὰ λόχους, ὅπως μὴ ἁθρόοι ἐκλίποιεν τὰ ὅπλα, ἔπειθε τοὺς Βοιωτοὺς ἰέναι ἐπὶ τοὺς Ἀθηναίους καὶ τὸν ἀγῶνα ποιεῖσθαι, λέγων τοιάδε.

XCII. « Χρῆν μέν, ὦ ἄνδρες Βοιωτοί, μηδ᾿ ἐς ἐπίνοιάν τινα ἡμῶν ἐλθεῖν τῶν ἀρχόντων ὡς οὐκ εἰκὸς Ἀθηναίοις, ἢν ἄρα μὴ ἐν τῇ Βοιωτίᾳ ἔτι καταλάβωμεν αὐτούς, διὰ

---

27. La Béotie était un État fédéral comprenant onze districts, chacun de ces districts désignant un béotarque. Thèbes regroupait deux districts et était donc représentée par deux béotarques.

aucun bâtiment appartenant au sanctuaire (l'ancien portique, en effet, s'était écroulé). 3 Ils commencèrent le troisième jour après être partis de chez eux et poursuivirent leur travail pendant le quatrième et une partie du cinquième, jusqu'au déjeuner ; 4 puis, comme l'essentiel était achevé, l'armée, prenant les devants, se retira à quelque dix stades de Délion sur le chemin du retour ; et, là, tandis que la plupart des troupes légères rentraient directement, les hoplites prirent leurs positions et ne bougèrent plus : Hippocrate, lui, était resté en arrière, car il avait encore à organiser la garde du poste et à parachever comme il fallait ce qui restait à faire pour les ouvrages défensifs.

XCI. Les Béotiens, au cours de ces journées, se rassemblaient à Tanagra. Bientôt les contingents de toutes les cités furent là et l'on sut les Athéniens sur le chemin du retour : dans l'ensemble, les béotarques, qui sont au nombre de onze[27], n'étaient pas d'accord pour combattre, du moment que l'ennemi n'était plus en Béotie (les Athéniens se trouvaient approximativement à la frontière de l'Oropie, quand ils avaient pris leurs positions) ; mais il y avait Pagondas, fils d'Aiolodas : il était béotarque pour Thèbes avec Arianthidas, fils de Lysimachidas, et c'était à lui de commander ; or, il désirait engager la bataille et jugeait préférable de risquer la partie ; convoquant donc les détachements l'un après l'autre (pour éviter de leur faire abandonner leur faction tous ensemble), il s'adressa aux Béotiens pour les pousser à marcher contre les Athéniens et à engager la lutte, en leur tenant, en substance, ce discours :

XCII. « En principe, Béotiens, aucun de nous, chefs de l'armée, n'aurait dû être seulement effleuré par l'idée que, si nous ne trouvions plus les Athéniens en Béotie, il n'était pas légitime d'engager contre eux la bataille ; car

μάχης ἐλθεῖν. Τὴν γὰρ Βοιωτίαν ἐκ τῆς ὁμόρου ἐλθόντες τεῖχος ἐνοικοδομησάμενοι μέλλουσι φθείρειν, καὶ εἰσὶ δή- που πολέμιοι ἐν ᾧ τε ἂν χωρίῳ καταληφθῶσι καὶ ὅθεν ἐπελθόντες πολέμια ἔδρασαν. 2 Νυνὶ δ᾽ εἴ τῳ καὶ ἀσφα- λέστερον ἔδοξεν εἶναι, μεταγνώτω. Οὐ γὰρ τὸ προμηθές, οἷς ἂν ἄλλος ἐπίῃ, περὶ τῆς σφετέρας ὁμοίως ἐνδέχεται λογισμὸν καὶ ὅστις τὰ μὲν ἑαυτοῦ ἔχει, τοῦ πλείονος δὲ ὀρεγόμενος ἑκών τινι ἐπέρχεται. 3 Πάτριόν τε ὑμῖν στρα- τὸν ἀλλόφυλον ἐπελθόντα καὶ ἐν τῇ οἰκείᾳ καὶ ἐν τῇ τῶν πέλας ὁμοίως ἀμύνεσθαι. Ἀθηναίους δὲ καὶ προσέτι ὁμό- ρους ὄντας πολλῷ μάλιστα δεῖ. 4 Πρός τε γὰρ τοὺς ἀστυγείτονας πᾶσι τὸ ἀντίπαλον καὶ ἐλεύθερον καθίστα- ται, καὶ πρὸς τούτους γε δή, οἳ καὶ μὴ τοὺς ἐγγύς, ἀλλὰ καὶ τοὺς ἄπωθεν πειρῶνται δουλοῦσθαι, πῶς οὐ χρὴ καὶ ἐπὶ τὸ ἔσχατον ἀγῶνος ἐλθεῖν (παράδειγμα δὲ ἔχομεν τούς τε ἀντιπέρας Εὐβοέας καὶ τῆς ἄλλης Ἑλλάδος τὸ πολὺ ὡς αὐτοῖς διάκειται), καὶ γνῶναι ὅτι τοῖς μὲν ἄλλοις οἱ πλησιόχωροι περὶ γῆς ὅρων τὰς μάχας ποιοῦνται, ἡμῖν δὲ ἐς πᾶσαν, ἢν νικηθῶμεν, εἷς ὅρος οὐκ ἀντίλεκτος παγήσε- ται; ἐσελθόντες γὰρ βίᾳ τὰ ἡμέτερα ἕξουσιν. 5 Τοσούτῳ ἐπικινδυνοτέραν ἑτέρων τὴν παροίκησιν τῶνδε ἔχομεν. Εἰώθασί τε οἱ ἰσχύος που θράσει τοῖς πέλας, ὥσπερ Ἀθη- ναῖοι νῦν, ἐπιόντες τὸν μὲν ἡσυχάζοντα καὶ ἐν τῇ ἑαυτοῦ μόνον ἀμυνόμενον ἀδεέστερον ἐπιστρατεύειν, τὸν δὲ ἔξω ὅρων προαπαντῶντα καί, ἢν καιρὸς ᾖ, πολέμου ἄρχοντα

c'est en Béotie qu'ils sont venus d'un pays limitrophe et, par l'établissement d'un fortin, s'apprêtent à semer la ruine ; si bien qu'ils sont assurément des ennemis, en quelque pays qu'on les trouve – entre autres dans celui d'où ils sont partis pour faire acte d'ennemis. 2 Mais, en fait, s'il en est à qui cette attitude ait aussi paru plus sûre, qu'ils se détrompent : il n'est pas vrai que la prudence, lorsqu'un autre vous attaque, comporte que l'on fasse des calculs, pour la défense du pays, comme on le peut lorsque, gardant ses biens, on va, par passion du plus, s'attaquer à des gens de son plein gré. 3 Et il est dans vos traditions de repousser des assaillants étrangers soit chez vous soit chez le voisin, indifféremment. Or, quand il s'agit d'Athéniens, et que par surcroît on occupe un pays limitrophe, il le faut bien plus que jamais : 4 toujours, avec des voisins, la liberté se ramène à la faculté de leur tenir tête ; et, avec ces gens-là, qui tâchent de porter l'esclavage non pas autour d'eux, mais même au loin, comment ne faudrait-il pas pousser la lutte jusqu'à l'extrême ? Aussi bien avons-nous l'exemple de l'Eubée, en face de nous, et de presque toute la Grèce, dans sa condition par rapport à eux ; comment ne pas reconnaître que si, partout ailleurs, les peuples voisins se battent pour les limites territoriales, tout notre territoire à nous, en cas de défaite, sera défini par une limite unique, que l'on ne discutera plus ? Ils entreront chez nous et prendront de vive force ce qui nous appartient : 5 tant il est vrai que leur voisinage est pour nous plus dangereux qu'aucun autre. Enfin c'est une règle : si, quand on est attaqué par un peuple grisé de sa force, comme les Athéniens aujourd'hui, on reste sans bouger et que l'on se défende seulement chez soi, il marche contre vous avec plus de sécurité ; mais si l'on vient à sa rencontre hors des frontières et si, quand l'occasion s'offre, on prend l'initiative de la guerre, il est moins prêt

ἧσσον ἑτοίμως κατέχειν. 6 Πεῖραν δὲ ἔχομεν ἡμεῖς αὐτοῦ ἐς τούσδε· νικήσαντες γὰρ ἐν Κορωνείᾳ αὐτούς, ὅτε τὴν γῆν ἡμῶν στασιαζόντων κατέσχον, πολλὴν ἄδειαν τῇ Βοιωτίᾳ μέχρι τοῦδε κατεστήσαμεν. 7 Ὧν χρὴ μνησθέντας ἡμᾶς τούς τε πρεσβυτέρους ὁμοιωθῆναι τοῖς πρὶν ἔργοις, τούς τε νεωτέρους πατέρων τῶν τότε ἀγαθῶν γενομένων παῖδας πειρᾶσθαι μὴ αἰσχῦναι τὰς προσηκούσας ἀρετάς, πιστεύσαντας δὲ τῷ θεῷ πρὸς ἡμῶν ἔσεσθαι, οὗ τὸ ἱερὸν ἀνόμως τειχίσαντες νέμονται, καὶ τοῖς ἱεροῖς ἃ ἡμῖν θυσαμένοις καλὰ φαίνεται, ὁμόσε χωρῆσαι τοῖσδε καὶ δεῖξαι ὅτι ὧν μὲν ἐφίενται πρὸς τοὺς μὴ ἀμυνομένους ἐπιόντες κτάσθων, οἷς δὲ γενναῖον τήν τε αὐτῶν αἰεὶ ἐλευθεροῦν μάχῃ καὶ τὴν ἄλλων μὴ δουλοῦσθαι ἀδίκως, ἀνανταγώνιστοι ἀπ' αὐτῶν οὐκ ἀπίασιν. »

XCIII. Τοιαῦτα ὁ Παγώνδας τοῖς Βοιωτοῖς παραινέσας ἔπεισεν ἰέναι ἐπὶ τοὺς Ἀθηναίους. Καὶ κατὰ τάχος ἀναστήσας ἦγε τὸν στρατόν (ἤδη γὰρ καὶ τῆς ἡμέρας ὀψὲ ἦν), καὶ ἐπειδὴ προσέμειξεν ἐγγὺς τοῦ στρατεύματος αὐτῶν, ἐς χωρίον καθίσας ὅθεν λόφου ὄντος μεταξὺ οὐκ ἐθεώρουν ἀλλήλους, ἔτασσέ τε καὶ παρεσκευάζετο ὡς ἐς μάχην. 2 Τῷ δὲ Ἱπποκράτει ὄντι περὶ τὸ Δήλιον ὡς αὐτῷ ἠγγέλθη ὅτι Βοιωτοὶ ἐπέρχονται, πέμπει ἐς τὸ στράτευμα κελεύων ἐς τάξιν καθίστασθαι, καὶ αὐτὸς οὐ πολλῷ ὕστερον ἐπῆλθε, καταλιπὼν ὡς τριακοσίους ἱππέας περὶ τὸ Δήλιον, ὅπως φύλακές τε ἅμα εἶεν, εἴ τις ἐπίοι αὐτῷ, καὶ τοῖς Βοιωτοῖς καιρὸν φυλάξαντες ἐπιγένοιντο ἐν τῇ μάχῃ. 3 Βοιωτοὶ δὲ πρὸς τούτους ἀντικατέστησαν τοὺς ἀμυ-

---

28. En 447/446, les Athéniens venus soutenir les démocrates béotiens furent écrasés à la bataille de Coronée. La victoire des oligarques fut suivie de l'organisation de la confédération béotienne autour de Thèbes.

à s'imposer. 6 Aussi bien en avons-nous pour preuve nos propres rapports avec eux ; car notre victoire à Coronée, survenue au moment où, profitant de nos guerres civiles, ils s'étaient imposés dans le pays, nous a permis d'assurer jusqu'à aujourd'hui une grande sécurité à la Béotie[28]. 7 Animés de ces souvenirs, nous devons, nous les vieux, rester à la hauteur des actes passés, et, pour les plus jeunes, en fils de ceux qui montrèrent alors leur valeur, tâcher de ne pas déshonorer les vertus dont ils peuvent se réclamer : confiants dans l'appui que nous donnera le dieu, dont ceux-ci ont fortifié le sanctuaire qu'ils occupent contre toute loi, et confiants dans les présages que nos sacrifices révèlent favorables, il faut aller les affronter : il faut montrer que, s'ils ont des convoitises, libre à eux de les satisfaire sur ceux qui ne se défendent pas, mais que ceux à qui leur sang commande de toujours combattre pour libérer leur pays, sans asservir injustement celui des autres, ne les laisseront pas repartir sans se mesurer contre eux. »

XCIII. Par de telles exhortations, Pagondas décida les Béotiens à marcher contre les Athéniens, et, sans tarder – la journée étant déjà avancée –, il donna l'ordre de marche et prit la tête des troupes. Lorsqu'il fut arrivé au voisinage des forces ennemies, il s'installa sur un emplacement tel qu'une colline, placée entre les deux armées, les empêchait de s'observer l'une l'autre : il mit alors ses hommes en ligne et leur fit prendre leurs dispositions de combat. 2 Hippocrate était à Délion lorsqu'il apprit l'approche des Béotiens : il manda à son armée l'ordre de se mettre en ligne et lui-même arriva peu après, laissant à Délion quelque trois cents cavaliers, qui devaient tout à la fois veiller sur la place en cas d'attaque et guetter une occasion pour intervenir eux aussi contre les Béotiens au cours du combat. 3 Mais les Béotiens, de leur côté, disposèrent contre eux des éléments

νουμένους, καὶ ἐπειδὴ καλῶς αὐτοῖς εἶχεν, ὑπερεφάνησαν τοῦ λόφου καὶ ἔθεντο τὰ ὅπλα τεταγμένοι ὥσπερ ἔμελλον, ὁπλῖται ἑπτακισχίλιοι μάλιστα καὶ ψιλοὶ ὑπὲρ μυρίους, ἱππῆς δὲ χίλιοι καὶ πελτασταὶ πεντακόσιοι. 4 Εἶχον δὲ δεξιὸν μὲν κέρας Θηβαῖοι καὶ οἱ ξύμμοροι αὐτοῖς· μέσοι δὲ Ἁλιάρτιοι καὶ Κορωναῖοι καὶ Κωπαιῆς καὶ οἱ ἄλλοι οἱ περὶ τὴν λίμνην· τὸ δὲ εὐώνυμον εἶχον Θεσπιῆς καὶ Ταναγραῖοι καὶ Ὀρχομένιοι. Ἐπὶ δὲ τῷ κέρᾳ ἑκατέρῳ οἱ ἱππῆς καὶ ψιλοὶ ἦσαν. Ἐπ᾽ ἀσπίδας δὲ πέντε μὲν καὶ εἴκοσι Θηβαῖοι ἐτάξαντο, οἱ δὲ ἄλλοι ὡς ἕκαστοι ἔτυχον. 5 Αὕτη μὲν Βοιωτῶν παρασκευὴ καὶ διάκοσμος ἦν.

XCIV. Ἀθηναῖοι δὲ οἱ μὲν ὁπλῖται ἐπὶ ὀκτὼ πᾶν τὸ στρατόπεδον ἐτάξαντο ὄντες πλήθει ἰσοπαλεῖς τοῖς ἐναντίοις, ἱππῆς δὲ ἐφ᾽ ἑκατέρῳ τῷ κέρᾳ. Ψιλοὶ δὲ ἐκ παρασκευῆς μὲν ὡπλισμένοι οὔτε τότε παρῆσαν οὔτε ἐγένοντο τῇ πόλει· οἵπερ δὲ ξυνεσέβαλον, ὄντες πολλαπλάσιοι τῶν ἐναντίων, ἄοπλοί τε ⟨οἱ⟩ πολλοὶ ἠκολούθησαν, ἄτε πανστρατιᾶς ξένων τῶν παρόντων καὶ ἀστῶν γενομένης, καὶ ὡς τὸ πρῶτον ὥρμησαν ἐπ᾽ οἴκου, οὐ παρεγένοντο ὅτι μὴ ὀλίγοι. 2 Καθεστώτων δὲ ἐς τὴν τάξιν καὶ ἤδη μελλόντων ξυνιέναι, Ἱπποκράτης ὁ στρατηγὸς ἐπιπαριὼν τὸ στρατόπεδον τῶν Ἀθηναίων παρεκελεύετό τε καὶ ἔλεγε τοιάδε.

XCV. « Ὦ Ἀθηναῖοι, δι᾽ ὀλίγου μὲν ἡ παραίνεσις γίγνεται, τὸ ἴσον δὲ πρός γε τοὺς ἀγαθοὺς ἄνδρας δύναται καὶ ὑπόμνησιν μᾶλλον ἔχει ἢ ἐπικέλευσιν. 2 Παραστῇ δὲ μηδενὶ ὑμῶν ὡς ἐν τῇ ἀλλοτρίᾳ οὐ προσῆκον τοσόνδε κίνδυνον ἀναρριπτοῦμεν. Ἐν γὰρ τῇ τούτων ὑπὲρ τῆς ἡμε-

chargés de les tenir en respect, et, au moment favorable, ils firent leur apparition en haut de la colline et y prirent position dans l'ordre prévu : ils étaient là quelque sept mille hoplites, avec plus de dix mille hommes de troupes légères, ainsi que mille cavaliers et cinq cents peltastes ; 4 l'aile droite était formée par les Thébains et les peuples associés, le centre par les gens d'Haliarte, de Coronée, de Côpes et des autres populations en bordure du lac, enfin l'aile gauche par ceux de Thespies, de Tanagra et d'Orchomène ; cavalerie et troupes légères prolongeaient les deux ailes. Les Thébains s'étaient rangés sur vingt-cinq rangs de profondeur, les autres chacun à leur façon. 5 Telles étaient la disposition et l'ordonnance des Béotiens.

XCIV. Chez les Athéniens, les hoplites s'étaient rangés, pour tout le front, sur huit rangs de profondeur, et leur nombre égalait celui des hoplites ennemis ; les cavaliers prolongeaient les deux ailes. Quant à des troupes légères régulièrement équipées, il n'y en avait pas en la circonstance et la ville n'en avait jamais possédé : certaines avaient pris part à l'invasion, formant un effectif qui valait plusieurs fois celui de l'ennemi ; mais les hommes le composant avaient en général suivi sans armes, répondant à la levée en masse de tous, étrangers présents ou citoyens, et, comme ils s'étaient tout de suite lancés sur la voie du retour, il n'y en eut qu'un petit groupe à se trouver là. 2 Une fois que les troupes furent en position et sur le point d'engager l'action, le stratège Hippocrate, passant devant les rangs athéniens, les exhorta et leur tint, en substance, ce discours :

XCV. « Athéniens, ma harangue peut être courte, sans avoir pour autant moins de portée pour les braves : elle leur adresse un rappel, plus qu'un appel. 2 Et que nul d'entre vous n'aille penser qu'il ne sied point pour nous d'engager une telle partie sur une terre étrangère : car

τέρας ὁ ἀγὼν ἔσται· καὶ ἢν νικήσωμεν, οὐ μή ποτε ὑμῖν
Πελοποννήσιοι ἐς τὴν χώραν ἄνευ τῆς τῶνδε ἵππου ἐσβά-
λωσιν, ἐν δὲ μιᾷ μάχῃ τήνδε τε προσκτᾶσθε καὶ ἐκείνην
μᾶλλον ἐλευθεροῦτε. 3 Χωρήσατε οὖν ἀξίως ἐς αὐτοὺς
τῆς τε πόλεως, ἣν ἕκαστος πατρίδα ἔχων πρώτην ἐν τοῖς
Ἕλλησιν ἀγάλλεται, καὶ τῶν πατέρων, οἳ τούσδε μάχῃ
κρατοῦντες μετὰ Μυρωνίδου ἐν Οἰνοφύτοις τὴν Βοιωτίαν
ποτὲ ἔσχον. »

XCVI. Τοιαῦτα τοῦ Ἱπποκράτους παρακελευομένου καὶ
μέχρι μὲν μέσου τοῦ στρατοπέδου ἐπελθόντος, τὸ δὲ πλέον
οὐκέτι φθάσαντος, οἱ Βοιωτοί, παρακελευσαμένου καὶ σφίσιν ὡς διὰ ταχέων καὶ ἐνταῦθα Παγώνδου, παιανίσαντες
ἐπῇσαν ἀπὸ τοῦ λόφου. Ἀντεπῇσαν δὲ καὶ οἱ Ἀθηναῖοι
καὶ προσέμειξαν δρόμῳ. 2 Καὶ ἑκατέρων τῶν στρατο-
πέδων τὰ ἔσχατα οὐκ ἦλθεν ἐς χεῖρας, ἀλλὰ τὸ αὐτὸ ἔπα-
θεν· ῥύακες γὰρ ἐκώλυσαν. Τὸ δὲ ἄλλο καρτερᾷ μάχῃ καὶ
ὠθισμῷ ἀσπίδων ξυνειστήκει. 3 Καὶ τὸ μὲν εὐώνυμον τῶν
Βοιωτῶν καὶ μέχρι μέσου ἡσσᾶτο ὑπὸ τῶν Ἀθηναίων, καὶ
ἐπίεσαν τούς τε ἄλλους ταύτῃ καὶ οὐχ ἥκιστα τοὺς Θεσ-
πιᾶς. Ὑποχωρησάντων γὰρ αὐτοῖς τῶν παρατεταγμένων
καὶ κυκλωθέντες ἐν ὀλίγῳ, [οἵπερ διεφθάρησαν Θεσπιῶν]
ἐν χερσὶν ἀμυνόμενοι κατεκόπησαν· καί τινες καὶ τῶν Ἀθηναίων διὰ τὴν κύκλωσιν ταραχθέντες ἠγνόησάν τε καὶ
ἀπέκτειναν ἀλλήλους. 4 Τὸ μὲν οὖν ταύτῃ ἡσσᾶτο τῶν
Βοιωτῶν καὶ πρὸς τὸ μαχόμενον κατέφυγε, τὸ δὲ δεξιόν,
ᾗ οἱ Θηβαῖοι ἦσαν, ἐκράτει τῶν Ἀθηναίων καὶ ὠσάμενοι
κατὰ βραχὺ τὸ πρῶτον ἐπηκολούθουν. 5 Καὶ ξυνέβη,

nous lutterons dans leur pays pour défendre le nôtre ; et, si nous sommes vainqueurs, vous ne risquez pas de voir les Péloponnésiens, sans la cavalerie de ce peuple, faire invasion chez nous : au contraire, en une seule bataille, vous gagnez un nouveau pays et affermissez la liberté de l'autre. 3 Marchez donc contre eux, comme le méritent et la cité, en qui chacun de vous se glorifie d'avoir une patrie occupant le premier rang de la Grèce, et vos pères, à qui la victoire qu'ils remportèrent sur ces gens, avec Myronidès à Oinophyta, livra jadis la Béotie. »

XCVI. Hippocrate, qui prononçait ces exhortations et en était arrivé au centre de l'armée, n'eut pas le temps d'aller plus loin : les Béotiens, auxquels Pagondas, de son côté, avait, avec une brièveté de circonstance, renouvelé sur place ses exhortations, avançaient contre eux depuis la colline, au chant du péan. Les Athéniens ripostèrent en avançant aussi et l'on s'aborda au pas de course. 2 Seules les extrémités des deux armées n'en vinrent pas aux mains, car elles connurent le même sort de part et d'autre : des torrents les arrêtèrent. Mais le reste était engagé dans une lutte violente, où se heurtaient les boucliers. 3 Or, l'aile gauche des Béotiens, jusqu'au centre, avait le dessous devant les Athéniens, qui serrèrent de près les troupes ennemies de ce côté-là, surtout les gens de Thespies. Comme leurs voisins de rang avaient reculé et qu'ils étaient encerclés dans un espace réduit, ceux-ci furent massacrés dans une lutte corps à corps ; il arriva d'ailleurs que certains Athéniens, même, déconcertés par l'encerclement, ne se reconnurent pas et s'entre-tuèrent. 4 De ce côté-là, donc, l'armée béotienne avait le dessous et les troupes se repliaient vers la partie du front qui tenait ; mais l'aile droite, où se trouvaient les Thébains, dominait les Athéniens et, après les avoir bousculés, les serrait tout d'abord pied à pied. 5 Là-dessus,

Παγώνδου περιπέμψαντος δύο τέλη τῶν ἱππέων ἐκ τοῦ ἀφανοῦς περὶ τὸν λόφον, ὡς ἐπόνει τὸ εὐώνυμον αὐτῶν, καὶ ὑπερφανέντων αἰφνιδίως, τὸ νικῶν τῶν Ἀθηναίων κέρας, νομίσαν ἄλλο στράτευμα ἐπιέναι, ἐς φόβον καταστῆναι· 6 καὶ ἀμφοτέρωθεν ἤδη, ὑπό τε τοῦ τοιούτου καὶ ὑπὸ τῶν Θηβαίων ἐφεπομένων καὶ παραρρηγνύντων, φυγὴ καθειστήκει παντὸς τοῦ στρατοῦ τῶν Ἀθηναίων. 7 Καὶ οἱ μὲν πρὸς τὸ Δήλιόν τε καὶ τὴν θάλασσαν ὥρμησαν, οἱ δὲ ἐπὶ τοῦ Ὠρωποῦ, ἄλλοι δὲ πρὸς Πάρνηθα τὸ ὄρος, οἱ δὲ ὡς ἕκαστοί τινα εἶχον ἐλπίδα σωτηρίας. 8 Βοιωτοὶ δὲ ἐφεπόμενοι ἔκτεινον, καὶ μάλιστα οἱ ἱππῆς οἵ τε αὐτῶν καὶ οἱ Λοκροὶ βεβοηθηκότες ἄρτι τῆς τροπῆς γιγνομένης· νυκτὸς δὲ ἐπιλαβούσης τὸ ἔργον ῥᾷον τὸ πλῆθος τῶν φευγόντων διεσώθη. 9 Καὶ τῇ ὑστεραίᾳ οἵ τε ἐκ τοῦ Ὠρωποῦ καὶ οἱ ἐκ τοῦ Δηλίου φυλακὴν ἐγκαταλιπόντες (εἶχον γὰρ αὐτὸ ὅμως ἔτι) ἀπεκομίσθησαν κατὰ θάλασσαν ἐπ' οἴκου. XCVII. Καὶ οἱ Βοιωτοὶ τροπαῖον στήσαντες καὶ τοὺς ἑαυτῶν ἀνελόμενοι νεκροὺς τούς τε τῶν πολεμίων σκυλεύσαντες καὶ φυλακὴν καταλιπόντες ἀνεχώρησαν ἐς τὴν Τάναγραν, καὶ τῷ Δηλίῳ ἐπεβούλευον ὡς προσβαλοῦντες.

2 Ἐκ δὲ τῶν Ἀθηναίων κῆρυξ πορευόμενος ἐπὶ τοὺς νεκροὺς ἀπαντᾷ κήρυκι Βοιωτῷ, ὃς αὐτὸν ἀποστρέψας καὶ εἰπὼν ὅτι οὐδὲν πράξει πρὶν ἂν αὐτὸς ἀναχωρήσῃ πάλιν, καταστὰς ἐπὶ τοὺς Ἀθηναίους ἔλεγε τὰ παρὰ τῶν Βοιωτῶν, ὅτι οὐ δικαίως δράσειαν παραβαίνοντες τὰ νόμιμα τῶν Ἑλλήνων· 3 πᾶσι γὰρ εἶναι καθεστηκὸς ἰόντας ἐπὶ τὴν ἀλλήλων ἱερῶν τῶν ἐνόντων ἀπέχεσθαι, Ἀθηναίους δὲ Δήλιον τειχίσαντας ἐνοικεῖν, καὶ ὅσα ἄνθρωποι ἐν βεβήλῳ

29. La défaite de Délion est évoquée dans le *Banquet* de Platon par Alcibiade, qui rappelle avec quel courage Socrate, qui était hoplite, avait participé à la retraite de l'armée (*Banquet*, 221a).

il y eut un fait nouveau : comme Pagondas avait fait passer
à la dérobée deux escadrons de cavalerie derrière la colline,
à cause de la situation difficile où il voyait sa gauche, et
comme ceux-ci s'étaient montrés soudain sur la hauteur,
l'aile victorieuse athénienne, pensant voir s'avancer une
nouvelle armée, fut prise de peur : 6 dès lors, des deux
côtés à la fois, tant à cause de cet incident qu'à cause des
Thébains qui poussaient de l'avant et rompaient le front
en face d'eux, ce fut la fuite de toute l'armée athénienne[29].
7 Les uns se précipitèrent vers Délion et la mer, les autres
dans la direction d'Oropos, d'autre vers le mont Parnès,
d'autres enfin selon les espoirs de salut qui s'offraient
à chacun. 8 Et les Béotiens, poussant de l'avant, les
massacraient, surtout avec la cavalerie, que ce fût la leur
ou celle de Locres – celle-ci étant arrivée à la rescousse
alors que la déroute commençait tout juste. La nuit, en
venant interrompre l'affaire, facilita le salut de la masse
des fuyards. 9 Le lendemain, les gens d'Oropos et ceux
de Délion, laissant dans la place un poste de garde (car
ils l'occupaient encore, malgré tout), furent ramenés chez
eux par mer. XCVII. Les Béotiens dressèrent un trophée et
enlevèrent leurs morts ; ils dépouillèrent ceux de l'ennemi
et, laissant un poste de garde, retournèrent à Tanagra. Ils
méditaient alors l'attaque de Délion.

2 Cependant un héraut venait d'Athènes à propos des
morts : il croise un héraut béotien. Celui-ci lui fait rebrousser
chemin et lui dit qu'il n'aboutira à rien avant son retour
à lui ; sur quoi lui-même, se présentant aux Athéniens,
leur transmit le message béotien : ils s'étaient, dit-il, mis
dans leur tort en violant la règle reconnue en Grèce ; 3 car
bien que ce fût un usage général, quand on attaquait un
pays, de respecter les sanctuaires qui s'y trouvaient, les
Athéniens avaient fortifié Délion et y étaient installés ;

δρῶσι πάντα γίγνεσθαι αὐτόθι, ὕδωρ τε ὃ ἦν ἄψαυστον σφίσι πλὴν πρὸς τὰ ἱερὰ χέρνιβι χρῆσθαι, ἀνασπάσαντας ὑδρεύεσθαι· 4 ὥστε ὑπέρ τε τοῦ θεοῦ καὶ ἑαυτῶν Βοιωτούς, ἐπικαλουμένους τοὺς ὁμωχέτας δαίμονας καὶ τὸν Ἀπόλλω, προαγορεύειν αὐτοὺς ἐκ τοῦ ἱεροῦ ἀπιόντας ἀποφέρεσθαι τὰ σφέτερα αὑτῶν.

XCVIII. Τοσαῦτα τοῦ κήρυκος εἰπόντος οἱ Ἀθηναῖοι πέμψαντες παρὰ τοὺς Βοιωτοὺς ἑαυτῶν κήρυκα τοῦ μὲν ἱεροῦ οὔτε ἀδικῆσαι ἔφασαν οὐδὲν οὔτε τοῦ λοιποῦ ἑκόντες βλάψειν· οὐδὲ γὰρ τὴν ἀρχὴν ἐσελθεῖν ἐπὶ τούτῳ, ἀλλ' ἵνα ἐξ αὐτοῦ τοὺς ἀδικοῦντας μᾶλλον σφᾶς ἀμύνωνται. 2 Τὸν δὲ νόμον τοῖς Ἕλλησιν εἶναι, ὧν ἂν ᾖ τὸ κράτος τῆς γῆς ἑκάστης ἤν τε πλέονος ἤν τε βραχυτέρας, τούτων καὶ τὰ ἱερὰ αἰεὶ γίγνεσθαι, τρόποις θεραπευόμενα οἷς ἂν πρὸ τοῦ εἰωθόσι καὶ δύνωνται. 3 Καὶ γὰρ Βοιωτοὺς καὶ τοὺς πολλοὺς τῶν ἄλλων, ὅσοι ἐξαναστήσαντές τινα βίᾳ νέμονται γῆν, ἀλλοτρίοις ἱεροῖς τὸ πρῶτον ἐπελθόντας οἰκεῖα νῦν κεκτῆσθαι. 4 Καὶ αὐτοί, εἰ μὲν ἐπὶ πλέον δυνηθῆναι τῆς ἐκείνων κρατῆσαι, τοῦτ' ἂν ἔχειν· νῦν δὲ ἐν ᾧ μέρει εἰσίν, ἑκόντες εἶναι ὡς ἐκ σφετέρου οὐκ ἀπιέναι. 5 Ὕδωρ τε ἐν τῇ ἀνάγκῃ κινῆσαι, ἣν οὐκ αὐτοὶ ὕβρει προσθέσθαι, ἀλλ' ἐκείνους προτέρους ἐπὶ τὴν σφετέραν ἐλθόντας ἀμυνόμενοι βιάζεσθαι χρῆσθαι. 6 Πᾶν δ' εἰκὸς εἶναι τὸ πολέμῳ καὶ δεινῷ τινι κατειργόμενον ξύγγνωμόν τι γίγνεσθαι

tout ce qu'on fait normalement dans un lieu profane s'y pratiquait, et l'eau à laquelle eux-mêmes s'interdisaient de toucher, sauf pour les ablutions rituelles, était puisée pour l'usage courant. 4 Aussi, au nom du Dieu comme en leur propre nom, les Béotiens réclamaient-ils formellement, en invoquant Apollon et les divinités associées à son culte, qu'ils eussent à évacuer ce sanctuaire : ils emporteraient avec eux ce qui leur appartenait.

XCVIII. Lorsque le héraut eut prononcé ces quelques paroles, les Athéniens en renvoyèrent un autre en Béotie : au sujet du sanctuaire, ils déclaraient n'avoir eu aucun tort à se reprocher, et n'y devoir commettre à l'avenir aucun dommage volontaire ; aussi bien, à l'origine, n'y étaient-ils pas entrés à cette fin, mais pour répondre de là à ceux qui, bien plutôt, avaient des torts envers eux ; 2 quant à la règle, en Grèce, c'était que quiconque disposait en maître d'un pays déterminé, grand ou petit, disposait toujours aussi de ses sanctuaires, sous réserve de s'y conformer, dans la mesure du possible, aux rites jusque-là en usage : 3 les Béotiens ainsi que la plupart des peuples occupant un territoire après en avoir chassé les habitants par la force étaient bien ainsi arrivés d'abord en étrangers dans des sanctuaires qu'ils possédaient maintenant en propre ; 4 eux-mêmes, les Athéniens, s'ils avaient pu se rendre maîtres du pays sur une plus grande étendue, ils en resteraient aujourd'hui possesseurs ; et, de même, pour la partie où ils étaient, ils la considéraient comme à eux et ne la quitteraient pas de leur plein gré. 5 Restait l'eau ; ils n'y avaient touché que sous la pression d'une nécessité qu'ils n'avaient point eux-mêmes suscitée par esprit de démesure : les autres étaient venus les premiers les attaquer chez eux, et seul le souci de se défendre les forçait à en faire usage ; 6 or, toute conduite imposée par la guerre ou par quelque menace

καὶ πρὸς τοῦ θεοῦ. Καὶ γὰρ τῶν ἀκουσίων ἁμαρτημάτων καταφυγὴν εἶναι τοὺς βωμούς, παρανομίαν τε ἐπὶ τοῖς μὴ ἀνάγκῃ κακοῖς ὀνομασθῆναι καὶ οὐκ ἐπὶ τοῖς ἀπὸ τῶν ξυμφορῶν τι τολμήσασιν. 7 Τούς τε νεκροὺς πολὺ μειζόνως ἐκείνους ἀντὶ ἱερῶν ἀξιοῦντας ἀποδιδόναι ἀσεβεῖν ἢ τοὺς μὴ ἐθέλοντας ἱεροῖς τὰ πρέποντα κομίζεσθαι. 8 Σαφῶς τε ἐκέλευον σφίσιν εἰπεῖν μὴ ἀπιοῦσιν ἐκ τῆς Βοιωτῶν γῆς (οὐ γὰρ ἐν τῇ ἐκείνων ἔτι εἶναι, ἐν ᾗ δὲ δορὶ ἐκτήσαντο), ἀλλὰ κατὰ τὰ πάτρια τοὺς νεκροὺς σπένδουσιν ἀναιρεῖσθαι.

XCIX. Οἱ δὲ Βοιωτοὶ ἀπεκρίναντο, εἰ μὲν ἐν τῇ Βοιωτίᾳ εἰσίν, ἀπιόντας ἐκ τῆς ἑαυτῶν ἀποφέρεσθαι τὰ σφέτερα, εἰ δὲ ἐν τῇ ἐκείνων, αὐτοὺς γιγνώσκειν τὸ ποιητέον, νομίζοντες τὴν μὲν Ὠρωπίαν, ἐν ᾗ τοὺς νεκροὺς ἐν μεθορίοις τῆς μάχης γενομένης κεῖσθαι ξυνέβη, Ἀθηναίων κατὰ τὸ ὑπήκοον εἶναι, καὶ οὐκ ἂν αὐτοὺς βίᾳ σφῶν κρατῆσαι αὐτῶν· οὐδ' αὖ ἐσπένδοντο δῆθεν ὑπὲρ τῆς ἐκείνων· τὸ δὲ « ἐκ τῆς ἑαυτῶν » εὐπρεπὲς εἶναι ἀποκρίνασθαι « ἀπιόντας καὶ ἀπολαβεῖν ἃ ἀπαιτοῦσιν ». Ὁ δὲ κῆρυξ τῶν Ἀθηναίων ἀκούσας ἀπῆλθεν ἄπρακτος.

C. Καὶ οἱ Βοιωτοὶ εὐθὺς μεταπεμψάμενοι ἔκ τε τοῦ Μηλιῶς κόλπου ἀκοντιστὰς καὶ σφενδονήτας, καὶ βεβοηθηκότων αὐτοῖς μετὰ τὴν μάχην Κορινθίων τε δισχιλίων ὁπλιτῶν καὶ τῶν ἐκ Νισαίας ἐξεληλυθότων Πελοποννησίων φρουρῶν καὶ Μεγαρέων ἅμα, ἐστράτευσαν ἐπὶ τὸ Δήλιον

devait normalement mériter l'indulgence, même aux yeux
du Dieu : ses autels offraient bien un refuge pour les fautes
involontaires, et l'on parlait de violation des règles pour
les crimes accomplis sans nécessité, mais non quand les
circonstances vous poussaient à quelque audace. 7 Enfin,
il était bien plus impie de prétendre rendre des morts en
échange de sanctuaires que de refuser d'employer des
sanctuaires pour faire valoir des revendications appropriées.
8 Ils priaient donc les Béotiens de les inviter nettement à
reprendre leurs morts, non pas à condition que les troupes
athéniennes évacuent le pays béotien (de fait, elles n'étaient
plus en pays béotien : elles étaient en pays conquis), mais
par l'effet d'une trêve, conforme aux traditions.

XCIX. Les Béotiens firent la réponse suivante : si les
Athéniens étaient en Béotie, qu'ils évacuent le territoire
étranger et ils auraient ce qui était à eux ; s'ils étaient
chez eux, qu'ils voient eux-mêmes ce qu'ils avaient à
faire. Ils considéraient, en effet, que la région d'Oropos,
où se trouvaient être les morts (puisque le combat avait
eu lieu aux frontières), appartenait bien, par droit de
suzeraineté, aux Athéniens, qui ne pouvaient guère avoir
à leur reprendre les morts de force ; mais, du coup, ils
n'allaient pas non plus conclure une trêve pour le pays
des autres. Ils estimaient donc respecter les formes en leur
disant d'évacuer le territoire étranger et qu'ils recevraient
ce qu'ils réclamaient. Le héraut athénien s'en revint avec
cette réponse, sans avoir rien obtenu.

C. Et, aussitôt, les Béotiens entrèrent en action. Ils
avaient fait venir du golfe Maliaque des gens de trait et
des frondeurs ; en outre, ils avaient reçu en renfort, après
la bataille, deux mille hoplites corinthiens et la garnison
péloponnésienne – avec les Mégariens – qui avait alors
évacué Nisée : ils marchèrent contre Délion et donnèrent

καὶ προσέβαλον τῷ τειχίσματι, ἄλλῳ τε τρόπῳ πειράσαντες καὶ μηχανὴν προσήγαγον, ἥπερ εἷλεν αὐτό, τοιάνδε. 2 Κεραίαν μεγάλην δίχα πρίσαντες ἐκοίλαναν ἅπασαν καὶ ξυνήρμοσαν πάλιν ἀκριβῶς ὥσπερ αὐλόν, καὶ ἐπ' ἄκραν λέβητά τε ἤρτησαν ἁλύσεσι καὶ ἀκροφύσιον ἀπὸ τῆς κεραίας σιδηροῦν ἐς αὐτὸν νεῦον καθεῖτο, καὶ ἐσεσιδήρωτο ἐπὶ μέγα καὶ τοῦ ἄλλου ξύλου. 3 Προσῆγον δὲ ἐκ πολλοῦ ἁμάξαις τῷ τείχει, ᾗ μάλιστα τῇ ἀμπέλῳ καὶ τοῖς ξύλοις ᾠκοδόμητο· καὶ ὁπότε εἴη ἐγγύς, φύσας μεγάλας ἐσθέντες ἐς τὸ πρὸς ἑαυτῶν ἄκρον τῆς κεραίας ἐφύσων. 4 Ἡ δὲ πνοὴ ἰοῦσα στεγανῶς ἐς τὸν λέβητα, ἔχοντα ἄνθρακάς τε ἡμμένους καὶ θεῖον καὶ πίσσαν, φλόγα ἐποίει μεγάλην καὶ ἧψε τοῦ τείχους, ὥστε μηδένα ἔτι ἐπ' αὐτοῦ μεῖναι, ἀλλὰ ἀπολιπόντας ἐς φυγὴν καταστῆναι καὶ τὸ τείχισμα τούτῳ τῷ τρόπῳ ἁλῶναι. 5 Τῶν δὲ φρουρῶν οἱ μὲν ἀπέθανον, διακόσιοι δὲ ἐλήφθησαν· τῶν δὲ ἄλλων τὸ πλῆθος ἐς τὰς ναῦς ἐσβὰν ἀπεκομίσθη ἐπ' οἴκου.

CI. Τοῦ δὲ Δηλίου ἑβδόμῃ καὶ δεκάτῃ ἡμέρᾳ ληφθέντος μετὰ τὴν μάχην καὶ τοῦ ἀπὸ τῶν Ἀθηναίων κήρυκος οὐδὲν ἐπισταμένου τῶν γεγενημένων ἐλθόντος οὐ πολὺ ὕστερον αὖθις περὶ τῶν νεκρῶν, ἀπέδοσαν οἱ Βοιωτοὶ καὶ οὐκέτι ταὐτὰ ἀπεκρίναντο. 2 Ἀπέθανον δὲ Βοιωτῶν μὲν ἐν τῇ μάχῃ ὀλίγῳ ἐλάσσους πεντακοσίων, Ἀθηναίων δὲ ὀλίγῳ ἐλάσσους χιλίων καὶ Ἱπποκράτης ὁ στρατηγός, ψιλῶν δὲ καὶ σκευοφόρων πολὺς ἀριθμός.

3 Μετὰ δὲ τὴν μάχην ταύτην καὶ ὁ Δημοσθένης ὀλίγῳ ὕστερον, ὡς αὐτῷ τότε πλεύσαντι τὰ περὶ τὰς Σίφας τῆς προδοσίας πέρι οὐ προυχώρησεν, ἔχων τὸν στρατὸν ἐπὶ τῶν νεῶν τῶν τε Ἀκαρνάνων καὶ Ἀγραίων, καὶ Ἀθηναίων

l'assaut au fort. Après diverses tentatives, ils y appliquèrent une machine, qui en triompha. Voici ce que c'était : après avoir scié en deux une longue poutre, ils l'évidèrent entièrement et rajustèrent exactement les parties pour en faire une sorte de tube ; au bout, ils suspendirent, par des chaînes, un chaudron, dans lequel descendait, depuis la poutre, un bec de soufflet en fer formant un coude ; le reste du bois était également revêtu de fer sur une bonne longueur. 3 Ils poussaient de loin cette machine, avec des chariots, contre les points du rempart comportant le plus de sarments et de bois ; puis, lorsqu'elle en était proche, ils introduisaient de grands soufflets dans l'extrémité de la poutre tournée de leur côté et les actionnaient. 4 L'air, en arrivant sous pression dans le chaudron, qui contenait des charbons incandescents, du soufre et de la poix, y allumait une grande flamme ; cela mit le feu au rempart, tant et si bien que personne ne put y rester : les hommes l'abandonnèrent en prenant la fuite, et, de cette façon, le fort fut pris. 5 Sur les hommes de garde, certains furent tués, deux cents furent faits prisonniers, le gros des autres embarqua sur les navires et fut rapatrié.

CI. Délion était tombé seize jours après la bataille : le héraut envoyé par Athènes revint peu après à propos des morts, sans être au courant de rien ; les Béotiens les rendirent et ne maintinrent pas leur point de vue. 2 Il était mort dans la bataille, du côté béotien, un peu moins de cinq cents hommes ; du côté athénien, un peu moins de mille, dont le stratège Hippocrate, sans compter un grand nombre de soldats des troupes légères et de valets d'armée.

3 Peu après cette bataille, il faut ajouter que Démosthène, qui, à l'époque, quand il avait pris la mer, avait échoué dans l'affaire de Siphes, où la trahison devait jouer, disposant alors des troupes acarnaniennes et agréennes qui se

τετρακοσίους ὁπλίτας, ἀπόβασιν ἐποιήσατο ἐς τὴν Σικυωνίαν. 4 Καὶ πρὶν πάσας τὰς ναῦς καταπλεῦσαι βοηθήσαντες οἱ Σικυώνιοι τοὺς ἀποβεβηκότας ἔτρεψαν καὶ κατεδίωξαν ἐς τὰς ναῦς, καὶ τοὺς μὲν ἀπέκτειναν, τοὺς δὲ ζῶντας ἔλαβον. Τροπαῖον δὲ στήσαντες τοὺς νεκροὺς ὑποσπόνδους ἀπέδοσαν.

5 Ἀπέθανε δὲ καὶ Σιτάλκης Ὀδρυσῶν βασιλεὺς ὑπὸ τὰς αὐτὰς ἡμέρας τοῖς ἐπὶ Δηλίῳ, στρατεύσας ἐπὶ Τριβαλλοὺς καὶ νικηθεὶς μάχῃ. Σεύθης δὲ ὁ Σπαραδόκου ἀδελφιδοῦς ὢν αὐτοῦ ἐβασίλευσεν Ὀδρυσῶν τε καὶ τῆς ἄλλης Θρᾴκης ἧσπερ καὶ ἐκεῖνος.

CII. Τοῦ δ' αὐτοῦ χειμῶνος Βρασίδας ἔχων τοὺς ἐπὶ Θρᾴκης ξυμμάχους ἐστράτευσεν ἐς Ἀμφίπολιν τὴν ἐπὶ Στρυμόνι ποταμῷ Ἀθηναίων ἀποικίαν. 2 Τὸ δὲ χωρίον τοῦτο ἐφ' οὗ νῦν ἡ πόλις ἐστὶν ἐπείρασε μὲν πρότερον καὶ Ἀρισταγόρας ὁ Μιλήσιος φεύγων βασιλέα Δαρεῖον κατοικίσαι, ἀλλὰ ὑπὸ Ἠδώνων ἐξεκρούσθη, ἔπειτα δὲ καὶ οἱ Ἀθηναῖοι ἔτεσι δύο καὶ τριάκοντα ὕστερον, ἐποίκους μυρίους σφῶν τε αὐτῶν καὶ τῶν ἄλλων τὸν βουλόμενον πέμψαντες, οἳ διεφθάρησαν ἐν Δραβησκῷ ὑπὸ Θρᾳκῶν. 3 Καὶ αὖθις ἑνὸς δέοντι τριακοστῷ ἔτει ἐλθόντες οἱ Ἀθηναῖοι, Ἅγνωνος τοῦ Νικίου οἰκιστοῦ ἐκπεμφθέντος, Ἠδώνας ἐξελάσαντες ἔκτισαν τὸ χωρίον τοῦτο, ὅπερ πρότερον Ἐννέα ὁδοὶ ἐκαλοῦντο. 4 Ὡρμῶντο δὲ ἐκ τῆς Ἠιόνος, ἣν αὐτοὶ εἶχον ἐμπόριον ἐπὶ τῷ στόματι τοῦ ποταμοῦ ἐπιθαλάσσιον, πέντε καὶ εἴκοσι σταδίους ἀπέχον ἀπὸ τῆς νῦν πόλεως, ἣν Ἀμφίπολιν Ἅγνων ὠνόμασεν, ὅτι ἐπ' ἀμφό-

---

30. Voir HÉRODOTE, V, 26.
31. Voir I, 100, 3 ; le massacre des colons venus d'Athènes eut lieu en 464.

trouvaient à bord et de quatre cents hoplites athéniens, fit
une tentative de débarquement sur le territoire de Sicyone ;
4 mais, avant que toute la flotte n'eût abordé, les gens de
Sicyone arrivèrent à la rescousse, mirent en déroute ceux qui
avaient débarqué et les poursuivirent jusqu'à leurs navires,
faisant et des morts et des prisonniers. Ils dressèrent un
trophée et rendirent les morts sous convention.

5 Vers les mêmes jours où se passaient les événements de
Délion se place aussi la mort de Sitalcès, roi des Odryses :
il était parti en campagne contre les Triballes, et avait été
battu. Seuthès, fils de Sparadocos, son neveu, régna dès
lors sur les Odryses et sur tous les pays thraces soumis
naguère à Sitalcès.

### Brasidas à Amphipolis et Toroné

CII. Le même hiver, Brasidas fit, avec ses alliés de la
côte thrace, une expédition contre Amphipolis, la colonie
athénienne au bord du Strymon. 2 Sur cet emplacement,
où s'élève actuellement la ville, Aristagoras de Milet
avait auparavant tenté de s'établir, lorsqu'il fuyait le roi
Darius[30] ; mais il avait été chassé par les Édones ; ensuite,
cela avait été le tour des Athéniens : trente-deux ans après,
ils avaient envoyé dix mille colons, soit des Athéniens
soit des volontaires d'ailleurs : ces colons avaient été
massacrés par les Thraces à Drabescos[31] ; 3 et, là-dessus,
les Athéniens étaient revenus, vingt-huit ans après, avec
Hagnon, fils de Nicias, envoyé comme chef officiel : ils
avaient chassé les Édones et s'étaient installés en cet endroit,
que l'on appelait auparavant les Neuf-Routes. 4 Leur
base était Éion, un comptoir maritime qu'ils occupaient
personnellement à l'embouchure du fleuve, à vingt-cinq
stades de la ville actuelle. C'est Hagnon qui lui donna le

τερα περιρρέοντος τοῦ Στρυμόνος [διὰ τὸ περιέχειν αὐ-
τὴν] τείχει μακρῷ ἀπολαβὼν ἐκ ποταμοῦ ἐς ποταμὸν
περιφερῆ ἐς θάλασσάν τε καὶ τὴν ἤπειρον ᾤκισεν.
CIII. Ἐπὶ ταύτην οὖν ὁ Βρασίδας ἄρας ἐξ Ἀρνῶν τῆς
Χαλκιδικῆς ἐπορεύετο τῷ στρατῷ. Καὶ ἀφικόμενος περὶ
δείλην ἐπὶ τὸν Αὐλῶνα καὶ Βορμίσκον, ᾗ ἡ Βόλβη λίμνη
ἐξίησιν ἐς θάλασσαν, καὶ δειπνοποιησάμενος ἐχώρει τὴν
νύκτα. Χειμὼν δὲ ἦν καὶ ὑπένειφεν· 2 ᾗ καὶ μᾶλλον ὥρ-
μησε, βουλόμενος λαθεῖν τοὺς ἐν τῇ Ἀμφιπόλει πλὴν τῶν
προδιδόντων. 3 Ἦσαν γὰρ Ἀργιλίων τε ἐν αὐτῇ οἰκήτορες (εἰσὶ δὲ οἱ Ἀργίλιοι Ἀνδρίων ἄποικοι) καὶ ἄλλοι οἳ
ξυνέπρασσον ταῦτα, οἱ μὲν Περδίκκᾳ πειθόμενοι, οἱ δὲ
Χαλκιδεῦσιν. 4 Μάλιστα δὲ οἱ Ἀργίλιοι, ἐγγύς τε προσ-
οικοῦντες καὶ αἰεί ποτε τοῖς Ἀθηναίοις ὄντες ὕποπτοι
καὶ ἐπιβουλεύοντες τῷ χωρίῳ, ἐπειδὴ παρέτυχεν ὁ καιρὸς
καὶ Βρασίδας ἦλθεν, ἔπραξάν τε ἐκ πλείονος πρὸς τοὺς
ἐμπολιτεύοντας σφῶν ἐκεῖ ὅπως ἐνδοθήσεται ἡ πόλις, καὶ
τότε δεξάμενοι αὐτὸν τῇ πόλει καὶ ἀποστάντες τῶν Ἀθηναίων ἐκείνῃ τῇ νυκτὶ κατέστησαν τὸν στρατὸν πρὸ ἕω
ἐπὶ τὴν γέφυραν τοῦ ποταμοῦ· 5 ἀπέχει δὲ τὸ πόλισμα
πλέον τῆς διαβάσεως, καὶ οὐ καθεῖτο τείχη ὥσπερ νῦν,
φυλακὴ δέ τις βραχεῖα καθειστήκει, ἣν βιασάμενος ῥᾳδίως
ὁ Βρασίδας, ἅμα μὲν τῆς προδοσίας οὔσης, ἅμα δὲ καὶ
χειμῶνος ὄντος καὶ ἀπροσδόκητος προσπεσών, διέβη τὴν
γέφυραν, καὶ τὰ ἔξω τῶν Ἀμφιπολιτῶν οἰκούντων κατὰ
πᾶν τὸ χωρίον εὐθὺς εἶχεν. CIV. Τῆς δὲ διαβάσεως αὐ-

nom d'Amphipolis (ou la ville « de toutes parts ») : comme le Strymon l'entourait des deux côtés, il ferma l'intervalle en construisant un long mur du fleuve au fleuve et fonda ainsi une ville entourée de partout, vers la mer et vers la terre.

CIII. Tel était donc l'objectif contre lequel Brasidas, parti d'Arnes en Chalcidique, marchait avec ses troupes. Arrivé vers le crépuscule à Aulon et à Bormiscos, là où le lac Bolbè se déverse dans la mer, il fit dîner ses hommes et poursuivit sa route pendant la nuit. Le temps était mauvais et il tombait un peu de neige ; 2 mais il n'en montra que plus de hâte, car il voulait éviter d'alerter les gens d'Amphipolis, en dehors de ceux qui devaient la lui livrer. 3 La ville comptait en effet parmi ses habitants des gens d'Argilos (Argilos est une colonie d'Andros) ainsi que d'autres, qui agissaient pour lui dans cette affaire, sous l'influence soit de Perdiccas soit des Chalcidiens ; 4 mais nul ne fit plus que les gens d'Argilos ; ils habitaient tout près, étaient depuis toujours en défiance avec Athènes et entretenaient des visées sur la région ; à la première occasion, et à l'arrivée de Brasidas, ils avaient commencé par négocier à l'avance avec ceux des leurs qui étaient fixés là-bas pour faire livrer la ville, puis, à ce moment-là, ils l'accueillirent chez eux, firent sécession d'Athènes au cours de la nuit et menèrent l'armée, avant l'aube, au pont sur le fleuve. 5 La citadelle est assez éloignée de l'endroit où l'on traverse, et il n'y avait pas, comme aujourd'hui, de murs allant jusque-là : il n'existait qu'un poste de garde peu important. Brasidas n'eut pas de mal à le forcer et, tant grâce aux trahisons que grâce au mauvais temps et à son apparition à l'improviste, il franchit le pont, mettant d'un coup la main sur tout ce que les gens d'Amphipolis, établis dans toute la région, possédaient hors les murs. CIV. Comme le passage du

τοῦ ἄφνω τοῖς ἐν τῇ πόλει γεγενημένης, καὶ τῶν ἔξω πολλῶν μὲν ἁλισκομένων, τῶν δὲ καὶ καταφευγόντων ἐς τὸ
τεῖχος, οἱ Ἀμφιπολῖται ἐς θόρυβον μέγαν κατέστησαν,
ἄλλως τε καὶ ἀλλήλοις ὕποπτοι ὄντες. 2 Καὶ λέγεται
Βρασίδαν, εἰ ἠθέλησε μὴ ἐφ' ἁρπαγὴν τῷ στρατῷ τραπέσθαι, ἀλλ' εὐθὺς χωρῆσαι πρὸς τὴν πόλιν, δοκεῖν ἂν ἑλεῖν.
3 Νῦν δὲ ὁ μὲν ἱδρύσας τὸν στρατόν, ἐπεὶ τὰ ἔξω ἐπέδραμε
καὶ οὐδὲν αὐτῷ ἀπὸ τῶν ἔνδον ὡς προσεδέχετο ἀπέβαινεν,
ἡσύχαζεν· 4 οἱ δὲ ἐναντίοι τοῖς προδιδοῦσι, κρατοῦντες
τῷ πλήθει ὥστε μὴ αὐτίκα τὰς πύλας ἀνοίγεσθαι, πέμπουσι
μετὰ Εὐκλέους τοῦ στρατηγοῦ, ὃς ἐκ τῶν Ἀθηνῶν παρῆν
αὐτοῖς φύλαξ τοῦ χωρίου, ἐπὶ τὸν ἕτερον στρατηγὸν τῶν
ἐπὶ Θρᾴκης, Θουκυδίδην τὸν Ὀλόρου, ὃς τάδε ξυνέγραψεν, ὄντα περὶ Θάσον (ἔστι δὲ ἡ νῆσος Παρίων ἀποικία,
ἀπέχουσα τῆς Ἀμφιπόλεως ἡμίσεος ἡμέρας μάλιστα
πλοῦν), κελεύοντες σφίσι βοηθεῖν. 5 Καὶ ὁ μὲν ἀκούσας
κατὰ τάχος ἑπτὰ ναυσὶν αἳ ἔτυχον παροῦσαι ἔπλει, καὶ
ἐβούλετο φθάσαι μάλιστα μὲν οὖν τὴν Ἀμφίπολιν, πρίν
τι ἐνδοῦναι, εἰ δὲ μή, τὴν Ἠιόνα προκαταλαβών.

CV. Ἐν τούτῳ δὲ ὁ Βρασίδας δεδιὼς καὶ τὴν ἀπὸ τῆς
Θάσου τῶν νεῶν βοήθειαν καὶ πυνθανόμενος τὸν Θουκυδίδην κτῆσίν τε ἔχειν τῶν χρυσείων μετάλλων ἐργασίας ἐν
τῇ περὶ ταῦτα Θρᾴκῃ καὶ ἀπ' αὐτοῦ δύνασθαι ἐν τοῖς πρώτοις τῶν ἠπειρωτῶν, ἠπείγετο προκατασχεῖν, εἰ δύναιτο,
τὴν πόλιν, μὴ ἀφικνουμένου αὐτοῦ τὸ πλῆθος τῶν Ἀμφιπολιτῶν, ἐλπίσαν ἐκ θαλάσσης ξυμμαχικὸν καὶ ἀπὸ τῆς

---

32. Il est clair que Thucydide évoque ici avec beaucoup de
précision les événements qui allaient le contraindre à l'exil après la
chute d'Amphipolis.

33. Le nom du père de Thucydide, Oloros, est révélateur des liens
que sa famille avait noués avec les roitelets thraces, et cela explique le
droit d'exploiter les mines d'or de la région du Strymon.

fleuve avait constitué une surprise pour les gens de la
ville et que ceux du dehors se faisaient prendre en grand
nombre, ou bien alors venaient chercher refuge derrière
les murs, la population d'Amphipolis connut un trouble
considérable, d'autant qu'une défiance réciproque régnait.
2 On dit même que, si Brasidas avait voulu, au lieu de se
livrer au pillage avec son armée, marcher aussitôt contre
la ville, il l'aurait, semble-t-il, prise. 3 Mais, une fois son
armée installée, ayant fait des incursions sur les territoires
hors les murs sans rien voir venir de l'intérieur qui répondît
à son attente, il se tenait tranquille ; 4 et les adversaires
de ceux qui devaient lui livrer la ville, assez supérieurs en
nombre pour empêcher l'ouverture immédiate des portes,
s'entendent pendant ce temps avec le stratège Euclès, qui
était là, envoyé par Athènes pour veiller sur le pays, et
dépêchent un messager à l'autre stratège pour la région
qui borde la Thrace, Thucydide, fils d'Oloros, l'auteur
de cette histoire, alors près de Thasos (cette île est une
colonie de Paros, située, en gros, à une demi-journée de
route d'Amphipolis) : on lui demandait du secours. 5 Lui,
au reçu du message, se mit rapidement en route avec sept
navires qui se trouvaient là ; il voulait arriver assez tôt
pour occuper à temps, soit, bien sûr, Amphipolis, avant
qu'elle ne vînt à céder, soit, au moins, Éion[32].

CV. Sur ces entrefaites, Brasidas, qui, à la fois,
appréhendait le secours naval pouvant venir de Thasos, et qui
apprenait que Thucydide possédait les droits d'exploitation
des mines d'or, dans cette région de la Thrace, et avait de
ce fait un certain crédit auprès des principaux personnages
sur le continent[33], se pressait pour arriver, si possible, à
occuper la ville à temps : il craignait qu'à l'arrivée de ce
dernier, la masse, à Amphipolis, comptant sur ce nouveau
chef pour grouper des forces alliées venues par mer et

Θράκης ἀγείραντα αὐτὸν περιποιήσειν σφᾶς, οὐκέτι προσ-
χωροίη. 2 Καὶ τὴν ξύμβασιν μετρίαν ἐποιεῖτο, κήρυγμα
τόδε ἀνειπών, Ἀμφιπολιτῶν καὶ Ἀθηναίων τῶν ἐνόντων
τὸν μὲν βουλόμενον ἐπὶ τοῖς ἑαυτοῦ τῆς ἴσης καὶ ὁμοίας με-
τέχοντα μένειν, τὸν δὲ μὴ ἐθέλοντα ἀπιέναι τὰ ἑαυτοῦ ἐκφε-
ρόμενον πέντε ἡμερῶν. CVI. Οἱ δὲ πολλοὶ ἀκούσαντες
ἀλλοιότεροι ἐγένοντο τὰς γνώμας, ἄλλως τε καὶ βραχὺ μὲν
Ἀθηναίων ἐμπολιτεῦον, τὸ δὲ πλέον ξύμμεικτον, καὶ τῶν
ἔξω ληφθέντων συχνοὶ οἰκεῖοι ἔνδον ἦσαν· καὶ τὸ κήρυγμα
πρὸς τὸν φόβον δίκαιον εἶναι ἐλάμβανον, οἱ μὲν Ἀθηναῖοι
διὰ τὸ ἄσμενοι ἂν ἐξελθεῖν, ἡγούμενοι οὐκ ἐν ὁμοίῳ σφίσι
τὰ δεινὰ εἶναι καὶ ἅμα οὐ προσδεχόμενοι βοήθειαν ἐν τάχει,
ὁ δὲ ἄλλος ὅμιλος πόλεώς τε ἐν τῷ ἴσῳ οὐ στερισκόμενοι
καὶ κινδύνου παρὰ δόξαν ἀφιέμενοι. 2 Ὥστε τῶν πρασσόντων τῷ Βρασίδᾳ ἤδη καὶ ἐκ τοῦ φανεροῦ διαδικαιούν-
των αὐτά, ἐπειδὴ καὶ τὸ πλῆθος ἑώρων τετραμμένον καὶ
τοῦ παρόντος Ἀθηναίων στρατηγοῦ οὐκέτι ἀκροώμενον,
ἐγένετο ἡ ὁμολογία καὶ προσεδέξαντο ἐφ' οἷς ἐκήρυξεν.
3 Καὶ οἱ μὲν τὴν πόλιν τοιούτῳ τρόπῳ παρέδοσαν, ὁ δὲ
Θουκυδίδης καὶ αἱ νῆες ταύτῃ τῇ ἡμέρᾳ ὀψὲ κατέπλεον
ἐς τὴν Ἠιόνα. 4 Καὶ τὴν μὲν Ἀμφίπολιν Βρασίδας ἄρτι
εἶχε, τὴν δὲ Ἠιόνα παρὰ νύκτα ἐγένετο λαβεῖν· εἰ γὰρ μὴ
ἐβοήθησαν αἱ νῆες διὰ τάχους, ἅμα ἕῳ ἂν εἴχετο.
   CVII. Μετὰ δὲ τοῦτο ὁ μὲν τὰ ἐν τῇ Ἠιόνι καθίστατο,
ὅπως καὶ τὸ αὐτίκα, ἢν ἐπίῃ ὁ Βρασίδας, καὶ τὸ ἔπειτα

levées en Thrace, qui sauveraient la situation, ne voulût plus faire son ralliement. 2 Aussi ses propositions d'accord étaient-elles modérées ; car il fit proclamer le texte suivant : tous les Amphipolitains et les Athéniens présents dans la ville pouvaient, s'ils le voulaient, y rester, en conservant leurs biens et avec pleine égalité de droits ; autrement, ils pouvaient partir en emportant leurs biens dans un délai de cinq jours. CVI. La plupart, en entendant cela, furent ébranlés dans leurs sentiments, d'autant qu'il y avait peu d'Athéniens dans la population, dont la majeure partie était d'origine mêlée, et que l'on comptait, à l'intérieur, une foule de gens apparentés aux hommes faits prisonniers au dehors ; et jugeant la proclamation d'après leurs frayeurs, ils la trouvaient équitable : les Athéniens, parce qu'ils seraient bien contents de pouvoir s'en aller (ils jugeaient leurs propres risques sans rapport avec ceux des autres et ne s'attendaient pas à un secours rapide), et toute la masse des autres, parce qu'avec les droits égaux, ils n'avaient pas à renoncer à leur cité et qu'ils échappaient au danger de façon inespérée. 2 Aussi les gens dévoués à Brasidas ne se cachaient-ils plus pour prôner cette solution, maintenant que, manifestement, le peuple lui aussi s'était orienté dans ce sens et n'écoutait plus le stratège athénien qui était là : l'accord eut donc lieu et Brasidas fut reçu, aux termes prévus par sa proclamation. 3 C'est ainsi que ces gens-là livrèrent la ville ; quant à Thucydide et à ses navires, ce jour-là, tard, ils arrivaient à Éion : 4 Brasidas venait alors d'occuper Amphipolis et il s'en fallut d'une nuit qu'il ne prît Éion ; si le secours naval n'avait été rapide, elle était occupée à l'aube.

CVII. Après cela, de ces deux hommes, l'un prenait des mesures à Éion pour assurer, non seulement dans l'immédiat en cas d'attaque de Brasidas, mais pour l'avenir

ἀσφαλῶς ἕξει, δεξάμενος τοὺς ἐθελήσαντας ἐπιχωρῆσαι
ἄνωθεν κατὰ τὰς σπονδάς· 2 ὁ δὲ πρὸς μὲν τὴν Ἠιόνα
κατά τε τὸν ποταμὸν πολλοῖς πλοίοις ἄφνω καταπλεύσας,
εἴ πως τὴν προύχουσαν ἄκραν ἀπὸ τοῦ τείχους λαβὼν
κρατοίη τοῦ ἔσπλου, καὶ κατὰ γῆν ἀποπειράσας ἅμα, ἀμφοτέρωθεν ἀπεκρούσθη, τὰ δὲ περὶ τὴν Ἀμφίπολιν ἐξηρ-
τύετο. 3 Καὶ Μύρκινός τε αὐτῷ προσεχώρησεν, Ἠδωνικὴ
πόλις, Πιττακοῦ τοῦ Ἠδώνων βασιλέως ἀποθανόντος ὑπὸ
τῶν Γοάξιος παίδων καὶ Βραυροῦς τῆς γυναικὸς αὐτοῦ,
καὶ Γαληψὸς οὐ πολλῷ ὕστερον καὶ Οἰσύμη· εἰσὶ δὲ αὗται
Θασίων ἀποικίαι. Παρὼν δὲ καὶ Περδίκκας εὐθὺς μετὰ τὴν
ἅλωσιν ξυγκαθίστη ταῦτα.

CVIII. Ἐχομένης δὲ τῆς Ἀμφιπόλεως οἱ Ἀθηναῖοι ἐς
μέγα δέος κατέστησαν, ἄλλως τε καὶ ὅτι ἡ πόλις ἦν αὐτοῖς
ὠφέλιμος ξύλων τε ναυπηγησίμων πομπῇ καὶ χρημάτων
προσόδῳ, καὶ ὅτι μέχρι μὲν τοῦ Στρυμόνος ἦν πάροδος
Θεσσαλῶν διαγόντων ἐπὶ τοὺς ξυμμάχους σφῶν τοῖς Λακεδαιμονίοις, τῆς δὲ γεφύρας μὴ κρατούντων, ἄνωθεν μὲν
μεγάλης οὔσης ἐπὶ πολὺ λίμνης τοῦ ποταμοῦ, τὰ δὲ πρὸς
Ἠιόνα τριήρεσι τηρουμένων, οὐκ ἂν δύνασθαι προσελθεῖν·
τότε δὲ ῥᾴδια ἤδη ἐνόμιζον γεγενῆσθαι. Καὶ τοὺς ξυμμάχους ἐφοβοῦντο μὴ ἀποστῶσιν. 2 Ὁ γὰρ Βρασίδας ἔν
τε τοῖς ἄλλοις μέτριον ἑαυτὸν παρεῖχε καὶ ἐν τοῖς λόγοις
πανταχοῦ ἐδήλου ὡς ἐλευθερώσων τὴν Ἑλλάδα ἐκπεμφ-
θείη. 3 Καὶ αἱ πόλεις πυνθανόμεναι [αἱ τῶν Ἀθηναίων
ὑπήκοοι] τῆς τε Ἀμφιπόλεως τὴν ἅλωσιν καὶ ἃ παρέχεται,
τήν τε ἐκείνου πραότητα, μάλιστα δὴ ἐπήρθησαν ἐς τὸ
νεωτερίζειν, καὶ ἐπεκηρυκεύοντο πρὸς αὐτὸν κρύφα, ἐπι-
παριέναι τε κελεύοντες καὶ βουλόμενοι αὐτοὶ ἕκαστοι πρῶ-

aussi, la sécurité de la ville, où il avait reçu ceux qui avaient voulu venir de l'arrière-pays, conformément à l'accord passé. 2 Quant à l'autre, Brasidas, il agit bien contre Éion : il descendit le fleuve par surprise avec de nombreuses embarcations, pour tenter, en s'emparant de la langue de terre qui débordait hors du rempart, de contrôler l'entrée du port ; en même temps, il faisait une tentative par terre : des deux côtés, il fut repoussé. En dehors de cela, il s'organisait à Amphipolis. 3 Il obtint le ralliement de Myrcinos, une ville des Édones, après que Pittacos, leur roi, eut été tué par les fils de Goaxis et par sa femme, Braurô. Peu après, Galepsos suivit, ainsi qu'Oisymè : ce sont là des colonies de Thasos. Perdiccas, qui était venu aussitôt après la prise de la ville, l'aidait à mettre tout cela au point.

CVIII. L'occupation d'Amphipolis jeta Athènes dans des craintes très vives ; entre autres raisons, la ville lui était utile par les convois de bois qui en venaient pour les constructions navales et par le revenu financier qu'elle assurait ; de plus, jusqu'au Strymon, les Lacédémoniens pouvaient bien, avec l'accord des Thessaliens, passer jusque chez les alliés d'Athènes ; mais, tant qu'ils ne tenaient pas le pont, étant donné qu'en amont le fleuve formait un grand lac, s'étendant sur une bonne partie du pays, et que, du côté d'Éion, ils étaient guettés par la flotte, il ne leur aurait pas été possible d'approcher : dorénavant, au contraire, les Athéniens jugeaient que la chose était devenue facile ; et ils redoutaient de voir leurs alliés, faire défection. 2 Brasidas, en effet, se montrait en tout modéré et, dans ses discours, indiquait partout que sa mission était de libérer la Grèce ; 3 et les villes, en apprenant la prise d'Amphipolis et les conditions accordées, ainsi que la douceur dont il faisait preuve, avaient été au plus haut point encouragées à la révolte : par l'envoi de messagers secrets, elles réclamaient sa venue, et c'était, entre ces peuples, à qui

τοι ἀποστῆναι. 4 Καὶ γὰρ καὶ ἄδεια ἐφαίνετο αὐτοῖς, ἐψευσμένοις μὲν τῆς Ἀθηναίων δυνάμεως ἐπὶ τοσοῦτον ὅση ὕστερον διεφάνη, τὸ δὲ πλέον βουλήσει κρίνοντες ἀσαφεῖ ἢ προνοίᾳ ἀσφαλεῖ, εἰωθότες οἱ ἄνθρωποι οὗ μὲν ἐπιθυμοῦσιν ἐλπίδι ἀπερισκέπτῳ διδόναι, ὃ δὲ μὴ προσίενται λογισμῷ αὐτοκράτορι διωθεῖσθαι. 5 Ἅμα δὲ τῶν Ἀθηναίων ἐν τοῖς Βοιωτοῖς νεωστὶ πεπληγμένων καὶ τοῦ Βρασίδου ἐφολκὰ καὶ οὐ τὰ ὄντα λέγοντος, ὡς αὐτῷ ἐπὶ Νίσαιαν τῇ ἑαυτοῦ μόνῃ στρατιᾷ οὐκ ἠθέλησαν οἱ Ἀθηναῖοι ξυμβαλεῖν, ἐθάρσουν καὶ ἐπίστευον μηδένα ἂν ἐπὶ σφᾶς βοηθῆσαι. 6 Τὸ δὲ μέγιστον, διὰ τὸ ἡδονὴν ἔχον ἐν τῷ αὐτίκα καὶ ὅτι τὸ πρῶτον Λακεδαιμονίων ὀργώντων ἔμελλον πειράσεσθαι, κινδυνεύειν παντὶ τρόπῳ ἑτοῖμοι ἦσαν. Ὧν αἰσθανόμενοι οἱ μὲν Ἀθηναῖοι φυλακάς, ὡς ἐξ ὀλίγου καὶ ἐν χειμῶνι, διέπεμπον ἐς τὰς πόλεις, ὁ δὲ ἐς τὴν Λακεδαίμονα ἐφιέμενος στρατιάν τε προσαποστέλλειν ἐκέλευε καὶ αὐτὸς ἐν τῷ Στρυμόνι ναυπηγίαν τριήρων παρεσκευάζετο. 7 Οἱ δὲ Λακεδαιμόνιοι τὰ μὲν καὶ φθόνῳ ἀπὸ τῶν πρώτων ἀνδρῶν οὐχ ὑπηρέτησαν αὐτῷ, τὰ δὲ καὶ βουλόμενοι μᾶλλον τούς τε ἄνδρας τοὺς ἐκ τῆς νήσου κομίσασθαι καὶ τὸν πόλεμον καταλῦσαι.

CIX. Τοῦ δ' αὐτοῦ χειμῶνος Μεγαρῆς τε τὰ μακρὰ τείχη, ἃ σφῶν οἱ Ἀθηναῖοι εἶχον, κατέσκαψαν ἑλόντες ἐς ἔδαφος, καὶ Βρασίδας μετὰ τὴν Ἀμφιπόλεως ἅλωσιν ἔχων

ferait défection le premier. 4 C'est qu'aussi les gens se voyaient des perspectives d'impunité : ils méconnaissaient la puissance athénienne, se trompant dans toute la mesure où se manifesta plus tard son ampleur, et ils jugeaient d'après des souhaits incertains plutôt que des prévisions sûres – car les hommes ont coutume de s'en remettre, pour l'objet de leurs désirs, aux espoirs inconsidérés et d'écarter ce qui leur déplaît au nom d'analyses péremptoires ; 5 en même temps, avec le coup que les Athéniens venaient de subir en Béotie et les propos, plus séduisants que véridiques, que tenait Brasidas, en soutenant que les Athéniens n'avaient pas consenti à venir à Nisée combattre sa seule armée, ils s'enhardissaient et étaient convaincus que personne ne saurait venir à la rescousse contre eux. 6 Enfin – et c'était l'essentiel –, comme cela comportait une satisfaction dans l'immédiat et comme ils devaient pour la première fois avoir affaire à des Lacédémoniens en pleine ardeur, ils étaient prêts à courir leur risque à tout prix. Devant cette situation, dont ils se rendaient compte, les Athéniens envoyaient, autant que le permettaient l'urgence et la saison, des hommes dans les différentes villes, pour veiller sur elles ; quant à Brasidas, il s'adressait instamment à Sparte, demandant l'envoi de renforts, tandis que lui-même équipait un chantier naval sur le Strymon ; 7 mais les Lacédémoniens ne lui obéirent pas, en partie à cause de la jalousie animant les principales personnalités, en partie aussi parce qu'ils souhaitaient plutôt recouvrer les hommes de l'île et terminer la guerre.

CIX. Le même hiver vit les Mégariens, après avoir pris les Longs Murs, que les Athéniens occupaient chez eux, les raser de fond en comble, et Brasidas, après la chute d'Amphipolis, faire, avec les troupes alliées dont il disposait, une campagne contre le pays appelé l'Actè (ou

τοὺς ξυμμάχους στρατεύει ἐπὶ τὴν Ἀκτὴν καλουμένην.
2 Ἔστι δὲ ἀπὸ τοῦ βασιλέως διορύγματος ἔσω πρού-
χουσα, καὶ ὁ Ἄθως αὐτῆς ὄρος ὑψηλὸν τελευτᾷ ἐς τὸ
Αἰγαῖον πέλαγος. 3 Πόλεις δὲ ἔχει Σάνην μὲν Ἀνδρίων
ἀποικίαν παρ' αὐτὴν τὴν διώρυχα, ἐς τὸ πρὸς Εὔβοιαν
πέλαγος τετραμμένην, τὰς δὲ ἄλλας Θυσσὸν καὶ Κλεωνὰς
καὶ Ἀκροθώους καὶ Ὀλόφυξον καὶ Δῖον, 4 αἳ οἰκοῦνται
ξυμμείκτοις ἔθνεσι βαρβάρων διγλώσσων· καί τι καὶ Χαλκιδικὸν ἔνι βραχύ, τὸ δὲ πλεῖστον Πελασγικόν, τῶν καὶ
Λῆμνόν ποτε καὶ Ἀθήνας Τυρσηνῶν οἰκησάντων, καὶ Βι-
σαλτικὸν καὶ Κρηστωνικὸν καὶ Ἠδῶνες· κατὰ δὲ μικρὰ
πολίσματα οἰκοῦσιν. 5 Καὶ οἱ μὲν πλείους προσεχώρησαν τῷ Βρασίδᾳ, Σάνη δὲ καὶ Δῖον ἀντέστη, καὶ αὐτῶν
τὴν χώραν ἐμμείνας τῷ στρατῷ ἐδῄου.

CX. Ὡς δ' οὐκ ἐσήκουον, εὐθὺς στρατεύει ἐπὶ Τορώνην
τὴν Χαλκιδικήν, κατεχομένην ὑπὸ Ἀθηναίων· καὶ αὐτὸν
ἄνδρες ὀλίγοι ἐπήγοντο, ἕτοιμοι ὄντες τὴν πόλιν παραδοῦναι. Καὶ ἀφικόμενος νυκτὸς ἔτι καὶ περὶ ὄρθρον τῷ
στρατῷ ἐκαθέζετο πρὸς τὸ Διοσκόρειον, ὃ ἀπέχει τῆς πόλεως τρεῖς μάλιστα σταδίους. 2 Τὴν μὲν οὖν ἄλλην πόλιν τῶν Τορωναίων καὶ τοὺς Ἀθηναίους τοὺς ἐμφρουροῦν-
τας ἔλαθεν· οἱ δὲ πράσσοντες αὐτῷ εἰδότες ὅτι ἥξοι, καὶ
προελθόντες τινὲς αὐτῶν λάθρα ὀλίγοι ἐτήρουν τὴν πρόσοδον, καὶ ὡς ᾔσθοντο παρόντα, ἐσκομίζουσι παρ' αὐτοὺς
ἐγχειρίδια ἔχοντας ἄνδρας ψιλοὺς ἑπτά (τοσοῦτοι γὰρ μόνοι ἀνδρῶν εἴκοσι τὸ πρῶτον ταχθέντων οὐ κατέδεισαν
ἐσελθεῖν· ἦρχε δὲ αὐτῶν Λυσίστρατος Ὀλύνθιος), οἳ δια-
δύντες διὰ τοῦ πρὸς τὸ πέλαγος τείχους καὶ λαθόντες τούς
τε ἐπὶ τοῦ ἀνώτατα φυλακτηρίου φρουρούς, οὔσης τῆς

le Promontoire) : 2 il s'agit d'un pays qui forme une pointe en deçà du canal du Roi et qui se termine dans la mer Égée par la haute montagne qu'est l'Athos ; 3 il compte, comme villes, Sanè, colonie d'Andros, située juste sur le canal et tournée en direction de la mer qui va vers l'Eubée, puis, en dehors d'elle, Thyssos, Cléones, Acrothôion, Olophyxos et Dion : 4 toutes villes de population composite formée de barbares bilingues. Il y a là, également, un élément chalcidien peu important, et surtout un élément pélasgique, formé de ces Tyrrhéniens qui habitèrent jadis Lemnos et Athènes ; il y a enfin des gens de la Bisaltie, de la Crestonie, et des Édones ; ils sont répartis en petites bourgades. 5 La plupart se rallièrent à Brasidas ; Sanè et Dion résistèrent : aussi s'installa-t-il sur leurs territoires, que ses hommes s'occupèrent à ravager.

CX. Comme elles ne cédaient pas, il marcha aussitôt contre Toronè en Chalcidique, qui était aux mains des Athéniens. Un petit groupe de personnes l'y appelaient, prêtes à lui livrer la ville. Il arriva alors qu'il faisait encore nuit, vers l'aube, et il prit position avec son armée près du sanctuaire des Dioscures, qui est, autant qu'on puisse dire, à trois stades de la ville. 2 La population de Toronè en général, de même que les Athéniens de la garnison, n'en sut rien ; mais ceux qui agissaient pour lui, sachant qu'il devait arriver et étant partis secrètement, à quelques-uns, en éclaireurs, guettaient son approche : aussitôt au fait de sa présence, ils font entrer chez eux des hommes des troupes légères, avec des poignards, au nombre de sept (sur vingt qu'on avait d'abord désignés, ce furent les seuls qui ne prirent pas peur à l'idée d'entrer dans la ville ; ils avaient à leur tête Lysistratos d'Olynthe). S'étant glissés par le mur qui donne vers la mer, sans qu'on sût rien, ils montèrent tuer les sentinelles du poste le plus élevé (car la ville est

πόλεως πρὸς λόφον, ἀναβάντες διέφθειραν καὶ τὴν κατὰ Καναστραῖον πυλίδα διῆρουν. CXI. Ὁ δὲ Βρασίδας τῷ μὲν ἄλλῳ στρατῷ ἡσύχαζεν ὀλίγον προελθών, ἑκατὸν δὲ πελταστὰς προπέμπει, ὅπως, ὁπότε πύλαι τινὲς ἀνοιχθεῖεν καὶ τὸ σημεῖον ἀρθείη ὃ ξυνέκειτο, πρῶτοι ἐσδράμοιεν. 2 Καὶ οἱ μὲν χρόνου ἐγγιγνομένου καὶ θαυμάζοντες κατὰ μικρὸν ἔτυχον ἐγγὺς τῆς πόλεως προσελθόντες· οἱ δὲ τῶν Τορωναίων ἔνδοθεν παρασκευάζοντες μετὰ τῶν ἐσεληλυθότων, ὡς αὐτοῖς ἥ τε πυλὶς διήρητο καὶ αἱ κατὰ τὴν ἀγορὰν πύλαι τοῦ μοχλοῦ διακοπέντος ἀνεῴγοντο, πρῶτον μὲν κατὰ τὴν πυλίδα τινὰς περιαγαγόντες ἐσεκόμισαν, ὅπως κατὰ νώτου καὶ ἀμφοτέρωθεν τοὺς ἐν τῇ πόλει οὐδὲν εἰδότας ἐξαπίνης φοβήσειαν, ἔπειτα τὸ σημεῖόν τε τοῦ πυρός, ὡς εἴρητο, ἀνέσχον καὶ διὰ τῶν κατὰ τὴν ἀγορὰν πυλῶν τοὺς λοιποὺς ἤδη τῶν πελταστῶν ἐσεδέχοντο. CXII. Καὶ ὁ Βρασίδας ἰδὼν τὸ ξύνθημα ἔθει δρόμῳ, ἀναστήσας τὸν στρατὸν ἐμβοήσαντάς τε ἀθρόον καὶ ἔκπληξιν πολλὴν τοῖς ἐν τῇ πόλει παρασχόντας. 2 Καὶ οἱ μὲν κατὰ τὰς πύλας εὐθὺς ἐσέπιπτον, οἱ δὲ κατὰ δοκοὺς τετραγώνους, αἳ ἔτυχον τῷ τείχει πεπτωκότι καὶ οἰκοδομουμένῳ πρὸς λίθων ἀνολκὴν προσκείμεναι. 3 Βρασίδας μὲν οὖν καὶ τὸ πλῆθος εὐθὺς ἄνω καὶ ἐπὶ τὰ μετέωρα τῆς πόλεως ἐτράπετο, βουλόμενος κατ' ἄκρας καὶ βεβαίως ἑλεῖν αὐτήν· ὁ δὲ ἄλλος ὅμιλος κατὰ πάντα ὁμοίως ἐσκεδάννυντο.

CXIII. Τῶν δὲ Τορωναίων γιγνομένης τῆς ἁλώσεως τὸ μὲν πολὺ οὐδὲν εἰδὸς ἐθορυβεῖτο, οἱ δὲ πράσσοντες καὶ οἷς

adossée à une colline) et allèrent enfoncer la petite porte du côté de Canastraion. CXI. Brasidas, lui, après s'être un peu avancé, se tenait tranquille avec la masse de l'armée ; mais il détacha en avant cent peltastes, qui devaient, lorsque des portes s'ouvriraient et que le signal convenu s'élèverait, courir les premiers à l'intérieur. 2 Ceux-ci, qui voyaient le temps passer et s'étonnaient, se trouvèrent, de proche en proche, aux abords de la ville. De fait, les gens de Toronè qui préparaient l'affaire de l'intérieur avec les hommes entrés dans la ville, quand on eut enfoncé la petite porte et que l'on fut en train d'ouvrir la porte donnant sur l'agora en brisant la barre, commencèrent par faire faire le tour à quelques hommes pour les introduire par la petite porte : ils voulaient agir par surprise, en prenant les habitants de la ville à revers et de deux côtés à la fois, alors qu'ils n'étaient au courant de rien, pour ainsi les terrifier ; ensuite seulement, ils élevèrent le signal de feu comme convenu et, par la porte donnant sur l'agora, ils firent entrer le reste des troupes légères. CXII. Alors Brasidas, à la vue du signal, partit au pas de course, lançant ses troupes, qui unirent leurs cris et semèrent un grand effroi parmi les habitants. 2 Les uns fonçaient aussitôt à l'intérieur par les portes, les autres le long des poutres équarries qui se trouvaient appuyées, pour hisser des pierres, contre une partie du mur alors effondrée et faisant l'objet de travaux. 3 Puis Brasidas, avec le gros, monta aussitôt et gagna les parties supérieures de la ville, car il voulait en occuper les positions maîtresses et la tenir solidement ; le reste des hommes se répandait sans distinction de tous les côtés.

CXIII. Parmi les gens de Toronè, pendant que s'effectuait la prise de la ville, il y avait deux groupes : la masse, n'étant au courant de rien, s'affolait ; ceux, au contraire, qui y étaient mêlés, ou qui étaient favorables, s'étaient mis

ταῦτα ἤρεσκε μετὰ τῶν ἐσελθόντων εὐθὺς ἦσαν. 2 Οἱ δὲ
Ἀθηναῖοι (ἔτυχον γὰρ ἐν τῇ ἀγορᾷ ὁπλῖται καθεύδοντες
ὡς πεντήκοντα) ἐπειδὴ ᾔσθοντο, οἱ μέν τινες ὀλίγοι δια-
φθείρονται ἐν χερσὶν αὐτῶν, τῶν δὲ λοιπῶν οἱ μὲν πεζῇ, οἱ
δὲ ἐς τὰς ναῦς, αἳ ἐφρούρουν δύο, καταφυγόντες διασῴ-
ζονται ἐς τὴν Λήκυθον τὸ φρούριον, ὃ εἶχον αὐτοὶ καταλαβόντες, ἄκρον τῆς πόλεως ἐς τὴν θάλασσαν ἀπειλημ-
μένον ἐν στενῷ ἰσθμῷ. 3 Κατέφυγον δὲ καὶ τῶν Τορωναίων ἐς αὐτοὺς ὅσοι ἦσαν σφίσιν ἐπιτήδειοι.

CXIV.  Γεγενημένης δὲ ἡμέρας ἤδη καὶ βεβαίως τῆς πόλεως ἐχομένης ὁ Βρασίδας τοῖς μὲν μετὰ τῶν Ἀθηναίων
Τορωναίοις καταπεφευγόσι κήρυγμα ἐποιήσατο τὸν βουλόμενον ἐπὶ τὰ ἑαυτοῦ ἐξελθόντα ἀδεῶς πολιτεύειν, τοῖς δὲ
Ἀθηναίοις κήρυκα προσπέμψας ἐξιέναι ἐκέλευεν ἐκ τῆς
Ληκύθου ὑποσπόνδους καὶ τὰ ἑαυτῶν ἔχοντας ὡς οὔσης
Χαλκιδέων. 2 Οἱ δὲ ἐκλείψειν μὲν οὐκ ἔφασαν, σπείσασθαι δὲ σφίσιν ἐκέλευον ἡμέραν τοὺς νεκροὺς ἀνελέσθαι.
Ὁ δὲ ἐσπείσατο δύο. Ἐν ταύταις δὲ αὐτός τε τὰς ἐγγὺς
οἰκίας ἐκρατύνατο καὶ Ἀθηναῖοι τὰ σφέτερα. 3 Καὶ ξύλλογον τῶν Τορωναίων ποιήσας ἔλεξε τοῖς ἐν τῇ Ἀκάνθῳ
παραπλήσια, ὅτι οὐ δίκαιον εἴη οὔτε τοὺς πράξαντας πρὸς
αὐτὸν τὴν λῆψιν τῆς πόλεως χείρους οὐδὲ προδότας ἡγεῖσθαι (οὐ γὰρ ἐπὶ δουλείᾳ οὐδὲ χρήμασι πεισθέντας δρᾶσαι
τοῦτο, ἀλλ' ἐπὶ ἀγαθῷ καὶ ἐλευθερίᾳ τῆς πόλεως), οὔτε
τοὺς μὴ μετασχόντας οἴεσθαι μὴ τῶν αὐτῶν τεύξεσθαι·

aussitôt aux côtés des envahisseurs. 2 En fait d'Athéniens, il se trouvait y avoir là quelque cinquante hoplites, qui couchaient à l'agora : quand ils se rendirent compte de la situation, certains d'entre eux, en petit nombre, tombèrent dans un corps à corps, et les autres durent leur salut au fait que, soit par voie de terre, soit en embarquant sur les deux navires qui se trouvaient là en faction, ils se réfugièrent à Lécythos ; c'est un poste qu'ils s'étaient assuré et occupaient personnellement : la ville y forme un promontoire qui s'avance dans la mer et se trouve isolé au bout d'un isthme étroit. 3 Tous ceux qui, à Toronè, étaient leurs partisans vinrent y chercher refuge auprès d'eux.

CXIV. Une fois le jour venu et la ville solidement occupée, Brasidas fit une proclamation pour les gens de Toronè réfugiés aux côtés des Athéniens : tous ceux qui le voulaient pouvaient sortir d'où ils étaient pour retrouver leurs biens et exercer librement leurs droits politiques. Quant aux Athéniens, il leur envoya un héraut, les invitant à quitter Lécythos sous convention en emportant leurs biens, cette place appartenant aux Chalcidiens ; 2 les Athéniens refusèrent d'en sortir et lui demandèrent un jour de trêve pour reprendre les morts ; il en accorda deux ; et l'on employa ces deux jours à renforcer, lui, les maisons du voisinage, les Athéniens les positions qu'ils occupaient. 3 Enfin, il convoqua les gens de Toronè et leur répéta à peu près ce qu'il avait dit à Acanthe : que deux attitudes seraient injustes – il ne fallait pas considérer ceux qui avaient arrangé avec lui la prise de la ville comme entachés dans leur mérite ou comme traîtres : ils ne l'avaient fait ni à des fins d'asservissement ni pour de l'argent, mais pour le bien et la liberté de la cité ; et, inversement, il ne fallait pas croire que ceux qui n'avaient pas participé à l'opération n'obtiendraient pas le même traitement : il n'était venu

ἀφῖχθαι γὰρ οὐ διαφθερῶν οὔτε πόλιν οὔτε ἰδιώτην οὐδένα. 4 Τὸ δὲ κήρυγμα ποιήσασθαι τούτου ἕνεκα τοῖς παρ' Ἀθηναίους καταπεφευγόσιν, ὡς ἡγούμενος οὐδὲν χείρους τῇ ἐκείνων φιλίᾳ· οὐδ' ἂν σφῶν πειρασαμένους αὐτοὺς [τῶν Λακεδαιμονίων] δοκεῖν ἧσσον, ἀλλὰ πολλῷ μᾶλλον, ὅσῳ δικαιότερα πράσσουσιν, εὔνους ἂν σφίσι γενέσθαι, ἀπειρίᾳ δὲ νῦν πεφοβῆσθαι. 5 Τούς τε πάντας παρασκευάζεσθαι ἐκέλευεν ὡς βεβαίους τε ἐσομένους ξυμμάχους καὶ τὸ ἀπὸ τοῦδε ἤδη ὅ τι ἂν ἁμαρτάνωσιν αἰτίαν ἕξοντας· τὰ δὲ πρότερα οὐ σφεῖς ἀδικεῖσθαι, ἀλλ' ἐκείνους μᾶλλον ὑπ' ἄλλων κρεισσόνων, καὶ ξυγγνώμην εἶναι εἴ τι ἠναντιοῦντο.

CXV. Καὶ ὁ μὲν τοιαῦτα εἰπὼν καὶ παραθαρσύνας διελθουσῶν τῶν σπονδῶν τὰς προσβολὰς ἐποιεῖτο τῇ Ληκύθῳ· οἱ δὲ Ἀθηναῖοι ἠμύνοντό τε ἐκ φαύλου τειχίσματος καὶ ἀπ' οἰκιῶν ἐπάλξεις ἐχουσῶν, καὶ μίαν μὲν ἡμέραν ἀπεκρούσαντο· 2 τῇ δ' ὑστεραίᾳ μηχανῆς μελλούσης προσάξεσθαι αὐτοῖς ἀπὸ τῶν ἐναντίων, ἀφ' ἧς πῦρ ἐνήσειν διενοοῦντο ἐς τὰ ξύλινα παραφράγματα, καὶ προσιόντος ἤδη τοῦ στρατεύματος, ᾗ ᾤοντο μάλιστα αὐτοὺς προσκομιεῖν τὴν μηχανὴν καὶ ἦν ἐπιμαχώτατον, πύργον ξύλινον ἐπ' οἴκημα ἀντέστησαν, καὶ ὕδατος ἀμφορέας πολλοὺς καὶ πίθους ἀνεφόρησαν καὶ λίθους μεγάλους, ἄνθρωποί τε πολλοὶ ἀνέβησαν. 3 Τὸ δὲ οἴκημα λαβὸν μεῖζον ἄχθος ἐξαπίνης κατερράγη καὶ ψόφου πολλοῦ γενομένου τοὺς μὲν ἐγγὺς καὶ ὁρῶντας τῶν Ἀθηναίων ἐλύπησε μᾶλλον ἢ ἐφόβησεν, οἱ δὲ ἄπωθεν, καὶ μάλιστα οἱ διὰ πλείστου, νο-

apporter la ruine ni à aucune ville ni à aucun individu ;
4 la proclamation qu'il avait faite pour ceux qui s'étaient
réfugiés auprès des Athéniens reposait sur l'idée que ceux-
ci n'étaient nullement entachés par cette amitié : une fois
amenés à connaître Sparte, ils ne sauraient, pensait-il, avoir
une moindre sympathie pour elle, mais au contraire une
bien plus grande, dans la mesure où sa conduite était plus
juste ; l'inexpérience seule causait aujourd'hui leur effroi.
5 Tous réunis, donc, il les priait de se préparer à être de
fermes alliés, qui auraient à répondre, à dater du moment
présent, des fautes qu'ils commettraient ; pour la période
antérieure, s'il y avait eu des torts, la victime n'en était
pas Sparte, mais eux-mêmes, qui les avaient subis du fait
d'un peuple plus fort qu'eux ; aussi était-il compréhensible
qu'il ait pu y avoir quelques résistances.

CXV. Après leur avoir adressé en substance ces paroles
et les avoir encouragés, Brasidas, une fois la convention
arrivée à terme, commença ses attaques contre Lécythos.
Les Athéniens se défendaient du haut d'un mauvais rempart
ou encore depuis des maisons munies de créneaux et,
pendant un jour, ils réussirent à le repousser. 2 Le lendemain
une machine devait être avancée contre eux depuis les rangs
ennemis, pour servir à projeter du feu sur les palissades de
bois, et l'armée approchait déjà ; alors, à l'endroit où ils
supposaient qu'on dirigerait de préférence la machine et qui
était le plus vulnérable, ils dressèrent sur une maison une
tour de bois ; ils y portèrent un grand nombre d'amphores
et de jarres remplies d'eau, ainsi que de grosses pierres,
et y firent monter un grand nombre d'hommes ; 3 mais
la construction, qui recevait un poids trop important,
s'effondra brusquement. Un grand vacarme se produisit ;
ceux des Athéniens qui étaient à proximité et pouvaient
voir en furent plus affligés qu'épouvantés, mais ceux qui

μίσαντες ταύτῃ ἑαλωκέναι ἤδη τὸ χωρίον, φυγῇ ἐς τὴν θάλασσαν καὶ τὰς ναῦς ὥρμησαν. CXVI. Καὶ ὁ Βρασίδας ὡς ᾔσθετο αὐτοὺς ἀπολείποντάς τε τὰς ἐπάλξεις καὶ τὸ γιγνόμενον ὁρῶν, ἐπιφερόμενος τῷ στρατῷ εὐθὺς τὸ τείχισμα λαμβάνει, καὶ ὅσους ἐγκατέλαβε διέφθειρεν. 2 Καὶ οἱ μὲν Ἀθηναῖοι τοῖς τε πλοίοις καὶ ταῖς ναυσὶ τούτῳ τῷ τρόπῳ ἐκλιπόντες τὸ χωρίον ἐς Παλλήνην διεκομίσθησαν· ὁ δὲ Βρασίδας (ἔστι γὰρ ἐν τῇ Ληκύθῳ Ἀθηναίας ἱερόν, καὶ ἔτυχε κηρύξας, ὅτε ἔμελλε προσβάλλειν, τῷ ἐπιβάντι πρώτῳ τοῦ τείχους τριάκοντα μνᾶς ἀργυρίου δώσειν) νομίσας ἄλλῳ τινὶ τρόπῳ ἢ ἀνθρωπείῳ τὴν ἅλωσιν γενέσθαι, τάς τε τριάκοντα μνᾶς τῇ θεῷ ἀπέδωκεν ἐς τὸ ἱερὸν καὶ τὴν Λήκυθον καθελὼν καὶ ἀνασκευάσας τέμενος ἀνῆκεν ἅπαν. 3 Καὶ ὁ μὲν τὸ λοιπὸν τοῦ χειμῶνος ἅ τε εἶχε τῶν χωρίων καθίστατο καὶ τοῖς ἄλλοις ἐπεβούλευεν· καὶ τοῦ χειμῶνος διελθόντος ὄγδοον ἔτος ἐτελεύτα τῷ πολέμῳ.

CXVII. Λακεδαιμόνιοι δὲ καὶ Ἀθηναῖοι ἅμα ἦρι τοῦ ἐπιγιγνομένου θέρους εὐθὺς ἐκεχειρίαν ἐποιήσαντο ἐνιαύσιον, νομίσαντες Ἀθηναῖοι μὲν οὐκ ἂν ἔτι τὸν Βρασίδαν σφῶν προσαποστῆσαι οὐδὲν πρὶν παρασκευάσαιντο καθ' ἡσυχίαν, καὶ ἅμα εἰ καλῶς σφίσιν ἔχοι, καὶ ξυμβῆναι τὰ πλείω, Λακεδαιμόνιοι δὲ ταῦτα τοὺς Ἀθηναίους ἡγούμενοι ἅπερ ἐδέδισαν φοβεῖσθαι, καὶ γενομένης ἀνοκωχῆς κακῶν καὶ ταλαιπωρίας μᾶλλον ἐπιθυμήσειν αὐτοὺς πειρασαμέ-

---

34. Thucydide met ici bien en évidence les raisons pour lesquelles on était des deux côtés prêt à négocier.

étaient à distance, et surtout les plus éloignés, pensèrent que, de ce côté, la place était déjà prise et s'enfuirent précipitamment vers la mer et les navires. CXVI. Lorsque Brasidas comprit qu'ils abandonnaient les créneaux et quand il vit ce qui se passait, déferlant avec son armée, il s'empara aussitôt du rempart, massacrant tous ceux qu'il y prenait. 2 C'est ainsi que les Athéniens quittèrent la place avec leurs cargos et leurs navires de guerre : ils furent ramenés dans la presqu'île de Pallène. Quant à Brasidas, comme il y a à Lécythos un sanctuaire d'Athéna, et qu'il se trouvait avoir proclamé, au moment d'attaquer, qu'il donnerait trente mines d'argent au premier qui escaladerait le rempart, il jugea que la prise de la ville avait eu lieu par un moyen autre qu'humain, aussi remit-il les trente mines à la déesse en les versant au trésor du sanctuaire, et, détruisant Lécythos, qui fut rasée, il fit de la place entière un lieu consacré. 3 Puis, quant à lui, il employa le reste de l'hiver à organiser les places qu'il occupait et à fomenter des actions contre les autres – cependant qu'avec la fin de l'hiver s'achevait la huitième année de la guerre.

## L'armistice

CXVII. Mais Lacédémoniens et Athéniens conclurent, dès le printemps de l'été suivant, un armistice d'un an[34]. Les Athéniens pensaient qu'ainsi Brasidas ne pourrait plus détacher d'eux d'autres pays avant qu'ils n'aient fait à loisir leurs préparatifs ; en même temps, si les conditions étaient favorables, ils envisageaient de traiter pour l'avenir. Les Lacédémoniens, eux, ne se trompaient pas sur les craintes qu'éprouvaient les Athéniens et ils pensaient que, si l'on mettait une trêve aux maux et aux souffrances, ceux-ci seraient, après cette expérience, disposés à accepter

νους ξυναλλαγῆναί τε καὶ τοὺς ἄνδρας σφίσιν ἀποδόντας σπονδὰς ποιήσασθαι καὶ ἐς τὸν πλείω χρόνον. 2 Τοὺς γὰρ δὴ ἄνδρας περὶ πλείονος ἐποιοῦντο κομίσασθαι, ὡς ἔτι Βρασίδας ηὐτύχει. Καὶ ἔμελλον ἐπὶ μεῖζον χωρήσαντος αὐτοῦ καὶ ἀντίπαλα καταστήσαντος τῶν μὲν στέρεσθαι, τοῖς δ᾽ ἐκ τοῦ ἴσου ἀμυνόμενοι κινδυνεύσειν καὶ κρατήσειν. 3 Γίγνεται οὖν ἐκεχειρία αὐτοῖς τε καὶ τοῖς ξυμμάχοις ἥδε.

CXVIII. « Περὶ μὲν τοῦ ἱεροῦ καὶ τοῦ μαντείου τοῦ Ἀπόλλωνος τοῦ Πυθίου δοκεῖ ἡμῖν χρῆσθαι τὸν βουλόμενον ἀδόλως καὶ ἀδεῶς κατὰ τοὺς πατρίους νόμους. 2 Τοῖς μὲν Λακεδαιμονίοις ταῦτα δοκεῖ καὶ τοῖς ξυμμάχοις τοῖς παροῦσιν· Βοιωτοὺς δὲ καὶ Φωκέας πείσειν φασὶν ἐς δύναμιν προσκηρυκευόμενοι. 3 Περὶ δὲ τῶν χρημάτων τῶν τοῦ θεοῦ ἐπιμέλεσθαι ὅπως τοὺς ἀδικοῦντας ἐξευρήσομεν, ὀρθῶς καὶ δικαίως τοῖς πατρίοις νόμοις χρώμενοι καὶ ὑμεῖς καὶ ἡμεῖς καὶ τῶν ἄλλων οἱ βουλόμενοι, τοῖς πατρίοις νόμοις χρώμενοι πάντες.

4 « Περὶ μὲν οὖν τούτων ἔδοξε Λακεδαιμονίοις καὶ τοῖς ἄλλοις ξυμμάχοις κατὰ ταῦτα· τάδε δὲ ἔδοξε Λακεδαιμονίοις καὶ τοῖς ἄλλοις ξυμμάχοις, ἐὰν σπονδὰς ποιῶνται οἱ Ἀθηναῖοι, ἐπὶ τῆς αὑτῶν μένειν ἑκατέρους ἔχοντας ἅπερ νῦν ἔχομεν, τοὺς μὲν ἐν τῷ Κορυφασίῳ ἐντὸς τῆς Βουφράδος καὶ τοῦ Τομέως μένοντας, τοὺς δὲ ἐν Κυθήροις μὴ ἐπιμισγομένους ἐς τὴν ξυμμαχίαν, μήτε ἡμᾶς πρὸς αὐτοὺς μήτε αὐτοὺς πρὸς ἡμᾶς, τοὺς δ᾽ ἐν Νισαίᾳ καὶ Μινῴᾳ μὴ ὑπερβαίνοντας τὴν ὁδὸν τὴν ἀπὸ τῶν πυλῶν τῶν παρὰ τοῦ Νίσου ἐπὶ τὸ Ποσειδώνιον, ἀπὸ δὲ τοῦ Ποσειδωνίου

35. Ce nom désignerait en fait Pylos.

un rapprochement et à conclure, en leur rendant leurs hommes, un traité portant cette fois sur l'avenir ; 2 car leur plus grand souci était ces hommes, qu'ils voulaient recouvrer tant que la fortune souriait à Brasidas ; et, si celui-ci poursuivait son avance ou établissait un équilibre, ils devaient renoncer à ces derniers pour mener, avec les autres, une lutte à égalité, avec ses risques et ses succès. 3 Aussi un armistice est-il conclu entre les deux peuples et leurs alliés, aux termes suivants :

CXVIII. « À propos du sanctuaire et de l'oracle d'Apollon Pythien, il faut à notre avis que chacun y ait accès à son gré, en toute loyauté et liberté, selon les règles traditionnelles : 2 tel est l'avis des Lacédémoniens et de leurs alliés présents ; et ils déclarent que, par l'envoi de hérauts, ils agiront de toutes leurs forces auprès des Béotiens et des Phocidiens pour obtenir leur assentiment. 3 À propos des trésors du Dieu, il faut nous employer à découvrir les coupables, en observant, correctement et justement, les règles traditionnelles, ceci valant pour vous, pour nous et pour tout autre qui voudra le faire en observant les règles traditionnelles.

4 « Tel étant, sur ces points, l'avis des Lacédémoniens et des autres membres de l'alliance, voici maintenant ce qu'ont décidé les Lacédémoniens et les autres membres de l'alliance, si les Athéniens concluent un traité. Chacun de nos deux groupes doit rester chez lui, en occupant ce que nous occupons actuellement, à savoir : les troupes qui sont à Coryphasion[35], en ne dépassant pas Bouphras et Tomeus, celles de Cythère en évitant toutes relations avec le territoire allié (de nous à elles comme d'elles à nous), celles de Nisée et de Minôa, en ne franchissant pas la route qui mène de la porte venant du sanctuaire de Nisos à celui de Poséidon, et de celui de Poséidon directement au pont

εὐθὺς ἐπὶ τὴν γέφυραν τὴν ἐς Μινῴαν (μηδὲ Μεγαρέας καὶ
τοὺς ξυμμάχους ὑπερβαίνειν τὴν ὁδὸν ταύτην), καὶ τὴν
νῆσον, ἥνπερ ἔλαβον οἱ Ἀθηναῖοι, ἔχοντας, μηδὲ ἐπιμισγομένους μηδετέρους μηδετέρωσε, καὶ τὰ ἐν Τροζῆνι, ὅσα-
περ νῦν ἔχουσι, καὶ οἷα ξυνέθεντο πρὸς Ἀθηναίους. 5 Καὶ
τῇ θαλάσσῃ χρωμένους, ὅσα ἂν κατὰ τὴν ἑαυτῶν καὶ κατὰ
τὴν ξυμμαχίαν, Λακεδαιμονίους καὶ τοὺς ξυμμάχους πλεῖν
μὴ μακρᾷ νηί, ἄλλῳ δὲ κωπήρει πλοίῳ, ἐς πεντακόσια
τάλαντα ἄγοντι μέτρα. 6 Κήρυκι δὲ καὶ πρεσβείᾳ καὶ
ἀκολούθοις, ὁπόσοις ἂν δοκῇ, περὶ καταλύσεως τοῦ πολέμου καὶ δικῶν ἐς Πελοπόννησον καὶ Ἀθήναζε σπονδὰς
εἶναι ἰοῦσι καὶ ἀπιοῦσι, καὶ κατὰ γῆν καὶ κατὰ θάλασσαν.
7 Τοὺς δὲ αὐτομόλους μὴ δέχεσθαι ἐν τούτῳ τῷ χρόνῳ,
μήτε ἐλεύθερον μήτε δοῦλον, μήτε ὑμᾶς μήτε ἡμᾶς.
8 Δίκας τε διδόναι ὑμᾶς τε ἡμῖν καὶ ἡμᾶς ὑμῖν κατὰ τὰ
πάτρια, τὰ ἀμφίλογα δίκῃ διαλύοντας ἄνευ πολέμου.
9 Τοῖς μὲν Λακεδαιμονίοις καὶ τοῖς ξυμμάχοις ταῦτα δοκεῖ·
εἰ δέ τι ὑμῖν εἴτε κάλλιον εἴτε δικαιότερον τούτων δοκεῖ εἶναι, ἰόντες ἐς Λακεδαίμονα διδάσκετε· οὐδενὸς γὰρ
ἀποστήσονται, ὅσα ἂν δίκαια λέγητε, οὔτε οἱ Λακεδαιμόνιοι οὔτε οἱ ξύμμαχοι. 10 Οἱ δὲ ἰόντες τέλος ἔχοντες ἰόντων, ᾗπερ καὶ ὑμεῖς ἡμᾶς ἐκελεύετε. Αἱ δὲ σπονδαὶ ἐνιαυτὸν ἔσονται. »
11 « Ἔδοξεν τῷ δήμῳ. Ἀκαμαντὶς ἐπρυτάνευε, Φαί-
νιππος ἐγραμμάτευε, Νικιάδης ἐπεστάτει. Λάχης εἶπε,
τύχῃ ἀγαθῇ τῇ Ἀθηναίων, ποιεῖσθαι τὴν ἐκεχειρίαν, καθ᾽
ἃ ξυγχωροῦσι Λακεδαιμόνιοι καὶ οἱ ξύμμαχοι αὐτῶν καὶ
ὡμολόγησαν ἐν τῷ δήμῳ· 12 τὴν ⟨δ'⟩ ἐκεχειρίαν εἶναι

vers Minôa (cette route servant également de limite aux Mégariens et à leurs alliés) et en continuant d'occuper, d'une part, l'île qu'ont prise les Athéniens (sans qu'il y ait de relations, non plus, dans un sens ni dans l'autre) et, d'autre part, sur le territoire de Trézène, la partie qu'ils occupent actuellement et ce que prévoit la convention passée avec Athènes ; 5 les Lacédémoniens et leurs alliés auront l'usage de la mer en face de leurs côtes et des côtes alliées, mais non pour des vaisseaux longs : seulement pour des embarcations à rames d'autres types, admettant une charge inférieure à cinq cents talents. 6 Si un héraut ou une ambassade, et autant d'attachés qu'on voudra, se rendent dans le Péloponnèse ou à Athènes pour mettre fin à la guerre et se prêter à un jugement, ils seront couverts par la trêve à l'aller et au retour, sur terre et sur mer. 7 On n'accueillera pas pendant ce temps les transfuges, libres ou esclaves, chez vous ni chez nous. 8 On se soumettra, de part et d'autre, à des jugements, conformément aux traditions, en réglant les points en litige par la voie juridique, sans recourir à la guerre. 9 Tel est l'avis des Lacédémoniens et de leurs alliés : si d'autres solutions vous semblent soit plus honorables soit plus équitables, allez à Sparte vous en expliquer ; aucune proposition qui soit équitable ne sera tenue à l'écart ni par les Lacédémoniens ni par leurs alliés. 10 Mais que ceux qui viendront viennent avec pouvoir de conclure, comme vous-mêmes vous nous le demandiez. – La durée de la trêve sera d'un an. »

11 « Par décision du peuple, la tribu Acamantis ayant la prytanie, Phainippos étant greffier, Nikiadès étant épistate, sur proposition de Lachès, à la bonne fortune des Athéniens : on conclura l'armistice aux termes admis par les Lacédémoniens et leurs alliés et reconnus devant le peuple ; 12 l'armistice sera d'un an ; il commencera en ce

ἐνιαυτόν, ἄρχειν δὲ τήνδε τὴν ἡμέραν, τετράδα ἐπὶ δέκα τοῦ Ἐλαφηβολιῶνος μηνός. 13 Ἐν τούτῳ τῷ χρόνῳ ἰόντας ὡς ἀλλήλους πρέσβεις καὶ κήρυκας ποιεῖσθαι τοὺς λόγους, καθ' ὅ τι ἔσται ἡ κατάλυσις τοῦ πολέμου. 14 Ἐκκλησίαν δὲ ποιήσαντας τοὺς στρατηγοὺς καὶ τοὺς πρυτάνεις πρῶτον περὶ τῆς εἰρήνης βουλεύσασθαι Ἀθηναίους καθ' ὅ τι ἂν εἴπῃ ἡ πρεσβεία περὶ τῆς καταλύσεως τοῦ πολέμου. Σπείσασθαι δὲ αὐτίκα μάλα τὰς πρεσβείας ἐν τῷ δήμῳ τὰς παρούσας ἦ μὴν ἐμμενεῖν ἐν ταῖς σπονδαῖς τὸν ἐνιαυτόν. »

CXIX. « Ταῦτα ξυνέθεντο Λακεδαιμόνιοι καὶ ὤμοσαν καὶ οἱ ξύμμαχοι Ἀθηναίοις καὶ τοῖς ξυμμάχοις μηνὸς ἐν Λακεδαίμονι Γεραστίου δωδεκάτῃ. 2 Ξυνετίθεντο δὲ καὶ ἐσπένδοντο Λακεδαιμονίων μὲν οἵδε· Ταῦρος Ἐχετιμίδα, Ἀθήναιος Περικλείδα, Φιλοχαρίδας Ἐρυξιλαΐδα· Κορινθίων δὲ Αἰνέας Ὠκύτου, Εὐφαμίδας Ἀριστωνύμου· Σικυωνίων δὲ Δαμότιμος Ναυκράτους, Ὀνάσιμος Μεγακλέους· Μεγαρέων δὲ Νίκασος Κεκάλου, Μενεκράτης Ἀμφιδώρου· Ἐπιδαυρίων δὲ Ἀμφίας Εὐπαιΐδα· Ἀθηναίων δὲ οἱ στρατηγοὶ Νικόστρατος Διειτρέφους, Νικίας Νικηράτου, Αὐτοκλῆς Τολμαίου. »

3 Ἡ μὲν δὴ ἐκεχειρία αὕτη ἐγένετο, καὶ ξυνῆσαν ἐν αὐτῇ περὶ τῶν μειζόνων σπονδῶν διὰ παντὸς ἐς λόγους.

CXX. Περὶ δὲ τὰς ἡμέρας ταύτας αἷς ἐπήρχοντο Σκιώνη ἐν τῇ Παλλήνῃ πόλις ἀπέστη ἀπ' Ἀθηναίων πρὸς Βρασίδαν. Φασὶ δὲ οἱ Σκιωναῖοι Πελληνῆς μὲν εἶναι ἐκ Πελοποννήσου, πλέοντας δ' ἀπὸ Τροίας σφῶν τοὺς πρώτους κατενεχθῆναι ἐς τὸ χωρίον τοῦτο τῷ χειμῶνι ᾧ ἐχρήσαντο

---

36. La trêve est ratifiée par chacun des représentants des alliés de Sparte, alors que les seuls stratèges athéniens la ratifient. Cette indication témoigne du caractère « tyrannique » de l'autorité qu'Athènes exerce sur ses alliés. En revanche, ces stratèges agissent sur l'injonction de l'assemblée réunie à cet effet.

jour, le 14 du mois Élaphèbolion. 13 Pendant sa durée, des ambassadeurs et des hérauts iront d'un peuple à l'autre pour négocier les conditions auxquelles on mettra fin à la guerre. 14 Quand les stratèges et les prytanes auront convoqué une assemblée, les Athéniens délibéreront en premier lieu sur la paix en fonction des propositions faites par l'ambassade pour mettre fin à la guerre. Dès maintenant, les ambassades présentes ratifieront le pacte devant l'assemblée, en jurant de s'y conformer pour la durée d'un an. »

CXIX. « Ces clauses ont été reconnues et acceptées sous serment par les Lacédémoniens et leurs alliés vis-à-vis des Athéniens et de leurs alliés, le 12 du mois lacédémonien Gérastios. 2 Les ont reconnues et ratifiées : pour les Lacédémoniens, Tauros, fils d'Échétimidas, Athénaios, fils de Péricleidas, Philocharidas, fils d'Éryxilaïdas ; pour les Corinthiens : Ainéas, fils d'Okytos, Euphamidas, fils d'Aristonymos ; pour les Sicyoniens : Damotimos, fils de Naucratès, Onasimos, fils de Mégaclès ; pour les Mégariens : Nicasos, fils de Kécalos, Ménécratès, fils d'Amphidôros ; pour les Épidauriens : Amphias, fils d'Eupaïdas ; pour les Athéniens : les stratèges Nicostratos, fils de Diitréphès, Nicias, fils de Nicératos, Autoclès, fils de Tolmée[36]. »

3 Tel fut l'armistice, et, pendant tout le temps qu'il dura, il y eut des entrevues relatives au traité définitif.

### Suite des événements de la côte thrace

CXX. Vers les jours où s'accomplissaient les premières formalités de l'accord, la ville de Skionè, dans la presqu'île de Pallène, se détacha d'Athènes en se ralliant à Brasidas. Les gens de Skionè prétendent qu'ils viennent de Pellène dans le Péloponnèse et qu'au retour de Troie les premiers des leurs furent jetés dans cette région par la tempête qu'eurent

Ἀχαιοί, καὶ αὐτοῦ οἰκῆσαι. 2 Ἀποστᾶσι δ᾽ αὐτοῖς ὁ Βρασίδας διέπλευσε νυκτὸς ἐς τὴν Σκιώνην, τριήρει μὲν φιλίᾳ προπλεούσῃ, αὐτὸς δὲ ἐν κελητίῳ ἄπωθεν ἐφεπόμενος, ὅπως, εἰ μέν τινι τοῦ κέλητος μείζονι πλοίῳ περιτυγχάνοι, ἡ τριήρης ἀμύνοι αὐτῷ, ἀντιπάλου δὲ ἄλλης τριήρους ἐπιγενομένης οὐ πρὸς τὸ ἔλασσον νομίζων τρέψεσθαι, ἀλλ᾽ ἐπὶ τὴν ναῦν, καὶ ἐν τούτῳ αὑτὸν διασώσειν. 3 Περαιωθεὶς δὲ καὶ ξύλλογον ποιήσας τῶν Σκιωναίων ἔλεγεν ἅ τε ἐν τῇ Ἀκάνθῳ καὶ Τορώνῃ, καὶ προσέτι φάσκων ἀξιωτάτους αὐτοὺς εἶναι ἐπαίνου, οἵτινες τῆς Παλλήνης ἐν τῷ ἰσθμῷ ἀπειλημμένης ὑπὸ Ἀθηναίων Ποτείδαιαν ἐχόντων καὶ ὄντες οὐδὲν ἄλλο ἢ νησιῶται αὐτεπάγγελτοι ἐχώρησαν πρὸς τὴν ἐλευθερίαν καὶ οὐκ ἀνέμειναν ἀτολμίᾳ ἀνάγκην σφίσι προσγενέσθαι περὶ τοῦ φανερῶς οἰκείου ἀγαθοῦ· σημεῖόν τ᾽ εἶναι τοῦ καὶ ἄλλο τι ἂν αὐτοὺς τῶν μεγίστων ἀνδρείως ὑπομεῖναι· εἴ τε θήσεται κατὰ νοῦν τὰ πράγματα, πιστοτάτους τε τῇ ἀληθείᾳ ἡγήσεσθαι αὐτοὺς Λακεδαιμονίων φίλους καὶ τἆλλα τιμήσειν.

CXXI. Καὶ οἱ μὲν Σκιωναῖοι ἐπήρθησάν τε τοῖς λόγοις καὶ θαρσήσαντες πάντες ὁμοίως, καὶ οἷς πρότερον μὴ ἤρεσκε τὰ πρασσόμενα, τόν τε πόλεμον διενοοῦντο προθύμως οἴσειν καὶ τὸν Βρασίδαν τά τ᾽ ἄλλα καλῶς ἐδέξαντο καὶ δημοσίᾳ μὲν χρυσῷ στεφάνῳ ἀνέδησαν ὡς ἐλευθεροῦντα τὴν Ἑλλάδα, ἰδίᾳ δὲ ἐταινίουν τε καὶ προσήρχοντο ὥσπερ ἀθλητῇ. 2 Ὁ δὲ τό τε παραυτίκα φυλακήν τινα αὐτοῖς ἐγκαταλιπὼν διέβη πάλιν καὶ ὕστερον οὐ πολλῷ

à subir les Achéens et s'installèrent sur place. 2 Lors de leur défection, Brasidas fit la traversée de nuit pour venir à Skionè ; une trière amie le précédait et lui-même suivait à distance dans une barque : de la sorte, s'il tombait sur un cargo plus grand que sa barque, la trière devait l'écarter, et, s'il survenait une autre trière qui fût de force à lutter, il pensait qu'au lieu de se tourner vers le petit bateau, elle irait contre le navire de guerre, ce qui le mettrait lui-même à couvert. 3 La traversée une fois faite, il réunit les gens de Skionè et leur tint les mêmes propos qu'à Acanthe et Toronè, déclarant en outre qu'entre tous ils méritaient des éloges, eux qui, avec la presqu'île de Pallène coupée à l'isthme par les Athéniens qui occupaient Potidée, et avec une condition qui se trouvait, en fait, celle d'insulaires, étaient venus spontanément se ranger du côté de la liberté, au lieu d'attendre, par manque d'audace, que la contrainte dût intervenir dans une affaire dont l'intérêt les concernait manifestement : cela montrait bien qu'ils pouvaient soutenir en braves tout autre épreuve d'importance ; et, s'il réglait à son gré la situation, il les regarderait pour les amis en vérité les plus sûrs de Sparte et leur marquerait en tout sa considération.

CXXI. Les gens de Skionè, à ces mots, se sentirent pleins d'exaltation ; et, la confiance les gagnant tous sans distinction, même ceux qui jusque-là n'approuvaient pas ce qui se faisait, ils étaient résolus à soutenir la guerre avec ardeur, en même temps qu'ils multipliaient les égards dans l'accueil fait à Brasidas : c'est ainsi, en particulier, qu'ils le gratifièrent publiquement d'une couronne d'or en tant que libérateur de la Grèce et lui accordèrent à titre privé les bandelettes et les prémices comme on fait pour les athlètes vainqueurs. 2 Quant à lui, leur laissant pour le moment une garnison, il repassa de l'autre côté, et fit bientôt passer

στρατιὰν πλείω ἐπεραίωσε, βουλόμενος μετ' αὐτῶν τῆς τε
Μένδης καὶ τῆς Ποτειδαίας ἀποπειρᾶσαι, ἡγούμενος καὶ
τοὺς Ἀθηναίους βοηθῆσαι ἂν ὡς ἐς νῆσον καὶ βουλόμενος
φθάσαι· καί τι αὐτῷ καὶ ἐπράσσετο ἐς τὰς πόλεις ταύτας
προδοσίας πέρι.

CXXII. Καὶ ὁ μὲν ἔμελλεν ἐγχειρήσειν ταῖς πόλεσι
ταύταις· ἐν τούτῳ δὲ τριήρει οἱ τὴν ἐκεχειρίαν περιαγγέλ-
λοντες ἀφικνοῦνται παρ' αὐτόν, Ἀθηναίων μὲν Ἀριστώνυμος, Λακεδαιμονίων δὲ Ἀθήναιος. 2 Καὶ ἡ μὲν στρατιὰ πάλιν διέβη ἐς Τορώνην, οἱ δὲ τῷ Βρασίδᾳ ἀνήγγελλον
τὴν ξυνθήκην, καὶ ἐδέξαντο πάντες οἱ ἐπὶ Θρᾴκης ξύμμαχοι Λακεδαιμονίων τὰ πεπραγμένα. 3 Ἀριστώνυμος δὲ
τοῖς μὲν ἄλλοις κατῄνει, Σκιωναίους δὲ αἰσθόμενος ἐκ λογισμοῦ τῶν ἡμερῶν ὅτι ὕστερον ἀφεστήκοιεν, οὐκ ἔφη
ἐνσπόνδους ἔσεσθαι. Βρασίδας δὲ ἀντέλεγε πολλά, ὡς πρότερον, καὶ οὐκ ἀφίει τὴν πόλιν. 4 Ὡς δ' ἀπήγγελλεν
ἐς τὰς Ἀθήνας ὁ Ἀριστώνυμος περὶ αὐτῶν, οἱ Ἀθηναῖοι
εὐθὺς ἕτοιμοι ἦσαν στρατεύειν ἐπὶ τὴν Σκιώνην. Οἱ δὲ Λακεδαιμόνιοι πρέσβεις πέμψαντες παραβήσεσθαι ἔφασαν
αὐτοὺς τὰς σπονδάς, καὶ τῆς πόλεως ἀντεποιοῦντο Βρασίδᾳ πιστεύοντες, δίκῃ τε ἕτοιμοι ἦσαν περὶ αὐτῆς κρίνεσθαι. 5 Οἱ δὲ δίκῃ μὲν οὐκ ἤθελον κινδυνεύειν, στρατεύειν δὲ ὡς τάχιστα, ὀργὴν ποιούμενοι εἰ καὶ οἱ ἐν ταῖς
νήσοις ἤδη ὄντες ἀξιοῦσι σφῶν ἀφίστασθαι, τῇ κατὰ γῆν
Λακεδαιμονίων ἰσχύι ἀνωφελεῖ πιστεύοντες· 6 εἶχε δὲ
καὶ ἡ ἀλήθεια περὶ τῆς ἀποστάσεως μᾶλλον ἢ οἱ Ἀθηναῖοι ἐδικαίουν· δύο γὰρ ἡμέραις ὕστερον ἀπέστησαν οἱ
Σκιωναῖοι. Ψήφισμά τ' εὐθὺς ἐποιήσαντο, Κλέωνος γνώμῃ

chez eux des troupes plus importantes, afin de se livrer avec eux à une tentative contre Mendè et Potidée : il pensait, en effet, que les Athéniens pourraient bien eux-mêmes venir à la rescousse, le pays comptant pour une île, et il voulait les prévenir ; en outre, des pourparlers menés à l'intérieur de ces cités tendaient à les lui faire livrer.

CXXII. Au moment où il était sur le point de lancer une offensive contre ces villes, une trière arrive, avec à son bord les représentants chargés d'annoncer l'armistice : Aristonymos pour Athènes et Athénaios pour Sparte. 2 Et, tandis que l'armée repassait à Toronè, ceux-ci donnèrent à Brasidas communication de ses clauses. Tous les alliés de Sparte sur la côte thrace acceptèrent les décisions prises ; 3 et Aristonymos était d'accord sur les différents cas, mais, pour Skionè, il s'aperçut, en calculant les dates, que sa défection était postérieure et refusa d'englober cette ville dans la trêve. Brasidas, lui, soutenait avec insistance qu'elle était antérieure ; et il ne voulait pas renoncer à la ville. 4 Sur quoi, Aristonymos rendit compte de la situation à Athènes et aussitôt les Athéniens étaient prêts à partir en campagne contre Skionè ; les Lacédémoniens, de leur côté, envoyèrent des ambassadeurs, déclarant que ce serait enfreindre le traité : ils revendiquaient la ville, sur la foi de Brasidas, et étaient prêts à s'en remettre sur ce point à un jugement. 5 Mais les autres ne voulaient pas courir le risque d'un jugement : ils voulaient partir en campagne au plus tôt, indignés à l'idée que ceux-là mêmes qui occupaient des îles, maintenant, pussent trouver bon de faire défection, en se fiant aux forces de terre qu'avait Sparte et qui ne pouvaient leur servir à rien 6 (et le fait est que la vérité sur la défection correspondait plutôt à l'appréciation d'Athènes : Skionè l'avait faite deux jours après la date). Ils prirent même aussitôt, sur l'avis de Cléon, un décret décidant la

πεισθέντες, Σκιωναίους ἐξελεῖν τε καὶ ἀποκτεῖναι. Καὶ τἆλλα ἡσυχάζοντες ἐς τοῦτο παρεσκευάζοντο. CXXIII. Ἐν τούτῳ δὲ Μένδη ἀφίσταται αὐτῶν, πόλις ἐν τῇ Παλλήνῃ, Ἐρετριῶν ἀποικία. Καὶ αὐτοὺς ἐδέξατο ὁ Βρασίδας, οὐ νομίζων ἀδικεῖν, ὅτι ἐν τῇ ἐκεχειρίᾳ φανερῶς προσεχώρησαν· ἔστι γὰρ ἃ καὶ αὐτὸς ἐνεκάλει τοῖς Ἀθηναίοις παραβαίνειν τὰς σπονδάς. 2 Δι' ὃ καὶ οἱ Μενδαῖοι μᾶλλον ἐτόλμησαν, τήν τε τοῦ Βρασίδου γνώμην ὁρῶντες ἑτοίμην, τεκμαιρόμενοι καὶ ἀπὸ τῆς Σκιώνης ὅτι οὐ προυδίδου, καὶ ἅμα τῶν πρασσόντων σφίσιν ὀλίγων τε ὄντων καί, ὡς τότε ἐμέλλησαν, οὐκέτι ἀνέντων, ἀλλὰ περὶ σφίσιν αὐτοῖς φοβουμένων τὸ κατάδηλον καὶ καταβιασαμένων παρὰ γνώμην τοὺς πολλούς. 3 Οἱ δὲ Ἀθηναῖοι εὐθὺς πυθόμενοι, πολλῷ ἔτι μᾶλλον ὀργισθέντες παρεσκευάζοντο ἐπ' ἀμφοτέρας τὰς πόλεις. 4 Καὶ Βρασίδας προσδεχόμενος τὸν ἐπίπλουν αὐτῶν ὑπεκκομίζει ἐς Ὄλυνθον τὴν Χαλκιδικὴν παῖδας καὶ γυναῖκας τῶν Σκιωναίων καὶ Μενδαίων, καὶ τῶν Πελοποννησίων αὐτοῖς πεντακοσίους ὁπλίτας διέπεμψε καὶ πελταστὰς τριακοσίους Χαλκιδέων, ἄρχοντά τε τῶν ἁπάντων Πολυδαμίδαν.

Καὶ οἱ μὲν τὰ περὶ σφᾶς αὐτούς, ὡς ἐν τάχει παρεσομένων τῶν Ἀθηναίων, κοινῇ ηὐτρεπίζοντο. CXXIV. Βρασίδας δὲ καὶ Περδίκκας ἐν τούτῳ στρατεύουσιν ἅμα ἐπὶ Ἀρράβαιον τὸ δεύτερον ἐς Λύγκον. Καὶ ἦγον ὁ μὲν ὧν ἐκράτει Μακεδόνων τὴν δύναμιν καὶ τῶν ἐνοικούντων Ἑλλήνων ὁπλίτας, ὁ δὲ πρὸς τοῖς αὐτοῦ περιλοίποις τῶν Πελοποννησίων Χαλκιδέας καὶ Ἀκανθίους

destruction de Skionè et la mise à mort des habitants. Et, tout en restant tranquilles pour le reste, ils commencèrent leurs préparatifs à cet effet.

CXXIII. Là-dessus, Mendè fait défection (c'est une ville de la presqu'île de Pallène, colonie d'Érétrie). Brasidas l'accueillit sans estimer se mettre dans son tort du fait qu'elle s'était ralliée franchement pendant l'armistice, car il avait, de son côté, certaines infractions au traité à faire valoir contre Athènes ; 2 cette circonstance avait même contribué à enhardir les gens de Mendè ; aussi bien, ils voyaient en Brasidas un esprit de résolution dont témoignait entre autres le cas de Skionè, qu'il ne livrait point ; de plus, les hommes qui agissaient pour lui étaient chez eux peu nombreux et, après avoir été alors sur le point d'intervenir, ils ne voulurent pas renoncer : ils avaient peur de s'être fait connaître et ils brusquèrent la masse contre ses sentiments.

3 Les Athéniens, aussitôt informés, conçurent une indignation encore bien plus grande et dirigèrent leurs préparatifs contre les deux villes. 4 Et Brasidas, s'attendant bien à voir cingler leurs forces, évacua sur Olynthe, en Chalcidique, les femmes et les enfants de Skionè et de Mendè, tout en faisant passer dans ces villes cinq cents hoplites péloponnésiens et trois cents peltastes de Chalcidique, avec Polydamidas pour commander à tous.

Pendant que ceux-ci organisaient en commun leur défense en prévision d'une arrivée rapide des Athéniens, CXXIV. Brasidas et Perdiccas font, ensemble, une seconde expédition contre Arrhabaios, en pays lynceste. L'un emmenait les forces des territoires macédoniens qui lui étaient soumis ainsi que des hoplites fournis par les Grecs du pays, l'autre le reste de ses propres soldats péloponnésiens ainsi que des hommes de Chalcidique, d'Acanthe et d'autres villes, à proportion

καὶ τῶν ἄλλων κατὰ δύναμιν ἑκάστων. Ξύμπαν δὲ τὸ ὁπλιτικὸν τῶν Ἑλλήνων τρισχίλιοι μάλιστα, ἱππῆς δ' οἱ πάντες
ἠκολούθουν Μακεδόνων ξὺν Χαλκιδεῦσιν ὀλίγου ἐς χιλίους, καὶ ἄλλος ὅμιλος τῶν βαρβάρων πολύς. 2 Ἐσβαλόντες δὲ ἐς τὴν Ἀρραβαίου καὶ εὑρόντες ἀντεστρατοπε-
δευμένους αὐτοῖς τοὺς Λυγκηστάς, ἀντεκαθέζοντο καὶ αὐτοί. 3 Καὶ ἐχόντων τῶν μὲν πεζῶν λόφον ἑκατέρωθεν,
πεδίου δὲ τοῦ μέσου ὄντος, οἱ ἱππῆς ἐς αὐτὸ καταδρα-
μόντες ἱππομάχησαν πρῶτα ἀμφοτέρων, ἔπειτα δὲ καὶ ὁ
Βρασίδας καὶ ὁ Περδίκκας, προελθόντων προτέρων ἀπὸ
τοῦ λόφου μετὰ τῶν ἱππέων τῶν Λυγκηστῶν ὁπλιτῶν καὶ
ἑτοίμων ὄντων μάχεσθαι, ἀντεπαγαγόντες καὶ αὐτοὶ ξυνέβαλον καὶ ἔτρεψαν τοὺς Λυγκηστάς, καὶ πολλοὺς μὲν
διέφθειραν, οἱ δὲ λοιποὶ διαφυγόντες πρὸς τὰ μετέωρα
ἡσύχαζον. 4 Μετὰ δὲ τοῦτο τροπαῖον στήσαντες δύο
μὲν ἢ τρεῖς ἡμέρας ἐπέσχον, τοὺς Ἰλλυριοὺς μένοντες, οἳ
ἔτυχον τῷ Περδίκκᾳ μισθοῦ μέλλοντες ἥξειν· ἔπειτα ὁ Περδίκκας ἐβούλετο προϊέναι ἐπὶ τὰς τοῦ Ἀρραβαίου κώμας
καὶ μὴ καθῆσθαι, Βρασίδας δὲ τῆς τε Μένδης περιορώ-
μενος, μὴ τῶν Ἀθηναίων πρότερον ἐπιπλευσάντων τι
πάθῃ, καὶ ἅμα τῶν Ἰλλυριῶν οὐ παρόντων, οὐ πρόθυμος
ἦν, ἀλλὰ ἀναχωρεῖν μᾶλλον. CXXV. Καὶ ἐν τούτῳ διαφερομένων αὐτῶν ἠγγέλθη ὅτι καὶ οἱ Ἰλλυριοὶ μετ' Ἀρραβαίου, προδόντες Περδίκκαν, γεγένηνται· ὥστε ἤδη ἀμφοτέροις μὲν δοκοῦν ἀναχωρεῖν διὰ τὸ δέος αὐτῶν, ὄντων
ἀνθρώπων μαχίμων, κυρωθὲν δὲ οὐδὲν ἐκ τῆς διαφορᾶς
ὁπηνίκα χρὴ ὁρμᾶσθαι, νυκτός τε ἐπιγενομένης, οἱ μὲν
Μακεδόνες καὶ τὸ πλῆθος τῶν βαρβάρων εὐθὺς φοβηθέντες,

de leurs moyens. L'ensemble des hoplites grecs formait, autant qu'on puisse dire, trois mille hommes ; la cavalerie – macédonienne et chalcidienne – qui les accompagnait faisait en tout à peu près mille hommes ; et il y avait en plus une foule de barbares considérable. 2 Ces troupes firent invasion chez Arrhabaios et trouvèrent, tout installés pour leur faire face, les Lyncestes : ils prirent donc, à leur tour, position vis-à-vis d'eux. 3 L'infanterie occupait, dans chaque camp, une éminence et l'intervalle formait une plaine : les cavaliers des deux armées y descendirent à la charge et il s'engagea d'abord un combat à cheval. Puis Brasidas et Perdiccas, voyant les hoplites lyncestes qui étaient descendus les premiers et s'avançaient avec leur cavalerie, prêts à combattre, donnèrent à leur tour l'ordre de marcher aussi à l'attaque ; ils engagèrent l'action et mirent en fuite les Lyncestes ; ils en massacrèrent un grand nombre et le reste, s'étant réfugié sur les hauteurs, ne bougea plus. 4 Après cela, ils dressèrent un trophée et demeurèrent deux à trois jours à attendre les Illyriens qui devaient justement venir pour servir Perdiccas comme mercenaires ; puis, tandis que Perdiccas voulait, plutôt que de rester inactif, avancer contre les bourgades soumises à Arrhabaios, Brasidas, lui, qui était inquiet pour Mendè, où la flotte athénienne pouvait le devancer et amener un malheur, et qui, avec cela, ne voyait pas les Illyriens se présenter, marquait peu d'empressement, et souhaitait plutôt s'en retourner. CXXV. Alors qu'ils étaient ainsi en désaccord, on apprit que, de surcroît, les Illyriens avaient trahi Perdiccas et rallié Arrhabaios. Sur quoi, comme les deux chefs étaient maintenant d'avis de faire retraite, par crainte de ce peuple belliqueux, mais que, du fait de leur différend, rien n'avait été réglé pour l'heure du départ, et que la nuit était arrivée, les Macédoniens et la masse des barbares, en ce qui les concernait, furent soudain

ὅπερ φιλεῖ μεγάλα στρατόπεδα ἀσαφῶς ἐκπλήγνυσθαι, καὶ
νομίσαντες πολλαπλασίους μὲν ἢ ἦλθον ἐπιέναι, ὅσον δὲ
οὔπω παρεῖναι, καταστάντες ἐς αἰφνίδιον φυγὴν ἐχώρουν
ἐπ' οἴκου, καὶ τὸν Περδίκκαν τὸ πρῶτον οὐκ αἰσθανόμενον,
ὡς ἔγνω, ἠνάγκασαν πρὶν τὸν Βρασίδαν ἰδεῖν (ἄπωθεν γὰρ
πολὺ ἀλλήλων ἐστρατοπεδεύοντο) προαπελθεῖν. 2 Βρασίδας δὲ ἅμα τῇ ἔῳ ὡς εἶδε τοὺς Μακεδόνας προκεχωρη-
κότας, τούς τε Ἰλλυριοὺς καὶ τὸν Ἀρράβαιον μέλλοντας
ἐπιέναι, ξυναγαγὼν καὶ αὐτὸς ἐς τετράγωνον τάξιν τοὺς
ὁπλίτας καὶ τὸν ψιλὸν ὅμιλον ἐς μέσον λαβών, διενοεῖτο
ἀναχωρεῖν. 3 Ἐκδρόμους δέ, εἴ πῃ προσβάλλοιεν αὐτοῖς, ἔταξε τοὺς νεωτάτους, καὶ αὐτὸς λογάδας ἔχων τριακοσίους τελευταῖος γνώμῃ εἶχεν ὑποχωρῶν τοῖς τῶν ἐναντίων πρώτοις προσκεισομένοις ἀνθιστάμενος ἀμύνεσθαι.
4 Καὶ πρὶν τοὺς πολεμίους ἐγγὺς εἶναι, ὡς διὰ ταχέων
παρεκελεύσατο τοῖς στρατιώταις τοιάδε.

CXXVI. « Εἰ μὲν μὴ ὑπώπτευον, ἄνδρες Πελοποννήσιοι, ὑμᾶς τῷ τε μεμονῶσθαι καὶ ὅτι βάρβαροι οἱ ἐπιόντες
καὶ πολλοὶ ἔκπληξιν ἔχειν, οὐκ ἂν ὁμοίως διδαχὴν ἅμα τῇ
παρακελεύσει ἐποιούμην· νῦν δὲ πρὸς μὲν τὴν ἀπόλειψιν
τῶν ἡμετέρων καὶ τὸ πλῆθος τῶν ἐναντίων βραχεῖ ὑπο-
μνήματι καὶ παραινέσει τὰ μέγιστα πειράσομαι πείθειν.

2 Ἀγαθοῖς γὰρ εἶναι ὑμῖν προσήκει τὰ πολέμια οὐ διὰ
ξυμμάχων παρουσίαν ἑκάστοτε, ἀλλὰ δι' οἰκείαν ἀρετήν,
καὶ μηδὲν πλῆθος πεφοβῆσθαι ἑτέρων, οἵ γε μηδὲ ἀπὸ πο-

saisis d'effroi, comme cela arrive volontiers à de grands groupements de troupes obscurément pris de panique ; ils imaginèrent des forces bien plus nombreuses que dans la réalité, en route pour les attaquer et pour ainsi dire déjà là ; si bien qu'ils s'enfuirent précipitamment pour rentrer chez eux ; et Perdiccas, qui, au début, ne s'en était pas rendu compte, eut, lorsqu'il le sut, la main forcée par eux : il dut, avant d'avoir vu Brasidas (car leurs deux camps étaient à une grande distance l'un de l'autre), s'en aller sans l'attendre. 2 Brasidas, lui, à l'aube, quand il vit que les Macédoniens étaient partis sans l'attendre et que les Illyriens allaient l'attaquer ainsi qu'Arrhabaios, réunit ses hoplites en carré, avec les troupes légères au centre, se proposant de faire, lui aussi, retraite. 3 Il désigna les plus jeunes pour lancer des pointes contre l'ennemi là où il attaquerait ; et lui-même, avec trois cents soldats d'élite, avait l'intention de fermer la marche pour faire face aux premiers adversaires qui les presseraient et les repousser. 4 Et, avant que l'ennemi ne fût proche, il adressa à ses troupes, avec une rapidité de circonstance, une exhortation leur disant en substance ce qui suit.

CXXVI. « Si je ne soupçonnais pas, Péloponnésiens, que de vous trouver isolés et d'avoir pour vous attaquer des soldats barbares et nombreux est pour vous une source d'effroi, je ne chercherais pas comme aujourd'hui à vous donner un enseignement tout en vous exhortant. Mais, en fait, il faut distinguer. Pour l'abandon des nôtres et le nombre des adversaires, quelques mots de rappel et d'exhortation suffiront pour tenter de vous inspirer les plus grands sentiments. 2 Oui, il vous sied d'être braves à la guerre, mais non pas parce que des alliés sont, dans tel ou tel cas, à vos côtés : à cause de votre valeur à vous ; de même, il vous sied de devoir jamais peur devant le nombre

λιτειῶν τοιούτων ἥκετε, ἐν αἷς οὐ πολλοὶ ὀλίγων ἄρχουσιν, ἀλλὰ πλειόνων μᾶλλον ἐλάσσους, οὐκ ἄλλῳ τινὶ κτησάμενοι τὴν δυναστείαν ἢ τῷ μαχόμενοι κρατεῖν. 3 Βαρβάρους δὲ οὓς νῦν ἀπειρίᾳ δέδιτε, μαθεῖν χρή, ἐξ ὧν τε προηγώνισθε τοῖς Μακεδόσιν αὐτῶν καὶ ἀφ' ὧν ἐγὼ εἰκάζων τε καὶ ἄλλων ἀκοῇ ἐπίσταμαι, οὐ δεινοὺς ἐσομένους. 4 Καὶ γὰρ ὅσα μὲν τῷ ὄντι ἀσθενῆ ὄντα τῶν πολεμίων δόκησιν ἔχει ἰσχύος, διδαχὴ ἀληθὴς προσγενομένη περὶ αὐτῶν ἐθάρσυνε μᾶλλον τοὺς ἀμυνομένους· οἷς δὲ βεβαίως τι πρόσεστιν ἀγαθόν, μὴ προειδώς τις ἂν αὐτοῖς τολμηρότερον προσφέροιτο. 5 Οὗτοι δὲ τὴν μέλλησιν μὲν ἔχουσι τοῖς ἀπείροις φοβεράν· καὶ γὰρ πλήθει ὄψεως δεινοὶ καὶ βοῆς μεγέθει ἀφόρητοι, ἥ τε διὰ κενῆς ἐπανάσεισις τῶν ὅπλων ἔχει τινὰ δήλωσιν ἀπειλῆς. Προσμεῖξαι δὲ τοῖς ὑπομένουσιν αὐτὰ οὐχ ὅμοιοι· οὔτε γὰρ τάξιν ἔχοντες αἰσχυνθεῖεν ἂν λιπεῖν τινα χώραν βιαζόμενοι, ἥ τε φυγὴ καὶ ἡ ἔφοδος αὐτῶν ἴσην ἔχουσα δόξαν τοῦ καλοῦ ἀνεξέλεγκτον καὶ τὸ ἀνδρεῖον ἔχει (αὐτοκράτωρ δὲ μάχη μάλιστ' ἂν καὶ πρόφασιν τοῦ σῴζεσθαί τινι πρεπόντως πορίσειε), τοῦ τε ἐς χεῖρας ἐλθεῖν πιστότερον τὸ ἐκφοβῆσαι ὑμᾶς ἀκινδύνως ἡγοῦνται· ἐκείνῳ γὰρ ἂν πρὸ τούτου ἐχρῶντο. 6 Σαφῶς τε πᾶν τὸ προϋπάρχον δεινὸν ἀπ' αὐτῶν ὁρᾶτε ἔργῳ μὲν βραχὺ ὄν, ὄψει δὲ καὶ ἀκοῇ κα-

de l'autre camp : vous n'avez pas non plus chez vous des régimes qui vous y portent, car, chez vous, ce n'est pas la masse qui commande au petit nombre, mais une minorité à la majorité, sans que rien lui ait assuré ce pouvoir de fait, sinon le succès au combat. 3 Quant à ces barbares qu'aujourd'hui vous craignez faute d'expérience, il vous faut tirer la leçon et de vos combats antérieurs contre certains d'entre eux – il s'agit des Macédoniens – et des connaissances que je dois, moi, soit à mes conjectures, soit à mes informations : tout indique qu'ils ne seront pas à craindre. 4 En effet, pour tout ce qui, chez un ennemi, est en réalité faible, mais peut suggérer la force, l'intervention d'un enseignement exact donne une confiance plus grande pour résister (au contraire, quand un mérite est solidement attaché à l'adversaire, on risque fort, en n'étant pas instruit au préalable, de se comporter alors avec une audace accrue !). 5 Or ces gens-là représentent bien pour qui ne les connaît pas une perspective qui fait peur : leur nombre à l'œil les rend effrayants et l'intensité de leurs cris se supporte mal ; de plus, leur façon d'agiter gratuitement leurs armes crée un certain effet de menace ; mais, pour se mesurer contre qui supporte ces manifestations, ils ne font plus si bien : ils n'ont pas de formation rangée qui puisse les faire rougir d'abandonner une place par la force et, comme fuir ou attaquer est jugé chez eux également honorable, le courage ne comporte pas davantage de critère – sans compter qu'un combat sans direction d'ensemble est particulièrement propre à fournir des prétextes pour se mettre à l'abri honorablement ; enfin, ils jugent plus sûr, au lieu d'en venir aux mains, de vous faire peur sans s'exposer eux-mêmes : autrement, c'est par la première attitude qu'ils commenceraient. 6 Vous voyez donc clairement que tout ce qui en eux est à l'avance effrayant ne constitue, en fait, que peu de chose et ne frappe

τασπέρχον. Ὁ ὑπομείναντες ἐπιφερόμενον καί, ὅταν καιρὸς ᾖ, κόσμῳ καὶ τάξει αὖθις ὑπαγαγόντες, ἔς τε τὸ ἀσφαλὲς θᾶσσον ἀφίξεσθε καὶ γνώσεσθε τὸ λοιπὸν ὅτι οἱ τοιοῦτοι ὄχλοι τοῖς μὲν τὴν πρώτην ἔφοδον δεξαμένοις ἄπωθεν ἀπειλαῖς τὸ ἀνδρεῖον μελλήσει ἐπικομποῦσιν, οἳ δ' ἂν εἴξωσιν αὐτοῖς, κατὰ πόδας τὸ εὔψυχον ἐν τῷ ἀσφαλεῖ ὀξεῖς ἐνδείκνυνται. »

CXXVII. Τοιαῦτα ὁ Βρασίδας παραινέσας ὑπῆγε τὸ στράτευμα. Οἱ δὲ βάρβαροι ἰδόντες πολλῇ βοῇ καὶ θορύβῳ προσέκειντο, νομίσαντες φεύγειν τε αὐτὸν καὶ καταλαβόντες διαφθερεῖν. 2 Καὶ ὡς αὐτοῖς αἵ τε ἐκδρομαὶ ὅπῃ προσπίπτοιεν ἀπήντων καὶ αὐτὸς ἔχων τοὺς λογάδας ἐπικειμένους ὑφίστατο, τῇ τε πρώτῃ ὁρμῇ παρὰ γνώμην ἀντέστησαν καὶ τὸ λοιπὸν ἐπιφερομένους μὲν δεχόμενοι ἠμύνοντο, ἡσυχαζόντων δὲ αὐτοὶ ὑπεχώρουν, τότε δὴ τῶν μετὰ τοῦ Βρασίδου Ἑλλήνων ἐν τῇ εὐρυχωρίᾳ οἱ πολλοὶ τῶν βαρβάρων ἀπέσχοντο, μέρος δέ τι καταλιπόντες αὐτοῖς ἐπακολουθοῦν προσβάλλειν, οἱ λοιποὶ χωρήσαντες δρόμῳ ἐπί τε τοὺς φεύγοντας τῶν Μακεδόνων οἷς ἐντύχοιεν ἔκτεινον καὶ τὴν ἐσβολήν, ἥ ἐστι μεταξὺ δυοῖν λόφοιν στενὴ ἐς τὴν Ἀρραβαίου, φθάσαντες προκατέλαβον, εἰδότες οὐκ οὖσαν ἄλλην τῷ Βρασίδᾳ ἀναχώρησιν. Καὶ προσιόντος αὐτοῦ ἐς αὐτὸ ἤδη τὸ ἄπορον τῆς ὁδοῦ κυκλοῦνται ὡς ἀποληψόμενοι.

CXXVIII. Ὁ δὲ γνοὺς προεῖπε τοῖς μεθ' αὑτοῦ τριακοσίοις, ὃν ᾤετο μᾶλλον ἂν ἑλεῖν τῶν λόφων, χωρήσαν-

---

37. Le discours de Brasidas reprend le thème de l'opposition entre Grecs et Barbares, encore accentuée par le fait qu'il s'adresse à des Péloponnésiens.

que le regard et l'ouïe : si vous en supportez l'assaut et que, le moment venu, vous repreniez votre mouvement de repli en bon ordre et à vos rangs, vous arriverez plus vite en lieu sûr, et vous saurez à l'avenir ceci : que les hordes de ce genre, quand on soutient leur première attaque, se contentent de faire de loin, par des menaces, parade d'un courage alors en perspective ; inversement, leur cède-t-on, elles s'empressent de venir sur vos pas montrer leur vaillance en toute sécurité[37]. »

CXXVII. Après avoir donné ces conseils, Brasidas fit procéder au repli de ses troupes. Les barbares, à cette vue, les pressèrent avec force cris et en tumulte, le croyant en fuite et s'attendant à le massacrer sitôt rattrapé. 2 Or, ils s'aperçurent que des éléments de pointe venaient, partout où ils donnaient, leur faire face, que lui-même, avec ses hommes d'élite, soutenait leur poussée, et qu'enfin les troupes, après avoir résisté de façon imprévue à leur premier assaut, s'étaient mises, en cas d'attaque de leur part, à les repousser de pied ferme, et, sitôt tranquilles, à poursuivre leur propre repli ; alors, la plupart des barbares cessèrent de s'en prendre aux Grecs de Brasidas en terrain découvert : ils laissèrent un petit groupe sur ses pas pour le harceler, et le reste partit à la course, d'une part contre les fuyards macédoniens, qu'ils tuaient quand ils les rencontraient, et, d'autre part, vers le défilé, resserré entre deux hauteurs, qui menait chez Arrhabaios ; ils y arrivèrent à l'avance et l'occupèrent, sachant que Brasidas n'avait pas d'autre retraite possible ; et, comme il approchait, s'engageant précisément dans la partie difficile de la route, ils l'encerclèrent, prêts à lui couper le passage.

CXXVIII. Mais lui s'en rendit compte : il avertit ses trois cents hommes, en leur désignant la colline qu'ils pourraient le mieux prendre, de s'y rendre au pas de course, aussi vite

τας πρὸς αὐτὸν δρόμῳ ὡς τάχιστα ἕκαστος δύναται ἄνευ
τάξεως, πειρᾶσαι ἀπ' αὐτοῦ ἐκκροῦσαι τοὺς ἤδη ἐπόντας
βαρβάρους, πρὶν καὶ τὴν πλείονα κύκλωσιν σφῶν αὐτόσε
προσμεῖξαι. 2 Καὶ οἱ μὲν προσπεσόντες ἐκράτησάν τε
τῶν ἐπὶ τοῦ λόφου, καὶ ἡ πλείων ἤδη στρατιὰ τῶν Ἑλλήνων ῥᾷον πρὸς αὐτὸν ἐπορεύοντο· οἱ γὰρ βάρβαροι καὶ
ἐφοβήθησαν, τῆς τροπῆς αὐτοῖς ἐνταῦθα γενομένης σφῶν
ἀπὸ τοῦ μετεώρου, καὶ ἐς τὸ πλέον οὐκέτ' ἐπηκολούθουν,
νομίζοντες καὶ ἐν μεθορίοις εἶναι αὐτοὺς ἤδη καὶ διαπε-
φευγέναι. 3 Βρασίδας δὲ ὡς ἀντελάβετο τῶν μετεώρων,
κατὰ ἀσφάλειαν μᾶλλον ἰὼν αὐθημερὸν ἀφικνεῖται ἐς
Ἄρνισαν πρῶτον τῆς Περδίκκου ἀρχῆς. 4 Καὶ αὐτοὶ
ὀργιζόμενοι οἱ στρατιῶται τῇ προαναχωρήσει τῶν Μακεδόνων, ὅσοις ἐνέτυχον κατὰ τὴν ὁδὸν ζεύγεσιν αὐτῶν
βοεικοῖς ἢ εἴ τινι σκεύει ἐκπεπτωκότι, οἷα ἐν νυκτερινῇ
καὶ φοβερᾷ ἀναχωρήσει εἰκὸς ἦν ξυμβῆναι, τὰ μὲν ὑπο-
λύοντες κατέκοπτον, τῶν δὲ οἰκείωσιν ἐποιοῦντο. 5 Ἀπὸ
τούτου τε πρῶτον Περδίκκας Βρασίδαν τε πολέμιον ἐνό-
μισε καὶ ἐς τὸ λοιπὸν Πελοποννησίων τῇ μὲν γνώμῃ δι'
Ἀθηναίους οὐ ξύνηθες μῖσος εἶχε, τῶν δὲ ἀναγκαίων ξυμ-
φόρων διαναστὰς ἔπρασσεν ὅτῳ τρόπῳ τάχιστα τοῖς μὲν
ξυμβήσεται, τῶν δὲ ἀπαλλάξεται.

CXXIX. Βρασίδας δὲ ἀναχωρήσας ἐκ Μακεδονίας ἐς
Τορώνην καταλαμβάνει Ἀθηναίους Μένδην ἤδη ἔχοντας,
καὶ αὐτοῦ ἡσυχάζων ἐς μὲν τὴν Παλλήνην ἀδύνατος ἤδη
ἐνόμιζεν εἶναι διαβὰς τιμωρεῖν, τὴν δὲ Τορώνην ἐν φυλακῇ εἶχεν.

2 Ὑπὸ γὰρ τὸν αὐτὸν χρόνον τοῖς ἐν τῇ Λύγκῳ ἐξέ-
πλευσαν ἐπί τε τὴν Μένδην καὶ τὴν Σκιώνην οἱ Ἀθηναῖοι,

que chacun pourrait, sans souci de l'ordre, pour tâcher d'en
déloger les barbares qui s'y trouvaient déjà, avant que le
gros des troupes d'encerclement n'y intervînt. 2 Ceux-ci
foncèrent, maîtrisèrent les hommes qui occupaient la colline,
et le gros de l'armée grecque put dès lors poursuivre plus
aisément sa route de ce côté : en premier lieu, en effet, les
barbares avaient pris peur, avec cette déroute qui les avait
chassés de la hauteur, et, en outre, ils n'entendaient pas
poursuivre plus loin l'armée, qu'ils jugeaient maintenant
arrivée aux frontières et hors de leur atteinte. 3 Quant à
Brasidas, après s'être assuré les hauteurs, il marchait avec
plus de sécurité : il arriva le jour même à Arnisa, où il
atteignait pour la première fois l'empire de Perdiccas. 4 Là,
les soldats eurent une réaction spontanée : indignés que les
Macédoniens fussent partis sans attendre, ils s'en prirent
à tout ce qu'ils trouvaient en route en fait d'attelages de
bœufs ou d'objets abandonnés par la troupe, comme cela
pouvait être le cas dans une retraite opérée de nuit et en
pleine terreur : ils dételaient les premiers pour les abattre
et s'appropriaient les seconds. 5 De là date l'attitude de
Perdiccas consistant à tenir Brasidas pour un ennemi ; et,
depuis lors, si ses sentiments envers les Péloponnésiens
ne pouvaient, à cause des Athéniens, constituer une haine
bien endurcie, néanmoins, passant outre à des intérêts
impérieux, il chercha tous les moyens de traiter au plus tôt
avec ces derniers et de se débarrasser des autres.

CXXIX. Brasidas, ayant quitté la Macédoine, arriva à
Toronè pour trouver les Athéniens déjà maîtres de Mendè :
restant alors sur place, il se jugea hors d'état de passer
dans la Pallène pour secourir la ville et se contenta de
veiller sur Toronè.

2 En effet, vers l'époque où se plaçait l'affaire lynceste,
les Athéniens avaient cinglé contre Mendè et Skionè comme

ὥσπερ παρεσκευάζοντο, ναυσὶ μὲν πεντήκοντα, ὧν ἦσαν δέκα Χῖαι, ὁπλίταις δὲ χιλίοις ἑαυτῶν καὶ τοξόταις ἑξακοσίοις καὶ Θραξὶ μισθωτοῖς χιλίοις καὶ ἄλλοις τῶν αὐτόθεν ξυμμάχων πελτασταῖς· ἐστρατήγει δὲ Νικίας ὁ Νικηράτου καὶ Νικόστρατος ὁ Διειτρέφους. 3 Ἄραντες δὲ ἐκ Ποτειδαίας ταῖς ναυσὶ καὶ σχόντες κατὰ τὸ Ποσειδώνιον ἐχώρουν ἐς τοὺς Μενδαίους. Οἱ δὲ αὐτοί τε καὶ Σκιωναίων τριακόσιοι βεβοηθηκότες Πελοποννησίων τε οἱ ἐπίκουροι, ξύμπαντες [δὲ] ἑπτακόσιοι ὁπλῖται, καὶ Πολυδαμίδας ὁ ἄρχων αὐτῶν, ἔτυχον ἐξεστρατοπεδευμένοι ἔξω τῆς πόλεως ἐπὶ λόφου καρτεροῦ. 4 Καὶ αὐτοῖς Νικίας μέν, Μεθωναίους τε ἔχων εἴκοσι καὶ ἑκατὸν ψιλοὺς καὶ λογάδας τῶν Ἀθηναίων ὁπλιτῶν ἑξήκοντα καὶ τοὺς τοξότας ἅπαντας, κατὰ ἀτραπόν τινα τοῦ λόφου πειρώμενος προσβῆναι καὶ τραυματιζόμενος ὑπ' αὐτῶν οὐκ ἐδυνήθη βιάσασθαι· Νικόστρατος δὲ ἄλλῃ ἐφόδῳ ἐκ πλείονος παντὶ τῷ ἄλλῳ στρατοπέδῳ ἐπιὼν τῷ λόφῳ ὄντι δυσπροσβάτῳ καὶ πάνυ ἐθορυβήθη, καὶ ἐς ὀλίγον ἀφίκετο πᾶν τὸ στράτευμα τῶν Ἀθηναίων νικηθῆναι. 5 Καὶ ταύτῃ μὲν τῇ ἡμέρᾳ, ὡς οὐκ ἐνέδοσαν οἱ Μενδαῖοι καὶ οἱ ξύμμαχοι, οἱ Ἀθηναῖοι ἀναχωρήσαντες ἐστρατοπεδεύσαντο, καὶ οἱ Μενδαῖοι νυκτὸς ἐπελθούσης ἐς τὴν πόλιν ἀπῆλθον.

CXXX. Τῇ δ' ὑστεραίᾳ οἱ μὲν Ἀθηναῖοι περιπλεύσαντες ἐς τὸ πρὸς Σκιώνης τό τε προάστειον εἷλον καὶ τὴν ἡμέραν ἅπασαν ἐδῄουν τὴν γῆν οὐδενὸς ἐπεξιόντος (ἦν γάρ τι καὶ στασιασμοῦ ἐν τῇ πόλει), οἱ δὲ τριακόσιοι τῶν Σκιωναίων τῆς ἐπιούσης νυκτὸς ἀπεχώρησαν ἐπ' οἴκου. 2 Καὶ τῇ ἐπιγιγνομένῃ ἡμέρᾳ Νικίας μὲν τῷ ἡμίσει

ils se préparaient à le faire : ils avaient cinquante navires, dont dix de Chios, mille hoplites de chez eux, six cents archers, mille mercenaires thraces et enfin des peltastes fournis par leurs alliés de la région ; le commandement était assuré par Nicias, fils de Nicératos, et Nicostratos, fils de Diitréphès. 3 Leur flotte partit de Potidée, mit à l'ancre à la hauteur du sanctuaire de Poséidon, et ils marchèrent contre Mendè. Les habitants, avec un renfort de trois cents hommes de Skionè, plus les troupes de secours péloponnésiennes, le tout formant sept cents hoplites, avec Polydamidas pour les commander, se trouvaient justement installés hors de la ville, sur une hauteur solidement défendue. 4 Ils furent attaqués d'abord par Nicias : prenant cent vingt hommes de Méthone, appartenant aux troupes légères, soixante hoplites triés parmi les Athéniens et tous les archers, il s'efforça de s'ouvrir un accès par un des sentiers de la colline et, atteint par leurs coups, ne put forcer le passage. Nicostratos, cependant, prenait avec tout le reste des troupes un autre chemin, plus long, pour attaquer la colline, qui était d'accès difficile : il fut complètement désorganisé et peu s'en fallut que toute l'armée athénienne ne fût vaincue. 5 Donc, pour ce jour-là, les gens de Mendè et leurs alliés n'ayant point cédé, les Athéniens se retirèrent pour former un camp et les gens de Mendè, la nuit venue, rentrèrent dans leur ville.

CXXX. Le lendemain, pour ce qui est des Athéniens, après avoir fait contourner la ville à leur flotte pour gagner la partie située vers Skionè, ils s'emparèrent du faubourg et, pendant toute la journée, ravagèrent la région, sans qu'il se fît de sortie contre eux ; car il y avait dans la ville quelques mouvements de guerre civile ; les trois cents hommes de Skionè, eux, regagnèrent leur pays la nuit d'après. 2 Puis, le jour suivant, Nicias prit la moitié des

τοῦ στρατοῦ προϊὼν ἅμα ἐς τὰ μεθόρια τῶν Σκιωναίων τὴν γῆν ἐδῄου, Νικόστρατος δὲ τοῖς λοιποῖς κατὰ τὰς ἄνω πύλας, ᾗ ἐπὶ Ποτειδαίας ἔρχονται, προσεκάθητο τῇ πόλει. 3 Ὁ δὲ Πολυδαμίδας (ἔτυχε γὰρ ταύτῃ τοῖς Μενδαίοις καὶ ἐπικούροις ἐντὸς τοῦ τείχους τὰ ὅπλα κείμενα) διατάσσει τε ὡς ἐς μάχην καὶ παρῄνει τοῖς Μενδαίοις ἐπεξιέναι. 4 Καί τινος αὐτῷ τῶν ἀπὸ τοῦ δήμου ἀντειπόντος κατὰ τὸ στασιωτικὸν ὅτι οὐκ ἐπέξεισιν οὐδὲ δέοιτο πολεμεῖν, καὶ ὡς ἀντεῖπεν ἐπισπασθέντος τε τῇ χειρὶ ὑπ' αὐτοῦ καὶ ⟨κατα⟩θορυβηθέντος, ὁ δῆμος εὐθὺς ἀναλαβὼν τὰ ὅπλα περιοργὴς ἐχώρει ἐπί τε Πελοποννησίους καὶ τοὺς τὰ ἐναντία σφίσι μετ' αὐτῶν πράξαντας. 5 Καὶ προσπεσόντες τρέπουσιν ἅμα μὲν μάχῃ αἰφνιδίῳ, ἅμα δὲ τοῖς Ἀθηναίοις τῶν πυλῶν ἀνοιγομένων φοβηθέντων· ᾠήθησαν γὰρ ἀπὸ προειρημένου τινὸς αὐτοῖς τὴν ἐπιχείρησιν γενέσθαι. 6 Καὶ οἱ μὲν ἐς τὴν ἀκρόπολιν, ὅσοι μὴ αὐτίκα διεφθάρησαν, κατέφυγον, ἥνπερ καὶ τὸ πρότερον αὐτοὶ εἶχον· οἱ δὲ Ἀθηναῖοι (ἤδη γὰρ καὶ ὁ Νικίας ἐπαναστρέψας πρὸς τῇ πόλει ἦν) ἐσπεσόντες ἐς τὴν [Μένδην] πόλιν, ἅτε οὐκ ἀπὸ ξυμβάσεως ἀνοιχθεῖσαν, ἁπάσῃ τῇ στρατιᾷ ὡς κατὰ κράτος ἑλόντες διήρπασαν, καὶ μόλις οἱ στρατηγοὶ κατέσχον ὥστε μὴ καὶ τοὺς ἀνθρώπους διαφθείρεσθαι. 7 Καὶ τοὺς μὲν Μενδαίους μετὰ ταῦτα πολιτεύειν ἐκέλευον ὥσπερ εἰώθεσαν, αὐτοὺς κρίναντας ἐν σφίσιν αὐτοῖς εἴ τινας ἡγοῦνται αἰτίους εἶναι τῆς ἀποστάσεως· τοὺς δ' ἐν τῇ ἀκροπόλει ἀπετείχισαν ἑκατέρωθεν τείχει ἐς θάλασσαν καὶ φυλακὴν ἐπικαθίσταντο. Ἐπειδὴ δὲ τὰ περὶ τὴν Μένδην κατέσχον, ἐπὶ τὴν Σκιώνην ἐχώρουν.

troupes et, tout en s'avançant sur les confins du territoire de Skionè, il poursuivait les ravages, tandis que Nicostratos, avec le reste, s'installait devant la ville, du côté des portes d'en haut, par où l'on va à Potidée. 3 Alors, comme les gens de Mendè et les troupes de secours avaient justement leur camp, à intérieur du mur, de ce côté-là, Polydamidas les range en ordre de bataille et commence à exhorter les gens de Mendè pour leur faire faire une sortie. 4 Mais un homme du parti populaire proteste, animé par la lutte civile, qu'il ne fera pas de sortie et qu'il ne voit pas le besoin de se battre ; sur cette protestation, l'autre le saisit par le bras et le malmène ; et le peuple, prenant aussitôt les armes, marche avec fureur contre les Péloponnésiens et contre ceux qui soutenaient avec eux la faction adverse. 5 Se jetant sur eux, il les mit en déroute, à cause de l'effroi que leur inspirèrent à la fois ce combat inattendu et les portes que l'on ouvrait alors aux Athéniens : ils se crurent, en effet, l'objet d'un coup monté. 6 Ceux d'entre eux qui ne furent pas immédiatement massacrés se réfugièrent dans la ville haute, qu'auparavant déjà ils occupaient personnellement ; quant aux Athéniens (Nicias, revenu sur ses pas, se trouvait déjà dans le voisinage), ils firent irruption dans la ville et, profitant de ce qu'aucun accord n'avait présidé à l'ouverture des portes, ils la ravagèrent avec l'armée entière comme pays conquis : c'est tout juste si les stratèges purent empêcher le massacre des habitants. 7 Après cela, ils dirent aux gens de Mendè de se gouverner comme ils en avaient l'habitude, en jugeant eux-mêmes, entre eux, ceux qu'ils considéraient comme responsables de la sécession ; quant aux soldats de la ville haute, ils les isolèrent des deux côtés par un mur allant jusqu'à la mer, qu'ils garnirent de sentinelles. Puis, une fois la situation bien en main à Mendè, ils marchèrent contre Skionè.

CXXXI. Οἱ δὲ ἀντεπεξελθόντες αὐτοὶ καὶ Πελοποννήσιοι ἱδρύθησαν ἐπὶ λόφου καρτεροῦ πρὸ τῆς πόλεως, ὃν εἰ μὴ ἕλοιεν οἱ ἐναντίοι, οὐκ ἐγίγνετο σφῶν περιτείχισις. 2 Προσβαλόντες δ' αὐτῷ κατὰ κράτος οἱ Ἀθηναῖοι καὶ μάχῃ ἐκκρούσαντες τοὺς ἐπόντας ἐστρατοπεδεύσαντό τε καὶ ἐς τὸν περιτειχισμὸν τροπαῖον στήσαντες παρεσκευάζοντο. 3 Καὶ αὐτῶν οὐ πολὺ ὕστερον ἤδη ἐν ἔργῳ ὄντων οἱ ἐκ τῆς ἀκροπόλεως ἐν τῇ Μένδῃ πολιορκούμενοι ἐπίκουροι βιασάμενοι παρὰ θάλασσαν τὴν φυλακὴν νυκτὸς ἀφικνοῦνται, καὶ διαφυγόντες οἱ πλεῖστοι τὸ ἐπὶ τῇ Σκιώνῃ στρατόπεδον ἐσῆλθον ἐς αὐτήν.

CXXXII. Περιτειχιζομένης δὲ τῆς Σκιώνης Περδίκκας τοῖς τῶν Ἀθηναίων στρατηγοῖς ἐπικηρυκευσάμενος ὁμολογίαν ποιεῖται πρὸς τοὺς Ἀθηναίους διὰ τὴν τοῦ Βρασίδου ἔχθραν περὶ τῆς ἐκ τῆς Λύγκου ἀναχωρήσεως, εὐθὺς τότε ἀρξάμενος πράσσειν. 2 Καὶ ἐτύγχανε γὰρ τότε Ἰσχαγόρας ὁ Λακεδαιμόνιος στρατιὰν μέλλων πεζῇ πορεύσειν ὡς Βρασίδαν, ὁ [δὲ] Περδίκκας, ἅμα μὲν κελεύοντος τοῦ Νικίου, ἐπειδὴ ξυνεβεβήκει, ἔνδηλόν τι ποιεῖν τοῖς Ἀθηναίοις βεβαιότητος πέρι, ἅμα δ' αὐτὸς οὐκέτι βουλόμενος Πελοποννησίους ἐς τὴν αὑτοῦ ἀφικνεῖσθαι, παρασκευάσας τοὺς ἐν Θεσσαλίᾳ ξένους, χρώμενος ἀεὶ τοῖς πρώτοις, διεκώλυσε τὸ στράτευμα καὶ τὴν παρασκευήν, ὥστε μηδὲ πειρᾶσθαι Θεσσαλῶν. 3 Ἰσχαγόρας μέντοι καὶ Ἀμεινίας καὶ Ἀριστεὺς αὐτοί τε ὡς Βρασίδαν ἀφίκοντο, ἐπιδεῖν πεμψάντων Λακεδαιμονίων τὰ πράγματα, καὶ τῶν ἡβώντων αὐτῷ παρανόμως ἄνδρας ἐξῆγον ἐκ Σπάρτης, ὥστε τῶν πόλεων ἄρχοντας καθιστάναι καὶ μὴ τοῖς ἐντυ-

38. Le roi de Macédoine change une nouvelle fois de camp, à la faveur de l'évolution de la situation dans le nord de l'Égée ?

CXXXI. Les habitants sortirent à leur rencontre avec les Péloponnésiens et s'établirent en avant de la ville sur une hauteur solidement défendue, qui, si elle ne tombait pas aux mains de l'ennemi, empêchait l'investissement de la ville : 2 les Athéniens lui donnèrent un assaut violent, en délogèrent par les armes les occupants, puis ils établirent leur camp et, après avoir dressé un trophée, ils se mirent en devoir d'investir la ville ; 3 peu après, comme ils étaient déjà à l'œuvre, les troupes de secours assiégées dans la ville haute, à Mendè, s'étant, malgré les sentinelles, ouvert un passage près de la mer, arrivèrent de nuit et échappant, pour la plupart, aux forces cantonnées devant Skionè, réussirent à y pénétrer.

CXXXII. L'investissement de Skionè était en cours lorsque Perdiccas, envoyant un héraut aux stratèges athéniens, conclut une entente avec Athènes : il obéissait à l'hostilité que la retraite du pays lynceste lui avait inspirée contre Brasidas et qui s'était dès ce moment-là traduite dans son action[38]. 2 Et, comme le Lacédémonien Ischagoras était alors justement sur le point de conduire des troupes à Brasidas par voie de terre, Perdiccas obéit tout ensemble aux avis de Nicias, qui l'invitait, après cet accord, à donner à Athènes quelque marque évidente de loyalisme, et à son propre désir de ne plus voir arriver chez lui de Péloponnésiens : il agit sur ses hôtes en Thessalie, qui ne manquaient jamais d'être de très hauts personnages, et il s'opposa si bien au passage de l'armée et à la poursuite du projet qu'il n'y eut même pas de tentative faite auprès des Thessaliens. 3 Toutefois, Ischagoras, Ameinias et Aristeus rejoignirent personnellement Brasidas, pour exercer, sur l'ordre des Lacédémoniens, un contrôle sur la situation, et, contrairement à toute règle, ils lui amenaient de Sparte, avec eux, de jeunes hommes, que l'on devait placer à la tête des

χοῦσιν ἐπιτρέπειν. Καὶ Κλεαρίδαν μὲν τὸν Κλεωνύμου καθ-
ίστησιν ἐν Ἀμφιπόλει, Πασιτελίδαν δὲ τὸν Ἡγησάνδρου
ἐν Τορώνῃ.

CXXXIII. Ἐν δὲ τῷ αὐτῷ θέρει Θηβαῖοι Θεσπιῶν τεῖχος περιεῖλον ἐπικαλέσαντες ἀττικισμόν, βουλόμενοι μὲν
καὶ αἰεί, παρεσχηκὸς δὲ ῥᾷον ἐπειδὴ καὶ ἐν τῇ πρὸς Ἀθηναίους μάχῃ ὅ τι ἦν αὐτῶν ἄνθος ἀπολώλει.

2 Καὶ ὁ νεὼς τῆς Ἥρας τοῦ αὐτοῦ θέρους ἐν Ἄργει
κατεκαύθη, Χρυσίδος τῆς ἱερείας λύχνον τινὰ θείσης ἡμ-
μένον πρὸς τὰ στέμματα καὶ ἐπικαταδαρθούσης, ὥστε
ἔλαθεν ἀφθέντα πάντα καὶ καταφλεχθέντα. 3 Καὶ ἡ Χρυσὶς μὲν εὐθὺς τῆς νυκτὸς δείσασα τοὺς Ἀργείους ἐς
Φλειοῦντα φεύγει· οἱ δὲ ἄλλην ἱέρειαν ἐκ τοῦ νόμου τοῦ
προκειμένου κατεστήσαντο Φαεινίδα ὄνομα. Ἔτη δὲ ἡ
Χρυσὶς τοῦ πολέμου τοῦδε ἐπέλαβεν ὀκτὼ καὶ ἔνατον ἐκ
μέσου, ὅτε ἀπέφυγεν.

4 Καὶ ἡ Σκιώνη τοῦ θέρους ἤδη τελευτῶντος περιετε-
τείχιστό τε παντελῶς, καὶ οἱ Ἀθηναῖοι ἐπ' αὐτῇ φυλακὴν
καταλιπόντες ἀνεχώρησαν τῷ ἄλλῳ στρατῷ.

CXXXIV. Ἐν δὲ τῷ ἐπιόντι χειμῶνι τὰ μὲν Ἀθηναίων
καὶ Λακεδαιμονίων ἡσύχαζε διὰ τὴν ἐκεχειρίαν, Μαντινῆς
δὲ καὶ Τεγεᾶται καὶ οἱ ξύμμαχοι ἑκατέρων ξυνέβαλον ἐν
Λαοδοκείῳ τῆς Ὀρεσθίδος, καὶ νίκη ἀμφιδήριτος ἐγένετο·
κέρας γὰρ ἑκάτεροι τρέψαντες τὸ καθ' αὑτοὺς τροπαῖά τε
ἀμφότεροι ἔστησαν καὶ σκῦλα ἐς Δελφοὺς ἀπέπεμψαν.
2 Διαφθαρέντων μέντοι πολλῶν ἑκατέροις καὶ ἀγχωμά-

39. En II, 2, 1, Thucydide a évoqué le nom de cette prêtresse pour
dater le début de la guerre. Elle était prêtresse d'Héra à Argos depuis
quarante-huit ans. C'est huit ans et demi plus tard qu'elle dut s'enfuir,
soit à la fin de l'été 423.

cités, au lieu d'y laisser comme chefs les premiers venus. C'est ainsi qu'il établit à Amphipolis Cléaridas, fils de Cléonymos, et à Toronè Pasitélidas, fils d'Hégésandros.

## Incidents divers en Grèce

CXXXIII. Au cours du même été, les Thébains démolirent tout le mur d'enceinte de Thespies, à qui ils reprochaient son attitude pro-athénienne : tel avait toujours été leur désir et les conditions s'étaient trouvées facilitées depuis que, dans le combat contre les Athéniens, la fleur de la cité avait péri.

2 Le même été, encore, le temple d'Héra brûla à Argos : la prêtresse Chrysis avait placé une lampe allumée près des bandelettes et, là-dessus, s'était endormie, si bien que le feu gagna et consuma tout sans que l'éveil fût donné. 3 Chrysis alors, en pleine nuit, eut peur de ce que feraient les Argiens et s'enfuit aussitôt à Phlionte ; quant à eux, appliquant la règle antérieurement établie, ils désignèrent une autre prêtresse, nommée Phaeinis. Chrysis avait connu huit ans et demi de cette guerre, lorsqu'elle s'enfuit d'Argos[39].

4 À la fin de l'été, Skionè se trouvait complètement investie : les Athéniens laissèrent contre elle des troupes de surveillance, tandis que le reste de l'armée s'en retournait.

CXXXIV. Au cours de l'hiver suivant, alors qu'il n'y avait aucune action du côté athénien ou lacédémonien à cause de l'armistice, les Mantinéens et les Tégéates, ainsi que leurs alliés respectifs, se rencontrèrent à Laodokeion, sur le territoire d'Orestheion ; il y eut une victoire contestée, puisque chacun des deux adversaires mit en déroute une aile de ceux d'en face et que tous deux dressèrent des trophées et envoyèrent du butin à Delphes. 2 En fait, après

λου τῆς μάχης γενομένης καὶ ἀφελομένης νυκτὸς τὸ ἔργον
οἱ Τεγεᾶται μὲν ἐπηυλίσαντό τε καὶ εὐθὺς ἔστησαν τροπαῖον, Μαντινῆς δὲ ἀπεχώρησάν τε ἐς Βουκολιῶνα καὶ
ὕστερον ἀντέστησαν.

CXXXV. Ἀπεπείρασε δὲ τοῦ αὐτοῦ χειμῶνος καὶ ὁ
Βρασίδας τελευτῶντος καὶ πρὸς ἔαρ ἤδη Ποτειδαίας. Προσελθὼν γὰρ νυκτὸς καὶ κλίμακα προσθεὶς μέχρι μὲν τούτου ἔλαθεν· τοῦ γὰρ κώδωνος παρενεχθέντος οὕτως ἐς τὸ
διάκενον, πρὶν ἐπανελθεῖν τὸν παραδιδόντα αὐτόν, ἡ πρόσ-
θεσις ἐγένετο· ἔπειτα μέντοι εὐθὺς αἰσθομένων, πρὶν προσβῆναι, ἀπήγαγε πάλιν κατὰ τάχος τὴν στρατιὰν καὶ οὐκ
ἀνέμεινεν ἡμέραν γενέσθαι.

2 Καὶ ὁ χειμὼν ἐτελεύτα, καὶ ἔνατον ἔτος τῷ πολέμῳ
ἐτελεύτα τῷδε ὃν Θουκυδίδης ξυνέγραψεν.

un grand massacre réciproque et un combat incertain, qu'interrompit la venue de la nuit, les Tégéates, eux, avaient campé sur le terrain et dressé aussitôt un trophée, tandis que les Mantinéens s'étaient retirés à Boucolion et ne dressèrent le leur que plus tard.

CXXXV. Il y eut une tentative faite le même hiver – à la fin de l'hiver et déjà vers le printemps – par Brasidas contre Potidée. Il s'approcha de nuit et appuya une échelle, sans, jusque-là, attirer l'attention : la cloche venait d'être transmise et c'est ainsi dans l'intervalle, avant le retour du porteur, qu'eut lieu l'application de l'échelle. Mais, ensuite, l'affaire étant aussitôt éventée, il renonça à monter et ramena promptement ses troupes, sans attendre le jour.

2 Par là s'achevait l'hiver et, avec lui, la neuvième année de cette guerre, racontée par Thucydide.

# ΘΟΥΚΥΔΙΔΟΥ ΙΣΤΟΡΙΩΝ Ε

I. Τοῦ δ' ἐπιγιγνομένου θέρους αἱ μὲν ἐνιαύσιοι σπονδαὶ διελέλυντο, ⟨ἄλλαι δ' ἐγένοντο⟩ μέχρι Πυθίων· καὶ ἐν
τῇ ἐκεχειρίᾳ Ἀθηναῖοι Δηλίους ἀνέστησαν ἐκ Δήλου,
ἡγησάμενοι κατὰ παλαιάν τινα αἰτίαν οὐ καθαροὺς ὄντας
ἱερῶσθαι, καὶ ἅμα ἐλλιπὲς σφίσιν εἶναι τοῦτο τῆς καθάρ-
σεως, ᾗ πρότερόν μοι δεδήλωται ὡς ἀνελόντες τὰς θήκας
τῶν τεθνεώτων ὀρθῶς ἐνόμισαν ποιῆσαι. Καὶ οἱ μὲν Δήλιοι
Ἀτραμύττειον Φαρνάκου δόντος αὐτοῖς ἐν τῇ Ἀσίᾳ ᾤκησαν, οὕτως ὡς ἕκαστος ὥρμητο.

II. Κλέων δὲ Ἀθηναίους πείσας ἐς τὰ ἐπὶ Θρᾴκης χωρία ἐξέπλευσε μετὰ τὴν ἐκεχειρίαν, Ἀθηναίων μὲν ὁπλίτας
ἔχων διακοσίους καὶ χιλίους καὶ ἱππέας τριακοσίους, τῶν
δὲ ξυμμάχων πλείους, ναῦς δὲ τριάκοντα. 2 Σχὼν δὲ ἐς
Σκιώνην πρῶτον ἔτι πολιορκουμένην καὶ προσλαβὼν αὐτόθεν ὁπλίτας τῶν φρουρῶν, κατέπλευσεν ἐς τὸν Κωφὸν
λιμένα τῶν Τορωναίων ἀπέχοντα οὐ πολὺ τῆς πόλεως.
3 Ἐκ δ' αὐτοῦ, αἰσθόμενος ὑπ' αὐτομόλων ὅτι οὔτε Βρα-

---

1. Voir *supra* III, 104, 1.

# LIVRE V

## La dixième année

I. L'été suivant, la trêve d'un an se trouvait arrivée à expiration, mais on en conclut une nouvelle jusqu'aux jeux Pythiques. Pendant l'armistice, les Athéniens firent partir les Déliens de leur île : ils estimaient que ceux-ci, en raison de quelque tort ancien, n'étaient pas purs lors de leur consécration et que, d'autre part, une telle mesure avait manqué à la purification dont j'ai parlé plus haut, rapportant comment ils avaient fait disparaître les sépultures et cru ainsi agir comme il fallait[1]. Les Déliens, grâce à un don de Pharnace, allèrent habiter Atramytteion, en Asie, dans les conditions où chacun était lors de son départ.

## Cléon et Brasidas sur la côte de Thrace

II. Cléon, ayant amené les Athéniens à son avis, s'embarqua, à l'issue de l'armistice, pour la côte thrace, avec mille deux cents hoplites et trois cents cavaliers d'Athènes ainsi que des forces alliées plus nombreuses, et trente navires. 2 Il s'arrêta d'abord à Skionè, qui était toujours assiégée, et s'adjoignit sur place des hoplites pris parmi les troupes postées là ; puis il gagna le port de Côphos, qui dépend de Toronè et se trouve à peu de distance de la ville. 3 De là, instruit par des transfuges que Brasidas

σίδας ἐν τῇ Τορώνῃ οὔτε οἱ ἐνόντες ἀξιόμαχοι εἶεν, τῇ μὲν στρατιᾷ τῇ πεζῇ ἐχώρει ἐς τὴν πόλιν, ναῦς δὲ περιέπεμψε δέκα ⟨ἐς⟩ τὸν λιμένα περιπλεῖν. 4 Καὶ πρὸς τὸ περιτείχισμα πρῶτον ἀφικνεῖται, ὃ προσπεριέβαλε τῇ πόλει ὁ Βρασίδας ἐντὸς βουλόμενος ποιῆσαι τὸ προάστειον καὶ διελὼν τοῦ παλαιοῦ τείχους μίαν αὐτὴν ἐποίησε πόλιν. III. Βοηθήσαντες δὲ ἐς αὐτὸ Πασιτελίδας τε ὁ Λακεδαιμόνιος ἄρχων καὶ ἡ παροῦσα φυλακὴ προσβαλόντων τῶν Ἀθηναίων ἡμύνοντο. Καὶ ὡς ἐβιάζοντο καὶ αἱ νῆες ἅμα περιέπλεον ⟨αἱ⟩ ἐς τὸν λιμένα περιπεμφθεῖσαι, δείσας ὁ Πασιτελίδας μὴ αἵ τε νῆες φθάσωσι λαβοῦσαι ἐρῆμον τὴν πόλιν καὶ τοῦ τειχίσματος ἁλισκομένου ἐγκαταληφθῇ, ἀπολιπὼν αὐτὸ δρόμῳ ἐχώρει ἐς τὴν πόλιν. 2 Οἱ δὲ Ἀθηναῖοι φθάνουσιν οἵ τε ἀπὸ τῶν νεῶν ἑλόντες τὴν Τορώνην καὶ ὁ πεζὸς ἐπισπόμενος αὐτοβοεὶ κατὰ τὸ διῃρημένον τοῦ παλαιοῦ τείχους ξυνεσπεσών. Καὶ τοὺς μὲν ἀπέκτειναν τῶν Πελοποννησίων καὶ Τορωναίων εὐθὺς ἐν χερσί, τοὺς δὲ ζῶντας ἔλαβον καὶ Πασιτελίδαν τὸν ἄρχοντα. 3 Βρασίδας δὲ ἐβοήθει μὲν τῇ Τορώνῃ, αἰσθόμενος δὲ καθ᾽ ὁδὸν ἑαλωκυῖαν ἀνεχώρησεν, ἀποσχὼν τεσσαράκοντα μάλιστα σταδίους μὴ φθάσαι ἐλθών. 4 Ὁ δὲ Κλέων καὶ οἱ Ἀθηναῖοι τροπαῖά τε ἔστησαν δύο, τὸ μὲν κατὰ τὸν λιμένα, τὸ δὲ πρὸς τῷ τειχίσματι, καὶ τῶν Τορωναίων γυναῖκας μὲν καὶ παῖδας ἠνδραπόδισαν, αὐτοὺς δὲ καὶ Πελοποννησίους, καὶ εἴ τις ἄλλος Χαλκιδέων ἦν, ξύμπαντας ἐς ἑπτακοσίους, ἀπέπεμψαν ἐς τὰς Ἀθήνας· καὶ αὐτοῖς τὸ μὲν Πελοποννήσιον ὕστερον ἐν ταῖς γενομέναις σπονδαῖς ἀπῆλθε,

n'était pas à Toronè et que les forces occupant la ville n'étaient pas en mesure de lutter, il marcha avec ses troupes de terre contre la ville, tout en envoyant dix navires faire le tour jusqu'au port. 4 Il atteignit d'abord le mur d'enceinte que Brasidas avait adjoint aux remparts de la ville pour y inclure le faubourg et, grâce à l'ouverture d'une brèche dans l'ancien mur, constituer ainsi une ville unique. III. Pasitélidas, le commandant lacédémonien, s'y porta avec la garnison dont il disposait et entreprit de repousser les assauts athéniens. Puis, comme ces troupes cédaient et qu'en même temps les navires envoyés à cet effet faisaient le tour pour entrer dans le port, Pasitélidas conçut une double crainte : les navires pouvaient avoir le temps de prendre la ville sans défenseurs, et il pouvait, si le rempart était emporté, se faire surprendre là ; aussi l'abandonna-t-il pour regagner la ville au pas de course. 2 Mais les Athéniens eurent le temps d'agir – les hommes des navires s'emparant de Toronè tandis que les troupes de terre se ruaient sur ses talons par la brèche de l'ancien mur et faisaient irruption dans la ville. Parmi les Péloponnésiens et les gens de Toronè, ils en tuèrent certains au cours même de l'action et firent les autres prisonniers, dont Pasitélidas qui les commandait. 3 Brasidas, cependant, marchait au secours de Toronè ; mais, apprenant en route la prise de la ville, il battit en retraite ; il s'en était fallu de quelque quarante stades qu'il n'eût le temps d'arriver. 4 Cléon et les Athéniens dressèrent deux trophées, l'un vers le port, l'autre près du rempart ; ils réduisirent en esclavage les femmes et les enfants de Toronè ; quant aux hommes de Toronè, aux Péloponnésiens et aux Chalcidiens qui pouvaient être là, c'est-à-dire, en tout, quelque sept cents hommes, ils les envoyèrent à Athènes : tout ce qui était péloponnésien fut plus tard libéré lors du traité, le

τὸ δὲ ἄλλο ἐκομίσθη ὑπ' Ὀλυνθίων, ἀνὴρ ἀντ' ἀνδρὸς
λυθείς.

5 Εἷλον δὲ καὶ Πάνακτον Ἀθηναίων ἐν μεθορίοις τεῖχος
Βοιωτοὶ ὑπὸ τὸν αὐτὸν χρόνον προδοσίᾳ.

6 Καὶ ὁ μὲν Κλέων φυλακὴν καταστησάμενος τῆς Τορώνης ἄρας περιέπλει τὸν Ἄθων ὡς ἐπὶ τὴν Ἀμφίπολιν.

IV. Φαίαξ δὲ ὁ Ἐρασιστράτου τρίτος αὐτὸς Ἀθηναίων
πεμπόντων ναυσὶ δύο ἐς Ἰταλίαν καὶ Σικελίαν πρεσβευ-
τὴς ὑπὸ τὸν αὐτὸν χρόνον ἐξέπλευσεν. 2 Λεοντῖνοι γὰρ
ἀπελθόντων Ἀθηναίων ἐκ Σικελίας μετὰ τὴν ξύμβασιν πολίτας τε ἐπεγράψαντο πολλοὺς καὶ ὁ δῆμος τὴν γῆν ἐπενόει ἀναδάσασθαι. 3 Οἱ δὲ δυνατοὶ αἰσθόμενοι Συρακο-
σίους τε ἐπάγονται καὶ ἐκβάλλουσι τὸν δῆμον. Καὶ οἱ μὲν
ἐπλανήθησαν ὡς ἕκαστοι· οἱ δὲ δυνατοὶ ὁμολογήσαντες
Συρακοσίοις καὶ τὴν πόλιν ἐκλιπόντες καὶ ἐρημώσαντες
Συρακούσας ἐπὶ πολιτείᾳ ᾤκησαν. 4 Καὶ ὕστερον πάλιν
αὐτῶν τινες διὰ τὸ μὴ ἀρέσκεσθαι ἀπολιπόντες ἐκ τῶν
Συρακουσῶν Φωκέας τε, τῆς πόλεώς τι τῆς Λεοντίνων χωρίον καλούμενον, καταλαμβάνουσι καὶ Βρικιννίας, ὃν ἔρυμα
ἐν τῇ Λεοντίνῃ. Καὶ τῶν τοῦ δήμου τότε ἐκπεσόντων οἱ
πολλοὶ ἦλθον ὡς αὐτούς, καὶ καταστάντες ἐκ τῶν τειχῶν
ἐπολέμουν. 5 Ἃ πυνθανόμενοι οἱ Ἀθηναῖοι τὸν Φαίακα
πέμπουσιν, εἴ πως πείσαντες τοὺς σφίσιν ὄντας αὐτόθι
ξυμμάχους καὶ τοὺς ἄλλους, ἢν δύνωνται, Σικελιώτας
κοινῇ, ὡς Συρακοσίων δύναμιν περιποιουμένων, ἐπιστρα-
τεῦσαι, διασώσειαν τὸν δῆμον τῶν Λεοντίνων. 6 Ὁ δὲ
Φαίαξ ἀφικόμενος τοὺς μὲν Καμαριναίους πείθει καὶ Ἀκρα-
γαντίνους, ἐν δὲ Γέλᾳ ἀντιστάντος αὐτῷ τοῦ πράγματος

---

2. On a là un exemple de la manière dont étaient traités les habitants
d'une ville conquise : les femmes, les vieillards et les enfants étaient
vendus comme esclaves, les hommes faits prisonniers dans le meilleur
des cas, ou mis à mort.

3. Cet accord est évoqué en IV, 65, 1-2.

reste fut récupéré par Olynthe, moyennant un échange à nombre égal[2].

5 Il faut placer aussi vers la même époque la prise de Panacton, une forteresse située aux confins de l'Attique, et dont les Béotiens s'emparèrent grâce à des trahisons.

6 Puis Cléon, ayant installé une garnison à Toronè, en partit pour contourner l'Athos, en direction d'Amphipolis.

IV. Phéax, fils d'Érasistratos, prit la mer vers la même époque, accompagné de deux collègues : Athènes l'envoyait comme ambassadeur en Italie et en Sicile, avec deux navires. 2 En effet, lorsque les Athéniens eurent quitté la Sicile à la suite de l'accord[3], les Léontins admirent beaucoup de nouveaux citoyens et le parti populaire projeta un partage des terres. 3 Ceux qui avaient des moyens, comprenant cela, appelèrent chez eux les Syracusains et expulsèrent les gens du peuple ; ceux-ci se dispersèrent à l'aventure ; quant à ceux qui avaient des moyens, ils s'entendirent avec les Syracusains, quittèrent la ville, désormais inhabitée, et s'installèrent à Syracuse, avec droit de cité. 4 Mais, dans la suite, certains d'entre eux, mécontents, quittèrent Syracuse et revinrent occuper un endroit appelé Phocée, qui fait partie du territoire de Léontinoi, et Brikinniai, une place forte du pays. Alors, la plupart des gens du peuple, qui avaient, à l'époque, été chassés, vinrent les rejoindre ; et, établis là, ils faisaient la guerre depuis leurs deux forts. 5 La connaissance de cette situation détermina l'envoi de Phéax par les Athéniens : ils voulaient tenter d'entraîner leurs alliés de là-bas, et, si possible, les autres Siciliens, dans une expédition commune contre Syracuse, qui, disaient-ils, amassait des forces, et, par là, sauver le parti populaire de Léontinoi. 6 Une fois arrivé, Phéax réussit bien à décider les gens de Camarine et d'Agrigente, mais, s'étant heurté à un échec

οὐκέτι ἐπὶ τοὺς ἄλλους ἔρχεται, αἰσθόμενος οὐκ ἂν πείθειν αὐτούς, ἀλλ' ἀναχωρήσας διὰ τῶν Σικελῶν ἐς Κατάνην, καὶ ἅμα ἐν τῇ παρόδῳ καὶ ἐς τὰς Βρικιννίας ἐλθὼν καὶ παραθαρσύνας, ἀπέπλει.

V. Ἐν δὲ τῇ παρακομιδῇ τῇ ἐς τὴν Σικελίαν καὶ πάλιν ἀναχωρήσει καὶ ἐν τῇ Ἰταλίᾳ τισὶ πόλεσιν ἐχρημάτισε περὶ φιλίας τοῖς Ἀθηναίοις, καὶ Λοκρῶν ἐντυγχάνει τοῖς ἐκ Μεσσήνης ἐποίκοις ἐκπεπτωκόσιν, οἳ μετὰ τὴν Σικελιωτῶν ὁμολογίαν στασιασάντων Μεσσηνίων καὶ ἐπαγαγομένων τῶν ἑτέρων Λοκροὺς ἔποικοι ἐξεπέμφθησαν καὶ ἐγένετο Μεσσήνη Λοκρῶν τινα χρόνον. 2 Τούτοις οὖν ὁ Φαίαξ ἐντυχὼν [τοῖς] κομιζομένοις οὐκ ἠδίκησεν· ἐγεγένητο γὰρ τοῖς Λοκροῖς πρὸς αὐτὸν ὁμολογία ξυμβάσεως πέρι πρὸς τοὺς Ἀθηναίους. 3 Μόνοι γὰρ τῶν ξυμμάχων, ὅτε Σικελιῶται ξυνηλλάσσοντο, οὐκ ἐσπείσαντο Ἀθηναίοις, οὐδ' ἂν τότε, εἰ μὴ αὐτοὺς κατεῖχεν ὁ πρὸς Ἱππωνιᾶς καὶ Μεδμαίους πόλεμος, ὁμόρους τε ὄντας καὶ ἀποίκους.

Καὶ ὁ μὲν Φαίαξ ἐς τὰς Ἀθήνας χρόνῳ ὕστερον ἀφίκετο. VI. Ὁ δὲ Κλέων ὡς ἀπὸ τῆς Τορώνης τότε περιέπλευσεν ἐπὶ τὴν Ἀμφίπολιν, ὁρμώμενος ἐκ τῆς Ἠιόνος Σταγίρῳ μὲν προσβάλλει Ἀνδρίων ἀποικίᾳ καὶ οὐχ εἷλε, Γαληψὸν δὲ τὴν Θασίων ἀποικίαν λαμβάνει κατὰ κράτος. 2 Καὶ πέμψας ὡς Περδίκκαν πρέσβεις, ὅπως παραγένοιτο στρατιᾷ κατὰ τὸ ξυμμαχικόν, καὶ ἐς τὴν Θρᾴκην ἄλλους παρὰ Πολλῆν τὸν Ὀδομάντων βασιλέα, ἄξοντας μισθοῦ Θρᾷκας ὡς πλείστους, αὐτὸς ἡσύχαζε περιμένων ἐν τῇ Ἠιόνι.

4. Sur la défection de Stagiros, voir IV, 88, 2 ; pour celle de Galèpsos, IV, 107, 3. D'après les listes du tribut, il semble que d'autres villes aient été récupérées vers la même époque.

5. Sur ce pacte d'alliance, voir IV, 132, 1.

à Géla, il renonça à poursuivre ses démarches ailleurs, se rendant compte qu'il ne saurait s'y faire écouter : il revint à Catane, en passant par chez les Sikèles ; sur son chemin, il poussa jusqu'à Brikinniai, y prodigua des encouragements, puis rembarqua.

V. Au cours du trajet pour aller en Sicile et en revenir, il négocia aussi avec certaines villes d'Italie à propos de liens d'amitié à établir avec Athènes ; et il rencontra des Locriens chassés de Messine où ils étaient établis : après l'accord entre Siciliens, Messine s'était trouvée divisée et un des deux partis avait appelé les Locriens ; ces hommes avaient alors été envoyés comme nouveaux colons, et Messine avait appartenu quelque temps aux Locriens. 2 Lorsque Phéax rencontra ce groupe de gens en train d'être déplacés, il ne leur fit aucun mal. Car il avait conclu avec Locres une convention pour un accord entre elle et Athènes : 3 seuls parmi les peuples alliés, lors de la réconciliation des Siciliens, ils n'avaient pas traité avec Athènes ; et ils ne l'auraient pas fait au moment en question, si la guerre contre les gens d'Hippônion et de Medma, leurs proches voisins et leurs colons, ne leur avait lié les mains.

Phéax, donc, revint, à quelque temps de là, à Athènes. VI. Quant à Cléon, une fois qu'il eut fait le tour, depuis Toronè, comme on a vu, pour aller attaquer Amphipolis, il prit pour base Éion ; de là il attaqua d'abord Stagiros, colonie d'Andros, qu'il ne prit pas, puis Galèpsos, la colonie de Thasos, dont il s'empara de vive force[4].

2 Et, après avoir envoyé des messagers à Perdiccas, pour obtenir son appui militaire conformément au pacte d'alliance[5], et d'autres en Thrace, chez Pollès, le roi des Odomantes, pour en ramener le plus grand nombre possible de mercenaires thraces, il attendait lui-même à Éion en se tenant tranquille.

3 Βρασίδας δὲ πυνθανόμενος ταῦτα ἀντεκάθητο καὶ αὐτὸς ἐπὶ τῷ Κερδυλίῳ· ἔστι δὲ τὸ χωρίον τοῦτο Ἀργιλίων ἐπὶ μετεώρου πέραν τοῦ ποταμοῦ οὐ πολὺ ἀπέχον τῆς Ἀμφιπόλεως, καὶ κατεφαίνετο πάντα αὐτόθεν, ὥστε οὐκ ἂν ἔλαθεν αὐτὸν ὁρμώμενος ὁ Κλέων τῷ στρατῷ· ὅπερ προσεδέχετο ποιήσειν αὐτόν, ἐπὶ τὴν Ἀμφίπολιν ὑπεριδόντα σφῶν τὸ πλῆθος τῇ παρούσῃ στρατιᾷ ἀναβήσεσθαι. 4 Ἅμα δὲ καὶ παρεσκευάζετο Θρᾷκάς τε μισθωτοὺς πεντακοσίους καὶ χιλίους καὶ τοὺς Ἠδῶνας πάντας παρακαλῶν, πελταστὰς καὶ ἱππέας· καὶ Μυρκινίων καὶ Χαλκιδέων χιλίους πελταστὰς εἶχε πρὸς τοῖς ἐν Ἀμφιπόλει. 5 Τὸ δ᾿ ὁπλιτικὸν ξύμπαν ἠθροίσθη δισχίλιοι μάλιστα καὶ ἱππῆς Ἕλληνες τριακόσιοι. Τούτων Βρασίδας μὲν ἔχων ἐπὶ Κερδυλίῳ ἐκάθητο ἐς πεντακοσίους καὶ χιλίους, οἱ δ᾿ ἄλλοι ἐν Ἀμφιπόλει μετὰ Κλεαρίδου ἐτετάχατο.

VII. Ὁ δὲ Κλέων τέως μὲν ἡσύχαζεν, ἔπειτα ἠναγκάσθη ποιῆσαι ὅπερ ὁ Βρασίδας προσεδέχετο. 2 Τῶν γὰρ στρατιωτῶν ἀχθομένων μὲν τῇ ἕδρᾳ, ἀναλογιζομένων δὲ τὴν ἐκείνου ἡγεμονίαν πρὸς οἵαν ἐμπειρίαν καὶ τόλμαν μετὰ οἵας ἀνεπιστημοσύνης καὶ μαλακίας γενήσοιτο καὶ οἴκοθεν ὡς ἄκοντες αὐτῷ ξυνεξῆλθον, αἰσθόμενος τὸν θροῦν καὶ οὐ βουλόμενος αὐτοὺς διὰ τὸ ἐν τῷ αὐτῷ καθημένους βαρύνεσθαι, ἀναλαβὼν ἦγεν. 3 Καὶ ἐχρήσατο τῷ τρόπῳ ᾧπερ καὶ ἐς τὴν Πύλον εὐτυχήσας ἐπίστευσέ τι φρονεῖν· ἐς μάχην μὲν γὰρ οὐδὲ ἤλπισέν οἱ ἐπεξιέναι οὐδένα, κατὰ θέαν δὲ μᾶλλον ἔφη ἀναβαίνειν τοῦ χωρίου, καὶ τὴν μείζω παρασκευὴν περιέμενεν, οὐχ ὡς τῷ ἀσφαλεῖ, ἢν ἀναγκά-

6. Cléon avait été élu stratège par l'assemblée. Il n'est pas sûr que les hoplites de son armée aient éprouvé à son égard de tels sentiments, qui sont ceux de Thucydide lui-même, pour mieux l'opposer à Brasidas.

3 Brasidas, cependant, au reçu de ces nouvelles, était venu en réponse prendre position sur la hauteur de Kerdylion : l'endroit, qui appartient aux gens d'Argilos, occupe une éminence de l'autre côté du fleuve, à peu de distance d'Amphipolis ; de là, tout se voyait, et Cléon n'aurait pu faire avancer ses troupes sans que lui-même le sût ; or, c'était bien ce qu'il prévoyait de la part de Cléon, pensant que, plein de dédain pour le nombre des troupes de défense, il monterait à l'assaut d'Amphipolis avec les effectifs dont il disposait. 4 En même temps, Brasidas se préparait, appelant à l'aide mille cinq cents mercenaires thraces et tous les Édones, peltastes et cavaliers. Il avait aussi mille peltastes de Myrkinos et de Chalcidique, en plus de ceux d'Amphipolis. 5 L'ensemble des hoplites faisait, au total, à peu près deux mille hommes, avec trois cents cavaliers grecs. Sur ces effectifs, Brasidas avait quelque mille cinq cents hommes en position à Kerdylion : les autres étaient en position à Amphipolis, sous les ordres de Cléaridas.

VII. Cléon, lui, se tint tranquille un certain temps ; mais, ensuite, il fut forcé de faire ce que prévoyait Brasidas. 2 Ses soldats, en effet, supportaient mal leur inaction ; ils supputaient la valeur de son commandement, qui allait opposer à tant d'expérience et d'audace tant d'ignorance et de mollesse, et qui leur avait inspiré tant de répugnance quand ils avaient dû partir avec lui ; aussi Cléon, percevant ces murmures et ne voulant pas voir ses hommes trop abattus à force de rester sur place, les prit et se mit en marche[6]. 3 Et il montra le même tour de caractère que lors de ce coup de chance de Pylos, où s'était affirmée sa foi dans ses capacités ; il ne pensa même pas qu'on pût sortir lui livrer combat ; il disait qu'en montant vers la ville, il voulait plutôt observer les lieux, et, s'il attendait des effectifs

ζηται, περισχήσων, ἀλλ' ὡς κύκλῳ περιστὰς βίᾳ αἱρήσων τὴν πόλιν. 4 Ἐλθών τε καὶ καθίσας ἐπὶ λόφου καρτεροῦ πρὸ τῆς Ἀμφιπόλεως τὸν στρατόν, αὐτὸς ἐθεᾶτο τὸ λιμνῶδες τοῦ Στρυμόνος καὶ τὴν θέσιν τῆς πόλεως ἐπὶ τῇ Θρᾴκῃ ὡς ἔχοι. 5 Ἀπιέναι τε ἐνόμιζεν, ὁπόταν βούληται, ἀμαχεί· καὶ γὰρ οὐδὲ ἐφαίνετο οὔτ' ἐπὶ τοῦ τείχους οὐδεὶς οὔτε κατὰ πύλας ἐξῄει, κεκλημέναι τε ἦσαν πᾶσαι. Ὥστε καὶ μηχανὰς ὅτι οὐκ ἀνῆλθεν ἔχων, ἁμαρτεῖν ἐδόκει· ἑλεῖν γὰρ ἂν τὴν πόλιν διὰ τὸ ἐρῆμον.

VIII. Ὁ δὲ Βρασίδας εὐθὺς ὡς εἶδε κινουμένους τοὺς Ἀθηναίους, καταβὰς καὶ αὐτὸς ἀπὸ τοῦ Κερδυλίου ἐσέρχεται ἐς τὴν Ἀμφίπολιν. 2 Καὶ ἐπέξοδον μὲν καὶ ἀντίταξιν οὐκ ἐποιήσατο πρὸς τοὺς Ἀθηναίους, δεδιὼς τὴν αὑτοῦ παρασκευὴν καὶ νομίζων ὑποδεεστέρους εἶναι, οὐ τῷ πλήθει (ἀντίπαλα γάρ πως ἦν), ἀλλὰ τῷ ἀξιώματι (τῶν γὰρ Ἀθηναίων ὅπερ ἐστράτευε καθαρὸν ἐξῆλθε, καὶ Λημνίων καὶ Ἰμβρίων τὸ κράτιστον), τέχνῃ δὲ παρεσκευάζετο ἐπιθησόμενος. 3 Εἰ γὰρ δείξειε τοῖς ἐναντίοις τό τε πλῆθος καὶ τὴν ὅπλισιν ἀναγκαίαν οὖσαν τῶν μεθ' ἑαυτοῦ, οὐκ ἂν ἡγεῖτο μᾶλλον περιγενέσθαι ἢ ἄνευ προόψεώς τε αὐτῶν καὶ μὴ ἀπὸ τοῦ ὄντος καταφρονήσεως. 4 Ἀπολεξάμενος οὖν αὐτὸς πεντήκοντα καὶ ἑκατὸν ὁπλίτας, καὶ τοὺς ἄλλους Κλεαρίδᾳ προστάξας, ἐβουλεύετο ἐπιχειρεῖν αἰφνιδίως, πρὶν ἀπελθεῖν τοὺς Ἀθηναίους, οὐκ ἂν νομίζων αὐτοὺς ὁμοίως ἀπολαβεῖν αὖθις μεμονωμένους, εἰ τύχοι ἐλθοῦσα αὐτοῖς ἡ βοήθεια. 5 Ξυγκαλέσας δὲ τοὺς πάντας στρατιώτας καὶ βουλόμενος παραθαρσῦναί τε καὶ τὴν ἐπίνοιαν φράσαι ἔλεγε τοιάδε.

---

7. Thucydide oppose à l'armée d'Athènes, composée en majorité de citoyens, celle de Brasidas qui compte dans ses rangs des hilotes et des mercenaires.

plus importants, c'était non pas pour pouvoir, en cas de nécessité, l'emporter sans risques, mais pour encercler la ville et la prendre ainsi par la force. 4 Il vint donc établir son armée sur une hauteur solidement défendue devant Amphipolis, et alla lui-même observer la région maréca- geuse du Strymon et la façon dont se présentait la situa- tion de la ville du côté de la Thrace. 5 Et il pensait s'en retourner quand il le voudrait, sans avoir à livrer combat : le fait est qu'on ne voyait personne ni sur le rempart ni sor- tant par les portes de la ville, qui étaient toutes fermées. Si bien qu'il lui semblait même avoir eu tort de monter vers la ville sans machines de siège : il aurait, croyait-il, pris celle-ci faute de défenseurs.

VIII. Brasidas, lui, sitôt qu'il vit le mouvement athénien, descendit à son tour de Kordylion et rentra dans Amphipolis. 2 Là, il ne fit pas contre les Athéniens une sortie avec bataille rangée ; il envisageait avec crainte ses propres effectifs et les jugeait inférieurs, non par le nombre (car il y avait pratique- ment équilibre), mais par la valeur[7] (car les forces athénien- nes en campagne étaient purement faites d'Athéniens, avec les meilleures troupes de Lemnos et d'Imbros) ; il se prépa- rait donc plutôt à lutter par l'adresse. 3 En effet, s'il montrait à l'adversaire le nombre de ses hommes et leur armement réduit au minimum, il ne pensait pas s'en tirer aussi bien que s'il lui ôtait la faculté de les jauger d'emblée et d'en tirer un mépris qui ne serait pas sans justification. 4 Aussi choisit-il cent cinquante hoplites pour lui-même et confia-t-il le reste à Cléaridas ; son projet était de lancer une action immédiate, avant le départ des Athéniens ; car il se disait qu'il ne les trou- verait plus si bien isolés, s'il advenait que le renfort qu'ils attendaient fût là. 5 Et, convoquant l'ensemble des soldats, il voulut à la fois les encourager et leur expliquer ses inten- tions, en leur disant, en substance, ce qui suit.

IX. « Ἄνδρες Πελοποννήσιοι, ἀπὸ μὲν οἵας χώρας ἥκομεν, ὅτι αἰεὶ διὰ τὸ εὔψυχον ἐλευθέρας, καὶ ὅτι Δωριῆς μέλλετε Ἴωσι μάχεσθαι, ὧν εἰώθατε κρείσσους εἶναι, ἀρκείτω βραχέως δεδηλωμένον· 2 τὴν δὲ ἐπιχείρησιν ᾧ τρόπῳ διανοοῦμαι ποιεῖσθαι διδάξω, ἵνα μή τῳ τὸ κατ᾽ ὀλίγον καὶ μὴ ἅπαντας κινδυνεύειν ἐνδεὲς φαινόμενον ἀτολμίαν παράσχῃ. 3 Τοὺς γὰρ ἐναντίους εἰκάζω καταφρονήσει τε ἡμῶν καὶ οὐκ ἂν ἐλπίσαντας ὡς ἂν ἐπεξέλθοι τις αὐτοῖς ἐς μάχην, ἀναβῆναί τε πρὸς τὸ χωρίον καὶ νῦν ἀτάκτως κατὰ θέαν τετραμμένους ὀλιγωρεῖν. 4 Ὅστις δὲ τὰς τοιαύτας ἁμαρτίας τῶν ἐναντίων κάλλιστα ἰδὼν καὶ ἅμα πρὸς τὴν ἑαυτοῦ δύναμιν τὴν ἐπιχείρησιν ποιεῖται μὴ ἀπὸ τοῦ προφανοῦς μᾶλλον καὶ ἀντιπαραταχθέντος ἢ ἐκ τοῦ πρὸς τὸ παρὸν ξυμφέροντος, πλεῖστ᾽ ἂν ὀρθοῖτο· 5 καὶ τὰ κλέμματα ταῦτα καλλίστην δόξαν ἔχει ἃ τὸν πολέμιον μάλιστ᾽ ἄν τις ἀπατήσας τοὺς φίλους μέγιστ᾽ ἂν ὠφελήσειεν. 6 Ἕως οὖν ἔτι ἀπαράσκευοι θαρσοῦσι καὶ τοῦ ὑπαπιέναι πλέον ἢ τοῦ μένοντος, ἐξ ὧν ἐμοὶ φαίνονται, τὴν διάνοιαν ἔχουσιν, ἐν τῷ ἀνειμένῳ αὐτῶν τῆς γνώμης καὶ πρὶν ξυνταθῆναι μᾶλλον τὴν δόξαν, ἐγὼ μὲν ἔχων τοὺς μετ᾽ ἐμαυτοῦ καὶ φθάσας, ἢν δύνωμαι, προσπεσοῦμαι δρόμῳ κατὰ μέσον τὸ στράτευμα· 7 σὺ δέ, Κλεαρίδα, ὕστερον, ὅταν ἐμὲ ὁρᾷς ἤδη προσκείμενον καὶ κατὰ τὸ εἰκὸς φοβοῦντα αὐτούς, τοὺς μετὰ σεαυτοῦ τούς τ᾽ Ἀμφιπολίτας καὶ τοὺς ἄλλους ξυμμάχους ἄγων αἰφνιδίως τὰς πύλας ἀνοίξας ἐπεκθεῖν καὶ ἐπείγεσθαι ὡς τάχιστα ξυμμεῖξαι. 8 Ἐλπὶς γὰρ μάλιστα αὐτοὺς οὕτω φοβηθῆναι· τὸ γὰρ ἐπιὸν ὕστερον δεινότερον τοῖς πολε-

---

8. On retrouve ici l'opposition traditionnelle entre la vaillance des Doriens et la mollesse des Ioniens, opposition qui devient encore plus piquante si l'on considère la composition de l'armée de Brasidas.

IX. « Soldats du Péloponnèse, pour évoquer le pays
d'où nous venons et dire que sa vaillance l'a toujours fait
libre, pour dire que vous allez, vous Doriens, combattre
des Ioniens, dont vous avez l'habitude de triompher, cette
brève indication doit suffire[8]. 2 Notre offensive, en revanche, je vais vous expliquer de quelle façon je compte la
mener : il ne faut pas que le fait de vous risquer par petits
groupes et non tous ensemble ait l'air d'une faiblesse et
ôte à personne son audace. 3 À ce que je suppose, en effet,
l'adversaire est monté là où il est parce qu'il nous méprise
et n'aurait jamais pensé qu'on pût sortir pour le combattre : maintenant il doit être en désordre, occupé à observer
sans s'inquiéter. 4 Or bien discerner ce genre de fautes de
la part de l'adversaire tout en tenant compte de ses propres forces, et engager ainsi l'offensive, moins à découvert et en bataille rangée que selon l'intérêt du moment,
c'est se donner les plus grandes chances de succès. 5 Et
tels subterfuges sont tenus pour très nobles, qui permettent de mieux tromper l'ennemi pour procurer aux siens
un plus grand avantage. 6 Donc, tant que leur confiance
les empêche d'être sur leurs gardes, et que leurs dispositions, d'après ce que j'en peux voir, vont plutôt à se retirer qu'elles n'impliquent de tenir, profitant du flottement
dans leurs sentiments et avant qu'ils n'aient raffermi leur
jugement, je vais, moi, avec mes hommes, sans leur laisser aucun temps, si je puis, me jeter à la course en plein
milieu de leur armée. 7 Toi, Cléaridas, plus tard, quand tu
verras que je les presse et que, selon toute vraisemblance,
je mets chez eux le désarroi, alors prends tes hommes, les
gens d'Amphipolis et les autres alliés, ouvre soudain les
portes pour t'élancer au dehors et courir le plus tôt possible à la mêlée : 8 on peut penser que ce sera le meilleur
moyen de les mettre en plein désarroi ; car qui attaque

μίοις τοῦ παρόντος καὶ μαχομένου. 9 Καὶ αὐτός τε ἀνὴρ
ἀγαθὸς γίγνου, ὥσπερ σε εἰκὸς ὄντα Σπαρτιάτην, καὶ
ὑμεῖς, ὦ ἄνδρες ξύμμαχοι, ἀκολουθήσατε ἀνδρείως, καὶ
νομίσατε ⟨τρία⟩ εἶναι τοῦ καλῶς πολεμεῖν, τὸ ἐθέλειν καὶ
τὸ αἰσχύνεσθαι καὶ ⟨τὸ⟩ τοῖς ἄρχουσι πείθεσθαι, καὶ τῇδε
ὑμῖν τῇ ἡμέρᾳ ἢ ἀγαθοῖς γενομένοις ἐλευθερίαν τε ὑπάρχειν καὶ Λακεδαιμονίων ξυμμάχοις κεκλῆσθαι, ἢ Ἀθηναίων τε δούλοις, ἢν τὰ ἄριστα ἄνευ ἀνδραποδισμοῦ ἢ
θανατώσεως πράξητε, καὶ δουλείαν χαλεπωτέραν ἢ πρὶν
εἴχετε, τοῖς δὲ λοιποῖς Ἕλλησι κωλυταῖς γενέσθαι ἐλευ-
θερώσεως. 10 Ἀλλὰ μήτε ὑμεῖς μαλακισθῆτε, ὁρῶντες
περὶ ὅσων ὁ ἀγών ἐστιν, ἐγώ τε δείξω οὐ παραινέσαι οἷός
τε ὢν μᾶλλον τοῖς πέλας ἢ καὶ αὐτὸς ἔργῳ ἐπεξελθεῖν. »

X. Ὁ μὲν Βρασίδας τοσαῦτα εἰπὼν τήν τε ἔξοδον παρεσκευάζετο αὐτὸς καὶ τοὺς ἄλλους μετὰ τοῦ Κλεαρίδα
καθίστη ἐπὶ τὰς Θρᾳκίας καλουμένας τῶν πυλῶν, ὅπως
ὥσπερ εἴρητο ἐπεξίοιεν.

2 Τῷ δὲ Κλέωνι, φανεροῦ γενομένου αὐτοῦ ἀπὸ τοῦ
Κερδυλίου καταβάντος καὶ ἐν τῇ πόλει, ἐπιφανεῖ οὔσῃ
ἔξωθεν, περὶ τὸ ἱερὸν τῆς Ἀθηναίας θυομένου καὶ ταῦτα
πράσσοντος, ἀγγέλλεται (προυκεχωρήκει γὰρ τότε κατὰ
τὴν θέαν) ὅτι ἥ τε στρατιὰ ἅπασα φανερὰ τῶν πολεμίων
ἐν τῇ πόλει καὶ ὑπὸ τὰς πύλας ἵππων τε πόδες πολλοὶ καὶ
ἀνθρώπων ὡς ἐξιόντων ὑποφαίνονται. 3 Ὁ δὲ ἀκούσας
ἐπῆλθε, καὶ ὡς εἶδεν, οὐ βουλόμενος μάχῃ διαγωνίσασθαι
πρίν οἱ καὶ τοὺς βοηθοὺς ἥκειν καὶ οἰόμενος φθήσεσθαι

en second effraie plus l'ennemi que les troupes déjà là et en train de combattre. 9 Montre toi toi-même un brave, comme doit l'être un Spartiate, et vous, alliés, suivez avec courage ; dites-vous que bien faire la guerre exige trois qualités – la résolution, le sentiment de l'honneur et l'obéissance aux chefs – et que ce jour vous réserve de deux choses l'une : ou bien, si vous êtes braves, vous aurez la liberté et le titre d'alliés de Sparte, ou bien vous aurez celui de sujets d'Athènes – dans l'hypothèse heureuse où vous éviteriez d'être vendus comme esclaves ou mis à mort – et un assujettissement pire que celui d'avant, avec, vis-à-vis du reste des Grecs, le fait d'avoir empêché leur libération. 10 Ne faiblissez donc pas, quant à vous : voyez combien l'enjeu est grand ; et moi je vous montrerai que je ne suis pas seulement bon à donner des conseils aux autres, mais que je sais également, quand il faut agir, donner moi aussi l'assaut. »

X. Voilà tout ce que dit Brasidas ; après quoi, il préparait personnellement sa sortie et rangeait les autres, avec Cléaridas, devant la porte appelée porte de Thrace, en vue de la sortie prescrite.

2 Mais revenons à Cléon. Comme on avait pu voir que Brasidas était descendu de Kerdylion, qu'il était dans la ville – offerte aux regards de l'extérieur – en train d'offrir un sacrifice au sanctuaire d'Athéna et de prendre ces diverses mesures, on apporta les nouvelles à Cléon (il était alors parti plus loin, pour observer) : on voyait, lui dit-on, toute l'armée ennemie dans la ville et, sous les portes, on percevait un piétinement de chevaux et d'hommes en grand nombre, qui suggérait une sortie. 3 À ces mots, il vint. Et, constatant les faits, comme il ne voulait pas d'une bataille qui trancherait entre eux avant l'arrivée de ses renforts et qu'il croyait avoir le temps de repartir, il fit

ἀπελθών, σημαίνειν τε ἅμα ἐκέλευεν ἀναχώρησιν καὶ παρ-
ήγγελλε τοῖς ἀπιοῦσιν ἐπὶ τὸ εὐώνυμον κέρας, ὥσπερ
μόνον οἷόν τ᾽ ἦν, ὑπάγειν ἐπὶ τῆς Ἠιόνος. 4 Ὡς δ᾽ αὐτῷ
ἐδόκει σχολὴ γίγνεσθαι, αὐτὸς ἐπιστρέψας τὸ δεξιὸν καὶ
τὰ γυμνὰ πρὸς τοὺς πολεμίους δοὺς ἀπῆγε τὴν στρατιάν.
5 Κἂν τούτῳ Βρασίδας ὡς ὁρᾷ τὸν καιρὸν καὶ τὸ στράτευμα τῶν Ἀθηναίων κινούμενον, λέγει τοῖς μεθ᾽ ἑαυτοῦ
καὶ τοῖς ἄλλοις ὅτι « Οἱ ἄνδρες ἡμᾶς οὐ μένουσιν· δῆλοι
δὲ τῶν τε δοράτων τῇ κινήσει καὶ τῶν κεφαλῶν· οἷς γὰρ
ἂν τοῦτο γίγνηται, οὐκ εἰώθασι μένειν τοὺς ἐπιόντας. Ἀλλὰ
τάς τε πύλας τις ἀνοιγέτω ἐμοὶ ἃς εἴρηται, καὶ ἐπεξίωμεν
ὡς τάχιστα θαρσοῦντες. » 6 Καὶ ὁ μὲν κατὰ τὰς ἐπὶ τὸ
σταύρωμα πύλας καὶ τὰς πρώτας τοῦ μακροῦ τείχους τότε
ὄντος ἐξελθὼν ἔθει δρόμῳ τὴν ὁδὸν ταύτην εὐθεῖαν ᾗπερ
νῦν κατὰ τὸ καρτερώτατον τοῦ χωρίου ἰόντι τροπαῖον ἕσ-
τηκε, καὶ προσβαλὼν τοῖς Ἀθηναίοις, πεφοβημένοις τε
ἅμα τῇ σφετέρᾳ ἀταξίᾳ καὶ τὴν τόλμαν αὐτοῦ ἐκπεπληγ-
μένοις, κατὰ μέσον τὸ στράτευμα, τρέπει· 7 καὶ ὁ Κλεαρίδας, ὥσπερ εἴρητο, ἅμα κατὰ τὰς Θρακίας πύλας ἐπεξ-
ελθὼν τῷ στρατῷ ἐπεφέρετο. Ξυνέβη τε τῷ ἀδοκήτῳ καὶ
ἐξαπίνης ἀμφοτέρωθεν τοὺς Ἀθηναίους θορυβηθῆναι·
8 καὶ τὸ μὲν εὐώνυμον κέρας αὐτῶν, τὸ πρὸς τὴν Ἠιόνα,
ὅπερ δὴ καὶ προυκεχωρήκει, εὐθὺς ἀπορραγὲν ἔφευγε (καὶ
ὁ Βρασίδας ὑποχωροῦντος ἤδη αὐτοῦ ἐπιπαριὼν τῷ δεξιῷ
τιτρώσκεται, καὶ πεσόντα αὐτὸν οἱ μὲν Ἀθηναῖοι οὐκ αἰσ-
θάνονται, οἱ δὲ πλησίον ἄραντες ἀπήνεγκαν). 9 Τὸ δὲ
δεξιὸν τῶν Ἀθηναίων ἔμενέ τε μᾶλλον· καὶ ὁ μὲν Κλέων,
ὡς τὸ πρῶτον οὐ διενοεῖτο μένειν, εὐθὺς φεύγων καὶ κα-

donner le signal de la retraite, transmettant, à ce moment-
là, aux troupes qui partaient, l'ordre de se replier vers Éion
en défilant par l'aile gauche – ce qui était la seule façon
possible. 4 Puis, jugeant que rien ne pressait, il fit en personne opérer une conversion à l'aile droite, et ramena l'armée en exposant son flanc nu à l'ennemi. 5 À ce moment,
Brasidas, qui voit l'occasion offerte et l'armée athénienne
en mouvement, dit à ses hommes et aux autres : « Ces troupes ne tiennent pas devant nous : le mouvement des lances
et des têtes ne trompe pas, une troupe qui procède ainsi
n'a pas coutume de tenir devant une attaque. Allons ! que
l'on m'ouvre les portes que j'ai dites et sortons au plus
tôt, avec confiance ! » 6 Alors lui-même, sortant par la
porte qui donnait sur la palissade et par la première porte
du grand mur d'alors, se lança au pas de course tout droit
par la route où, aujourd'hui, quand on suit la partie la
mieux défendue du terrain, on voit se dresser un trophée ;
et, fonçant en plein milieu de l'armée athénienne, contre
des gens pris à la fois de désarroi à cause de leur désordre
et de stupeur devant son audace, il les met en déroute. 7
En même temps, Cléaridas sortait, comme prescrit, par la
porte de Thrace et se portait contre eux. Le résultat fut que,
victimes de l'imprévu et de la soudaineté, les Athéniens
furent, de deux côtés différents, jetés dans la confusion.
8 Vers Éion, leur aile gauche, dans la mesure même où
elle avait progressé, avait aussitôt été tranchée du reste et
s'enfuyait : Brasidas, alors qu'elle battait déjà en retraite
et qu'il remontait vers l'aile droite, se fait alors blesser ;
les Athéniens ne s'aperçoivent pas qu'il est tombé : les
soldats qui l'entouraient le ramassèrent et l'emportèrent.
9 Quant à l'aile droite athénienne, elle tenait mieux ; sans
doute Cléon, conformément à son projet initial qui ne prévoyait pas de tenir, avait-il pris aussitôt la fuite, pour être

ταληφθεὶς ὑπὸ Μυρκινίου πελταστοῦ ἀποθνήσκει, οἱ δὲ
αὐτοῦ ξυστραφέντες ὁπλῖται ἐπὶ τὸν λόφον τόν τε Κλεαρίδαν ἠμύνοντο καὶ δὶς ἢ τρὶς προσβαλόντα, καὶ οὐ πρότερον ἐνέδοσαν πρὶν ἥ τε Μυρκινία καὶ ἡ Χαλκιδικὴ ἵππος
καὶ οἱ πελτασταὶ περιστάντες καὶ ἐσακοντίζοντες αὐτοὺς
ἔτρεψαν. 10 Οὕτω δὴ τὸ στράτευμα πᾶν ἤδη τῶν Ἀθηναίων φυγὸν χαλεπῶς καὶ πολλὰς ὁδοὺς τραπόμενοι κατὰ
ὄρη, ὅσοι μὴ διεφθάρησαν ἢ αὐτίκα ἐν χερσὶν ἢ ὑπὸ τῆς
Χαλκιδικῆς ἵππου καὶ τῶν πελταστῶν, οἱ λοιποὶ ἀπεκομίσθησαν ἐς τὴν Ἠιόνα. 11 Οἱ δὲ τὸν Βρασίδαν ἄραντες
ἐκ τῆς μάχης καὶ διασώσαντες ἐς τὴν πόλιν ἔτι ἔμπνουν
ἐσεκόμισαν· καὶ ᾔσθετο μὲν ὅτι νικῶσιν οἱ μεθ' αὐτοῦ, οὐ
πολὺ δὲ διαλιπὼν ἐτελεύτησεν· 12 καὶ ἡ ἄλλη στρατιὰ
ἀναχωρήσασα μετὰ τοῦ Κλεαρίδου ἐκ τῆς διώξεως νεκρούς τε ἐσκύλευσε καὶ τροπαῖον ἔστησεν.

XI. Μετὰ δὲ ταῦτα τὸν Βρασίδαν οἱ ξύμμαχοι πάντες
ξὺν ὅπλοις ἐπισπόμενοι δημοσίᾳ ἔθαψαν ἐν τῇ πόλει πρὸ
τῆς νῦν ἀγορᾶς οὔσης· καὶ τὸ λοιπὸν οἱ Ἀμφιπολῖται
περιείρξαντες αὐτοῦ τὸ μνημεῖον ὡς ἥρῳ τε ἐντέμνουσι καὶ
τιμὰς δεδώκασιν ἀγῶνας καὶ ἐτησίους θυσίας, καὶ τὴν
ἀποικίαν ὡς οἰκιστῇ προσέθεσαν καταβαλόντες τὰ Ἁγνώ-
νεια οἰκοδομήματα καὶ ἀφανίσαντες εἴ τι μνημόσυνόν που
ἔμελλεν αὐτοῦ τῆς οἰκίσεως περιέσεσθαι, νομίσαντες τὸν
μὲν Βρασίδαν σωτῆρά τε σφῶν γεγενῆσθαι καὶ ἐν τῷ παρόντι ἅμα τὴν τῶν Λακεδαιμονίων ξυμμαχίαν φόβῳ τῶν
Ἀθηναίων θεραπεύοντες, τὸν δὲ Ἅγνωνα κατὰ τὸ πολέμιον τῶν Ἀθηναίων οὐκ ἂν ὁμοίως σφίσι ξυμφόρως οὐδ'

---

9. La mort de Cléon n'est donc pas une mort héroïque au
combat. Mais Thucydide est-il objectif en rapportant ainsi la mort du
démagogue ?

rejoint et tué par un peltaste de Myrkinos[9], mais les hoplites, se reformant sur place, avaient occupé la hauteur, d'où ils repoussaient Cléaridas, qui répéta pourtant son attaque deux ou trois fois : ils ne cédèrent que lorsque la cavalerie de Myrkinos et celle de Chalcidique, avec les peltastes, les entourèrent et, à force de traits, les mirent en déroute. 10 Dès lors, donc, toute l'armée athénienne était en fuite : avec peine, en empruntant bien des chemins de montagne, ceux qui n'avaient pas été tués soit au début dans le corps à corps, soit par la cavalerie chalcidienne et les peltastes, furent les seuls survivants qui regagnèrent Éion. 11 Dans l'autre camp, ceux qui avaient retiré Brasidas de la mêlée et l'avaient mis à l'abri le ramenèrent dans la ville respirant encore : il put se rendre compte que ses troupes étaient victorieuses et, peu après, il mourut. 12 Le reste de l'armée revint avec Cléaridas, après la poursuite ; ils dépouillèrent les morts et dressèrent un trophée.

XI. Après cela les alliés firent à Brasidas des obsèques officielles, auxquelles ils prirent part tous en armes : ils l'ensevelirent dans la ville, à l'entrée de la place actuelle ; depuis ce jour, les gens d'Amphipolis, ayant mis une enceinte autour du monument, égorgent des victimes, qu'ils lui offrent en tant que héros, et ils lui ont accordé, à titre d'honneurs, des jeux avec des sacrifices annuels ; ils lui dédièrent aussi la ville, le désignant comme fondateur de la colonie, après avoir abattu les monuments d'Hagnon et fait disparaître tout ce qui pouvait être destiné à préserver le souvenir de son rôle comme fondateur : ils jugeaient que Brasidas avait été leur sauveur, sans compter que, par crainte d'Athènes, ils cultivaient, dans la circonstance, l'alliance lacédémonienne ; quant à Hagnon, ils jugeaient qu'étant donné l'état d'hostilité régnant avec Athènes, il ne saurait recevoir leurs honneurs de façon aussi

ἂν ἡδέως τὰς τιμὰς ἔχειν. 2 Καὶ τοὺς νεκροὺς τοῖς Ἀθηναίοις ἀπέδοσαν. Ἀπέθανον δὲ Ἀθηναίων μὲν περὶ ἑξακοσίους, τῶν δ' ἐναντίων ἑπτά, διὰ τὸ μὴ ἐκ παρατάξεως,
ἀπὸ δὲ τοιαύτης ξυντυχίας καὶ προεκφοβήσεως τὴν μάχην
μᾶλλον γενέσθαι. 3 Μετὰ δὲ τὴν ἀναίρεσιν οἱ μὲν ἐπ'
οἴκου ἀπέπλευσαν, οἱ δὲ μετὰ τοῦ Κλεαρίδου τὰ περὶ τὴν
Ἀμφίπολιν καθίσταντο.

XII. Καὶ ὑπὸ τοὺς αὐτοὺς χρόνους τοῦ θέρους τελευτῶντος Ῥαμφίας καὶ Αὐτοχαρίδας καὶ Ἐπικυδίδας Λακεδαιμόνιοι ἐς τὰ ἐπὶ Θρᾴκης χωρία βοήθειαν ἦγον ἐνακο-
σίων ὁπλιτῶν, καὶ ἀφικόμενοι ἐς Ἡράκλειαν τὴν ἐν Τραχῖνι καθίσταντο ὅ τι αὐτοῖς ἐδόκει μὴ καλῶς ἔχειν. 2 Ἐν-
διατριβόντων δὲ αὐτῶν ἔτυχεν ἡ μάχη αὕτη γενομένη, καὶ
τὸ θέρος ἐτελεύτα.

XIII. Τοῦ δ' ἐπιγιγνομένου χειμῶνος εὐθὺς μέχρι μὲν
Πιερίου τῆς Θεσσαλίας διῆλθον οἱ περὶ τὸν Ῥαμφίαν, κω-
λυόντων δὲ τῶν Θεσσαλῶν καὶ ἅμα Βρασίδου τεθνεῶτος,
ᾧπερ ἦγον τὴν στρατιάν, ἀπετράποντο ἐπ' οἴκου, νομίσαντες οὐδένα καιρὸν ἔτι εἶναι, τῶν τε Ἀθηναίων ἥσσῃ
ἀπεληλυθότων καὶ οὐκ ἀξιόχρεων αὐτῶν ὄντων δρᾶν τι
ὧν κἀκεῖνος ἐπενόει. 2 Μάλιστα δὲ ἀπῆλθον εἰδότες
τοὺς Λακεδαιμονίους, ὅτε ἐξῇσαν, πρὸς τὴν εἰρήνην μᾶλλον τὴν γνώμην ἔχοντας.

XIV. Ξυνέβη τε εὐθὺς μετὰ τὴν ἐν Ἀμφιπόλει μάχην
καὶ τὴν Ῥαμφίου ἀναχώρησιν ἐκ Θεσσαλίας ὥστε πολέμου
μὲν μηδὲν ἔτι ἅψασθαι μηδετέρους, πρὸς δὲ τὴν εἰρήνην
μᾶλλον τὴν γνώμην εἶχον, οἱ μὲν Ἀθηναῖοι πληγέντες

---

10. Il était traditionnel de rendre de tels honneurs au fondateur
d'une cité, ce qui était le cas d'Hagnon (IV, 102, 4). Passée sous le
contrôle des Lacédémoniens, et conservant sur l'agora la tombe de
Brasidas, c'est à lui désormais qu'Amphipolis accorde ces honneurs
comportant des sacrifices et des concours.

profitable pour eux ni avec plaisir[10]. 2 Ils rendirent leurs morts aux Athéniens. On avait perdu chez les Athéniens quelque six cents hommes et, chez leurs adversaires, sept – cela parce que l'on n'avait pas combattu en bataille rangée, mais plutôt à la faveur, on l'a vu, d'un concours de circonstances et de mesures semant à l'avance le désarroi. 3 Après que l'on eut ramassé les morts, les uns se rembarquèrent pour rentrer chez eux, tandis que les autres, avec Cléaridas, s'organisaient à Amphipolis.

XII. Vers la même époque, à la fin de l'été, les Lacédémoniens Rhamphias, Autocharidas et Épikydidas conduisaient un renfort de neuf cents hoplites vers la côte de Thrace : arrivés à Héraclée Trachinienne, ils y organisaient tout ce qui leur semblait défectueux ; 2 et il se trouva qu'ils s'y attardaient lorsqu'eut lieu la bataille rapportée. Ainsi s'achevait l'été.

### Négociation de la paix

XIII. L'hiver suivant, aussitôt, Rhamphias et ses troupes poussèrent jusqu'à Piérion en Thessalie ; puis, vu l'opposition des Thessaliens et vu aussi la mort de Brasidas, à qui précisément ils conduisaient ce renfort, ils prirent le chemin du retour, jugeant écartée toute occasion d'agir, puisque les Athéniens étaient repartis vaincus et qu'eux-mêmes n'étaient pas en mesure de réaliser à sa place les projets de Brasidas ; 2 mais leur principale raison de rentrer était ce qu'ils savaient des Lacédémoniens, qui, lors du départ des troupes, avaient plutôt l'esprit à la paix.

XIV. On aboutit donc à ce qu'aussitôt après la bataille d'Amphipolis et le retour de Rhamphias, rentrant de Thessalie, les deux peuples ne se livrèrent plus à aucun acte de guerre, et eurent plutôt l'esprit à la paix. Les Athéniens,

ἐπί τε τῷ Δηλίῳ καὶ δι' ὀλίγου αὖθις ἐν 'Αμφιπόλει, καὶ
οὐκ ἔχοντες τὴν ἐλπίδα τῆς ῥώμης πιστὴν ἔτι, ᾗπερ οὐ
προσεδέχοντο πρότερον τὰς σπονδάς, δοκοῦντες τῇ παρούσῃ εὐτυχίᾳ καθυπέρτεροι γενήσεσθαι. 2 Καὶ τοὺς
ξυμμάχους ἅμα ἐδέδισαν σφῶν μὴ διὰ τὰ σφάλματα ἐπαιρόμενοι ἐπὶ πλέον ἀποστῶσι, μετεμέλοντό τε ὅτι μετὰ τὰ
ἐν Πύλῳ καλῶς παρασχὸν οὐ ξυνέβησαν. 3 Οἱ δ' αὖ Λακεδαιμόνιοι παρὰ γνώμην μὲν ἀποβαίνοντος σφίσι τοῦ
πολέμου, ἐν ᾧ ᾤοντο ὀλίγων ἐτῶν καθαιρήσειν τὴν τῶν
'Αθηναίων δύναμιν εἰ τὴν γῆν τέμνοιεν, περιπεσόντες δὲ
τῇ ἐν τῇ νήσῳ ξυμφορᾷ, οἵα οὔπω ἐγεγένητο τῇ Σπάρτῃ,
καὶ λῃστευομένης τῆς χώρας ἐκ τῆς Πύλου καὶ Κυθήρων,
αὐτομολούντων τε τῶν Εἱλώτων καὶ αἰεὶ προσδοκίας οὔσης
μή τι καὶ οἱ ὑπομένοντες τοῖς ἔξω πίσυνοι πρὸς τὰ παρόντα
σφίσιν, ὥσπερ καὶ πρότερον, νεωτερίσωσιν· 4 ξυνέβαινε
δὲ καὶ πρὸς τοὺς 'Αργείους αὐτοῖς τὰς τριακοντούτεις
σπονδὰς ἐπ' ἐξόδῳ εἶναι, καὶ ἄλλας οὐκ ἤθελον σπένδεσθαι οἱ 'Αργεῖοι, εἰ μή τις αὐτοῖς τὴν Κυνουρίαν γῆν ἀπο-
δώσει, ὥστ' ἀδύνατα εἶναι ἐφαίνετο 'Αργείοις καὶ 'Αθηναίοις ἅμα πολεμεῖν, τῶν τε ἐν Πελοποννήσῳ πόλεων
ὑπώπτευόν τινας ἀποστήσεσθαι πρὸς τοὺς 'Αργείους, ὅπερ
καὶ ἐγένετο. XV. Ταῦτ' οὖν ἀμφοτέροις αὐτοῖς λογιζομένοις ἐδόκει ποιητέα εἶναι ἡ ξύμβασις, καὶ οὐχ ἧσσον
τοῖς Λακεδαιμονίοις, ἐπιθυμίᾳ τῶν ἀνδρῶν τῶν ἐκ τῆς νήσου κομίσασθαι· ἧσαν γὰρ οἱ Σπαρτιᾶται αὐτῶν πρῶτοί
τε καὶ ὁμοίως σφίσι ξυγγενεῖς. 2 Ἤρξαντο μὲν οὖν καὶ
εὐθὺς μετὰ τὴν ἅλωσιν αὐτῶν πράσσειν, ἀλλ' οἱ 'Αθηναῖοι
οὔπω ἤθελον, εὖ φερόμενοι, ἐπὶ τῇ ἴσῃ καταλύεσθαι. Σφα-

11. On n'entrera pas ici dans le débat concernant la distinction
entre Spartiates et Lacédémoniens. Seuls, les premiers méritaient le
nom de « Semblables », alors que les seconds désigneraient également
les Périèques et les autres catégories d'« inférieurs » qui existaient à
Sparte.

eux, avaient subi de durs coups à Délion, puis, peu après,
à Amphipolis ; et ils n'avaient plus dans leur force l'espoir
confiant qui leur avait fait, auparavant, écarter la trêve, avec
l'idée, fondée sur leur chance du moment, qu'ils l'emporteraient ; 2 en même temps, leurs alliés les inquiétaient : ils
craignaient de voir ceux-ci, exaltés par ces échecs, étendre
leurs défections ; et ils regrettaient leur conduite quand,
après Pylos, ils avaient eu une bonne occasion de traiter et
ne l'avaient pas fait. 3 Les Lacédémoniens, d'autre part,
voyaient la guerre tourner à leur surprise (car ils avaient
imaginé pouvoir en peu d'années détruire la puissance
d'Athènes en ravageant son territoire) ; ils avaient subi le
malheur de l'île (malheur sans précédent pour Sparte), et
leur territoire était mis au pillage depuis Pylos et Cythère,
tandis que les hilotes ou bien désertaient ou bien faisaient
l'objet d'une crainte continuelle, car on s'attendait à voir
ceux qui restaient, s'appuyant sur ceux du dehors, profiter des circonstances pour se soulever comme avant. 4 Il
s'ajoutait à cela que le pacte de trente ans qu'ils avaient
avec Argos arrivait à expiration, et les Argiens refusaient
d'en conclure un autre à moins qu'on ne leur restituât le
territoire de Cynurie ; si bien qu'il apparaissait impossible
de faire la guerre à la fois contre Argos et Athènes ; enfin,
ils soupçonnaient que certaines villes du Péloponnèse se
détacheraient d'eux au profit d'Argos – comme cela devait,
en effet, arriver. XV. En vertu de ces réflexions, les deux
partis pensaient donc qu'il fallait conclure un accord, et,
plus spécialement, les Lacédémoniens, qui désiraient se
faire rendre les hommes de l'île (les Spartiates, parmi eux,
étaient des hommes de premier rang et comptaient des
parents qui étaient leurs égaux)[11] ; 2 aussi avaient-ils commencé à négocier dès leur capture ; mais les Athéniens,
devant le cours favorable des événements, n'étaient pas

λέντων δὲ αὐτῶν ἐπὶ τῷ Δηλίῳ παραχρῆμα οἱ Λακεδαιμόνιοι γνόντες νῦν μᾶλλον ἂν ἐνδεξαμένους ποιοῦνται τὴν
ἐνιαύσιον ἐκεχειρίαν, ἐν ᾗ ἔδει ξυνιόντας καὶ περὶ τοῦ
πλείονος χρόνου βουλεύεσθαι. XVI. Ἐπειδὴ δὲ καὶ ἡ ἐν
Ἀμφιπόλει ἧσσα τοῖς Ἀθηναίοις ἐγεγένητο καὶ ἐτεθνήκει
Κλέων τε καὶ Βρασίδας, οἵπερ ἀμφοτέρωθεν μάλιστα ἠναντιοῦντο τῇ εἰρήνῃ, ὁ μὲν διὰ τὸ εὐτυχεῖν τε καὶ τιμᾶσθαι
ἐκ τοῦ πολεμεῖν, ὁ δὲ γενομένης ἡσυχίας καταφανέστερος
νομίζων ἂν εἶναι κακουργῶν καὶ ἀπιστότερος διαβάλλων,
τότε δὴ ἑκατέρᾳ τῇ πόλει σπεύδοντες τὰ μάλιστα τὴν ἡγεμονίαν Πλειστοάναξ τε ὁ Παυσανίου, βασιλεὺς Λακεδαιμονίων, καὶ Νικίας ὁ Νικηράτου, πλεῖστα τῶν τότε εὖ φε-
ρόμενος ἐν στρατηγίαις, πολλῷ δὴ μᾶλλον προυθυμοῦντο,
Νικίας μὲν βουλόμενος, ἐν ᾧ ἀπαθὴς ἦν καὶ ἠξιοῦτο, διασώσασθαι τὴν εὐτυχίαν, καὶ ἔς τε τὸ αὐτίκα πόνων πε-
παῦσθαι καὶ αὐτὸς καὶ τοὺς πολίτας παῦσαι, καὶ τῷ μέλ-
λοντι χρόνῳ καταλιπεῖν ὄνομα ὡς οὐδὲν σφήλας τὴν πόλιν διεγένετο, νομίζων ἐκ τοῦ ἀκινδύνου τοῦτο ξυμβαίνειν
καὶ ὅστις ἐλάχιστα τύχῃ αὑτὸν παραδίδωσι, τὸ δὲ ἀκίνδυνον τὴν εἰρήνην παρέχειν, Πλειστοάναξ δὲ ὑπὸ τῶν ἐχθρῶν
διαβαλλόμενος περὶ τῆς καθόδου καὶ ἐς ἐνθυμίαν τοῖς Λακεδαιμονίοις αἰεὶ προβαλλόμενος ὑπ' αὐτῶν, ὁπότε τι
πταίσειαν, ὡς διὰ τὴν ἐκείνου κάθοδον παρανομηθεῖσαν
ταῦτα ξυμβαίνοι. 2 Τὴν γὰρ πρόμαντιν τὴν ἐν Δελφοῖς
ἐπῃτιῶντο αὐτὸν πεῖσαι μετ' Ἀριστοκλέους τοῦ ἀδελφοῦ
ὥστε χρῆσαι Λακεδαιμονίοις ἐπὶ πολὺ τάδε θεωροῖς ἀφικ-
νουμένοις, Διὸς υἱοῦ ἡμιθέου τὸ σπέρμα ἐκ τῆς ἀλλοτρίας

12. Le demi-dieu en question est Héraclès, dont les rois spartiates
se voulaient les descendants.

encore disposés à traiter sur un pied d'égalité. Vint l'échec de Délion : aussitôt les Lacédémoniens, comprenant qu'on leur ferait maintenant meilleur accueil, négocient l'armistice d'un an, au cours duquel, les deux peuples devaient se rencontrer et prendre des décisions de plus longue portée. XVI. Or, par là-dessus, il y avait eu encore la défaite d'Amphipolis, pour les Athéniens, et la double mort de Cléon et de Brasidas, qui étaient, de part et d'autre, les principaux adversaires de la paix (celui-ci parce qu'il réussissait à la guerre et en tirait de la gloire, l'autre parce qu'il pensait que le retour au calme rendrait plus manifestes ses méfaits et moins convaincantes ses calomnies) : à ce moment-là, dans les deux villes, les plus ardents à prendre la direction des affaires, Pleistoanax, fils de Pausanias, roi de Sparte, et Nicias, fils de Nicératos, qui rencontrait alors plus de succès que personne dans le rôle de stratège, montrèrent un empressement beaucoup plus grand : Nicias, lui, voulait profiter de ce qu'il était invaincu et bien considéré pour assurer sa chance ; il désirait, dans l'immédiat, voir finies pour lui les épreuves tout en y mettant fin pour ses concitoyens et, à l'avenir, laisser le renom d'un homme qui a passé sa vie sans jamais faire de tort à l'État ; il pensait que l'on y arrive en évitant les risques et quand on s'abandonne le moins possible à la fortune : or, on évite les risques grâce à la paix. Quant à Pleistoanax, il était en butte aux attaques de ses ennemis à propos de son retour d'exil et à leurs commentaires qui suggéraient toujours aux Lacédémoniens, lors de chaque échec, que ce retour d'exil illégal en était la cause. 2 Ils l'accusaient en effet d'avoir, avec son frère Aristoclès, agi auprès de la prêtresse de Delphes pour qu'elle répétât indéfiniment aux consultants envoyés par Sparte le conseil de ramener de l'étranger chez eux la race du demi-dieu, fils de Zeus[12] : sinon ils

ἐς τὴν ἑαυτῶν ἀναφέρειν· εἰ δὲ μή, ἀργυρέᾳ εὐλάκᾳ εὐλα-
ξεῖν· 3 χρόνῳ δὲ προτρέψαι τοὺς Λακεδαιμονίους φεύ-
γοντα αὐτὸν ἐς Λύκαιον διὰ τὴν ἐκ τῆς Ἀττικῆς ποτε
μετὰ δώρων δοκήσεως ἀναχώρησιν καὶ ἥμισυ τῆς οἰκίας
τοῦ ἱεροῦ τότε τοῦ Διὸς οἰκοῦντα φόβῳ τῷ Λακεδαιμονίων, ἔτει ἑνὸς δέοντι εἰκοστῷ τοῖς ὁμοίοις χοροῖς καὶ θυ-
σίαις καταγαγεῖν ὥσπερ ὅτε τὸ πρῶτον Λακεδαίμονα κτί-
ζοντες τοὺς βασιλέας καθίσταντο. XVII. Ἀχθόμενος
οὖν τῇ διαβολῇ ταύτῃ καὶ νομίζων ἐν εἰρήνῃ μὲν οὐδενὸς
σφάλματος γιγνομένου καὶ ἅμα τῶν Λακεδαιμονίων τοὺς
ἄνδρας κομιζομένων κἂν αὐτὸς τοῖς ἐχθροῖς ἀνεπίληπτος
εἶναι, πολέμου δὲ καθεστῶτος αἰεὶ ἀνάγκην εἶναι τοὺς
προύχοντας ἀπὸ τῶν ξυμφορῶν διαβάλλεσθαι, προυθυ-
μήθη τὴν ξύμβασιν.

2 Καὶ τόν τε χειμῶνα τοῦτον ἦσαν ἐς λόγους, καὶ πρὸς
τὸ ἔαρ ἤδη παρασκευή τε προεπανεσείσθη ἀπὸ τῶν Λακεδαιμονίων, περιαγγελλομένη κατὰ πόλεις ὡς ⟨ἐς⟩ ἐπιτει-
χισμόν, ὅπως οἱ Ἀθηναῖοι μᾶλλον ἐσακούοιεν, καὶ ἐπειδὴ
ἐκ τῶν ξυνόδων ἅμα πολλὰς δικαιώσεις προενεγκόντων
ἀλλήλοις ξυνεχωρεῖτο ὥστε ἃ ἑκάτεροι πολέμῳ ἔσχον ἀποδόντας τὴν εἰρήνην ποιεῖσθαι, Νίσαιαν δ' ἔχειν Ἀθηναίους
(ἀνταπαιτούντων γὰρ Πλάταιαν οἱ Θηβαῖοι ἔφασαν οὐ βίᾳ,
ἀλλ' ὁμολογίᾳ αὐτῶν προσχωρησάντων καὶ οὐ προδόντων
ἔχειν τὸ χωρίον, καὶ οἱ Ἀθηναῖοι τῷ αὐτῷ τρόπῳ τὴν Νίσαιαν), τότε δὴ παρακαλέσαντες τοὺς ἑαυτῶν ξυμμάχους
οἱ Λακεδαιμόνιοι καὶ ψηφισαμένων πλὴν Βοιωτῶν καὶ Κορινθίων καὶ Ἠλείων καὶ Μεγαρέων τῶν ἄλλων ὥστε κα-

13. Sur les soupçons pesant sur Pleistoanax et sur son exil, voir I,
114, 2 et II, 21, 6.
14. Le traité ne parle ni de Nisée ni de Platée (voir *infra*, 18, 5-7).

laboureraient avec un soc d'argent ; 3 avec le temps, elle avait décidé les Lacédémoniens : alors qu'il était exilé au Lycaion à cause de la façon dont il avait, autrefois, évacué l'Attique avec les apparences de s'être fait payer[13], et alors que, par crainte des Lacédémoniens, il habitait une maison faisant pour moitié partie du sanctuaire de Zeus, ils l'avaient ramené dix-huit ans après, avec les mêmes chœurs et les mêmes sacrifices qui avaient servi à l'origine, lors de la fondation de Sparte, pour installer les rois. XVII. Souffrant, donc, de ces attaques, il se disait qu'avec la paix, aucun échec n'intervenant et les Lacédémoniens, en même temps, se faisant rendre leurs hommes, il cesserait du même coup d'offrir une prise à ses ennemis, tandis qu'avec la guerre, c'était toujours une règle que les dirigeants, en cas de malheur, fussent attaqués ; aussi fut-il plein d'empressement pour conclure un accord.

2 Pendant cet hiver-là, donc, des négociations avaient lieu ; et, quand approcha le printemps, on vit brandir, du côté lacédémonien, l'annonce de préparatifs demandés dans les cités en vue d'aller établir des fortifications de contrôle – annonce qui devait rendre Athènes plus accommodante ; puis, à la suite d'entretiens où furent présentées côte à côte quantité de revendications, ils tombèrent d'accord pour conclure la paix en restituant, de part et d'autre, les territoires occupés au cours de la guerre, sauf qu'Athènes gardait Nisée (lors des réclamations réciproques, les Thébains avaient déclaré, à propos de Platée, que c'était en vertu non pas de la force, mais d'un accord accepté par la population, sans intervention de trahison, qu'ils occupaient la place ; et de même Athènes pour Nisée)[14] : dès lors les Lacédémoniens convoquèrent leurs alliés ; à l'exception des Béotiens, des Corinthiens, des Éléens et des Mégariens, qui désapprouvaient la négociation, tous

ταλύεσθαι (τούτοις δὲ οὐκ ἤρεσκε τὰ πρασσόμενα), ποιοῦνται τὴν ξύμβασιν καὶ ἐσπείσαντο πρὸς τοὺς Ἀθηναίους
καὶ ὤμοσαν, ἐκεῖνοί τε πρὸς τοὺς Λακεδαιμονίους, τάδε.

XVIII. « Σπονδὰς ἐποιήσαντο Ἀθηναῖοι καὶ Λακεδαιμόνιοι καὶ οἱ ξύμμαχοι κατὰ τάδε, καὶ ὤμοσαν κατὰ πόλεις.

2 « Περὶ μὲν τῶν ἱερῶν τῶν κοινῶν, θύειν [καὶ ἰέναι] καὶ
μαντεύεσθαι καὶ θεωρεῖν κατὰ τὰ πάτρια τὸν βουλόμενον
⟨καὶ ἰέναι⟩ καὶ κατὰ γῆν καὶ κατὰ θάλασσαν ἀδεῶς. Τὸ
δ' ἱερὸν καὶ τὸν νεὼν τὸν ἐν Δελφοῖς τοῦ Ἀπόλλωνος
καὶ Δελφοὺς αὐτονόμους εἶναι καὶ αὐτοτελεῖς καὶ αὐτο-
δίκους καὶ αὑτῶν καὶ τῆς γῆς τῆς ἑαυτῶν κατὰ τὰ πάτρια.

3 « Ἔτη δὲ εἶναι τὰς σπονδὰς πεντήκοντα Ἀθηναίοις καὶ
τοῖς ξυμμάχοις τοῖς Ἀθηναίων καὶ Λακεδαιμονίοις καὶ
τοῖς ξυμμάχοις τοῖς Λακεδαιμονίων ἀδόλους καὶ ἀβλαβεῖς
καὶ κατὰ γῆν καὶ κατὰ θάλασσαν. 4 Ὅπλα δὲ μὴ ἐξέστω
ἐπιφέρειν ἐπὶ πημονῇ μήτε Λακεδαιμονίους καὶ τοὺς ξυμμάχους ἐπ' Ἀθηναίους καὶ τοὺς ξυμμάχους μήτε Ἀθηναίους καὶ τοὺς ξυμμάχους ἐπὶ Λακεδαιμονίους καὶ τοὺς
ξυμμάχους, μήτε τέχνῃ μήτε μηχανῇ μηδεμιᾷ. Ἢν δέ τι
διάφορον ᾖ πρὸς ἀλλήλους, δίκαις χρήσθων καὶ ὅρκοις,
καθ' ὅ τι ἂν ξυνθῶνται.

5 « Ἀποδόντων δὲ Ἀθηναίοις Λακεδαιμόνιοι καὶ οἱ ξύμμαχοι Ἀμφίπολιν. Ὅσας δὲ πόλεις παρέδοσαν Λακεδαιμόνιοι Ἀθηναίοις, ἐξέστω ἀπιέναι ὅποι ἂν βούλωνται αὐτοὺς καὶ τὰ ἑαυτῶν ἔχοντας. Τὰς δὲ πόλεις φερούσας τὸν
φόρον τὸν ἐπ' Ἀριστείδου αὐτονόμους εἶναι. Ὅπλα δὲ μὴ
ἐξέστω ἐπιφέρειν Ἀθηναίους μηδὲ τοὺς ξυμμάχους ἐπὶ
κακῷ, ἀποδιδόντων τὸν φόρον, ἐπειδὴ αἱ σπονδαὶ ἐγέ-

15. Une fois encore, Athènes agit seule face aux Lacédémoniens et
à une partie de leurs alliés.

votèrent la paix ; ils conclurent donc l'accord, s'engageant envers les Athéniens, et réciproquement, par des libations et des serments, sous la forme suivante[15].

XVIII. « Une paix a été conclue entre les Athéniens et les Lacédémoniens ainsi que leurs alliés, aux conditions suivantes, qu'ils ont, cité par cité, juré d'observer.

2 « Relativement aux sanctuaires communs, on pourra à son gré y offrir des sacrifices, y consulter les oracles et y envoyer des délégations selon les traditions en usage ; et l'on pourra y aller, aussi bien par terre ou par mer, en toute liberté. Le sanctuaire et le temple d'Apollon à Delphes, ainsi que Delphes même, seront autonomes, avec leurs lois, leurs impôts et leur justice, pour les personnes et pour les terres, conformément aux traditions en usage.

3 « La paix restera en vigueur cinquante ans pour les Athéniens et leurs alliés d'une part, les Lacédémoniens et leurs alliés d'autre part, qui l'observeront sans se tromper ni se nuire, sur terre et sur mer. 4 Il devra être interdit de prendre les armes avec des intentions hostiles, qu'il s'agisse des Lacédémoniens et de leurs alliés envers les Athéniens et leurs alliés, ou des Athéniens et de leurs alliés envers les Lacédémoniens et leurs alliés, que ce soit par la ruse ou par tout autre procédé. S'ils ont un différend entre eux, ils devront se conformer à des règlements de justice et à des serments ratifiant leurs accords.

5 « Les Lacédémoniens et leurs alliés rendront aux Athéniens Amphipolis. Pour les villes remises par les Lacédémoniens aux Athéniens, il devra être permis aux habitants de s'en aller où ils voudront, corps et biens ; les villes auront l'autonomie, en payant le tribut de l'époque d'Aristide. Il devra être interdit aux Athéniens et à leurs alliés de prendre les armes contre elles avec l'intention de leur nuire, pourvu qu'elles s'acquittent du tribut, une fois

νοντο. Εἰσὶ δὲ Ἄργιλος, Στάγιρος, Ἄκανθος, Σκῶλος, Ὄλυνθος, Σπάρτωλος. Ξυμμάχους δ᾽ εἶναι μηδετέρων, μήτε Λακεδαιμονίων μήτε Ἀθηναίων· ἢν δὲ Ἀθηναῖοι πείθωσι τὰς πόλεις, βουλομένας ταύτας ἐξέστω ξυμμάχους ποιεῖσθαι αὐτοὺς Ἀθηναίοις. 6 Μηκυβερναίους δὲ καὶ Σαναίους καὶ Σιγγίους οἰκεῖν τὰς πόλεις τὰς ἑαυτῶν, καθάπερ Ὀλύνθιοι καὶ Ἀκάνθιοι. 7 Ἀποδόντων δὲ Ἀθηναίοις Λακεδαιμόνιοι καὶ οἱ ξύμμαχοι Πάνακτον. Ἀποδόντων δὲ καὶ Ἀθηναῖοι Λακεδαιμονίοις Κορυφάσιον καὶ Κύθηρα καὶ Μέθανα καὶ Πτελεὸν καὶ Ἀταλάντην, καὶ τοὺς ἄνδρας ὅσοι εἰσὶ Λακεδαιμονίων ἐν τῷ δημοσίῳ τῷ Ἀθηναίων ἢ ἄλλοθί που ὅσης Ἀθηναῖοι ἄρχουσιν ἐν δημοσίῳ· καὶ τοὺς ἐν Σκιώνῃ πολιορκουμένους Πελοποννησίων ἀφεῖναι, καὶ τοὺς ἄλλους ὅσοι Λακεδαιμονίων ξύμμαχοι ἐν Σκιώνῃ εἰσὶ καὶ ὅσους Βρασίδας ἐσέπεμψε, καὶ εἴ τις τῶν ξυμμάχων τῶν Λακεδαιμονίων ἐν Ἀθήναις ἐστὶν ἐν τῷ δημοσίῳ ἢ ἄλλοθί που ἧς Ἀθηναῖοι ἄρχουσιν ἐν δημοσίῳ. Ἀποδόντων δὲ καὶ Λακεδαιμόνιοι καὶ οἱ ξύμμαχοι οὕστινας ἔχουσιν Ἀθηναίων καὶ τῶν ξυμμάχων κατὰ ταὐτά. 8 Σκιωναίων δὲ καὶ Τορωναίων καὶ Σερμυλιῶν καὶ εἴ τινα ἄλλην πόλιν ἔχουσιν Ἀθηναῖοι, Ἀθηναίους βουλεύεσθαι περὶ αὐτῶν καὶ τῶν ἄλλων πόλεων ὅ τι ἂν δοκῇ αὐτοῖς.

9 «Ὅρκους δὲ ποιήσασθαι Ἀθηναίους πρὸς Λακεδαιμονίους καὶ τοὺς ξυμμάχους κατὰ πόλεις· ὀμνύντων δὲ τὸν ἐπιχώριον ὅρκον ἑκάτεροι τὸν μέγιστον, ⟨ἑπτὰ καὶ δέκα⟩ ἐξ ἑκάστης πόλεως. Ὁ δ᾽ ὅρκος ἔστω ὅδε· « ἐμμενῶ ταῖς ξυνθήκαις καὶ ταῖς σπονδαῖς ταῖσδε δικαίως καὶ ἀδόλως. » Ἔστω δὲ Λακεδαιμονίοις καὶ τοῖς ξυμμάχοις κατὰ ταὐτὰ

16. Skionè n'était pas encore à ce moment entre les mains des Athéniens.

17. Les Lacédémoniens et leurs alliés reconnaissent donc de fait la domination exercée par Athènes sur certaines cités continentales.

la paix conclue. Ces villes sont Argilos, Stagiros, Acanthe, Skôlos, Olynthe, Spartôlos. Elles ne seront les alliées de personne, ni des Lacédémoniens ni des Athéniens. Mais, si les Athéniens obtiennent l'assentiment des cités, il devra être permis aux Athéniens d'en faire des alliés consentants. 6 Les gens de Mèkyberna, de Sanè et de Siggos auront leurs villes à eux, tout comme ceux d'Olynthe et d'Acanthe. 7 Les Lacédémoniens et leurs alliés rendront aussi aux Athéniens Panacton. Les Athéniens, eux, rendront aux Lacédémoniens Coryphasion, Cythère, Méthana, Ptéléon et Atalante, ainsi que les soldats lacédémoniens actuellement en prison à Athènes ou en prison dans quelque autre endroit placé sous la domination athénienne. De même on libérera les Péloponnésiens assiégés à Skionè, ainsi que tous les autres alliés de Sparte actuellement à Skionè, les hommes envoyés là par Brasidas, et tous les alliés de Sparte pouvant se trouver prisonniers à Athènes, ou prisonniers dans quelque autre endroit soumis à la domination athénienne. Dans les mêmes conditions, les Lacédémoniens et leurs alliés rendront ceux des Athéniens et de leurs alliés actuellement entre leurs mains. 8 Quant à la population de Skionè[16], de Torenè, de Sermylion et de toute autre cité actuellement aux mains des Athéniens, les Athéniens décideront à son sujet comme au sujet des autres cités ce qu'ils jugeront bon[17].

9 « Les Athéniens prêteront serment envers les Lacédémoniens et leurs alliés, cité par cité. Le serment devra être prêté de part et d'autre sous la forme dans chaque pays la plus solennelle, par dix-sept personnes de chaque ville. La formule même devra être la suivante : "J'observerai cet accord et ce traité en toute loyauté et sans tromperie." Un serment devra être prêté dans les mêmes conditions par les Lacédémoniens et leurs alliés envers

ὅρκος πρὸς ᾿Αθηναίους. Τὸν δὲ ὅρκον ἀνανεοῦσθαι κατ᾽
ἐνιαυτὸν ἀμφοτέρους. 10 Στήλας δὲ στῆσαι ᾿Ολυμπίασι
καὶ Πυθοῖ καὶ ᾿Ισθμοῖ καὶ ᾿Αθήνησιν ἐν πόλει καὶ ἐν Λακεδαίμονι ἐν ᾿Αμυκλαίῳ. 11 Εἰ δέ τι ἀμνημονοῦσιν ὁπο-
τεροιοῦν καὶ ὅτου πέρι, λόγοις δικαίοις χρωμένοις εὔορκον εἶναι ἀμφοτέροις ταύτῃ μεταθεῖναι ὅπῃ ἂν δοκῇ ἀμφοτέροις, ᾿Αθηναίοις καὶ Λακεδαιμονίοις. »

XIX. « ῎Αρχει δὲ τῶν σπονδῶν ἔφορος Πλειστόλας, ᾿Αρ-
τεμισίου μηνὸς τετάρτῃ φθίνοντος, ἐν δὲ ᾿Αθήναις ἄρχων
᾿Αλκαῖος, ᾿Ελαφηβολιῶνος μηνὸς ἕκτῃ φθίνοντος. ῎Ωμνυον
δὲ οἵδε καὶ ἐσπένδοντο. 2 Λακεδαιμονίων μὲν ⟨Πλεισ-
τοάναξ, ῎Αγις,⟩ Πλειστόλας, Δαμάγητος, Χίονις, Μεταγένης, ῎Ακανθος, Δάιθος, ᾿Ισχαγόρας, Φιλοχαρίδας, Ζευξίδας, ῎Αντιππος, Τέλλις, ᾿Αλκινάδας, ᾿Εμπεδίας, Μηνᾶς,
Λάφιλος· ᾿Αθηναίων δὲ οἵδε· Λάμπων, ᾿Ισθμιόνικος, Νικίας,
Λάχης, Εὐθύδημος, Προκλῆς, Πυθόδωρος, ῎Αγνων, Μυρτίλος, Θρασυκλῆς, Θεαγένης, ᾿Αριστοκράτης, ᾿Ιώλκιος,
Τιμοκράτης, Λέων, Λάμαχος, Δημοσθένης. »

XX. Αὗται αἱ σπονδαὶ ἐγένοντο τελευτῶντος τοῦ χειμῶνος ἅμα ἦρι ἐκ Διονυσίων εὐθὺς τῶν ἀστικῶν, αὐτόδεκα
ἐτῶν διελθόντων καὶ ἡμερῶν ὀλίγων παρενεγκουσῶν ἢ ὡς
τὸ πρῶτον ἡ ἐσβολὴ ἐς τὴν ᾿Αττικὴν καὶ ἡ ἀρχὴ τοῦ πολέμου τοῦδε ἐγένετο. 2 Σκοπείτω δέ τις κατὰ τοὺς χρόνους καὶ μὴ τῶν ἑκασταχοῦ ἢ ἀρχόντων ἢ ἀπὸ τιμῆς τινος
ἐς τὴν ἀπαρίθμησιν τῶν ὀνομάτων τὰ προγεγενημένα ση-
μαινόντων πιστεύσας μᾶλλον. Οὐ γὰρ ἀκριβές ἐστιν, οἷς
καὶ ἀρχομένοις καὶ μεσοῦσι καὶ ὅπως ἔτυχέ τῳ ἐπεγένετό

---

18. La dernière clause qui laisse de côté les alliés des Lacédémoniens
n'allait pas manquer de susciter le mécontentement de ces derniers.
Voir *infra*, 29, 2-3.

les Athéniens. Les deux parties renouvelleront leur serment chaque année. 10 On dressera des stèles à Olympie, à Pythô, à l'Isthme, à Athènes sur l'acropole et en territoire lacédémonien à l'Amyclaion. 11 En cas d'omission par l'une ou l'autre des deux parties et sur quelque sujet que ce soit, il devra être compatible avec les serments de recourir à de justes raisons et d'apporter, ensemble, une modification dans le sens qui conviendra conjointement aux Athéniens et aux Lacédémoniens[18].

XIX. « Le traité entre en vigueur sous l'éphorat de Pleistolas, le quatrième jour avant la fin du mois Artémision, et sous l'archontat, à Athènes, d'Alcaios, le sixième jour avant la fin du mois Élaphèbolion. Ceux qui s'engagèrent par les serments et les libations furent : 2 pour Sparte, Pleistoanax, Agis, Pleistolas, Damagètos, Chionis, Métagénès, Acanthos, Daithos, Ischagoras, Philocharidas, Zeuxidas, Antippos, Tellis, Alkinadas, Empédias, Mènas, Laphilos ; pour Athènes, Lampon, Isthmionicos, Nicias, Lachès, Euthydème, Proclès, Pythodore, Hagnon, Myrtilos, Thrasyclès, Théagénès, Aristocratès, Iolkios, Timocrate, Léon, Lamachos, Démosthène. »

XX. Ce traité fut conclu sur la fin de l'hiver, avec le printemps, tout de suite après les Dionysies urbaines : il s'était écoulé juste dix ans, plus quelques jours de différence, depuis le début de cette guerre, amenant la première invasion de l'Attique. 2 On doit compter d'après les époques de l'année : on ne doit pas se reporter, comme étant plus sûr, à un calcul fondé sur les noms de ceux qui, en chaque endroit, comme magistrats ou comme dignitaires quelconques, servent à désigner les événements passés : ce procédé n'est, en effet, pas rigoureux, puisque c'est aussi bien au début de leur temps, ou au milieu, ou n'importe quand qu'un

τι. 3 Κατὰ θέρη δὲ καὶ χειμῶνας ἀριθμῶν, ὥσπερ γέγραπται, εὑρήσει, ἐξ ἡμισείας ἑκατέρου τοῦ ἐνιαυτοῦ τὴν
δύναμιν ἔχοντος, δέκα μὲν θέρη, ἴσους δὲ χειμῶνας τῷ
πρώτῳ πολέμῳ τῷδε γεγενημένους.

XXI. Λακεδαιμόνιοι δέ (ἔλαχον γὰρ πρότεροι ἀποδιδόναι ἃ εἶχον) τούς τε ἄνδρας εὐθὺς τοὺς παρὰ σφίσιν αἰχμαλώτους ἀφίεσαν καὶ πέμψαντες ἐς τὰ ἐπὶ Θρᾴκης πρέσβεις Ἰσχαγόραν καὶ Μηνᾶν καὶ Φιλοχαρίδαν ἐκέλευον τὸν
Κλεαρίδαν τὴν Ἀμφίπολιν παραδιδόναι τοῖς Ἀθηναίοις
καὶ τοὺς ἄλλους τὰς σπονδάς, ὡς εἴρητο ἑκάστοις, δέχεσθαι. 2 Οἱ δ' οὐκ ἤθελον, νομίζοντες οὐκ ἐπιτηδείας εἶναι·
οὐδὲ ὁ Κλεαρίδας παρέδωκε τὴν πόλιν χαριζόμενος τοῖς
Χαλκιδεῦσι, λέγων ὡς οὐ δυνατὸς εἴη βίᾳ ἐκείνων παραδιδόναι. 3 Ἐλθὼν δὲ αὐτὸς κατὰ τάχος μετὰ πρέσβεων
αὐτόθεν ἀπολογησόμενός τε ἐς τὴν Λακεδαίμονα, ἢν κα-
τηγορῶσιν οἱ περὶ τὸν Ἰσχαγόραν ὅτι οὐκ ἐπείθετο, καὶ
ἅμα βουλόμενος εἰδέναι εἰ ἔτι μετακινητὴ εἴη ἡ ὁμολογία,
ἐπειδὴ ηὗρε κατειλημμένους, αὐτὸς μὲν πάλιν πεμπόντων
τῶν Λακεδαιμονίων καὶ κελευόντων μάλιστα μὲν καὶ τὸ
χωρίον παραδοῦναι, εἰ δὲ μή, ὁπόσοι Πελοποννησίων ἔνει-
σιν ἐξαγαγεῖν, κατὰ τάχος ἐπορεύετο.

XXII. Οἱ δὲ ξύμμαχοι ἐν τῇ Λακεδαίμονι αὐτοῦ ⟨ἔτι⟩
ἔτυχον ὄντες, καὶ αὐτῶν τοὺς μὴ δεξαμένους τὰς σπονδὰς
ἐκέλευον οἱ Λακεδαιμόνιοι ποιεῖσθαι. Οἱ δὲ τῇ αὐτῇ προφάσει, ᾗπερ καὶ τὸ πρῶτον ἀπεώσαντο, οὐκ ἔφασαν δέξε-
σθαι, ἢν μή τινας δικαιοτέρας τούτων ποιῶνται. 2 Ὡς δ'
αὐτῶν οὐκ ἐσήκουον, ἐκείνους μὲν ἀπέπεμψαν, αὐτοὶ δὲ

19. À Sparte, on date les documents à partir de l'entrée en fonction de
l'un des cinq éphores, et à Athènes du nom de l'archonte éponyme, l'un
des neuf archontes qui entrent en charge au printemps de chaque année. Le
traité fut donc conclu au printemps 421. La guerre avait duré dix ans.

20. L'attitude des alliés de Sparte témoigne de leur indépendance, à la
différence des alliés d'Athènes qui ont adhéré automatiquement à la paix.

événement est survenu[19]. 3 Tandis qu'en comptant par
étés et par hivers, comme dans mon récit, on trouvera,
chacun entrant par moitié avec l'autre dans la composition d'une année, qu'il y a eu, pour cette première guerre,
dix étés et autant d'hivers.

XXI. Les Lacédémoniens, que le sort avait désignés
pour restituer les premiers les territoires qu'ils occupaient,
libérèrent aussitôt les prisonniers de guerre qu'ils avaient
et envoyèrent comme ambassadeurs dans les régions de
la côte thrace Ischagoras, Mènas et Philocharidas, pour
dire à Cléaridas de remettre Amphipolis aux Athéniens
et aux autres d'accepter le traité, dans les conditions prévues pour chacun. 2 Mais ils s'y refusèrent, jugeant celui-
ci peu satisfaisant ; et Cléaridas, lui non plus, ne remit pas
la ville, par égard pour les Chalcidiens, se déclarant hors
d'état de la remettre contre leur gré. 3 Lui-même partit au
plus tôt avec des envoyés nommés par eux, pour se justifier, à Sparte, des accusations que pourraient formuler
Ischagoras et ses collègues sur ce refus d'obéissance, et
aussi dans le désir de savoir si les termes de l'accord pouvaient encore être modifiés ; mais il vit qu'ils avaient les
mains liées et dut, quant à lui, repartir au plus tôt sur l'ordre des Lacédémoniens, qui le chargeaient, si possible, de
remettre bel et bien la place, et, sinon, d'en ramener tous
les Péloponnésiens qui s'y trouvaient.

XXII. Les alliés, eux, étaient justement encore sur place,
à Sparte, et les Lacédémoniens dirent à ceux d'entre eux
qui n'avaient pas encore adhéré au traité de le faire. Eux,
mettant en avant les mêmes raisons au nom desquelles ils
l'avaient, à l'origine, refusé, déclarèrent qu'ils ne donne-
raient pas leur acceptation tant que l'on n'en conclurait
pas un qui fût plus juste[20]. 2 Alors, voyant qu'ils ne se faisaient pas écouter, les Lacédémoniens les congédièrent, et

πρὸς τοὺς Ἀθηναίους ξυμμαχίαν ἐποιοῦντο, νομίζοντες
ἥκιστα ἂν σφίσι τούς τε Ἀργείους, ἐπειδὴ οὐκ ἤθελον Ἀμ-
πελίδου καὶ Λίχου ἐλθόντων ἐπισπένδεσθαι, ⟨ἐπιτίθεσθαι⟩
(καὶ αὐτοὺς ἄνευ Ἀθηναίων οὐ δεινοὺς εἶναι) καὶ τὴν ἄλλην Πελοπόννησον μάλιστ' ἂν ἡσυχάζειν (πρὸς γὰρ ἂν
τοὺς Ἀθηναίους, εἰ ἐξῆν, χωρεῖν). 3 Παρόντων οὖν πρέσβεων ἀπὸ τῶν Ἀθηναίων καὶ γενομένων λόγων ξυνέβησαν,
καὶ ἐγένοντο ὅρκοι καὶ ξυμμαχία ἥδε.

XXIII. « Κατὰ τάδε ξύμμαχοι ἔσονται Λακεδαιμόνιοι
⟨καὶ Ἀθηναῖοι⟩ πεντήκοντα ἔτη· ἢν δέ τινες ἴωσιν ἐς τὴν
γῆν πολέμιοι τὴν Λακεδαιμονίων καὶ κακῶς ποιῶσι Λακεδαιμονίους, ὠφελεῖν Ἀθηναίους Λακεδαιμονίους τρόπῳ
ὁποίῳ ἂν δύνωνται ἰσχυροτάτῳ κατὰ τὸ δυνατόν· ἢν δὲ
δῃώσαντες οἴχωνται, πολεμίαν εἶναι ταύτην τὴν πόλιν
Λακεδαιμονίοις καὶ Ἀθηναίοις καὶ κακῶς πάσχειν ὑπὸ
ἀμφοτέρων, καταλύειν δὲ ἅμα ἄμφω τὼ πόλει. Ταῦτα δ'
εἶναι δικαίως καὶ προθύμως καὶ ἀδόλως. 2 Καὶ ἤν τινες
ἐς τὴν τῶν Ἀθηναίων γῆν ἴωσι πολέμιοι καὶ κακῶς ποιῶ-
σιν Ἀθηναίους, ὠφελεῖν Λακεδαιμονίους ⟨Ἀθηναίους⟩
τρόπῳ ὅτῳ ἂν δύνωνται ἰσχυροτάτῳ κατὰ τὸ δυνατόν. Ἢν
δὲ δῃώσαντες οἴχωνται, πολεμίαν εἶναι ταύτην τὴν πόλιν
Λακεδαιμονίοις καὶ Ἀθηναίοις καὶ κακῶς πάσχειν ὑπ' ἀμφοτέρων, καταλύειν δὲ ἅμα ἄμφω τὼ πόλει. Ταῦτα δ' εἶναι
δικαίως καὶ προθύμως καὶ ἀδόλως. 3 Ἢν δὲ ἡ δουλεία
ἐπανιστῆται, ἐπικουρεῖν Ἀθηναίους Λακεδαιμονίοις παντὶ
σθένει κατὰ τὸ δυνατόν. 4 Ὀμοῦνται δὲ ταῦτα οἵπερ καὶ

21. Il s'agit ici non plus du traité qui mit fin à la guerre, mais d'une
alliance, *symmachia*, entre les deux principales cités.

22. Cette clause unilatérale témoigne bien de la crainte qu'un
éventuel soulèvement des hilotes faisait régner à Sparte ; voir sur ce
point IV, 41, 3 ; 80, 2-3 et *supra* 14, 3.

négocièrent, de leur côté, une alliance avec Athènes : dans leur esprit c'était le meilleur moyen pour éviter qu'Argos, qui, en fait, avait refusé, lors de la venue d'Ampélidas et de Lichas, le renouvellement de la trêve, n'agît contre eux (or, sans l'aide athénienne, elle n'était pas à craindre), et le meilleur moyen pour obtenir que le reste du Péloponnèse se tînt tranquille (car c'est du côté athénien, que, si elles le pouvaient, les cités se seraient tournées). 3 Aussi, des représentants athéniens se trouvant là et des pourparlers ayant été engagés, ils conclurent un accord : ils échangèrent des serments et ratifièrent une alliance aux termes suivants[21].

XXIII. « Les Lacédémoniens et les Athéniens seront alliés conformément aux conditions suivantes, pour une durée de cinquante ans. Si un ennemi envahit le territoire lacédémonien et cause du tort aux Lacédémoniens, les Athéniens apporteront aux Lacédémoniens l'aide la plus grande qu'il leur sera possible dans la mesure de leurs moyens ; si l'envahisseur repart après avoir exercé des ravages, son pays sera en état de guerre avec les Lacédémoniens et les Athéniens et exposé aux représailles des deux cités ; toutes deux traiteront en même temps. Cela se fera en toute justice, ardeur et loyauté. 2 De même, si un ennemi envahit le territoire athénien et cause du tort aux Athéniens, les Lacédémoniens apporteront aux Athéniens l'aide la plus grande qu'il leur sera possible dans la mesure de leurs moyens ; si l'envahisseur repart après avoir exercé des ravages, son pays sera en état de guerre avec les Lacédémoniens et les Athéniens et exposé aux représailles des deux cités ; toutes deux traiteront en même temps. Cela se fera en toute justice, ardeur et loyauté. 3 Si la classe servile se soulève, les Athéniens soutiendront les Lacédémoniens de toutes leurs forces dans la mesure de leurs moyens[22]. 4 Ces clauses

τὰς ἄλλας σπονδὰς ὤμνυον ἑκατέρων. 'Ανανεοῦσθαι δὲ κατ' ἐνιαυτὸν Λακεδαιμονίους μὲν ἰόντας ἐς 'Αθήνας πρὸς τὰ Διονύσια, 'Αθηναίους δὲ ἰόντας ἐς Λακεδαίμονα πρὸς τὰ 'Υακίνθια. 5 Στήλην δὲ ἑκατέρους στῆσαι, τὴν μὲν ἐν Λακεδαίμονι παρ' 'Απόλλωνι ἐν 'Αμυκλαίῳ, τὴν δὲ ἐν 'Αθήναις ἐν πόλει παρ' 'Αθηναίᾳ. 6 "Ην δέ τι δοκῇ Λακεδαιμονίοις καὶ 'Αθηναίοις προσθεῖναι καὶ ἀφελεῖν περὶ τῆς ξυμμαχίας, ὅ τι ἂν δοκῇ, εὔορκον ἀμφοτέροις εἶναι. »

XXIV. « Τὸν δὲ ὅρκον ὤμνυον Λακεδαιμονίων μὲν οἵδε· Πλειστοάναξ, "Αγις, Πλειστόλας, Δαμάγητος, Χίονις, Μεταγένης, "Ακανθος, Δάιθος, 'Ισχαγόρας, Φιλοχαρίδας, Ζευξίδας, "Αντιππος, 'Αλκινάδας, Τέλλις, 'Εμπεδίας, Μηνᾶς, Λάφιλος· 'Αθηναίων δὲ Λάμπων, 'Ισθμιόνικος, Λάχης, Νικίας, Εὐθύδημος, Προκλῆς, Πυθόδωρος, "Αγνων, Μυρτίλος, Θρασυκλῆς, Θεαγένης, 'Αριστοκράτης, 'Ιώλκιος, Τιμοκράτης, Λέων, Λάμαχος, Δημοσθένης. »

2 Αὕτη ἡ ξυμμαχία ἐγένετο μετὰ τὰς σπονδὰς οὐ πολλῷ ὕστερον, καὶ τοὺς ἄνδρας τοὺς ἐκ τῆς νήσου ἀπέδοσαν οἱ 'Αθηναῖοι τοῖς Λακεδαιμονίοις, καὶ τὸ θέρος ἦρχε τοῦ ἑνδεκάτου ἔτους. Ταῦτα δὲ τὰ δέκα ἔτη ὁ πρῶτος πόλεμος ξυνεχῶς γενόμενος γέγραπται.

seront ratifiées par un serment que prêteront les hommes qui l'ont fait, au nom de chacune des deux cités, pour l'autre traité. Celui-ci sera renouvelé chaque année ; pour cela, les Lacédémoniens se rendront à Athènes au moment des Dionysies, et les Athéniens à Sparte au moment des Hyacinthies. 5 Chaque peuple dressera une stèle : l'une, à Sparte, près du temple d'Apollon d'Amyclées, l'autre, à Athènes, près de celui d'Athéna sur l'Acropole. 6 Si les Lacédémoniens et les Athéniens jugent bon d'ajouter ou de retrancher quelque chose au traité d'alliance, ce qu'ils décideront sera compatible, pour tous deux, avec leurs serments.

XXIV. « Ceux qui s'engagèrent par serment furent : pour les Lacédémoniens, Pleistoanax, Agis, Pleistolas, Damagètos, Chionis, Métagénès, Acanthos, Daithos, Ischagoras, Philocharidas, Zeuxidas, Antippos, Alkinadas, Tellis, Empédias, Mènas, Laphilos ; pour les Athéniens, Lampon, Isthmionicos, Lachès, Nicias, Euthydème, Proclès, Pythodore, Hagnon, Myrtilos, Thrasyclès, Théagénès, Aristocratès, Iolkios, Timocrate, Léon, Lamachos, Démosthène. »

2 Cette alliance fut conclue peu après la paix. Les Athéniens rendirent alors aux Péloponnésiens les hommes de l'île : on entrait dans l'été de la onzième année. Et ici s'achève le récit de la première guerre, qui avait occupé de façon continue les dix ans précédents.

XXV. Μετὰ δὲ τὰς σπονδὰς καὶ τὴν ξυμμαχίαν τῶν
Λακεδαιμονίων καὶ τῶν Ἀθηναίων, αἳ ἐγένοντο μετὰ τὸν
δεκέτη πόλεμον ἐπὶ Πλειστόλα μὲν ἐν Λακεδαίμονι ἐφό-
ρου, Ἀλκαίου δ' ἄρχοντος Ἀθήνησι, τοῖς μὲν δεξαμένοις
αὐτὰς εἰρήνη ἦν, οἱ δὲ Κορίνθιοι καὶ τῶν ἐν Πελοποννήσῳ
πόλεών τινες διεκίνουν τὰ πεπραγμένα, καὶ εὐθὺς ἄλλη
ταραχὴ καθίστατο τῶν ξυμμάχων πρὸς τὴν Λακεδαίμονα.
2 Καὶ ἅμα καὶ τοῖς Ἀθηναίοις οἱ Λακεδαιμόνιοι προϊόν-
τος τοῦ χρόνου ὕποπτοι ἐγένοντο ἔστιν ἐν οἷς οὐ ποιοῦντες
ἐκ τῶν ξυγκειμένων ἃ εἴρητο. 3 Καὶ ἐπὶ ἑπτὰ ἔτη μὲν
καὶ δέκα μῆνας ἀπέσχοντο μὴ ἐπὶ τὴν ἑκατέρων γῆν στρα-
τεῦσαι, ἔξωθεν δὲ μετ' ἀνοκωχῆς οὐ βεβαίου ἔβλαπτον
ἀλλήλους τὰ μάλιστα· ἔπειτα μέντοι καὶ ἀναγκασθέντες
λῦσαι τὰς μετὰ τὰ δέκα ἔτη σπονδὰς αὖθις ἐς πόλεμον
φανερὸν κατέστησαν.

XXVI. Γέγραφε δὲ καὶ ταῦτα ὁ αὐτὸς Θουκυδίδης
Ἀθηναῖος ἑξῆς, ὡς ἕκαστα ἐγένετο, κατὰ θέρη καὶ χειμῶνας, μέχρι οὗ τήν τε ἀρχὴν κατέπαυσαν τῶν Ἀθηναίων
Λακεδαιμόνιοι καὶ οἱ ξύμμαχοι καὶ τὰ μακρὰ τείχη καὶ
τὸν Πειραιᾶ κατέλαβον. Ἔτη δὲ ἐς τοῦτο τὰ ξύμπαντα

## LIVRE V (25-*fin*)

### Introduction à la suite du récit

XXV. Après la paix et l'alliance conclues entre Sparte et Athènes à l'issue de la guerre de dix ans, sous l'éphorat de Pleistolas à Sparte et sous l'archontat d'Alcaios à Athènes, les peuples qui avaient accepté le traité se trouvaient en paix. Mais les Corinthiens et certains États du Péloponnèse cherchaient à secouer le nouvel état de choses et d'autres troubles ne tardèrent pas à se manifester, mettant Sparte aux prises avec ses alliés. 2 En outre, avec le temps, les Lacédémoniens devinrent également suspects aux Athéniens, en n'exécutant pas, sur certains points, les clauses prévues par les accords. 3 Pendant sept ans et dix mois, ils s'abstinrent tous deux de faire campagne contre leurs pays à chacun, mais, au dehors, ils s'arrangeaient, avec une trêve instable, pour se faire réciproquement le plus grand mal ; puis, contraints enfin de rompre le traité conclu après les dix années, ils se trouvèrent de nouveau ouvertement en guerre.

XXVI. Thucydide d'Athènes a écrit le récit de ces faits comme de ceux qui précédaient, en rapportant dans l'ordre, par étés et par hivers, le détail des événements, jusqu'au moment où les Lacédémoniens et leurs alliés mirent fin à la domination athénienne et s'emparèrent des Longs Murs ainsi que du Pirée. La durée totale de la guerre jusqu'à ce

ἐγένετο τῷ πολέμῳ ἑπτὰ καὶ εἴκοσι. 2 Καὶ τὴν διὰ μέσου ξύμβασιν εἴ τις μὴ ἀξιώσει πόλεμον νομίζειν, οὐκ ὀρθῶς δικαιώσει. Τοῖς τε γὰρ ἔργοις ὡς διῄρηται ἀθρείτω καὶ εὑρήσει οὐκ εἰκὸς ὂν εἰρήνην αὐτὴν κριθῆναι, ἐν ᾗ οὔτε ἀπέδοσαν πάντα οὔτ' ἀπεδέξαντο ἃ ξυνέθεντο, ἔξω τε τούτων πρὸς τὸν Μαντινικὸν καὶ Ἐπιδαύριον πόλεμον καὶ ἐς ἄλλα ἀμφοτέροις ἁμαρτήματα ἐγένοντο, καὶ οἱ ἐπὶ Θρᾴκης ξύμμαχοι οὐδὲν ἧσσον πολέμιοι ἦσαν, Βοιωτοί τε ἐκεχειρίαν δεχήμερον ἦγον. 3 Ὥστε ξὺν τῷ πρώτῳ πολέμῳ τῷ δεκέτει καὶ τῇ μετ' αὐτὸν ὑπόπτῳ ἀνοκωχῇ καὶ τῷ ὕστερον ἐξ αὐτῆς πολέμῳ εὑρήσει τις τοσαῦτα ἔτη, λογιζόμενος κατὰ τοὺς χρόνους, καὶ ἡμέρας οὐ πολλὰς παρενεγκούσας, καὶ τοῖς ἀπὸ χρησμῶν τι ἰσχυρισαμένοις μόνον δὴ τοῦτο ἐχυρῶς ξυμβάν. 4 Αἰεὶ γὰρ ἔγωγε μέμνημαι, καὶ ἀρχομένου τοῦ πολέμου καὶ μέχρι οὗ ἐτελεύτησε, προφερόμενον ὑπὸ πολλῶν ὅτι τρὶς ἐννέα ἔτη δέοι γενέσθαι αὐτόν. 5 Ἐπεβίων δὲ διὰ παντὸς αὐτοῦ, αἰσθανόμενός τε τῇ ἡλικίᾳ καὶ προσέχων τὴν γνώμην ὅπως ἀκριβές τι εἴσομαι· καὶ ξυνέβη μοι φεύγειν τὴν ἐμαυτοῦ ἔτη εἴκοσι μετὰ τὴν ἐς Ἀμφίπολιν στρατηγίαν, καὶ γενομένῳ παρ' ἀμφοτέροις τοῖς πράγμασι, καὶ οὐχ ἧσσον τοῖς Πελοποννησίων διὰ τὴν φυγήν, καθ' ἡσυχίαν τι αὐτῶν μᾶλλον αἰσθέσθαι. 6 Τὴν οὖν μετὰ τὰ δέκα ἔτη διαφοράν τε καὶ ξύγχυσιν τῶν σπονδῶν καὶ τὰ ἔπειτα ὡς ἐπολεμήθη ἐξηγήσομαι.

23. On a coutume d'appeler ce développement la seconde Préface. En fait, si la guerre dura bien vingt-sept ans, le récit de Thucydide s'interrompt bien avant la fin des hostilités qui devait être exposée par Xénophon dans les deux premiers livres des *Helléniques*.

moment fut de vingt-sept ans. 2 Pour la période de trêve qui se place dans l'entre-temps, quiconque se refusera à l'inclure dans la guerre commettra une erreur d'appréciation. Que l'on observe dans la pratique ses caractères distinctifs et l'on s'apercevra qu'il n'est pas légitime d'y voir une période de paix : les deux cités, en effet, ne procédèrent ni à toutes les restitutions ni à tous les recouvrements convenus ; en dehors de cela, elles furent l'une et l'autre en faute dans la guerre de Mantinée et d'Épidaure et dans d'autres occasions ; avec les alliés de la côte thrace régnait le même état d'hostilité qu'avant, et les Béotiens n'observaient qu'un armistice à renouveler tous les dix jours. 3 Si bien qu'avec la première guerre, qui dura dix ans, la trêve pleine de réserves qui suivit et la guerre qui en sortit ensuite, on trouvera, si l'on calcule d'après les époques de l'année, le nombre d'années indiqué, plus quelques jours de différence ; pour ceux qui se fondent sur les oracles, on trouvera là le seul cas sûr les confirmant. 4 En effet, j'ai le souvenir personnel que toujours – dès le début de la guerre et jusqu'à la fin – beaucoup affirmaient qu'elle devait durer trois fois neuf ans. 5 Je l'ai vécue d'un bout à l'autre, étant d'un âge à me rendre bien compte et m'occupant attentivement d'obtenir des renseignements exacts. Il m'est, en plus, arrivé de me trouver exilé pendant vingt ans, après mon commandement d'Amphipolis, et d'assister aux affaires dans les deux camps – surtout du côté péloponnésien, grâce à mon exil –, ce qui m'a donné tout loisir de me rendre un peu mieux compte des choses. 6 Je rapporterai donc la période qui suivit les dix ans, avec ses différends et ce qui devait mener au renversement des traités, puis la période d'hostilités qui suivit[23].

XXVII. Ἐπειδὴ γὰρ αἱ πεντηκοντούτεις σπονδαὶ ἐγένοντο καὶ ὕστερον ἡ ξυμμαχία, καὶ αἱ ἀπὸ τῆς Πελοποννήσου πρεσβεῖαι, αἵπερ παρεκλήθησαν ἐς αὐτά, ἀνεχώρουν
ἐκ τῆς Λακεδαίμονος. 2 Καὶ οἱ μὲν ἄλλοι ἐπ' οἴκου
ἀπῆλθον, Κορίνθιοι δὲ ἐς Ἄργος τραπόμενοι πρῶτον λόγους ποιοῦνται πρός τινας τῶν ἐν τέλει ὄντων Ἀργείων ὡς
χρή, ἐπειδὴ Λακεδαιμόνιοι οὐκ ἐπ' ἀγαθῷ ἀλλ' ἐπὶ καταδουλώσει τῆς Πελοποννήσου σπονδὰς καὶ ξυμμαχίαν πρὸς
Ἀθηναίους τοὺς πρὶν ἐχθίστους πεποίηνται, ὁρᾶν τοὺς
Ἀργείους ὅπως σωθήσεται ἡ Πελοπόννησος, καὶ ψηφίσα-
σθαι τὴν βουλομένην πόλιν τῶν Ἑλλήνων, ἥτις αὐτόνομός
τέ ἐστι καὶ δίκας ἴσας καὶ ὁμοίας δίδωσι, πρὸς Ἀργείους
ξυμμαχίαν ποιεῖσθαι ὥστε τῇ ἀλλήλων ἐπιμαχεῖν, ἀποδεῖ-
ξαι δὲ ἄνδρας ὀλίγους ἀρχὴν αὐτοκράτορας καὶ μὴ πρὸς
τὸν δῆμον τοὺς λόγους εἶναι, τοῦ μὴ καταφανεῖς γίγνεσθαι
τοὺς μὴ πείσαντας τὸ πλῆθος. Ἔφασαν δὲ πολλοὺς προσ-
χωρήσεσθαι μίσει τῶν Λακεδαιμονίων. 3 Καὶ οἱ μὲν Κορίνθιοι διδάξαντες ταῦτα ἀνεχώρησαν ἐπ' οἴκου.

XXVIII. Οἱ δὲ τῶν Ἀργείων ἄνδρες ἀκούσαντες ἐπειδὴ
ἀνήνεγκαν τοὺς λόγους ἔς τε τὰς ἀρχὰς καὶ τὸν δῆμον,
ἐψηφίσαντο Ἀργεῖοι, καὶ ἄνδρας εἵλοντο δώδεκα πρὸς οὓς
τὸν βουλόμενον τῶν Ἑλλήνων ξυμμαχίαν ποιεῖσθαι πλὴν
Ἀθηναίων καὶ Λακεδαιμονίων· τούτων δὲ μηδετέροις ἐξεῖναι ἄνευ τοῦ δήμου τοῦ Ἀργείων σπείσασθαι. 2 Ἐδέξαντο δὲ ταῦτα οἱ Ἀργεῖοι μᾶλλον, ὁρῶντες τόν τε Λακεδαιμονίων σφίσι πόλεμον ἐσόμενον (ἐπ' ἐξόδῳ γὰρ πρὸς
αὐτοὺς αἱ σπονδαὶ ἦσαν) καὶ ἅμα ἐλπίσαντες τῆς Πελο-

---

24. Argos avait toujours été la rivale de Sparte dans le Péloponnèse.
En invitant les Argiens à exercer cette autorité, les Corinthiens allaient
déclencher cette période de guerre larvée qui précéderait la rupture du
traité de 421.

## Regroupement autour d'Argos

XXVII. Après la conclusion de la paix de cinquante ans, puis de l'alliance, les ambassades péloponnésiennes convoquées à cet effet quittèrent Sparte. 2 En général, elles s'en retournèrent dans leurs pays, mais les Corinthiens passèrent d'abord par Argos, où ils entrèrent en pourparlers avec certains des dirigeants argiens : puisque Sparte, loin de viser au bien du Péloponnèse, avait, à des fins d'asservissement, conclu paix et alliance avec Athènes, naguère sa pire ennemie, Argos devait, selon eux, veiller au salut du Péloponnèse : elle devait décréter que toute ville grecque autonome et respectueuse de l'égalité des droits pouvait, si elle le voulait, s'allier aux Argiens en une entente défensive ; d'autre part, elle devait désigner un groupe de quelques magistrats munis de pleins pouvoirs et les négociations ne devaient pas se faire avec le peuple, pour éviter à ceux qui n'obtiendraient pas l'accord de la majorité de se voir découverts. Les Corinthiens déclaraient que beaucoup se rallieraient, par hostilité contre Sparte. 3 Une fois ces recommandations faites, ils rentrèrent, eux, dans leur pays[24].

XXVIII. Quant aux personnes d'Argos à qui ils s'étaient adressés, elles rapportèrent ces propos aux autorités et au peuple : les Argiens prirent un décret et désignèrent douze citoyens, avec qui n'importe quels Grecs pouvaient s'ils le voulaient, conclure une alliance – à l'exclusion des Athéniens et des Lacédémoniens : ces deux peuples ne pouvaient traiter sans l'accord du peuple argien. 2 Les Argiens avaient d'autant mieux accueilli cette idée qu'ils avaient la perspective de la guerre prochaine avec Sparte (car leur traité avec cette ville arrivait à expiration) et qu'ils avaient, au surplus, conçu l'espoir de prendre

πονννήσου ἡγήσεσθαι. Κατὰ γὰρ τὸν χρόνον τοῦτον ἥ τε
Λακεδαίμων μάλιστα δὴ κακῶς ἤκουσε καὶ ὑπερώφθη διὰ
τὰς ξυμφοράς, οἵ τε Ἀργεῖοι ἄριστα ἔσχον τοῖς πᾶσιν,
οὐ ξυναράμενοι τοῦ Ἀττικοῦ πολέμου, ἀμφοτέροις δὲ μᾶλλον ἔνσπονδοι ὄντες ἐκκαρπωσάμενοι. Οἱ μὲν οὖν Ἀργεῖοι
οὕτως ἐς τὴν ξυμμαχίαν προσεδέχοντο τοὺς ἐθέλοντας τῶν
Ἑλλήνων.

XXIX.   Μαντινῆς δ᾽ αὐτοῖς καὶ οἱ ξύμμαχοι αὐτῶν πρῶτοι προσεχώρησαν δεδιότες τοὺς Λακεδαιμονίους. Τοῖς γὰρ
Μαντινεῦσι μέρος τι τῆς Ἀρκαδίας κατέστραπτο ὑπήκοον, ἔτι τοῦ πρὸς Ἀθηναίους πολέμου ὄντος, καὶ ἐνόμιζον οὐ περιόψεσθαι σφᾶς τοὺς Λακεδαιμονίους ἄρχειν,
ἐπειδὴ καὶ σχολὴν ἦγον· ὥστε ἄσμενοι πρὸς τοὺς Ἀργείους ἐτράποντο, πόλιν τε μεγάλην νομίζοντες καὶ Λακεδαιμονίοις αἰεὶ διάφορον δημοκρατουμένην τε ὥσπερ καὶ
αὐτοί.

2   Ἀποστάντων δὲ τῶν Μαντινέων καὶ ἡ ἄλλη Πελοπόννησος ἐς θροῦν καθίστατο ὡς καὶ σφίσι ποιητέον τοῦτο,
νομίσαντες πλέον τέ τι εἰδότας μεταστῆναι αὐτοὺς καὶ τοὺς
Λακεδαιμονίους ἅμα δι᾽ ὀργῆς ἔχοντες ἐπ᾽ ἄλλοις τέ καὶ
ὅτι ἐν ταῖς σπονδαῖς ταῖς Ἀττικαῖς ἐγέγραπτο εὔορκον
εἶναι προσθεῖναι καὶ ἀφελεῖν ὅ τι ἂν ἀμφοῖν τοῖν πολέοιν
δοκῇ, Λακεδαιμονίοις καὶ Ἀθηναίοις. 3 Τοῦτο γὰρ τὸ
γράμμα μάλιστα τὴν Πελοπόννησον διεθορύβει καὶ ἐς ὑποψίαν καθίστη μὴ μετὰ Ἀθηναίων σφᾶς βούλωνται Λακεδαιμόνιοι δουλώσασθαι· δίκαιον γὰρ εἶναι πᾶσι τοῖς ξυμμάχοις γεγράφθαι τὴν μετάθεσιν. 4 Ὥστε φοβούμενοι οἱ
πολλοὶ ὥρμηντο πρὸς τοὺς Ἀργείους καὶ αὐτοὶ ἕκαστοι
ξυμμαχίαν ποιεῖσθαι.

l'hégémonie dans le Péloponnèse. À cette époque, en effet, Sparte était particulièrement décriée et méprisée à cause de ses revers, et Argos était dans une situation particulièrement bonne à tous égards, pour n'avoir pas été mêlée à la guerre contre Athènes et avoir bien plutôt mis à profit sa qualité de neutre, ayant des accords des deux côtés. Ainsi donc les Argiens accueillaient dans leur alliance les Grecs qui le désiraient.

XXIX. Les Mantinéens et leurs alliés furent les premiers à se rallier à eux : ils le firent par crainte de Sparte. Les Mantinéens avaient, en effet, soumis à leur autorité une partie de l'Arcadie, alors que la guerre contre Athènes durait encore, et ils pensaient que Sparte ne voudrait pas leur laisser cette domination, maintenant qu'elle avait les mains libres ; aussi étaient-ils heureux de se tourner vers Argos, en qui ils voyaient une cité puissante, qui avait été, de tout temps, en différend avec Sparte, et qui vivait, comme eux, en démocratie.

2 Après la défection de Mantinée, une vague d'opinion se répandit dans le reste du Péloponnèse, comme quoi il fallait l'imiter : les gens se dirent que, si elle changeait ainsi, c'est qu'elle en savait plus long, et en même temps ils en voulaient à Sparte, parce que, entre autres choses, le traité avec Athènes disait qu'il était compatible avec les serments d'ajouter ou retrancher ce qui conviendrait aux deux cités – Sparte et Athènes. 3 Cette formule agitait plus que tout le Péloponnèse et y éveillait des soupçons contre Sparte, suspecte de vouloir asservir les cités avec l'aide d'Athènes ; car la justice eût été de reconnaître le droit de modification à tous les alliés. 4 Si bien que, pris de peur, la plupart ne songeaient qu'à conclure, chacun de son côté, alliance avec Argos.

XXX. Λακεδαιμόνιοι δὲ αἰσθόμενοι τὸν θροῦν τοῦτον
ἐν τῇ Πελοποννήσῳ καθεστῶτα καὶ τοὺς Κορινθίους διδασκάλους τε γενομένους καὶ αὐτοὺς μέλλοντας σπείσεσθαι
πρὸς τὸ Ἄργος, πέμπουσι πρέσβεις ἐς τὴν Κόρινθον, βουλόμενοι προκαταλαβεῖν τὸ μέλλον, καὶ ᾐτιῶντο τήν τε
ἐσήγησιν τοῦ παντὸς καὶ εἰ Ἀργείοις σφῶν ἀποστάντες
ξύμμαχοι ἔσονται, παραβήσεσθαί τε ἔφασαν αὐτοὺς τοὺς
ὅρκους, καὶ ἤδη ἀδικεῖν ὅτι οὐ δέχονται τὰς Ἀθηναίων
σπονδάς, εἰρημένον κύριον εἶναι ὅ τι ἂν τὸ πλῆθος τῶν
ξυμμάχων ψηφίσηται, ἢν μή τι θεῶν ἢ ἡρώων κώλυμα ᾖ.
2 Κορίνθιοι δὲ παρόντων σφίσι τῶν ξυμμάχων, ὅσοι οὐδ'
αὐτοὶ ἐδέξαντο τὰς σπονδάς (παρεκάλεσαν δὲ αὐτοὺς αὐτοὶ πρότερον), ἀντέλεγον τοῖς Λακεδαιμονίοις, ἃ μὲν ἠδι-
κοῦντο, οὐ δηλοῦντες ἄντικρυς, ὅτι οὔτε Σόλλιον σφίσιν
ἀπέλαβον παρ' Ἀθηναίων οὔτε Ἀνακτόριον, εἴ τέ τι ἄλλο
ἐνόμιζον ἐλασσοῦσθαι, πρόσχημα δὲ ποιούμενοι τοὺς ἐπὶ
Θρᾴκης μὴ προδώσειν· ὀμόσαι γὰρ αὐτοῖς ὅρκους ἰδίᾳ τε,
ὅτε μετὰ Ποτειδεατῶν τὸ πρῶτον ἀφίσταντο, καὶ ἄλλους
ὕστερον. 3 Οὔκουν παραβαίνειν τοὺς τῶν ξυμμάχων ὅρκους ἔφασαν οὐκ ἐσιόντες ἐς τὰς τῶν Ἀθηναίων σπονδάς·
θεῶν γὰρ πίστεις ὀμόσαντες ἐκείνοις οὐκ ἂν εὐορκεῖν προδιδόντες αὐτούς. Εἰρῆσθαι δ' ὅτι « ἢν μὴ θεῶν ἢ ἡρώων
κώλυμα ᾖ »· φαίνεσθαι οὖν σφίσι κώλυμα θεῖον τοῦτο.
4 Καὶ περὶ μὲν τῶν παλαιῶν ὅρκων τοσαῦτα εἶπον, περὶ
δὲ τῆς Ἀργείων ξυμμαχίας μετὰ τῶν φίλων βουλευσάμενοι ποιήσειν ὅ τι ἂν δίκαιον ᾖ. 5 Καὶ οἱ μὲν Λακεδαιμονίων πρέσβεις ἀνεχώρησαν ἐπ' οἴκου.

XXX. Les Lacédémoniens se rendirent compte que cette vague d'opinion existait dans le Péloponnèse et que les Corinthiens, qui avaient été les instigateurs de l'affaire, allaient eux-mêmes traiter avec Argos : ils envoient donc des ambassadeurs aux Corinthiens, afin de prévenir leurs intentions, protestent contre le fait qu'ils aient été à l'origine de tout et contre l'idée qu'ils puissent se séparer de Sparte pour s'allier à Argos, enfin déclarent qu'ils violeront par là leurs serments : déjà, ils sont en faute pour n'avoir pas accepté le traité avec Athènes, alors qu'il était prévu que ce qui serait voté par la majorité des alliés serait exécutoire, à moins d'empêchement venant des dieux ou des héros. 2 Les Corinthiens avaient chez eux tous les alliés qui, comme eux, n'avaient pas accepté le traité (ils les avaient eux-mêmes convoqués au préalable) : ils répondirent devant eux aux Lacédémoniens, sans formuler franchement les torts subis (à savoir le fait que Sparte ne leur avait fait rendre par Athènes ni Sollion ni Anactorion, et les autres raisons qu'ils pouvaient avoir de se juger lésés), mais en mettant en avant leur désir de ne pas trahir les villes de la côte thrace – ils s'étaient, disaient-ils, liés à elles par serment, d'abord à titre personnel, dès le moment où elles avaient fait défection avec Potidée, puis à nouveau par la suite ; 3 ils ne violaient donc pas leurs serments d'alliés en ne s'associant pas au traité avec Athènes ; car, après s'être liés à ces villes en attestant les dieux, ils ne sauraient sans parjure les abandonner ; or, la formule disait : « à moins d'empêchement venu des dieux ou des héros » ; et ils voyaient là un empêchement d'ordre divin. 4 Voilà ce qu'ils dirent sur leurs anciens serments ; quant à l'alliance argienne, ils dirent qu'ils en discuteraient avec leurs amis et feraient ce qui serait juste. 5 Sur quoi les ambassadeurs lacédémoniens s'en retournèrent chez eux.

Ἔτυχον δὲ παρόντες ἐν Κορίνθῳ καὶ Ἀργείων πρέσβεις, οἳ ἐκέλευον τοὺς Κορινθίους ἰέναι ἐς τὴν ξυμμαχίαν καὶ μὴ μέλλειν· οἱ δὲ ἐς τὸν ὕστερον ξύλλογον αὐτοῖς τὸν παρὰ σφίσι προεῖπον ἥκειν.

XXXI. Ἦλθε δὲ καὶ Ἠλείων πρεσβεία εὐθὺς καὶ ἐποιήσατο πρὸς Κορινθίους ξυμμαχίαν πρῶτον, ἔπειτα ἐκεῖθεν ἐς Ἄργος ἐλθόντες, καθάπερ προείρητο, Ἀργείων ξύμμαχοι ἐγένοντο· διαφερόμενοι γὰρ ἐτύγχανον τοῖς Λακεδαιμονίοις περὶ Λεπρέου. 2 Πολέμου γὰρ γενομένου ποτὲ πρὸς Ἀρκάδων τινὰς Λεπρεάταις καὶ Ἠλείων παρακληθέντων ὑπὸ Λεπρεατῶν ἐς ξυμμαχίαν ἐπὶ τῇ ἡμισείᾳ τῆς γῆς καὶ καταλυσάντων τὸν πόλεμον, Ἠλεῖοι τὴν γῆν νεμομένοις αὐτοῖς τοῖς Λεπρεάταις τάλαντον ἔταξαν τῷ Διὶ τῷ Ὀλυμπίῳ ἀποφέρειν. 3 Καὶ μέχρι τοῦ Ἀττικοῦ πολέμου ἀπέφερον, ἔπειτα παυσαμένων διὰ πρόφασιν τοῦ πολέμου οἱ Ἠλεῖοι ἐπηνάγκαζον, οἱ δ᾽ ἐτράποντο πρὸς τοὺς Λακεδαιμονίους. Καὶ δίκης Λακεδαιμονίοις ἐπιτραπείσης, ὑποτοπήσαντες οἱ Ἠλεῖοι μὴ ἴσον ἕξειν, ἀνέντες τὴν ἐπιτροπὴν Λεπρεατῶν τὴν γῆν ἔτεμον. 4 Οἱ δὲ Λακεδαιμόνιοι οὐδὲν ἧσσον ἐδίκασαν αὐτονόμους εἶναι Λεπρεάτας καὶ ἀδικεῖν Ἠλείους, καὶ ὡς οὐκ ἐμμεινάντων τῇ ἐπιτροπῇ φρουρὰν ὁπλιτῶν ἐσέπεμψαν ἐς Λέπρεον. 5 Οἱ δὲ Ἠλεῖοι νομίζοντες πόλιν σφῶν ἀφεστηκυῖαν δέξασθαι τοὺς Λακεδαιμονίους καὶ τὴν ξυνθήκην προφέροντες ἐν ᾗ εἴρητο, ἃ ἔχοντες ἐς τὸν Ἀττικὸν πόλεμον καθίσταντό τινες, ταῦτα ἔχοντας καὶ ἐξελθεῖν, ὡς οὐκ ἴσον ἔχοντες ἀφίστανται πρὸς τοὺς Ἀργείους, καὶ τὴν ξυμμαχίαν, ὥσπερ προείρητο, καὶ οὗτοι ἐποιήσαντο. 6 Ἐγένοντο δὲ καὶ οἱ Κορίνθιοι εὐθὺς

25. Le sanctuaire de Zeus à Olympie était situé sur le territoire des Éléens.

D'autre part, il y avait justement aussi à Corinthe des ambassadeurs argiens, qui invitaient Corinthe à entrer dans l'alliance sans tarder : elle les pria de revenir pour le prochain congrès qui se tiendrait chez elle.

XXXI. Il arriva également, aussitôt après, une ambassade éléenne ; elle commença par conclure une alliance avec Corinthe, puis les Éléens se rendirent de là à Argos et devinrent, dans les conditions prévues, les alliés des Argiens. Ils se trouvaient en différend avec Sparte à propos de Lépréon. 2 En effet, il y avait eu, dans le temps, une guerre entre Lépréon et certains peuples d'Arcadie ; les Éléens avaient été appelés comme alliés par Lépréon en échange de la moitié de son territoire ; et, la guerre finie, les Éléens avaient laissé aux gens de Lépréon la jouissance du pays moyennant le versement d'un tribut d'un talent à Zeus Olympien[25] ; 3 jusqu'à la guerre contre Athènes, ceux-ci l'avaient versé ; puis ils avaient cessé, sous le prétexte de la guerre, et les Éléens avaient recouru à la contrainte : sur quoi, Lépréon s'était tournée vers Sparte ; un arbitrage lacédémonien avait été décidé, mais les Éléens, soupçonnant qu'ils ne seraient pas traités équitablement, laissèrent là cette décision pour ravager le pays de Lépréon ; 4 les Lacédémoniens n'en rendirent pas moins leur sentence, déclarant Lépréon autonome et Élis en faute ; et, alléguant la non-observance des décisions prises, ils envoyèrent à Lépréon une garnison d'hoplites. 5 Alors les Éléens, jugeant que Sparte avait accueilli une cité détachée d'eux par défection et invoquant l'accord dans lequel il était dit que ce qu'un État avait en entrant en guerre contre Athènes, il le retrouverait au sortir de la guerre, se jugèrent traités sans équité et se détachèrent de Sparte pour rejoindre Argos : ils conclurent donc à leur tour l'alliance dans les conditions prévues. 6 Aussitôt

μετ' ἐκείνους καὶ οἱ ἐπὶ Θράκης Χαλκιδῆς Ἀργείων ξύμμαχοι. Βοιωτοὶ δὲ καὶ Μεγαρῆς τὸ αὐτὸ λέγοντες ἡσύχαζον, περιορώμενοι ⟨τὰ⟩ ἀπὸ τῶν Λακεδαιμονίων καὶ νομίζοντες σφίσι τὴν Ἀργείων δημοκρατίαν, αὐτοῖς ὀλιγαρχουμένοις, ἧσσον ξύμφορον εἶναι τῆς Λακεδαιμονίων πολιτείας.

XXXII. Περὶ δὲ τοὺς αὐτοὺς χρόνους τοῦ θέρους τούτου Σκιωναίους μὲν Ἀθηναῖοι ἐκπολιορκήσαντες ἀπέκτειναν τοὺς ἡβῶντας, παῖδας δὲ καὶ γυναῖκας ἠνδραπόδισαν καὶ τὴν γῆν Πλαταιεῦσιν ἔδοσαν νέμεσθαι· Δηλίους δὲ κατήγαγον πάλιν ἐς Δῆλον, ἐνθυμούμενοι τάς τε ἐν ταῖς μάχαις ξυμφορὰς καὶ τοῦ ἐν Δελφοῖς θεοῦ χρήσαντος. 2 Καὶ Φωκῆς καὶ Λοκροὶ ἤρξαντο πολεμεῖν.

3 Καὶ Κορίνθιοι καὶ Ἀργεῖοι ἤδη ξύμμαχοι ὄντες ἔρχονται ἐς Τεγέαν ἀποστήσοντες Λακεδαιμονίων, ὁρῶντες μέγα μέρος ὄν, καί, εἰ σφίσι προσγένοιτο, νομίζοντες ἅπασαν ἂν ἔχειν Πελοπόννησον. 4 Ὡς δὲ οὐδὲν ἂν ἔφασαν ἐναντιωθῆναι οἱ Τεγεᾶται Λακεδαιμονίοις, οἱ Κορίνθιοι μέχρι τούτου προθύμως πράσσοντες ἀνεῖσαν τῆς φιλονικίας καὶ ὠρρώδησαν μὴ οὐδεὶς σφίσιν ἔτι τῶν ἄλλων προσχωρῇ. 5 Ὅμως δὲ ἐλθόντες ἐς τοὺς Βοιωτοὺς ἐδέοντο σφῶν τε καὶ Ἀργείων γίγνεσθαι ξυμμάχους καὶ τἆλλα κοινῇ πράσσειν· τάς τε δεχημέρους ἐπισπονδάς, αἳ ἦσαν Ἀθηναίοις καὶ Βοιωτοῖς πρὸς ἀλλήλους οὐ πολλῷ ὕστερον γενόμεναι [τούτων] τῶν πεντηκοντουτίδων σπονδῶν, ἐκέλευον οἱ Κορίνθιοι τοὺς Βοιωτοὺς ἀκολουθήσαντας Ἀθήναζε καὶ σφίσι ποιῆσαι, ὥσπερ Βοιωτοὶ εἶχον, μὴ δεχομένων δὲ Ἀθηναίων ἀπειπεῖν τὴν ἐκεχειρίαν καὶ τὸ λοιπὸν μὴ σπένδεσθαι ἄνευ

---

26. Argos en effet avait un régime démocratique. Apparemment, cela ne gênait pas les autres cités, mais l'opposition « idéologique » subsistait chez les Béotiens et les Mégariens.

après, les Corinthiens et les Chalcidiens de la côte thrace devinrent également les alliés d'Argos. Les Béotiens et les Mégariens, d'accord entre eux, se tenaient tranquilles, guettant ce que ferait Sparte et jugeant la démocratie argienne moins bien adaptée à eux, pays oligarchique, que le régime lacédémonien[26].

XXXII. Vers la même époque, cet été-là, les Athéniens prirent Skionè qu'ils assiégeaient : ils mirent à mort les hommes mobilisables, réduisirent en esclavage les enfants et les femmes[27] et donnèrent le pays à exploiter aux Platéens. Ils réinstallèrent les Déliens à Délos, impressionnés qu'ils étaient par leurs revers militaires et obéissant à un oracle du dieu de Delphes. 2 Enfin, les Phocidiens et les Locriens entrèrent en guerre.

3 Les Corinthiens et les Argiens, désormais alliés, se rendent alors à Tégée, pour la détacher de Sparte : ils voyaient qu'elle constituait une partie importante du Péloponnèse et jugeaient que son rattachement pourrait le leur donner tout entier. 4 Aussi, quand Tégée répondit qu'elle ne saurait en rien s'opposer à Sparte, les Corinthiens, jusque-là pleins de zèle dans leurs négociations, rabattirent de leur ardeur et eurent bien peur que personne d'autre ne voulût plus se rallier à eux. 5 Pourtant, ils allèrent demander aux Béotiens de devenir leurs alliés, à eux et aux Argiens, et de faire, dans l'ensemble, cause commune avec eux ; évoquant la trêve additionnelle de dix jours, que les Béotiens avaient avec les Athéniens et qui avait suivi de peu la paix de cinquante ans, les Corinthiens leur demandaient de les accompagner à Athènes et d'en négocier une pour eux comme celle des Béotiens : si Athènes s'y refusait, ils leur demandaient de dénoncer la leur et de ne plus traiter sans eux à l'avenir.

27. Thucydide avait rapporté précédemment (IV, 123, 4) que les femmes et les enfants de Skionè avaient été transportés à Olynthe.

αύτών. 6 Βοιωτοί δε δεομένων των Κορινθίων περί μεν
της Άργείων ξυμμαχίας επισχεΐν αύτούς εκέλευον, ελ-
θόντες δε Άθήναζε μετά Κορινθίων ούχ ηΰροντο τάς δεχημέρους σπονδάς, άλλ' άπεκρίναντο οί Αθηναίοι Κορινθίοις
είναι σπονδάς, είπερ Λακεδαιμονίων είσί ξύμμαχοι.
7 Βοιωτοί μεν ούν ούδεν μάλλον άπεΐπον τάς δεχημέρους, άξιούντων καί αίτιωμένων Κορινθίων ξυνθέσθαι σφίσι·
Κορινθίοις δε άνοκωχή άσπονδος ην προς Αθηναίους.

XXXIII. Λακεδαιμόνιοι δε του αύτού θέρους πανδημεί
έστράτευσαν, Πλειστοάνακτος του Παυσανίου Λακεδαιμονίων βασιλέως ηγουμένου, της Αρκαδίας ές Παρρασίους
Μαντινέων υπηκόους όντας, κατά στάσιν επικαλεσαμένων
σφάς, άμα δε καί το εν Κυψέλοις τείχος άναιρήσοντες, ην
δύνωνται, δ ετείχισαν Μαντινής καί αύτοί έφρούρουν, εν
τη Παρρασικη κείμενον επί τη Σκιρίτιδι της Λακωνικής.
2 Καί οί μεν Λακεδαιμόνιοι την γην των Παρρασίων
έδηουν, οί δε Μαντινής την πόλιν Άργείοις φύλαξι παραδόντες αύτοί την ξυμμαχίαν έφρούρουν· άδύνατοι δ' όντες
διασώσαι τό τε εν Κυψέλοις τείχος καί τάς εν Παρρασίοις
πόλεις άπήλθον. 3 Λακεδαιμόνιοι δε τούς τε Παρρασίους
αύτονόμους ποιήσαντες καί το τείχος καθελόντες άνεχώ-
ρησαν επ' οίκου.

XXXIV. Καί του αύτού θέρους, ήδη ηκόντων αύτοΐς
των επί Θράκης μετά Βρασίδου εξελθόντων στρατιωτών,
ούς ό Κλεαρίδας μετά τάς σπονδάς εκόμισεν, οί Λακεδαιμόνιοι έψηφίσαντο τούς μεν μετά Βρασίδου Είλωτας μα-
χεσαμένους ελευθέρους είναι καί οίκεΐν όπου άν βούλων-
ται· καί ύστερον ού πολλω αύτούς μετά των νεοδαμώδων
ές Λέπρεον κατέστησαν, κείμενον επί της Λακωνικής καί

6 En réponse aux demandes des Corinthiens, les Béotiens leur dirent, pour l'alliance argienne, d'attendre ; et ils se rendirent bien à Athènes avec des Corinthiens ; mais, là, ils n'obtinrent pas de trêve de dix jours ; les Athéniens répondirent qu'ils avaient déjà un traité avec Corinthe, si celle-ci était alliée de Sparte ; 7 et les Béotiens ne dénoncèrent pas pour autant leur trêve de dix jours, malgré les réclamations des Corinthiens, qui leur reprochaient de s'y être engagés. Les Corinthiens, eux, avaient avec Athènes un armistice non suivi de traité.

XXXIII. Les Lacédémoniens, le même été, firent sous la conduite de Pleistoanax, fils de Pausanias, roi de Sparte, une expédition en masse contre un peuple d'Arcadie, celui de Parrhasia, qui était sujet de Mantinée : on les avait appelés à la faveur de troubles civils et, en même temps, ils voulaient, si possible, abattre le fort de Kypsèles ; c'était un fort construit par les Mantinéens et gardé directement par eux, qui s'élevait en territoire parrhasien, menaçant la Skiritide, en Laconie. 2 Tandis que les Lacédémoniens ravageaient le pays des Parrhasiens, les Mantinéens remirent la défense de leur ville à des Argiens pour monter eux-mêmes la garde en territoire allié ; mais, incapables de préserver à la fois le fort de Kypsèles et les villes des Parrhasiens, ils se retirèrent. 3 Les Lacédémoniens déclarèrent les Parrhasiens autonomes et détruisirent le fort, puis retournèrent chez eux.

XXXIV. Toujours le même été, une fois de retour les soldats partis avec Brasidas sur la côte thrace et ramenés par Cléaridas après le traité, les Lacédémoniens votèrent deux décisions : les hilotes qui avaient combattu avec Brasidas seraient libres et résideraient où ils voudraient (peu après, ils les installèrent avec les néodamodes à Lépréon, aux confins de la Laconie et de l'Élide, car ils étaient dès

τῆς Ἠλείας, ὄντες ἤδη διάφοροι Ἠλείοις· 2 τοὺς δὲ ἐκ
τῆς νήσου ληφθέντας σφῶν καὶ τὰ ὅπλα παραδόντας, δείσαντες μή τι διὰ τὴν ξυμφορὰν νομίσαντες ἐλασσωθήσεσθαι
καὶ ὄντες ἐπίτιμοι νεωτερίσωσιν, ἤδη καὶ ἀρχάς τινας ἔχοντας ἀτίμους ἐποίησαν, ἀτιμίαν δὲ τοιάνδε ὥστε μήτε ἄρχειν
μήτε πριαμένους τι ἢ πωλοῦντας κυρίους εἶναι. Ὕστερον δὲ αὖθις χρόνῳ ἐπίτιμοι ἐγένοντο.

XXXV. Τοῦ δ' αὐτοῦ θέρους καὶ Θυσσὸν τὴν ἐν τῇ
Ἄθῳ Ἀκτῇ Διῆς εἷλον, Ἀθηναίων οὖσαν ξύμμαχον.

2 Καὶ τὸ θέρος τοῦτο πᾶν ἐπιμειξίαι μὲν ἦσαν τοῖς
Ἀθηναίοις καὶ Πελοποννησίοις, ὑπώπτευον δὲ ἀλλήλους
εὐθὺς μετὰ τὰς σπονδὰς οἵ τε Ἀθηναῖοι καὶ οἱ Λακεδαιμόνιοι κατὰ τὴν τῶν χωρίων ἀλλήλοις οὐκ ἀπόδοσιν.
3 Τὴν γὰρ Ἀμφίπολιν πρότεροι λαχόντες οἱ Λακεδαιμόνιοι ἀποδιδόναι καὶ τὰ ἄλλα οὐκ ἀπεδεδώκεσαν, οὐδὲ τοὺς
ἐπὶ Θρᾴκης παρεῖχον ξυμμάχους τὰς σπονδὰς δεχομένους
οὐδὲ Βοιωτοὺς οὐδὲ Κορινθίους, λέγοντες αἰεὶ ὡς μετ' Ἀθηναίων τούτους, ἢν μὴ θέλωσι, κοινῇ ἀναγκάσουσιν· χρόνους τε προύθεντο ἄνευ ξυγγραφῆς ἐν οἷς χρῆν τοὺς μὴ
ἐσιόντας ἀμφοτέροις πολεμίους εἶναι. 4 Τούτων· οὖν
ὁρῶντες οἱ Ἀθηναῖοι οὐδὲν ἔργῳ γιγνόμενον, ὑπώπτευον
τοὺς Λακεδαιμονίους μηδὲν δίκαιον διανοεῖσθαι, ὥστε
οὔτε Πύλον ἀπαιτούντων αὐτῶν ἀπεδίδοσαν, ἀλλὰ καὶ τοὺς
ἐκ τῆς νήσου δεσμώτας μετεμέλοντο ἀποδεδωκότες, τά τε
ἄλλα χωρία εἶχον, μένοντες ἕως σφίσι κἀκεῖνοι ποιήσειαν

28. Thucydide ne donne pas d'autres précisions sur ces gens
privés d'une partie de leurs droits civiques pour s'être rendus. Mais
on sait qu'il existait chez les Lacédémoniens une échelle de statuts
très complexe, depuis les Spartiates jusqu'aux hilotes affranchis, que
désignait peut-être le terme néodamodes.

lors en différend avec cette dernière). 2 Inversement, pour ceux des leurs qui avaient été faits prisonniers dans l'île et s'étaient rendus, ils craignirent de les voir, à cause de leur malheur, s'attendre à un traitement de défaveur et, s'ils avaient tous leurs droits, faire de l'agitation : par suite, alors qu'ils occupaient déjà certaines fonctions publiques, ils les privèrent de leurs droits, en leur donnant un statut qui ne leur laissait ni l'exercice des fonctions publiques ni l'autorité pour conclure aucune transaction – tous droits qu'ils retrouvèrent ultérieurement[28].

XXXV. Le même été, les gens de Dion prirent Thyssos, une ville de l'alliance athénienne, sur le promontoire de l'Athos.

2 Pendant tout cet été, il y avait eu échange de relations entre Athéniens et Péloponnésiens, mais des soupçons réciproques naquirent aussitôt après le traité, tant chez les Athéniens que chez les Lacédémoniens, à cause des restitutions de pays non effectuées. 3 Il y avait Amphipolis : les Lacédémoniens, désignés par le sort pour faire leurs restitutions les premiers, ne l'avaient pas rendue non plus que le reste ; de plus, ils ne pouvaient justifier d'une acceptation du traité par leurs alliés de la côte thrace, non plus que par les Béotiens ni les Corinthiens : pourtant, ils répétaient toujours que, si ceux-ci ne voulaient pas l'accepter, ils les y contraindraient par une action commune avec l'aide d'Athènes ; et ils avaient fixé des délais, mais sans convention écrite, au bout desquels les réfractaires seraient tenus pour ennemis des deux peuples. 4 Les Athéniens, voyant que rien de tout cela ne se réalisait, soupçonnaient Sparte de n'avoir point des intentions justes : par suite, lorsqu'elle réclamait Pylos, ils ne la restituaient pas (au contraire, ils regrettaient même d'avoir rendu les prisonniers de l'île), et ils gardaient les autres places, attendant

τὰ εἰρημένα. 5 Λακεδαιμόνιοι δὲ τὰ μὲν δυνατὰ ἔφασαν
πεποιηκέναι· τοὺς γὰρ παρὰ σφίσι δεσμώτας ὄντας Ἀθηναίων ἀποδοῦναι καὶ τοὺς ἐπὶ Θρᾴκης στρατιώτας ἀπαγαγεῖν καὶ εἴ του ἄλλου ἐγκρατεῖς ἦσαν· Ἀμφιπόλεως δὲ
οὐκ ἔφασαν κρατεῖν ὥστε παραδοῦναι, Βοιωτοὺς δὲ πειράσεσθαι καὶ Κορινθίους ἐς τὰς σπονδὰς ἐσαγαγεῖν καὶ
Πάνακτον ἀπολαβεῖν, καὶ Ἀθηναίων ὅσοι ἦσαν ἐν Βοιωτοῖς αἰχμάλωτοι κομιεῖν. 6 Πύλον μέντοι ἠξίουν σφίσιν
ἀποδοῦναι· εἰ δὲ μή, Μεσσηνίους τε καὶ τοὺς Εἵλωτας ἐξαγαγεῖν, ὥσπερ καὶ αὐτοὶ τοὺς ἀπὸ Θρᾴκης, Ἀθηναίους δὲ
φρουρεῖν τὸ χωρίον αὐτούς, εἰ βούλονται. 7 Πολλάκις
δὲ καὶ πολλῶν λόγων γενομένων ἐν τῷ θέρει τούτῳ ἔπεισαν
τοὺς Ἀθηναίους ὥστε ἐξαγαγεῖν ἐκ Πύλου Μεσσηνίους καὶ
τοὺς ἄλλους Εἵλωτάς τε καὶ ὅσοι ηὐτομολήκεσαν ἐκ τῆς
Λακωνικῆς· καὶ κατῴκισαν αὐτοὺς ἐν Κρανίοις τῆς Κεφαλ-
ληνίας. 8 Τὸ μὲν οὖν θέρος τοῦτο ἡσυχία ἦν καὶ ἔφοδοι
παρ' ἀλλήλους.

XXXVI. Τοῦ δ' ἐπιγιγνομένου χειμῶνος (ἔτυχον γὰρ
ἔφοροι ἕτεροι καὶ οὐκ ἐφ' ὧν αἱ σπονδαὶ ἐγένοντο ἄρχοντες
ἤδη καί τινες αὐτῶν καὶ ἐναντίοι ⟨ταῖς⟩ σπονδαῖς) ἐλθου-
σῶν πρεσβειῶν ἀπὸ τῆς ξυμμαχίδος καὶ παρόντων Ἀθηναίων καὶ Βοιωτῶν καὶ Κορινθίων καὶ πολλὰ ἐν ἀλλήλοις
εἰπόντων καὶ οὐδὲν ξυμβάντων, ὡς ἀπῇσαν ἐπ' οἴκου, τοῖς
Βοιωτοῖς καὶ Κορινθίοις Κλεόβουλος καὶ Ξενάρης, οὗτοι
οἵπερ τῶν ἐφόρων ἐβούλοντο μάλιστα διαλῦσαι τὰς σπον-

qu'elle eût, elle, exécuté les conventions. 5 En réponse, les Lacédémoniens disaient qu'ils avaient fait leur possible : ils avaient rendu les prisonniers athéniens qui se trouvaient entre leurs mains, rapatrié leurs troupes de la côte thrace, et de même pour tout ce qui était en leur pouvoir ; pour Amphipolis, en revanche, ils déclaraient n'avoir pas le pouvoir de la remettre ; quant aux Béotiens, ils essaieraient de les associer, eux et les Corinthiens, au traité, de récupérer Panacton, et de faire parvenir à destination les prisonniers de guerre athéniens en Béotie ; 6 mais ils réclamaient Pylos ; ou, au moins, que l'on retirât les Messéniens et les hilotes comme ils avaient, eux, retiré leurs troupes de Thrace ; les Athéniens n'avaient qu'à y monter eux-mêmes la garde, s'ils voulaient. 7 Bref, après de nombreuses et fréquentes discussions qui eurent lieu cet été-là, ils obtinrent des Athéniens le retrait de Pylos des Messéniens et des hilotes, entre autres ceux qui étaient passés comme transfuges de Laconie : Athènes les installa à Cranies, dans l'île de Céphallénie. 8 Et c'est ainsi que cet été se passa dans le calme et les rencontres d'un peuple à l'autre.

### Efforts lacédémoniens dans le Péloponnèse

XXXVI. L'hiver suivant, il se trouva que de nouveaux éphores étaient en fonction, différents de ceux sous la gestion de qui s'était conclu le traité, et parfois même opposés au traité : avec des ambassades envoyées par les membres de l'alliance, et avec des Athéniens, des Béotiens et des Corinthiens présents à Sparte, on discuta beaucoup sans arriver à un accord ; et, au moment où les ambassadeurs repartaient chez eux, les Béotiens et les Corinthiens reçoivent de Cléoboulos et de Xénarès, ceux-là mêmes qui, parmi les éphores, souhaitaient le plus la rupture du

δάς, λόγους ποιοῦνται ἰδίους, παραινοῦντες ὅτι μάλιστα
ταῦτά τε γιγνώσκειν καὶ πειρᾶσθαι Βοιωτούς, Ἀργείων
γενομένους πρῶτον αὐτοὺς ξυμμάχους, αὖθις μετὰ Βοιωτῶν Ἀργείους Λακεδαιμονίοις ποιῆσαι ξυμμάχους (οὕτω
γὰρ ἥκιστα ἀναγκασθῆναι Βοιωτοὺς ἐς τὰς Ἀττικὰς σπονδὰς ἐσελθεῖν)· ἑλέσθαι γὰρ Λακεδαιμονίους πρὸ τῆς Ἀθηναίων ἔχθρας καὶ διαλύσεως τῶν σπονδῶν Ἀργείους σφίσι
φίλους καὶ ξυμμάχους γενέσθαι. Τὸ γὰρ Ἄργος αἰεὶ ἠπίσταντο ἐπιθυμοῦντας τοὺς Λακεδαιμονίους καλῶς σφίσι
φίλιον γενέσθαι, ἡγουμένους τὸν ἔξω Πελοποννήσου πόλεμον ῥᾴω ἂν εἶναι. 2 Τὸ μέντοι Πάνακτον ἐδέοντο
Βοιωτοὺς ⟨ὁρᾶν⟩ ὅπως παραδώσουσι Λακεδαιμονίοις, ἵνα
ἀντ' αὐτοῦ Πύλον, ἢν δύνωνται, ἀπολαβόντες ῥᾶον καθιστῶνται Ἀθηναίοις ἐς πόλεμον. XXXVII. Καὶ οἱ μὲν
Βοιωτοὶ καὶ Κορίνθιοι ταῦτα ἐπεσταλμένοι ἀπό τε τοῦ Ξε-
νάρους καὶ Κλεοβούλου καὶ ὅσοι φίλοι ἦσαν αὐτοῖς τῶν
Λακεδαιμονίων ὥστε ἀπαγγεῖλαι ἐπὶ τὰ κοινά, ἑκάτεροι
ἀνεχώρουν. 2 Ἀργείων δὲ δύο ἄνδρες τῆς ἀρχῆς τῆς
μεγίστης ἐπετήρουν ἀπιόντας αὐτοὺς καθ' ὁδὸν καὶ ξυγ-
γενόμενοι ἐς λόγους ἦλθον, εἴ πως οἱ Βοιωτοὶ σφίσι ξύμμαχοι γένοιντο, ὥσπερ Κορίνθιοι καὶ Ἠλεῖοι καὶ Μαντι-
νῆς· νομίζειν γὰρ ἂν τούτου προχωρήσαντος ῥᾳδίως ἤδη
καὶ πολεμεῖν καὶ σπένδεσθαι καὶ πρὸς Λακεδαιμονίους,
εἰ βούλοιντο, κοινῷ λόγῳ χρωμένους, καὶ εἴ τινα πρὸς ἄλλον δέοι. 3 Τοῖς δὲ τῶν Βοιωτῶν πρέσβεσιν ἀκούου-
σιν ἤρεσκεν· κατὰ τύχην γὰρ ἐδέοντο τούτων ὧνπερ καὶ οἱ
ἐκ τῆς Λακεδαίμονος αὐτοῖς φίλοι ἐπεστάλκεσαν. Καὶ οἱ
τῶν Ἀργείων ἄνδρες ὡς ᾔσθοντο αὐτοὺς δεχομένους τὸν
λόγον, εἰπόντες ὅτι πρέσβεις πέμψουσιν ἐς Βοιωτούς,

29. On a là une indication précieuse sur le rôle des éphores dans
le système spartiate et la possibilité qu'ils avaient de mener leur propre
politique – ici, dans le cas des deux éphores cités, une politique anti-
athénienne, visant à la rupture du traité conclu en 421.

traité, des propositions privées[29] : celles-ci les invitaient à se mettre autant que possible d'accord et à tâcher que les Béotiens, après s'être, d'abord, alliés eux-mêmes aux Argiens, fissent alors conclure une autre alliance, liant Argiens et Béotiens aux Lacédémoniens : c'était en effet le meilleur moyen pour les Béotiens de ne pas être obligés de s'associer au traité athénien ; car Sparte accepterait volontiers l'hostilité athénienne et la rupture du traité pour obtenir l'amitié et l'alliance argiennes : ils savaient, en effet, que Sparte désirait depuis toujours s'attacher Argos comme une vraie amie, avec l'idée que cela lui faciliterait la conduite d'opérations au dehors du Péloponnèse. 2 Toutefois, les Béotiens étaient priés de veiller à remettre Panacton aux Lacédémoniens, pour leur permettre, si possible, de récupérer Pylos en échange – ce qui leur faciliterait une éventuelle entrée en guerre contre Athènes. Béotiens et Corinthiens, donc, chacun de leur côté, se retirèrent avec ces instructions venant de Xénarès et de Cléoboulos, ainsi que de ceux qui, à Sparte, étaient leurs amis, instructions à rapporter aux organismes publics. Mais deux Argiens des plus haut placés les guettaient sur le chemin du retour ; ils les abordèrent et entrèrent en pourparlers, pour voir si les Béotiens ne s'allieraient pas à eux, comme les Corinthiens, les Éléens et les Mantinéens : à leur avis, disaient-ils, ce point une fois acquis, il leur serait facile soit d'être en guerre, soit d'être en paix, à leur gré, aussi bien avec Sparte, s'ils le décidaient en commun, qu'avec tout autre, en cas de besoin. 3 Les ambassadeurs béotiens se félicitèrent de ce qu'ils entendaient : ce qu'on leur demandait coïncidait justement avec les instructions de leurs amis à Sparte ! Et les deux Argiens, se rendant compte que leurs propositions étaient bien accueillies, les quittèrent en disant qu'ils enverraient des délégués en

ἀπῆλθον. 4 Ἀφικόμενοι δὲ οἱ Βοιωτοὶ ἀπήγγειλαν τοῖς βοιωτάρχαις τά τε ἐκ τῆς Λακεδαίμονος καὶ τὰ ἀπὸ τῶν ξυγγενομένων Ἀργείων· καὶ οἱ βοιωτάρχαι ἠρέσκοντό τε καὶ πολλῷ προθυμότεροι ἦσαν, ὅτι ἀμφοτέρωθεν ξυνεβεβήκει αὐτοῖς τούς τε φίλους τῶν Λακεδαιμονίων τῶν αὐτῶν δεῖσθαι καὶ τοὺς Ἀργείους ἐς τὰ ὁμοῖα σπεύδειν. 5 Καὶ οὐ πολλῷ ὕστερον πρέσβεις παρῆσαν Ἀργείων τὰ εἰρημένα προκαλούμενοι· καὶ αὐτοὺς ἀπέπεμψαν ἐπαινέσαντες τοὺς λόγους οἱ βοιωτάρχαι καὶ πρέσβεις ὑποσχόμενοι ἀποστελεῖν περὶ τῆς ξυμμαχίας ἐς Ἄργος.

XXXVIII. Ἐν δὲ τούτῳ ἐδόκει πρῶτον τοῖς βοιωτάρχαις καὶ Κορινθίοις καὶ Μεγαρεῦσι καὶ τοῖς ἀπὸ Θρᾴκης πρέσβεσιν ὀμόσαι ὅρκους ἀλλήλοις ἦ μὴν ἔν τε τῷ παρατυχόντι ἀμυνεῖν τῷ δεομένῳ καὶ μὴ πολεμήσειν τῳ μηδὲ ξυμβήσεσθαι ἄνευ κοινῆς γνώμης, καὶ οὕτως ἤδη τοὺς Βοιωτοὺς καὶ Μεγαρέας (τὸ γὰρ αὐτὸ ἐποίουν) πρὸς τοὺς Ἀργείους σπένδεσθαι. 2 Πρὶν δὲ τοὺς ὅρκους γενέσθαι οἱ βοιωτάρχαι ἐκοίνωσαν ταῖς τέσσαρσι βουλαῖς τῶν Βοιωτῶν ταῦτα, αἵπερ ἅπαν τὸ κῦρος ἔχουσι, καὶ παρῄνουν γενέσθαι ὅρκους ταῖς πόλεσιν, ὅσαι βούλονται ἐπ' ὠφελίᾳ σφίσι ξυνομνύναι. 3 Οἱ δ' ἐν ταῖς βουλαῖς τῶν Βοιωτῶν ὄντες οὐ προσδέχονται τὸν λόγον, δεδιότες μὴ ἐναντία Λακεδαιμονίοις ποιήσωσι τοῖς ἐκείνων ἀφεστῶσι Κορινθίοις ξυνομνύντες· οὐ γὰρ εἶπον αὐτοῖς οἱ βοιωτάρχαι τὰ ἐκ τῆς Λακεδαίμονος, ὅτι τῶν τε ἐφόρων Κλεόβουλος καὶ Ξενάρης καὶ οἱ φίλοι παραινοῦσιν Ἀργείων πρῶτον καὶ Κορινθίων γενομένους ξυμμάχους ὕστερον μετ' αὐτῶν

---

30. En fait, il s'agit du conseil fédéral, divisé en quatre sections fonctionnant à tour de rôle et dont la compétence était particulièrement étendue en matière de politique extérieure. Les béotarques qui avaient jusque-là mené les négociations se devaient d'en remettre l'approbation aux quatre conseils siégeant en séance plénière.

Béotie. 4 Arrivés chez eux, nos Béotiens rapportèrent aux béotarques les messages recueillis tant à Sparte qu'auprès des Argiens rencontrés au retour : les béotarques s'en félicitèrent et se montrèrent bien plus empressés, du fait de cette rencontre entre les deux, faisant que leurs amis lacédémoniens leur demandaient exactement ce vers quoi les poussaient les Argiens. 5 Peu après, des délégués argiens se présentèrent, avec les offres déjà mentionnées ; et les béotarques, avant de les renvoyer chez eux, approuvèrent leur langage et promirent de dépêcher une ambassade à Argos au sujet de l'alliance.

XXXVIII. En attendant, les béotarques étaient d'accord avec les Corinthiens, les Mégariens et les représentants venus de Thrace pour prendre d'abord des engagements mutuels comportant de se soutenir éventuellement en cas de besoin et de ne pas entrer en guerre ni conclure d'accord sans une décision collective : cela fait, les Béotiens et les Mégariens (qui faisaient cause commune) traiteraient avec Argos. 2 Avant l'échange des serments les béotarques en communiquèrent le projet aux quatre conseils de Béotie, qui sont seuls souverains[30], et recommandèrent de se lier par serment avec toutes les cités qui voudraient, pour sauvegarder leurs intérêts, s'associer à eux. 3 Mais voici que les membres des conseils de Béotie n'adoptent pas le projet ! Ils craignaient d'aller contre Sparte, s'ils s'engageaient avec Corinthe, qui s'était détachée d'elle ; car les béotarques ne leur avaient pas rapporté les nouvelles de Sparte ni dit que les éphores Cléoboulos et Xénarès, ainsi que leurs amis là-bas, les poussaient à devenir d'abord les alliés des Argiens et des Corinthiens, pour pouvoir ensuite devenir, avec eux, ceux de Sparte : ils s'imaginaient que

γίγνεσθαι, οἰόμενοι τὴν βουλήν, κἂν μὴ εἴπωσιν, οὐκ ἄλλα ψηφιεῖσθαι ἢ ἃ σφίσι προδιαγνόντες παραινοῦσιν. 4 Ὡς δὲ ἀντέστη τὸ πρᾶγμα, οἱ μὲν Κορίνθιοι καὶ οἱ ἀπὸ Θρά- κης πρέσβεις ἄπρακτοι ἀπῆλθον, οἱ δὲ βοιωτάρχαι, μέλ- λοντες πρότερον, εἰ ταῦτα ἔπεισαν, καὶ τὴν ξυμμαχίαν πει- ράσεσθαι πρὸς Ἀργείους ποιεῖν, οὐκέτι ἐσήνεγκαν περὶ Ἀργείων ἐς τὰς βουλάς, οὐδὲ ἐς τὸ Ἄργος τοὺς πρέσβεις οὓς ὑπέσχοντο ἔπεμπον, ἀμέλεια δέ τις ἐνῆν καὶ διατριβὴ τῶν πάντων.

XXXIX. Καὶ ἐν τῷ αὐτῷ χειμῶνι τούτῳ Μηκύβερναν Ὀλύνθιοι Ἀθηναίων φρουρούντων ἐπιδραμόντες εἷλον.

2 Μετὰ δὲ ταῦτα (ἐγίγνοντο γὰρ αἰεὶ λόγοι τοῖς τε Ἀθηναίοις καὶ Λακεδαιμονίοις περὶ ὧν εἶχον ἀλλήλων) ἐλπίζοντες οἱ Λακεδαιμόνιοι, εἰ Πάνακτον Ἀθηναῖοι παρὰ Βοιωτῶν ἀπολάβοιεν, κομίσασθαι ἂν αὐτοὶ Πύλον, ἦλθον ἐς τοὺς Βοιωτοὺς πρεσβευόμενοι καὶ ἐδέοντο σφίσι Πά- νακτόν τε καὶ τοὺς Ἀθηναίων δεσμώτας παραδοῦναι, ἵνα ἀντ᾽ αὐτῶν Πύλον κομίσωνται. 3 Οἱ δὲ Βοιωτοὶ οὐκ ἔφα- σαν ἀποδώσειν, ἢν μὴ σφίσι ξυμμαχίαν ἰδίαν ποιήσωνται ὥσπερ Ἀθηναίοις. Λακεδαιμόνιοι δὲ εἰδότες μὲν ὅτι ἀδι- κήσουσιν Ἀθηναίους, εἰρημένον ἄνευ ἀλλήλων μήτε σπένδεσθαί τῳ μήτε πολεμεῖν, βουλόμενοι δὲ τὸ Πάνακτον παραλαβεῖν ὡς τὴν Πύλον ἀντ᾽ αὐτοῦ κομιούμενοι, καὶ ἅμα τῶν ξυγχέαι σπευδόντων τὰς σπονδὰς προθυμουμέ- νων τὰ ἐς Βοιωτούς, ἐποιήσαντο τὴν ξυμμαχίαν, τοῦ χει- μῶνος τελευτῶντος ἤδη καὶ πρὸς ἔαρ· καὶ τὸ Πάνακτον εὐθὺς καθηρεῖτο. Καὶ ἑνδέκατον ἔτος τῷ πολέμῳ ἐτελεύτα.

le conseil, même sans qu'on lui dît rien, n'irait pas voter à l'encontre des résolutions préalables qu'ils lui recommanderaient. 4 L'affaire ayant mal tourné, les Corinthiens et les représentants venus de Thrace repartirent sans avoir rien conclu ; et les béotarques, qui devaient primitivement, si leur proposition avait été adoptée, s'efforcer de conclure après cela l'alliance avec Argos, renoncèrent à porter la question argienne devant les conseils et n'envoyèrent pas à Argos les ambassadeurs promis : on laissa toute l'affaire dormir et le temps passer.

XXXIX. Au cours de ce même hiver, les Olynthiens firent un coup de main contre Mèkyberna, où se trouvait une garnison athénienne, et s'en emparèrent.

2 Après cela, comme des pourparlers continuels opposaient Athéniens et Lacédémoniens à propos des territoires qu'ils occupaient réciproquement, les Lacédémoniens, espérant que, si Athènes récupérait Panacton, restitué par les Béotiens, eux-mêmes rentreraient en possession de Pylos, allèrent en délégation trouver les Béotiens ; ils leur demandaient de leur remettre Panacton, ainsi que les prisonniers athéniens, pour qu'ils pussent, en échange, ravoir Pylos. 3 Mais les Béotiens refusèrent cette restitution à moins que Sparte ne conclût avec eux une alliance directe, comme avec Athènes. Les Lacédémoniens, eux, savaient qu'ils feraient ainsi tort aux Athéniens, puisqu'il était prévu que ni les uns ni les autres ne traiteraient ou ne feraient la guerre séparément ; mais ils voulaient se faire remettre Panacton pour ravoir Pylos en échange ; et en même temps les gens qui voulaient saper le traité poussaient au rapprochement avec la Béotie : aussi conclurent-ils cette alliance, alors que l'hiver se terminait et que l'on arrivait au printemps. Sur quoi l'on procédait bientôt à la destruction de Panacton. Ainsi se terminait la onzième année de la guerre.

XL. Ἅμα δὲ τῷ ἦρι εὐθὺς τοῦ ἐπιγιγνομένου θέρους οἱ Ἀργεῖοι, ὡς οἵ τε πρέσβεις τῶν Βοιωτῶν οὓς ἔφασαν πέμψειν οὐχ ἧκον, τό τε Πάνακτον ᾐσθοντο καθαιρούμενον καὶ ξυμμαχίαν ἰδίαν γεγενημένην τοῖς Βοιωτοῖς πρὸς τοὺς Λακεδαιμονίους, ἔδεισαν μὴ μονωθῶσι καὶ ἐς Λακεδαιμονίους πᾶσα ἡ ξυμμαχία χωρήσῃ· 2 τοὺς γὰρ Βοιωτοὺς ᾤοντο πεπεῖσθαι ὑπὸ Λακεδαιμονίων τό τε Πάνακτον καθελεῖν καὶ ἐς τὰς Ἀθηναίων σπονδὰς ἐσιέναι, τούς τε Ἀθηναίους εἰδέναι ταῦτα, ὥστε οὐδὲ πρὸς Ἀθηναίους ἔτι σφίσιν εἶναι ξυμμαχίαν ποιήσασθαι, πρότερον ἐλπίζοντες ἐκ τῶν διαφορῶν, εἰ μὴ μείνειαν αὐτοῖς αἱ πρὸς Λακεδαιμονίους σπονδαί, τοῖς γοῦν Ἀθηναίοις ξύμμαχοι ἔσεσθαι. 3 Ἀποροῦντες οὖν ταῦτα οἱ Ἀργεῖοι καὶ φοβούμενοι μὴ Λακεδαιμονίοις καὶ Τεγεάταις ⟨καὶ⟩ Βοιωτοῖς καὶ Ἀθηναίοις ἅμα πολεμῶσι, πρότερον οὐ δεχόμενοι τὰς Λακεδαιμονίων σπονδάς, ἀλλ' ἐν φρονήματι ὄντες τῆς Πελοποννήσου ἡγήσεσθαι, ἔπεμπον ὡς ἐδύναντο τάχιστα ἐς τὴν Λακεδαίμονα πρέσβεις Εὔστροφον καὶ Αἴσωνα, οἳ ἐδόκουν προσφιλέστατοι αὐτοῖς εἶναι, ἡγούμενοι ἐκ τῶν παρόντων κράτιστα, πρὸς Λακεδαιμονίους σπονδὰς ποιησάμενοι ὅπῃ ἂν ξυγχωρῇ, ἡσυχίαν ἔχειν. XLI. Καὶ οἱ πρέσβεις ἀφικόμενοι αὐτῶν λόγους ἐποιοῦντο πρὸς τοὺς Λακεδαιμονίους ἐφ' ᾧ ἂν σφίσιν αἱ σπονδαὶ γίγνοιντο. 2 Καὶ τὸ μὲν πρῶτον οἱ Ἀργεῖοι ἠξίουν δίκης ἐπιτροπὴν σφίσι γενέσθαι ἢ ἐς πόλιν τινὰ ἢ ἰδιώτην περὶ τῆς Κυνουρίας γῆς, ἧς αἰεὶ πέρι διαφέρονται μεθορίας οὔσης (ἔχει δὲ ἐν αὐτῇ Θυρέαν καὶ Ἀνθήνην πόλιν, νέμονται δ' αὐτὴν Λακεδαιμόνιοι)· ἔπειτα δ' οὐκ ἐώντων Λακεδαιμονίων

## Rôle d'Athènes dans les négociations

XL. L'été suivant, dès le printemps, les Argiens, ne voyant pas arriver les ambassadeurs béotiens qui devaient leur être envoyés et apprenant les travaux de destruction en cours à Panacton ainsi que l'alliance directe conclue entre Béotiens et Lacédémoniens, craignirent de se trouver isolés, pendant que toute l'alliance passerait du côté de Sparte ; 2 ils imaginaient, en effet, que les avis de Sparte avaient décidé les Béotiens à raser Panneton tout en adhérant au traité avec Athènes, qu'Athènes était au courant, et que, par suite, ils ne pourraient même plus conclure alliance avec les Athéniens : pourtant ils comptaient bien, auparavant, mettre à profit les différends existants et, si le traité avec Sparte venait à leur manquer, s'allier au moins avec Athènes. 3 En proie, donc, à cette inquiétude et craignant d'avoir à combattre à la fois les Lacédémoniens, les Tégéates, les Béotiens et les Athéniens, les Argiens, qui, auparavant, refusaient de traiter avec Sparte et ne prétendaient à rien moins qu'à l'hégémonie dans la Péloponnèse, envoyaient maintenant le plus vite possible comme ambassadeurs à Sparte Eustrophos et Éson, qui passaient pour les mieux vus là-bas : ils se disaient que, dans la situation présente, le mieux était de conclure un traité avec Sparte, en s'accordant comme on pourrait, et de se tenir tranquilles. XLI. Leurs ambassadeurs, une fois arrivés, entrèrent en pourparlers avec les Lacédémoniens sur les conditions éventuelles du traité. 2 Au début, les Argiens réclamaient qu'il y eût un arbitrage, confié soit à une ville soit à un particulier, à propos du territoire de Cynurie, qui est, à la limite de leurs deux pays, l'objet de différends constants (il comporte, outre Thyréa, la ville d'Anthènè et est exploité par des Lacédémoniens) ; puis, comme les Lacédémoniens

μεμνῆσθαι περὶ αὐτῆς, ἀλλ' εἰ βούλονται σπένδεσθαι ὥσπερ πρότερον, ἑτοῖμοι εἶναι, οἱ Ἀργεῖοι πρέσβεις τάδε ὅμως ἐπηγάγοντο τοὺς Λακεδαιμονίους ξυγχωρῆσαι, ἐν μὲν τῷ παρόντι σπονδὰς ποιήσασθαι ἔτη πεντήκοντα, ἐξεῖναι δ' ὁποτεροισοῦν προκαλεσαμένοις, μήτε νόσου οὔσης μήτε πολέμου Λακεδαίμονι καὶ Ἄργει, διαμάχεσθαι περὶ τῆς γῆς ταύτης, ὥσπερ καὶ πρότερόν ποτε, ὅτε αὐτοὶ ἑκάτεροι ἠξίωσαν νικᾶν, διώκειν δὲ μὴ ἐξεῖναι περαιτέρω τῶν πρὸς Ἄργος καὶ Λακεδαίμονα ὅρων. 3 Τοῖς δὲ Λακεδαιμονίοις τὸ μὲν πρῶτον ἐδόκει μωρία εἶναι ταῦτα, ἔπειτα (ἐπεθύμουν γὰρ τὸ Ἄργος πάντως φίλον ἔχειν) ξυνεχώρησαν ἐφ' οἷς ἠξίουν καὶ ξυνεγράψαντο. Ἐκέλευον δ' οἱ Λακεδαιμόνιοι, πρὶν τέλος τι αὐτῶν ἔχειν, ἐς τὸ Ἄργος πρῶτον ἐπαναχωρήσαντας αὐτοὺς δεῖξαι τῷ πλήθει, καὶ ἢν ἀρέσκοντα ᾖ, ἥκειν ἐς τὰ Ὑακίνθια τοὺς ὅρκους ποιησομένους. Καὶ οἱ μὲν ἀνεχώρησαν.

XLII. Ἐν δὲ τῷ χρόνῳ τούτῳ ᾧ οἱ Ἀργεῖοι ταῦτα ἔπρασσον, οἱ πρέσβεις τῶν Λακεδαιμονίων Ἀνδρομέδης καὶ Φαίδιμος καὶ Ἀντιμενίδας, οὓς ἔδει τὸ Πάνακτον καὶ τοὺς ἄνδρας τοὺς παρὰ Βοιωτῶν παραλαβόντας Ἀθηναίοις ἀποδοῦναι, τὸ μὲν Πάνακτον ὑπὸ τῶν Βοιωτῶν αὐτῶν καθηρημένον ηὗρον, ἐπὶ προφάσει ὡς ἦσάν ποτε Ἀθηναίοις καὶ Βοιωτοῖς ἐκ διαφορᾶς περὶ αὐτοῦ ὅρκοι παλαιοὶ μηδετέρους οἰκεῖν τὸ χωρίον ἀλλὰ κοινῇ νέμειν, τοὺς δ' ἄνδρας οὓς εἶχον αἰχμαλώτους Βοιωτοὶ Ἀθηναίων παραλαβόντες οἱ περὶ τὸν Ἀνδρομέδη ἐκόμισαν τοῖς Ἀθηναίοις καὶ ἀπέδοσαν, τοῦ τε Πανάκτου τὴν καθαίρεσιν ἔλεγον αὐτοῖς, νομίζοντες καὶ τοῦτο ἀποδιδόναι· πολέμιον γὰρ

31. Voir Hérodote, I, 82, à propos du conflit qui opposa les deux cités pour la possession de la Thyréatide.

refusaient d'en entendre parler, mais se déclaraient prêts,
si les autres le voulaient, à conclure un traité comme celui
d'avant, les ambassadeurs argiens invitèrent du moins les
Lacédémoniens à l'accord suivant : on conclurait pour le
moment un traité de cinquante ans, mais, sauf en cas d'épidémie ou de guerre soit à Sparte soit à Argos, il serait permis, sur proposition d'une des deux parties, de régler par
les armes le sort de ce territoire (comme on l'avait fait
auparavant la fois où chacun des deux s'était attribué la
victoire)[31] à condition de ne pas poursuivre l'adversaire
au-delà des limites d'Argos ou de Sparte. 3 Quant aux
Lacédémoniens, au début, ils trouvaient cela de la folie ;
puis, comme ils voulaient à tout prix l'amitié d'Argos, ils
donnèrent leur accord à cette requête et le texte fut rédigé.
Les Lacédémoniens demandèrent seulement aux ambassadeurs, avant qu'il entrât en vigueur, de retourner d'abord
à Argos pour le communiquer au peuple, et, s'il avait son
approbation, de revenir aux Hyacinthies pour prêter serment. Sur quoi ceux-ci se retirèrent.

XLII. Pendant ce temps-là, tandis que les Argiens poursuivaient ces négociations, les ambassadeurs lacédémoniens Andromédès, Phaidimos et Antiménidas, qui devaient
se faire remettre Panacton et les prisonniers qu'avaient les
Béotiens pour les rendre aux Athéniens, trouvèrent Panacton
rasé par les Béotiens eux-mêmes, sous le prétexte d'anciens serments jadis échangés à propos de cette place par
Athènes et la Béotie, à la suite d'un différend, et prévoyant
qu'aucun des deux peuples n'y vivrait, tous deux s'en par-
tageant l'exploitation ; restaient les prisonniers athéniens
alors aux mains des Béotiens : Andromédès et ses collègues se les firent remettre, les amenèrent aux Athéniens et
les leur rendirent, leur expliquant que Panacton était rasé,
ce qui, à leurs yeux, équivalait à une restitution, puisqu'il

οὐκέτι ἐν αὐτῷ 'Αθηναίοις οἰκήσειν οὐδένα. 2 Λεγομένων δὲ τούτων οἱ 'Αθηναῖοι δεινὰ ἐποίουν, νομίζοντες ἀδικεῖσθαι ὑπὸ Λακεδαιμονίων τοῦ τε Πανάκτου τῇ καθαιρέ-
σει, ὃ ἔδει ὀρθὸν παραδοῦναι, καὶ πυνθανόμενοι ὅτι καὶ
Βοιωτοῖς ἰδίᾳ ξυμμαχίαν πεποίηνται φάσκοντες πρότερον
κοινῇ τοὺς μὴ δεχομένους τὰς σπονδὰς προσαναγκάσειν.
Τά τε ἄλλα ἐσκόπουν ὅσα ἐξελελοίπεσαν τῆς ξυνθήκης
καὶ ἐνόμιζον ἐξηπατῆσθαι, ὥστε χαλεπῶς πρὸς τοὺς πρέσβεις ἀποκρινάμενοι ἀπέπεμψαν.

XLIII. Κατὰ τοιαύτην δὴ διαφορὰν ὄντων τῶν Λακεδαιμονίων πρὸς τοὺς 'Αθηναίους οἱ ἐν ταῖς 'Αθήναις αὖ
βουλόμενοι λῦσαι τὰς σπονδὰς εὐθὺς ἐνέκειντο. 2 Ἦσαν
δὲ ἄλλοι τε καὶ 'Αλκιβιάδης ὁ Κλεινίου, ἀνὴρ ἡλικίᾳ μὲν
ἔτι τότε ὢν νέος ὡς ἐν ἄλλη πόλει, ἀξιώματι δὲ προγόνων
τιμώμενος· ᾧ ἐδόκει μὲν καὶ ἄμεινον εἶναι πρὸς τοὺς 'Αργείους μᾶλλον χωρεῖν, οὐ μέντοι ἀλλὰ καὶ φρονήματι φιλονικῶν ἠναντιοῦτο, ὅτι Λακεδαιμόνιοι διὰ Νικίου καὶ
Λάχητος ἔπραξαν τὰς σπονδάς, ἑαυτὸν κατά τε τὴν νεό-
τητα ὑπεριδόντες καὶ κατὰ τὴν παλαιὰν προξενίαν ποτὲ
οὖσαν οὐ τιμήσαντες, ἣν τοῦ πάππου ἀπειπόντος αὐτὸς
τοὺς ἐκ τῆς νήσου αὐτῶν αἰχμαλώτους θεραπεύων διενοεῖτο
ἀνανεώσασθαι. 3 Πανταχόθεν τε νομίζων ἐλασσοῦσθαι
τό τε πρῶτον ἀντεῖπεν, οὐ βεβαίους φάσκων εἶναι Λακεδαιμονίους, ἀλλ' ἵνα 'Αργείους σφίσι σπεισάμενοι ἐξέλωσι
καὶ αὖθις ἐπ' 'Αθηναίους μόνους ἴωσι, τούτου ἕνεκα σπένδεσθαι αὐτούς, καὶ τότε, ἐπειδὴ ἡ διαφορὰ ἐγεγένητο,

32. C'est la première mention d'Alcibiade dans le récit de
Thucydide. Alcibiade évoquera cette proxénie dans le discours qu'il
prononcera à Sparte (VI, 89, 2).

n'y vivrait plus personne d'hostile à Athènes. 2 Ces propos furent très mal pris des Athéniens ; ils se jugeaient lésés par Sparte, d'abord avec la destruction de Panacton, qui devait leur être remis en état, ensuite avec la nouvelle que, de surcroît, Sparte avait conclu avec la Béotie une alliance directe, cela malgré ses déclarations antérieures disant que les peuples n'acceptant pas le traité y seraient contraints par une action commune ; enfin, les Athéniens prenaient en considération tous les autres manquements aux conventions et se jugeaient trompés : aussi renvoyèrent-ils les ambassadeurs avec une réponse sévère.

XLIII. Alors qu'un tel différend opposait les Lacédémoniens aux Athéniens, ceux qui, à Athènes, étaient pour la rupture du traité montrèrent à leur tour une soudaine insistance. 2 Parmi eux, il y avait, entre autres, Alcibiade, fils de Clinias[32] ; son âge faisait de lui encore un jeune homme, selon les critères admis ailleurs, mais le renom de ses ancêtres lui valait de la considération. Et sans doute était-ce bel et bien son avis qu'il valait mieux se rapprocher d'Argos ; mais une ambition, due à l'orgueil, lui dictait aussi son opposition ; car les Lacédémoniens avaient négocié le traité en passant par Nicias et Lachès : ils l'avaient négligé, lui, à cause de sa jeunesse, et ne lui avaient pas accordé une considération en rapport avec l'ancienne proxénie du passé, à laquelle son grand-père avait renoncé, mais que lui-même songeait à renouveler en s'occupant des Lacédémoniens faits prisonniers dans l'île. 3 Jugeant donc, à tous égards, sa place méconnue, il avait dès le début émis des protestations, déclarant que Sparte n'était pas sûre : elle voulait, grâce à son traité avec eux, abattre Argos, pour se retourner ensuite contre une Athènes isolée, et ne traitait, selon lui, que pour cela ; de même alors, une fois le différend intervenu, il s'empressa

πέμπει εὐθὺς ἐς "Αργος ἰδίᾳ, κελεύων ὡς τάχιστα ἐπὶ τὴν
ξυμμαχίαν προκαλουμένους ἥκειν μετὰ Μαντινέων καὶ
Ἠλείων, ὡς καιροῦ ὄντος καὶ αὐτὸς ξυμπράξων τὰ μάλιστα.
XLIV. Οἱ δὲ Ἀργεῖοι ἀκούσαντες τῆς τε ἀγγελίας καὶ
ἐπειδὴ ἔγνωσαν οὐ μετ᾽ Ἀθηναίων πραχθεῖσαν τὴν τῶν
Βοιωτῶν ξυμμαχίαν, ἀλλ᾽ ἐς διαφορὰν μεγάλην καθεστῶτας αὐτοὺς πρὸς τοὺς Λακεδαιμονίους, τῶν μὲν ἐν
Λακεδαίμονι πρέσβεων, οἳ σφίσι περὶ τῶν σπονδῶν ἔτυχον
ἀπόντες, ἠμέλουν, πρὸς δὲ τοὺς Ἀθηναίους μᾶλλον τὴν
γνώμην εἶχον, νομίζοντες πόλιν τε σφίσι φιλίαν ἀπὸ παλαιοῦ καὶ δημοκρατουμένην ὥσπερ καὶ αὐτοὶ καὶ δύναμιν
μεγάλην ἔχουσαν τὴν κατὰ θάλασσαν ξυμπολεμήσειν σφίσιν, ἢν καθιστῶνται ἐς πόλεμον. 2 Ἔπεμπον οὖν εὐθὺς
πρέσβεις ὡς τοὺς Ἀθηναίους περὶ τῆς ξυμμαχίας· ξυνεπρεσβεύοντο δὲ καὶ Ἠλεῖοι καὶ Μαντινῆς. 3 Ἀφίκοντο
δὲ καὶ Λακεδαιμονίων πρέσβεις κατὰ τάχος, δοκοῦντες
ἐπιτήδειοι εἶναι τοῖς Ἀθηναίοις, Φιλοχαρίδας καὶ Λέων
καὶ Ἔνδιος, δείσαντες μὴ τήν τε ξυμμαχίαν ὀργιζόμενοι
πρὸς τοὺς Ἀργείους ποιήσωνται, καὶ ἅμα Πύλον ἀπαι-
τήσοντες ἀντὶ Πανάκτου, καὶ περὶ τῆς Βοιωτῶν ξυμμαχίας
ἀπολογησόμενοι ὡς οὐκ ἐπὶ κακῷ τῶν Ἀθηναίων ἐποιήσαντο. XLV. Καὶ λέγοντες ἐν τῇ βουλῇ περί τε τούτων
καὶ ὡς αὐτοκράτορες ἥκουσι περὶ πάντων ξυμβῆναι τῶν
διαφόρων, τὸν Ἀλκιβιάδην ἐφόβουν μὴ καί, ἢν ἐς τὸν δῆμον
ταῦτα λέγωσιν, ἐπαγάγωνται τὸ πλῆθος καὶ ἀπωσθῇ ἡ
Ἀργείων ξυμμαχία. 2 Μηχανᾶται δὲ πρὸς αὐτοὺς τοιόνδε
τι ὁ Ἀλκιβιάδης· τοὺς Λακεδαιμονίους πείθει πίστιν αὐτοῖς δούς, ἢν μὴ ὁμολογήσωσιν ἐν τῷ δήμῳ αὐτοκράτορες

33. On voit combien désormais ce facteur politique va jouer un rôle
déterminant dans la position de certaines cités.

d'envoyer un message privé à Argos, invitant les gens de cette ville à se présenter au plus tôt avec des Mantinéens et des Éléens pour offrir leur alliance : le moment, disait-il, était bon et lui-même servirait leur cause de toutes ses forces.

XLIV. Quand les Argiens reçurent cette information, et lorsqu'ils comprirent que l'alliance béotienne s'était négo-ciée en dehors des Athéniens, qui, au contraire, avaient un différend grave avec Sparte, ils ne s'occupèrent plus de leurs ambassadeurs qui se trouvaient partis là-bas pour s'occuper du traité : leurs sentiments penchèrent du côté d'Athènes. Ils se disaient qu'ainsi une cité amie de longue date, vivant comme eux en démocratie et possédant une puissance maritime considérable serait à leurs côtés en cas d'hostilités[33]. 2 Ils envoyèrent donc aussitôt des délégués à Athènes à propos de l'alliance ; des gens d'Élis et de Mantinée s'associèrent à cette ambassade. 3 Il arriva aussi des ambassadeurs lacédémoniens, envoyés en hâte, et pas-sant pour être en bons termes avec Athènes – Philocharidas, Léon et Endios : ils redoutaient de voir celle-ci, sous l'effet de la colère, conclure l'alliance avec Argos, et, en même temps, ils devaient réclamer Pylos en échange de Panacton et s'excuser pour l'alliance béotienne, en montrant qu'elle n'avait pas pour but de nuire à Athènes. XLV. En traitant ces thèmes devant le conseil, et en ajoutant qu'ils étaient venus avec les pleins pouvoirs pour trancher tous les points en litige, ces ambassadeurs firent peur à Alcibiade : s'ils tenaient le même langage devant le peuple, ils risquaient de se concilier la foule, si bien que l'alliance argienne serait écartée ! 2 Alors Alcibiade combine à leur égard un stratagème : il fait croire aux Lacédémoniens, sous la foi d'un engagement, que, s'ils ne confirment pas devant le peuple l'existence de leurs pleins pouvoirs, il leur rendra

ἥκειν, Πύλον τε αὐτοῖς ἀποδώσειν (πείσειν γὰρ αὐτὸς
Ἀθηναίους, ὥσπερ καὶ νῦν ἀντιλέγειν) καὶ τἆλλα ξυναλ-
λάξειν. 3 Βουλόμενος δὲ αὐτοὺς Νικίου τε ἀποστῆσαι
ταῦτα ἔπρασσε καὶ ὅπως, ἐν τῷ δήμῳ διαβαλὼν αὐτοὺς
ὡς οὐδὲν ἀληθὲς ἐν νῷ ἔχουσιν οὐδὲ λέγουσιν οὐδέποτε
ταὐτά, τοὺς Ἀργείους καὶ Ἠλείους καὶ Μαντινέας ξυμμάχους ποιήσῃ. 4 Καὶ ἐγένετο οὕτως. Ἐπειδὴ γὰρ ἐς
τὸν δῆμον παρελθόντες καὶ ἐπερωτώμενοι οὐκ ἔφασαν ὥσπερ ἐν τῇ βουλῇ αὐτοκράτορες ἥκειν, οἱ Ἀθηναῖοι οὐκέτι
ἠνείχοντο, ἀλλὰ τοῦ Ἀλκιβιάδου πολλῷ μᾶλλον ἢ πρότερον καταβοῶντος τῶν Λακεδαιμονίων ἐσήκουόν τε καὶ
ἕτοιμοι ἦσαν εὐθὺς παραγαγόντες τοὺς Ἀργείους καὶ τοὺς
μετ' αὐτῶν ξυμμάχους ποιεῖσθαι· σεισμοῦ δὲ γενομένου
πρίν τι ἐπικυρωθῆναι, ἡ ἐκκλησία αὕτη ἀνεβλήθη. XLVI.
Τῇ δ' ὑστεραίᾳ ἐκκλησίᾳ ὁ Νικίας, καίπερ τῶν Λακεδαιμονίων αὐτῶν ἠπατημένων, καὶ αὐτὸς ἐξηπατημένος
περὶ τοῦ μὴ αὐτοκράτορας ὁμολογῆσαι ἥκειν, ὅμως
τοῖς Λακεδαιμονίοις ἔφη χρῆναι φίλους μᾶλλον γίγνεσθαι,
καὶ ἐπισχόντας τὰ πρὸς Ἀργείους πέμψαι ἔτι ὡς αὐτοὺς
καὶ εἰδέναι ὅ τι διανοοῦνται, λέγων ἐν μὲν τῷ σφετέρῳ
καλῷ, ἐν δὲ τῷ ἐκείνων ἀπρεπεῖ τὸν πόλεμον ἀναβάλλε-
σθαι· σφίσι μὲν γὰρ εὖ ἑστώτων τῶν πραγμάτων ὡς ἐπὶ
πλεῖστον ἄριστον εἶναι διασώσασθαι τὴν εὐπραγίαν, ἐκείνοις δὲ δυστυχοῦσιν ὅτι τάχιστα εὕρημα εἶναι διακινδυνεῦσαι. 2 Ἔπεισέ τε πέμψαι πρέσβεις, ὧν καὶ αὐτὸς ἦν,
κελεύσοντας Λακεδαιμονίους, εἴ τι δίκαιον διανοοῦνται,
Πάνακτόν τε ὀρθὸν ἀποδιδόναι καὶ Ἀμφίπολιν, καὶ τὴν

Pylos (car il interviendra personnellement pour y décider les Athéniens, tout comme il le fait maintenant en sens opposé) et il réglera tout le reste. 3 Il voulait, en agissant de la sorte, les détacher de Nicias et, aussi, pouvoir les présenter sous un mauvais jour devant le peuple, comme des gens n'ayant rien de sincère à l'esprit et ne tenant jamais le même langage, ce qui lui permettrait de réaliser l'alliance avec Argos, Élis et Mantinée. 4 Et c'est bien ce qui arriva. Lorsque les ambassadeurs, introduits devant le peuple et interrogés, ne déclarèrent plus comme au conseil avoir pleins pouvoirs, les Athéniens perdirent patience ; et, tandis qu'Alcibiade tonnait alors bien plus qu'avant contre Lacédémone, ils accueillaient bien ses propos et étaient prêts à introduire sur-le-champ les Argiens et leurs compagnons pour s'allier à eux. Mais un tremblement de terre survint avant que l'on eût rien ratifié et l'assemblée en cours fut remise à plus tard. XLVI. À celle du lendemain, Nicias, bien que les Lacédémoniens, trompés les premiers, l'eussent entièrement trompé à son tour, avec ce refus de reconnaître l'existence de leurs pleins pouvoirs, déclara malgré tout qu'il fallait, de préférence, être amis avec les Lacédémoniens : il n'y avait qu'à ajourner les choses avec Argos et envoyer de nouveaux délégués à Sparte pour être fixés sur ses intentions, car, disait-il, différer la guerre prolongeait un état favorable pour eux-mêmes et peu brillant pour elle ; pour eux, en effet, dont la situation était bonne, le mieux était de préserver le plus possible leur heureuse condition ; tandis que pour elle, qui était en mauvaise passe, c'était une aubaine que de courir son risque le plus tôt possible. 2 Il les décida donc à envoyer des ambassadeurs, dont il fit partie, pour réclamer des Lacédémoniens, si leurs intentions étaient justes, la restitution de Panacton en état et celle d'Amphipolis,

Βοιωτῶν ξυμμαχίαν ἀνεῖναι, ἢν μὴ ἐς τὰς σπονδὰς ἐσίωσι, καθάπερ εἴρητο ἄνευ ἀλλήλων μηδενὶ ξυμβαίνειν. 3 Εἰπεῖν τε ἐκέλευον ὅτι καὶ σφεῖς, εἰ ἐβούλοντο ἀδικεῖν, ἤδη ἂν 'Αργείους ξυμμάχους πεποιῆσθαι, ὡς παρεῖναί γ' αὐτοὺς αὐτοῦ τούτου ἕνεκα· εἴ τέ τι ἄλλο ἐνεκάλουν, πάντα ἐπιστείλαντες ἀπέπεμψαν τοὺς περὶ τὸν Νικίαν πρέσβεις.

4 Καὶ ἀφικομένων αὐτῶν καὶ ἀπαγγειλάντων τά τε ἄλλα καὶ τέλος εἰπόντων ὅτι, εἰ μὴ τὴν ξυμμαχίαν ἀνήσουσι Βοιωτοῖς μὴ ἐσιοῦσιν ἐς τὰς σπονδάς, ποιήσονται καὶ αὐτοὶ 'Αργείους καὶ τοὺς μετ' αὐτῶν ξυμμάχους, τὴν μὲν ξυμμαχίαν οἱ Λακεδαιμόνιοι Βοιωτοῖς οὐκ ἔφασαν ἀνήσειν, ἐπικρατούντων τῶν περὶ τὸν Ξενάρη τὸν ἔφορον ταῦτα γίγνεσθαι καὶ ὅσοι ἄλλοι τῆς αὐτῆς γνώμης ἦσαν, τοὺς δὲ ὅρκους δεομένου Νικίου ἀνενεώσαντο· ἐφοβεῖτο γὰρ μὴ πάντα ἀτελῆ ἔχων ἀπέλθῃ καὶ διαβληθῇ, ὅπερ καὶ ἐγένετο, αἴτιος δοκῶν εἶναι τῶν πρὸς Λακεδαιμονίους σπονδῶν. 5 'Αναχωρήσαντός τε αὐτοῦ ὡς ἤκουσαν οἱ 'Αθηναῖοι οὐδὲν ἐκ τῆς Λακεδαίμονος πεπραγμένον, εὐθὺς δι' ὀργῆς εἶχον, καὶ νομίζοντες ἀδικεῖσθαι (ἔτυχον γὰρ παρόντες οἱ 'Αργεῖοι καὶ οἱ ξύμμαχοι, παραγαγόντος 'Αλκιβιάδου) ἐποιήσαντο σπονδὰς καὶ ξυμμαχίαν πρὸς αὐτοὺς τήνδε.

XLVII. « Σπονδὰς ἐποιήσαντο ἑκατὸν 'Αθηναῖοι ἔτη καὶ 'Αργεῖοι καὶ Μαντινῆς καὶ Ἠλεῖοι, ὑπὲρ σφῶν αὐτῶν καὶ τῶν ξυμμάχων ὧν ἄρχουσιν ἑκάτεροι, ἀδόλους καὶ

34. Une nouvelle fois, un traité révèle la différence entre la *symmachie* athénienne et les autres formes d'alliances entre cités beaucoup plus autonomes ; voir également *infra*, 47, 8.

ainsi que l'abandon de l'alliance béotienne si les Béotiens
ne s'associaient pas au traité de paix – cela en vertu de
la clause selon laquelle on ne traitait avec personne iso-
lément. 3 De plus, ces ambassadeurs avaient mission de
dire qu'Athènes aussi, si elle avait voulu agir injustement,
se serait déjà fait des alliés des Argiens, qui, précisément,
se trouvaient là tout exprès. Enfin ils donnèrent toutes instructions à Nicias et à ses collègues sur les autres griefs
qu'ils pouvaient avoir et les firent partir.

4 Lorsque ceux-ci furent arrivés, qu'ils eurent présenté
les divers messages dont ils étaient chargés et déclaré pour
finir que, si Sparte n'abandonnait pas l'alliance avec les
Béotiens à supposer qu'ils ne s'associent pas au traité de
paix, Athènes, de son côté, prendrait les Argiens et leur
groupe comme alliés, les Lacédémoniens, sur ce point, refusèrent : ils n'abandonneraient pas l'alliance béotienne – ce
qui représentait une victoire de l'éphore Xénarès et de son
entourage ainsi que des autres citoyens de mêmes sentiments ; en revanche, ils renouvelèrent leurs serments à la
demande de Nicias ; celui-ci craignait, en effet, de repartir
sans aucun résultat acquis et de se faire mal voir (comme
cela devait arriver) dans la mesure où on lui attribuait la
responsabilité du traité avec Sparte. 5 Et, à son retour,
quand les Athéniens apprirent qu'on n'avait rien conclu
à Sparte, ils le prirent aussitôt avec colère et, se jugeant
lésés, ils profitèrent de ce que les Argiens et leurs alliés se
trouvaient là, introduits par Alcibiade, pour conclure avec
eux traité de paix et alliance, aux termes qui suivent :

XLVII. « Un traité a été conclu pour cent ans entre les
Athéniens, d'une part, les Argiens, les Mantinéens et les
Éléens, d'autre part, agissant en leur nom et en celui des
alliés auxquels ils commandent de part et d'autre[34] ; tous
l'observeront sans se tromper ni se nuire, sur terre et sur

ἀβλαβεῖς καὶ κατὰ γῆν καὶ κατὰ θάλασσαν. 2 Ὅπλα δὲ
μὴ ἐξέστω ἐπιφέρειν ἐπὶ πημονῇ μήτε Ἀργείους καὶ
Ἠλείους καὶ Μαντινέας καὶ τοὺς ξυμμάχους ἐπὶ Ἀθηναίους
καὶ τοὺς ξυμμάχους ὧν ἄρχουσιν Ἀθηναῖοι, μήτε Ἀθηναίους καὶ τοὺς ξυμμάχους ἐπὶ Ἀργείους καὶ Ἠλείους καὶ
Μαντινέας καὶ τοὺς ξυμμάχους, τέχνῃ μηδὲ μηχανῇ μηδεμιᾷ.

3 «Κατὰ τάδε ξυμμάχους εἶναι Ἀθηναίους καὶ Ἀργείους
καὶ Ἠλείους καὶ Μαντινέας ἑκατὸν ἔτη· ἢν πολέμιοι ἴωσιν
ἐς τὴν γῆν τὴν Ἀθηναίων, βοηθεῖν Ἀργείους καὶ Ἠλείους
καὶ Μαντινέας Ἀθήναζε, καθ' ὅ τι ἂν ἐπαγγέλλωσιν Ἀθηναῖοι, τρόπῳ ὁποίῳ ἂν δύνωνται ἰσχυροτάτῳ κατὰ τὸ δυ-
νατόν· ἢν δὲ δῃώσαντες οἴχωνται, πολεμίαν εἶναι ταύτην
τὴν πόλιν Ἀργείοις καὶ Μαντινεῦσι καὶ Ἠλείοις καὶ Ἀθηναίοις καὶ κακῶς πάσχειν ὑπὸ ἁπασῶν τῶν πόλεων τού-
των· καταλύειν δὲ μὴ ἐξεῖναι τὸν πόλεμον πρὸς ταύτην
τὴν πόλιν μηδεμιᾷ τῶν πόλεων, ἢν μὴ ἁπάσαις δοκῇ.
4 Βοηθεῖν δὲ καὶ Ἀθηναίους ἐς Ἄργος καὶ Μαντίνειαν
καὶ Ἦλιν, ἢν πολέμιοι ἴωσιν ἐπὶ τὴν γῆν τὴν Ἠλείων ἢ
τὴν Μαντινέων ἢ τὴν Ἀργείων, καθ' ὅ τι ἂν ἐπαγγέλλωσιν
αἱ πόλεις αὗται, τρόπῳ ὁποίῳ ἂν δύνωνται ἰσχυροτάτῳ
κατὰ τὸ δυνατόν· ἢν δὲ δῃώσαντες οἴχωνται, πολεμίαν
εἶναι ταύτην τὴν πόλιν Ἀθηναίοις καὶ Ἀργείοις καὶ Μαντινεῦσι καὶ Ἠλείοις καὶ κακῶς πάσχειν ὑπὸ ἁπασῶν τούτων τῶν πόλεων· καταλύειν δὲ μὴ ἐξεῖναι τὸν πόλεμον
πρὸς ταύτην τὴν πόλιν, ἢν μὴ ἁπάσαις δοκῇ ταῖς πόλεσιν. 5 Ὅπλα δὲ μὴ ἐᾶν ἔχοντας διέναι ἐπὶ πολέμῳ
διὰ τῆς γῆς τῆς σφετέρας αὐτῶν καὶ τῶν ξυμμάχων ὧν
ἄρχουσιν ἕκαστοι, μηδὲ κατὰ θάλασσαν, ἢν μὴ ψηφισαμένων τῶν πόλεων ἁπασῶν τὴν δίοδον εἶναι, Ἀθηναίων
καὶ Ἀργείων καὶ Μαντινέων καὶ Ἠλείων. 6 Τοῖς δὲ

mer. 2 Il devra être interdit de prendre les armes avec des intentions hostiles, qu'il s'agisse des Argiens, des Éléens, des Mantinéens et de leurs alliés envers les Athéniens et les alliés auxquels ils commandent, ou des Athéniens et de leurs alliés envers les Argiens, les Éléens, les Mantinéens et leurs alliés, que ce soit par la ruse ou par aucun moyen.

3 « Les Athéniens, les Argiens, les Éléens et les Mantinéens seront alliés pour cent ans, aux conditions suivantes. Si des ennemis envahissent le territoire athénien, les Argiens, les Éléens et les Mantinéens enverront des secours à Athènes, conformément à ce que leur notifieront les Athéniens, en leur donnant toute l'importance possible dans la mesure de leurs moyens. Si l'envahisseur repart après avoir exercé des ravages, son pays sera en état de guerre avec les Argiens, les Mantinéens, les Éléens et les Athéniens, et exposé aux représailles de tous ces peuples. Il ne sera permis à aucun d'entre eux d'arrêter les hostilités envers ce pays, sans une décision de tous. 4 De même, les Athéniens enverront du secours à Argos, Mantinée et Élis, si des ennemis envahissent le territoire des Éléens, des Mantinéens ou des Argiens, conformément à ce que leur notifieront ces peuples et en donnant à ce secours toute l'importance possible dans la mesure de leurs moyens. Si l'envahisseur repart après avoir exercé des ravages, son pays sera en état de guerre avec les Athéniens, les Argiens, les Mantinéens et les Éléens, et exposé aux représailles de tous ces peuples. Il ne sera pas permis d'arrêter les hostilités envers ce pays, sans une décision de tous ces peuples. 5 Ils ne laisseront pas passer des gens en armes, à des fins guerrières, ni sur leur propre pays ni sur celui des alliés auxquels ils commandent respectivement, non plus : que par mer, sans que le passage ait été accordé par un vote de tous : Athéniens, Argiens, Mantinéens et Éléens. 6 Pour les

βοηθοῦσιν ἡ πόλις ἡ πέμπουσα παρεχέτω μέχρι μὲν
τριάκοντα ἡμερῶν σῖτον ἐπὴν ἔλθωσιν ἐς τὴν πόλιν τὴν
ἐπαγγείλασαν βοηθεῖν, καὶ ἀπιοῦσι κατὰ ταὐτά· ἢν δὲ
πλέονα βούληται χρόνον τῇ στρατιᾷ χρῆσθαι, ἡ πόλις ἡ
μεταπεμψαμένη διδότω σῖτον, τῷ μὲν ὁπλίτῃ καὶ ψιλῷ καὶ
τοξότῃ τρεῖς ὀβολοὺς Αἰγιναίους τῆς ἡμέρας ἑκάστης, τῷ
δ᾽ ἱππεῖ δραχμὴν Αἰγιναίαν. 7 Ἡ δὲ πόλις ἡ μεταπεμψαμένη ⟨τῇ στρατιᾷ⟩ τὴν ἡγεμονίαν ἐχέτω, ὅταν ἐν τῇ αὑτῆς
ὁ πόλεμος ᾖ. Ἢν δέ ποι δόξῃ ⟨ἁπάσαις⟩ ταῖς πόλεσι
κοινῇ στρατεύεσθαι, τὸ ἴσον τῆς ἡγεμονίας μετεῖναι ἁπάσαις ταῖς πόλεσιν.

8 «Ὀμόσαι δὲ τὰς σπονδὰς Ἀθηναίους μὲν ὑπέρ τε σφῶν
αὐτῶν καὶ τῶν ξυμμάχων, Ἀργεῖοι δὲ καὶ Μαντινῆς καὶ
Ἠλεῖοι καὶ οἱ ξύμμαχοι τούτων κατὰ πόλεις ὀμνύντων.
Ὀμνύντων δὲ τὸν ἐπιχώριον ὅρκον ἕκαστοι τὸν μέγιστον
κατὰ ἱερῶν τελείων. Ὁ δὲ ὅρκος ἔστω ὅδε· « ἐμμενῶ τῇ
ξυμμαχίᾳ κατὰ τὰ ξυγκείμενα δικαίως καὶ ἀβλαβῶς καὶ
ἀδόλως, καὶ οὐ παραβήσομαι τέχνῃ οὐδὲ μηχανῇ οὐδεμιᾷ. » 9 Ὀμνύντων δὲ Ἀθήνησι μὲν ἡ βουλὴ καὶ αἱ ἔν-
δημοι ἀρχαί, ἐξορκούντων δὲ οἱ πρυτάνεις· ἐν Ἄργει δὲ
ἡ βουλὴ καὶ οἱ ὀγδοήκοντα καὶ οἱ ἀρτῦναι, ἐξορκούντων
δὲ οἱ ὀγδοήκοντα· ἐν δὲ Μαντινείᾳ οἱ δημιουργοὶ καὶ ἡ
βουλὴ καὶ αἱ ἄλλαι ἀρχαί, ἐξορκούντων δὲ οἱ θεωροὶ καὶ
οἱ πολέμαρχοι· ἐν δὲ Ἤλιδι οἱ δημιουργοὶ καὶ οἱ τὰ τέλη
ἔχοντες καὶ οἱ ἑξακόσιοι, ἐξορκούντων δὲ οἱ δημιουργοὶ
καὶ οἱ θεσμοφύλακες. 10 Ἀνανεοῦσθαι δὲ τοὺς ὅρκους
Ἀθηναίους μὲν ἰόντας ἐς Ἦλιν καὶ ἐς Μαντίνειαν καὶ ἐς
Ἄργος τριάκοντα ἡμέραις πρὸ Ὀλυμπίων, Ἀργείους δὲ

troupes envoyées comme secours, la cité qui les enverra devra fournir des vivres pour une période allant jusqu'à trente jours après leur arrivée dans le pays ayant notifié leur appel ; et de même lors de leur retour ; mais, si elle veut employer ces troupes plus longtemps, la cité qui les aura appelées devra leur fournir des vivres : soit, chaque jour, trois oboles éginétiques par hoplite, par soldat des troupes légères et par archer, une drachme éginétique par cavalier. 7 La cité qui l'aura appelée devra avoir le commandement de l'armée en campagne, quand la guerre se déroulera sur son territoire ; si toutes les cités décident une expédition commune quelque part, le commandement sera partagé également entre elles toutes.

8 « Les serments ratifiant le traité seront prêtés par les Athéniens en leur nom et en celui de leurs alliés ; les Argiens, les Mantinéens, les Éléens et les alliés de ces divers peuples devront s'engager cité par cité. Le serment devra être prêté sous la forme dans chaque pays la plus solennelle, avec immolation de victimes parfaites. La formule devra en être la suivante : « J'observerai l'alliance comme il a été convenu, en toute loyauté, sans nuire ni tromper, et je ne la transgresserai pas par la ruse ni par aucun moyen. » 9 Le serment devra être prêté, à Athènes, par le conseil et les autorités locales, avec pour répondants les prytanes ; à Argos, par le conseil, les quatre-vingts et les artynes, avec pour répondants les quatre-vingts ; à Mantinée par les démiurges, le conseil et les autres autorités, avec pour répondants les théores et les polémarques ; à Élis, par les démiurges, les gens en fonction et les six cents, avec pour répondants les démiurges et les gardiens des lois. 10 Ces serments seront renouvelés : pour cela, les Athéniens iront à Élis, à Mantinée et à Argos, trente jours avant les jeux olympiques ; les Argiens, les Éléens

καὶ Ἠλείους καὶ Μαντινέας ἰόντας Ἀθήναζε δέκα ἡμέραις πρὸ Παναθηναίων τῶν μεγάλων. 11 Τὰς δὲ ξυνθήκας τὰς περὶ τῶν σπονδῶν καὶ τῶν ὅρκων καὶ τῆς ξυμμαχίας ἀναγράψαι ἐν στήλῃ λιθίνῃ Ἀθηναίους μὲν ἐν πόλει, Ἀργείους δὲ ἐν ἀγορᾷ ἐν τοῦ Ἀπόλλωνος τῷ ἱερῷ, Μαντινέας δὲ ἐν τοῦ Διὸς τῷ ἱερῷ ἐν τῇ ἀγορᾷ· καταθέντων δὲ καὶ Ὀλυμπίασι στήλην χαλκῆν κοινῇ Ὀλυμπίοις τοῖς νυνί. 12 Ἐὰν δέ τι δοκῇ ἄμεινον εἶναι ταῖς πόλεσι ταύταις προσθεῖναι πρὸς τοῖς ξυγκειμένοις, ὅ τι [δ'] ἂν δόξῃ ταῖς πόλεσιν ἁπάσαις κοινῇ βουλευομέναις, τοῦτο κύριον εἶναι. »

XLVIII. Αἱ μὲν σπονδαὶ καὶ ἡ ξυμμαχία οὕτως ἐγένοντο. Καὶ αἱ τῶν Λακεδαιμονίων καὶ Ἀθηναίων οὐκ ἀπείρηντο τούτου ἕνεκα οὐδ' ὑφ' ἑτέρων. 2 Κορίνθιοι δὲ Ἀργείων ὄντες ξύμμαχοι οὐκ ἐσῆλθον ἐς αὐτάς, ἀλλὰ καὶ γενομένης πρὸ τούτου Ἠλείοις καὶ Ἀργείοις καὶ Μαντινεῦσι ξυμμαχίας, τοῖς αὐτοῖς πολεμεῖν καὶ εἰρήνην ἄγειν, οὐ ξυνώμοσαν, ἀρκεῖν δ' ἔφασαν σφίσι τὴν πρώτην γενομένην ἐπιμαχίαν, ἀλλήλοις βοηθεῖν, ξυνεπιστρατεύειν δὲ μηδενί. 3 Οἱ μὲν Κορίνθιοι οὕτως ἀπέστησαν τῶν ξυμμάχων καὶ πρὸς τοὺς Λακεδαιμονίους πάλιν τὴν γνώμην εἶχον.

XLIX. Ὀλύμπια δ' ἐγένετο τοῦ θέρους τούτου, οἷς Ἀνδροσθένης Ἀρκὰς παγκράτιον τὸ πρῶτον ἐνίκα· καὶ Λακεδαιμόνιοι τοῦ ἱεροῦ ὑπὸ Ἠλείων εἴρχθησαν ὥστε μὴ θύειν μηδ' ἀγωνίζεσθαι, οὐκ ἐκτίνοντες τὴν δίκην αὐτοῖς ἣν ἐν τῷ Ὀλυμπικῷ νόμῳ Ἠλεῖοι κατεδικάσαντο αὐτῶν,

---

35. Il s'agit de l'été 420 au cours duquel se déroulèrent les concours olympiques.

et les Mantinéens iront à Athènes dix jours avant les grandes Panathénées. 11 Les conventions relatives au traité, aux serments et à l'alliance seront gravées sur une stèle de marbre placée, pour Athènes, sur l'acropole, pour Argos, dans le sanctuaire d'Apollon à l'agora, pour Mantinée, dans le sanctuaire de Zeus à l'agora. Une stèle de bronze sera également installée en commun à Olympie, aux jeux olympiques de cette année. 12 S'il paraît souhaitable aux cités mentionnées d'ajouter quelque chose aux conventions, les décisions prises dans une délibération commune par elles toutes auront valeur exécutoire. »

XLVIII. Ainsi furent conclus le traité de paix et l'alliance, sans que les accords entre Athènes et Sparte fussent dénoncés pour autant, d'aucun des deux côtés. 2 Quant aux Corinthiens, bien qu'alliés aux Argiens, ils n'y adhérèrent pas ; et même, lorsque avait été conclue, avant cela, une alliance défensive et offensive entre Éléens, Argiens et Mantinéens, prévoyant que ces derniers seraient soit en guerre soit en paix avec les mêmes peuples, ils ne s'y étaient pas associés : ils avaient déclaré se contenter de l'alliance défensive conclue primitivement et prévoyant l'envoi de secours mutuels, mais pas d'entreprises communes contre personne ; 3 c'est ainsi que les Corinthiens s'étaient détachés de leurs alliés ; et ils inclinaient de nouveau vers Sparte.

XLIX. Au cours de cet été-là[35] eurent lieu les jeux olympiques où Androsthénès d'Arcadie fut, pour la première fois, vainqueur au pancrace ; et les Lacédémoniens se virent interdire le sanctuaire par les Éléens, ce qui les excluait et des sacrifices et des jeux ; la raison était qu'ils ne payaient pas aux Éléens l'amende à laquelle ceux-ci les avaient fait condamner, de par la loi olympique, en se plaignant qu'ils eussent porté les armes contre eux par l'attaque

φάσκοντες σφίσιν ἐπὶ Φύρκον τε τεῖχος ὅπλα ἐπενεγκεῖν καὶ ἐς Λέπρεον αὐτῶν ὁπλίτας ἐν ταῖς Ὀλυμπικαῖς σπονδαῖς ἐσπέμψαι. Ἡ δὲ καταδίκη δισχίλιαι μναῖ ἦσαν, κατὰ τὸν ὁπλίτην ἕκαστον δύο μναῖ, ὥσπερ ὁ νόμος ἔχει. 2 Λακεδαιμόνιοι δὲ πρέσβεις πέμψαντες ἀντέλεγον μὴ δικαίως σφῶν καταδεδικάσθαι, λέγοντες μὴ ἐπηγγέλθαι πω ἐς Λακεδαίμονα τὰς σπονδάς, ὅτ' ἐσέπεμψαν τοὺς ὁπλίτας. 3 Ἠλεῖοι δὲ τὴν παρ' αὑτοῖς ἐκεχειρίαν ἤδη ἔφασαν εἶναι (πρώτοις γὰρ σφίσιν αὐτοῖς ἐπαγγέλλουσι), καὶ ἡσυχαζόντων σφῶν καὶ οὐ προσδεχομένων ὡς ἐν σπονδαῖς, αὐτοὺς λαθεῖν ἀδικήσαντας. 4 Οἱ δὲ Λακεδαιμόνιοι ὑπελάμβανον οὐ χρεὼν εἶναι αὐτοὺς ἐπαγγεῖλαι ἔτι ἐς Λακεδαίμονα, εἰ ἀδικεῖν γε ἤδη ἐνόμιζον αὐτούς, ἀλλ' οὐχ ὡς νομίζοντας τοῦτο δρᾶσαι, καὶ ὅπλα οὐδαμόσε ἔτι αὐτοῖς ἐπενεγκεῖν. 5 Ἠλεῖοι δὲ τοῦ αὐτοῦ λόγου εἴχοντο, ὡς μὲν οὐκ ἀδικοῦσι μὴ ἂν πεισθῆναι, εἰ δὲ βούλονται σφίσι Λέπρεον ἀποδοῦναι, τό τε αὐτῶν μέρος ἀφιέναι τοῦ ἀργυρίου καὶ ὃ τῷ θεῷ γίγνεται αὐτοὶ ὑπὲρ ἐκείνων ἐκτείσειν. L. Ὡς δ' οὐκ ἐσήκουον, αὖθις τάδε ἠξίουν, Λέπρεον μὲν μὴ ἀποδοῦναι, εἰ μὴ βούλονται, ἀναβάντας δὲ ἐπὶ τὸν βωμὸν τοῦ Διὸς τοῦ Ὀλυμπίου, ἐπειδὴ προθυμοῦνται χρῆσθαι τῷ ἱερῷ, ἐπομόσαι ἐναντίον τῶν Ἑλλήνων ἦ μὴν ἀποδώσειν ὕστερον τὴν καταδίκην. 2 Ὡς δὲ οὐδὲ ταῦτα ἤθελον, Λακεδαιμόνιοι μὲν εἴργοντο τοῦ ἱεροῦ [θυσίας καὶ ἀγώνων] καὶ οἴκοι ἔθυον, οἱ δὲ ἄλλοι Ἕλληνες ἐθεώρουν πλὴν Λεπρεατῶν. 3 Ὅμως δὲ οἱ Ἠλεῖοι δεδιότες μὴ βίᾳ θύσωσι, ξὺν ὅπλοις τῶν νεωτερισ-

du fort de Phyrcos et envoyé, au cours de la trêve olympique, des hoplites à eux à Lépréon ; l'amende était de deux
mille mines – soit deux mines par hoplite, comme le prévoit la loi. 2 Les Lacédémoniens, par l'intermédiaire de
représentants, objectaient que la sentence n'était pas juste,
car, disaient-ils, la trêve n'avait pas encore été annoncée
à Sparte quand ils avaient envoyé ces hoplites. 3 Mais les
Éléens déclaraient que, chez eux, la suspension d'armes
existait déjà (ils commencent, en effet, par l'annoncer
chez eux) : ils étaient donc tranquilles et sans s'attendre à
rien, comme on est en période de trêve, ce qui avait permis aux autres d'exercer leur action coupable sans attirer l'attention. 4 À cela les Lacédémoniens rétorquaient
que les Éléens n'avaient plus alors besoin d'annoncer la
trêve à Sparte, si d'ores et déjà ils la jugeaient coupable :
l'avoir fait excluait, de leur part, ce jugement ; et, depuis,
Sparte n'avait en aucun lieu porté les armes contre eux.
5 Mais les Éléens s'en tenaient à leur version : ils ne sauraient être convaincus par Sparte qu'elle n'était pas coupable ; mais, si celle-ci voulait leur restituer Lépréon,
ils renonceraient à leur part de la somme et verseraient
eux-mêmes à la place de Sparte la part revenant au dieu.
L. Comme cette proposition n'était pas écoutée, ils en
firent une nouvelle : que les Lacédémoniens ne leur restituent pas Lépréon, s'ils ne voulaient pas le faire, mais qu'ils
montent à l'autel de Zeus à Olympie, puisqu'ils tenaient
tant à avoir accès au sanctuaire, et qu'ils jurent devant les
Grecs qu'ils acquitteraient plus tard leur amende. 2 Mais,
comme cela non plus n'était pas agréé, le résultat fut que
les Lacédémoniens se trouvaient exclus du sanctuaire et
faisaient leurs sacrifices chez eux, tandis que les autres
Grecs envoyaient des théores, sauf les gens de Lépréon.
3 Néanmoins les Éléens, craignant de voir Sparte venir

μῶν φυλακὴν εἶχον· ἦλθον δὲ αὐτοῖς καὶ Ἀργεῖοι καὶ Μαντινῆς, χίλιοι ἑκατέρων, καὶ Ἀθηναίων ἱππῆς, οἳ ἐν Ἀρπίνη ὑπέμενον τὴν ἑορτήν. 4 Δέος δ' ἐγένετο τῇ πανηγύρει μέγα μὴ ξὺν ὅπλοις ἔλθωσιν οἱ Λακεδαιμόνιοι, ἄλλως τε καὶ ἐπειδὴ καὶ Λίχας ὁ Ἀρκεσιλάου, Λακεδαιμόνιος, ἐν τῷ ἀγῶνι ὑπὸ τῶν ῥαβδούχων πληγὰς ἔλαβεν, ὅτι νικῶντος τοῦ ἑαυτοῦ ζεύγους καὶ ἀνακηρυχθέντος Βοιωτῶν δημοσίου κατὰ τὴν οὐκ ἐξουσίαν τῆς ἀγωνίσεως, προελθὼν ἐς τὸν ἀγῶνα ἀνέδησε τὸν ἡνίοχον, βουλόμενος δηλῶσαι ὅτι ἑαυτοῦ ἦν τὸ ἅρμα· ὥστε πολλῷ δὴ μᾶλλον ἐπεφόβηντο πάντες καὶ ἐδόκει τι νέον ἔσεσθαι. Οἱ μέντοι Λακεδαιμόνιοι ἡσύχασάν τε καὶ ἡ ἑορτὴ αὐτοῖς οὕτω διῆλθεν.

5 Ἐς δὲ Κόρινθον μετὰ τὰ Ὀλύμπια Ἀργεῖοί τε καὶ οἱ ξύμμαχοι ἀφίκοντο δεησόμενοι αὐτῶν παρὰ σφᾶς ἐλθεῖν (καὶ Λακεδαιμονίων πρέσβεις ἔτυχον παρόντες)· καὶ πολλῶν λόγων γενομένων τέλος οὐδὲν ἐπράχθη, ἀλλὰ σεισμοῦ γενομένου διελύθησαν ἕκαστοι ἐπ' οἴκου. Καὶ τὸ θέρος ἐτελεύτα.

LI. Τοῦ δ' ἐπιγιγνομένου χειμῶνος Ἡρακλεώταις τοῖς ἐν Τραχῖνι μάχη ἐγένετο πρὸς Αἰνιᾶνας καὶ Δόλοπας καὶ Μηλιᾶς καὶ Θεσσαλῶν τινας· 2 προσοικοῦντα γὰρ τὰ ἔθνη ταῦτα τῇ πόλει πολέμια ἦν· οὐ γὰρ ἐπ' ἄλλη τινὶ γῇ ἢ τῇ τούτων τὸ χωρίον ἐτειχίσθη. Καὶ εὐθύς τε καθισταμένῃ τῇ πόλει ἠναντιοῦντο, ἐς ὅσον ἐδύναντο φθείροντες, καὶ τότε τῇ μάχῃ ἐνίκησαν τοὺς Ἡρακλεώτας, καὶ Ξενάρης ὁ Κνίδιος, Λακεδαιμόνιος, ἄρχων αὐτῶν ἀπέθανε, διεφθάρησαν δὲ καὶ ἄλλοι τῶν Ἡρακλεωτῶν. Καὶ ὁ χειμὼν ἐτελεύτα, καὶ δωδέκατον ἔτος τῷ πολέμῳ ἐτελεύτα.

---

36. Thucydide l'a longuement exposée en III, 92.

sacrifier de force, montaient la garde en armes pour veiller aux désordres. Il leur était arrivé aussi des Argiens et des Mantinéens, à raison de mille pour chaque peuple, ainsi que des cavaliers athéniens : ils attendaient la fête à Harpina. 4 Une grande appréhension s'était répandue chez les Grecs assemblés : on craignait de voir les Lacédémoniens arriver en armes, surtout depuis que le Lacédémonien Lichas, fils d'Arcésilas, avait reçu des coups des porte-baguette sur le terrain des jeux : son attelage étant victorieux, on avait proclamé vainqueur l'État béotien en vertu du fait que lui n'avait pas le droit de concourir ; or, s'étant avancé sur le terrain, il avait couronné le cocher, voulant ainsi montrer que le char était à lui. L'incident avait encore beaucoup contribué à la frayeur générale et l'on croyait à du désordre. Toutefois les Lacédémoniens se tinrent tranquilles et la fête se passa comme cela.

5 Après les jeux olympiques, les Argiens et leurs alliés arrivèrent à Corinthe pour lui demander de se joindre à eux. Il y avait justement là, aussi, des ambassadeurs de Sparte. Après bien des discussions, on n'arriva à rien : un tremblement de terre étant survenu, chacun rentra chez lui. Ainsi s'achevait l'été.

LI. L'hiver suivant, un combat opposa les habitants d'Héraclée Trachinienne aux Énianes, aux Dolopes, aux Maliens et à un certain nombre de Thessaliens : 2 ces peuples, vivant au voisinage de cette ville, étaient à son égard en état d'hostilité, car la transformation de l'endroit en place forte s'était bel et bien faite contre eux ; dès l'époque de sa fondation[36], ils s'étaient opposés à la ville, en lui faisant tout le mal possible, et, cette fois, ils livrèrent une bataille victorieuse contre ses habitants ; le Lacédémonien Xénarès, fils de Cnidis, qui les commandait, fut tué, et il y eut également d'autres morts parmi les gens d'Héraclée. Ainsi se terminait l'hiver, et, avec lui, la douzième année de la guerre.

LII. Τοῦ δ' ἐπιγιγνομένου θέρους εὐθὺς ἀρχομένου τὴν Ἡράκλειαν, ὡς μετὰ τὴν μάχην κακῶς ἐφθείρετο, Βοιωτοὶ παρέλαβον, καὶ Ἡγησιππίδαν τὸν Λακεδαιμόνιον ὡς οὐ καλῶς ἄρχοντα ἐξέπεμψαν. Δείσαντες δὲ παρέλαβον τὸ χωρίον μὴ Λακεδαιμονίων τὰ κατὰ Πελοπόννησον θορυβουμένων Ἀθηναῖοι λάβωσιν· Λακεδαιμόνιοι μέντοι ὠργίζοντο αὐτοῖς.

2 Καὶ τοῦ αὐτοῦ θέρους Ἀλκιβιάδης ὁ Κλεινίου, στρατηγὸς ὢν Ἀθηναίων, Ἀργείων καὶ τῶν ξυμμάχων ξυμπρασσόντων ἐλθὼν ἐς Πελοπόννησον μετ' ὀλίγων Ἀθηναίων ὁπλιτῶν καὶ τοξοτῶν καὶ τῶν αὐτόθεν ξυμμάχων παραλαβὼν τά τε ἄλλα ξυγκαθίστη περὶ τὴν ξυμμαχίαν διαπορευόμενος Πελοπόννησον τῇ στρατιᾷ καὶ Πατρέας τε τείχη καθεῖναι ἔπεισεν ἐς θάλασσαν καὶ αὐτὸς ἕτερον διενοεῖτο τειχίσαι ἐπὶ τῷ Ῥίῳ τῷ Ἀχαϊκῷ. Κορίνθιοι δὲ καὶ Σικυώνιοι καὶ οἷς ἦν ἐν βλάβῃ τειχισθὲν βοηθήσαντες διεκώλυσαν.

LIII. Τοῦ δ' αὐτοῦ θέρους Ἐπιδαυρίοις καὶ Ἀργείοις πόλεμος ἐγένετο, προφάσει μὲν περὶ τοῦ θύματος τοῦ Ἀπόλλωνος τοῦ Πυθαέως, ὃ δέον ἀπαγαγεῖν οὐκ ἀπέπεμπον ὑπὲρ βοταμίων Ἐπιδαύριοι (κυριώτατοι δὲ τοῦ ἱεροῦ ἦσαν Ἀργεῖοι)· ἐδόκει δὲ καὶ ἄνευ τῆς αἰτίας τὴν Ἐπίδαυρον τῷ τε Ἀλκιβιάδῃ καὶ τοῖς Ἀργείοις προσλαβεῖν, ἢν δύνωνται, τῆς τε Κορίνθου ἕνεκα ἡσυχίας καὶ ἐκ τῆς Αἰγίνης βραχυτέραν ἔσεσθαι τὴν βοήθειαν ἢ Σκύλλαιον περιπλεῖν τοῖς Ἀθηναίοις. Παρεσκευάζοντο οὖν οἱ Ἀργεῖοι ὡς αὐτοὶ ἐς τὴν Ἐπίδαυρον διὰ τοῦ θύματος τὴν ἔσπραξιν ἐσβαλοῦντες.

37. On voit que par cette attaque sur Épidaure, Alcibiade entendait bien reprendre les hostilités contre Corinthe, sinon directement contre Sparte. Déjà Thucydide met en valeur à la fois ses qualités et son goût pour l'intrigue.

LII. Dès le début de l'été suivant, comme Héraclée, après la bataille, était sévèrement éprouvée, les Béotiens la prirent en charge et expulsèrent Hégésippidas, le Lacédémonien, dont le commandement était jugé peu satisfaisant. Cette prise en charge de la place s'expliquait par la crainte de voir Athènes profiter du trouble semé à Sparte par les affaires péloponnésiennes et s'en emparer. Pourtant, les Lacédémoniens en montrèrent de l'irritation.

2 Le même été, également, Alcibiade, fils de Clinias, qui était stratège à Athènes, agissant en liaison avec les Argiens et leurs alliés, passa dans le Péloponnèse avec quelques hoplites et archers athéniens auxquels il joignit des troupes fournies sur place par les alliés, et prit diverses mesures d'organisation pour l'alliance, en parcourant le Péloponnèse avec son armée ; entre autres, il décida les gens de Patrai à construire des murs menant à la mer, et lui-même méditait de dresser d'autres fortifications sur le Rhion d'Achaïe ; mais les Corinthiens, les Sicyoniens et tous ceux à qui de tels travaux de fortification portaient préjudice vinrent l'en empêcher.

### Heurts entre Argos et Épidaure

LIII. Le même été, la guerre mit aux prises Épidaure et Argos. Officiellement, il s'agissait de la victime d'Apollon Pythaeus, que les Épidauriens auraient dû prélever chez eux pour leur droit de pâture et qu'ils n'avaient point envoyée (les Argiens avaient la haute main sur le sanctuaire) ; mais, en dehors même de ce grief, Alcibiade avaient l'idée de s'adjoindre, si possible, Épidaure : ainsi, tout à la fois, Corinthe resterait tranquille et les secours athéniens venant d'Égine auraient moins de chemin à faire qu'en contournant le cap Skyllaion. Les Argiens se préparaient donc à envahir seuls le territoire d'Épidaure, en réclamation de la victime due[37].

LIV. Ἐξεστράτευσαν δὲ καὶ οἱ Λακεδαιμόνιοι κατὰ τοὺς αὐτοὺς χρόνους πανδημεὶ ἐς Λεῦκτρα τῆς ἑαυτῶν μεθορίας πρὸς τὸ Λύκαιον, Ἄγιδος τοῦ Ἀρχιδάμου βασιλέως ἡγουμένου· ᾔδει δὲ οὐδεὶς ὅποι στρατεύουσιν, οὐδὲ αἱ πόλεις ἐξ ὧν ἐπέμφθησαν. 2 Ὡς δ' αὐτοῖς τὰ διαβατήρια θυομένοις οὐ προυχώρει, αὐτοί τε ἀπῆλθον ἐπ' οἴκου καὶ τοῖς ξυμμάχοις περιήγγειλαν μετὰ τὸν μέλλοντα (Καρνεῖος δ' ἦν μήν, ἱερομηνία Δωριεῦσι) παρασκευάζεσθαι ὡς στρατευσομένους. 3 Ἀργεῖοι δ' ἀναχωρησάντων αὐτῶν, τοῦ πρὸ τοῦ Καρνείου μηνὸς ἐξελθόντες τετράδι φθίνοντος καὶ ἄγοντες τὴν ἡμέραν ταύτην πάντα τὸν χρόνον, ἐσέβαλον ἐς τὴν Ἐπιδαυρίαν καὶ ἐδῄουν. 4 Ἐπιδαύριοι δὲ τοὺς ξυμμάχους ἐπεκαλοῦντο· ὧν τινες οἱ μὲν τὸν μῆνα προυφασίσαντο, οἱ δὲ καὶ ἐς μεθορίαν τῆς Ἐπιδαυρίας ἐλθόντες ἡσύχαζον.

LV. Καὶ καθ' ὃν χρόνον ἐν τῇ Ἐπιδαύρῳ οἱ Ἀργεῖοι ἦσαν, ἐς Μαντίνειαν πρεσβεῖαι ἀπὸ τῶν πόλεων ξυνῆλθον, Ἀθηναίων παρακαλεσάντων. Καὶ γενομένων λόγων Εὐφαμίδας ὁ Κορίνθιος οὐκ ἔφη τοὺς λόγους τοῖς ἔργοις ὁμολογεῖν· σφεῖς μὲν γὰρ περὶ εἰρήνης ξυγκαθῆσθαι, τοὺς δ' Ἐπιδαυρίους καὶ τοὺς ξυμμάχους καὶ τοὺς Ἀργείους μεθ' ὅπλων ἀντιτετάχθαι· διαλῦσαι οὖν πρῶτον χρῆναι ἀφ' ἑκατέρων ἐλθόντας τὰ στρατόπεδα, καὶ οὕτω πάλιν λέγειν περὶ τῆς εἰρήνης. 2 Καὶ πεισθέντες ᾤχοντο καὶ τοὺς Ἀργείους ἀπήγαγον ἐκ τῆς Ἐπιδαυρίας. Ὕστερον δὲ ἐς τὸ αὐτὸ ξυνελθόντες οὐδ' ὣς ἐδυνήθησαν ξυμβῆναι, ἀλλ' οἱ Ἀργεῖοι πάλιν ἐς τὴν Ἐπιδαυρίαν ἐσέβαλον καὶ ἐδῄουν.

LIV. Les Lacédémoniens partirent également en campagne, en masse, vers la même époque : ils gagnèrent Leuctra, sur leur frontière, en direction du Lycaion, sous la conduite du roi Agis, fils d'Archidamos ; et personne ne savait leur destination, même pas les villes ayant fourni les troupes. 2 Mais, les sacrifices offerts pour le passage de la frontière n'étant pas favorables, ils s'en retournèrent eux-mêmes chez eux et firent dire à leurs alliés de se préparer à faire campagne après le mois à venir : car c'était le mois Carneios, mois sacré pour les Doriens.

3 Ils s'étaient déjà retirés quand les Argiens, le quatrième jour avant la fin du mois précédant le mois Carneios, sortirent de chez eux et, faisant durer ce jour-là pendant tout le temps, envahirent le territoire d'Épidaure, où ils exercèrent des ravages. 4 Les Épidauriens, eux, appelèrent leurs alliés : parmi ceux-ci, il y en eut qui ou bien invoquèrent l'excuse du mois, ou encore s'avancèrent jusqu'aux frontières du territoire d'Épidaure, puis ne bougèrent plus.

LV. Pendant que les Argiens se trouvaient sur le territoire d'Épidaure, des ambassades des diverses cités s'étaient réunies à Mantinée, sur l'invitation des Athéniens. Et, au cours de la discussion, Euphamidas le Corinthien déclara qu'il y avait désaccord entre leurs paroles et leurs actes : eux, ils étaient installés là, à traiter de la paix ; mais les Épidauriens et leurs alliés formaient avec les Argiens deux armées affrontées ; il fallait donc d'abord que des envoyés des deux camps fissent séparer les troupes : après cela, on pourrait se remettre à parler de la paix. 2 Les ambassadeurs se laissèrent convaincre, partirent, et firent retirer les Argiens du territoire d'Épidaure. Ils se réunirent ensuite au même endroit, mais ne purent, même alors, s'entendre ; les Argiens envahirent donc à nouveau le territoire d'Épidaure, où ils exercèrent des ravages.

3 Ἐξεστράτευσαν δὲ καὶ οἱ Λακεδαιμόνιοι ἐς Καρύας· καὶ ὡς οὐδ' ἐνταῦθα τὰ διαβατήρια αὐτοῖς ἐγένετο, ἐπανεχώρησαν. 4 Ἀργεῖοι δὲ τεμόντες τῆς Ἐπιδαυρίας ὡς τὸ τρίτον μέρος ἀπῆλθον ἐπ' οἴκου. Καὶ Ἀθηναίων αὐτοῖς χίλιοι ἐβοήθησαν ὁπλῖται καὶ Ἀλκιβιάδης στρατηγός, πυθόμενος δὴ τοὺς Λακεδαιμονίους ἐξεστρατεῦσθαι· καὶ ὡς οὐδὲν ἔτι αὐτῶν ἔδει, ἀπῆλθον. Καὶ τὸ θέρος οὕτω διῆλθεν.

LVI. Τοῦ δ' ἐπιγιγνομένου χειμῶνος Λακεδαιμόνιοι λαθόντες Ἀθηναίους φρουρούς τε τριακοσίους καὶ Ἀγησιππίδαν ἄρχοντα κατὰ θάλασσαν ἐς Ἐπίδαυρον ἐσέπεμψαν. 2 Ἀργεῖοι δ' ἐλθόντες παρ' Ἀθηναίους ἐπεκάλουν ὅτι, γεγραμμένον ἐν ταῖς σπονδαῖς διὰ τῆς ἑαυτῶν ἑκάστους μὴ ἐᾶν πολεμίους διιέναι, ἐάσειαν κατὰ θάλασσαν παραπλεῦσαι· καὶ εἰ μὴ κἀκεῖνοι ἐς Πύλον κομιοῦσιν ἐπὶ Λακεδαιμονίους τοὺς Μεσσηνίους καὶ Εἵλωτας, ἀδικήσεσθαι αὐτοί. 3 Ἀθηναῖοι δὲ Ἀλκιβιάδου πείσαντος τῇ μὲν Λακωνικῇ στήλῃ ὑπέγραψαν ὅτι οὐκ ἐνέμειναν οἱ Λακεδαιμόνιοι τοῖς ὅρκοις, ἐς δὲ Πύλον ἐκόμισαν τοὺς ἐκ Κρανίων Εἵλωτας λῄζεσθαι, τὰ δ' ἄλλα ἡσύχαζον. 4 Τὸν δὲ χειμῶνα τοῦτον πολεμούντων Ἀργείων καὶ Ἐπιδαυρίων μάχη μὲν οὐδεμία ἐγένετο ἐκ παρασκευῆς, ἐνέδραι δὲ καὶ καταδρομαί, ἐν αἷς ὡς τύχοιεν ἑκατέρων τινὲς διεφθείροντο. 5 Καὶ τελευτῶντος τοῦ χειμῶνος πρὸς ἔαρ ἤδη κλίμακας ἔχοντες οἱ Ἀργεῖοι ἦλθον ἐπὶ τὴν Ἐπίδαυρον ὡς ἐρήμου οὔσης διὰ τὸν πόλεμον βίᾳ αἱρήσοντες· καὶ ἄπρακτοι ἀπῆλθον. Καὶ ὁ χειμὼν ἐτελεύτα, καὶ τρίτον καὶ δέκατον ἔτος τῷ πολέμῳ ἐτελεύτα.

3 Les Lacédémoniens partirent également en campagne et gagnèrent Caryai ; puis, comme, cette fois encore, les présages pour le passage de la frontière ne se manifestaient pas, ils prirent le chemin du retour. 4 Les Argiens, après avoir mis au pillage environ le tiers du territoire d'Épidaure, rentrèrent chez eux. Mille hoplites athéniens étaient venus les soutenir, avec Alcibiade comme stratège : c'était lorsqu'il avait su les Lacédémoniens partis en campagne ; puis, comme on n'avait plus besoin d'eux, ils s'étaient retirés. Et l'été passa comme cela.

LVI. L'hiver suivant, les Lacédémoniens, trompant l'attention des Athéniens, firent passer par mer à Épidaure une garnison de trois cents hommes, avec Agésippidas pour les commander. 2 Les Argiens allèrent alors trouver les Athéniens, pour se plaindre : le traité disait que les divers peuples ne laisseraient pas d'ennemis passer par chez eux, et voilà qu'Athènes laissait, sur mer, longer ses côtes ? Si elle ne répondait pas en installant à Pylos, pour menacer Sparte, les Messéniens et les hilotes, les Argiens seraient lésés. 3 Aussi les Athéniens, sur l'avis d'Alcibiade, inscrivirent-ils au bas de la stèle du traité avec Sparte que celle-ci n'avait pas respecté ses serments ; et ils réinstallèrent les hilotes de Cranies à Pylos, pour mettre le pays au pillage. Mais, autrement, ils ne bougèrent pas. 4 Pendant cet hiver-là, bien qu'il y eût guerre entre Argos et Épidaure, il n'y eut aucune bataille rangée : ce n'é tait qu'embuscades et coups de main, au cours desquels il y eut diverses pertes dans l'un et l'autre camp. 5 À la fin de l'hiver, comme on approchait déjà du printemps, les Argiens s'avancèrent contre Épidaure avec des échelles, pensant la trouver sans défenseurs du fait de la guerre et s'en emparer de vive force : ils repartirent sans être arrivés à rien. Ainsi finissait l'hiver et, avec lui, la treizième année de la guerre.

LVII. Τοῦ δ' ἐπιγιγνομένου θέρους μεσοῦντος Λακεδαιμόνιοι, ὡς αὐτοῖς οἵ τε Ἐπιδαύριοι ξύμμαχοι ὄντες ἐταλαιπώρουν καὶ τᾶλλα ἐν τῇ Πελοποννήσῳ τὰ μὲν ἀφειστήκει, τὰ δ' οὐ καλῶς εἶχε, νομίσαντες, εἰ μὴ προκαταλήψονται ἐν τάχει, ἐπὶ πλέον χωρήσεσθαι αὐτά, ἐστράτευον αὐτοὶ καὶ οἱ Εἵλωτες πανδημεὶ ἐπ' Ἄργος· ἡγεῖτο δὲ Ἆγις ὁ Ἀρχιδάμου, Λακεδαιμονίων βασιλεύς. 2 Ξυνεστράτευον δ' αὐτοῖς Τεγεᾶταί τε καὶ ὅσοι ἄλλοι Ἀρκάδων Λακεδαιμονίοις ξύμμαχοι ἦσαν. Οἱ δ' ἐκ τῆς ἄλλης Πελοποννήσου ξύμμαχοι καὶ οἱ ἔξωθεν ἐς Φλειοῦντα ξυνελέγοντο, Βοιωτοὶ μὲν πεντακισχίλιοι ὁπλῖται καὶ τοσοῦτοι ψιλοὶ καὶ ἱππῆς πεντακόσιοι καὶ ἄμιπποι ἴσοι, Κορίνθιοι δὲ δισχίλιοι ὁπλῖται, οἱ δ' ἄλλοι ὡς ἕκαστοι, Φλειάσιοι δὲ πανστρατιᾷ, ὅτι ἐν τῇ ἐκείνων ἦν τὸ στράτευμα.

LVIII. Ἀργεῖοι δὲ προαισθόμενοι τό τε πρῶτον τὴν παρασκευὴν τῶν Λακεδαιμονίων καὶ ἐπειδὴ ἐς τὸν Φλειοῦντα βουλόμενοι τοῖς ἄλλοις προσμεῖξαι ἐχώρουν, τότε δὴ ἐξεστράτευσαν καὶ αὐτοί. Ἐβοήθησαν δ' αὐτοῖς καὶ Μαντινῆς ἔχοντες τοὺς σφετέρους ξυμμάχους καὶ Ἠλείων τρισχίλιοι ὁπλῖται. 2 Καὶ προϊόντες ἀπαντῶσι τοῖς Λακεδαιμονίοις ἐν Μεθυδρίῳ τῆς Ἀρκαδίας. Καὶ καταλαμβάνουσιν ἑκάτεροι λόφον· καὶ οἱ μὲν Ἀργεῖοι ὡς μεμονωμένοις τοῖς Λακεδαιμονίοις παρεσκευάζοντο μάχεσθαι, ὁ δὲ Ἆγις τῆς νυκτὸς ἀναστήσας τὸν στρατὸν καὶ λαθὼν ἐπορεύετο ἐς Φλειοῦντα παρὰ τοὺς ἄλλους ξυμμάχους. 3 Καὶ οἱ Ἀργεῖοι αἰσθόμενοι ἅμα ἕῳ ἐχώρουν, πρῶτον μὲν ἐς Ἄργος, ἔπειτα δὲ ᾗ προσεδέχοντο τοὺς Λα-

## Expédition lacédémonienne contre Argos

LVII. Au milieu de l'été suivant, les Lacédémoniens, voyant que leurs alliés d'Épidaure étaient en difficulté et que les autres pays du Péloponnèse ou bien avaient fait défection ou bien n'allaient pas comme il fallait, se dirent que s'ils ne se hâtaient pas de prévenir les événements, les choses empireraient, et ils se mirent en campagne, eux-mêmes et les hilotes, en masse, contre Argos. Ils avaient à leur tête Agis, fils d'Archidamos, roi de Lacédémone. 2 Avec eux marchaient les Tégéates et les autres peuples d'Arcadie alliés à Sparte. Quant aux alliés du reste du Péloponnèse et à ceux du dehors, ils se rassemblaient à Phlionte ; il y avait là : pour les Béotiens, cinq mille hoplites, autant d'hommes des troupes légères, et cinq cents cavaliers avec un nombre égal d'auxiliaires à pied ; pour les Corinthiens, deux mille hoplites ; pour les autres, des contingents divers, et les forces de Phlionte au complet, puisque les troupes étaient sur son territoire.

LVIII. Les Argiens savaient tout au fur et à mesure : d'abord les préparatifs des Lacédémoniens, ensuite, quand ceux-ci se mirent en route pour Phlionte afin d'y rejoindre les autres ; et, dès ce moment, ils entrèrent en campagne de leur côté. Ils avaient avec eux des renforts composés de Mantinéens avec leurs alliés, et de trois mille hoplites éléens. 2 Ils avancent et se trouvent face aux Lacédémoniens à Méthydrion, en Arcadie : chacune des deux armées occupe alors une colline. Là, tandis que les Argiens, jugeant les Lacédémoniens isolés, s'apprêtaient à livrer combat, Agis fait en pleine nuit lever le camp et, trompant l'attention de l'ennemi, gagne Phlionte où se trouvent ses alliés. 3 Les Argiens, à l'aube, s'en avisent et se mettent en route, d'abord

κεδαιμονίους μετὰ τῶν ξυμμάχων καταβήσεσθαι, τὴν κατὰ
Νεμέαν ὁδόν. 4 Ἆγις δὲ ταύτην μὲν ἣν προσεδέχοντο
οὐκ ἐτράπετο, παραγγείλας δὲ τοῖς Λακεδαιμονίοις καὶ
Ἀρκάσι καὶ Ἐπιδαυρίοις ἄλλην ἐχώρησε χαλεπὴν καὶ κατ-
έβη ἐς τὸ Ἀργείων πεδίον· καὶ Κορίνθιοι καὶ Πελληνῆς
καὶ Φλειάσιοι ὄρθιον ἑτέραν ἐπορεύοντο· τοῖς δὲ Βοιωτοῖς
καὶ Μεγαρεῦσι καὶ Σικυωνίοις εἴρητο τὴν ἐπὶ Νεμέας ὁδὸν
καταβαίνειν, ᾗ οἱ Ἀργεῖοι ἐκάθηντο, ὅπως, εἰ οἱ Ἀργεῖοι
ἐπὶ σφᾶς ἰόντες ἐς τὸ πεδίον βοηθοῖεν, ἐφεπόμενοι τοῖς
ἵπποις χρῷντο.
5 Καὶ ὁ μὲν οὕτω διατάξας καὶ ἐσβαλὼν ἐς τὸ πεδίον
ἐδῄου Σάμινθόν τε καὶ ἄλλα.  LIX.  Οἱ δὲ Ἀργεῖοι γνόντες ἐβοήθουν ἡμέρας ἤδη ἐκ τῆς Νεμέας, καὶ περιτυχόντες
τῷ Φλειασίων καὶ Κορινθίων στρατοπέδῳ τῶν μὲν Φλειασίων ὀλίγους ἀπέκτειναν, ὑπὸ δὲ τῶν Κορινθίων αὐτοὶ οὐ
πολλῷ πλείους διεφθάρησαν. 2 Καὶ οἱ Βοιωτοὶ καὶ οἱ
Μεγαρῆς καὶ οἱ Σικυώνιοι ἐχώρουν, ὥσπερ εἴρητο αὐτοῖς,
ἐπὶ τῆς Νεμέας, καὶ τοὺς Ἀργείους οὐκέτι κατέλαβον, ἀλλὰ
καταβάντες, ὡς ἑώρων τὰ ἑαυτῶν δῃούμενα, ἐς μάχην παρ-
ετάσσοντο. Ἀντιπαρεσκευάζοντο δὲ καὶ οἱ Λακεδαιμόνιοι. 3 Ἐν μέσῳ δὲ ἀπειλημμένοι ἦσαν οἱ Ἀργεῖοι· ἐκ
μὲν γὰρ τοῦ πεδίου οἱ Λακεδαιμόνιοι εἶργον τῆς πόλεως
καὶ οἱ μετ' αὐτῶν, καθύπερθεν δὲ Κορίνθιοι καὶ Φλειάσιοι
καὶ Πελληνῆς, τὸ δὲ πρὸς Νεμέας Βοιωτοὶ καὶ Σικυώνιοι
καὶ Μεγαρῆς. Ἵπποι δὲ αὐτοῖς οὐ παρῆσαν· οὐ γάρ πω
οἱ Ἀθηναῖοι, μόνοι τῶν ξυμμάχων, ἧκον.

en direction d'Argos, ensuite du côté où ils prévoyaient que les Lacédémoniens et leurs alliés descendraient des hauteurs, sur la route de Némée. 4 Mais Agis n'avait pas pris la route qu'ils prévoyaient : après avoir transmis les consignes, il avait emprunté avec les Lacédémoniens, les Arcadiens et les Épidauriens un autre chemin, accidenté, par lequel il était descendu dans la plaine d'Argos. Les Corinthiens, les gens de Pellène et de Phlionte en suivaient un également raide. Quant aux Béotiens, aux Mégariens et aux Sicyoniens, ils avaient reçu l'ordre de descendre par la route de Némée, où étaient postés les Argiens : de la sorte, si les forces argiennes marchaient contre ses troupes à lui et venaient à la rescousse dans la plaine, ils pourraient menacer leurs arrières avec la cavalerie.

5 Agis, donc, ayant ainsi réparti ses forces, était entré dans la plaine, où il ravageait Saminthos et autres lieux ; LIX. mais les Argiens s'en rendirent compte et, le jour une fois venu, ils quittèrent Némée pour venir à la rescousse : ils tombèrent sur l'armée des gens de Phlionte et de Corinthe, firent quelques morts parmi ceux de Phlionte et subirent eux-mêmes des pertes à peine plus importantes contre les Corinthiens. 2 Là-dessus, Béotiens, Mégariens et Sicyoniens avançaient selon l'ordre reçu, en direction de Némée : ils n'y trouvèrent plus les Argiens, qui étaient descendus, à la vue de leurs terres ravagées, et qui prenaient alors leurs positions de combat. Il y avait mêmes préparatifs du côté lacédémonien. 3 Les Argiens se trouvaient, là, pris entre divers ennemis : du côté de la plaine, les Lacédémoniens et ceux qui étaient avec eux les coupaient de la ville ; vers les hauteurs, c'étaient les gens de Corinthe, Phlionte et Pellène ; du côté de Némée, les Béotiens, Sicyoniens et Mégariens. D'autre part, ils n'avaient pas de cavalerie ; car les Athéniens se trouvaient les seuls d'entre les alliés à n'être pas encore là.

4 Τὸ μὲν οὖν πλῆθος τῶν Ἀργείων καὶ τῶν ξυμμάχων
οὐχ οὕτω δεινὸν τὸ παρὸν ἐνόμιζον, ἀλλ᾽ ἐν καλῷ ἐδόκει
ἡ μάχη ἔσεσθαι, καὶ τοὺς Λακεδαιμονίους ἀπειληφέναι ἐν
τῇ αὑτῶν τε καὶ πρὸς τῇ πόλει 5 Τῶν δὲ Ἀργείων δύο
ἄνδρες, Θράσυλλός τε, τῶν πέντε στρατηγῶν εἷς ὤν, καὶ
Ἀλκίφρων, πρόξενος Λακεδαιμονίων, ἤδη τῶν στρατοπέ-
δων ὅσον οὐ ξυνιόντων προσελθόντε Ἄγιδι διελεγέσθην
μὴ ποιεῖν μάχην· ἑτοίμους γὰρ εἶναι Ἀργείους δίκας δοῦναι καὶ δέξασθαι ἴσας καὶ ὁμοίας, εἴ τι ἐπικαλοῦσιν Ἀργείοις Λακεδαιμόνιοι, καὶ τὸ λοιπὸν εἰρήνην ἄγειν σπονδὰς ποιησαμένους. LX. Καὶ οἱ μὲν ταῦτα εἰπόντες τῶν
Ἀργείων ἀφ᾽ ἑαυτῶν καὶ οὐ τοῦ πλήθους κελεύσαντος
εἶπον· καὶ ὁ Ἄγις δεξάμενος τοὺς λόγους αὐτός, καὶ οὐ
μετὰ τῶν πλειόνων οὐδὲ αὐτὸς βουλευσάμενος ἀλλ᾽ ἢ ἑνὶ
ἀνδρὶ κοινώσας τῶν ἐν τέλει ξυστρατευομένων, σπένδεται
τέσσαρας μῆνας ἐν οἷς ἔδει ἐπιτελέσαι αὐτοὺς τὰ ῥηθέντα.
Καὶ ἀπήγαγε τὸν στρατὸν εὐθύς, οὐδενὶ φράσας τῶν ἄλλων ξυμμάχων. 2 Οἱ δὲ Λακεδαιμόνιοι καὶ οἱ ξύμμαχοι
εἵποντο μὲν ὡς ἡγεῖτο διὰ τὸν νόμον, ἐν αἰτίᾳ δ᾽ εἶχον κατ᾽
ἀλλήλους πολλῇ τὸν Ἄγιν, νομίζοντες, ἐν καλῷ παρα-
τυχὸν σφίσι ξυμβαλεῖν καὶ πανταχόθεν αὐτῶν ἀποκεκλη-
μένων καὶ ὑπὸ ἱππέων καὶ πεζῶν, οὐδὲν δράσαντες ἄξιον
τῆς παρασκευῆς ἀπιέναι. 3 Στρατόπεδον γὰρ δὴ τοῦτο
κάλλιστον Ἑλληνικὸν τῶν μέχρι τοῦδε ξυνῆλθεν· ὤφθη
δὲ μάλιστα ἕως ἔτι ἦν ἀθρόον ἐν Νεμέᾳ, ἐν ᾧ Λακεδαιμόνιοί τε πανστρατιᾷ ἦσαν καὶ Ἀρκάδες καὶ Βοιωτοὶ καὶ

4 Cela étant, la masse des Argiens et de leurs alliés ne jugeaient pas les choses si fâcheuses : il leur semblait que la bataille se livrerait dans de bonnes conditions avec l'armée lacédémonienne prise là chez eux, près de leur ville ; 5 mais il y avait parmi les Argiens deux personnages, Thrasyllos, un des cinq stratèges, et Alciphron, un proxène de Sparte, qui, au moment où les deux armées entraient déjà presque en action, allèrent parler à Agis en lui disant de ne pas livrer bataille : les Argiens, selon eux, étaient prêts à se conformer à un arbitrage respectant l'égalité des droits, si Sparte avait quelque grief envers Argos, puis à rester en paix dorénavant, après conclusion d'un traité. LX. Les deux Argiens, auteurs de ces déclarations, les avaient faites d'eux-mêmes, et non sur des instructions du peuple. De même, Agis se rendit à leurs avis tout seul, et non avec l'appui de la majorité, ni même après une délibération : il ne s'en ouvrit qu'à un seul homme parmi les hautes autorités participant à l'expédition ; et il conclut ainsi une trêve de quatre mois, pendant laquelle les autres devaient tenir ce qu'ils avaient dit. Sur quoi il remmena l'armée aussitôt, sans fournir d'explications à aucun des alliés en dehors de lui. 2 Mais les Lacédémoniens et leurs alliés, tout en obéissant à son commandement comme le voulait la règle, nourrissaient, entre eux, de forts griefs contre Agis : ils jugeaient que l'on avait la chance d'engager l'action dans de bonnes conditions, que l'ennemi était pris là de tous les côtés, tant par la cavalerie que par les troupes à pied, et que, malgré cela, on repartait sans avoir rien accompli qui fût à la hauteur des moyens mis en œuvre. 3 De fait, ce fut là le plus beau groupement de forces grecques jusqu'à ce jour : on ne le vit jamais aussi bien que lorsqu'elles étaient encore toutes ensemble à Némée ; il y avait là les Lacédémoniens en masse, avec les Arcadiens,

Κορίνθιοι καὶ Σικυώνιοι καὶ Πελληνῆς καὶ Φλειάσιοι καὶ
Μεγαρῆς, καὶ οὗτοι πάντες λογάδες ἀφ' ἑκάστων, ἀξιόμαχοι δοκοῦντες εἶναι οὐ τῇ Ἀργείων μόνον ξυμμαχίᾳ, ἀλλὰ
καὶ ἄλλῃ ἔτι προσγενομένῃ. 4 Τὸ μὲν οὖν στρατόπεδον
οὕτως ἐν αἰτίᾳ ἔχοντες τὸν Ἆγιν ἀνεχώρουν τε καὶ διελύθησαν ἐπ' οἴκου ἕκαστοι.

5 Ἀργεῖοι δὲ καὶ αὐτοὶ ἔτι ἐν πολλῷ πλείονι αἰτίᾳ εἶχον
τοὺς σπεισαμένους ἄνευ τοῦ πλήθους, νομίζοντες κἀκεῖνοι
μὴ ἂν σφίσι ποτὲ κάλλιον παρασχὸν Λακεδαιμονίους δια-
πεφευγέναι· πρός τε γὰρ τῇ σφετέρᾳ πόλει καὶ μετὰ πολλῶν καὶ ἀγαθῶν ξυμμάχων τὸν ἀγῶνα ἂν γίγνεσθαι. 6 Τόν
τε Θράσυλλον ἀναχωρήσαντες ἐν τῷ Χαράδρῳ, οὗπερ τὰς
ἀπὸ στρατείας δίκας πρὶν ἐσιέναι κρίνουσιν, ἤρξαντο λεύειν.
Ὁ δὲ καταφυγὼν ἐπὶ τὸν βωμὸν περιγίγνε-
ται· τὰ μέντοι χρήματα ἐδήμευσαν αὐτοῦ.

LXI. Μετὰ δὲ τοῦτο Ἀθηναίων βοηθησάντων χιλίων
ὁπλιτῶν καὶ τριακοσίων ἱππέων, ὧν ἐστρατήγουν Λάχης
καὶ Νικόστρατος, οἱ Ἀργεῖοι (ὅμως γὰρ τὰς σπονδὰς
ὤκνουν λῦσαι πρὸς τοὺς Λακεδαιμονίους) ἀπιέναι ἐκέλευον αὐτοὺς καὶ πρὸς τὸν δῆμον οὐ προσῆγον βουλομένους χρηματίσαι, πρὶν δὴ Μαντινῆς καὶ Ἠλεῖοι (ἔτι γὰρ
παρῆσαν) κατηνάγκασαν δεόμενοι. 2 Καὶ ἔλεγον οἱ Ἀθηναῖοι Ἀλκιβιάδου πρεσβευτοῦ παρόντος ἔν τε τοῖς Ἀργείοις καὶ ξυμμάχοις ταῦτα, ὅτι οὐκ ὀρθῶς αἱ σπονδαὶ
ἄνευ τῶν ἄλλων ξυμμάχων καὶ γένοιντο, καὶ νῦν (ἐν καιρῷ
γὰρ παρεῖναι σφεῖς) ἅπτεσθαι χρῆναι τοῦ πολέμου.
3 Καὶ πείσαντες ἐκ τῶν λόγων τοὺς ξυμμάχους εὐθὺς
ἐχώρουν ἐπὶ Ὀρχομενὸν τὸν Ἀρκαδικὸν πάντες πλὴν Ἀρ-
γείων· οὗτοι δὲ ὅμως καὶ πεισθέντες ὑπελείποντο πρῶτον,

les Béotiens, les Corinthiens, les Sicyoniens, les gens de Pellène, de Phlionte et de Mégare, tous représentés par des hommes d'élite de chaque pays, et paraissant de taille à combattre non seulement l'alliance argienne, mais encore une autre en plus. 4 Aussi est-ce avec un sentiment de grief contre Agis que l'armée faisait retraite et que les hommes se séparèrent pour rentrer chacun chez eux.

5 Mais les Argiens, eux aussi, nourrissaient des griefs encore bien pires contre ceux qui avaient traité sans l'aveu du peuple : ils jugeaient également qu'il n'aurait pu y avoir plus belle occasion pour eux et que, malgré cela, l'armée lacédémonienne avait pu réchapper : car l'engagement aurait eu lieu près de leur ville, avec auprès d'eux beaucoup de bons alliés. 6 Si bien qu'au retour, au Charadros, qui est l'endroit où ils jugent, avant de rentrer en ville, les délits commis en campagne, ils commencèrent à lapider Thrasyllos : celui-ci sauva ses jours en se réfugiant auprès de l'autel ; toutefois, on confisqua ses biens.

LXI. Après cela, il arriva un renfort athénien de mille hoplites et trois cents cavaliers, avec à sa tête Lachès et Nicostratos : les Argiens, qui, malgré tout, hésitaient à rompre la trêve avec Sparte, leur dirent de repartir et leur refusèrent l'accès devant le peuple avec qui ceux-ci voulaient négocier, cela jusqu'au moment où les Mantinéens et les Éléens, qui étaient encore là, les obligèrent, par leur intervention, à céder. 2 Les Athéniens, eux, avec Alcibiade qui se trouvait là comme ambassadeur, faisaient aux Argiens et aux alliés les mêmes déclarations : il n'était pas correct d'avoir, avant, conclu la trêve sans les autres membres de l'alliance et il fallait, maintenant, puisque eux-mêmes étaient là si à propos, se mettre vraiment à la guerre. 3 Ayant, grâce à ces propos, persuadé leurs alliés, ils marchèrent aussitôt contre Orchomène d'Arcadie, tous sauf les Argiens :

ἔπειτα δ' ὕστερον καὶ οὗτοι ἦλθον. 4 Καὶ προσκαθεζό-
μενοι τὸν Ὀρχομενὸν πάντες ἐπολιόρκουν καὶ προσβολὰς
ἐποιοῦντο, βουλόμενοι ἄλλως τε προσγενέσθαι σφίσι καὶ
ὅμηροι ἐκ τῆς Ἀρκαδίας ἦσαν αὐτόθι ὑπὸ Λακεδαιμονίων
κείμενοι. 5 Οἱ δὲ Ὀρχόμενιοι δείσαντες τήν τε τοῦ τείχους ἀσθένειαν καὶ τοῦ στρατοῦ τὸ πλῆθος, καὶ ὡς οὐδεὶς
αὐτοῖς ἐβοήθει, μὴ προαπόλωνται, ξυνέβησαν ὥστε ξύμμαχοί τε εἶναι καὶ ὁμήρους σφῶν τε αὐτῶν δοῦναι Μαντινεῦσι καὶ οὓς κατέθεντο Λακεδαιμόνιοι παραδοῦναι.
LXII. Μετὰ δὲ τοῦτο ἔχοντες ἤδη τὸν Ὀρχομενὸν ἐβουλεύοντο οἱ ξύμμαχοι ἐφ' ὅ τι χρὴ πρῶτον ἰέναι τῶν λοιπῶν. Καὶ Ἠλεῖοι μὲν ἐπὶ Λέπρεον ἐκέλευον, Μαντινῆς δὲ
ἐπὶ Τεγέαν· καὶ προσέθεντο οἱ Ἀργεῖοι καὶ Ἀθηναῖοι τοῖς
Μαντινεῦσιν. 2 Καὶ οἱ μὲν Ἠλεῖοι ὀργισθέντες ὅτι οὐκ
ἐπὶ Λέπρεον ἐψηφίσαντο, ἀνεχώρησαν ἐπ' οἴκου· οἱ δὲ ἄλλοι ξύμμαχοι παρεσκευάζοντο ἐν τῇ Μαντινείᾳ ὡς ἐπὶ Τεγέαν ἰόντες, καί τινες αὐτοῖς καὶ αὐτῶν τῶν ἐν τῇ πόλει
ἐνεδίδοσαν τὰ πράγματα.
LXIII. Λακεδαιμόνιοι δὲ ἐπειδὴ ἀνεχώρησαν ἐξ Ἄργους τὰς τετραμήνους σπονδὰς ποιησάμενοι, Ἆγιν ἐν μεγάλῃ αἰτίᾳ εἶχον οὐ χειρωσάμενον σφίσιν Ἄργος, παρασχὸν καλῶς ὡς οὔπω πρότερον αὐτοὶ ἐνόμιζον· ἀθρόους
γὰρ τοσούτους ξυμμάχους καὶ τοιούτους οὐ ῥᾴδιον εἶναι
λαβεῖν. 2 Ἐπειδὴ δὲ καὶ περὶ Ὀρχομενοῦ ἠγγέλλετο
ἑαλωκέναι, πολλῷ δὴ μᾶλλον ἐχαλέπαινον καὶ ἐβούλευον
εὐθὺς ὑπ' ὀργῆς παρὰ τὸν τρόπον τὸν ἑαυτῶν ὡς χρὴ τήν
τε οἰκίαν αὐτοῦ κατασκάψαι καὶ δέκα μυριάσι δραχμῶν
ζημιῶσαι. 3 Ὁ δὲ παρῃτεῖτο μηδὲν τούτων δρᾶν· ἔργῳ

ceux-ci, bien que persuadés, restaient d'abord en arrière ;
dans la suite, ils vinrent aussi, après les autres. 4 Prenant
donc position devant Orchomène, tous s'employaient à
l'assiéger et à lui donner l'assaut, souhaitant d'autant plus
se l'adjoindre qu'il y avait des otages arcadiens installés
là par Sparte. 5 Les gens d'Orchomène, eux, craignirent
la faiblesse de leurs remparts ainsi que l'importance des
troupes ennemies ; et, comme personne n'arrivait à leur
secours, redoutant de succomber s'ils attendaient, ils traitèrent, promettant leur alliance, la remise aux Mantinéens
d'otages pris parmi eux, et la restitution de ceux que Sparte
avait installés là. LXII. Après cela, les alliés, désormais en
possession d'Orchomène, discutèrent sur la ville à attaquer
en premier parmi les autres. Les Éléens demandaient que
ce fût Lépréon, les Mantinéens Tégée ; les Argiens et les
Athéniens se rallièrent au souhait des Mantinéens. 2 Alors
les Éléens, irrités que le vote n'eût pas désigné Lépréon,
rentrèrent chez eux. Quant aux autres membres de l'alliance, ils faisaient, à Mantinée, leurs préparatifs pour une
marche contre Tégée ; et il y avait aussi des gens, parmi
les habitants mêmes de cette ville, qui travaillaient à mettre les choses entre leurs mains.

LXIII. Cependant les Lacédémoniens, une fois ren-
trés d'Argos après la conclusion de la trêve de quatre
mois, entretenaient de puissants griefs contre Agie, qui ne
leur avait pas soumis Argos, malgré une occasion si belle
qu'eux-mêmes la jugeaient sans précédent : car il n'était
pas facile de trouver réunis tant d'alliés d'une telle qualité. 2 Et quand arrivèrent là-dessus les nouvelles d'Orchomène, annonçant sa chute, ils furent encore bien plus
mécontents et, par une décision immédiate due à la colère,
en dépit de leur caractère, ils entendaient raser sa maison
et lui imposer une amende de cent mille drachmes. 3 Lui

γὰρ ἀγαθῷ ῥύσεσθαι τὰς αἰτίας στρατευσάμενος, ἢ τότε
ποιεῖν αὐτοὺς ὅ τι βούλονται. 4 Οἱ δὲ τὴν μὲν ζημίαν
καὶ τὴν κατασκαφὴν ἐπέσχον, νόμον δὲ ἔθεντο ἐν τῷ παρόντι, ὃς οὔπω πρότερον ἐγένετο αὐτοῖς· δέκα γὰρ ἄνδρας
Σπαρτιατῶν προσείλοντο αὐτῷ ξυμβούλους, ἄνευ ὧν μὴ
κύριον εἶναι ἀπάγειν στρατιὰν ἐκ τῆς πόλεως.

LXIV. Ἐν τούτῳ δ' ἀφικνεῖται αὐτοῖς ἀγγελία παρὰ
τῶν ἐπιτηδείων ἐκ Τεγέας ὅτι, εἰ μὴ παρέσονται ἐν τάχει,
ἀποστήσεται αὐτῶν Τεγέα πρὸς Ἀργείους καὶ τοὺς ξυμμάχους καὶ ὅσον οὐκ ἀφέστηκεν. 2 Ἐνταῦθα δὴ βοήθεια τῶν Λακεδαιμονίων γίγνεται αὐτῶν τε καὶ τῶν Εἱλώτων πανδημεὶ ὀξεῖα καὶ οἷα οὔπω πρότερον. 3 Ἐχώρουν
δὲ ἐς Ὀρέσθειον τῆς Μαιναλίας. Καὶ τοῖς μὲν Ἀρκάδων
σφετέροις οὖσι ξυμμάχοις προεῖπον ἀθροισθεῖσιν ἰέναι κατὰ
πόδας αὐτῶν ἐς Τεγέαν, αὐτοὶ δὲ μέχρι μὲν τοῦ Ὀρεσθείου
πάντες ἐλθόντες, ἐκεῖθεν δὲ τὸ ἕκτον μέρος σφῶν αὐτῶν
ἀποπέμψαντες ἐπ' οἴκου, ἐν ᾧ τὸ πρεσβύτερόν τε καὶ τὸ
νεώτερον ἦν, ὥστε τὰ οἴκοι φρουρεῖν, τῷ λοιπῷ στρατεύματι ἀφικνοῦνται ἐς Τεγέαν. Καὶ οὐ πολλῷ ὕστερον οἱ
ξύμμαχοι ἀπ' Ἀρκάδων παρῆσαν. 4 Πέμπουσι δὲ καὶ ἐς
τὴν Κόρινθον καὶ Βοιωτοὺς καὶ Φωκέας καὶ Λοκρούς, βοηθεῖν κελεύοντες κατὰ τάχος ἐς Μαντίνειαν. Ἀλλὰ τοῖς μὲν
ἐξ ὀλίγου τε ἐγίγνετο καὶ οὐ ῥᾴδιον ἦν μὴ ἀθρόοις καὶ ἀλλήλους περιμείνασι διελθεῖν τὴν πολεμίαν (ξυνέκλῃε γὰρ
διὰ μέσου), ὅμως δὲ ἠπείγοντο· 5 Λακεδαιμόνιοι δὲ ἀνα-

---

38. Il semble que les pouvoirs des rois de Sparte étaient très
étendus lorsqu'ils étaient en campagne. Selon HÉRODOTE (VI, 56), ils
avaient le droit de porter la guerre où ils voulaient, sans qu'aucun
Spartiate pût s'y opposer. La menace d'infliger à Agis une amende et
de raser sa maison, puis de lui imposer des conseillers, est donc tout
à fait exceptionnelle.

les conjurait de n'en rien faire : qu'il mène une fois campagne, et il effacerait leurs griefs par un bel exploit ; sinon, ils pourraient alors agir comme ils voudraient. 4 Ils remirent donc à plus tard l'amende et la destruction de sa maison, mais édictèrent pour tout de suite une règle sans précédent chez eux : ils désignèrent dix Spartiates qui devaient être ses conseillers et sans lesquels il ne serait pas habilité à emmener une armée hors de la ville[38].

### Bataille de Mantinée

LXIV. Sur ces entrefaites, ils reçoivent de leurs amis à Tégée la nouvelle que, à moins d'une prompte arrivée de leur part, Tégée se détacherait d'eux pour passer aux Argiens et à leurs alliés : la chose, selon ces rapports, était pour ainsi dire faite. 2 Du coup, les Lacédémoniens envoient une expédition de secours, qui, groupant les citoyens et les hilotes, en masse, est rapide et sans précédent ; 3 ils marchent en direction d'Orestheion, dans la région du Mainalos. Ils avaient averti leurs alliés d'Arcadie de se réunir et de venir à leur suite à Tégée ; cependant, eux-mêmes, étant allés avec toutes leurs forces jusqu'à Orestheion, une fois là, renvoient chez eux un sixième des citoyens, constitué des classes les plus âgées et les plus jeunes, qui devaient garder le pays ; avec le reste de l'armée, ils arrivent dans le territoire de Tégée ; peu après, leurs alliés d'Arcadie y étaient. 4 De même, ils dépêchent des gens à Corinthe, chez les Béotiens, chez les Phocidiens et chez les Locriens, pour leur demander de leur envoyer un soutien rapide à Mantinée ; mais, pour ces peuples, les délais manquèrent, et il n'était pas facile, sans être réunis et s'attendre les uns les autres, de traverser le pays ennemi, qui leur barrait le passage ; malgré cela, ils se hâtaient ; 5 quant aux

λαβόντες τοὺς παρόντας Ἀρκάδων ξυμμάχους ἐσέβαλον
ἐς τὴν Μαντινικήν, καὶ στρατοπεδευσάμενοι πρὸς τῷ Ἡρα-
κλείῳ ἐδῄουν τὴν γῆν. LXV. Οἱ δ᾽ Ἀργεῖοι καὶ οἱ ξύμμαχοι ὡς εἶδον αὐτούς,
καταλαβόντες χωρίον ἐρυμνὸν καὶ δυσπρόσοδον παρετά-
ξαντο ὡς ἐς μάχην. 2 Καὶ οἱ Λακεδαιμόνιοι εὐθὺς αὐτοῖς
ἐπῇσαν· καὶ μέχρι μὲν λίθου καὶ ἀκοντίου βολῆς ἐχώρησαν·
ἔπειτα τῶν πρεσβυτέρων τις Ἄγιδι ἐπεβόησεν, ὁρῶν πρὸς
χωρίον καρτερὸν ἰόντας σφᾶς, ὅτι διανοεῖται κακὸν κακῷ
ἰᾶσθαι, δηλῶν τῆς ἐξ Ἄργους ἐπαιτίου ἀναχωρήσεως τὴν
παροῦσαν ἄκαιρον προθυμίαν ἀνάληψιν βουλομένην εἶναι.
3 Ὁ δέ, εἴτε καὶ διὰ τὸ ἐπιβόημα εἴτε καὶ αὐτῷ ἄλλο τι
ἢ καὶ τὸ αὐτὸ δόξαν ἐξαίφνης, πάλιν τὸ στράτευμα κατὰ
τάχος πρὶν ξυμμεῖξαι ἀπῆγεν. 4 Καὶ ἀφικόμενος πρὸς
τὴν Τεγεᾶτιν τὸ ὕδωρ ἐξέτρεπεν ἐς τὴν Μαντινικήν, περὶ
οὗπερ ὡς τὰ πολλὰ βλάπτοντος ὁποτέρωσε ἂν ἐσπίπτῃ
Μαντινῆς καὶ Τεγεᾶται πολεμοῦσιν· ἐβούλετο δὲ τοὺς ἀπὸ
τοῦ λόφου βοηθοῦντας ἐπὶ τὴν τοῦ ὕδατος ἐκτροπήν, ἐπειδὰν πύθωνται, καταβιβάσαι [τοὺς Ἀργείους καὶ τοὺς ξυμ-
μάχους] καὶ ἐν τῷ ὁμαλῷ τὴν μάχην ποιεῖσθαι.
5 Καὶ ὁ μὲν τὴν ἡμέραν ταύτην μείνας αὐτοῦ περὶ τὸ
ὕδωρ ἐξέτρεπεν· οἱ δ᾽ Ἀργεῖοι καὶ οἱ ξύμμαχοι τὸ μὲν
πρῶτον καταπλαγέντες τῇ ἐξ ὀλίγου αἰφνιδίῳ αὐτῶν ἀναχωρήσει οὐκ εἶχον ὅ τι εἰκάσωσιν· εἶτ᾽ ἐπειδὴ ἀναχω-
ροῦντες ἐκεῖνοί τε ἀπέκρυψαν καὶ σφεῖς ἡσύχαζον καὶ οὐκ
ἐπηκολούθουν, ἐνταῦθα τοὺς ἑαυτῶν στρατηγοὺς αὖθις ἐν
αἰτίᾳ εἶχον τό τε πρότερον καλῶς ληφθέντας πρὸς Ἄργει
Λακεδαιμονίους ἀφεθῆναι καὶ νῦν ὅτι ἀποδιδράσκοντας

Lacédémoniens, prenant avec eux leurs alliés d'Arcadie qui étaient là, ils envahirent le territoire de Mantinée, installèrent leur camp près du sanctuaire d'Héraclès, et exercèrent des ravages dans le pays.

LXV. Les Argiens et leurs alliés, lorsqu'ils les virent, occupèrent une position forte et peu accessible, où ils se rangèrent en bataille. 2 Les Lacédémoniens marchèrent aussitôt contre eux : ils avancèrent jusqu'à portée de pierre ou de javelot, mais, là-dessus, un des anciens, voyant la position solide vers laquelle on se dirigeait, interpella Agis ; il s'écria qu'il se proposait de remédier à un mal par un autre, ce qui signifiait que ce zèle intempestif voulait être une réparation pour sa retraite si critiquée devant Argos. 3 Et le roi, soit à cause de cette interpellation, soit en vertu d'une inspiration soudaine, différente ou même semblable, remmena rapidement son armée en arrière, avant tout engagement. 4 Il arriva près du territoire de Tégée et, là, entreprit de détourner les eaux vers celui de Mantinée. Ces eaux, qui causent des dégâts chez l'un ou chez l'autre, selon le côté où elles se déversent, provoquent presque constamment la guerre entre Tégée et Mantinée. Or, il voulait que les hommes de la colline, soucieux de parer aux mesures prises pour les détourner, fussent, dès qu'ils recevraient la nouvelle, obligés de descendre, ce qui lui permettrait de livrer la bataille en plaine.

5 Lui, donc, resta sur place ce jour-là, occupé à détourner l'eau. Quant aux Argiens et à leurs alliés ils avaient d'abord été saisis par cette brusque retraite opérée de tout près et n'avaient pas su que penser. Puis, constatant que l'adversaire, faisant retraite, s'était dérobé à leurs yeux, et qu'eux-mêmes restaient sans rien faire, au lieu de le suivre, ils se reprirent alors à incriminer leurs stratèges, pour avoir une première fois laissé partir l'armée lacédémonienne que

οὐδεὶς ἐπιδιώκει, ἀλλὰ καθ' ἡσυχίαν οἱ μὲν σῴζονται, σφεῖς δὲ προδίδονται. 6 Οἱ δὲ στρατηγοὶ ἐθορυβήθησαν μὲν τὸ παραυτίκα, ὕστερον δὲ ἀπάγουσιν αὐτοὺς ἀπὸ τοῦ λόφου καὶ προελθόντες ἐς τὸ ὁμαλὸν ἐστρατοπεδεύσαντο ὡς ἰόντες ἐπὶ τοὺς πολεμίους.

LXVI. Τῇ δ' ὑστεραίᾳ οἵ τε Ἀργεῖοι καὶ οἱ ξύμμαχοι ξυνετάξαντο, ὡς ἔμελλον μαχεῖσθαι, ἢν περιτύχωσιν· οἵ τε Λακεδαιμόνιοι ἀπὸ τοῦ ὕδατος πρὸς τὸ Ἡράκλειον πάλιν ἐς τὸ αὐτὸ στρατόπεδον ἰόντες ὁρῶσι δι' ὀλίγου τοὺς ἐναντίους ἐν τάξει τε ἤδη πάντας καὶ ἀπὸ τοῦ λόφου προεληλυθότας. 2 Μάλιστα δὲ Λακεδαιμόνιοι ἐς ὃ ἐμέμνηντο ἐν τούτῳ τῷ καιρῷ ἐξεπλάγησαν· διὰ βραχείας γὰρ μελλήσεως ἡ παρασκευὴ αὐτοῖς ἐγίγνετο, καὶ εὐθὺς ὑπὸ σπουδῆς καθίσταντο ἐς κόσμον τὸν ἑαυτῶν, Ἄγιδος τοῦ βασιλέως ἕκαστα ἐξηγουμένου κατὰ τὸν νόμον. 3 Βασιλέως γὰρ ἄγοντος ὑπ' ἐκείνου πάντα ἄρχεται, καὶ τοῖς μὲν πολεμάρχοις αὐτὸς φράζει τὸ δέον, οἱ δὲ τοῖς λοχαγοῖς, ἐκεῖνοι δὲ τοῖς πεντηκοντῆρσιν, αὖθις δ' οὗτοι τοῖς ἐνωμοτάρχοις, καὶ οὗτοι τῇ ἐνωμοτίᾳ. 4 Καὶ αἱ παραγγέλσεις, ἤν τι βούλωνται, κατὰ τὰ αὐτὰ χωροῦσι καὶ ταχεῖαι ἐπέρχονται· σχεδὸν γάρ τι πᾶν πλὴν ὀλίγου τὸ στρατόπεδον τῶν Λακεδαιμονίων ἄρχοντες ἀρχόντων εἰσί, καὶ τὸ ἐπιμελὲς τοῦ δρωμένου πολλοῖς προσήκει.

LXVII. Τότε δὲ κέρας μὲν εὐώνυμον Σκιρῖται αὐτοῖς καθίσταντο, αἰεὶ ταύτην τὴν τάξιν μόνοι Λακεδαιμονίων ἐπὶ σφῶν αὐτῶν ἔχοντες· παρὰ δ' αὐτοὺς οἱ ἀπὸ Θράκης Βρασίδειοι στρατιῶται καὶ νεοδαμώδεις μετ' αὐτῶν· ἔπειτ' ἤδη Λακεδαιμόνιοι αὐτοὶ ἑξῆς καθίστασαν τοὺς λόχους

l'on tenait si bien près d'Argos, et maintenant parce que personne ne la poursuivait quand elle se retirait : on les laissait bien tranquillement, elle, assurer son salut, et, eux, succomber à la trahison. 6 Les stratèges, sur le moment, furent déconcertés ; mais, ensuite, ils firent quitter la colline aux troupes, et, s'avançant dans la plaine, ils y établirent un camp, en gens qui vont à l'ennemi.

LXVI. Et le lendemain, tandis que les Argiens et leurs alliés avaient adopté la formation dans laquelle ils devaient combattre s'ils tombaient sur l'ennemi, les Lacédémoniens, revenant, après s'être occupés de l'eau, à leur camp précédent, près de l'Héracleion, voient à proximité leurs adversaires déjà tous en ligne et avancés en bas de la colline : 2 les Lacédémoniens éprouvèrent en cette occasion le plus grand effroi dont ils eussent mémoire ; le délai était bref pour leurs préparatifs, et aussitôt, dans un élan de zèle, ils retrouvaient leur bon ordre, le roi Agis dirigeant tout selon la règle. 3 Quand un roi est à la tête des troupes, c'est de lui que partent tous les ordres : il explique lui-même aux polémarques ce qu'il faut faire, eux le disent aux lochages, ces derniers aux pentécontères, ceux-ci à leur tour aux énomotarques, qui le disent à leur énomotie ; 4 et toutes les consignes que l'on veut donner suivent la même filière et arrivent à destination rapidement ; car on peut dire, en gros, que toute l'armée lacédémonienne, à peu de chose près, se compose de commandants hiérarchisés ; si bien que le soin de l'action à mener incombe à un grand nombre.

LXVII. Cette fois, donc, les Skirites se plaçaient à l'aile gauche (ils sont les seuls Lacédémoniens à détenir le privilège exclusif de ce poste). À côté d'eux venaient les soldats de Brasidas, revenus de Thrace, et avec eux des néodamodes. Ensuite, les Lacédémoniens proprement

καὶ παρ' αὐτοὺς Ἀρκάδων Ἡραιῆς, μετὰ δὲ τούτους Μαι-
νάλιοι, καὶ ἐπὶ τῷ δεξιῷ κέρᾳ Τεγεᾶται καὶ Λακεδαιμονίων
ὀλίγοι τὸ ἔσχατον ἔχοντες, καὶ οἱ ἱππῆς αὐτῶν ἐφ' ἑκατέρῳ τῷ κέρᾳ. 2 Λακεδαιμόνιοι μὲν οὕτως ἐτάξαντο· οἱ
δ' ἐναντίοι αὐτοῖς δεξιὸν μὲν κέρας Μαντινῆς εἶχον, ὅτι
ἐν τῇ ἐκείνων τὸ ἔργον ἐγίγνετο, παρὰ δ' αὐτοῖς οἱ ξύμμαχοι Ἀρκάδων ἦσαν, ἔπειτα Ἀργείων οἱ χίλιοι λογάδες,
οἷς ἡ πόλις ἐκ πολλοῦ ἄσκησιν τῶν ἐς τὸν πόλεμον δημοσίᾳ παρεῖχε, καὶ ἐχόμενοι αὐτῶν οἱ ἄλλοι Ἀργεῖοι, καὶ
μετ' αὐτοὺς οἱ ξύμμαχοι αὐτῶν Κλεωναῖοι καὶ Ὀρνεᾶται,
ἔπειτα Ἀθηναῖοι ἔσχατοι τὸ εὐώνυμον κέρας ἔχοντες καὶ
ἱππῆς μετ' αὐτῶν οἱ οἰκεῖοι.

LXVIII. Τάξις μὲν ἥδε καὶ παρασκευὴ ἀμφοτέρων ἦν,
τὸ δὲ στρατόπεδον τῶν Λακεδαιμονίων μεῖζον ἐφάνη.
2 Ἀριθμὸν δὲ γράψαι, ἢ καθ' ἑκάστους ἑκατέρων ἢ ξύμπαντας, οὐκ ἂν ἐδυνάμην ἀκριβῶς· τὸ μὲν γὰρ Λακεδαιμονίων πλῆθος διὰ τῆς πολιτείας τὸ κρυπτὸν ἠγνοεῖτο, τῶν
δ' αὖ διὰ τὸ ἀνθρώπειον κομπῶδες ἐς τὰ οἰκεῖα [πλήθη]
ἠπιστεῖτο. Ἐκ μέντοι τοιοῦδε λογισμοῦ ἔξεστί τῳ σκοπεῖν
τὸ Λακεδαιμονίων τότε παραγενόμενον πλῆθος· 3 λόχοι
μὲν γὰρ ἐμάχοντο ἑπτὰ ἄνευ Σκιριτῶν ὄντων ἑξακοσίων, ἐν
δὲ ἑκάστῳ λόχῳ πεντηκοστύες ἦσαν τέσσαρες, καὶ ἐν τῇ
πεντηκοστύι ἐνωμοτίαι τέσσαρες. Τῆς τε ἐνωμοτίας ἐμάχοντο ἐν τῷ πρώτῳ ζυγῷ τέσσαρες. Ἐπὶ δὲ βάθος ἐτάξαντο
μὲν οὐ πάντες ὁμοίως, ἀλλ' ὡς λοχαγὸς ἕκαστος ἐβούλετο, ἐπὶ πᾶν δὲ κατέστησαν ἐπὶ ὀκτώ. Παρὰ δὲ ἅπαν πλὴν

dits formaient, en ligne, leurs bataillons ; puis, à côté d'eux, venaient les Arcadiens d'Héraia, et, après eux, les Ménaliens ; enfin, à l'aile droite, les Tégéates et un petit nombre de Lacédémoniens à l'extrémité ; leurs cavaliers flanquaient les deux ailes. 2 Telle était la disposition adoptée par les Lacédémoniens. Chez leurs adversaires, l'aile droite était formée des Mantinéens, puisque l'action se plaçait chez eux ; à côté d'eux venaient leurs alliés d'Arcadie, puis le régiment d'élite des mille Argiens, à qui leur cité dispensait à ses frais un long entraînement dans la pratique guerrière, et, à leur suite, les autres Argiens ; après eux venaient leurs alliés de Cléones et d'Ornées, et ensuite les Athéniens, qui occupaient, au bout, l'aile gauche ; leur cavalerie propre les accompagnait.

LXVIII. Telles étant, de part et d'autre, l'ordonnance et les dispositions prises, on put constater que l'armée lacédémonienne était plus grande ; 2 quant aux chiffres, soit des contingents divers de chaque côté, soit de l'ensemble, je n'aurais pas été en mesure de les donner avec exactitude : le nombre des Lacédémoniens restait inconnu à cause du secret qui marque leur régime, celui des autres était suspect à cause de la vantardise que montrent les hommes pour ce qui est à eux. Toutefois, on peut, d'après le calcul suivant, se faire une idée des effectifs lacédémoniens alors mis en ligne. 3 Il y avait au combat – en dehors des Skirites, au nombre de six cents – sept bataillons, ou loches ; chaque bataillon comptait quatre compagnies, ou pentécostyes, et la compagnie quatre groupes, ou énomoties. Pour chaque groupe quatre hommes combattaient au premier rang. En ce qui concerne la profondeur, ils ne s'étaient pas tous rangés de la même manière : cela dépendait de chaque chef de bataillon ; mais, en règle générale, ils se mirent sur huit rangs. Or,

Σκιριτῶν τετρακόσιοι καὶ δυοῖν δέοντες πεντήκοντα ἄνδρες
ἡ πρώτη τάξις ἦν.

LXIX. Ἐπεὶ δὲ ξυνιέναι ἔμελλον ἤδη, ἐνταῦθα καὶ παραινέσεις καθ' ἑκάστους ὑπὸ τῶν οἰκείων στρατηγῶν τοιαίδε
ἐγίγνοντο, Μαντινεῦσι μὲν ὅτι ὑπέρ τε πατρίδος ἡ μάχη
ἔσται καὶ ὑπὲρ ἀρχῆς ἅμα καὶ δουλείας, τὴν μὲν μὴ πει-
ρασαμένοις ἀφαιρεθῆναι, τῆς δὲ μὴ αὖθις πειρᾶσθαι· Ἀργείοις δὲ ὑπὲρ τῆς τε παλαιᾶς ἡγεμονίας καὶ τῆς ἐν Πελοποννήσῳ ποτὲ ἰσομοιρίας μὴ διὰ παντὸς στερισκομέ-
νους ἀνέχεσθαι, καὶ ἄνδρας ἅμα ἐχθροὺς καὶ ἀστυγείτονας
ὑπὲρ πολλῶν ἀδικημάτων ἀμύνασθαι· τοῖς δὲ Ἀθηναίοις,
καλὸν εἶναι μετὰ πολλῶν καὶ ἀγαθῶν ξυμμάχων ἀγωνιζο-
μένους μηδενὸς λείπεσθαι, καὶ ὅτι ἐν Πελοποννήσῳ Λακεδαιμονίους νικήσαντες· τήν τε ἀρχὴν βεβαιοτέραν καὶ μείζω
ἕξουσι, καὶ οὐ μή ποτέ τις αὐτοῖς ἄλλος ἐς τὴν γῆν ἔλθῃ.
2 Τοῖς μὲν Ἀργείοις καὶ ξυμμάχοις τοιαῦτα παρηνέθη.
Λακεδαιμόνιοι δὲ καθ' ἑκάστους τε καὶ μετὰ τῶν πολεμι-
κῶν νόμων ἐν σφίσιν αὐτοῖς ὧν ἠπίσταντο τὴν παρακέ-
λευσιν τῆς μνήμης ἀγαθοῖς οὖσιν ἐποιοῦντο, εἰδότες ἔργων
ἐκ πολλοῦ μελέτην πλείω σῴζουσαν ἢ λόγων δι' ὀλίγου
καλῶς ῥηθεῖσαν παραίνεσιν.

LXX. Καὶ μετὰ ταῦτα ἡ ξύνοδος ἦν, Ἀργεῖοι μὲν καὶ
οἱ ξύμμαχοι ἐντόνως καὶ ὀργῇ χωροῦντες, Λακεδαιμόνιοι
δὲ βραδέως καὶ ὑπὸ αὐλητῶν πολλῶν νόμῳ ἐγκαθεστώτων,
οὐ τοῦ θείου χάριν, ἀλλ' ἵνα ὁμαλῶς μετὰ ῥυθμοῦ βαί-
νοντες προέλθοιεν καὶ μὴ διασπασθείη αὐτοῖς ἡ τάξις,
ὅπερ φιλεῖ τὰ μεγάλα στρατόπεδα ἐν ταῖς προσόδοις

dans l'ensemble, le premier rang, sans les Skirites, faisait quatre cent quarante-huit hommes.

LXIX. Une fois les armées sur le point de marcher l'une
contre l'autre, il y eut alors, pour chaque contingent, des
exhortations émanant de ses chefs. Ils disaient en substance ceci : aux Mantinéens, qu'ils se battraient à la fois
pour leur patrie et pour la domination ou la servitude, afin
de ne pas perdre la première après y avoir goûté ni goûter
à nouveau de la seconde ; aux Argiens, qu'ils le feraient à
la fois pour leur ancienne hégémonie, pour cette égalité de
droits qu'ils avaient connue dans le Péloponnèse et dont
ils ne devaient pas tolérer de se voir à jamais frustrés, et
pour venger des torts nombreux en la personne d'ennemis qui étaient leurs voisins ; aux Athéniens, qu'il était
beau, quand on avait à ses côtés dans la lutte beaucoup de
braves alliés, de n'en laisser aucun vous dépasser et que,
s'ils battaient les Lacédémoniens dans le Péloponnèse, ils
raffermiraient et étendraient leur domination, sans plus
jamais risquer de voir personne entrer chez eux. 2 En
face de ces exhortations données aux Argiens et à leurs
alliés, les Lacédémoniens en avaient d'autres, données à
chaque contingent, et, à la faveur des chants guerriers, ils
réveillaient dans leurs rangs les souvenirs bien connus à
des braves : car ils savaient qu'un entraînement pratiqué
de longue date fait plus, pour vous sauver, qu'une exhortation verbale de dernière heure.

LXX. Après cela, ils se mirent en marche : les Argiens
et leurs alliés avançaient avec fougue et impétueusement,
les Lacédémoniens, eux, avec lenteur, au rythme de nombreux joueurs de flûte dont la règle exige la présence parmi
eux, non pas pour des raisons religieuses, mais pour que,
marchant en mesure, ils avancent avec ensemble, sans
rompre leur ordonnance comme les grandes armées le font

ποιεῖν. LXXI. Ξυνιόντων δ' ἔτι Ἄγις ὁ βασιλεὺς τοιόνδε
ἐβουλεύσατο δρᾶσαι. Τὰ στρατόπεδα ποιεῖ μὲν καὶ ἅπαντα
τοῦτο· ἐπὶ τὰ δεξιὰ κέρατα αὐτῶν ἐν ταῖς ξυνόδοις μᾶλλον ἐξωθεῖται, καὶ περιίσχουσι κατὰ τὸ τῶν ἐναντίων εὐώνυμον ἀμφότεροι τῷ δεξιῷ, διὰ τὸ φοβουμένους προσστέλ-
λειν τὰ γυμνὰ ἕκαστον ὡς μάλιστα τῇ τοῦ ἐν δεξιῷ παρα-
τεταγμένου ἀσπίδι καὶ νομίζειν τὴν πυκνότητα τῆς ξυγ-
κλήσεως εὐσκεπαστότατον εἶναι· καὶ ἡγεῖται μὲν τῆς αἰτίας ταύτης ὁ πρωτοστάτης τοῦ δεξιοῦ κέρως, προθυμού-
μενος ἐξαλλάσσειν ἀεὶ τῶν ἐναντίων τὴν ἑαυτοῦ γύμνωσιν,
ἕπονται δὲ διὰ τὸν αὐτὸν φόβον καὶ οἱ ἄλλοι. 2 Καὶ τότε
περιέσχον μὲν οἱ Μαντινῆς πολὺ τῷ κέρᾳ τῶν Σκιριτῶν,
ἔτι δὲ πλέον οἱ Λακεδαιμόνιοι καὶ Τεγεᾶται τῶν Ἀθηναίων, ὅσῳ μεῖζον τὸ στράτευμα εἶχον. 3 Δείσας δὲ Ἄγις
μὴ σφῶν κυκλωθῇ τὸ εὐώνυμον, καὶ νομίσας ἄγαν περιέχειν τοὺς Μαντινέας, τοῖς μὲν Σκιρίταις καὶ Βρασιδείοις
ἐσήμηνεν ἐπεξαγαγόντας ἀπὸ σφῶν ἐξισῶσαι τοῖς Μαντινεῦσιν, ἐς δὲ τὸ διάκενον τοῦτο παρήγγελλεν ἀπὸ τοῦ δεξιοῦ κέρως δύο λόχους τῶν πολεμάρχων Ἱππονοΐδᾳ καὶ
Ἀριστοκλεῖ ἔχουσι παρελθεῖν καὶ ἐσβαλόντας πληρῶσαι,
νομίζων τῷ θ' ἑαυτῶν δεξιῷ ἔτι περιουσίαν ἔσεσθαι καὶ τὸ
κατὰ τοὺς Μαντινέας βεβαιότερον τετάξεσθαι.

LXXII. Ξυνέβη οὖν αὐτῷ ἅτε ἐν αὐτῇ τῇ ἐφόδῳ καὶ
ἐξ ὀλίγου παραγγείλαντι τόν τε Ἀριστοκλέα καὶ τὸν Ἱπ-
πονοΐδαν μὴ θελῆσαι παρελθεῖν, ἀλλὰ καὶ διὰ τοῦτο τὸ
αἰτίαμα ὕστερον φεύγειν ἐκ Σπάρτης, δόξαντας μαλακισ-
θῆναι, καὶ τοὺς πολεμίους φθάσαι τῇ προσμείξει, καὶ κε-

volontiers lorsqu'elles s'abordent. LXXI. Ils marchaient
encore les uns contre les autres quand Agis décida la mesure
suivante. Les armées, quelles qu'elles soient, font ceci :
elles tendent à dévier, au cours de leur marche, vers leur
propre aile droite ; si bien que chaque adversaire déborde
avec sa droite la gauche de l'ennemi ; en effet, la crainte
aidant, chacun serre le plus possible son côté non protégé
contre le bouclier de son voisin de droite et pense que plus
on est joint de façon étroite, plus on est à couvert ; et la
responsabilité initiale revient au premier homme de l'aile
droite, qui souhaite dérober toujours à l'adversaire son
défaut de protection : les autres le suivent, en vertu de la
même crainte. 2 C'est ainsi que, cette fois, les Mantinéens
débordèrent largement l'aile où étaient les Skirites, et que
les Lacédémoniens et Tégéates débordèrent plus encore
les Athéniens, à proportion de la supériorité de leurs forces. 3 Alors Agis eut peur de voir sa gauche prise à revers
et estima que les Mantinéens débordaient par trop : aussi
fit-il savoir aux Skirites et aux troupes de Brasidas d'élar-
gir les distances par rapport à lui, de manière à régler leur
ligne sur celle des Mantinéens, et, dans la brèche ainsi
ouverte, il fit dire à deux des polémarques, Hipponoïdas
et Aristoclès, de faire un glissement depuis l'aile droite
avec deux bataillons, afin de s'y jeter et de la combler :
il pensait que sa propre aile droite resterait encore supérieure et que les éléments opposés aux Mantinéens pré-
senteraient ainsi un front plus solide.

LXXII. Là-dessus, qu'arriva-t-il ? Comme l'ordre avait
été donné en pleine avance et à la dernière minute, d'une
part Aristoclès et Hipponoïdas refusèrent de faire ce glissement (ils devaient même être, de ce chef, exilés plus tard de
Sparte pour ce que l'on estima une lâcheté) ; d'autre part,
l'adversaire eut le temps d'opérer le contact bien qu'Agis,

λεύσαντος αὐτοῦ, ἐπὶ τοὺς Σκιρίτας ὡς οὐ παρῆλθον οἱ
λόχοι, πάλιν αὖ σφίσι προσμεῖξαι, μὴ δυνηθῆναι ἔτι μηδὲ
τούτους ξυγκλῆσαι. 2 Ἀλλὰ μάλιστα δὴ κατὰ πάντα τῇ ἐμπειρίᾳ Λακεδαιμόνιοι ἐλασσωθέντες τότε τῇ ἀνδρείᾳ ἔδειξαν οὐχ ἧσσον
περιγιγνόμενοι. 3 Ἐπειδὴ γὰρ ἐν χερσὶν ἐγίγνοντο τοῖς
ἐναντίοις, τὸ μὲν τῶν Μαντινέων δεξιὸν τρέπει αὐτῶν τοὺς
Σκιρίτας καὶ τοὺς Βρασιδείους, καὶ ἐσπεσόντες οἱ Μαντινῆς καὶ οἱ ξύμμαχοι αὐτῶν καὶ τῶν Ἀργείων οἱ χίλιοι λογάδες κατὰ τὸ διάκενον καὶ οὐ ξυγκλησθὲν τοὺς Λακεδαιμονίους διέφθειρον καὶ κυκλωσάμενοι ἔτρεψαν καὶ ἐξέω-
σαν ἐς τὰς ἁμάξας καὶ τῶν πρεσβυτέρων τῶν ἐπιτεταγμέ-
νων ἀπέκτεινάν τινας. 4 Καὶ ταύτῃ μὲν ἡσσῶντο οἱ Λα-
κεδαιμόνιοι· τῷ δὲ ἄλλῳ στρατοπέδῳ, καὶ μάλιστα τῷ
μέσῳ, ᾗπερ ὁ βασιλεὺς [Ἆγις] ἦν καὶ περὶ αὐτὸν οἱ τριακόσιοι ἱππῆς καλούμενοι, προσπεσόντες τῶν τε Ἀργείων
τοῖς πρεσβυτέροις καὶ πεντελόχοις ὠνομασμένοις καὶ
Κλεωναίοις καὶ Ὀρνεάταις καὶ Ἀθηναίων τοῖς παρατεταγ-
μένοις ἔτρεψαν οὐδὲ ἐς χεῖρας τοὺς πολλοὺς ὑπομείναν-
τας, ἀλλ᾽ ὡς ἐπῇσαν οἱ Λακεδαιμόνιοι, εὐθὺς ἐνδόντας καὶ
ἔστιν οὓς καὶ καταπατηθέντας τοῦ μὴ φθῆναι τὴν ἐγκα-
τάληψιν. LXXIII. Ὡς δὲ ταύτῃ ἐνεδεδώκει τὸ τῶν Ἀργείων καὶ ξυμμάχων στράτευμα, παρερρήγνυντο ἤδη ἅμα
καὶ ἐφ᾽ ἑκάτερα, καὶ ἅμα τὸ δεξιὸν τῶν Λακεδαιμονίων καὶ
Τεγεατῶν ἐκυκλοῦτο τῷ περιέχοντι σφῶν τοὺς Ἀθηναίους,
καὶ ἀμφοτέρωθεν αὐτοὺς κίνδυνος περιειστήκει, τῇ μὲν κυ-
κλουμένους, τῇ δὲ ἤδη ἡσσημένους. Καὶ μάλιστ᾽ ἂν τοῦ

en voyant que les deux bataillons n'avaient point fait le glissement voulu pour rejoindre les Skirites, eût donné à ces troupes l'ordre de revenir à son contact, elles ne purent plus, à leur tour, faire leur jonction avec lui.

2 Pourtant les Lacédémoniens, qui à tous égards avaient été si inférieurs pour l'expérience, firent alors paraître, pour le courage, une supériorité non moindre. 3 En effet, l'action s'engageant avec l'ennemi, l'aile droite des Mantinéens fait tourner le dos, chez eux, aux Skirites et aux troupes de Brasidas ; sur quoi, les Mantinéens et leurs alliés, avec le régiment d'élite des mille Argiens, se jetant dans la brèche ouverte où la jonction ne s'était pas faite, se mirent à massacrer les Lacédémoniens : les prenant à revers, ils les mirent en fuite, les refoulèrent jusqu'aux chariots et tuèrent quelques-uns des soldats plus âgés de garde en cet endroit. 4 Mais si, de ce côté, les Lacédémoniens avaient le dessous, sur le reste du front et principalement au centre (où se trouvait le roi, et, avec lui, ceux que l'on appelait les « Trois cents chevaliers »), se jetant contre les vieilles classes argiennes, qui forment ce que l'on nomme les « Cinq bataillons », contre les gens de Cléones et d'Ornées, et contre les éléments athéniens rangés à leur côté, ils leur firent tourner le dos, sans qu'en général ils eussent seulement attendu le choc : devant l'attaque lacédémonienne, ils avaient aussitôt lâché et certains même se firent piétiner, dans leur crainte d'être gagnés de vitesse et pris sur place. LXXIII. L'armée des Argiens et de leurs alliés ayant donc lâché de ce côté-là, deux faits en résultaient : d'abord, ses contacts étaient désormais rompus de part et d'autre ; ensuite, l'aile droite des Lacédémoniens et des Tégéates prenait à revers les Athéniens grâce aux éléments qui les débordaient ; ils étaient donc exposés à un double danger : ici, pris à revers, et là, déjà vaincus. Ils auraient

στρατεύματος ἐταλαιπώρησαν, εἰ μὴ οἵ γε ἱππῆς παρόντες αὐτοῖς ὠφέλιμοι ἦσαν. 2 Καὶ ξυνέβη τὸν Ἄγιν, ὡς ᾔσθετο τὸ εὐώνυμον σφῶν πονοῦν τὸ κατὰ τοὺς Μαντινέας καὶ τῶν Ἀργείων τοὺς χιλίους, παραγγεῖλαι παντὶ τῷ στρατεύματι χωρῆσαι ἐπὶ τὸ νικώμενον. 3 Καὶ γενομένου τούτου οἱ μὲν Ἀθηναῖοι ἐν τούτῳ, ὡς παρῆλθε καὶ ἐξέκλινεν ἀπὸ σφῶν τὸ στράτευμα, καθ' ἡσυχίαν ἐσώθησαν καὶ τῶν Ἀργείων μετ' αὐτῶν τὸ ἡσσηθέν. Οἱ δὲ Μαντινῆς καὶ οἱ ξύμμαχοι καὶ τῶν Ἀργείων οἱ λογάδες οὐκέτι πρὸς τὸ ἐγκεῖσθαι τοῖς ἐναντίοις τὴν γνώμην εἶχον, ἀλλ' ὁρῶντες τούς τε σφετέρους νενικημένους καὶ τοὺς Λακεδαιμονίους ἐπιφερομένους ἐς φυγὴν ἐτράποντο. 4 Καὶ τῶν μὲν Μαντινέων καὶ πλείους διεφθάρησαν, τῶν δὲ Ἀργείων λογάδων τὸ πολὺ ἐσώθη. Ἡ μέντοι φυγὴ καὶ ἀποχώρησις οὐ βίαιος οὐδὲ μακρὰ ἦν· οἱ γὰρ Λακεδαιμόνιοι μέχρι μὲν τοῦ τρέψαι χρονίους τὰς μάχας καὶ βεβαίους τῷ μένειν ποιοῦνται, τρέψαντες δὲ βραχείας καὶ οὐκ ἐπὶ πολὺ τὰς διώξεις.

LXXIV. Καὶ ἡ μὲν μάχη τοιαύτη καὶ ὅτι ἐγγύτατα τούτων ἐγένετο, πλείστου δὴ χρόνου μεγίστη δὴ τῶν Ἑλληνικῶν καὶ ὑπὸ ἀξιολογωτάτων πόλεων ξυνελθοῦσα. 2 Οἱ δὲ Λακεδαιμόνιοι προθέμενοι τῶν πολεμίων νεκρῶν τὰ ὅπλα τροπαῖον εὐθὺς ἵστασαν καὶ τοὺς νεκροὺς ἐσκύλευον καὶ τοὺς αὐτῶν ἀνείλοντο καὶ ἀπήγαγον ἐς Τεγέαν, οὗπερ ἐτάφησαν, καὶ τοὺς τῶν πολεμίων ὑποσπόνδους ἀπέδοσαν. 3 Ἀπέθανον δὲ Ἀργείων μὲν καὶ Ὀρνεατῶν καὶ Κλεωναίων ἑπτακόσιοι, Μαντινέων δὲ διακόσιοι, καὶ Ἀθηναίων ξὺν Αἰγινήταις διακόσιοι καὶ οἱ στρατηγοὶ ἀμφότεροι. Λακεδαιμονίων δὲ οἱ μὲν ξύμμαχοι οὐκ ἐταλαιπώρησαν ὥστε

---

39. Thucydide, lui-même homme de guerre, décrit longuement cette bataille et le mouvement des troupes engagées de part et d'autre. D'où la manière dont il qualifie cette bataille de Mantinée, alors qu'elle est relativement marginale par rapport au long conflit qu'il a entrepris de rapporter.

même été les plus éprouvés de l'armée, si les cavaliers, par leur présence, ne leur avaient été utiles. 2 En plus, qu'arriva-t-il ? Agis, se rendant compte de la difficulté où était sa gauche, en face des Mantinéens et des mille Argiens, fit ordonner à toute l'armée de se porter vers les éléments entrain de se faire battre : 3 grâce à l'exécution de cet ordre, les Athéniens profitèrent du glissement de l'armée qui l'éloignait d'eux, pour se tirer d'affaire tranquillement, en compagnie des éléments argiens vaincus. Quant aux Mantinéens et à leurs alliés, ainsi qu'au régiment d'élite argien, ils ne se souciaient plus de presser leurs adversaires : voyant les leurs vaincus et les Lacédémoniens qui se portaient à l'assaut, ils tournèrent le dos et s'enfuirent. 4 Parmi les Mantinéens, il y eut, en fait, plus de tués ; mais, dans le régiment d'élite argien, le grand nombre s'en tira : à vrai dire, la fuite loin du front n'avait pas été violente ni longue ; car les Lacédémoniens soutiennent la bataille longtemps et fermement tant qu'il s'agit de faire tourner le dos à l'ennemi, mais, cela fait, ils ne le poursuivent que peu de temps et sur un faible espace.

LXXIV. Ainsi se déroula, ou à très peu de chose près, cette bataille ; c'était la plus importante que, depuis les temps les plus lointains, se fussent livrée des Grecs et elle groupait des peuples parmi les plus considérables[39]. 2 Les Lacédémoniens s'établirent en armes en avant des cadavres ennemis, puis ils s'occupèrent aussitôt de dresser un trophée et de dépouiller les morts ; ils ramassèrent les leurs qu'ils firent parvenir à Tégée, où ils furent ensevelis, et rendirent à l'ennemi les siens à la faveur d'une convention. 3 Il était mort, chez les gens d'Argos, d'Ornées et de Cléones, sept cents hommes, chez les Mantinéens deux cents, chez les Athéniens, y compris les Éginètes, deux cents, ainsi que les deux stratèges. Du côté lacédémonien,

καὶ ἀξιόλογόν τι ἀπογενέσθαι· αὐτῶν δὲ χαλεπὸν μὲν ἦν
τὴν ἀλήθειαν πυθέσθαι, ἐλέγοντο δὲ περὶ τριακοσίους ἀποθανεῖν.

LXXV. Τῆς δὲ μάχης μελλούσης ἔσεσθαι καὶ Πλειστοάναξ ὁ ἕτερος βασιλεὺς ἔχων τούς τε πρεσβυτέρους καὶ
νεωτέρους ἐβοήθησε, καὶ μέχρι μὲν Τεγέας ἀφίκετο, πυθόμενος δὲ τὴν νίκην ἀπεχώρησεν. 2 Καὶ τοὺς ἀπὸ Κορίνθου καὶ ἔξω ἰσθμοῦ ξυμμάχους ἀπέστρεψαν πέμψαντες
οἱ Λακεδαιμόνιοι, καὶ αὐτοὶ ἀναχωρήσαντες καὶ τοὺς ξυμμάχους ἀφέντες (Κάρνεια γὰρ αὐτοῖς ἐτύγχανον ὄντα) τὴν
ἑορτὴν ἦγον. 3 Καὶ τὴν ὑπὸ τῶν Ἑλλήνων τότε ἐπιφε-
ρομένην αἰτίαν ἔς τε μαλακίαν διὰ τὴν ἐν τῇ νήσῳ ξυμφορὰν καὶ ἐς τὴν ἄλλην ἀβουλίαν τε καὶ βραδυτῆτα ἑνὶ ἔργῳ
τούτῳ ἀπελύσαντο, τύχῃ μὲν ὡς ἐδόκουν κακιζόμενοι,
γνώμῃ δὲ οἱ αὐτοὶ ἔτι ὄντες.

4 Τῇ δὲ προτεραίᾳ ἡμέρᾳ ξυνέβη τῆς μάχης ταύτης
καὶ τοὺς Ἐπιδαυρίους πανδημεὶ ἐσβαλεῖν ἐς τὴν Ἀργείαν
ὡς ἔρημον οὖσαν καὶ τοὺς ὑπολοίπους φύλακας τῶν Ἀργείων ἐξελθόντων αὐτῶν διαφθεῖραι πολλούς. 5 Καὶ
Ἠλείων τρισχιλίων ὁπλιτῶν βοηθησάντων Μαντινεῦσιν
ὕστερον τῆς μάχης καὶ Ἀθηναίων χιλίων πρὸς τοῖς προ-
τέροις, ἐστράτευσαν ἅπαντες οἱ ξύμμαχοι οὗτοι εὐθὺς ἐπὶ
Ἐπίδαυρον, ἕως οἱ Λακεδαιμόνιοι Κάρνεια ἦγον, καὶ διελόμενοι τὴν πόλιν περιετείχιζον. 6 Καὶ οἱ μὲν ἄλλοι ἐξε-
παύσαντο, Ἀθηναῖοι δέ, ὥσπερ προσετάχθησαν, τὴν ἄκραν

les alliés n'avaient pas souffert de quoi justifier une mention de leurs pertes et, pour Sparte même, il était bien difficile d'apprendre la vérité, mais on parlait de quelque trois cents morts.

LXXV. Au moment où la bataille allait s'engager, Pleistoanax, l'autre roi, était venu en renfort avec les classes les plus âgées et les plus jeunes : il arriva jusqu'à Tégée, puis, à la nouvelle de la victoire, il s'en retourna. 2 Les Lacédémoniens firent dire également à leurs alliés de Corinthe et d'au-delà de l'isthme de rebrousser chemin ; et eux-mêmes, après avoir effectué leur retraite et donné congé à leurs alliés, purent alors, comme on se trouvait à l'époque des fêtes d'Apollon Carneios, célébrer ces fêtes. 3 Les griefs que les Grecs formulaient à l'époque contre eux, les accusant de mollesse, à cause de leur malheur dans l'île, et, d'une façon générale, d'indécision et de lenteur, avaient été effacés par cet unique exploit : seul le sort, semblait-il, leur avait valu ces blâmes, car, par les sentiments, ils restaient les mêmes.

4 La veille de cette bataille, il se trouva que les Épidauriens, de leur côté, avaient envahi en masse le territoire d'Argos, qu'ils jugeaient vide de défenseurs : les Argiens qui restaient pour monter la garde, en l'absence des troupes, alors au dehors, furent tués en grand nombre. 5 Aussi, avec trois mille hoplites éléens, qui étaient venus rejoindre les Mantinéens après la bataille, et avec mille Athéniens, qui s'ajoutaient aux précédents, tous les alliés ainsi réunis partirent aussitôt en campagne contre Épidaure, en profitant de ce que les Lacédémoniens célébraient les fêtes d'Apollon Carneios ; ils se partagèrent le terrain et entreprirent des travaux d'investissement. 6 À l'exception des Athéniens, ils les abandonnèrent ; ceux-ci, en revanche, achevèrent aussitôt la partie qui leur revenait,

τὸ Ἡραιον εὐθὺς ἐξειργάσαντο. Καὶ ἐν τούτῳ ξυγκαταλι-
πόντες ἅπαντες τῷ τειχίσματι φρουρὰν ἀνεχώρησαν κατὰ
πόλεις ἕκαστοι. Καὶ τὸ θέρος ἐτελεύτα.

LXXVI. Τοῦ δ' ἐπιγιγνομένου χειμῶνος ἀρχομένου
εὐθὺς οἱ Λακεδαιμόνιοι ἐπειδὴ τὰ Κάρνεια ἤγαγον ἐξεστράτευσαν, καὶ ἀφικόμενοι ἐς Τεγέαν λόγους προύπεμπον
ἐς τὸ Ἄργος ξυμβατηρίους. 2 Ἦσαν δὲ αὐτοῖς πρότερόν τε ἄνδρες ἐπιτήδειοι καὶ βουλόμενοι τὸν δῆμον τὸν ἐν
Ἄργει καταλῦσαι, καὶ ἐπειδὴ ἡ μάχη ἐγεγένητο, πολλῷ
μᾶλλον ἐδύναντο πείθειν τοὺς πολλοὺς ἐς τὴν ὁμολογίαν.
Ἐβούλοντο δὲ πρῶτον σπονδὰς ποιήσαντες πρὸς τοὺς Λακεδαιμονίους αὖθις ὕστερον καὶ ξυμμαχίαν, καὶ οὕτως ἤδη
τῷ δήμῳ ἐπιτίθεσθαι. 3 Καὶ ἀφικνεῖται πρόξενος ὢν Ἀργείων Λίχας ὁ Ἀρκεσιλάου παρὰ τῶν Λακεδαιμονίων δύο
λόγω φέρων ἐς τὸ Ἄργος, τὸν μὲν καθότι εἰ βούλονται
πολεμεῖν, τὸν δ' ὡς εἰ εἰρήνην ἄγειν. Καὶ γενομένης πολλῆς ἀντιλογίας (ἔτυχε γὰρ καὶ ὁ Ἀλκιβιάδης παρών) οἱ
ἄνδρες οἱ τοῖς Λακεδαιμονίοις πράσσοντες, ἤδη καὶ ἐκ τοῦ
φανεροῦ τολμῶντες, ἔπεισαν τοὺς Ἀργείους προσδέξα-
σθαι τὸν ξυμβατήριον λόγον. Ἔστι δὲ ὅδε.

LXXVII. « Καττάδε δοκεῖ τᾷ ἐκκλησίᾳ τῶν Λακεδαιμονίων ξυμβαλέσθαι ποττὼς Ἀργείως, ἀποδιδόντας τὼς
παῖδας τοῖς Ὀρχομενίοις καὶ τὼς ἄνδρας τοῖς Μαιναλίοις,
καὶ τὼς ἄνδρας τὼς ἐν Μαντινείᾳ τοῖς Λακεδαιμονίοις ἀποδιδόντας, καὶ ἐξ Ἐπιδαύρω ἐκβῶντας καὶ τὸ τεῖχος ἀναι-
ροῦντας. 2 Αἰ δέ κα μὴ εἴκωντι τοὶ Ἀθηναῖοι ἐξ Ἐπι-

40. La présence d'Alcibiade avait évidemment pour objet d'écarter
les propositions lacédémoniennes.

41. Thucydide emploie le terme *ecclêsia* qui désigne à Athènes
l'assemblée du *dêmos* pour cette assemblée lacédémonienne qu'on
nomme plus souvent *apella*. C'est la première fois qu'elle est
mentionnée dans le texte d'un traité.

c'est-à-dire la hauteur de l'Héraion. Sur quoi, tous s'associèrent pour laisser une garnison dans cet ouvrage et les divers contingents se retirèrent, cité par cité. Ainsi s'achevait l'été.

### Argos et Mantinée traitent avec Sparte

LXXVI. Dès le début de l'hiver suivant, les Lacédémoniens, lorsqu'ils eurent célébré les fêtes d'Apollon Carneios, partirent en campagne ; et, arrivés à Tégée, ils firent parvenir de là à Argos des propositions de conciliation. 2 Ils avaient, déjà avant, des gens qui leur étaient dévoués et qui voulaient renverser la démocratie à Argos : après la bataille, ceux-ci étaient désormais beaucoup plus en mesure de convaincre la masse pour l'amener à un accord ; ils voulaient conclure d'abord un traité de paix avec Sparte, puis, après cela, une alliance, et, cela fait, s'attaquer enfin à la démocratie. 3 C'est alors qu'arriva comme envoyé des Lacédémoniens Lichas, fils d'Arcésiles, qui était proxène des Argiens ; il apportait à Argos deux propositions : l'une prévoyant le cas où Argos voudrait la guerre, et l'autre l'hypothèse où elle voudrait la paix. Et après bien des discussions (car Alcibiade était justement là, lui aussi)[40] les gens qui agissaient pour Sparte, s'enhardissant cette fois ouvertement, décidèrent les Argiens à accepter la proposition de conciliation. Le texte en est celui-ci.

LXXVII. « L'assemblée des Lacédémoniens[41] est d'avis de s'entendre avec les Argiens aux conditions suivantes : ceux-ci restituent leurs enfants aux gens d'Orchomène et leurs hommes aux Ménaliens ; ils restituent aux Lacédémoniens leurs hommes qui sont à Mantinée ; ils évacuent le territoire d'Épidaure et détruisent leur ouvrage fortifié : 2 si les Athéniens n'acceptent pas de quitter

δαύρω, πολεμίως εἶμεν τοῖς Ἀργείοις καὶ τοῖς Λακεδαιμονίοις καὶ τοῖς τῶν Λακεδαιμονίων ξυμμάχοις καὶ τοῖς τῶν Ἀργείων ξυμμάχοις. 3 Καὶ αἴ τινα τοὶ Λακεδαιμόνιοι παῖδα ἔχοντι, ἀποδόμεν ταῖς πολίεσσι πάσαις. 4 Περὶ δὲ τῶ σιῶ σύματος, † ἐμενλὴν † τοῖς Ἐπιδαυρίοις ὅρκον δόμεν, ⟨αἴ⟩ δέ, αὐτὼς ὀμόσαι. 5 Τὰς δὲ πόλιας τὰς ἐν Πελοποννάσω, καὶ μικρὰς καὶ μεγάλας, αὐτονόμως εἶμεν πάσας καττὰ πάτρια. 6 Αἰ δέ κα τῶν ἐκτὸς Πελοποννάσω τις ἐπὶ τὰν Πελοπόννασον γᾶν ἴῃ ἐπὶ κακῷ, ἀλεξέμεναι ἀμόθι βουλευσαμένως, ὅπα κα δικαιότατα δοκῇ τοῖς Πελοποννασίοις. 7 Ὅσσοι δ' ἐκτὸς Πελοποννάσω τῶν Λακεδαιμονίων ξύμμαχοί ἐντι, ἐν τῷ αὐτῷ ἐσσίονται ἐν τῷπερ καὶ τοὶ Λακεδαιμόνιοι, καὶ τοὶ τῶν Ἀργείων ξύμμαχοι ἐν τ⟨ῷ αὐτῷ ἐσσίονται ἐν τῷπερ καὶ τοὶ Ἀργεῖοι⟩, τὰν αὐτῶν ἔχοντες. 8 Ἐπιδείξαντας δὲ τοῖς ξυμμάχοις ξυμβαλέσθαι, αἴ κα αὐτοῖς δοκῇ. Αἰ δέ τι δοκῇ τοῖς ξυμμάχοις, οἴκαδ' ἀπιάλλην. »

LXXVIII. Τοῦτον μὲν τὸν λόγον προσεδέξαντο πρῶτον οἱ Ἀργεῖοι, καὶ τῶν Λακεδαιμονίων τὸ στράτευμα ἀνεχώρησεν ἐκ τῆς Τεγέας ἐπ' οἴκου· μετὰ δὲ τοῦτο ἐπιμειξίας οὔσης ἤδη παρ' ἀλλήλους, οὐ πολλῷ ὕστερον ἔπραξαν αὖθις οἱ αὐτοὶ ἄνδρες ὥστε τὴν Μαντινέων καὶ Ἠλείων καὶ τὴν Ἀθηναίων ξυμμαχίαν ἀφέντας Ἀργείους σπονδὰς καὶ ξυμμαχίαν ποιήσασθαι πρὸς Λακεδαιμονίους. Καὶ ἐγένοντο αἴδε.

LXXIX. « Καττάδε ἔδοξε τοῖς Λακεδαιμονίοις καὶ Ἀργείοις σπονδὰς καὶ ξυμμαχίαν εἶμεν πεντήκοντα ἔτη, ἐπὶ τοῖς ἴσοις καὶ ὁμοίοις δίκας διδόντας καττὰ πάτρια· ταὶ δὲ ἄλλαι πόλιες ταὶ ἐν Πελοποννάσω κοινανεόντων τᾶν σπονδᾶν καὶ τᾶς ξυμμαχίας αὐτόνομοι καὶ αὐτοπόλιες, τὰν αὐ

---

42. C'était la mise en application des mesures prévues par les partisans de Sparte à Argos : conclure la paix, puis une alliance, et enfin renverser la démocratie (76, 2).

Épidaure, ils seront des ennemis pour les Argiens et les Lacédémoniens, ainsi que pour les alliés des Lacédémoniens et ceux des Argiens. 3 De même, si les Lacédémoniens ont entre leurs mains des enfants d'autres peuples, ils les rendront à tous ces peuples. 4 Au sujet de la victime due au dieu, on demandera aux Épidauriens un serment ou alors on s'engagera pour soi. 5 Les cités du Péloponnèse, petites ou grandes, seront toutes autonomes conformément à leurs traditions. 6 Si un État extérieur au Péloponnèse marche contre le Péloponnèse avec des intentions hostiles, ces cités le repousseront d'un commun accord, de la façon qui paraîtra la plus juste aux Péloponnésiens. 7 Les alliés des Lacédémoniens en dehors du Péloponnèse seront dans le même cas que les Lacédémoniens et ceux des Argiens dans le même que les Argiens, avec droit souverain sur leurs territoires. 8 On soumettra ce texte aux alliés avant de s'entendre, peur avoir leur approbation. Si les alliés le désirent à quelque égard, on l'enverra dans leur pays. »

LXXVIII. Les Argiens commencèrent par accueillir ces propositions ; et l'armée lacédémonienne quitta le territoire de Tégée pour rentrer chez elle. Après cela les rapports étant rétablis entre les deux cités, les mêmes personnages ne tardèrent guère à négocier une nouvelle mesure : les Argiens, abandonnant leur alliance avec Mantinée et Élis ainsi qu'avec Athènes, concluaient paix et alliance avec Sparte[42]. Le texte en fut celui-ci :

LXXIX. « Les Lacédémoniens et les Argiens ont décidé d'avoir, aux conditions suivantes, paix et alliance entre eux pour une durée de cinquante ans, en se prêtant à des arbitrages respectant l'égalité des droits, conformément aux traditions. Les autres cités du Péloponnèse seront associées à la paix et à l'alliance en restant autonomes et indépendantes, avec droit souverain sur leurs territoires, et en se

τῶν ἔχοντες, καττὰ πάτρια δίκας διδόντες τὰς ἴσας καὶ
ὁμοίας. 2 Ὅσσοι δὲ ἔξω Πελοποννάσω Λακεδαιμονίοις
ξύμμαχοί ἐντι, ἐν τοῖς αὐτοῖς ἐσσίονται τοῖσπερ καὶ τοὶ
Λακεδαιμόνιοι· καὶ τοὶ τῶν Ἀργείων ξύμμαχοι ἐν τῷ αὐτῷ
ἐσσίονται τῷπερ καὶ τοὶ Ἀργεῖοι, τὰν αὐτῶν ἔχοντες.
3 Αἰ δέ ποι στρατείας δέῃ κοινᾶς, βουλεύεσθαι Λακεδαι-
μονίως καὶ Ἀργείως ὅπᾳ κα δικαιότατα κρίναντας τοῖς
ξυμμάχοις. 4 Αἰ δέ τινι τᾶν πολίων ᾖ ἀμφίλλογα, ἢ τᾶν
ἐντὸς ἢ τᾶν ἐκτὸς Πελοποννάσω, αἴτε περὶ ὅρων αἴτε περὶ
ἄλλω τινός, διακριθῆμεν. Αἰ δέ τις τῶν ξυμμάχων πόλις
πόλι ἐρίζοι, ἐς πόλιν ἐλθῆν, ἄν τινα ἴσαν ἀμφοῖν ταῖς πολίεσσι δοκείοι. Τὼς δὲ ἔτας καττὰ πάτρια δικάζεσθαι. »

LXXX. Αἱ μὲν σπονδαὶ καὶ ἡ ξυμμαχία αὕτη ἐγεγένητο
καὶ ὁπόσα ἀλλήλων πολέμῳ ἢ εἴ τι ἄλλο εἶχον, διελύ-
σαντο. Κοινῇ δὲ ἤδη τὰ πράγματα τιθέμενοι ἐψηφίσαντο
κήρυκα καὶ πρεσβείαν παρὰ Ἀθηναίων μὴ προσδέχεσθαι,
ἢν μὴ ἐκ Πελοποννήσου ἐξίωσι τὰ τείχη ἐκλιπόντες, καὶ
μὴ ξυμβαίνειν τῳ μηδὲ πολεμεῖν ἀλλ' ἢ ἅμα. 2 Καὶ τά
τε ἄλλα θυμῷ ἔφερον καὶ ἐς τὰ ἐπὶ Θρᾴκης χωρία καὶ ὡς
Περδίκκαν ἔπεμψαν ἀμφότεροι πρέσβεις. Καὶ ἀνέπεισαν
Περδίκκαν ξυνομόσαι σφίσιν· οὐ μέντοι εὐθύς γε ἀπέστη
τῶν Ἀθηναίων, ἀλλὰ διενοεῖτο, ὅτι καὶ τοὺς Ἀργείους
ἑώρα· ἦν δὲ καὶ αὐτὸς τὸ ἀρχαῖον ἐξ Ἄργους. Καὶ τοῖς
Χαλκιδεῦσι τούς τε παλαιοὺς ὅρκους ἀνενεώσαντο καὶ ἄλλους ὤμοσαν. 3 Ἔπεμψαν δὲ καὶ παρὰ τοὺς Ἀθηναίους
οἱ Ἀργεῖοι πρέσβεις, τὸ ἐξ Ἐπιδαύρου τεῖχος κελεύοντες

43. Voir II, 99, 3, à propos de l'origine des rois de Macédoine.

prêtant, conformément aux traditions, à des arbitrages respectant l'égalité des droits. 2 Les alliés des Lacédémoniens en dehors du Péloponnèse seront dans le même cas que les Lacédémoniens ; et les alliés des Argiens dans le même que les Argiens, avec droit souverain sur leurs territoires. 3 Si besoin est d'une expédition commune, les Lacédémoniens et les Argiens en décideront et fixeront la façon qui sera la plus juste pour les alliés. 4 Si une des cités est engagée dans un différend, que ce soit une cité du Péloponnèse ou du dehors, et qu'il s'agisse de frontières ou d'autre chose, celui-ci sera tranché par jugement. S'il y a querelle entre une cité alliée et une autre, elles s'adresseront à un État qui semblera impartial entre elles deux. Les simples particuliers seront jugés conformément aux traditions. »

LXXX. Telles étaient la paix et l'alliance qu'ils avaient conclues ; et tout ce qu'ils détenaient réciproquement comme prise de guerre ou à quelque autre titre fit l'objet d'arrangements. Puis, réglant désormais leurs affaires en commun, ils votèrent de ne pas accepter de hérauts et d'ambassadeurs venant de chez les Athéniens, si ceux-ci ne se retiraient pas du Péloponnèse en quittant leurs ouvrages fortifiés ; et l'on ne traiterait ou ne ferait la guerre que conjointement. 2 D'une façon générale, ils prenaient tout à cœur ; entre autres, ils envoyèrent ensemble des ambassadeurs sur la côte thrace et chez Perdiccas, et ils décidèrent Perdiccas à se lier à eux par serment : celui-ci, il est vrai, ne se détacha pas tout de suite d'Athènes ; mais il y songeait, en voyant qu'Argos, elle, l'avait fait ; or, il était lui-même d'Argos par ses origines[43]. De même, ils renouvelèrent leurs anciens serments avec les peuples de Chalcidique et en échangèrent de nouveaux. 3 Les Argiens envoyèrent aussi des ambassadeurs aux Athéniens, les priant de quitter l'ouvrage fortifié d'Épidaure ; ceux-ci, se voyant

ἐκλιπεῖν. Οἱ δ' ὁρῶντες ὀλίγοι πρὸς πλείους ὄντες τοὺς ξυμφύλακας ἔπεμψαν Δημοσθένη τοὺς σφετέρους ἐξάξοντα. Ὁ δὲ ἀφικόμενος καὶ ἀγῶνά τινα πρόφασιν γυμνικὸν ἔξω τοῦ φρουρίου ποιήσας, ὡς ἐξῆλθε τὸ ἄλλο φρούριον, ἀπέκλῃσε τὰς πύλας. Καὶ ὕστερον Ἐπιδαυρίοις ἀνανεωσάμενοι τὰς σπονδὰς αὐτοὶ οἱ Ἀθηναῖοι ἀπέδοσαν τὸ τείχισμα.

LXXXI. Μετὰ δὲ τὴν τῶν Ἀργείων ἀπόστασιν ἐκ τῆς ξυμμαχίας καὶ οἱ Μαντινῆς, τὸ μὲν πρῶτον ἀντέχοντες, ἔπειτ' οὐ δυνάμενοι ἄνευ τῶν Ἀργείων, ξυνέβησαν καὶ αὐτοὶ τοῖς Λακεδαιμονίοις καὶ τὴν ἀρχὴν ἀφεῖσαν τῶν πόλεων.

2 Καὶ Λακεδαιμόνιοι καὶ Ἀργεῖοι, χίλιοι ἑκάτεροι, ξυστρατεύσαντες, τά τ' ἐν Σικυῶνι ἐς ὀλίγους μᾶλλον κατέστησαν αὐτοὶ οἱ Λακεδαιμόνιοι ἐλθόντες, καὶ μετ' ἐκεῖνα ξυναμφότεροι ἤδη καὶ τὸν ἐν Ἄργει δῆμον κατέλυσαν, καὶ ὀλιγαρχία ἐπιτηδεία τοῖς Λακεδαιμονίοις κατέστη. Καὶ πρὸς ἔαρ ἤδη ταῦτα ἦν τοῦ χειμῶνος λήγοντος, καὶ τέταρτον καὶ δέκατον ἔτος τῷ πολέμῳ ἐτελεύτα.

LXXXII. Τοῦ δ' ἐπιγιγνομένου θέρους Διῆς τε οἱ ἐν Ἄθῳ ἀπέστησαν Ἀθηναίων πρὸς Χαλκιδέας καὶ Λακεδαιμόνιοι τὰ ἐν Ἀχαΐᾳ οὐκ ἐπιτηδείως πρότερον ἔχοντα καθίσταντο.

2 Καὶ Ἀργείων ὁ δῆμος κατ' ὀλίγον ξυνιστάμενός τε καὶ ἀναθαρσήσας ἐπέθεντο τοῖς ὀλίγοις, τηρήσαντες αὐτὰς τὰς γυμνοπαιδίας τῶν Λακεδαιμονίων. Καὶ μάχης γενομένης ἐν τῇ πόλει ἐπεκράτησεν ὁ δῆμος, καὶ τοὺς μὲν

44. On voit bien que, malgré leurs affirmations répétées de respecter l'autonomie des cités entrées dans leur alliance, les Lacédémoniens n'en imposaient pas moins des régimes oligarchiques à ces cités.

en infériorité numérique par rapport aux autres occupants, envoyèrent Démosthène pour ramener leurs hommes ; mais lui, une fois arrivé, organisa, comme prétexte, des concours gymniques en dehors du fort et, quand le reste de la garnison fat sorti, il ferma la porte : dans la suite, les Athéniens, après le renouvellement du traité, rendirent personnellement l'ouvrage fortifié aux Épidauriens.

LXXXI. Après Argos, qui avait ainsi abandonné l'alliance, ce fut le tour de Mantinée ; au début, elle tenait bon, puis elle n'y parvint plus sans les Argiens : elle traita elle aussi avec Sparte et renonça à sa domination sur les cités.

2 Là-dessus, Lacédémoniens et Argiens, au nombre de mille chacun, firent campagne en commun : les Lacédémoniens allèrent seuls donner à la politique de Sicyone un tour plus oligarchique ; après quoi les deux peuples, agissant alors ensemble, renversèrent, cette fois, la démocratie à Argos, où s'établit une oligarchie favorable aux intérêts de Sparte[44]. Cela se plaçait vers le printemps, quand l'hiver tirait à sa fin ; et ainsi s'achevait la quatorzième année de la guerre.

### Été 417 et hiver 417-416

LXXXII. L'été suivant, les gens de Dion, dans la péninsule de l'Athos, se détachèrent d'Athènes pour se joindre aux Chalcidiens, et les Lacédémoniens mirent ordre à la politique intérieure en Achaïe : elle était, auparavant, peu favorable à leurs intérêts.

2 D'autre part, le parti populaire à Argos, se regroupant peu à peu et ayant repris confiance, s'attaqua aux oligarques ; il avait guetté pour cela le moment même des gymnopédies à Sparte. On se battit dans la ville et le parti

ἀπέκτεινε, τοὺς δὲ ἐξήλασεν. 3 Οἱ δὲ Λακεδαιμόνιοι, ἕως μὲν αὐτοὺς μετεπέμποντο οἱ φίλοι, οὐκ ἦλθον ἐκ πλείονος, ἀναβαλόμενοι δὲ τὰς γυμνοπαιδίας ἐβοήθουν. Καὶ ἐν Τεγέᾳ πυθόμενοι ὅτι νενίκηνται οἱ ὀλίγοι, προελθεῖν μὲν οὐκέτι ἠθέλησαν δεομένων τῶν διαπεφευγότων, ἀναχωρήσαντες δὲ ἐπ᾽ οἴκου τὰς γυμνοπαιδίας ἦγον. 4 Καὶ ὕστερον ἐλθόντων πρέσβεων ἀπό τε τῶν ἐν τῇ πόλει [ἀγγέλων] καὶ τῶν ἔξω ᾿Αργείων, παρόντων τε τῶν ξυμμάχων καὶ ῥηθέντων πολλῶν ἀφ᾽ ἑκατέρων ἔγνωσαν μὲν ἀδικεῖν τοὺς ἐν τῇ πόλει καὶ ἔδοξεν αὐτοῖς στρατεύειν ἐς ῎Αργος, διατριβαὶ δὲ καὶ μελλήσεις ἐγίγνοντο. 5 ῾Ο δὲ δῆμος τῶν ᾿Αργείων ἐν τούτῳ, φοβούμενος τοὺς Λακεδαιμονίους καὶ τὴν τῶν ᾿Αθηναίων ξυμμαχίαν πάλιν προσαγόμενός τε καὶ νομίζων μέγιστον ἂν σφᾶς ὠφελῆσαι, τειχίζει μακρὰ τείχη ἐς θάλασσαν, ὅπως, ἢν τῆς γῆς εἴργωνται, ἡ κατὰ θάλασσαν σφᾶς μετὰ τῶν ᾿Αθηναίων ἐπαγωγὴ τῶν ἐπιτηδείων ὠφελῇ. 6 Ξυνῄδεσαν δὲ τὸν τειχισμὸν καὶ τῶν ἐν Πελοποννήσῳ τινὲς πόλεων. Καὶ οἱ μὲν ᾿Αργεῖοι πανδημεί, καὶ αὐτοὶ καὶ γυναῖκες καὶ οἰκέται, ἐτείχιζον· καὶ ἐκ τῶν ᾿Αθηνῶν αὐτοῖς ἦλθον τέκτονες καὶ λιθουργοί. Καὶ τὸ θέρος ἐτελεύτα.

LXXXIII. Τοῦ δ᾽ ἐπιγιγνομένου χειμῶνος Λακεδαιμόνιοι ὡς ᾔσθοντο τειχιζόντων, ἐστράτευσαν ἐς τὸ ῎Αργος αὐτοί τε καὶ οἱ ξύμμαχοι πλὴν Κορινθίων· ὑπῆρχε δέ τι αὐτοῖς καὶ [ἐκ τοῦ ῎Αργους] αὐτόθεν πρασσόμενον. ῏Ηγε δὲ τὴν στρατιὰν ῏Αγις ὁ ᾿Αρχιδάμου, Λακεδαιμονίων βασιλεύς. 2 Καὶ τὰ μὲν ἐκ τῆς πόλεως δοκοῦντα προϋπάρχειν οὐ προυχώρησεν ἔτι· τὰ δὲ οἰκοδομούμενα τείχη ἑλόντες καὶ καταβαλόντες καὶ ῾Υσιὰς χωρίον τῆς ᾿Αργείας

---

45. Thucydide avait déjà évoqué des mesures analogues prises par les gens de Patrai sur les conseils d'Alcibiade. Peut-être ne fut-il pas étranger à cette disposition.

populaire l'emporta : il tua ou exila ses adversaires. 3 Les Lacédémoniens, eux, n'étaient pas venus à l'avance, quand leurs amis le leur demandaient ; mais, cette fois, remettant à plus tard les gymnopédies, ils partirent en renfort : ils apprirent à Tégée la défaite des oligarques ; alors ils ne voulurent pas aller plus avant, malgré la demande des rescapés, et, se retirant chez eux, ils célébrèrent les gymnopédies. 4 Plus tard, il arriva des représentants des Argiens de la ville comme de ceux du dehors et, en présence des alliés, il y eut beaucoup d'explications fournies par les deux camps : le verdict fut bien que ceux de la ville étaient dans leur tort, en sorte que Sparte décida une expédition contre Argos, mais il y eut du temps perdu et des retards. 5 Pendant cela, le parti populaire argien, craignant les Lacédémoniens et revenant à l'alliance athénienne, qu'il recherchait et dont rien, à ses yeux, n'aurait pu valoir l'avantage, entreprit de construire des longs murs jusqu'à la mer : au cas d'un blocus sur terre, on pourrait ainsi avantageusement, avec les Athéniens, acheminer par mer le nécessaire[45]. 6 Certaines villes du Péloponnèse avaient été mises au courant de cette construction. Les Argiens y participaient en masse, y compris les femmes et les serviteurs ; ils avaient reçu d'Athènes des charpentiers et des tailleurs de pierre. Et ainsi s'achevait l'été.

LXXXIII. L'hiver suivant, les Lacédémoniens, ayant appris les travaux en cours, partirent en campagne contre Argos, avec leurs alliés moins les Corinthiens ; ils comptaient, avec cela, des éléments qui, sur place, travaillaient pour eux ; les troupes étaient sous les ordres d'Agis, fils d'Archidamos, roi de Sparte. 2 Là-dessus, ce sur quoi l'on croyait pouvoir compter dans la ville fut, finalement, inopérant ; mais ils prirent les ouvrages en cours de construction, les démolirent, s'emparèrent de la place d'Hysiai en

λαβόντες καὶ τοὺς ἐλευθέρους ἅπαντας οὓς ἔλαβον ἀποκτείναντες ἀνεχώρησαν καὶ διελύθησαν κατὰ πόλεις.

3 Ἐστράτευσαν δὲ μετὰ τοῦτο καὶ Ἀργεῖοι ἐς τὴν
Φλειασίαν, καὶ δῃώσαντες ἀπῆλθον, ὅτι σφῶν τοὺς φυγά-
δας ὑπεδέχοντο· οἱ γὰρ πολλοὶ αὐτῶν ἐνταῦθα κατῴκηντο.

4 Κατέκλῃσαν δὲ τοῦ αὐτοῦ χειμῶνος καὶ Μακεδόνας
Ἀθηναῖοι, Περδίκκᾳ ἐπικαλοῦντες τήν τε πρὸς Ἀργείους
καὶ Λακεδαιμονίους γενομένην ξυνωμοσίαν καὶ ὅτι πα-
ρασκευασαμένων αὐτῶν στρατιὰν ἄγειν ἐπὶ Χαλκιδέας
τοὺς ἐπὶ Θράκης καὶ Ἀμφίπολιν Νικίου τοῦ Νικηράτου
στρατηγοῦντος ἔψευστο τὴν ξυμμαχίαν καὶ ἡ στρατιὰ μάλιστα διελύθη ἐκείνου ἀπάραντος· πολέμιος οὖν ἦν. Καὶ
ὁ χειμὼν ἐτελεύτα οὗτος, καὶ πέμπτον καὶ δέκατον ἔτος
τῷ πολέμῳ ἐτελεύτα.

LXXXIV.  Τοῦ δ' ἐπιγιγνομένου θέρους Ἀλκιβιάδης τε
πλεύσας ἐς Ἄργος ναυσὶν εἴκοσιν Ἀργείων τοὺς δοκοῦντας ἔτι ὑπόπτους εἶναι καὶ τὰ Λακεδαιμονίων φρονεῖν
ἔλαβε, τριακοσίους ἄνδρας, καὶ κατέθεντο αὐτοὺς Ἀθηναῖοι ἐς τὰς ἐγγὺς νήσους ὧν ἦρχον· καὶ ἐπὶ Μῆλον τὴν
νῆσον Ἀθηναῖοι ἐστράτευσαν ναυσὶν ἑαυτῶν μὲν τριάκοντα, Χίαις δὲ ἕξ, Λεσβίαιν δὲ δυοῖν, καὶ ὁπλίταις ἑαυτῶν μὲν διακοσίοις καὶ χιλίοις καὶ τοξόταις τριακοσίοις
καὶ ἱπποτοξόταις εἴκοσι, τῶν δὲ ξυμμάχων καὶ νησιωτῶν
ὁπλίταις μάλιστα πεντακοσίοις καὶ χιλίοις. 2 Οἱ δὲ Μή-

---

46. En application de l'alliance conclue au printemps (*supra*, 82, 5).

Argolide et tuèrent tous les hommes libres qui tombèrent entre leurs mains, puis ils s'en retournèrent et les contingents des diverses cités se séparèrent.

3 Après cela, les Argiens partirent à leur tour en campagne contre Phlionte et ne repartirent qu'après avoir ravagé le pays – cela, parce que Phlionte avait accueilli les bannis de chez eux : c'était là que la plupart d'entre eux s'étaient fixés.

4 Le même hiver vit aussi la Macédoine bloquée par les Athéniens : ils reprochaient à Perdiccas d'abord les serments qu'il avait échangés avec Argos et Sparte, ensuite le fait que, lorsqu'ils s'étaient préparés à mener une armée contre la Chalcidique de Thrace et contre Amphipolis, avec Nicias, fils de Nicératos, comme stratège, il avait trahi l'alliance et que le corps expéditionnaire avait été licencié par suite de cet abandon : il devenait par là leur ennemi. Ainsi s'achevait cet hiver, et, avec lui, la quinzième année de la guerre.

### Conquête de Mélos. Dialogue des Athéniens et des Méliens

LXXXIV. L'été suivant prit place une double mesure. Alcibiade gagna Argos avec vingt navires[46] ; il s'empara des Argiens qui semblaient encore suspects et partisans de Sparte, soit trois cents personnes, que les Athéniens placèrent en résidence dans les îles voisines faisant partie de leur empire. D'autre part, les Athéniens partirent en campagne contre l'île de Mélos : la flotte comptait trente navires à eux, six de Chios et deux de Lesbos ; les troupes mille deux cents hoplites à eux, avec trois cents archers et vingt archers à cheval, et, pour les alliés des îles, quelque quinze cents hoplites. 2 Les Méliens sont des colons

λιοι Λακεδαιμονίων μέν εἰσιν ἄποικοι, τῶν δ' 'Αθηναίων
οὐκ ἤθελον ὑπακούειν ὥσπερ οἱ ἄλλοι νησιῶται, ἀλλὰ τὸ
μὲν πρῶτον οὐδετέρων ὄντες ἡσύχαζον, ἔπειτα ὡς αὐτοὺς
ἠνάγκαζον οἱ 'Αθηναῖοι δῃοῦντες τὴν γῆν, ἐς πόλεμον
φανερὸν κατέστησαν. 3 Στρατοπεδευσάμενοι οὖν ἐς τὴν
γῆν αὐτῶν τῇ παρασκευῇ ταύτῃ οἱ στρατηγοὶ Κλεομήδης
τε ὁ Λυκομήδους καὶ Τεισίας ὁ Τεισιμάχου, πρὶν ἀδικεῖν
τι τῆς γῆς, λόγους πρῶτον ποιησομένους ἔπεμψαν πρέσβεις. Οὓς οἱ Μήλιοι πρὸς μὲν τὸ πλῆθος οὐκ ἤγαγον, ἐν
δὲ ταῖς ἀρχαῖς καὶ τοῖς ὀλίγοις λέγειν ἐκέλευον περὶ ὧν
ἥκουσιν. Οἱ δὲ τῶν 'Αθηναίων πρέσβεις ἔλεγον τοιάδε.

LXXXV.  « 'Επειδὴ οὐ πρὸς τὸ πλῆθος οἱ λόγοι γίγνονται, ὅπως δὴ μὴ ξυνεχεῖ ῥήσει οἱ πολλοὶ ἐπαγωγὰ καὶ ἀνέ-
λεγκτα ἐς ἅπαξ ἀκούσαντες ἡμῶν ἀπατηθῶσι (γιγνώσκο-
μεν γὰρ ὅτι τοῦτο φρονεῖ ἡμῶν ἡ ἐς τοὺς ὀλίγους ἀγωγή),
ὑμεῖς οἱ καθήμενοι ἔτι ἀσφαλέστερον ποιήσατε. Καθ' ἕκαστον γὰρ καὶ μηδ' ὑμεῖς ἑνὶ λόγῳ, ἀλλὰ πρὸς τὸ μὴ δοκοῦν
ἐπιτηδείως λέγεσθαι εὐθὺς ὑπολαμβάνοντες κρίνετε. Καὶ
πρῶτον εἰ ἀρέσκει ὡς λέγομεν εἴπατε. »

LXXXVI.  Οἱ δὲ τῶν Μηλίων ξύνεδροι ἀπεκρίναντο·
« 'Η μὲν ἐπιείκεια τοῦ διδάσκειν καθ' ἡσυχίαν ἀλλήλους
οὐ ψέγεται, τὰ δὲ τοῦ πολέμου, παρόντα ἤδη καὶ οὐ μέλλοντα, διαφέροντα αὐτοῦ φαίνεται. 'Ορῶμεν γὰρ αὐτούς
τε κριτὰς ἥκοντας ὑμᾶς τῶν λεχθησομένων, καὶ τὴν τελευ-
τὴν ἐξ αὐτοῦ κατὰ τὸ εἰκὸς περιγενομένοις μὲν τῷ δικαίῳ
καὶ δι' αὐτὸ μὴ ἐνδοῦσι πόλεμον ἡμῖν φέρουσαν, πεισθεῖσι
δὲ δουλείαν. »

47. Cette exigence des Méliens va justifier la forme exceptionnelle
de ce dialogue dans le récit de Thucydide.

de Sparte et ne voulaient pas obéir à Athènes comme les autres insulaires : au début, ils étaient restés tranquillement neutres, puis, devant la pression des Athéniens, qui ravageaient leur pays, ils entrèrent en guerre ouverte avec eux. 3 Ayant donc pris position dans l'île avec ce dispositif militaire, les stratèges Cléomédès, fils de Lycomédès, et Tisias, fils de Tisimachas, avant de porter aucune atteinte au pays, commencèrent par envoyer des délégués pour parlementer. Mais les Méliens ne les mirent pas en présence du peuple : ils les prièrent d'exposer aux autorités et aux notables l'objet de leur venue[47]. Les délégués athéniens, alors, dirent, en substance, ce qui suit.

LXXXV. « Nous n'avons pas affaire à la foule et cela pour éviter l'effet d'un discours suivi, par lequel la multitude, entendant au passage des propos captieux présentés sans contrepartie, se laisserait tromper (nous comprenons, en effet, que tel est le sens de ce conseil restreint en présence duquel on nous met) ; mais dans ce cas, vous qui y siégez, donnez-vous donc une garantie encore plus grande : prenez point par point, évitez, même vous, le principe d'un discours suivi, et, pour les arguments qui ne vous sembleront pas satisfaisants, intervenez tout de suite et jugez-les. Ainsi, pour commencer, cette proposition vous convient-elle ? Dites-le. »

LXXXVI. Les Méliens en séance répondirent alors : « Le bon procédé consistant à s'expliquer tranquillement ne soulève aucune critique ; mais les conditions de guerre, qui sont déjà là et non pas simplement à venir, se trouvent apparemment en désaccord avec cette idée. Car nous vous voyons, vous, vous présenter ici comme les arbitres du débat ; et la conclusion normale qui en sortira nous réserve ceci ou bien nous l'emportons sur le plan du droit, nous refusons pour cela de céder, et c'est la guerre, ou bien nous nous laissons convaincre, et c'est la servitude. »

**LXXXVII. ΑΘ.** « Εἰ μὲν τοίνυν ὑπονοίας τῶν μελλόντων λογιούμενοι ἢ ἄλλο τι ξυνήκετε ἢ ἐκ τῶν παρόντων καὶ ὧν ὁρᾶτε περὶ σωτηρίας βουλεύσοντες τῇ πόλει, παυοίμεθ᾽ ἄν· εἰ δ᾽ ἐπὶ τοῦτο, λέγοιμεν ἄν. »

**LXXXVIII. ΜΗΛ.** « Εἰκὸς μὲν καὶ ξυγγνώμη ἐν τῷ τοιῷδε καθεστῶτας ἐπὶ πολλὰ καὶ λέγοντας καὶ δοκοῦντας τρέπεσθαι· ἡ μέντοι ξύνοδος καὶ περὶ σωτηρίας ἥδε πάρεστι, καὶ ὁ λόγος ᾧ προκαλεῖσθε τρόπῳ, εἰ δοκεῖ, γιγνέσθω. »

**LXXXIX. ΑΘ.** « Ἡμεῖς τοίνυν οὔτε αὐτοὶ μετ᾽ ὀνομάτων καλῶν, ὡς ἢ δικαίως τὸν Μῆδον καταλύσαντες ἄρχομεν ἢ ἀδικούμενοι νῦν ἐπεξερχόμεθα, λόγων μῆκος ἄπιστον παρέξομεν, οὔθ᾽ ὑμᾶς ἀξιοῦμέν ἢ ὅτι Λακεδαιμονίων ἄποικοι ὄντες οὐ ξυνεστρατεύσατε ἢ ὡς ἡμᾶς οὐδὲν ἠδικήκατε λέγοντας οἴεσθαι πείσειν, τὰ δυνατὰ δ᾽ ἐξ ὧν ἑκάτεροι ἀληθῶς φρονοῦμεν διαπράσσεσθαι, ἐπισταμένους πρὸς εἰδότας ὅτι δίκαια μὲν ἐν τῷ ἀνθρωπείῳ λόγῳ ἀπὸ τῆς ἴσης ἀνάγκης κρίνεται, δυνατὰ δὲ οἱ προύχοντες πράσσουσι καὶ οἱ ἀσθενεῖς ξυγχωροῦσιν. »

**XC. ΜΗΛ.** « Ἧι μὲν δὴ νομίζομέν γε, χρήσιμον (ἀνάγκη γάρ, ἐπειδὴ ὑμεῖς οὕτω παρὰ τὸ δίκαιον τὸ ξυμφέρον λέγειν ὑπέθεσθε) μὴ καταλύειν ἡμᾶς τὸ κοινὸν ἀγαθόν, ἀλλὰ τῷ αἰεὶ ἐν κινδύνῳ γιγνομένῳ εἶναι τὰ εἰκότα δίκαια καὶ

---

48. Il est intéressant de voir ici les Athéniens recourir à cet argument traditionnel pour justifier leur empire. Cela annonce la revendication du droit du plus fort qui donne au dialogue mélien tout son sens.

LXXXVII. Les Athéniens : « Écoutez ! Si vous voulez, par des conjectures, supputer l'avenir, si vous avez, dans cette réunion, un autre but que de vous fonder sur la situation présente et sur ce que vous voyez pour aviser au salut de votre cité, autant en rester là. Si, au contraire, tel est votre but, nous pouvons parler. »

LXXXVIII. Les Méliens : « Il est normal et excusable que des gens dans notre situation orientent leurs propos et leurs réflexions dans plus d'un sens. Néanmoins, c'est bien de salut qu'il s'agit dans la rencontre actuelle, et la discussion, si vous voulez, n'a qu'à se faire comme vous le proposez. »

LXXXIX. Les Athéniens : « Eh bien, nous n'allons pas, en ce qui nous concerne, recourir à de grands mots en disant que d'avoir vaincu le Mède nous donne le droit de dominer[48], ou que notre campagne présente vient d'une atteinte faite à nos droits, ce qui fournirait de longs développements peu convaincants ; mais vous, à votre tour, nous y comptons, ne venez pas nous dire ni que, malgré votre condition de colons des Lacédémoniens, vous n'avez pas rejoint leurs rangs, ni que vous n'avez jamais attenté à nos droits, et ne croyez pas ainsi nous convaincre : il s'agit plutôt que vous réalisiez ce qui vous sera possible en partant de nos sentiments vrais aux uns et aux autres ; car vous le savez comme nous : si le droit intervient dans les appréciations humaines pour inspirer un jugement lorsque les pressions s'équivalent, le possible règle, en revanche, l'action des plus forts et l'acceptation des faibles. »

XC. Les Méliens : « D'après notre façon de voir, l'intérêt (nous n'avons pas le choix : c'est vous qui avez posé en principe de laisser là le droit pour parler d'intérêt) veut que nous ne supprimions pas ce qui est un bien pour tous : que, chaque fois, un homme en danger obtienne le respect

τι καὶ ἐντὸς τοῦ ἀκριβοῦς πείσαντά τινα ὠφεληθῆναι. Καὶ πρὸς ὑμῶν οὐχ ἧσσον τοῦτο, ὅσῳ καὶ ἐπὶ μεγίστῃ τιμωρίᾳ σφαλέντες ἂν τοῖς ἄλλοις παράδειγμα γένοισθε. »

ΧCI. ΑΘ. « Ἡμεῖς δὲ τῆς ἡμετέρας ἀρχῆς, ἢν καὶ παυσθῇ, οὐκ ἀθυμοῦμεν τὴν τελευτήν· οὐ γὰρ οἱ ἄρχοντες ἄλλων, ὥσπερ καὶ Λακεδαιμόνιοι, οὗτοι δεινοὶ τοῖς νικηθεῖσιν (ἔστι δὲ οὐ πρὸς Λακεδαιμονίους ἡμῖν ὁ ἀγών), ἀλλ᾽ ἢν οἱ ὑπήκοοί που τῶν ἀρξάντων αὐτοὶ ἐπιθέμενοι κρατήσωσιν. 2 Καὶ περὶ μὲν τούτου ἡμῖν ἀφείσθω κινδυνεύεσθαι· ὡς δὲ ἐπ᾽ ὠφελίᾳ τε πάρεσμεν τῆς ἡμετέρας ἀρχῆς καὶ ἐπὶ σωτηρίᾳ νῦν τοὺς λόγους ἐροῦμεν τῆς ὑμετέρας πόλεως, ταῦτα δηλώσομεν, βουλόμενοι ἀπόνως μὲν ὑμῶν ἄρξαι, χρησίμως δ᾽ ὑμᾶς ἀμφοτέροις σωθῆναι. »

ΧCII. ΜΗΛ. « Καὶ πῶς χρήσιμον ἂν ξυμβαίη ἡμῖν δουλεῦσαι, ὥσπερ καὶ ὑμῖν ἄρξαι; »

ΧCIII. ΑΘ. « Ὅτι ὑμῖν μὲν πρὸ τοῦ τὰ δεινότατα παθεῖν ὑπακοῦσαι ἂν γένοιτο, ἡμεῖς δὲ μὴ διαφθείραντες ὑμᾶς κερδαίνοιμεν ἄν. »

ΧCIV. ΜΗΛ. « Ὥστε ἡσυχίαν ἄγοντας ἡμᾶς φίλους μὲν εἶναι ἀντὶ πολεμίων, ξυμμάχους δὲ μηδετέρων, οὐκ ἂν δέξαισθε; »

ΧCV. ΑΘ. « Οὐ γὰρ τοσοῦτον ἡμᾶς βλάπτει ἡ ἔχθρα ὑμῶν ὅσον ἡ φιλία μὲν ἀσθενείας, τὸ δὲ μῖσος δυνάμεως παράδειγμα τοῖς ἀρχομένοις δηλούμενον. »

normal de ses droits et que, même si ses arguments ne sont pas à tous égards rigoureusement décisifs, il rencontre un appui. Et vous y avez avantage les premiers, dans la mesure où, pour l'ampleur des représailles, vous vous trouveriez, en cas d'échec, servir de modèle aux autres. »

XCI. Les Athéniens : « Pour nous, à supposer que notre empire doive cesser, sa fin ne nous donne pas d'angoisse : ce n'est pas quand on commande à d'autres, comme le font les Lacédémoniens, que l'on est redoutable envers les vaincus (aussi bien n'est-ce pas contre Lacédémone que se joue notre partie) : seuls peuvent l'être les sujets qui, dans un soulèvement spontané, en viennent à dominer leurs anciens maîtres ; 2 eh bien, que l'on nous laisse en courir le risque ! Ce que nous allons plutôt montrer c'est que, tout à la fois, notre présence ici vise à un avantage pour notre empire, et les propos que nous tiendrons maintenant au salut de votre cité ; car nous voulons une domination sur vous qui s'établisse sans nous coûter de peine, et un salut pour vous qui serve notre commun intérêt. »

XCII. Les Méliens : « Et comment notre intérêt se trouverait-il dans l'esclavage comme le vôtre dans la domination ? »

XCIII. Les Athéniens : « C'est que vous, au lieu des pires maux à subir, il ne vous arriverait que de vous soumettre, et que nous, en évitant de vous détruire, nous y gagnerions. »

XCIV. Les Méliens : « Par conséquent, que nous restions tranquilles, en étant vos amis au lieu de vos ennemis, et sans avoir d'alliance d'aucun des deux côtés, vous ne l'accepteriez pas ? »

XCV. Les Athéniens : « Non, car votre hostilité nous fait moins de tort que votre amitié ; celle-ci ferait paraître aux yeux des peuples de l'empire une preuve de faiblesse, votre haine, une de puissance. »

XCVI. ΜΗΛ. « Σκοποῦσι δ' ὑμῶν οὕτως οἱ ὑπήκοοι τὸ εἰκός, ὥστε τούς τε μὴ προσήκοντας καὶ ὅσοι ἄποικοι ὄντες οἱ πολλοὶ καὶ ἀποστάντες τινὲς κεχείρωνται ἐς τὸ αὐτὸ τιθέασιν; »

XCVII. ΑΘ. « Δικαιώματι γὰρ οὐδετέρους ἐλλείπειν ἡγοῦνται, κατὰ δύναμιν δὲ τοὺς μὲν περιγίγνεσθαι, ἡμᾶς δὲ φόβῳ οὐκ ἐπιέναι· ὥστε ἔξω καὶ τοῦ πλεόνων ἄρξαι καὶ τὸ ἀσφαλὲς ἡμῖν διὰ τὸ καταστραφῆναι ἂν παράσχοιτε, ἄλλως τε καὶ νησιῶται ναυκρατόρων, καὶ ἀσθενέστεροι ἑτέρων ὄντες, εἰ μὴ περιγένοισθε. »

XCVIII. ΜΗΛ. « Ἐν δ' ἐκείνῳ οὐ νομίζετε ἀσφάλειαν; δεῖ γὰρ αὖ καὶ ἐνταῦθα, ὥσπερ ὑμεῖς τῶν δικαίων λόγων ἡμᾶς ἐκβιβάσαντες τῷ ὑμετέρῳ ξυμφόρῳ ὑπακούειν πείθετε, καὶ ἡμᾶς τὸ ἡμῖν χρήσιμον διδάσκοντας, εἰ τυγχάνει καὶ ὑμῖν τὸ αὐτὸ ξυμβαῖνον, πειρᾶσθαι πείθειν. Ὅσοι γὰρ νῦν μηδετέροις ξυμμαχοῦσι, πῶς οὐ πολεμώσεσθε αὐτούς, ὅταν ἐς τάδε βλέψαντες ἡγήσωνταί ποτε ὑμᾶς καὶ ἐπὶ σφᾶς ἥξειν; κἂν τούτῳ τί ἄλλο ἢ τοὺς μὲν ὑπάρχοντας πολεμίους μεγαλύνετε, τοὺς δὲ μηδὲ μελλήσαντας γενέσθαι ἄκοντας ἐπάγεσθε; »

XCIX. ΑΘ. « Οὐ γὰρ νομίζομεν ἡμῖν τούτους δεινοτέρους, ὅσοι ἠπειρῶταί που ὄντες τῷ ἐλευθέρῳ πολλὴν τὴν διαμέλλησιν τῆς πρὸς ἡμᾶς φυλακῆς ποιήσονται, ἀλλὰ τοὺς νησιώτας τέ που ἀνάρκτους, ὥσπερ ὑμᾶς, καὶ τοὺς ἤδη τῆς ἀρχῆς τῷ ἀναγκαίῳ παροξυνομένους. Οὗτοι γὰρ

XCVI. Les Méliens : « L'idée qu'ont vos sujets de ce qui est normal leur fait mettre sur le même plan les gens qui ne vous sont rien et ceux qui, en général vos colons et parfois après une révolte, ont été réduits à l'obéissance ? »

XCVII. Les Athéniens : « Ils pensent, en effet, que les justifications de droit ne manquent ni aux uns ni aux autres et que seule leur puissance permet à certains de réchapper et nous inspire à nous des craintes qui nous empêchent d'attaquer. Aussi, en dehors même d'une domination accrue, est-ce la sécurité qu'en pliant devant nous vous nous apporteriez, d'autant qu'il s'agit, avec vous, que l'on ne voie pas réchapper un peuple insulaire face aux maîtres de la mer, et un peuple plus faible que les autres. »

XCVIII. Les Méliens : « Et l'autre solution, à vos yeux, n'apporte pas la sécurité ? (Il nous faut bien, ici encore, faire comme vous ; vous nous avez empêchés de toucher aux arguments de droit et vous voulez nous amener à céder devant votre intérêt : à nous de vous exposer notre avantage, et, dans la mesure où il se trouve vous être utile à vous aussi, de chercher à vous y amener). Prenez les peuples actuellement sans alliance d'un côté ni de l'autre : comment n'en ferez-vous pas des ennemis, lorsque, considérant ce qui se passe ici, ils se diront qu'un jour vous irez les attaquer à leur tour ? Et par là que faites-vous, sinon renforcer vos ennemis actuels et pousser ceux qui n'y songeaient même pas à le devenir malgré eux ? »

XCIX. Les Athéniens : « C'est qu'à nos yeux les plus redoutables ne sont pas les peuples qui vivent en quelque point du continent et qui, étant libres, seront peu empressés à se mettre en garde contre nous : ce sont plutôt les insulaires qui, ici ou là, échappent à notre empire, comme vous, et ceux que stimulent, d'ores et déjà, les contraintes de cet empire : voilà ceux qui peuvent le plus se laisser

πλεῖστ' ἂν τῷ ἀλογίστῳ ἐπιτρέψαντες σφᾶς τε αὐτοὺς καὶ
ἡμᾶς ἐς προῦπτον κίνδυνον καταστήσειαν. »

C. ΜΗΛ. « Ἦ που ἄρα, εἰ τοσαύτην γε ὑμεῖς τε μὴ παυσ-
θῆναι ἀρχῆς καὶ οἱ δουλεύοντες ἤδη ἀπαλλαγῆναι τὴν
παρακινδύνευσιν ποιοῦνται, ἡμῖν γε τοῖς ἔτι ἐλευθέροις
πολλὴ κακότης καὶ δειλία μὴ πᾶν πρὸ τοῦ δουλεῦσαι
ἐπεξελθεῖν. »

CI. ΑΘ. « Οὔκ, ἤν γε σωφρόνως βουλεύησθε· οὐ γὰρ περὶ
ἀνδραγαθίας ὁ ἀγὼν ἀπὸ τοῦ ἴσου ὑμῖν, μὴ αἰσχύνην
ὀφλεῖν, περὶ δὲ σωτηρίας μᾶλλον ἡ βουλή, πρὸς τοὺς
κρείσσονας πολλῷ μὴ ἀνθίστασθαι. »

CII. ΜΗΛ. « Ἀλλ' ἐπιστάμεθα τὰ τῶν πολέμων ἔστιν ὅτε
κοινοτέρας τὰς τύχας λαμβάνοντα ἢ κατὰ τὸ διαφέρον ἑκατέρων πλῆθος. Καὶ ἡμῖν τὸ μὲν εἶξαι εὐθὺς ἀνέλπιστον,
μετὰ δὲ τοῦ δρωμένου ἔτι καὶ στῆναι ἐλπὶς ὀρθῶς. »

CIII. ΑΘ. « Ἐλπὶς δέ, κινδύνῳ παραμύθιον οὖσα, τοὺς
μὲν ἀπὸ περιουσίας χρωμένους αὐτῇ, κἂν βλάψῃ, οὐ καθ-
εῖλε, τοῖς δὲ ἐς ἅπαν τὸ ὑπάρχον ἀναρριπτοῦσι (δάπανος
γὰρ φύσει) ἅμα τε γιγνώσκεται σφαλέντων καὶ ἐν ὅτῳ ἔτι
φυλάξεταί τις αὐτὴν γνωρισθεῖσαν οὐκ ἐλλείπει. 2 Ὃ
ὑμεῖς ἀσθενεῖς τε καὶ ἐπὶ ῥοπῆς μιᾶς ὄντες μὴ βούλεσθε
παθεῖν, μηδὲ ὁμοιωθῆναι τοῖς πολλοῖς, οἷς παρὸν ἀνθρω-
πείως ἔτι σῴζεσθαι, ἐπειδὰν πιεζομένους αὐτοὺς ἐπιλίπω-

aller à l'irrationnel pour se jeter, et nous avec, au-devant de risques visibles. »

C. Les Méliens : « Mais alors, si vraiment et vous, pour ne pas voir cesser votre empire, et les peuples déjà esclaves, pour s'en affranchir, chacun prend de tels risques, nous autres, qui sommes encore libres, quelle bassesse et quelle lâcheté nous montrerions en ne tentant pas tout plutôt que d'être esclaves ! »

CI. Les Athéniens : « Non : pas si vous prenez un parti sage. Car il ne s'agit pas pour vous de chercher la palme de la valeur dans un combat à égalité, où le but est de ne pas se déshonorer : il s'agit de prendre une décision relative à votre salut, le but étant alors de ne pas s'opposer à des gens bien plus forts. »

CII. Les Méliens : « Mais nous savons qu'à la guerre le sort se présente parfois de façon mieux partagée que ne le voudrait le chiffre différent des forces de chacun ; et, pour nous, céder représente un parti d'emblée désespéré, tandis qu'avec une action en cours subsiste encore l'espoir de ne pas tomber. »

CIII. Les Athéniens : « L'espoir est un stimulant pour le risque ; lorsque l'on y a recours avec de bonnes réserves, même s'il cause du tort, il ne vous ruine pas ; mais ceux qui mettent en jeu tout ce qu'ils ont (l'espoir est, de nature, prodigue) apprennent à le connaître avec l'échec, au moment même où il ne leur laisse plus d'occasion possible pour se garder de lui une fois connaissance faite. 2 C'est ce que vous, qui êtes faibles et dont un seul mouvement de la balance réglera le sort, vous devez songer à éviter ; ne vous conformez donc pas à ce que font couramment les gens : au lieu d'assurer leur salut par les moyens humains dont ils disposent encore, sitôt que, dans une situation critique, les espoirs tangibles les abandonnent,

σιν αἱ φανεραὶ ἐλπίδες, ἐπὶ τὰς ἀφανεῖς καθίστανται, μαντικήν τε καὶ χρησμοὺς καὶ ὅσα τοιαῦτα μετ' ἐλπίδων λυμαίνεται. »

CIV. ΜΗΛ. « Χαλεπὸν μὲν καὶ ἡμεῖς, εὖ ἴστε, νομίζομεν πρὸς δύναμίν τε τὴν ὑμετέραν καὶ τὴν τύχην, εἰ μὴ ἀπὸ τοῦ ἴσου ἔσται, ἀγωνίζεσθαι· ὅμως δὲ πιστεύομεν τῇ μὲν τύχῃ ἐκ τοῦ θείου μὴ ἐλασσώσεσθαι, ὅτι ὅσιοι πρὸς οὐ δικαίους ἱστάμεθα, τῆς δὲ δυνάμεως τῷ ἐλλείποντι τὴν Λακεδαιμονίων ἡμῖν ξυμμαχίαν προσέσεσθαι, ἀνάγκην ἔχουσαν, καὶ εἰ μή του ἄλλου, τῆς γε ξυγγενείας ἕνεκα καὶ αἰσχύνῃ βοηθεῖν. Καὶ οὐ παντάπασιν οὕτως ἀλόγως θρασυνόμεθα. »

CV. ΑΘ. « Τῆς μὲν τοίνυν πρὸς τὸ θεῖον εὐμενείας οὐδ' ἡμεῖς οἰόμεθα λελείψεσθαι. Οὐδὲν γὰρ ἔξω τῆς ἀνθρωπείας τῶν μὲν ἐς τὸ θεῖον νομίσεως τῶν δ' ἐς σφᾶς αὐτοὺς βουλήσεως δικαιοῦμεν ἢ πράσσομεν. 2 Ἡγούμεθα γὰρ τό τε θεῖον δόξῃ, τὸ ἀνθρώπειόν τε σαφῶς διὰ παντὸς ὑπὸ φύσεως ἀναγκαίας, οὗ ἂν κρατῇ, ἄρχειν. Καὶ ἡμεῖς οὔτε θέντες τὸν νόμον οὔτε κειμένῳ πρῶτοι χρησάμενοι, ὄντα δὲ παραλαβόντες καὶ ἐσόμενον ἐς ἀεὶ καταλείψοντες χρώμεθα αὐτῷ, εἰδότες καὶ ὑμᾶς ἂν καὶ ἄλλους ἐν τῇ αὐτῇ δυνάμει ἡμῖν γενομένους δρῶντας ἂν αὐτό. 3 Καὶ πρὸς μὲν τὸ θεῖον οὕτως ἐκ τοῦ εἰκότος οὐ φοβούμεθα ἐλασσώσεσθαι· τῆς δὲ ἐς Λακεδαιμονίους δόξης, ἣν διὰ τὸ αἰσχρὸν

49. La remarque sur les « espoirs incertains » est à imputer plus à Thucydide qu'aux sentiments de la masse des Athéniens, même si l'historien met presque aussitôt dans leur bouche des paroles plus conformistes concernant la bienveillance divine.

ils ont recours aux espoirs incertains – divination, oracles, et autres choses du même genre, qui se conjuguent avec l'espoir pour mener à la faillite[49]. »

CIV. Les Méliens : « Nous estimons, nous aussi, difficile (n'en doutez pas !) de lutter contre vos forces et contre le sort, s'il n'y a pas égalité à l'origine ; cependant, nous avons confiance : pour ce qui est du sort, nous comptons que la divinité ne nous laissera pas le désavantage, car nous nous dressons en hommes pieux contre un parti sans justice, et, pour ce qui est de l'insuffisance de nos forces, nous comptons sur l'alliance lacédémonienne, qui devra nécessairement nous porter secours, quand ce ne serait qu'à cause de notre parenté et au nom de l'honneur. Notre assurance n'est donc pas tout à fait si irrationnelle que cela. »

CV. Les Athéniens : « Pour ce qui est de la bienveillance à rencontrer du côté de la divinité, nous ne croyons pas, nous non plus, devoir nous trouver en défaut ; car rien, dans nos jugements ni dans nos actes, ne s'écarte de ce que les hommes pensent à l'égard du divin ou veulent dans leurs rapports réciproques. 2 Nous estimons, en effet, que du côté divin comme aussi du côté humain (pour le premier, c'est une opinion, pour le second une certitude), une loi de nature fait que toujours, si l'on est le plus fort, on commande ; ce n'est pas nous qui avons posé ce principe ou qui avons été les premiers à appliquer ce qu'il énonçait : il existait avant nous et existera pour toujours après nous, et c'est seulement notre tour de l'appliquer, en sachant qu'aussi bien vous ou d'autres, placés à la tête de la même puissance que nous, vous feriez de même. 3 Si bien que, pour ce qui est de la divinité, il est fort naturel que nous n'ayons pas peur d'être en désavantage. Reste votre opinion sur les Lacédémoniens, et votre façon de

δὴ βοηθήσειν ὑμῖν πιστεύετε αὐτούς, μακαρίσαντες ὑμῶν
τὸ ἀπειρόκακον οὐ ζηλοῦμεν τὸ ἄφρον. 4 Λακεδαιμόνιοι
γὰρ πρὸς σφᾶς μὲν αὐτοὺς καὶ τὰ ἐπιχώρια νόμιμα πλεῖστα
ἀρετῇ χρῶνται· πρὸς δὲ τοὺς ἄλλους πολλὰ ἄν τις ἔχων
εἰπεῖν ὡς προσφέρονται, ξυνελὼν μάλιστα ἂν δηλώσειεν
ὅτι ἐπιφανέστατα ὧν ἴσμεν τὰ μὲν ἡδέα καλὰ νομίζουσι,
τὰ δὲ ξυμφέροντα δίκαια. Καίτοι οὐ πρὸς τῆς ὑμετέρας νῦν
ἀλόγου σωτηρίας ἡ τοιαύτη διάνοια. »

CVI. ΜΗΛ. « Ἡμεῖς δὲ κατ' αὐτὸ τοῦτο ἤδη καὶ μάλιστα
πιστεύομεν τῷ ξυμφέροντι αὐτῶν Μηλίους ἀποίκους ὄντας
μὴ βουλήσεσθαι προδόντας τοῖς μὲν εὔνοις τῶν Ἑλλήνων
ἀπίστους καταστῆναι, τοῖς δὲ πολεμίοις ὠφελίμους. »

CVII. ΑΘ. « Οὔκουν οἴεσθε τὸ ξυμφέρον μὲν μετὰ ἀσφαλείας εἶναι, τὸ δὲ δίκαιον καὶ καλὸν μετὰ κινδύνου δρᾶ-
σθαι ; ὃ Λακεδαιμόνιοι ἥκιστα ὡς ἐπὶ τὸ πολὺ τολμῶσιν. »

CVIII. ΜΗΛ. « Ἀλλὰ καὶ τοὺς κινδύνους τε ἡμῶν ἕνεκα
μᾶλλον ἡγούμεθ' ἂν ἐγχειρίσασθαι αὐτοὺς καὶ βεβαιοτέ-
ρους ἢ ἐς ἄλλους νομεῖν, ὅσῳ πρὸς μὲν τὰ ἔργα τῆς
Πελοποννήσου ἐγγὺς κείμεθα, τῆς δὲ γνώμης τῷ ξυγγενεῖ
πιστότεροι ἑτέρων ἐσμέν. »

CIX. ΑΘ. « Τὸ δ' ἐχυρόν γε τοῖς ξυναγωνιουμένοις οὐ
τὸ εὔνουν τῶν ἐπικαλεσαμένων φαίνεται, ἀλλ' ἢν τῶν ἔργων τις δυνάμει πολὺ προύχῃ· ὃ Λακεδαιμόνιοι καὶ πλέον
τι τῶν ἄλλων σκοποῦσι (τῆς γοῦν οἰκείας παρασκευῆς

50. Le jugement sur le comportement des Lacédémoniens répond
bien à ce que devait être l'opinion de la majorité des Athéniens, et sans
doute de Thucydide lui-même (voir *supra*, n. 44).

compter que, pour des raisons d'honneur, ils viendront à votre secours : nous admirons votre candeur, mais n'envions pas votre inconscience ! 4 Les Lacédémoniens, entre eux et dans leurs institutions intérieures, pratiquent fort la vertu ; mais, vis-à-vis des autres, il y aurait beaucoup à dire sur leurs procédés, le tout se résumant essentiellement à ceci, qu'aucun peuple, à notre connaissance, n'a de façon si nette l'habitude d'estimer beau ce qui lui plaît et juste ce qui sert son intérêt. Or, une telle disposition n'est guère en faveur de ce salut irrationnel que vous attendez aujourd'hui[50]. »

CVI. Les Méliens : « Au contraire, voilà qui, cette fois, confirme mieux que tout notre confiance : au nom de leur propre intérêt, ils ne voudront pas trahir Mélos, une colonie à eux, pour ainsi devenir suspects à leurs partisans en Grèce, et rendre service à leurs ennemis. »

CVII. Les Athéniens : « Et vous ne croyez pas que l'intérêt réside là où est la sécurité, tandis que le juste et le beau ne se pratiquent qu'avec des risques, ce pour quoi les Lacédémoniens, en général, montrent fort peu d'audace ? »

CVIII. Les Méliens : « Mais devant ces risques, nous pensons que, pour nous, ils pourraient avoir plus d'allant et se sentir en terrain plus ferme qu'avec d'autres, puisque, pratiquement, nous sommes situés près du Péloponnèse et que, moralement, nos liens de parenté nous rendent plus sûrs que les autres. »

CIX. Les Athéniens : « Le meilleur garant, quand on doit soutenir quelqu'un, ne se trouve pas dans les bons sentiments du peuple qui vous appelle : il tient à ce qu'en fait on a une puissance largement supérieure ; et c'est ce que les Lacédémoniens considèrent encore plus que d'autres (en tout cas, par manque de confiance dans leurs propres

ἀπιστίᾳ καὶ μετὰ ξυμμάχων πολλῶν τοῖς πέλας ἐπέρχονται), ὥστε οὐκ εἰκὸς ἐς νῆσόν γε αὐτοὺς ἡμῶν ναυκρατόρων ὄντων περαιωθῆναι. »

CX. ΜΗΛ. « Οἱ δὲ καὶ ἄλλους ἂν ἔχοιεν πέμψαι· πολὺ δὲ τὸ Κρητικὸν πέλαγος, δι' οὗ τῶν κρατούντων ἀπορώτερος ἡ λῆψις ἢ τῶν λαθεῖν βουλομένων ἡ σωτηρία. 2 Καὶ εἰ τοῦδε σφάλλοιντο, τράποιντ' ἂν καὶ ἐς τὴν γῆν ὑμῶν καὶ ἐπὶ τοὺς λοιποὺς τῶν ξυμμάχων, ὅσους μὴ Βρασίδας ἐπῆλθε, καὶ οὐ περὶ τῆς μὴ προσηκούσης μᾶλλον ἢ τῆς οἰκειοτέρας ξυμμαχίδος τε καὶ γῆς ὁ πόνος ὑμῖν ἔσται. »

CXI. ΑΘ. « Τούτων μὲν καὶ πεπειραμένοις ἄν τι γένοιτο καὶ ὑμῖν καὶ οὐκ ἀνεπιστήμοσιν ὅτι οὐδ' ἀπὸ μιᾶς πώποτε πολιορκίας Ἀθηναῖοι δι' ἄλλων φόβον ἀπεχώρησαν. 2 Ἐνθυμούμεθα δὲ ὅτι φήσαντες περὶ σωτηρίας βουλεύσειν οὐδὲν ἐν τοσούτῳ λόγῳ εἰρήκατε ᾧ ἄνθρωποι ἂν πιστεύσαντες νομίσειαν σωθήσεσθαι, ἀλλ' ὑμῶν τὰ μὲν ἰσχυρότατα ἐλπιζόμενα μέλλεται, τὰ δ' ὑπάρχοντα βραχέα πρὸς τὰ ἤδη ἀντιτεταγμένα περιγίγνεσθαι. Πολλήν τε ἀλογίαν τῆς διανοίας παρέχετε, εἰ μὴ μεταστησάμενοι ἔτι ἡμᾶς ἄλλο τι τῶνδε σωφρονέστερον γνώσεσθε. 3 Οὐ γὰρ δὴ ἐπί γε τὴν ἐν τοῖς αἰσχροῖς καὶ προύπτοις κινδύνοις πλεῖστα διαφθείρουσαν ἀνθρώπους αἰσχύνην τρέψεσθε. Πολλοῖς γὰρ προορωμένοις ἔτι ἐς οἷα φέρονται τὸ αἰσχρὸν

moyens, ils s'entourent de nombreux alliés même pour attaquer leurs voisins) ; aussi est-il pour vraisemblable qu'ils se transportent jusque dans une île, alors que nous avons la maîtrise de la mer. »

CX. Les Méliens : « Ils pourraient, en dehors d'eux, y en envoyer d'autres ; et la mer de Crète est vaste : les captures y sont plus ardues pour qui s'en trouve maître que n'est l'arrivée à bon port pour qui veut passer au travers. 2 Et, dussent-ils échouer en cela, ils pourraient encore se tourner soit contre votre pays soit contre les alliés qui vous restent, et auprès de qui Brasidas n'est pas intervenu : alors, au lieu de vous donner de la peine pour un pays qui ne vous est rien, vous le ferez pour des pays qui vous toucheront de plus près, ceux de votre alliance et le vôtre. »

CXI. Les Athéniens : « Cela ne pourrait en partie se réaliser que quand vous auriez de votre côté été instruits par l'expérience : vous ne seriez pas alors sans savoir que jamais les Athéniens n'ont levé un seul siège par crainte d'un autre peuple. 2 Mais nous remarquons qu'après avoir déclaré que vous alliez délibérer sur votre salut, vous n'avez, au cours de ce long débat, pas dit une seule chose sur laquelle on puisse humainement compter pour s'attendre à trouver le salut : vos plus forts appuis relèvent d'un espoir relatif au futur, et vos ressources présentes sont minces pour résister avec succès aux forces dès maintenant rangées contre vous. Et c'est vraiment un tour bien irrationnel que présentent vos dispositions, si, une fois que vous serez entre vous, vous ne revenez pas, au dernier moment, sur votre décision, pour en prendre une plus sage. 3 Vous n'allez tout de même pas écouter ce sentiment si désastreux dans tout péril où le déshonneur menace de façon visible, à savoir le point d'honneur ! Que de fois des gens encore en état de discerner où le courant les portait ont

καλούμενον ὀνόματος ἐπαγωγοῦ δυνάμει ἐπεσπάσατο, ἡσσηθεῖσι τοῦ ῥήματος, ἔργῳ ξυμφοραῖς ἀνηκέστοις ἑκόντας περιπεσεῖν καὶ αἰσχύνην αἰσχίω μετὰ ἀνοίας ἢ τύχῃ προσλαβεῖν. 4 Ὑμεῖς, ἢν εὖ βουλεύησθε, φυλάξεσθε καὶ οὐκ ἀπρεπὲς νομεῖτε πόλεώς τε τῆς μεγίστης ἡσσᾶσθαι μέτρια προκαλουμένης, ξυμμάχους γενέσθαι ἔχοντας τὴν ὑμετέραν αὐτῶν ὑποτελεῖς, καὶ δοθείσης αἱρέσεως πολέμου πέρι καὶ ἀσφαλείας μὴ τὰ χείρω φιλονικῆσαι· ὡς οἵτινες τοῖς μὲν ἴσοις μὴ εἴκουσι, τοῖς δὲ κρείσσοσι καλῶς προσφέρονται, πρὸς δὲ τοὺς ἥσσους μέτριοί εἰσι, πλεῖστ' ἂν ὀρθοῖντο. 5 Σκοπεῖτε οὖν καὶ μεταστάντων ἡμῶν καὶ ἐνθυμεῖσθε πολλάκις ὅτι περὶ πατρίδος βουλεύεσθε, ἢν μιᾶς πέρι καὶ ἐς μίαν βουλὴν τυχοῦσάν τε καὶ μὴ κατορθῶσαι ἔσται. »

CXII. Καὶ οἱ μὲν Ἀθηναῖοι μετεχώρησαν ἐκ τῶν λόγων· οἱ δὲ Μήλιοι κατὰ σφᾶς αὐτοὺς γενόμενοι, ὡς ἔδοξεν αὐτοῖς παραπλήσια καὶ ἀντέλεγον, ἀπεκρίναντο τάδε. 2 « Οὔτε ἄλλα δοκεῖ ἡμῖν ἢ ἅπερ καὶ τὸ πρῶτον, ὦ Ἀθηναῖοι, οὔτ' ἐν ὀλίγῳ χρόνῳ πόλεως ἑπτακόσια ἔτη ἤδη οἰκουμένης τὴν ἐλευθερίαν ἀφαιρησόμεθα, ἀλλὰ τῇ τε μέχρι τοῦδε σῳζούσῃ τύχῃ ἐκ τοῦ θείου αὐτὴν καὶ τῇ ἀπὸ τῶν ἀνθρώπων καὶ Λακεδαιμονίων τιμωρίᾳ πιστεύοντες πειρασόμεθα σῴζεσθαι. 3 Προκαλούμεθα δὲ ὑμᾶς φίλοι μὲν εἶναι, πολέμιοι δὲ μηδετέροις, καὶ ἐκ τῆς γῆς ἡμῶν ἀναχωρῆσαι σπονδὰς ποιησαμένους αἵτινες δοκοῦσιν ἐπιτήδειοι εἶναι ἀμφοτέροις. »

laissé ce prétendu honneur les entraîner par l'ascendant d'un terme séduisant, et, victimes d'un mot, sont volontairement tombés dans des malheurs de fait dès lors irrémédiables, y joignant de la sorte un déshonneur d'autant plus honteux qu'il va avec la folie au lieu d'être l'effet du sort. 4 C'est de quoi, vous, si vous prenez le bon parti, vous devez vous garder : vous ne jugerez pas qu'il soit infamant de céder à une ville d'une puissance inégalée qui vous fait des propositions modérées, puisqu'elle vous invite à être ses alliés et à lui payer un tribut tout en gardant votre pays, ni, quand on vous offre le choix entre la guerre et la sécurité, d'éviter de vous entêter au pire. Ne pas céder envers ses égaux, agir comme il sied envers les plus forts, et se montrer modéré envers qui l'est moins, voilà ce qui permet de réussir au mieux. 5 Réfléchissez donc, même quand nous serons sortis ; redites-vous bien que vous décidez de votre patrie et qu'une résolution unique, portée sur cette patrie unique, pourra, suivant qu'elle sera heureuse ou non, en assurer le maintien. »

CXII. Les Athéniens se retirèrent alors du débat et les Méliens, restés entre eux, prirent une décision analogue aux thèses qu'ils avaient soutenues ; ils répondirent en ces termes : 2 « Notre avis n'est pas autre qu'il n'était au début, Athéniens, et nous n'allons pas en un instant priver de sa liberté une cité qui compte sept cents ans d'existence : plaçant notre confiance à la fois dans le sort octroyé par la divinité, qui a, jusqu'à présent, assuré son salut, et dans le secours des hommes, représentés par Sparte, nous tenterons de nous en tirer. 3 Nous vous proposons d'être vos amis, sans faire la guerre d'aucun côté, et que vous vous retiriez de notre pays après avoir conclu un traité qui paraisse satisfaisant pour les deux parties. »

CXIII. Οἱ μὲν δὴ Μήλιοι τοσαῦτα ἀπεκρίναντο· οἱ δὲ
Ἀθηναῖοι διαλυόμενοι ἤδη ἐκ τῶν λόγων ἔφασαν· « Ἀλλ'
οὖν μόνοι γε ἀπὸ τούτων τῶν βουλευμάτων, ὡς ἡμῖν δοκεῖτε, τὰ μὲν μέλλοντα τῶν ὁρωμένων σαφέστερα κρίνετε,
τὰ δὲ ἀφανῆ τῷ βούλεσθαι ὡς γιγνόμενα ἤδη θεᾶσθε, καὶ
Λακεδαιμονίοις καὶ τύχῃ καὶ ἐλπίσι πλεῖστον δὴ παραβε-
βλημένοι καὶ πιστεύσαντες πλεῖστον καὶ σφαλήσεσθε. »

CXIV. Καὶ οἱ μὲν Ἀθηναίων πρέσβεις ἀνεχώρησαν ἐς
τὸ στράτευμα· οἱ δὲ στρατηγοὶ αὐτῶν, ὡς οὐδὲν ὑπήκουον
οἱ Μήλιοι, πρὸς πόλεμον εὐθὺς ἐτρέποντο καὶ διελόμενοι
κατὰ πόλεις περιετείχισαν κύκλῳ τοὺς Μηλίους. 2 Καὶ
ὕστερον φυλακὴν σφῶν τε αὐτῶν καὶ τῶν ξυμμάχων καταλιπόντες οἱ Ἀθηναῖοι καὶ κατὰ γῆν καὶ κατὰ θάλασσαν
ἀνεχώρησαν τῷ πλείονι τοῦ στρατοῦ. Οἱ δὲ λειπόμενοι
παραμένοντες ἐπολιόρκουν τὸ χωρίον.

CXV. Καὶ Ἀργεῖοι κατὰ τὸν χρόνον τὸν αὐτὸν ἐσβαλόντες ἐς τὴν Φλειασίαν καὶ λοχισθέντες ὑπό τε Φλειασίων
καὶ τῶν σφετέρων φυγάδων διεφθάρησαν ὡς ὀγδοήκοντα.
2 Καὶ οἱ ἐκ τῆς Πύλου Ἀθηναῖοι Λακεδαιμονίων πολλὴν
λείαν ἔλαβον. Καὶ Λακεδαιμόνιοι δι' αὐτὸ τὰς μὲν σπονδὰς οὐδ' ὡς ἀφέντες ἐπολέμουν αὐτοῖς, ἐκήρυξαν δέ, εἴ
τις βούλεται παρὰ σφῶν, Ἀθηναίους λῄζεσθαι. 3 Καὶ
Κορίνθιοι ἐπολέμησαν ἰδίων τινῶν διαφορῶν ἕνεκα τοῖς
Ἀθηναίοις· οἱ δ' ἄλλοι Πελοποννήσιοι ἡσύχαζον.
4 Εἷλον δὲ καὶ οἱ Μήλιοι τῶν Ἀθηναίων τοῦ περιτειχίσματος τὸ κατὰ τὴν ἀγορὰν προσβαλόντες νυκτός, καὶ

CXIII. Voilà tout ce que répondirent les Méliens ; et les Athéniens, mettant, dès lors, fin aux négociations, déclarèrent : « Vraiment, d'après votre décision, vous êtes bien les seuls, nous semble-t-il, à juger comme vous faites : vous tenez les choses à venir pour plus vraies que les visibles et vos désirs vous font regarder ce qui n'a pas de réalité, comme déjà en train d'arriver ! Pour vous en être si complètement remis, dans votre confiance, aux Lacédémoniens, au sort, et à l'espoir, vous connaîtrez aussi un échec complet. »

CXIV. Alors les représentants d'Athènes partirent retrouver l'armée ; là, du moment que les Méliens ne voulaient rien entendre, les généraux entamèrent sans plus tarder les hostilités et, après avoir réparti la tâche entre cités, construisirent un mur pour investir Mélos. 2 Plus tard, les Athéniens laissèrent des troupes à eux et à leurs alliés pour monter la garde, sur terre et sur mer, et retirèrent le gros des effectifs : ceux qu'ils laissaient poursuivaient sur place le siège de la ville.

CXV. Les Argiens, vers l'époque en question, envahirent le territoire de Phlionte et tombèrent dans une embuscade que leur dressèrent en commun les Phliasiens et leurs propres bannis : ils y perdirent quelque quatre-vingts hommes. 2 Les Athéniens agissant depuis Pylos prirent aux Lacédémoniens un butin important : les Lacédémoniens, par suite, sans rompre pour autant le traité et leur faire la guerre, donnèrent seulement aux gens de chez eux l'autorisation officielle de piller à volonté les Athéniens. 3 Les Corinthiens firent, pour certains différends privés, la guerre aux Athéniens. Mais le reste du Péloponnèse ne bougeait pas.

4 Les Méliens prirent aux Athéniens la partie de leur circonvallation qui était à la hauteur de l'agora, grâce à

ἄνδρας τε ἀπέκτειναν καὶ ἐσενεγκάμενοι σῖτόν τε καὶ ὅσα
πλεῖστα ἐδύναντο χρήσιμα ἀναχωρήσαντες ἡσύχαζον· καὶ
οἱ Ἀθηναῖοι ἄμεινον τὴν φυλακὴν τὸ ἔπειτα παρεσκευάζοντο. Καὶ τὸ θέρος ἐτελεύτα.

CXVI. Τοῦ δ' ἐπιγιγνομένου χειμῶνος Λακεδαιμόνιοι
μελλήσαντες ἐς τὴν Ἀργείαν στρατεύειν, ὡς αὐτοῖς τὰ
διαβατήρια ἱερὰ ἐν τοῖς ὁρίοις οὐκ ἐγίγνετο, ἀνεχώρησαν.
Καὶ Ἀργεῖοι διὰ τὴν ἐκείνων μέλλησιν τῶν ἐν τῇ πόλει
τινὰς ὑποπτεύσαντες τοὺς μὲν ξυνέλαβον, οἱ δ' αὐτοὺς καὶ
διέφυγον.

2 Καὶ οἱ Μήλιοι περὶ τοὺς αὐτοὺς χρόνους αὖθις καθ'
ἕτερόν τι τοῦ περιτειχίσματος εἷλον τῶν Ἀθηναίων, παρόντων οὐ πολλῶν τῶν φυλάκων. 3 Καὶ ἐλθούσης στρα-
τιᾶς ὕστερον ἐκ τῶν Ἀθηνῶν ἄλλης, ἧς ἦρχε Φιλοκράτης ὁ Δημέου, καὶ κατὰ κράτος ἤδη πολιορκούμενοι, γενομένης καὶ προδοσίας τινὸς ἀφ' ἑαυτῶν,
ξυνεχώρησαν τοῖς Ἀθηναίοις ὥστε ἐκείνους περὶ αὐτῶν
βουλεῦσαι. 4 Οἱ δὲ ἀπέκτειναν Μηλίων ὅσους ἡβῶντας
ἔλαβον, παῖδας δὲ καὶ γυναῖκας ἠνδραπόδισαν. Τὸ δὲ χωρίον αὐτοὶ ᾤκισαν, ἀποίκους ὕστερον πεντακοσίους πέμψαντες.

une attaque de nuit : ils tuèrent des hommes, firent rentrer des vivres et tout ce qu'ils purent réunir d'utile, puis se retirèrent et ne bougèrent plus. Quant aux Athéniens, ils prirent des mesures pour améliorer dorénavant leur surveillance. Ainsi s'achevait l'été.

CXVI. L'hiver suivant, les Lacédémoniens esquissèrent une campagne contre Argos, mais, comme, dans les sacrifices offerts à la frontière, les présages, ne se manifestaient pas, ils firent retraite. Et les Argiens, à la suite de la tentative ainsi esquissée, soupçonnèrent quelques personnes dans la ville : ils arrêtèrent les unes, tandis que d'autres parvenaient à leur échapper.

2 Les Méliens, vers la même époque, s'emparèrent à nouveau, sur un autre point, d'une partie de la circonvallation athénienne, où les gardes étaient peu nombreux. 3 Après quoi il arriva d'Athènes, pour répondre à de tels incidents, un nouveau corps expéditionnaire, commandé par Philocratès, fils de Déméas. Le siège contre les Méliens fut dès lors mené avec vigueur ; et, un élément de trahison s'y joignant à l'intérieur, ils traitèrent avec les Athéniens, remettant le sort de la population à leur discrétion : 4 eux mirent à mort tous les Méliens qu'ils prirent en âge de porter les armes et réduisirent en esclavage les enfants et les femmes. Ils s'établirent eux-mêmes dans le pays, où ils envoyèrent, par la suite, cinq cents colons[51].

---

51. Le sort réservé aux Méliens est, comme on l'a vu (*supra*, n. 2), traditionnel quand il s'agit d'une ville prise d'assaut : les hommes en âge de porter les armes mis à mort, les femmes et les enfants vendus en esclavage. Quant aux colons établis à Mélos, il s'agit vraisemblablement de clérouques.

# BIBLIOGRAPHIE

D. Cartwright, *A Historical Commentary of Thucydides*, Ann Arbor, 1997.

G. Cawkwell, *Thucydides and the Peloponnesian War*, Londres et New York, 1997.

W. P. Connor, *Thucydides*, Princeton, 1984.

S. Forde, *The Ambition to Rule. Alcibiades and the Politics of Imperialism in Thucydides*, Ithaca, 1989.

Y. Garlan, « L'homme et la guerre », dans J.-P. Vernant (éd.), *L'Homme grec*, Paris, 1993, pp. 65-102.

A. W. Gomme, *A Historical Commentary on Thucydides*, Oxford, 1950, 2002 (pour les derniers volumes avec A. Andrewes et K.J. Dover).

L. Gustafson (éd.), *Thucydides' Theory of International Relations. A lasting Possession*, Baton Rouge, 2000.

V. Hanson, *La Guerre du Péloponnèse*, Paris, 2008.

Fr. Hartog, *L'Histoire, d'Homère à Augustin*, Paris, 1999.

S. A. Hornblower, *A Commentary on Thucydides*, 2 vol., Oxford, 1991-1996.

D. Kagan, *The Peloponnesian War. Athens and Sparta in Savage Conflict (431-403 B.C.)*, Londres, 2003.

S. Lattimore, *Thucydides. The Peloponnesian War*, Indianapolis, 1998.

N. Loraux, « Thucydide a écrit la guerre du Péloponnèse », *Mètis*, I, 1986, pp. 139-161.

Cl. Mossé, « Le rôle de l'armée dans la révolution de 411 à Athènes », *D'Homère à Plutarque. Itinéraires historiques*, Bordeaux, 2007, pp. 241-248.

—, « Armée et cité grecque (à propos de Thucydide, VII, 77, 4) », *ibid.*, pp. 235-240.

—, « Impérialisme et démocratie. Une liaison dangereuse », *ibid.*, pp. 307-313.

J. Ober, « Civic Ideology and Counter Hegemonic Discourse. Thucydides and the Sicilian Debate », dans A.L. Boegehold et A.L. Scafuro, *Athenian Identity and Civic Ideology*, Baltimore et Londres, 1994, pp. 102-126.

—, « Thucydides and the Invention of Political Science », dans A. Rengakos et A. Tsamakis (éd.), *Brill's Companion to Thucydides*, Leiden, 2006, pp. 131-159.

Ch. Pébarthe, « Les Causes de la guerre du Péloponnèse », *Zeitschrift für Papyrologie und Epigraphie* 129, 2000, pp. 47-76.

A. Powell, *Athens and Sparta. Constructing Greek Political and Social History*, Londres, 2001.

J. L. Price, *Thucydides and the Internal War*, Cambridge, 2001.

A. Rengakis et A. Tsamakis, *Brill's Companion to Thucydides*, Leiden, 2006.

J. de Romilly, *Thucydide et l'impérialisme athénien. La pensée de l'historien et la genèse de l'œuvre*, Paris, 2ᵉ éd., 1951.

—, *Histoire et raison chez Thucydide*, Paris, 1956.

—, *La Construction de la vérité chez Thucydide*, Paris, 1990.

B. Strauss, *Fathers and Sons in Athens. Ideology and Society in the Era of the Peloponnesian War*, Princeton, 1993.

CARTES

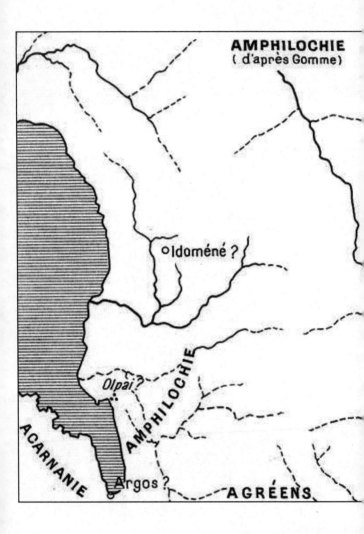

AMPHILOCHIE
( d'après Gomme )

Idoméné ?

ACARNANIE

Olpai ?

AMPHILOCHIE

Argos ?

AGRÉENS

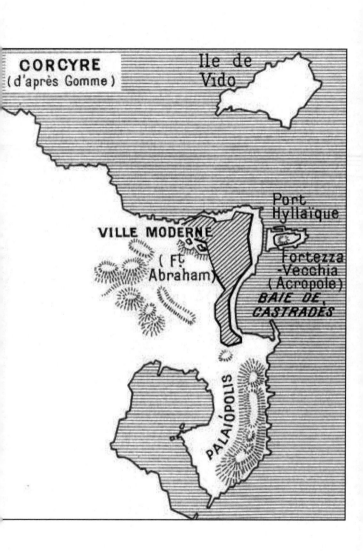

CORCYRE
(d'après Gomme)

Ile de
Vido

VILLE MODERNE

Port
Hyllaïque

( Ft
Abraham)

Fortezza
-Vecchia
(Acropole)

BAIE DE
CASTRADÈS

PALAIÓPOLIS

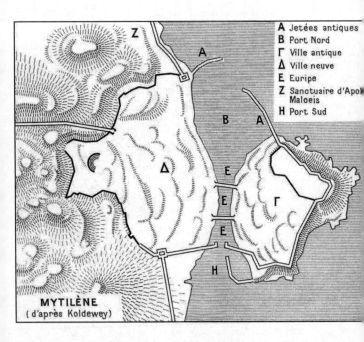

A Jetées antiques
B Port Nord
Γ Ville antique
Δ Ville neuve
E Euripe
Z Sanctuaire d'Apo▮
 Maloeis
H Port Sud

**MYTILÈNE**
(d'après Koldewey)

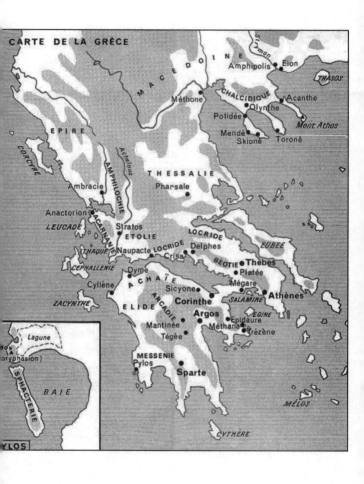

CARTE DE LA GRÈCE

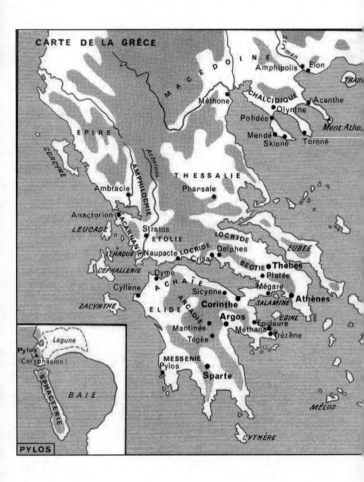

CARTE DE LA GRÈCE

MACÉDOINE

Strymon

Amphipolis · Eion

THRAS

CHALCIDIQUE

Méthone · Acanthe

Olynthe

Potidée

Mont Atho.

Mendé · Toroné

Skioné

THESSALIE

Pharsale

ÉPIRE

Achéloos

AMPHILOCHIE

Ambracie

Anactorion

LEUCADE ACARNANIE

Stratos

ÉTOLIE LOCRIDE

ITHAQUE Naupacte LOCRIDE Delphes EUBÉE

CÉPHALLÉNIE Crisa

Dymé BÉOTIE Thèbes

ACHAÏE Platée

Cyllène Sicyone Mégare

ZACYNTHE Corinthe SALAMINE Athènes

ÉLIDE ARCADIE Argos ÉGINE

Mantinée Épidaure

Méthana

Tégée Trézène

MESSÉNIE

Pylos

Sparte

MÉLOS

CYTHÈRE

Pylos
(Coryphasion)

Lagune

SPHACTÉRIE

BAIE

PYLOS

# TABLE DES MATIÈRES

Introduction *par Claude Mossé* . . . . . . . . . . . . . . . . VII

Livre III. . . . . . . . . . . . . . . . . . . . . . . . . . . . . . . . . . . 3

Livre IV. . . . . . . . . . . . . . . . . . . . . . . . . . . . . . . . . 167

Livre V . . . . . . . . . . . . . . . . . . . . . . . . . . . . . . . . . 375

Bibliographie. . . . . . . . . . . . . . . . . . . . . . . . . . . . . 531

Cartes . . . . . . . . . . . . . . . . . . . . . . . . . . . . . . . . . . 533

*Ce volume,*
*le quatre-vingt-seizième*
*de la collection « Classiques en poche »,*
*publié aux Éditions Les Belles Lettres,*
*a été achevé d'imprimer*
*en mai 2009*
*sur les presses*
*de la Nouvelle Imprimerie Laballery*
*58500 Clamecy*

*Dépôt légal : juin 2009*
*N° d'édition : 6899 - N° d'impression : 905203*
*Imprimé en France*

*La Nouvelle Imprimerie Laballery est titulaire de la marque Imprim'Vert®*